阿拉伯语言文化系列教材
西北民族大学外国语言文学学科建设文库

中国阿拉伯语教育史纲

دراسات حول تعليم اللغة العربية في الصين
— قديما وحديثا —

丁俊 著

中国社会科学出版社

图书在版编目（CIP）数据

中国阿拉伯语教育史纲／丁俊著．—北京：中国社会科学出版社，2013.8
（阿拉伯语言文化系列教材）
ISBN 978-7-5161-2749-0

Ⅰ.①中… Ⅱ.①丁… Ⅲ.①阿拉伯语—语言教学—教育史—中国—教材 Ⅳ.①H379-092

中国版本图书馆 CIP 数据核字（2013）第 112846 号

出 版 人	赵剑英
责任编辑	蔺　虹
责任校对	石春梅
责任印制	戴　宽

出　　版	中国社会科学出版社
社　　址	北京鼓楼西大街甲 158 号（邮编 100720）
网　　址	http://www.csspw.cn
	中文域名：中国社科网　010-64070619
发 行 部	010-84083685
门 市 部	010-84029450
经　　销	新华书店及其他书店

印刷装订	三河市君旺印装厂
版　　次	2013 年 8 月第 1 版
印　　次	2013 年 8 月第 1 次印刷

开　　本	710×1000　1/16
印　　张	17.75
插　　页	2
字　　数	215 千字
定　　价	45.00 元

凡购买中国社会科学出版社图书，如有质量问题请与本社联系调换
电话：010-64009791
版权所有　侵权必究

目　录

汉回学者和谐合作　共建我国阿拉伯学(代序)……… 朱威烈（1）

تمهيد …………………………………………………（1）

Abstract …………………………………………………（19）

绪　论 …………………………………………………（1）

第一章　20世纪之前阿拉伯语教育的回顾 ………………（20）
　　第一节　早期的中阿关系………………………………（20）
　　第二节　我国最早的外国语学校——回回国子学 ………（24）
　　第三节　阿拉伯语在中国的早期传播与应用……………（28）
　　第四节　阿拉伯语经堂教育的兴起与发展………………（33）
　　第五节　阿拉伯语经堂教育的成绩与缺陷………………（38）

第二章　20世纪前半叶的阿拉伯语教育 …………………（42）
　　第一节　新式学校教育的兴起与发展……………………（42）
　　第二节　成达师范的阿拉伯语教育………………………（46）
　　第三节　上海伊斯兰师范的阿拉伯语教育………………（53）

第四节　赴阿拉伯国家留学生的派遣 …………………（57）
　　第五节　教学科研活动的开展 ………………………（63）
　　第六节　中国穆斯林阿拉伯语研习活动中的爱国
　　　　　　主义传统 ………………………………………（69）

第三章　20世纪后半叶的阿拉伯语教育 …………………（76）
　　第一节　阿拉伯语教育成功进入高等院校 ……………（76）
　　第二节　20世纪50—70年代高校的阿拉伯语教育 ……（80）
　　第三节　改革开放后高校的阿拉伯语教育 ……………（89）
　　第四节　伊斯兰教经学院的阿拉伯语教育 ……………（100）
　　第五节　民间学校的阿拉伯语教育 ……………………（103）
　　第六节　留学生的派遣和对外交流 ……………………（108）
　　第七节　相关科研学术活动的开展 ……………………（113）
　　第八节　台湾地区的阿拉伯语教育 ……………………（121）

第四章　历史的总结与未来的展望 …………………………（125）
　　第一节　阿拉伯语教育存在的问题、面临的挑战及
　　　　　　发展前景 ………………………………………（125）
　　第二节　对发展阿拉伯语教育事业的几点建议 ………（131）
　　第三节　20世纪我国阿拉伯语教育发展的历史
　　　　　　性启示 …………………………………………（140）

结　语 ……………………………………………………………（146）

附录一　中国穆斯林传统经堂教育主要教材一览表 ……（149）

附录二　20世纪30年代中国留埃学生名录 ………………（155）

附录三　中国当代阿拉伯语教育主要教材一览表 ……… (157)

附录四　20 世纪中国出版的主要阿拉伯语工具书
　　　　一览表 …………………………………………… (161)

附录五　20 世纪中国开设阿拉伯语专业的高等院校
　　　　一览表 …………………………………………… (164)

附录六　20 世纪中国民间阿拉伯语学校一览表 ………… (166)

附录七　上海外国语大学阿拉伯语专业（副修英语）
　　　　教学计划 ………………………………………… (170)

附录八　中国高等学校阿拉伯语教学大纲 ……………… (173)

附录九　有关阿拉伯语教学研究的论文索引 …………… (202)

附录十　中国阿拉伯语教育历史大事记
　　　　（截至 2000 年） ………………………………… (213)

参考文献 ………………………………………………… (222)

后　记 …………………………………………………… (233)

الفهرس
(目录)

التمهيد

الباب الأول إطلالة على تعليم اللغة العربية في الصين ما قبل القرن العشرين

الفصل الأول: العلاقة الأولى بين الصين و العرب
الفصل الثاني: باكورة انتشار اللغة العربية و استخدامها في الصين
الفصل الثالث: أقدم مدرسة للغة الأجنبية في الصين - المعهد الملكي لهوي هوي (المسلمين)
الفصل الرابع: نشوء التعليم المسجدي (الكتاتيب) للغة العربية و تطوره
الفصل الخامس: مآثر التعليم المسجدي للغة العربية و المآخذ عليه

الباب الثاني تعليم اللغة العربية في النصف الأول من القرن العشرين

الفصل الأول: إنشاء المدارس الحديثة لتعليم اللغة العربية وتطورها
الفصل الثاني: تعليم اللغة العربية في معهد المعلمين تشنغدا ببكين
الفصل الثالث: تعليم اللغة العربية في معهد المعلمين الإسلامي بشانغهاي
الفصل الرابع: البعثات إلى البلدان العربية لتعلم اللغة العربية
الفصل الخامس: الأنشطة العلمية حول تعليم اللغة العربية
الفصل السادس: وطنية المسلمين الصينيين في أنشطة تعليم اللغة العربية

الباب الثالث تعليم اللغة العربية في النصف الثاني من القرن العشرين

الفصل الأول: إدخال مواد اللغة العربية بالجامعات والمعاهد العليا
الفصل الثاني: تعليم اللغة العربية من الخمسينيات إلى السبعينيات
الفصل الثالث: تعليم اللغة العربية في الجامعات عقب سياسة الإصلاح والانفتاح
الفصل الرابع: تعليم اللغة العربية في معاهد العلوم الإسلامية
الفصل الخامس: تعليم اللغة العربية في المدارس الأهلية
الفصل السادس: البعثات و التبادلات الخارجية

الفصل السابع:	الدراسات و البحوث حول تعليم اللغة العربية
الفصل الثامن:	تعليم اللغة العربية في جزيرة تايوان
الباب الرابع	التلخيصات من الماضي و التطلعات إلى المستقبل
الفصل الأول:	مشكلات و تحديات و آفاق في تعليم اللغة العربية في الصين
الفصل الثاني:	اقتراحات نحو تطوير تعليم اللغة العربية في الصين
الفصل الثالث:	التجارب والإلهامات التاريخية من تعليم اللغة العربية في الصين

الخاتمة

الملحقات

١ - جدول أهم الكتب الدراسية في التعليم المسجدي التقليدي في الصين

٢ - أسماء الطلاب المبعوثين إلى مصر للدراسة في الثلاثينات في القرن العشرين

٣ - جدول أهم الكتب الدراسية العربية في التعليم الجامعي المعاصر في الصين

٤ - جدول أهم القواميس و المعاجم لتعليم اللغة العربية المطبوعة في الصين

٥ - جدول الجامعات والمعاهد الصينية التي تدرس فيها اللغة العربية

٦ - جدول معاهد و مدارس اللغة العربية الأهلية في الصين

٧ - جدول أهم مواد اللغة العربية في قسم اللغة العربية بجامعة شانغهاي للدراسات الدولية في العقد التاسع من القرن العشرين

٨ - منهج تعليم اللغة العربية في الجامعات الصينية

٩ - فهرس البحوث و الدراسات حول تعليم اللغة العربية في الصين

١٠ - الوقائع التاريخية الكبرى في تعليم اللغة العربية في الصين

المصادر و المراجع

汉回学者和谐合作　共建我国阿拉伯学

（代序）

朱威烈[*]

  今年适逢我国高校阿拉伯语专业奠基人马坚教授（1906—1978年）诞辰百年，又悉丁俊老师的论著《中国阿拉伯语教育史纲》经过反复修润和编辑同志的细致审勘，即将由中国社会科学出版社付梓问世，内心不胜欣忭。这本专著是在他的博士论文《论20世纪的中国阿拉伯语教育》的基础上增补而成的，虽说篇幅不大，但对我国外国语言文学学科下属的二级学科阿拉伯语专业的建设而言，确实是填补了我国外语教育史的一个空白，而且对所有直接或间接聆听过马坚先生讲授或受惠于马先生学术成果的后人来说，也都是一瓣可用以纪念、铭感他的心香。

---

  [*] 作者为教育部人文社会科学重点研究基地上海外国语大学中东研究所所长、教授、博士生导师，《阿拉伯世界研究》期刊主编，中国中东学会副会长，上海市国际关系学会副会长，约旦皇家伊斯兰思想研究院院士，埃及阿拉伯语科学院通讯院士。1998—2002年曾担任教育部高等学校外语专业教学指导委员会副主任兼阿拉伯语指导组组长。

一

1995年6月，我曾应母校北京大学之邀，去参加"马坚教授诞辰90周年纪念会"，作了题为"马坚先生的治学道路"的发言。那是一次盛会，出席者有北大师生、校领导，国家外交部、中联部等中央部委领导，社会各界学者，马师母及其子女，还有不少阿拉伯国家的驻华使节。会议的重要性在于，北大第一次通过这样的全国性、国际性场合，对马坚先生的一生作出了全面、客观的评价，并形成了一个具有历史意义的社会共识："他奠定了中国阿拉伯语教学的基础，开辟了中国阿拉伯语教学的新时代，使阿拉伯语在中国教育史上首次进入高等学校"[1]，"马坚先生杰出的科研和教学成就，使他成为北京大学近半个世纪以来知名的教授之一，更是中国现代史上一位不可多得的穆斯林学者"[2]。

也正是在那次会议之后，我曾多次与国内的同事、同行议论起编写20世纪中国阿拉伯语教育史的话题。事实上，我们已经做了一些资料收集和研究工作，上海外国语大学编辑出版的《阿拉伯世界》（现已更名为《阿拉伯世界研究》）期刊上就多次连载发表过纳忠教授、刘麟瑞教授等不少回族学者有关成达师范、上海伊斯兰师范学校的回忆文章，讲述了他们当年在国内学习和在埃及留学的生涯；上海外语教育出版社1995

---

[1] 李振中：《学者的追求——马坚传》，宁夏人民出版社2000年版，第293页。

[2] 同上书，第294页。

年出版的刘开古教授的专著《阿拉伯语发展史》中，也辟有专章"阿拉伯语在中国"，论述中国阿拉伯语教学的发展过程，包括办学主体、师资、生源、教学内容等情况。然而，从学科建设的规范性角度看，总得有专人尽可能全面、充分地收集和梳理各方面的资料，并进行实事求是的客观论证，形成一本专著才是。寻寻觅觅多年，这项任务终于由丁俊老师勇敢地承担了下来。

丁俊是我招收的第一位回族博士研究生。他像许多回族学者一样，谦逊而好学，笃行而不倦。为做好论文，他一方面广泛查阅资料，努力做到集腋成裘；另一方面又不断地推敲钩沉，踏踏实实地厘清思路。经过多次讨论，他的基本论点终于逐步得以确立，那就是：20世纪的我国阿拉伯语教育历程证明，阿语教育是我国外语教育事业的一个重要组成部分，其持续发展和不断提升，始终与祖国的兴旺发达紧密相关——国运昌，则教育兴；国家有变革，有进步，有发展，包括阿语教育在内的文化教育事业才会有起色，有提升，出现新面貌，新气象。同时，从中国阿语教育的特色看，必须充分肯定我国回族等穆斯林少数民族同胞曾作出过的突出贡献。这表明，中国的历史，是中华各族人民共同创造的，中华文化多元一体的格局不但由来已久，而且在建设更加灿烂辉煌的中华文化期间，也仍需要各民族的共同参与和努力。丁俊老师的求证过程，是孜孜矻矻地力求做到纲目清晰，立论公允，既有宏观概述，也有个案解析，并且重视在做好资料工作的基础上，努力体现史论结合的特点。因而，在论文答辩时受到了评委们的一致好评。这不仅对丁俊而且也对我，都是一种肯定和鼓励，因为作为马坚先生的关门弟子之一——我毕业的第二年"文化大革命"便爆发了，马先生便再也未能执教——总算为回族同胞培养出了一位，可能也是我国高校中的一位合格且颇堪造就的阿拉伯语专业博士，俾以报答马先生及其回族同学、同事当年的教育之恩。

二

我是从1990年海湾危机、海湾战争之时，开始逐步转向国际问题研究的。2000年教育部在高校创建人文社会科学重点研究基地，上海外国语大学中东研究所经专家组评审通过，成为高校国际问题研究领域的重点基地之一。自此，我的主要精力都移到研究中东地区的政治、经济、文化方面。回顾五年多来的历程，深感我国对阿拉伯—伊斯兰文明、文化的了解和研究，比起对欧美的西方文化、俄罗斯文化和日本文化来，差距实在太大，主要表现在基础研究和学术积累明显薄弱和研究队伍建设跟不上形势的发展两个方面。

之所以要突出研究阿拉伯—伊斯兰文明、文化的重要性，是因为这是准确理解中东形势变化、发展的重要基础，也是我国实现全面建设小康社会过程中与中东国家开展合作必不可少的人文基础。大家知道，进入21世纪以来，美国由于"9·11"事件的发生，已把中东地区列为其全球战略的重点，无论是反恐、反大规模杀伤性武器扩散，还是所谓传播民主、消灭独裁，美国都把阿拉伯国家、伊斯兰国家当作主要对手和目标。美国与阿拉伯、伊斯兰国家之间的这种控制与反控制、占领与反占领、改造与反改造的斗争，不但目前表现得十分明显，而且还将长期持续。其中最深层次的矛盾，是双方核心价值观的冲突：美国用它那一套所谓的"民主自由"，真的能实现对阿拉伯、伊斯兰社会的全面改造吗？阿拉伯、伊斯兰国家的一切问题，真的是缘由其信仰和民族精神产生的吗？因此，只有通过深入研究阿拉伯—伊斯兰文明、文化，借以准确理解阿拉伯、伊斯兰国家的核心价值观，才能在从事中东研究时做到科学、客观，而不是照搬美国观点，人云亦云。这已成为我国中东学者一项责无旁贷的迫切任务。同时，从都属于发展中国家的中阿双方来看，为共同应对国际形势带来的机遇和挑战，进一步加强双方在政治上的相互理解和支持，经济上的互补和合作，文化上的交流和沟通，显然不但有助于继续发展双方传统的友好关系，而且符合双方的根本利益。2004年1月30日，在胡锦涛主席访问阿拉伯联盟开罗总部时，正式宣布我国与阿拉伯国家建立"中阿合作论坛"。面对"进一步丰富中阿关系的内涵，巩固和拓展双方在各层次、各领域的互利合作"这样明确的目标和任务，也需要我们加紧培养并形成一支真正熟悉阿拉伯国家文化、历史、宗教、社会等情况的专家队伍，否则双边合作就难以开展，开展了也难以持久和实现双赢。

就学科建设而言，马坚先生实际上已为我们树立了表率。白寿彝先生曾对马先生的学术成就作过归纳："第一，是关于伊斯兰经典的翻译；第二，是关于近代外国论著的翻译；第三，是关于历史文献的考订。"[①] 我曾在20世纪80年代中期提出建立我国的阿拉伯学、中东学，也正是依据了马坚先生的言传身教，沿袭的是他的治学道路。因为，要构建一个学科，离不开继承和借鉴，也需要开拓和创新。马坚先生凭借他深厚的国学根底、阿拉伯语和英语的扎实功力，既翻译、注释了《古兰经》，也翻译出版了涵盖史、地、经、哲、艺、文等各种门类知

---

① 白寿彝：《序一：马坚的学术成就》，载李振中《学者的追求——马坚传》，宁夏人民出版社2000年版。

识的《阿拉伯通史》，不啻是最好的以身作则。这些年，我一直在推动我国通晓阿拉伯语的专家、教授，群策群力，一起来翻译、研究尚未介绍给我国学界的阿拉伯文化遗产中的精品，使我国广大的人文社会科学工作者能通过阅读译作，参与到对中东阿拉伯—伊斯兰研究及中阿文化的学术交流中来，从而不断壮大我国的专业研究队伍；同时也不断地呼吁应借鉴欧美已经开展了几百年的东方学的术语、严谨的学术规范和研究方法，以及其中优秀的学术成果。在我国，一方面，要充分肯定精通英、法、德、日、俄等外语的各学科专家，继续翻译出版各类有价值的东方学专著；另一方面，更要鼓励我国的中青年学者用中国视角、中国研究方法和中国话语体系去描述、分析和论证他们对研究阿拉伯—伊斯兰文化的感受和看法。

构建阿拉伯学，地理依据很充分，属于政治学中的区域研究。它"一般的追求目标是政治性甚于科学性"[1]，亦即要适应重视阿拉伯国家的外交政策和公众舆论，以及培养专家的需要，让接受过语言培训的历史学家、地理学家、经济学家、社会学家、文化人类学家、政治学家，有时甚至还有语言理论家、社会心理学家和文学—艺术专家，去进行跨学科或多学科的研究。[2] 上述简略的学科界定表明，语言能力是开展区域研究的一个基础。就此而言，我们现在拥有的条件，比起马坚先生1946年应聘北大东语系，孤身一人创建阿拉伯语专业，一切从零开始，编教材、刻蜡版、备课讲课那样筚路蓝缕的情况来，显然已不可同日而语。目前仅开设阿语专业的高校就多达

---

[1] 引自联合国教科文组织编写的《当代学术通观——社会科学和人文科学研究的主要趋势》（社会科学卷），上海人民出版社2004年版，第195页。

[2] 同上。

十余所，在校生规模有六七百人，能承担从专科、本科学士到硕士、博士各层次的学历教育，另外还有很难做完全统计的各级各类民办阿语学校。目前的图书资料、教学设施和手段，与60年前马坚先生的时代相比，也有天壤之别。这里，更值得指出的是，中阿建交50年来，我国外交、经贸、能源、文化、新闻、科研院所等涉外部门和机构，几乎一直都有阿语专业毕业生在从事对阿交往和研究工作。因此，可以说我们已经拥有了相当的人力、物力资源，具备了构建阿拉伯学的必要条件。事实上，这些年包括高校、科研院所的教授专家在内的社会各界，已经发表、出版了不少颇具学术价值的论文、专著和译作，唯在数量、质量和社会影响方面，特别在学术深度和广度上，似还赶不上我国对美、欧、日、俄的研究。比如，我们对阿拉伯、伊斯兰社会的认识，可能大多还停留在一般的描述上，如能再深入一步，例如，到它最基本的社会组织——清真寺社区，不但介绍清真寺的宗教功能，也分析清真寺的社会功能，它在经济、教育、宣传、组织、慈善等方面的作用，那就有可能对中东穆斯林的生活方式和价值观念形成一个更全面的了解；又如"9·11"以后，阿拉伯产油国存放在美欧的大量石油美元出现回流，这笔高达数千亿美元的资金近年的流向如何，中国作为多年来始终名列前茅的外资流入国，在吸引石油美元方面的绩效如何，问题又究竟在哪里，如能分析、论述得比较科学，无疑对中阿开展金融合作将大有裨益。总之，当前的对阿研究，尚有待不断深化，既要准确把握问题，又得讲究主义（研究方法），以努力做到贴近实际，为我所用，又具有学术规范，富有说服力。

三

　　至于讲到研究队伍的建设，这里特别想强调的是要重视汉回合作。中阿接触交往始于何时，见诸文字的，只有中国史书。迄今为止，绝大多数中国学者都认同的最早文字记录是《史记·大宛列传》提到的两个地区名字，一是条支，二是犁靬，被划属为今天阿拉伯国家的版图。西汉时期，阿拉伯还未出现政权。就地名而言，条支并非如白寿彝先生主编的《中国通史》中所说"条支（在今伊拉克境内）"[①]，而是《辞海》的释义比较可信："古西域国名、地名。据《汉书·西域传》和《后汉书·西域传》记载，地在安息西界，临西海（指波斯湾），当在今伊朗西南部布什尔港附近一带。汉代属安息……班超遣甘英使大秦（罗马）抵条支，临海而止。波斯萨桑王朝兴起后，辖有条支旧壤，故《魏书·西域传》称波斯为古条支国"[②]；但犁靬（大秦）、安息，系指当时的罗马帝国和波斯阿萨息斯王朝，确都曾领有两河流域。因此，《史记》中的记载是可以作为史实依据的。公元7世纪伊斯兰教在阿拉伯半岛开始传播，阿拉伯哈里发政权建立后，乃于唐永徽二年（651年）遣使来华朝贡，见诸《旧唐书》本记和《册府元龟》，这个年代作为两国政府正式交往的开始，现今已得到了中阿学者的广泛赞同。[③] 引证这些历史记载，是想说明，中国与阿拉伯地区、阿拉伯国家的交

[①] 白寿彝主编：《中国通史》第4卷，上海人民出版社1995年版，第459页。
[②] 《辞海》，上海辞书出版社2000年版，第759页。
[③] 金宜久主编：《伊斯兰教》，宗教文化出版社1997年版，第440页。

往，从一开始就具有国家行为性质，带有明显的政治、经贸和文化色彩。

但另一方面，我们也必须指出，就研究工作而言，虽然双方历史上都有涉及对方地理位置、历史事件、城乡风貌、物产习俗……等方面的文字描述，但最突出的当是我国明末清初以王岱舆（约1584—1670年）、马注（1640—1711年）、刘智（约1655—1745年）等一批著名学者开创的以儒释教（伊斯兰）的学术活动。他们出于传播伊斯兰教的目的，一面皓首穷经，一面尽力使之本土化、中国化，他们为此所作出的学术贡献，对后代中国穆斯林学者有巨大而深刻的影响。以马坚先生为代表的我国20世纪的穆斯林优秀学者，则进一步把伊斯兰教中国化提升到了一个新的境界，提出并弘扬爱教爱国的基本原则，迄今已成为优良传统。我曾以"德艺双馨，一代师表"为题在为李振中教授的《学者的追求——马坚传》的序中写道："马坚先生人品甚高，他襟怀坦荡，如光风霁月。他是回民，但在教学中对汉族、满族、蒙古族等各族学生一向尽心尽力，不存丝毫保留，他对祖国的忠诚，对民族团结的珍视，更是发自肺腑，溢于言表，贯彻始终。"当年马坚先生和他的回族同学、同事们急国家所急，在20世纪五六十年代，全心全意地为我国对阿拉伯国家的交往工作培养了一批又一批外交、经贸、文化、新闻等领域的阿语人才，其中包括我在内绝大多数都是汉族，这些人多年来一直是我国对阿拉伯国家实际工作和阿语教学研究工作的主力军。几十年过去了，由于历史的原因，在从中央到地方的外事部门、教学科研单位里，从事涉阿事务交往和教学科研工作的人员中，虽然也有回族、维族同胞，但数量毕竟不多，有的高校阿拉伯语专业甚至连一名回族教师都没有。

其实，从历史事实和现实需要两个层面看，我国开展对阿交往和教学科研活动，都应该依靠汉回和谐合作的队伍。去年秋，我有机会到兰州去讲学，到银川去开会，回族师生和学者对中东问题的关注程度和兴趣向往，给我留下了难以磨灭的印象，我由衷地感到，应当加强北京、上海的教学科研机构与西北、西南兄弟单位的交往，相互学习，共同提高。北京、上海因为开放较早，对外接触和交流的机会多，客观条件也可能好一些。但就学习阿语的主动性、刻苦性，对中东阿拉伯—伊斯兰文化钻研的自觉性、持久性而言，也许还得向我们的回族同胞看齐。原来我有一个印象，觉得穆斯林学者的兴趣大都囿于宗教，实际上这些年也已出现变化，他们虽然仍执著地在进行宗教教义、教法、教律和文献等方面的研究，但都很关注阿拉伯国家的政治、社会、经济、文化等领域的进展和变化。向我提问的中青年学者有的也曾赴外学习或工作过，明白对阿交往首先是国家行为，宗教研究不可能取代区域研究及其他领域的研究。而且，客观地看，学习阿语的回族学生，并不可能毕业后都从事宗教工作，对阿交往的主要领域，从双方的实际需要和利益出发，将始终是在政治、经济、文化方面。

在我与丁俊老师交往的三年中，深切地感受到像我们这样在上海、北京部属高校或研究机构工作的教师，应该帮助培养或招收一些来自西北、西南的回族中青年学者，这样做，对学科建设有利。因为，他们对宗教经典的熟谙程度，是我们这些汉族教师所不及的，他们的认真和勤奋，也常让我回想起马坚先生、刘麟瑞先生、马金鹏先生、王世清先生等回族老师的敬业精神和高度责任心。因此，构建中国的阿拉伯学，还得加强汉回学者间的精诚团结、和谐合作。只有彼此各展所长，互补共事，才能推动学科的长足发展。这是我的一个夙愿，写在这里，谨望能得方家指正。

2006 年 3 月 21 日于上海

بسم الله الرحمن الرحيم

تمهيد

（内容提要）

— أ —

من المعروف أن اللغة العربية من أقدم اللغات في العالم، وأكثرها حيوية، وأبلغها تعبيرا، وهي لغة للأمة العربية، و لغة رسمية لـ22دولة من جامعة الدول العربية، و لغة رسمية للأمم المتحدة ولجانها الرئيسة، إضافة إلى أنها لغة القرآن الكريم، ومن ثم فهي لغة دينية لكافة المسلمين في العالم، وأن اللغة العربية وعاء الثقافة العربية الإسلامية، فتاريخيا كانت اللغة العربية من أهم لغات العلوم العالمية بعد نهوض الدولة العربية منذ القرن الثامن الميلادي، حتى القرن السادس عشر عصر النهضة العلمية الأوربية، وقامت بدور مهم في الربط والتبادل بين الثقافتين الشرقية والغربية، فبانتشار الثقافة العربية الإسلامية في مشارق الأرض ومغاربها، قد وجدت اللغة العربية تربة خصبة لانتشارها على نطاق أوسع، وأثرت تأثيرا بليغاعلى درجات مختلفة في كثير من اللغات، مثل اللغة الفارسية والتركية والأردية والأسبانية والفرنسية والإنجليزية وغيرها. وكان تعلم اللغة العربية واستخدامها يكاد أن يسود القارات الآسيوية و الإفريقية والأوربية.

فمما دلت عليه الحقائق التاريخية أن اللغة العربية دخلت في الصين منذ وقت مبكر، وأن تعليمها عند الصينيين له تاريخ عريق، قديم مثل قدم العلاقات الصينية العربية، حافل بالتجارب الغنية، ولا يزال يتطور ويرتقي منذ أكثر من ألف عام. ولم يكن تعليم اللغة العربية من مكونات تاريخ تعليم اللغات الأجنبية في الصين فحسب، بل من أهم مضامين العلاقات الودية بين الصين والعرب.

وتمتد العلاقات الصينية العربية بعيداً في أعماق التاريخ، ففي عهد هان قبل ألفي عام وجدت أوليات الاتصال بين الصين والعرب، وفي عهد هان الغربي (206ق م –28م) أرسل تشانغ تشيان مرتين إلى الأقاليم وراء حدود الصين الغربية كرسول من قبل الصين، وكتب له النجاح في شق طريق

الحرير الشهير المتواصل إلى آسيا الوسطى وآسيا الغربية، حتى إلى العراق وسوريا حاليا وغيرهما من الدول العربية، وبعد تشانغ تشيان حتى في عهد هان الشرقي (٢٢٠م – ٣٢٥م) قد أرسل بان تشاو وقان يينغ مرتين إلى الأقاليم وراء حدود الصين الغربية، وبالتالي قد جمعت معلومات كثيرة عن العرب، منها ما يتعلق باللغة العربية. ففي عهد الأسرتين الملكيتين تانغ (٦١٨ م – ٩٠٧ م) وسونغ (٩٦٠ م – ١٢٧٩م) كثرت الاتصالات بين الصين والعرب يوما بعد يوم، ووفدت إلى الصين مجموعات كبيرة من تجار العرب واستوطن كثير منهم بالصين بشكل دائم، حتى تكونت الجاليات العربية أو الإسلامية في كل من مدينة كانتون وتشيوان تشو وهانغ تشو ويانغتشو وغيرها من المدن الساحلية في جنوب الصين الشرقي، وبنوا فيها المساجد، وبالتالي دخل الإسلام في الصين، ومع تقدم التبادل والاتصالات بين الصين والعرب و دخول الإسلام في الصين، قد دخلت اللغة العربية في الصين بصورة طبيعية، فلذلك يمكننا أن نقول إن الصين من أقدم البلاد في العالم التي دخلت فيها اللغة العربية.

فإذا وصلنا إلى عهد الأسرة الملكية يوان (١٢٧١م – ١٣٦٨م) وجدنا أن الأوضاع السياسية قد تغيرت تغيرا كبيرا في الصين وكذلك مناطق آسيا الوسطى وآسيا الغربية، مما أدى إلى كثرة التبادل بين الصين وغيرها، وانتقال كثير من مسلمي العرب والفرس، وهجراتهم إلى الصين واستيطانهم بها، من بينهم جنود وصناع وتجار وعلماء إلخ، وتشكلت منهم كتلة فريدة متميزة، يطلق عليها اسم هوي هوي (يعني المسلمين) فيما بعد، وقد قام أبناء هوي هوي بدور مهم في إقامة الأسرة الملكية يوان في المجالات السياسية والعسكرية والاقتصادية والثقافية والتكنولوجية، وفي تأسيس العلاقات الخارجية، مما جعل اللغة العربية تنتشر، وتستخدم في الصين على نطاق واسع، فلم تكن اللغة العربية لغة التخاطب والتدين للمسلمين الوافدين من بلاد وراء حدود الصين الغربية فحسب، بل أصبحت من اللغات الأجنبية الرئيسة المتعملة في الصين، لتبسيط التبادل الدولي في ساحات السياسة والثقافة والتكنولوجيا، فقد انتقلت من الصين إلى بلاد وراء حدودها الغربية فنون الطباعة وصناعة الورق والخزافة والنساجة من العلوم والفنون المختلفة، وكذلك الحرير والخزف والبارود والبوصلة، وغيرها من المنتجات الغنية والتكنولوجية بكمية كبيرة، حتى تنقل عبر بلاد العرب إلى دول أوربا، وفي الوقت

نفسه انتقلت من العرب إلى الصين كثير من العلوم والتكنولوجيا الحديثية ومصادرها التي تتعلق بعلم الفلك وعلم التقويم والطب والحساب والعسكرية والبناء، حتى كانت الكتب العربية والإسلامية التي اكتنزتها المكتبة الملكية في عهد أسرة يوان أكثر من ٢٤٢ مجلدا، وأغلبها من المصادر العلمية المهمة الثمينة في علم الفلك، وعلم التقويم والصيدلة والحساب وغيرها، وكانت الأسرة الملكية يوان تولي اللغة العربية اهتمامات كبيرة كوسيلة التخاطب والتواصل في شؤونها الداخلية والخارجية. وفي عام ١٢٨٩م، أسست الدولة مدرسة يقال لها المعهد الملكي لهوي هوي (المسلمين) لإعداد رجال الترجمة، حتى يتولوا بالصادرات والواردات من الرسائل والخطابات وترجمتها في قطاعات الدولة المختلفة، وتدرس فيها لغة تسمى لغة Istifi (ولهذه الكلمة تفسيرات عديدة، منها من قال هي من كلمة استفادة او استيفاد، ومنها من قال هي من كلمة اصطفاء) ، وهي قائمة على أساس مختلط من اللغتين العربية والفارسية، تختص بإدارة الشؤون المالية، وهذه المدرسة تعتبر حقا من أقدم مدارس اللغات الأجنبية في الصين، وكما ازداد تصين أبناء الجاليات المولدين المستوطنين بالصين منذ عهد تانغ وسونغ، وكذلك شأن المسلمين الوافدين إلى الصين من بلاد وراء حدودها الغربية منذ قيام دولة يوان، وأنهم قد شكلوا تدريجيا قومية هوي هوي وأنتشروا في أنحاء الصين، وانشأوا مساجد في المناطق التي استقروا بها، وقاموا بتعليم اللغة العربية والكتب الإسلامية في المساجد، فمن الواضح أن الازدهار المستمر لطريقي الحرير البري والبحري، وانتشار الإسلام في بلاد المشرق، والتبادل العلمي والتكنولوجي الحديث بين الصين والعرب من عهود الأسر الملكية تانغ وسونغ ويوان، وحتى ظهور تشكل قومية هوي من الأحداث التاريخية الكبرى من أعظم ثمرات التبادل والتواصل الحضاري والثقافي بين الصين والعرب، وكل ذلك يمت بصلة وثيقة مع اللغة العربية التي هي وسيلة مهمة للاتصالات.

ومن خلال مئات السنين من عهد الأسرة الملكية مينغ (١٣٦٨م –١٦٤٤م) وعهد تشينغ (١٦٤٤م –١٩١١م) قد ضعفت الحاجة إلى اللغة العربية على مستوى الدولة، وقلّ دورها مقارنة بالعصور السابقة، وتقلصت سياسة الانفتاح نحو الخارج التي كانت سائدة ومعمولا بها في عهود تانغ وسونغ ويوان، وبالتالي ضعف التبادل والتعامل بين الصين والعرب، الا أنه في بداية عهد الأسرة

الملكية مينغ وجدنا كثرة التبادل والتواصل بين الطرفين، واشتهر من بين ذلك أن الملاح الصيني المسلم تشنغ خه (١٣٧١م –١٤٣٥م) قام بسبع رحلات إلى بلدان آسيا وإفريقيا على رأس قوافل بحرية ضخمة في خلال ٢٨ عاما من عام ١٤٠٥م إلى ١٤٣٣م، وزار أكثر من ثلاثين دولة ومنطقة من جنوب شرق آسيا والمحيط الهندي والخليج الفارسي والبحر الأحمر وسواحل إفريقيا الشرقية، منها بعض الدول العربية اليوم، مثل سلطنة عمان والمملكة العربية السعودية واليمن والصومال ومصر وغيرها، وكان الوفد المرافق له أكثرهم من المسلمين المتقنين للغة العربية الذين يقومون بدور الترجمان، من أمثال ما هوان وقوه تشونغ لي وحسن وشعبان، حتى ألف بعضهم كتبا وذكريات سجل فيها ما شاهده طوال الرحلات من الأحوال الاجتماعية وغيرها، و أصبحت تلك الكتب والذكريات من المصادر المهمة التي تتناول الحديث عن التبادل الودي بين الصين والعرب. فمن أواسط وأواخر عهد الأسرة الملكية مينغ إلى عهد الأسرة الملكية تشينغ اتخذت الحكومات الاقطاعية سياسة الحظر البحري إهمالا بالشؤون الخارجية، وانعزلت عن الخارج حتى أصبح التبادل بين الصين والعرب يتقلص يوما بعد يوم. فمن أواسط القرن السادس عشر الميلادي لا نكاد نجد آثار السفن التجارية في منطقة بحرية غرب مضيق ملقا، وانقطع التبادل الودي بين الصين والعرب تقريبا.

غير أن أنشطة تعليم اللغة العربية في الصين لم تنقطع بانقطاع العلاقات بينها وبين العرب وانعزالها عن الخارج، وأن اللغة العربية والحاجة إليها مازالت مطلوبة على مستوى الديانة، فمن خلال مئات السنين من عهد الأسرة الملكية مننغ وتشينغ كانت اللغة العربية تدرس في جميع مساجد الصين على غرار التعليم المسجدي الديني، غير أنها لم تكن اللغة الأم لأبناء قومية هوي هوي التي تدين بالدين الإسلامي، وقل من يتقن اللغة العربية حتى ظهرت ظاهرة ضعف العلوم الدينية وقلة العلماء وطلاب العلم. فبدأ يفكر بعض أعلام المسلمين بحثا عن طرق الحفاظ على هوية الثقافة الإسلامية الأصيلة، واخترع الشيخ خو دنغ تشو (١٥٢٢م –١٥٩٧م) طريقة خاصة من التعليم الديني في مساجد الصين، وأصبح هذا النوع من التعليم الديني طريقة متبعة فيما بعد، ولهذه الطريقة صورة ثابتة ومواد محدودة، وأوجدوا لهذه الطريقة الخاصة لغة الترجمة أساليب خاصة لتدريس قواعد اللغة العربية وعلوم البلاغة والأحكام الفقهية. قتوارث الناس هذه الطريقة التعليمية جيلا بعد جيل من ذلك العهد إلى

يومنا هذا، وقد لعبت دورا فعالا في مجالات تعليم اللغة العربية والترجمة والدراسات الإسلامية في الصين، وخرجت دفعات عديدة من العلماء البارزين النوابغ، مما جعلت دراسات الثقافات الإسلامية وعلوم العربية في الصين تتطور وتستمر.

ففي القرن العشرين حدث تغير كبير في الصين سياسيا وثقافيا وتعليميا، حتى حدث التغير العميق في ساحات تعليم اللغة العربية، فأصبحت مضامين التعليم وأساليبه وأهدافه وجودته تتطور وترتقي، وحدث في هذه الساحة تغيران عظيمان: الأول الانتقال من التعليم المسجدي التقليدي إلى التعليم المدرسي الحديث، والثاني الانتقال إلى المعاهد والجامعات الحكومية، فلذلك يمكننا أن نقول بأن المائة سنة هذه من أهم المراحل التاريخية في تاريخ تعليم اللغة العربية في الصين منذ أكثر من ألف عام. ففي بداية القرن العشرين قد حدث تغير كبير في النظام السياسي وتراكيب المجتمع والنظام التعليمي في المجتمع الصيني، فمن الناحية السياسية قد أسقطت ثورة شين خاي (الثورة البرجوازية الديمقراطية عام ١٩١١م) الأسرة الملكية الحاكمة تشينغ وأزيل نهائيا النظام الاستبدادي الاقطاعي الذي دام آلاف السنين، وقامت مقامها جمهورية الصين الوطنية، تسير على نهج النظام الجمهوري الديمقراطي، و تسعى إلى تحقيق جمهورية القوميات الخمس: هان والمانشور والمنغول والتبت وهوي، وسواسية الأمم والقوميات، ومن الناحية الثقافية والتعليمية قد ألغي نظام الفحوص الإمبراطورية، وتدهور نظام تعليم الكتاتيب، وانثبقت موجات التغير والثورات تحت تيارات الأفكار الحديثة والاتجاهات الإيديولوجية، ولا سيما منذ الحركة الثقافية الحديثة رابع مايو عام ١٩١٩م، وظهرت مجموعات كبيرة من أبناء الوطنية والحماسة يرفعون أعلام الديمقراطية والعلوم ينادون بالتغيير في مجالات الثقافة والتعليم، وحلت اللغة الصينية الحديثة الفصحى محل اللغة الصينية الكلاسيكية، ونهض التعليم الحديث المدرسي المنظم، وفتحت الصين أبوابها نحو الخارج، وحبب لدى كثير من الناس السفر إلى خارج الصين لطلب العلم، حتى رأى الشبان المتحمسون أنه من الطرق المبسطة لإنقاذ البلاد وإسعاد المواطنين. وتحت تأثير هذه الظروف والاتجاهات استجابة لتيارات العصر، ينادون بإصلاح وتعديل التعليم المسجدي التقليدي وإنهاض التعليم وإعداد الرجال الأكفاء، فظهر عديد من مدارس تعليم اللغة العربية الحديثة، منها مدرسة تشندا للمعلمين ببكين (١٩٢٥م) ، والمدرسة

الإسلامية للمعلمين بشانغهاي، ومدرسة منيغ ده الثانوية بيوننان (١٩٢٩م) وغيرها، فقد حققت نتائج ملموسة في تعليم اللغة العربية، واتصلت بمصر وغيرها من البلدان العربية، وأرسلت بضعة وثلاثون طالبا من طلابها إلى الأزهر الشريف – كعبة العلوم الإسلامية في العالم الإسلامي، وقد وجدت لهذه المدارس بعض الاهتمامات والمعونات من قبل بعض الدول العربية، وأهديت لها بعض الكتب، وأرسل إليها بعض الأساتذة، فعلى سبيل المثال قد بعث الأزهر الشريف عام ١٩٣٣م أستاذين من أساتنته إلى مدرسة تشندا للقيام بالتدريس بأمر من ملك مصر، هذه هي الأولى من نوعها في إرسال المدرسين العرب إلى الصين بصورة رسمية، وخطوة فعالة ذات أهمية بالغة في تاريخ تعليم اللغة العربية في الصين وتعزيز التبادل الثقافي الصيني والعربي. وانتقل تعليم اللغة العربية من المساجد إلى المدارس، وبذلك تحقق الانتقال التاريخي الأول في تاريخ تعليم اللغة العربية في الصين وتحطمت أساليب التعليم القديمة التقليدية المتحجرة، وتخلص تعليم اللغة العربية من القوالب التقليدية التي استمرت مئات السنين، مخرجا في ثوب جديد عصري متميز بالدروس المدرسية والأهداف التعليمية والأساليب المبسطة، يختلف تمام الاختلاف عن التعليم المسجدي التقليدي، ويتميز التعليم الحديث بالاهتمام بجانب قدرة الدارسين على حسن استخدام وظائف اللغة التي يدرسونها، وتعلم اللغة الصينية والتعرف على العلوم والثقافات الجديدة، كما يهتم بأفكار الطلاب نحو الدولة وأيديولوجية المواطن، وقد نجح التعليم الحديث في تحقيق هذه الأهداف السالف ذكرها، بالرغم من أنه يواجه صعوبات ومشقات في مسيرته، وخرج مجموعة من أبناء اللغة العربية الأكفاء الذين يختلفون تمام الاختلاف عن الدارسين التقليديين، وهذا من أعظم النجاح الذي حققه نظام تعليم اللغة العربية الحديث في المدارس الحديثة، مما يدل على أن هذا الانتقال ذو أهمية بالغة.

فمن أواخر الأربعينيات للقرن العشرين حدث تغير كبير آخر للمجتمع الصيني سياسيا وثقافيا وتعليميا، وفي أثناء هذه الفترة بذل العلماء العائدون من مصر من أمثال الأستاذ المرحوم محمد مكين (١٩٠٦م –١٩٧٨م) والأستاذ عبد الرحمن ناتشون (١٩١٠م –) جهودا جبارة للنهوض باللغة العربية.

ومع قيام جمهورية الصين الشعبية عام ١٩٤٩م أدخلت مواد اللغة العربية ضمن مناهج المعاهد

والجامعات الحكومية، وبذلك حصلت قفزة عالية تاريخية مرة أخرى لتعليم اللغة العربية في الصين، وبعد قيام الصين الجديدة كانت الأمور كلها في أشد الحاجة إلى النهوض بها وتعديلها، ومع الحاجة الملحة في شؤون الدولة الخارجية وغيرها أدخل كثير من الجامعات مواد اللغة العربية في مناهجها، وأنشأت أقساما مستقلة لتعليم اللغة العربية بعد جامعة بكين، فأصبح تعليم اللغة العربية من مكونات مناهج التعليم العالي في الصين، وبذلك دخل في المرحلة التاريخية للتطور السريع .

وفي أواخر القرن العشرين مع تقدم مسيرة الانفتاح والإصلاح والبناء الاقتصادي دخل تعليم اللغة العربية في مرحلة جديدة متطورة متكاملة، وتطور التعليم العالي المنظم تطورا سريعا إلى المستوى العالي، وأنشئت أقسام مستقلة لتعليم اللغة العربية، وفتح قسم متكامل للدراسات العليا في اللغة العربية (الماجستير والدكتوراة). فمنذ أعوام طويلة ساهمت كل من جامعة بكين وجامعة اللغات الأجنبية ببكين وجامعة شانغهاي للدراسات الدولية وغيرها من الجامعات مساهمات عظيمة في ساحات تعليم اللغة العربية، وخرجت أعدادا كبيرة من أبناء اللغة العربية الأكفاء الممتازين، وقامت بإعداد ونشر كثيرا من كتب الدراسية والمعاجم والكتب العلمية ونشرت أبحاثا قيمة منقطعة النظير في مناهج تعليم اللغة العربية العالي.

وكما أن تعليم اللغة العربية في ساحة الدين الإسلامي حقق تقدما إلى حد ما. وجملة الكلام أن تعليم اللغة العربية في الصين حقق نجاحا ملموسا منقطع النظير منذ نصف القرن من بداية قيام دولة الصين الجديدة.

ومما تجدر الإشارة به أن الدول العربية تولي تعليم اللغة العربية في الصين اهتماما كبيرا ومساعدات مشكورة، وقد أقيمت بعض الأنشطة الفعالة المتعددة الأطراف في حقل تعليم اللغة العربية المشتركة بين الصين والدول العربية، وقدمت مساعدات مشكورة لتطوير قضية تعليم اللغة العربية من قبل بعض القطاعات المعنية من مصر والأردن وسوريا وليبيا واليمن ولبنان والعراق والسودان وفلسطين والجزائر والمملكة العربية السعودية والإمارات العربية المتحدة، وجامعتها ومراكز الدراسات العلمية، وسفارات الدول العربية لدى الصين، وبعثة جامعة الدول العربية في الصين، وذلك بإرسال الخبراء وإهداء الكتب القيمة والمصادر الثمينة، وتزويد بعض المرافق التعليمية، وتقديم منح

دراسية، وإعداد المدرسين. ولذا يمكننا أن نقول إن تطور قضية تعليم اللغة العربية في عهد الصين الجديدة هو خير شاهد على العلاقات الودية الصينية العربية منذ خمسين عاما.

— ب —

إن تعليم اللغة العربية في الصين له مراحل التطور الطويلة ونشاطات التطبيق الوافرة، لم يكن يحتل مكانا مهما في تاريخ تعليم اللغات الأجنبية في الصين فحسب، بل يعتبر موضوعا مهما في العلاقات الودية بين الصين والعرب أيضا، وإن دراسة تاريخ تطور تعليم اللغة العربية في الصين خاصة الاطلاع على مسيرة تطوره خلال القرن العشرين لها أهمية بالغة من حيث القيم العلمية والواقعية في تلخيص التجارب التاريخية الناجحة في تعليم اللغة العربية في الصين، وتحسين تطور قضية تعليم اللغة العربية، وتعميق نشاطات التبادلات الشاملة بين الصين والدول العربية، ولكن مع الأسف لم تول القطاعات المعنية داخل الصين وخارجها هذه القضية اهتماما كافيا إلى يومنا هذا. وأما في داخل الصين فبسبب قلة الباحثين المتخصصين مع بعد بعضهم عن بعض، فضلا عن أن شغلتهم أعمالهم التي يتولونها من تدريس وبحث علمي عن القيام بالبحث في هذا الموضوع، أو عدم الاهتمام الجاد بهذا المجال وضعف الدراسات النظرية. ومع ذلك فقد نشرت بعض الأطروحات في المجلات داخل الصين وخارجها منذ الثمانينات والتسعينات في القرن العشرين، ولكنها قليلة، معظمها مجرد التعريف بالأحوال الأساسية، وفي مقدمتها ما كتبه الأستاذ رضوان ليو لين روي (١٩١٨م –١٩٩٥م) " اللغة العربية في الصين قديما وحديثا " الذي نشر في مجلة مجمع اللغة العربية بدمشق عدد ٦٢، الجزء الرابع ١٩٨٧م. وما كتبه الأستاذ شيانغ بي كه تحت عنوان " تطور قضية تعليم اللغة العربية في الصين " الذي نشر في مجلة العالم العربي، العدد ٤، ١٩٩٥م، والفصل الرابع من الباب الخامس من كتاب " تاريخ تطور اللغة العربية " الذي ألفه الأستاذ ليوكاي قو وطبع بدار النشر لتعليم اللغات الأجنبية – شانغهاي ١٩٩٥م. وما كتبه الأستاذ يانغ يان هونغ تحت عنوان " قضية تعليم اللغة العربية في الصين تاريخها وواقعها ومستقبلها" والذي نشر في مجلة بيت العرب، العدد ٦، إبريل ١٩٩٧م. وما كتبه الأستاذ تشانغ هونغ تحت عنوان " تعليم اللغة العربية في الصين، الذي نشر في مجلة بيت العرب، العدد ٤٩، مارس ٢٠٠٥م إلخ. ومع ذلك لم ينشر مجموع الرسائل والبحوث التي تخص

الدراسات حول تعليم اللغة العربية في الصين، ولم يؤلف كتاب بصدد هذا الموضوع. ومما سبق يتبين أن الدراسات حول تعليم اللغة العربية في الصين لا تزال ضعيفة وضئيلة ومهملة مقارنة بالدراسات القائمة على نشاطات تعليم اللغة الإنجليزية في الصين. أما عن خارج الصين أعني الدول العربية فقولي اهتماما بقضية تعليم اللغة العربية في الصين، غير أنه لا نكاد نجد الأنشطة الدراسية في هذا الميدان. ومن الواضح أن مثل هذه الأوضاع الراكدة المتدهورة لم تعد تليق بما حققه تعليم اللغة العربية في الصين من الانجازات الملموسة على مر العصور، ولا تناسب مع مقتضيات تطور قضية تعليم اللغة العربية في الصين وتطور العلاقات الصينية العربية في العصر الجديد.

ونظرا لما سبق كان كتابي هذا " دراسات حول تعليم اللغة العربية في الصين – قديما وحديثا " يحاول أن يقوم بالدراسة الأولية في هذا الميدان. حقا إن دراسة تاريخ تطور تعليم اللغة العربية في الصين وأخص بالذكر مسيرة تطوره في القرن العشرين والاطلاع عليها بالغ الأهمية من حيث القيمة العلمية والواقعية.

1 – نجمل القول بأن تعليم اللغات الأجنبية في الصين له تاريخ طويل، وقد حقق انجازات عظيمة، ولم يكن متخلفا مقارنة بالدول الأخرى في العالم، ولكن تنقصه دراسات نظرية حول تعليم اللغات الأجنبية، وقليلا ما نلخص منها الرؤى والنظريات لسنن تطور تعليم اللغات الأجنبية. ولم يعد شأن اللغة العربية مثل اللغة الإنجليزية من اللغات الحية الكبيرة من حيث الأهمية، بيد أنها تتميز عن سائر اللغات الصغيرة. وفي أواخر القرن العشرين أنشئت كليات اللغة العربية المستقلة في الجامعات الصينية الرئيسية، مما يدل على أن تعليم اللغة العربية قد احتل مكانا مهما في ميدان تعليم اللغات الأجنبية العالي، وبهذا يكون وصفي وتلخيصي التاريخي لتعليم اللغة العربية في الصين له دور فعال يساعد على تقدم تعليم اللغة العربية بالذات، ويدفع الدراسات حول تعليم اللغات الأجنبية إلى الأمام أيضا، وهذه هي الميزة التي تميز هذا البحث عن سوابقه في هذا المجال.

2 – نظرا لاتجاهات التطور المستقبلية، هناك آفاق نيرة للتعاون بين الطرفين الصيني والعربي في مختلف المجالات وعلى مستويات مختلفة، وفي حاجة ملحة إلى تطوير وتعميق التبادلات الثقافية على المستوى الأعلى، من أجل تعزيز العلاقات الصينية العربية التي هي نصب أعين الطرفين جميعا.

وكانت إقامة منتدى التعاون الصيني العربي عام ٢٠٠٤م خير شاهد على ذلك، ولذلك كانت قضية تعليم اللغة العربية في الصين من القضايا ذات الاهتمام المشترك. ويؤكد برنامج عمل منتدى التعاون الصيني العربي على ضرورة تدعيم تعليم اللغة العربية في الصين، وتعليم اللغة الصينية في الدول العربية. لذا كان الاهتمام بالدراسات حول تعليم اللغة العربية في الصين يساعد على تقوية التبادل الصيني والعربي وتعزيز التعاون بينهما ويثمر قيمة التبادل الدولي.

٣ – إن تعليم اللغة العربية يتميز بالمعاني الدينية والقومية، وكما بينا سابقا أن اللغة العربية لغة القرآن الكريم، وعلاقتها بالإسلام علاقة وطيدة، فلم تكن اللغة العربية لغة قومية للشعوب العربية فحسب، بل هي لغة المسلمين الدينية في العالم. وكان المسلمون يولون اللغة العربية المحبة الفطرية والتقدير العميق، وفي الصين عشر قوميات تعتنق الدين الإسلامي، وقد بلغ عدد المسلمين في الصين أكثر من عشرين مليون نسمة. وقد أثرت اللغة العربية والدين الإسلامي في عادات حياتهم وثقافتهم اللغوية تأثيرا عميقا بعيد المدى. ولديهم عواطف جياشة نحو اللغة العربية والحضارة العربية الإسلامية من قديم الزمان. وقد ظهر من المسلمين كثير من العلماء البارزين النوابغ الذين بذلوا جهودا جبارة ومساهمات جليلة في ساحات اللغة العربية وميادين الحضارة والثقافة، وبعد قيام دولة الصين الجديدة أسست الجمعية الإسلامية الصينية (١٩٥٢م) بجهود من أمثال السيد برهان الدين شهيد (١٨٩٤م – ١٩٦٥م) والشيخ بانغ شي تشيان (١٩٠٢م – ١٩٥٨م) والأستاذ محمد مكين من المسلمين المشاهير. وبالتالي أسس معهد متخصص إسلامي على مستوى الدولة – معهد العلوم الإسلامي (١٩٥٥م)، فأصبحت اللغة العربية من أهم المواد التعليمية فيه. وبعد تطبيق سياسة الإصلاح والانفتاح أنشئت تسعة من معاهد العلوم الإسلامية المحلية في الصين، فكانت اللغة العربية من أهم المواد التي تدرس فيها. وعلاوة على ذلك توجد عشرات من المعاهد والمدارس العربية الأهلية على اختلاف درجاتها ومستوياتها، وكذلك الآلاف المؤلفة من المساجد المنتشرة في جميع أنحاء الصين، تدرس فيها اللغة العربية على حد مختلف، فأصبح تعليم اللغة العربية في الصين يرتبط بسياسة الدولة القومية والدينية، ويتعلق بتلاؤم الأديان وتطور الثقافات وبناء الاقتصاد وتقدم المجتمع على خير وجه، وهذه حقيقة لا تنكر ولا يمكن تناسيها أثناء القيام بالدراسات حول تعليم اللغة العربية في الصين، مما

زادت البحث صعوبة ومشقة من جهة، و تضفي عليه معنى خاصا من جهة أخرى. ولا شك أن الدراسات الشاملة المنظمة والاستقصاء التام لأوضاع تعليم اللغة العربية في الصين وتلخيص سنن تطوره والاستفادة من تجاربه التاريخية تفيد تطبيق سياسة الدولة المعنية وازدهار وتطور الثقافات الصينية التعديدية بصورة إيجابية.

— ج —

ومحاور الكتاب كالتالي:

1 – إن تعليم اللغة العربية في الصين شأنه كشأن العلاقات الصينية العربية، له تاريخ عريق وأنشطة عملية تربوية وتجارب تاريخية غنية، يستحق أن ندرسها ونلخصها بالجدية. وأن الأنشطة التي قامت بها شعوب الصين المختلفة في تعليم اللغة العربية منذ عصور سحيقة، وبالأخص تعليم اللغة العربية في القرن العشرين حققت نتائج ملموسة، ولقيت بالاهتمامات الكبيرة والمعونات السخية من قبل الدول العربية، وإن تعليم اللغة العربية في الصين كهمزة الوصل للتعامل بين الشعبين الصيني والعربي، وساهم في تعزيز التبادل بين الصين والعرب، بل هو من أهم مضامين العلاقة الصينية العربية.

2 – إن اللغة العربية هي لغة قومية للشعوب العربية وكما أنها لغة المسلمين الدينية في العالم، وقد اعتاد المسلمون في مشارق الأرض ومغاربها على دراسة علوم اللغة العربية، ومنهم مسلمو الصين. وقد قدموا مساهمات تاريخية في حقل تعليم اللغة العربية في الصين. وكذلك أن الوطنية من مكارم أخلاق المسلمين الصينيين المتوارثة، حتى تشربت في أعمالهم الثقافية التي تشتمل على دراسة اللغة العربية، وأن دراسة اللغة العربية خير شاهد على حب المسلمين للوطن والدين وقصد تطوير الذات وخدمة البلاد. وإن التحلي بهذا الخلق الموروث وتطويره من بواعث تطوير الاقتصاد والبناء الثقافي والتقدم الاجتماعي.

3 – إن القرن العشرين من أهم العصور في تاريخ تطور تعليم اللغة العربية في الصين، فمن خلال هذا القرن حدث انتقالان كبيران وقفزة عالية لتعليم اللغة العربية في الصين، وارتقى مستوى تعليمها. الأول انتقال تعليم اللغة العربية من التعليم المسجدي التقليدي إلى التعليم المدرسي المنظم،

خروجا من حيز المساجد الضيق نحو المجتمع الواسع في بداية القرن العشرين. والثاني انتقاله من المدارس الأهلية إلى المعاهد والجامعات الحكومية في أواسط القرن العشرين، وانتقل من المستوى الأهلي إلى المستوى الحكومي، ومن المراحل الابتدائية والمتوسطة إلى التعليم العالي. وفي أواخر القرن العشرين انتقل من المرحلة الجامعية إلى الدراسات العليا (الماجستير والدكتوراه) وأخيرا تشكل نظام منهجي متكامل لتعليم اللغة العربية العالي في الصين.

٤ – إن الخمسين عاما من قيام دولة الصين الجديدة من أزهى العصور في تاريخ تطور قضية تعليم اللغة العربية في الصين، وفي أثناء هذه الفترة بذل العلماء والمستعربون الصينيون جهودا جبارة مما جعل قضية تعليم اللغة العربية تتطور وترتقي خصوصا في العشرين عاما من عصر الإصلاح والانفتاح، سواء في إعداد مواد التعليم ومناهجه والأبحاث العلمية وتدريب الرجال الأكفاء وغيرها من المجالات التخصصية، وحققوا نتائج ملحوظة وانجازات ملموسة، وقد خرجوا كثيرا من الرجال الأكفاء الممتازين في شتى المجالات، في شؤون الدولة الخارجية والإعلام والتعليم والتربية والتجارة الخارجية والاقتصاد والأبحاث العلمية إلخ.

٥ – إن تاريخ تطور تعليم اللغة العربية في الصين في القرن العشرين يعطينا كثيرا من الإيحاءات والإلهامات التاريخية، فمن خلال الاستقصاء التام والاستنباط الشامل للتغير والتطور نتوصل إلى استخراج القوانين المتبعة لتعليم اللغة العربية في الصين، وبعض التجارب الناجحة التي يمكن الاستفادة منها، والتي قد تقدم بعض التوجيهات والإرشادات النظرية المهمة لاستمرارية تطور تعليم اللغة العربية. إن تعليم اللغة العربية في الصين يواجه تحديات خطيرة للتطور والمعاصرة، وأن الأوضاع الحديثة تقضي احتياجات أكثر وأعلى لتعليم اللغة العربية، تتطلب منا أن نثبت النتائج ونعمق الإصلاح ونواتي الفرص ونواجه التحدي حتى يعاصر تعليم اللغة العربية مسيرة تطور العصر وتقدمه دائما، ويتفق مع روح العصر، وحتى يخدم تطوير التبادل الشامل بين الصين والدول العربية على أحسن وجه، ويساهم في النهوض بالشعوب الصينية، وكل ذلك من المسؤوليات الكبرى التاريخية التي حملها العصر على عواتق العاملين في حقل اللغة العربية في الصين.

و انطلاقا من المحاور السابقة قد قسمت كتابي هذا إلى أربعة أبواب.

الباب الأول: إطلالة على تعليم اللغة العربية في الصين ما قبل القرن العشرين.

الباب الثاني: تعليم اللغة العربية في النصف الأول من القرن العشرين.

الباب الثالث: تعليم اللغة العربية في النصف الثاني من القرن العشرين.

الباب الرابع: التلخيصات من الماضي والتطلعات إلى المستقبل.

وموضوعات كل باب كالتالي:

الباب الأول: إطلالة على تعليم اللغة العربية في الصين ما قبل القرن العشرين. وينقسم هذا الباب إلى خمسة فصول: الفصل الأول العلاقة الأولى بين الصين والعرب، والفصل الثاني باكورة انتشار اللغة العربية واستخدامها في الصين، الفصل الثالث أقدم مدرسة للغة الأجنبية في الصين – المعهد الملكي لهوي هوي (المسلمين)، الفصل الرابع نشوء التعليم المسجدي (الكتاتيب) للغة العربية وتطوره، الفصل الخامس مآثر التعليم المسجدي للغة العربية والمآخذ عليه.

ويركز هذا الباب على عرض أحوال تعليم اللغة العربية في الصين ما قبل القرن العشرين وأوضاع العلاقات القائمة بين الصين والعرب في أولى سنواتها، وانتشار اللغة العربية فى الصين في الزمن القديم واستخدامها، وأحوال تعليم اللغة العربية على نظام التعليم المسجدي لدى المسلمين الصينيين، مآثره والمآخذ عليه.

الباب الثاني: تعليم اللغة العربية في النصف الأول من القرن العشرين. وينقسم هذا الباب إلى ستة فصول، الفصل الأول إنشاء المدارس الحديثة لتعليم اللغة العربية وتطورها، الفصل الثاني تعليم اللغة العربية في معهد المعلمين تشندا ببكين، الفصل الثالث تعليم اللغة العربية في معهد المعلمين الإسلامي بشانغهاي، الفصل الرابع البعثات إلى البلدان العربية لتعلم اللغة العربية، الفصل الخامس الأنشطة العلمية حول تعليم اللغة العربية، الفصل السادس وطنية المسلمين الصينيين في أنشطة تعليم اللغة العربية.

ويركز هذا الباب على استقصاء الأحوال العامة والمميزات لأنشطة تعليم اللغة العربية في الصين في النصف الأول من القرن العشرين. ففي بداية القرن العشرين انتقل تعليم اللغة العربية من التعليم المسجدي التقليدي إلى التعليم المدرسي الحديث، وهذه نقطة تحول تاريخي وقفزة عالية الجودة،

وهو يختلف تمام الاختلاف عما كان عليه من قبل من حيث المضامين التعليمية وأساليب التدريس وأهدافه. إنما يدل على التطور والتقدم في هذا المضمار، فقد ظهر كثير من المدارس العربية الحديثة، وتخلص التعليم من القوالب التعليمية المتجمدة على أساس التعليم المسجدي التقليدي، ويؤكد على ضرورة تعليم اللغتين العربية والصينية، لا سيما اهتمامه بتوجيه أفكار الدارسين نحو البلاد والوطن ومسؤولية العصر، وهذا كله تقدم عظيم منقطع النظير. وقد جعلت في هذا الباب كلا من معهد المعلمين تشندا ببكين ومعهد المعلمين الإسلامي بشانغهاي كنموذجين مثاليين لعرض وتحليل الأنشطة التعليمية التي قامت بها مدارس تعليم اللغة العربية الحديثة ومميزاتها.

وهذان المعهدان – أحدهما في شمال الصين والآخر في جنوبها – اتخذا منهجا تعليميا حديثا وأسلوبا رائعا، وشقا طريقا أوليا للتعليم الحديث للغة العربية في الصين، أصبحا من النماذج المثالية التي ينبغي أن يحتذى بها في الانتقال من التعليم المسجدي التقليدي إلى التعليم المدرسي الحديث، وهذا التحول والانتقال من الأحداث الكبرى المهمة في تاريخ تطور تعليم اللغة العربية في الصين في القرن العشرين. وقد خرّج المعهدان السالف ذكرهما دفعات من الرجال الأكفاء المحدثين المتقنين للغة العربية، وأصبح الكثير منهم من الرواد الأوائل في تعليم اللغة العربية العالي في الصين الجديدة فيما بعد، وساهموا مساهمات عظيمة في تنمية قضية تعليم اللغة العربية في الصين الجديدة وتعزيز التبادل الصيني والعربي.

وكذلك فصلنا في هذا الباب وطنية المسلمين في أنشطة تعليم اللغة العربية، لأن الوطنية من مكارم الأخلاق المتأصلة المتوارثة لدى المسلمين الصينيين، تتمثل في جميع المراحل التاريخية التي تتعلق بتطور أمتهم وتقدمها، وأن الأقلية المسلمة كعضو من أعضاء الأسرة الصينية الكبرى، تتعاون مع أخواتها، لها ما لهن وعليها ما عليهن، سواء في حالة الأمن والرفاهية أو في حالة الخطر والأزمة. وأن التركيز على هذا الخلق الكريم يساعد على استعراض الماضي المجيد وفقه الواقع الحاضر، ومما يدل عليه التاريخ أن دراسة اللغة العربية من تقاليد ثقافات المسلمين الصينيين، ومن سمات الوطنية لخدمة البلاد وطرق البحث عن سبل التقدم والتطور، وأن مواصلة ونشر هذا الخلق الكريم لها مدلول واقعي.

الباب الثالث: تعليم اللغة العربية في النصف الثاني من القرن العشرين. وينقسم هذا الباب إلى ثمانية فصول. الفصل الأول إدخال مواد اللغة العربية بالجامعات والمعاهد العليا، الفصل الثاني تعليم اللغة العربية من الخمسينات إلى السبعينات، الفصل الثالث تعليم اللغة العربية في الجامعات عقب سياسة الإصلاح والانفتاح، الفصل الرابع تعليم اللغة العربية في معاهد العلوم الإسلامية، الفصل الخامس تعليم اللغة العربية في المدارس الأهلية، الفصل السادس البعثات والتبادلات الخارجية، الفصل السابع الدراسات والبحوث حول تعليم اللغة العربية، الفصل الثامن تعليم اللغة العربية في جزيرة تايوان.

ويركز هذا الباب على الاستقصاء الشامل بقدر الاستطاعة لتعليم اللغة العربية في الصين في النصف الأخير من القرن العشرين، ونعني خمسين عاما بعد قيام الصين الجديدة، وهذه الفترة من أزهى العصور لتعليم اللغة العربية في الصين، وقد انتقل تعليم اللغة العربية من المدارس المتوسطة الأهلية إلى المعاهد والجامعات الحكومية، ومن المستوى الأهلي إلى المستوى الحكومي بنجاح وبصورة كاملة، حتى اندمج في النظام التعليمي العالي الحكومي، وبالتالي ارتفع مستوى تعليمها إلى حد كبير، فحقق نتائج ملموسة في إنشاء الأقسام التخصصية وإعداد المواد التعليمية ووضع المناهج وتدريب الأكفاء وإعداد الأبحاث العلمية. وهذه قفزة أخرى في تاريخ تعليم اللغة العربية في الصين في القرن العشرين، فمنذ خمسين عاما كان الأساتذة المتخصصون في اللغة العربية من المعاهد والجامعات ببكين وشانغهاي وغيرها يبذلون جهودا كبيرة لإعداد المواد التعليمية المنظمة ووضعوا المناهج التعليمية، ووسعوا دائرة التبادل الخارجي ورفعوا مستوى التعليم، وأنشئت أقسام مستقلة متكاملة للدراسات العليا في اللغة العربية (الماجستير والدكتوراة)، وأسسوا نظام التعليم المتكامل ونظام البحوث والدراسات، وخرّجوا دفعات متعددة من الرجال الأكفاء وأصحاب المستوى العالي في اللغة العربية، وحققوا نتائج في إعداد البحوث والدراسات العلمية ، مما جعل تعليم اللغة العربية دائما يرتقي ويتطور.

وفي العقدين الثامن والتاسع من القرن العشرين مع تعمق وتطور سياسة الإصلاح والانفتاح في الصين قد تطور تعليم اللغة العربية على المستوى القومي والديني أيضا، فأنشئ العديد من مدارس

اللغة العربية الأهلية في أنحاء الصين باختلاف درجتها غير عشرة معاهد العلوم الإسلامية التي تشرف عليها الحكومة، وهذا امتداد لتقاليد الثقافات القومية ونشرها، وكذلك نتيجة حتمية لتطبيق سياسات الدولة القومية والدينية، فأصبح تعليم اللغة العربية في معاهد العلوم الإسلامية ومدارس اللغة العربية الأهلية إضافات وتكميلات لقضية تعليم اللغة العربية في الصين، وموارد غنية في ساحات تعليم اللغة العربية. فإذا وجهنا نحوها بعض التوجيهات الرشيدة والتعديلات السديدة، وزودناها ببعض المعونات اللازمة الإيجابية فإنها تفيد بالتأكيد التطور المستمر لقضية تعليم اللغة العربية في الصين.

وعلاوة على ذلك فقد بينا في هذا الباب أحوال تعليم اللغة العربية في جزيرة تايوان، وهو جزء مكون من أجزاء أنشطة تعليم اللغة العربية في الصين، ولها نتائج لا يستهان بها، غير أن المعلومات حول هذا الموضوع غير متوافرة لضعف التبادل والتواصل بينها وبين الوطن الأم في مجالات تعليم اللغة العربية.

الباب الرابع: التلخيصات من الماضي والتطلعات إلى المستقبل. وينقسم هذا الباب إلى ثلاثة فصول، الفصل الأول مشكلات وتحديات وآفاق في تعليم اللغة العربية في الصين، الفصل الثاني اقتراحات نحو تطوير تعليم اللغة العربية في الصين، الفصل الثالث التجارب والإلهامات التاريخية من تعليم اللغة العربية في الصين.

وأجملنا في هذا الباب خصائص العصر لتعليم اللغة العربية في الصين في القرن العشرين، ولخصنا فيه سنن تطوره وتجاربه التاريخية، وبناء على ذلك فقد درسنا بعض الأمور التي تتعلق بتعليم اللغة العربية في الصين ومستقبل تطوره وآفاقه وما تقتضي علينا الأوضاع الراهنة من المتطلبات العالية الجديدة في تعليم اللغة العربية في الصين، وينبغي أن يكون تعليم اللغة العربية مسايرا لتقدم العصر، وأن يكون دائما متطورا نحو الأحسن والأفضل، وأن يتمشى مع خطوات تقدم الزمان. وكذلك قدمنا بعض الاقتراحات والآراء والتوصيات، وأن تعليم اللغة العربية في العصر الحاضر يواجه تحديات، بالرغم من كثرة المشقات وعظم المسؤوليات، غير أن هناك آمالا مرضية وآفاقا نيرة.

وبعدا عن الاطالة، فقد جعلت بعض المعلومات والموضوعات المهمة التي لها صلة وثيقة بصلب الموضوع في جداول الملحقات مقسمة إلى عشرة موضوعات، وهي:

١ - جدول أهم الكتب الدراسية في التعليم المسجدي التقليدي في الصين.

٢ - أسماء الطلاب المبعوثين إلى مصر للدراسة في الثلاثينيات في القرن العشرين.

٣ - جدول أهم الكتب الدراسية العربية في التعليم الجامعي المعاصر في الصين.

٤ - جدول أهم القواميس والمعاجم لتعليم اللغة العربية المطبوعة في الصين.

٥ - جدول الجامعات والمعاهد الصينية التي تدرس فيها اللغة العربية.

٦ - جدول معاهد ومدارس اللغة العربية الأهلية في الصين.

٧ - جدول أهم مواد اللغة العربية في قسم اللغة العربية بجامعة شانغهاي للدراسات الدولية في العقد التاسع من القرن العشرين.

٨ - منهج تعليم اللغة العربية في الجامعات الصينية.

٩ - فهرس البحوث والدراسات حول تعليم اللغة العربية في الصين.

١٠ - الوقائع التاريخية الكبرى في تعليم اللغة العربية بالصين.

وقد كلفتني هذه الملحقات كثيرا من الوقت والجهد لجمع المعلومات والبحث فيها، وبسبب ضعف شأني وقصر الوقت لا يخلو الكتاب من العيوب والنقائص، وهي في حاجة إلى مراجعة وتكملة.

وقد جعلت في آخر الكتاب فهرس المصادر والمراجع التي رجعت إليها أثناء إعداد البحث، فما اقتبست منها النص المنقول قد أشرت إليه في الهامش من أجل التوثيق والأمانة العلمية.

— د —

وقد اعتمدت في كتابي هذا أولا وأخيرا على موقف الدراسة التاريخية الجدلية من حيث الاستدلال والتحليل والتبيين تمسكا بمبادئ الحقيقة الواقعية والعدل والموضوعية أخذا بأسلوب الجمع بين التأريخ والتحليل بجعل تغير وتطور العصور التاريخية محورا عموديا، وتحليل الأحداث والنظائر والأشباه محورا أفقيا، جامعا بين التأريخ والتحليل، ساعيا إلى مراعاة جميع النواحي ووضوح التقسيم والتبويب وعدالة التحليل ودقة المعلومات وصحتها، اهتماما بربط أنشطة تعليم اللغة العربية في العصور المختلفة مع الأوضاع الإجتماعية والسياسية المعنية ثم تحليلها ووصفها بصورة شاملة منظمة دقيقة، لكي تتضح من خلال ذلك مسيرة تطور قضية تعليم اللغة العربية في الصين، خصوصا تصوير

مسيرة التغيرات المستمرة والرقي والتقدم في القرن العشرين، وتلخيص سنن تطوره وتجاربه التاريخية وتحليل المشكلات والمشقات والبحث عن طريق حلها، ثم عرض النتائج والتطلعات باعتبارها شواهد تاريخية ودروسا وعبرا يمكن الاستفادة منها في التطور المستمر لقضية تعليم اللغة العربية في المستقبل، وزيادة لبنة في بناء الدراسات حول تعليم اللغات الأجنبية في الصين وفتح آفاق جديدة في ذلك.

وتجدر بنا الإشارة إلى أن حجم الكتاب محدود، والوقت ضيق، وأن الدراسة الشاملة لأنشطة تعليم اللغة العربية في الصين خصوصا أنشطة تعليم اللغة العربية في القرن العشرين ثم تلخيصها نظريا لم تكن من الأمور الشديدة الحاجة إليها وذات أهمية بالغة واقعية فحسب، بل من المشاريع العلمية الشاقة الضخمة المتشتتة، منها ما يتعلق بعلوم التعليم والتربية وعلم اللغة وعلم التاريخ ومنها ما يتعلق بعلوم الأديان وعلوم القوميات وعلوم العربية وعلوم العلاقات الدولية وغيرها من العلوم. وأن البحوث والدراسات في هذا الميدان أساسها ضعيف، وهي لا تزال في مراحلها الأولى. وأن المصادر والمراجع حول هذا الموضوع ضئيلة، والنتائج العلمية التي يمكن أن نستفيد منها قليلة محدودة، وجمع المواد والمعلومات وتحليلها أمر عسير، ولذلك لا يمكن للفرد الواحد أن يكملها، و أن الباحث نفسه ضعيف المعرفة، قليل البضاعة. وأرجو ألا يكون كتابي هذا الا نقطة الابتداء وتمهيدا للطريق في هذا الموضوع.

وإذا كانت في الكتاب آراء سليمة وأفكار جديدة ومعلومات مفيدة، فهي من رحمة الله ثم من جهود الباحث و توجيهات الأستاذ المحترم السيد تشو وي ليه وإرشاداته، وهنا أتقدم له بأوفر الشكر وأعمقه على عنايته الخاصة وتوجيهاته القويمة، ومع ذلك لا أدعي أنني وصلت في هذا الكتاب إلى الكمال، فإنه ربما يوجد فيها بعض العيوب والنقائص، فأرجو من عمق قلبي من الخبراء والقراء أن يتكرموا بتوجيهي إليها والشكرا.

Abstract

Arabic is a common language of Arab nation and one of the working languages of the United Nations. At the same time, it is the language of the Holy Quran, a main scripture of Islam, therefore, it has become religious language of Muslim all over the world.

Arabic is a carrier of Arab-Islamic culture since it has been, in the history, one of the most important academic languages for about 1000 years starting from the 8th century (A. D.) down to European Renaissance in the 16th century. Along with spread of Arab-Islamic culture in the west and in the east, Arabic language was so widely spread that the scope of studying and using was expanded to many continents, mainly to Asia, Africa and Europe.

Relationships between China and Arab go to very ancient times and it might be traced to two thousand years ago. Therefore China is one of the countries in which Arabic entered in earlier times. During the Han Dynasty (206 B. C. —220 A. D.), the relation between China and Arab had been established, and in Tang dynasty (618—907) and Song dynasty (960—1279), bilateral relations were enhanced where a lot of Arabs came to China for trading while many of them settled down and gradually formed a number of compact settlement called "*fanfang*" (foreigners sector) in coastal cities where mosques were built. Islam was then brought to China.

Because of deepening Sino-Arab relations and entering of Islam in China, Arabic language naturally spread in China. When it was during the Yuan Dynasty (1271—1368), Arabic had been widely spread and used and the study of Arabic language was gradually set off. Since then, Chinese people started learning and studying it and the activities had been continuing till today for about thousand years without interruption and has developed and expanded.

It is obviously that the Arabic teaching in China has a long history with very rich experiences gained mainly in the 20th century when it had reached a high level and had made a great achievement.

The Arabic teaching in China constitutes an important part in history of foreign languages teaching in China as well as an important part of Sino-Arab relations, and it has been an active factor to promote friendly exchanges between China and Arab countries.

To study the history of the Arabic teaching in our country has some practical meaning and theoretical guidance for summing up the experience of the Arabic teaching, even of foreign languages teaching, for promoting the cause of the Arabic teaching in China and for deepening the exchange between China and Arab world. Unfortunately, such an important issue has not been given a due attention by scholars so far and it still lacks a systemic study. So the study of Arabic teaching is still backward, weak and short of materials compared with the study of English and other languages teaching in China.

Based on above facts, this book is to concentrate on "*A Brief*

History of Arabic Language Teaching in China" , aimed to reinvestigate, depended on a thorough historical review and the course of the Arabic teaching in China, to analyze the prevailing difficulties and problems and explore some means to solve the problems in order to provide a reliable materials for further prosperity of the Arabic teaching course in China and to contribute for betterment of foreign languages studies in our country.

The book is divided into four chapters as followings:

1. The Arabic teaching in China before the 20th century;
2. The Arabic teaching in the first half of the 20th century;
3. The Arabic teaching in the second half of the 20th century;
4. Historical conclusion and prospects of the future.

The first chapter deals with a brief review on the situation of the Arabic teaching in China before the 20th century. The subject involves the nature of Sino-Arab relation in earlier stages, the spread of Arabic in China and Chinese Muslims' success and failures in the Arabic teaching on mosque style.

The second chapter deals with an investigation to the basic feature and situation of the Arabic teaching in the first half of the 20th century. The subject involves the rising of new educational system in the Arabic teaching, sending students to abroad for Arabic learning and starting of activities concerning the Arabic teaching. In the beginning of the 20th century, the Arabic teaching transferred from traditional mosque style into new school style. That was a great leap in history of the Arabic teaching in China as it indicated a significant development in the contents, methods and aims. Many Arabic schools appeared and had exceeded traditional method of the mosque emphasizing on Arabic and Chinese learning, and a special attention was paid to educate students' awareness and responsibility of the country. In this chapter, Beijing Chengda Normal College and Shanghai Islamic Normal College will be taken as examples to investigate and analyze the activities of new Arabic teaching schools and their characteristics. Both colleges produced a lot of new Arabic scholars. Most of them became pioneers of the Arabic teaching in China and made great contributions for it and for the exchanges between China and Arab world.

The third chapter deals with a complete investigation to the Arabic teaching in the second half of the 20th century in China. The fifty years since establishment of new China, is the golden age for the Arabic teaching in China as a great achievements were reached and the Arabic teaching transferred completely from private secondary school into higher educational institution of government and elevated from private level to governmental level, and the standard of the Arabic teaching was raised to a high level. This was a great leap of the Arabic teaching in China. In about five decades, Arabic teachers of Beijing University, Beijing Foreign Languages University, Shanghai International Studies University and other universities edited standard textbooks, made teaching programs, expanded the scope of exchange with foreign countries and raised teaching levels, had post-graduate programs and doctorate program in Arabic learning. A whole system of teaching and studying was gradually established, and a number of Arabic talents were produced while great achievement was reached in scientific research, the Arabic teaching has been progressing to a new stage.

In the end of the 20th century, Arabic schools in different levels were established all over China that showed to have carried on the tradition of the nation and indicated the positive results of implementing reform and opening policy. Besides 10 Islamic colleges established by government, there are many private Arabic schools also in all parts of China, and they constituted a supplementary part to high educational institutions. This accords with the spirit of the time that to develop multi-level and multi-channel educations as they also constituted an important source of man power in area of the Arabic teaching. They are ought to be guided, assisted and implied efficiently so that they may serve for cultural development, economic growth and advancement of the nation in a better manner and they may play a significant role for prosperity and sustainable development of the Arabic teaching in China.

In addition to these, the situation of the Arabic teaching in Taiwan district also analyzed since it constitutes a part of the Arabic teaching in China, apart from its achievement in the field, and the only problem is lack of connection with Arabic circle in the main land.

The fourth chapter deals with an investigation to the Arabic teaching in our country especially in the 20th century and making a conclusion from it. On this basis, it highlighted challenges, problems and opportunities faced by the Arabic teaching and emphasized on that the new situation demanded from us for a greater efforts to the Arabic teaching. It should keep pace with the time and should be kept reform and harmony with the progress of the time. Therefore some suggestions are made accordingly. Although task of the Arabic teaching, in the future, is still hard and arduous, yet it appears a pleasant outlook.

Main contents and basic ideas of the book may be summarized as follows:

1. As Sino-Arab relation goes back to ancient times, the history of the Arabic teaching in China has undergone a long course. So from its plentiful activities and precious experiences, some valuable lessons and conclusions should be taken.

2. Chinese Muslim made historical contributions to the Arabic teaching. The Arabic learning has been a tradition of Chinese Muslim culture which ought to be carried on and developed so that they may serve for construction of the country and progress of the nation.

3. In the 20th century, China witnessed a rapid development in the Arabic teaching, as there occurred two leaps in the field. The first is that the Arabic teaching was transferred from the mosque style to school style. The procedure completed in earlier decades of the 20th century, and especially from the twenties to the forties of 20th century it progressed fast and got some remarkable results. The second is that the Arabic teaching leaped from private school to national universities, elevated from private level to official level, and brought into educational system of the government. The procedure completed around the time of the founding of new China (1949) and it has developed rapidly in the fifties and the sixties. At last, in the nineties a complete system of teaching in terms of different programs such as undergraduate, postgraduate, doctorate and post-doctorate programs were formed.

4. The half a century after establishment of the new China is a

golden age in the history of the Arabic teaching in China when many remarkable achievements were made after a constant striving in spite of having suffered from a lot of troubles. In this period a number of standard textbooks were edited and exchanges with Arab countries were expanded, the teaching programs for undergraduate level were worked out, and the studies in different fields were started, the system of teaching and scientific studies were gradually completed, a number of Arabic talents were produced, many remarkable achievements were reached in the Arabic teaching and studying.

5. The Arabic teaching in China is facing some challenges as well as opportunities for further development in the future. The new situation is demanding Arabic teaching for a higher standard, and it is the historical task for all those who undertaking the Arabic teaching and studying to grasp the opportunities, meet the challenges, keep pace with the time, and deepen the reform in order to make the Arabic teaching move forward on a way of sustainable development and to serve for constructions of the society and for the cause of expansion of Sino-Arab relation.

绪　论

一

　　阿拉伯语是世界上最古老、最富生命力和表达力的语言之一。阿拉伯语是阿拉伯民族的共同语言，是阿拉伯国家联盟22个国家的官方语言，也是联合国大会及其各主要委员会的正式语言和工作语言之一。阿拉伯语还是伊斯兰教经典《古兰经》的语言，因而也成为全世界穆斯林共同的宗教语言。历史上，阿拉伯语曾是从公元8世纪阿拉伯帝国兴起后直至16世纪欧洲文艺复兴期间近千年来最主要的国际学术语言之一，在东西方文化的沟通和交流方面发挥了十分重要的作用，随着阿拉伯—伊斯兰文化的大面积西进东渐，阿拉伯语得到了广泛传播，并对波斯语、土耳其语、乌尔都语、西班牙语、法语、英语等东西方许多语言产生了不同程度的影响，学习和使用阿拉伯语的范围几乎遍及亚、非、欧几大洲。

　　语言是文化的一部分，阿拉伯语乃是阿拉伯—伊斯兰文化的重要载体，与阿拉伯—伊斯兰文化密不可分，也可以说，阿拉伯语就是阿拉伯—伊斯兰文化的一个重要组成部分。对语言的研习与传播，伴随的就是文化的交流与传播，"其意义远远超过单纯的语言学习，而应当同促进人类的发展、团结与进步联系起来，同促进各国人民的经贸关系和文化交流联系起来，同保卫世界和平，促进人类文明联系起来"①。实际上，我国各族人民长期开展的阿拉伯语研习活动，便是这方面的生动反映。

历史事实表明，阿拉伯语很早就传到了中国。我国部分民族人民开展的阿拉伯语教育活动，如同中阿关系一样，历史悠久，有着漫长的发展历程和丰富的实践活动，历时千余年，不断发展，不断提升，它不但是我国外语教育史的重要组成部分，而且是我国长期开展的阿拉伯—伊斯兰文化研究活动中不可分割的组成部分，同时，也是中阿友好关系的重要内容。

中国与阿拉伯的历史交往源远流长。早在两千多年前的汉代，中国就与阿拉伯地区有了联系。西汉时期（公元前206—公元8年），张骞（？—公元前114年）两度出使西域，连通中亚、西亚，曾远至今日的伊拉克、叙利亚等阿拉伯地区，开辟出以后著称于世的"丝绸之路"；张骞之后，又有东汉时期的班超、甘英两度再出西域，进一步获取了有关阿拉伯的信息，其中包括有关阿拉伯语的信息。唐宋时期，中阿交往日趋频繁，大量阿拉伯商人来华贸易，许多人长期定居中国，被称为"蕃客"，他们在广州、泉州、杭州、扬州等东南沿海的一些大城市里逐渐形成相对集中的居住区——蕃坊，并建立了社区清真寺，这样，伊斯兰教也传到了中国。而伴随着中阿交往的增进和伊斯兰教的传入，阿拉伯语很自然地传播到中国，因此，中国不但是阿拉伯—伊斯兰文化较早传入的国家，也是阿

---

① 季羡林：《世界文化史故事大系》总序，载杨孝柏主编《世界文化史故事大系——阿拉伯卷》，上海外语教育出版社2003年版。

拉伯语传入较早的国家之一。

到了元代，由于中国乃至中亚、西亚地区政治格局的巨大变化，致使中外交流和人员流动极为频繁。包括士兵、工匠、商人、学者等各类人员在内的大批阿拉伯、波斯和中亚的穆斯林纷纷来华，在元帝国的立国和建国过程中，这些被称作"回回人"的穆斯林，在政治、军事、经济、文化、科技、外交等许多领域发挥了重要作用，也使阿拉伯语在中国得到广泛传播和应用。阿拉伯语不仅是大量东来的"西域回回"的日常生活和宗教生活用语，而且是当时中国在政治、文化、科技等方面开展国际交流的主要语言之一。中国的印刷、造纸、制瓷、纺织等先进技术和工艺以及丝绸、瓷器、火药、指南针等手工艺产品和科技产品借阿拉伯穆斯林而西传，远及欧洲各国。同时，阿拉伯相对先进的科技文化和大量科技文献也东传中国，涉及天文、历法、医学、数学、军事、建筑等各个领域，仅元代秘书监收藏的"回回书籍"就达242部之多[1]，绝大部分都是有关天文、历法、医药、数学等方面的科技文献。阿拉伯语作为元王朝内政、外交方面重要的交际工具之一而受到重视。元世祖至元二十六年（1289年），元朝中央政府还专门设立了培养"译史"的高级官学——回回国子学，教授"亦思替非文"，"亦思替非文"实际上是以阿拉伯文和波斯文为基础的一种用于财务管理的特殊符号[2]。"译史"即在政府各部门负责公文往来翻译及财务管理工作的职员。回回国子学后又称"回回国子监"，回回国子学被认为是我国最早的外国语学校[3]。

---

[1] （元）王士点、尚企翁：《秘书监志》，浙江古籍出版社1992年版。

[2] ［伊朗］穆扎法尔·巴赫蒂亚尔：《亦思替非考》，载叶奕良主编《伊朗学在中国论文集》，北京大学出版社1993年版。

[3] 付克：《中国外语教育史》，上海外语教育出版社2004年版。

有元一代，唐宋以来世居中国的"土生蕃客"以及元朝开国时期大量东来的西域"回回人"不断华化，逐渐形成回回民族，并散居全国，他们在各地建立清真寺，在寺内开展对阿拉伯语及伊斯兰教经典的研习活动。概言之，唐、宋、元以来，海陆丝绸之路的持续繁荣，伊斯兰教的东渐，中阿先进科技文化的相互交流，乃至回回民族的诞生等，所有这些重大历史事项的发生和发展，都是中阿文明交往的结果，无一不与阿拉伯语这一重要交际工具密切相关。

明清以来的数百年间，阿拉伯语在国家层面上的需求逐渐弱化，其作用已远不能与元时相比。唐、宋、元历代王朝曾长期奉行的对外开放政策日趋萎缩，中阿交往因之在总体上呈衰微之势，只是在明朝初期，双方的交往相对频繁。这期间最值得称道的是回族航海家郑和（1371—1435 年）七下西洋的壮举。郑和于明永乐三年（1405 年）至宣德八年（1433 年）的 28 年间，率领庞大的船队七次下西洋，先后到访东南亚、印度洋、波斯湾、红海及非洲东海岸的三十多个国家和地区，其中包括今天的阿曼、沙特阿拉伯、也门、索马里、埃及等阿拉伯国家。担任随行通事的马欢、郭崇礼、费信、哈三、沙班等均为熟知阿拉伯语的穆斯林。马欢、费信和巩珍还分别撰有《瀛涯胜览》、《星槎胜览》、《西洋番国志》，详细记载了郑和所到地区的山川形胜和社会状况，成为明代中阿友好交往的珍贵史料。明朝中后期直至清朝时期，封建王朝推行"不务远略"的海禁政策，闭关自守，加之欧洲殖民主义者大举入侵东方，致使中阿交往日颓，以致"16 世纪中叶后，中国商船几乎绝迹于马六甲海峡以西，中阿之间的友好交往受到严重阻碍"①。

---

① 彭树智主编：《阿拉伯国家史》，高等教育出版社 2002 年版。

然而，我国的阿拉伯语教育活动并未由于锁国封闭而中止，因为阿拉伯语在民族宗教层面上的需求依旧。明清以来的数百年间，阿拉伯语教育活动主要在各地清真寺以经堂教育的方式开展。对于信仰伊斯兰教的回回民族而言，阿拉伯语在明时已不再是他们的母语，懂得阿拉伯语的人日渐稀少，以致出现"经文匮乏，学人寥落"①的局面，回回人中的一些有识之士，开始探求保存本民族固有文化的途径。于是，以陕西胡登洲（1522—1597年）为代表的伊斯兰教经学家首创的经堂教育模式便应运而生。经堂教育在长期的发展过程中形成了比较系统的教学体系，有统一的教材和相对稳定的教学模式，还创设了一套讲习阿拉伯语语法、修辞及伊斯兰教教法的特殊经堂用语，传承数百年，绵延不绝，在我国阿拉伯语教学、翻译及伊斯兰研究方面做了艰苦的探索，培养出不少颇有造诣的经师，从而使被称作"天方之学"的阿拉伯语和伊斯兰文化的研习活动在我国得以长期延续和发展，有效地促进了中华文化与阿拉伯—伊斯兰文化的相互交流。

明末清初，更出现以王岱舆（约1584—1670年）、马注（1640—1711年）、刘智（约1655—1745年）等为代表的一批"回儒"，他们学贯中外，博通四教（伊、儒、释、道），致力于"用儒文传西学"的"以儒诠经"活动，著书立说，翻译、介绍了大量阿拉伯—伊斯兰文化典籍，"本韩柳欧苏之笔，发清真奥妙之典"，以典雅的汉语阐发伊斯兰文化的要旨，王岱舆的《正教真诠》、《清真大学》，马注的《清真指南》，刘智的《天方性礼》、《天方典礼》、《天方至圣实录》等，都是这方面很有

---

① 《修建胡太师祖佳城记》，见白寿彝主编《回族人物志（明代）》，宁夏人民出版社1990年版。

分量的代表性著作。"以儒诠经"活动充分吸纳宋明理学，着力构建"回儒一体"的思想体系，认为"回儒两教，道本同源，初无二理"，用今天的话说，就是进行比较研究，开展文明对话，以期达到"各美其美，美人之美，美美与共"，和而不同的境界，在中国学术史、思想史上占有重要的位置，至今仍不失其独特的意义和价值。

进入 20 世纪后，随着中国社会在政治、文化、教育等各方面的巨变，我国的阿拉伯语教育也发生了深刻变化，在教学的内容、方式、目的、质量等各方面不断提升，成功地完成了从传统经堂教育到民办新式学校教育，再到国立高等教育的两次大转换。因此，在我国阿拉伯语教育长达千年的发展史上，20 世纪这一百年是最具历史意义的重要阶段。

20 世纪初，中国社会的政治体制、社会结构、教育制度等都发生了巨大的变革。政治方面，辛亥革命推翻了清王朝，几千年的封建专制制度解体，中华民国诞生，推行民主共和制，主张汉、满、蒙、藏、回"五族共和"，倡导民族平等；文化、教育方面，科举制度被废，私塾教育衰亡，各种新思想、新思潮不断掀起变革的浪潮，特别是五四新文化运动以来，一大批爱国志士更是高擎民主与科学的大旗，极大地推进了文化、教育界的变革。文言文让位于白话文；新式学校教育蓬勃兴起；国门大开，出国留学蔚然成风，成为有抱负的一代新青年谋求救国救民的一条捷径。就是在这样的大背景下，全国各地的回族穆斯林也顺应时代潮流，倡导革新传统经堂教育，兴学育才，陆续兴办了不少新型的阿拉伯语学校，其中如北京成达师范（1925 年）、上海伊斯兰师范（1928 年）、云南明德中学（1929 年）等，都在阿拉伯语教育方面取得了显著成绩。这些学校还沟通了与埃及等阿拉伯国家的联系，派遣了数十名学生到阿拉伯世界最高学府爱资哈尔大学留学深造。这些学校的教学活动还受到阿方的重视和支持，或捐赠图书，或派员支教，例如，爱资哈尔大学受埃及国王之命，曾于1933年派遣两名教师到成达师范执教，并捐赠大量阿拉伯文图书，这是阿拉伯国家第一次正式派教师到中国教授阿拉伯语，在中国阿拉伯语教育史和中阿文化交流史上是很有意义的举措。

阿拉伯语教育从清真寺转入学校，实现了我国阿拉伯语教育史上第一次历史性转换，打破了传统经堂教育封闭僵化的教学模式，使阿拉伯语教育从延续了数百年的传统经堂中走了出来，进入到具有现代意义的学校课堂，教学理念、方法和目标等都与传统经堂教育有了明显区别，尤其强调对所学语言的运用能力，注重对汉语及新文化知识的学习，注意培养学生的国家观念和公民意识。这些变革举措取得了明显成效，新式学校在极为困难的条件下，仍然培养出一批与传统经生截然不同的新型阿拉伯语人才，这是新式学校阿拉伯语教育的最大成功之处，也说明了这次转换具有非同寻常的意义。

20世纪40年代后期，中国社会在政治、文化、教育等方面又一次经历了巨大变化。这期间，经过以马坚先生（1906—1978年）、纳忠先生（1910— ）等为代表的一批留学埃及归国的回族学者一段时间的艰苦努力，随着中华人民共和国的成立，阿拉伯语教育终于成功地进入国立高等院校，完成了我国阿拉伯语教育史上又一次历史性跨越。新中国成立后，百废待兴，由于国家外交等方面的迫切需要，多所高校继北京大学之后设立了阿拉伯语专业，阿拉伯语教育成为我国高等教育事业的一个组成部分，进入了快速发展的历史阶段。20世纪后期，随着我国改革开放和经济建设的全面推进，阿拉伯语教育又步入一个全面发展的新阶段，正规高等教育有了显著提升，形成了既有本科又有硕士、博士研究生教育的完备的教学体系。多年来，北京大学、北京外国语大学、上海外国语大学等高校在阿拉伯语教育领域作出了突出贡献，为国家培养了一批又一批优秀的高级阿拉伯语人才，编写出版了大量教材、工具书和学术著作，还研订出版了高等学校阿拉伯语教学大纲，这在世界上也是绝无仅有的。同时，民族宗教层面的阿拉伯语教育也得到一定发展。总之，新中国成立半个世纪以来，我国阿拉伯语教育取得了前所未有的成就。

这里值得提出的一点是，新中国的阿拉伯语教育还得到了阿拉伯国家的广泛关注和热情支持，中国和阿拉伯国家在阿拉伯语教育领域开展了多方面的有效合作。埃及、约旦、叙利亚、利比亚、也门、黎巴嫩、伊拉克、苏丹、巴勒斯坦、阿尔及利亚、沙特阿拉伯、阿联酋等许多国家的有关部门、高等院校和科研机构，以及阿拉伯国家驻华使领馆、阿盟驻华代表处等，都为我国阿拉伯语高等教育事业的发展给予了力所能及的宝贵支持，或派遣专家，或赠送图书资料，或提供教学设备，或接受留学生和师资培训等。可以说，新中国阿拉伯语教育事业的发展，是50年来中阿友好关系的生动体现。

二

我国的阿拉伯语教育有漫长的发展历程和丰富的实践活动，不仅在我国外语教育史上占有重要位置，而且是中阿友好关系的重要内容。研究我国阿拉伯语教育的发展历史，特别是考察20世纪阿拉伯语教育的发展进程，对于总结阿拉伯语教育的历史经验，促进阿拉伯语教育事业的发展，推动中阿全面交流的深入开展，无疑具有非常重要的学术价值和现实意义。但迄今为止，对这一重大课题的研究还没有得到国内外有关方面的足够重视，更缺乏这方面的专题研究。就国内而言，由于有关专业人员数量较少，而且比较分散，还承担着各自岗位上的教学、科研任务，因而对这方面的专题研究或无暇顾及，或有所忽视。20世纪80—90年代以来，虽有一些相关论文在国内外刊物上陆续发表，但为数不多，且多以基本情况的介绍为主。有代表性的文章如刘麟瑞先生（1918—1995年）的《اللغة العربية في الصين قديما و حديثا》(مجلة مجمع اللغة العربية بدمشق العدد 62 الجزء الرابع 1987م)，一知的《阿拉伯语在中国》（《阿拉伯世界》1991年第1—2期），向培科的《中国阿拉伯语教学事业的发展》（《阿拉伯世界》1995年第4期），刘开古的《阿拉伯语在中国》（《阿拉伯语发展史》第五章第四节，上海外语教育出版社1995年版），杨言洪的《中国阿拉伯语教学事业的历史、现状与未来》（《阿拉伯人之家》1997年第6期），张宏的《中国的阿拉伯语教学》（《阿拉伯人之家》2005年第49期）等。然而，迄今尚未出版过一本有关我国阿拉伯语教育研究的论文集，也没有一部学术专著问世。显然，我国的阿拉伯语教育研究，基础薄弱，资料匮乏，与我国对英语教育活动的研究相比，明显滞后。至于国外特别是阿拉伯国家，虽对我国的阿拉伯语教育有所关注，但在这方面也几乎没有开展什么学术研究活动，鲜见有相关的研究成果。显然，这种滞后的研究状况，与我国阿拉伯语教育的漫长历史和所取得的显著成就很不相称，也与新时期我国阿拉伯语教育事业和中阿关系进一步发展的客观要求不相适应。

有鉴于此，本书以"中国阿拉伯语教育史纲"为题，力图在这一领域的研究方面作一初步尝试。这里需要交代的一点是对"教育"和"教学"这两个重要概念的使用情况。标题中称"阿拉伯语教育"而没有用"阿拉伯语教学",是经过一番深思熟虑而定的。在我国历史文献中,"教育"一词最早见于《孟子·尽心上》,其中说君子有三乐,"父母俱在,兄弟无故,一乐也;仰无愧于天,俯不怍于人,二乐也;得天下英才而教育之,三乐也。"① 《说文解字》对"教"和"育"的解释分别是:"教,上所施,下所效也","育,养子使作善也"②。"教学"一词最早见于《礼记·学记》:"学然后知不足,教然后知困。知不足,然后能自反也;知困,然后能自强也。故曰教学相长也。"③ 这里"教学相长"是说教师的"教"与学生的"学"相辅相成,可以互相促进,共同提高,讲的是具体的教与学的活动。可见"教育"与"教学"自古就有一定的区别,前者较为宽泛,后者则比较具体。《中国大百科全书·教育卷》中对"教育"的解释为:"教育是培养人的一种社会现象,是传递生产经验和社会生活经验的必要手段";对"教学"的解释是:"教师的教与学生的学的共同活动"。④ 可见,教学是教育活动的一个组成部分,前者义广,后者义狭。由于本书所要考察的是以阿拉伯语为主要教学内容的整个教育活动,不仅包括具体的教学活动本身,而且涉及与教学活动密切相关的科研、国际合作与交流乃至人才培养的理念、目的等诸多环节,因此标题中采用"教育"而不用"教学",但

---

① 杨伯峻:《孟子译注》,中华书局1960年版。
② (汉)许慎撰,(清)段玉裁注:《说文解字注》,上海古籍出版社1981年版。
③ 刘震编注:《〈学记〉释义》,山东教育出版社1984年版。
④ 中国大百科全书总编辑委员会教育编辑委员会:《中国大百科全书·教育卷》,中国大百科全书出版社1985年版。

在行文中，则视具体情况而酌情选用。

对我国阿拉伯语教育的发展历史，特别是对20世纪的发展进程予以全面系统的考察研究，具有重要的学术价值和现实意义。首先，就总体而言，虽然我国的外语教育历史长、成就大，与世界其他一些国家相比，并不落后，但对外语教育的理论研究却明显不足，很少总结出对外语教育发展的规律性认识，而对我国阿拉伯语教育的系统研究和理论总结则更为缺乏。阿拉伯语虽不及英语等大语种重要，但也不同于其他小语种。20世纪后期，我国各主要高校的阿拉伯语专业基本上都独立成系，就足以说明阿拉伯语教育在我国高等外语教育中是一个重要领域。因此，对我国阿拉伯语教育作出历史性的描述和总结，不仅有助于阿拉伯语教育本身的进一步发展，而且可以促进我国外语教育的宏观研究，有助于探索和构建具有中国特色的外语教育理论体系，因而本书在相关领域的研究方面，具有一定的领先性、开拓性和重要的学术价值。

其次，从未来发展的趋势看，中阿双方在多领域、多层次的合作前景广阔，深层次的文化交流有待全面开拓，进一步加深中阿关系是双方共同的愿望，"中国—阿拉伯国家合作论坛"的成立（2004年）就是很好的例证。中国的阿拉伯语教育是中阿双方共同关心的事业，《中国—阿拉伯国家合作论坛行动计划》中就具体提到要"积极推动中国的阿拉伯语教学和阿拉伯国家的汉语教学，并在师资、教材和教学设备等方面相互提供支持。支持两种语言互译工作，并向该领域的现有专门机构提供帮助。"[①] 因此，开展对中国阿拉伯

[①] 《阿中合作论坛——阿中合作关系发展的新阶段》，阿拉伯国家联盟驻北京代表处、阿拉伯国家联盟秘书处亚洲与大洋洲司合作发行，2005年版。

语教育的研究，有助于促进中阿交流，增进中阿合作，具有一定的国际交流价值。

最后，阿拉伯语教育在中国还具有民族、宗教方面的特殊意义。如前所述，阿拉伯语是《古兰经》的语言，与伊斯兰教密不可分，因此，阿拉伯语不仅是阿拉伯人民的民族语言，而且也是全世界穆斯林的宗教语言，穆斯林对阿拉伯语怀有一份天然的尊重和喜爱。"我国有10个信仰伊斯兰教的兄弟民族"，人口多达两千多万，阿拉伯语及伊斯兰教在他们的生活习俗、语言文化中留有很深的影响，"他们对阿拉伯语、阿拉伯—伊斯兰文化怀有与生俱来的深厚感情，过去在阿拉伯语言、文化领域，曾有不少杰出的穆斯林学者辛勤耕耘，作出了重要的奉献和建树"[①]。新中国成立后，由包尔汉（1894—1989年）、达浦生（1874—1965年）、庞士谦（1902—1958年）、马坚等穆斯林知名人士发起成立了中国伊斯兰教协会。之后，在中央人民政府的直接支持下，又成立了全国性伊斯兰教高等专业学校中国伊斯兰教经学院，阿拉伯语成为学校的主要教学内容之一。改革开放以来，全国又有九所地方性伊斯兰教经学院成立，[②] 其中均开设阿拉伯语。此外，不少省市还有为数不少、形式多样、规模不等的民办阿拉伯语学校，加上全国各地的数万座清真寺，其中都在不同程度地教习阿拉伯语。因此，我国的阿拉伯语教育又与国家的民族、宗教政策，与各族穆斯林少数民族地区的宗教和顺、文化发展、经济建设和社会进步密切相关。这是研究中国阿拉伯语教育这一课题时无法回避的事实，既增加了研究的难度，也多了一层特殊的意义。

[①] 朱威烈：《〈阿拉伯文化基础教程〉序》，《阿拉伯世界》2004年第4期。
[②] 参见附录五。

全面系统地研究和考察我国的阿拉伯语教育，总结其发展规律，借鉴其历史经验，对于国家有关政策的贯彻落实、中华民族多元文化的繁荣发展以及多民族和谐社会的建设，无疑具有重要的积极意义。

三

本书的基本思路和观点可概括如下：

1. 中国的阿拉伯语教育如同中阿关系一样源远流长，有着漫长的历史，其丰富的教育实践活动和宝贵的历史经验，值得我们认真研究和总结。我国各民族人民长期以来开展的阿拉伯语教育活动，特别是20世纪的阿拉伯语教育，取得了卓越的成绩。同时，也得到了阿拉伯方面的热情关注和支持。中国的阿拉伯语教育，是联系中阿人民友好交往的重要纽带，为中阿交流作出了重要贡献，成为中阿关系的重要内容。

2. 阿拉伯语既是阿拉伯人民的民族语言，又是全世界穆斯林的宗教语言，各国穆斯林都有研习阿拉伯语的文化传统，中国穆斯林自不例外，他们在我国阿拉伯语教育领域作出过历史性的贡献。同时，爱国主义是中国穆斯林的光荣传统和与生俱来的民族品质，爱国主义精神始终贯穿在中国穆斯林包括研习阿拉伯语在内的各种文化活动中。研习阿拉伯语是中国穆斯林爱国爱教、谋求自身发展、报效祖国的具体体现之一，继承和发扬这一优良传统，有助于民族地区的经济发展、文化建设和社会进步。

3. 20世纪是中国阿拉伯语教育发展史上最为重要的时期，在这一百年间，我国的阿拉伯语教育先后完成了两次大的转换和跃进，教育的层次和教学水平不断得到提升。第一次是20世纪初期由经堂教育到学校教育的转换，阿拉伯语教学走出了清真寺门，面向社会；第二次是20世纪中期由私立民办学校到国立高等学校的转换，阿拉伯语教育从民间层面提升到国家层面，从初、中级教育跃升到了高等教育；20世纪后期，又由本科教育上升到硕士、博士研究生教育，最终形成了我国阿拉伯语高等教育的完整体系。

4. 新中国成立50多年来，是中国阿拉伯语教育事业发展史上的辉煌时期。这期间，经过几代阿拉伯语人的艰苦努力，使阿拉伯语教育事业不断迈上新的台阶。特别是改革开放后的20多年间，在教材编写、大纲研订、学术研究、人才培养等各个方面都获得了长足发展，取得了丰硕成果，为国家的外交、新闻、教育、经贸、科研等许多领域培养了大批优秀的阿拉伯语人才。

5. 我国阿拉伯语教育的发展历程带给我们不少历史性的启示，通过全面考察和认真分析阿拉伯语教育事业的发展演进，可以总结出我国阿拉伯语教育发展的一定规律和可资借鉴的成功经验，对阿拉伯语教育的长期可持续发展具有重要的理论指导意义。阿拉伯语教育的发展历程证明，我国阿拉伯语教育事业的繁荣发展，与国家的兴旺发达紧密相关，始终依靠国家的有力支持和各族人民的共同努力。各族人民在阿拉伯语教育领域作出的历史贡献，从一个侧面证明了"中国的历史，是中华各族人民共同创造的历史"这一重要理论和科学史观的正确性。我国的阿拉伯教育面临着进一步发展的挑战和机遇。新的形势对阿拉伯语教育提出了更高的要求。巩固成果，深化改革，抓住机遇，迎接挑战，使我国阿拉伯语教育不断跟上和适应时代的发展，更好地服务于中阿全面交流的拓展和中华民族的复兴大业，是时代赋予我国当代阿拉伯语人的历史重任。

　　基于以上思路，全书共分四章：第一章　20世纪之前阿拉伯语教育的回顾；第二章　20世纪前半叶的阿拉伯语教育；第三章　20世纪后半叶的阿拉伯语教育；第四章　历史的总结与未来的展望。

　　各章主要内容如下：

　　第一章：本章对20世纪前我国的阿拉伯语教育情况作了简要回顾，内容涉及早期中阿关系的基本状况、阿拉伯语在中国的早期传播与应用，中国穆斯林开展的阿拉伯语经堂教育的成败得失等。对早期阿拉伯语教育的历史回顾，有助于更好地把握和理解20世纪阿拉伯语教育发展演进的历史进程。

　　第二章：本章主要考察了20世纪前半叶我国阿拉伯语教育活动的基本情况和特征。20世纪初期，我国阿拉伯语教育由传统经堂教育转入新式学校教育，这是我国阿拉伯语教育史上一次质的飞跃和历史性转换，在教学内容、教学方法以及教学目的等各方面，都与以往大不相同，具有重要的进步意义。全国各地兴办的新式阿拉伯语学校，突破了传统经堂教育死板僵化的教学模式，强调中阿文并举，尤其注意培育学生的国家观念、公民意识和时代责任感，这些都是前所未有的重大进步。在本章中以北京成达师范和上海伊斯兰师范为个案，具体考察和评述了新式阿拉伯语学校的教育活动及其特征。这两所学校一北一南，开新风、走新路，开我国阿拉伯语现代教育的先河，成为阿拉伯语教育从经堂教育模式向新式学校教育模式成功转换的典型代表，在20世纪我国阿拉伯语教育发展史上占有重要的位置。两校培养出一批新型的阿拉伯语人才，其中不少人后来都成为新中国阿拉伯语高等教育事业的开拓者，为新中国阿拉伯语教育事业和中阿交流作出了重要贡献。

本章还专门阐述了中国穆斯林在阿拉伯语教育活动中体现出的爱国主义精神,这是因为,爱国主义精神作为中国穆斯林与生俱来的民族品质,始终贯穿于他们民族发展的各个历史阶段,这是一个客观事实。作为中华民族大家庭成员的穆斯林少数民族,在祖国历史上的各个时期,无论是国难当头的危难时刻,还是建设发展的和平时期,无不与中华各民族同呼吸,共命运,并肩奋斗。同时,强调这一优良传统,还具有彰往知今的现实意义。历史证明,研习阿拉伯语是中国穆斯林的文化传统之一,是他们谋求发展、报效祖国的爱国主义表现,继承和弘扬这一优良传统,有重要的现实意义。

第三章:本章对20世纪后半叶我国的阿拉伯语教育做了尽可能全面的考察。新中国成立以来的50多年是我国阿拉伯语教育的辉煌时期,在专业设置、教材编写、大纲研订、人才培养、学术研究等各方面,都取得了重大的突破和显著的成绩,全面完成了阿拉伯语教育由私立初、中等学校到国家高等院校的过渡,使阿拉伯语教育从民间层面成功地上升到国家层面,被纳入到国家高等教育的体系中,从而大大提升了阿拉伯语教学的层次和水平,这是20世纪我国阿拉伯语教育史上又一次大的跃进。50多年来,北京、上海等地有关高校阿拉伯语专业的广大教师,努力不懈,编订了正规教材,制订了教学大纲,拓展了对外交流,提升了教学层次,多所高校有了硕士、博士研究生教育,逐步建立了较为完备的教学和研究体系,为国家培养了一批又一批高水平的阿拉伯语人才,并且取得了丰硕的科研成果,使阿拉伯语教育不断迈上新的台阶。

20世纪80—90年代,随着我国改革开放政策的不断发展和深化,民族、宗教层面的阿拉伯语教育也得到发展,除了10所国家公办的伊斯兰教经学院外,全国各地还陆续兴办了不同规模的民办阿拉伯语学校，这既是对民族文化传统的继承和发扬，也是国家民族、宗教政策得以贯彻落实的必然结果。经学院和民间阿拉伯语学校的阿拉伯语教育，成为我国阿拉伯语教育事业的一种补充，是阿拉伯语教育领域的一种资源优势，通过正确引导和积极扶助，有效地加以利用和开发，对我国阿拉伯语教育事业的可持续发展有一定的积极意义。

另外，本章中还简要评述了台湾地区的阿拉伯语教育，这是中国阿拉伯语教育活动的一个组成部分，也有一定的成绩，只是多年来一直缺乏与内地阿拉伯语教育界的相互沟通与交流，有关具体资料难以全面掌握。

第四章：本章中对我国阿拉伯语教育存在的一些问题、阿拉伯语教育进一步发展的前景等，作了初步分析和前瞻性探究，强调新的形势对我国阿拉伯语教育提出了新的更高的要求。阿拉伯语教育挑战与机遇并存，虽然困难不少，任务艰巨，但仍大有可为，前景光明，只有与时俱进，不断改革，跟上时代发展的步伐，才会有可持续发展，并就此提出了相应的一些建议。与此同时，还简要概括了20世纪我国阿拉伯语教育的时代特征，总结了其历史经验和发展的基本规律。彰往而知今，我国阿拉伯语教育的百年沧桑昭示我们，中国阿拉伯语教育事业的发展，是中阿友好关系的生动体现，与国家的兴旺发达紧密相关，需要各族人民的共同努力。

为避免全书正文过于冗长，还将一些与正文内容密切相关的重要资料，编列为10种附录列于文末。编列这些附录花费了相当多的精力，查找了大量资料，但限于本书篇幅、写作时间和个人能力，有些地方仍然不够全面细致，还需再待时日，做进一步的修订和补遗。写作过程中参阅了大量文献资料，均列于文末，有所参考但无具体引述的文献，也列入其中，引用了原文的，则在脚注中注明，以表对编著者的尊重和谢意。

四

　　本书题为《中国阿拉伯语教育史纲》，故在求证、分析和论述的过程中，始终抱以历史的、辩证的治学态度，坚持实事求是、一分为二的原则，采用有史有论、史论结合的方法，以历史年代的演进为纵坐标，以具体个案和事例的解析为横坐标，既有宏观纵览，又含微观解析，尽可能做到点面结合，条分缕析，持论公允，资料准确，并注意将不同时期的阿拉伯语教育活动放在当时特定的社会、政治大背景下予以考察，力求作出比较全面、准确和系统的描述和概括，从而较为清晰地勾勒出我国阿拉伯语教育事业的发展历程，尤其是梳理出20世纪不断变化和提升的进程，总结其发展规律和历史经验，分析存在的困难和问题，探求解决的方法和途径，作出相应的总结和展望，以期为21世纪我国阿拉伯语教育事业的持续发展提供一定的历史依据和可资借鉴的经验，也为我国外语教育的研究填补空缺，开拓新的领域。

　　最后，需要说明的是，对我国的阿拉伯语教育活动进行全面系统的研究，进而作出理论总结，既是一项富有现实意义的迫切工作，又是一项艰巨庞杂的学术工程，具有很大的难度，它实际上是一个跨学科的综合性课题，涉及历史、教育、语言、民族、宗教以及阿拉伯学乃至国际关系等诸多学科，本领域的研究基础薄弱，尚处于起步阶段，可资引述的资料和借以参考的研究成果有限，有关资料的搜集与处理十分不易。因此，对本课题的系统研究，绝非以一人之力，于一时之境而出一时之作所能胜任和完成的，加之笔者学术功底不够深厚，故只望本书在相关领域的研究方面起到一点凿山开石、奠基铺路的作用，并对21世纪我国阿拉伯语教育事业的可持续发展提供一定的历史依据和经验。书中差错讹误在所难免，尚俟专家读者指正。

第一章

20 世纪之前阿拉伯语教育的回顾

第一节 早期的中阿关系

中国与阿拉伯之间的相互交往历史悠久，可以追溯到两千多年前。早在汉朝（公元前206—公元220年）时期，中国就与阿拉伯有了联系。司马迁在《史记》中就有关于阿拉伯信息的正式记载，称阿拉伯为"条支"①。西汉时期，张骞于公元前138—前126年、前119—前115年两度出使西域，连通中亚、西亚，远至今日的伊拉克、叙利亚等阿拉伯地区，最早开辟了中阿交往的历史性通道，亦即后来著称于世的"丝绸之路"。东汉时期，又有班超和甘英两度再出西域，进一步获取了有关阿拉伯的信息。《后汉书》记载："和帝永元九年，都护班超遣甘英使大秦，抵条支。"②"大秦"即罗马帝国，其疆域辽阔，北迄多瑙河、莱茵河一带，南及非洲北部，西起西班牙，东达幼发拉底河上游地区；"条支"所指即为今日的西亚

---

① （汉）司马迁：《史记·大宛传》，中华书局1982年版。
② （晋）范晔：《后汉书·西域传》，中华书局1964年版。

阿拉伯地区。

唐朝中阿交往频繁，涉及政治、经济、军事、文化等诸多领域。唐高宗永徽二年（651年），阿拉伯帝国的第三任哈里发奥斯曼·本·阿凡（577—656年）遣使来华，这是阿拉伯方面与中国的首次正式官方联系，在此后到798年的一百多年间，阿拉伯帝国派遣使节来华通好多达39次[①]，足见双方官方交往的频繁。唐玄宗天宝十年（751年），双方发生怛逻斯[②]战役，唐军高仙芝部战败。但双方关系很快修好，在接着发生的安史之乱中，唐朝就得到大食军队的鼎力援助。《旧唐书·肃宗本纪》记载："元帅广平王统朔方、安西、回纥、南蛮、大食之众二十万，东向讨贼。"[③] 大食是唐代史籍对阿拉伯帝国的称谓，也就是汉时所称的条支；大食军队的增援为挽救唐王朝危局发挥了重大作用，"安史之乱，事起仓促，玄宗被迫车驾幸蜀，洛阳长安两京俱陷，社稷危如累卵，生民处于水火。设非回纥大食等外籍兵团之鼎力相助，中国历史恐早已重编。"[④] 这些或冲突或合作的军事事件，在客观上进一步促进了双方人员的大量流动和东西文化的交流，使中国造纸、活字印刷等先进技术得以西传。在怛逻斯战役中被俘的杜环，留居大食12年，游历各地，撰成《经行记》，详细记述了大食的国情民风以及伊斯兰教的教义教规，这是中国人有史以来获得的关于阿拉伯最全面也最为准确的信息。唐时中阿经贸交往也曾盛极一时，大批阿拉伯商人通过陆路和海路来华贸易，经营阿拉伯香料以及中国丝绸、瓷器等商品，许多人长期侨居广州、泉州、长安等城市，

---

① 沈福伟：《中西文化交流史》，上海人民出版社1985年版。
② 今名江布尔，在哈萨克斯坦境内，位于阿拉木图、塔什干和巴尔喀什湖之间。
③ （后晋）刘昫等撰：《旧唐书》，中华书局1975年版。
④ 苏良弼：《中阿关系史略》，五洲出版社1990年版。

被称为"蕃客",积久成群,形成相对集中的居住区"蕃坊",并建立起清真寺和公共墓地,伊斯兰教随之传到了中国。

宋朝中阿关系进一步发展,正式官方往来多达四十余次[①],来华进行贸易的阿拉伯人有增无减,云集广州、泉州、杭州、扬州等沿海城市,这些地方都建有清真寺,是蕃客们礼拜祈祷、研习经文的地方,他们活动的不少历史遗迹至今尚存。宋人周去非所著《岭外代答》中专门有《大食诸国》一卷,比较全面地介绍了阿拉伯地区的情况,还特别描述了伊斯兰教圣地麦加的山川形胜。

到了元朝,由于朝代的更迭和军事活动的频繁,人员流动量骤增,中阿交流得到进一步拓展,中国人对阿拉伯信息的掌握也比先前更为广泛,有关文字记载也更为翔实。元朝著名航海家汪大渊,曾两次远涉重洋(1328—1332 年,1334—1339 年),穿行阿拉伯海和红海,远至今日索马里、摩洛哥等地,他还撰有《岛夷志略》一书,记述了当时阿拉伯地区的情形和中阿交流状况。而这时期大量东来的"西域回回",包括阿拉伯人、波斯人及中亚、西亚信仰伊斯兰教的各民族人,还有唐宋以来长期侨居中国的"五世蕃客"、"土生蕃客",开始逐渐华化,由客居转换为定居,外邦人成为本土人,客人的身份变为主人的身份,最终在中国大地上形成了一个新的民族——回回民族,成为中国多民族大家庭的新成员,为中国社会的民族构成增加了新的血液,而且人数众多,散居全国各地,以至《明史》中有"元时回回遍天

---

① 张铁伟:《中国和阿拉伯国家历史上的友好关系》,《西亚非洲》1984 年第 2 期。

下"①的说法。回回民族的形成，为中国多元一体的民族格局和文化类型格局带来了重大变化。

对于早期的中阿关系，阿拉伯史料中也有不少记载。唐代来华的阿拉伯商人苏莱曼，著有《中国印度见闻录》，是最早记述有关中国情况的阿拉伯文献之一，书中详细记述了阿拉伯通往中国的海上航线，广泛记录了当时中国的社会生活、民情风俗以及阿拉伯侨民在中国的活动，还特别记录了黄巢举兵，殃及广州侨民的惨状。② 中世纪阿拉伯著名史学家麦斯欧迪（？—956年）在其历史著作《黄金草原》中也有关于中阿交往的记述，例如，他记述了中国商船远航阿曼的情况。③ 之后，阿拉伯著名旅行家伊本·白图泰（1304—1377年）在《伊本·白图泰游记》中，更有关于中国及中阿关系的丰富记载。

概言之，中国和阿拉伯的早期交往历史久远，内容广泛，海陆丝绸之路的开辟，伊斯兰教的东渐，中国印刷术、造纸、火药等技术的西传，回回民族的形成等重大历史事项，都是早期中阿文明交往的结果，更与作为文化交际重要工具的阿拉伯语密切相关。

---

① （清）张廷玉等撰：《明史·西域传四·撒马儿罕》，上海古籍出版社、上海书店1986年版。

② 历代阿拉伯史学家对于中国的记述不少，但有些多取传闻。而《中国印度见闻录》既是阿拉伯著作关于中国的最早著作之一，同时又是作者的亲身见闻，故史料价值很高，受到东西方学者特别重视，18世纪以来被译为多种文字。我国学者张星烺在《中西交通史料汇编》中曾摘译部分内容。20世纪30年代，刘半农先生与其女刘小惠从费琅的法译本译出，名为《苏莱曼东游记》。80年代，中华书局将该书列入"中外关系史名著译丛"，由穆跟来、汶江等据索瓦杰的法译本译出，纳忠先生又据阿拉伯文做了校正，1983年出版。

③ 趁公元：《中国阿曼友好关系小史》，《西亚非洲》1981年第5期。

第二节 我国最早的外国语学校——回回国子学

元朝政府为了应对频繁的国际来往，强化财政管理，非常重视语言翻译及财税管理等专门人才的培养，为此，于1289年专门设立了高级官学——回回国子学。回回国子学后来又称"回回国子监"，主要教授"亦思替非文"。付克先生在《中国外语教育史》中，将回回国子学视为我国最早的外国语学校，并认为回回国子学"是一所教授波斯语言文字的学校"。① 实际上，在历史上，波斯语与阿拉伯语的教育和使用始终是密不可分的。在明清以后流行于经堂教育中的"小儿经"拼写法，也始见于元朝，小儿经是阿拉伯语、波斯语和汉语的一种混合拼写。

关于"亦思替非文"究竟是什么语种的问题，国内外学术界长期以来一直没有定论。著名历史学家陈垣（1880—1971年）先生、元史专家杨志玖（1915—2003年）先生等认为是波斯文②。陈垣先生在《元西域人华化考》中说："亦思替非为波斯古代都城之名，亦思替非文字者，波斯文字也。回回国子学者，教习波斯文字者也。元时所谓回回文字，实波斯文字。"③ 元史专家韩儒林（1903—1962年）等先生则持谨慎态度，认为可能是波斯文，韩先生说："亦思替非文字是与回回人分不开的"，"在回回国子学、国子监中所讲授所学习的亦思替非文字，可能就是波斯文"④。

---

① 付克：《中国外语教育史》，上海外语教育出版社2004年版。
② 杨志玖：《元史三论》"元代回回人的政治地位"，人民出版社1985年版。
③ 陈垣：《元西域人华化考》，上海古籍出版社2000年版。
④ 韩儒林：《穹庐集——元史及西北民族史研究》，上海人民出版社1982年版。

虽然波斯文之说的观点在学术界较为普遍，但并非无懈可击。首先，波斯文（有时还有阿拉伯文或包括这两种语言）在史籍中多以"回回文"称之，而前面所引的史料却未称回回文，而称亦思替非文，说明二者并不等同；其次，在当时，波斯语和阿拉伯语都是流行的国际通用语，懂得波斯语的回回人大有人在，可是元臣桑哥、麦术丁等上奏时却说只有一两个人精通亦思替非文书，有失传的可能，而波斯文在当时显然不会失传。因此，说亦思替非文就是波斯文，存有令人费解的疑点。

还有学者认为，亦思替非文是阿拉伯文。例如，南京大学元史及边疆史专家刘迎胜先生就持此说。刘先生在为《中国伊斯兰百科全书》撰写的亦思替非文词条中说亦思替非文是"中国元代官方对阿拉伯语的称谓。为阿拉伯语 I ṣ ṭ ifā' 之音译，其意为'选择'。因该词系穆罕默德别称'穆斯塔法'（Mu ṣ ṭ afā，即被选择者）的词根，故被引申指穆罕默德之文字。"①

这种说法也值得商榷。阿拉伯语固然有不同称谓，但拐弯抹角地加以引申，称之为"穆罕默德之文字"的说法实属罕见。笔者认为，"亦思替非"未必就是阿拉伯语 I ṣ ṭ ifā'（اصطفاء）的音译，也有可能是阿拉伯语 Istifad 或 Istifadah（استفادة或استفاد）的音译，前者有使团往来的意思，后者是获取益处之意。阿拉伯语单词的尾音在停顿时可以轻读或省读，故这里省掉了尾音 d 或 dah，所以就成为 Istifa 了。这一点，也可以从"穆罕默德"（Muhammd محمد）这一名称在中国古代文献中的译称得到佐证，"穆罕默德"在唐、宋、元时的典籍中被译称为"摩诃末"、"马哈麻"等，也是省去了尾音"德"d（د）。而且，说亦思替非文是元代官方对阿拉伯语的称呼，也缺乏足够的证据。

---

① 宛耀宾总主编：《中国伊斯兰百科全书》，四川辞书出版社1994年版。

白寿彝（1909—2000年）先生则对诸说存疑，并推测说亦思替非文"在元代系做关防会计之用"①，但未作进一步求证。

值得注意的是，国外最近的研究认为，亦思替非文是一种用于财务记账的特殊文字，最先由波斯人发明，曾流传于伊斯兰世界，又被东来的西域回回人带到了中国。这实际上是白寿彝先生观点的进一步明确化。伊朗德黑兰大学教授穆扎法尔·巴赫蒂亚尔先生在向1992年11月举行的"伊朗学在中国"学术研讨会提交的论文《亦思替非考》中首先提出了这一说法。②

结合中国史料来看，笔者以为伊朗学者的这种观点不无道理，因为这一观点解开了存在的几个疑点。首先，元臣麦术丁在上奏时说当时懂得亦思替非文的人已不多，他自己稍懂一点，担心有失传的危险：

> 前者麦木（术）丁说有来，亦思替非文书学的人少有，这里一两个人好生的理会得有，我则些少理会得。咱每后底这文书莫不则那般断绝了去也么？③

而这种情况并不是波斯语和阿拉伯语在当时的情况，因为懂得这两种语言的人在当时为数不少，也没有失传的危险。因此，说亦思替非文字是一种特殊符号，懂得的人少且有可能失传的说法，就很好理解了。其次，说亦思替非文是一种用于财

---

① 白寿彝：《元代回教人与回教》，载李兴华等编《中国伊斯兰教史参考资料》，宁夏人民出版社1985年版。

② ［伊朗］穆扎法尔·巴赫蒂亚尔：《亦思替非考》，载叶奕良主编《伊朗学在中国论文集》，北京大学出版社1993年版。

③ 黄时鉴点校：《元代史料丛刊·通制条格·卷五·学令·亦思替非文书》，浙江古籍出版社1986年版。

务管理的特殊符号，也与史料中"亦思替非文字宜施于用"、"以其文字便于关防取会数目"①的说法相合，说明亦思替非文具有重要的应用价值，而且便于保密。也正因为如此，元朝政府才予以高度重视，专门为之设立了官学。可见，亦思替非文是一种表意不表音的书面用语，用于外交公文、内部财务记账等具有保密性质的文书、档案中，类似于今天的缩写或速记符号，最先由波斯人始创，其基础是阿拉伯文和波斯文，之后流行于伊斯兰世界，又被回回人带到了中国。

关于"回回国子学"和"回回国子监"的设置经过及其性质等情况，在《通制条格》、《元史》等历史文献中都有相关记载。②元世祖至元二十四年（1287年），桑哥等朝廷大员上奏，建议重视亦思替非文，否则会有失传的危险。到了至元二十六年夏五月，尚书省臣再度上奏，提出具体设学建议，内容涉及教员、学员、学制等，由于亦思替非文"宜施于用"，具有重要的应用价值，获得世祖钦准，遂于当年八月设立"回回国子

---

① （明）宋濂：《元史·卷八十一·选举志·学校》，中华书局1976年版。
② 《通制条格》记载：至元二十四年正月初八，通制院使桑哥、帖木儿左丞等奏：前者麦木（术）丁说有来，"亦思替非文书学的人少有，这里一两个人好生的理会得有，我则些少理会得。咱每后底这文书莫不则那般断绝了去也么？教育呵，怎生？"道有来，么道，奏呵。麦木（术）丁根底说者，交教者。么道，圣旨了也。此钦。——黄时鉴点校：《元代史料丛刊·通制条格·卷五·学令·亦思替非文书》，浙江古籍出版社1986年版。

《元史》记载：世祖至元二十六年夏五月，尚书省臣言："亦思替非文字宜施于用，今翰林院益福的哈鲁丁能通其字学，乞授以学士之职。凡公卿大夫与夫富民之子，皆以汉人入学之制，日肆习之。"帝可其奏。是岁八月，始置回回国子学。至仁宗延祐元年四月，复置回回国子监，设监官。以其文字便于关防取会数目，令依旧制，笃意领教。泰定二年春闰正月，以近岁公卿大夫子弟与凡民之子入学者众，其学官及生员五十余人，以给饮膳者二十七人外，助教一人、生员二十四人廪膳，并令给之。学之建置在于度，凡百司书府所设译史，皆从本学取以充焉。——（明）宋濂：《元史·卷八十一·选举志·学校》，中华书局1976年版。

学"，入学者要求是"公卿大夫与夫富民之子"，由翰林院益福的哈鲁丁具体负责。过了25年，到仁宗延祐元年（1314年）四月由于亦思替非文日显其重要，"便于关防取会数目"，更将"回回国子学"升格为"回回国子监"，设监官专门管理，校址设在京城，同时又进一步提高了师生待遇，对这些"公卿大夫与夫富民之子"提供"廪膳"，而且，"凡百司书府所设译史，皆从本学取以充焉"，用今天的话来说，就是还包分配，一出校门，便可以就任国家各部门的"译史"。"译史"是政府各部门负责文书翻译、公文往来、财务管理等工作的职务，在当时是很有地位和令人羡慕的职位。

可见，"回回国子学"及"回回国子监"是在元朝中央政府上至皇帝下至朝廷大员的直接重视下设立的国家级学校，其目的是为当时各个部门培养"译史"。招收的学员是上层子弟，师生都享有较高待遇，因而是一所典型的贵族学校，学校所教习的专业是亦思替非文。由于亦思替非文与阿拉伯文和波斯文有着密切的关系，学习亦思替非文者也须懂得阿拉伯文和波斯文，回回国子学中还开设阿拉伯文和波斯文作为基础课。因此，研究中国的阿拉伯语以及波斯语的教育史，不能不讲到回回国子监。由于迄今为止尚未发现其他有关外语学校的具体记载，所以，回回国子学是目前所知道的我国最早的外国语言专业学校，在我国外语教育发展史上，具有重要的意义。

第三节　阿拉伯语在中国的早期传播与应用

阿拉伯穆斯林"一手拿着珠宝香料，一手拿着《古兰经》，在物质贸易过程中使中国和阿拉伯人民有了跨文化的交际和社会文明的交往，最终把伊斯兰文化传播到了中国"①，同时，也把阿拉伯语传播到了中国，因而中国是世界上阿拉伯语最早得以传播和应用的国家之一。

唐宋时期，阿拉伯语作为大量侨居中国的蕃客们的主要交际语言，流传于广州、泉州、扬州、杭州、长安等大都会的侨民社区蕃坊里。他们在日常生活、宗教活动中都使用阿拉伯语（或波斯语）。蕃客们建立起一座座清真寺，在寺内研习教义，讲经说道，教习阿拉伯语（和波斯语）。因而，作为中国穆斯林先民的蕃客们，成为阿拉伯语（和波斯语）在中国的最早输送者和传播者。这些地方留存至今的古老清真寺、墓地以及大量阿拉伯文碑刻都充分证实了这一点。

到了元代，由于政治格局和社会结构发生了重大变化，更有大批西域的回回人来华定居，并不断华化，成为当时中国社会的重要成员，且遍及全国，元人周密在《癸辛杂识续集》中说："今回回皆以中原为家，江南尤多。"② 故有"元时回回遍天下"之说。这些回回人中有阿拉伯人、波斯人以及中亚各民族的人，他们虽然民族不同，但大都信仰伊斯兰教，通用阿拉伯语（和波斯语）。"阿拉伯文为回教人习教义时所必修。元时回教人既遍于中国，当时阿拉伯文之传习必相当之盛。元代回教石刻之留于今者，大体上皆以阿拉伯文书写，可见其传习情形之一斑。"③ 可以说，阿拉伯语作为回回人先民的母语以及作为回回民族形成后他们的宗教语言，从元朝时期起就开始在中国各地广泛传播。

---

① 杨怀中、余振贵主编：《伊斯兰与中国文化》，宁夏人民出版社1995年版。
② （元）周密：《癸辛杂识续集》，上海古籍出版社1991年版。
③ 白寿彝：《中国伊斯兰史存稿》，宁夏人民出版社1983年版。

但是，阿拉伯语在中国的早期尤其是元朝时期的传播与应用并不局限于宗教方面，因为回回人在带来伊斯兰教的同时，还带来了天文、历法、医药、数学、军事、建筑等领域的相对先进的科技文化，相关领域的大量典籍文献也传到了中国，据元人王士点、尚企翁编撰的《秘书监志》记载，当时秘书监收藏的回回书籍多达242部，内容涉及天文、历法、数学、化学、医学、哲学、地理、历史等诸多领域。[①] 其中有《忒毕医经》13部，"忒毕"是阿拉伯语 tibb（طب）的音译，意为医学；有《积尺诸家历》，"积尺"是阿拉伯语 zij（زيج）的音译，意为天文历表；有《撒那的阿拉忒造浑天仪香漏》，"撒那的阿拉忒"是阿拉伯语 sina't alat（صناعة آلات）的音译，意为仪器制造，"造浑天仪香漏"是意译；有《呵些必牙诸般算法》，"呵些必牙"是阿拉伯语 hisabiyah（حسابية）的音译，意为算术；[②] 等等。《秘书监志》中还列有四种天文仪器：兀速剌八个窟勒小浑天图（Usturlab Kura，球形观象仪）；阿剌的杀密剌测太阳昝影（alati Shamila，兼容并包仪）；牙秃鲁小浑仪（Yaduru，旋转仪）；拍儿可儿潭定方圆尺（Pargar，圆规）[③]，也都是阿拉伯语的名称。

元代回回人带来的大量阿拉伯语科技文献并没有被束之高阁，许多东来的穆斯林科技人员得到元朝政府的重用，他们依据大量阿拉伯文献，从事天文、历法、医药、建筑、兵器制造等实际科研活动，对元代的科技发展产生了很大影响。例如，元朝政府于中统四年（1263年）设立西域星历之司，回回天

[①] （元）王士点、尚企翁撰：《秘书监志》，浙江古籍出版社1992年版。

[②] 刘开古编著，朱威烈审订：《阿拉伯语发展史》，上海外语教育出版社1995年版。

[③] 李兴华等：《中国伊斯兰教史》，中国社会科学出版社1998年版。

文学家札马鲁丁奉命在该司编纂《万年历》,至元四年(1267年)编成,忽必烈下令颁行全国。至元八年,元朝政府又设立了天文台——回回司天台,皇庆元年(1312年)改称回回司天监,是专门掌管和研究回回天文历算的机构,负责主持观测天象、预报日月食、推算日月五星的行度、制作各种观象仪、编印回回历法等工作。札马鲁丁又被任命为"天台提点",即天文台台长,负责有关天文历法的科研工作,他于元至元四年依据有关阿拉伯语文献制造出了七种天文仪器,仪器名称也全是阿拉伯语。这七种仪器是:咱秃·哈剌吉(Dhatu halag,多环仪,即浑天仪)、咱秃·朔八台(Dhatu Subut,方位仪)、鲁哈麻·亦·渺凹只(Luhma-i-mu'wajj,斜纬仪)、鲁哈麻·亦·木思塔余(Luhma-i-mustayi,平纬仪)、苦来·亦·撒麻(Kura-i-Sema,天球仪)、苦来·亦·阿儿子(Kura-i-ard,地球仪)、兀速都丁(Usturlab,观象仪)。[①] 札马鲁丁不仅把阿拉伯天文学传入中国,他还把阿拉伯地理学以及阿拉伯绘制地图的方法介绍到中国,为元朝编撰全国地理图志《元一统志》作出了贡献。[②]

  天文历法的发展离不开数学,数学是天文历法的基础。在数学运算中使用阿拉伯数字,有着非常重大的意义,而中国人在数学上使用阿拉伯数字也始于元代。1957年西安出土的五块铸有阿拉伯数字的铁块,是用阿拉伯数字排列的六六幻方,系1273年西安王府修造时的奠基之物。[③] 1980年上海浦东出土有一块玉环,正面刻有阿拉伯文的清真言——"万物非主,唯有

---

  ① (明)宋濂:《元史·卷四十八·天文志·西域仪象》;拉丁文转写及汉译名见马坚《回历纲要》,中华书局1955年版。
  ② 彭树智主编:《阿拉伯国家史》,高等教育出版社2002年版。
  ③ 李兴华等:《中国伊斯兰教史》,中国社会科学出版社1998年版。

真主，穆罕默德，是主使者"。背面也刻有阿拉伯数字的四四幻方，经专家鉴定，该玉环系13世纪西域穆斯林军士南下时，带到上海的。① 这些出土文物也从一个侧面说明，随着阿拉伯文的传入，阿拉伯数字最晚也在元代就传到了中国。

元朝政府还于至元二十九年设立回回药物院，后改称广惠司，由拂林（即今叙利亚）人爱薛（1227—1308年）掌管，负责医药事务，研究并推广回回药物，使阿拉伯医学的不少成果被应用到传统中医方面，"一些阿拉伯药材，如没药、硼砂、木香、阿芙蓉等也被应用于中国的医药学，特别是阿拉伯香药还导致中国药物剂型发生了变化，原来以汤剂为主体的中药，逐渐向丸、散、膏、丹等剂型发展，并最终使丸散得以盛行。"② 元时从阿拉伯文翻译过来的医药方剂汇编《回回药方》留存至今，收录方剂四百五十余个，并有病理治疗分析，药物名称多为阿拉伯语音译。

这些史实说明，元朝时，阿拉伯语不但是回回先民的母语和穆斯林诸民族的宗教语言，而且是当时国际交往的通用语言和先进科技文化的主要学术语言之一，如果不是借助于阿拉伯语等外语工具，元代的国际交流和科技发展就会大受限制。元时周边的国际环境发生了巨大变化，元朝的疆域也空前辽阔，势力甚至深入阿拉伯腹地，如1258年和1401年，蒙古军队曾两度攻入巴格达。有元一代，中国与通行阿拉伯语的中亚、西亚地区有广泛密切的接触，同时，操阿拉伯语的回回人在元王朝的立国、建国过程中，发挥了十分重要的作用，大量军人、工匠、商人、学者纷纷来华，许多人得到重用，在政治、军

---

① 阮仁泽等主编：《上海宗教史》，上海人民出版社1992年版。
② 彭树智主编：《阿拉伯国家史》，高等教育出版社2002年版。

事、经济、文化、科技等领域作出了重要贡献。因此，阿拉伯语作为元朝政府内政、外交方面很重要的交际工具之一，得到广泛传播和应用。今天我们在研读元代典籍时，总要遇到大量阿拉伯语（还有波斯语）词汇（包括人名、地名和许多学术术语），也就不足为怪了。

第四节　阿拉伯语经堂教育的兴起与发展

阿拉伯语作为一种语言交际工具，到明朝时，它在国家内政、外交方面的作用已大大减弱，国家层面对阿拉伯语的需求已远不及元朝，不过它在民族宗教层面的需求却依然如故，甚至更为迫切，因为如前所述，在元代，作为回族穆斯林的先民，唐宋以来侨居中国的土生蕃客以及大批东来的西域回回，逐步华化，开始形成回回民族，作为回回语的阿拉伯语（和波斯语）也由回回的母语逐渐成为一种外语，汉语逐步取代阿拉伯语（和波斯语）而成为回回民族的母语。随之而来的一个结果是，通汉语、知儒学的回回人日渐增多，而懂得阿拉伯语（和波斯语）的回回人则越来越少，阿拉伯语、波斯语逐渐成为鲜为人知的胡语、夷言，以致出现"经文匮乏，学人寥落，既传译之不明，复阐明之无自"[①]的局面。于是，经堂教育便应运而生。回回人中的一些有识之士，从挽救自身原有文化的愿望出发，开始探索和寻求以阿拉伯语、波斯语为载体的伊斯兰文化在中国长期生存和发展的长远之计，他们从发展教育、

[①]《修建胡太师祖佳城记》，见白寿彝主编《回族人物志》（明），宁夏人民出版社1990年版。

培养人才方面着手，对沿袭于清真寺的教育模式进行改进。以陕西胡登洲（1522—1597年）先师为代表的教育家，成功地开创了著名的经堂教育模式，经过几代人的不断努力，经堂教育不断得以发展。正是由于经堂教育的开展，才使得被称为"天方之学"的阿拉伯语（还有波斯语）的教育和伊斯兰学术研究在中国得以长期延续和发展。

经堂教育以清真寺为中心，是阿拉伯传统的清真寺教育方式与中国私塾教育方式的一种结合，分为小学部和大学部两个学部。小学部对青少年进行启蒙教育，同时也为大学部培养学员。课程分初级阿拉伯语和宗教常识两大类，具体课程是：（1）黄本：即阿拉伯语字母及拼读课程，黄本指的是写在牛肩胛骨或硬木版上的阿拉伯文字母表，包括拼音和语法符号等在内。学习黄本须认清每个字母的形状，记住其名称，会读会写。学生手持黄本，大声朗读，背记老师口授的拼音口诀，这类口诀朗朗上口，便于记忆，代代传承。但其发音受到各地汉语方言不同程度的影响，这类口诀实际上已变成阿拉伯语、波斯语以及汉语方言的一种混合，不少发音其实并不准确到位。（2）凯里迈（الكلمات）：即基本宗教信仰和句子认读，也叫做挑读或挑字，指对句子和短文进行拼读训练的阶段。（3）亥听（الختم）：即《古兰经》选读本。（4）凯赫甫（الكهف）：即《古兰经》第18章，共110节经文。本阶段在熟练诵读亥听的基础上，进一步带韵诵读这一章经文，重在学习古兰诵读学。（5）杂学：即在进行上述拼读训练的同时，又学习初级宗教常识，包括信仰、沐浴、礼拜、斋戒、婚丧嫁娶礼仪及各种祈祷词等。小学部没有严格的淘汰制度，不分级别班次，随来随学，也没有固定的期限，少则一两年，多则三四年。学完小学部全部课程，成绩优异者，可升入大学部继续学习。

大学部所设课程分基础课和专业课两大类，基础课包括阿拉伯语、波斯语的字法学、语法学、修辞学、逻辑学等。专业课包括经注学、圣训学、教法学、凯拉姆学（伊斯兰教哲学）、波斯文学作品等方面的内容。所采用的教材，包括必修、选修和自修的，多达数十种[①]，大部分为国外原典，也有少量语法基础等方面的自编教材。这些教材的具体采用情况和侧重点，在不同历史时期、不同地区和不同教派之间有所不同，不过有13种主要教材，各地各派基本上都采用，而且沿袭数百年。这13种教材是：（1）《连五本》（أساس العلوم），包括《素尔夫》（الصرف）、《穆尔则》（المعزي）、《咱加尼》（الزنجاني）、《米额台·阿米来》（مائة عامل）、《米斯巴哈》（المصباح）等五种，都是学习阿拉伯语词法和句法的语法教材。（2）《遭五·米斯巴哈》（ضوء المصباح），是对语法教材《米斯巴哈》（المصباح）的详细诠释本。（3）《满俩》（الفوائد الضيائية لملا عصام الدين），又名《舍拉哈·卡非耶》（شرح الكافية），是对埃及学者伊本·哈吉布（ابن حاجب，1175—1249年）所著语法著作《卡非》（الكافية）的诠释本，作者是波斯人阿卜杜·拉合曼·加米（عبد الرحمن الجامي，1397—1477年）。这是阿拉伯语法理论的经典作之一，有一定的深度。（4）《白亚尼》（البيان），又名《台洛黑素·米夫特哈》（تلخيص المفتاح），是阿拉伯文修辞学名著，作者是呼罗珊地区著名学者赛尔德丁·台夫塔札尼（سعد الدين التفتازاني，1321—1389年）。（5）《阿戛伊德·伊斯俩目》（عقائد الإسلام），又名《阿戛伊德·奈赛斐》（النسفي عقائد），信仰学著作，作者是欧麦尔·奈赛斐（عمر النسفي），加有边

---

① 参见附录一。

注，作者是《白亚尼》的作者赛尔德丁·台夫塔扎尼。(6)《舍莱哈·伟戛耶》(شرح الوقية)，是哈乃斐学派的教法著作。(7)《虎托布》(الخطب)，是对40段圣训的波斯文注解本。(8)《艾尔白欧》(الأربعين النووية)，也是对40段圣训的波斯文注解本。(9)《米尔萨德》(المرصاد)，波斯文哲学著作。(10)《艾什阿·莱麦阿特》(أشعة اللمعات)，波斯文认主学著作，著者也是《满俩》的作者。(11)《海瓦依·米诺哈吉》(هواء المنهاج)，波斯文语法著作，著者是中国伊斯兰学者常志美(1610—1670年)。(12)《古洛司汤》(كلستان，即《真境花园》，又译《蔷薇园》)，波斯语诗文相间的文学著作，是波斯著名诗人萨迪(سعد，1200—1290年)的著名诗文集。(13)《古兰经》。①

从这些教材可以看出，阿拉伯语与波斯语兼授，是经堂教育的一个突出特色。大学部也没有固定的年限，少则三五年，多则七八年，只要学完大学部的全部课程，即可毕业，穿衣挂幛，成为可以"开学"的阿訇，即获得了执掌清真寺教务的资格。

经堂教育的宗旨是培养宗教人才，基本教学模式是口授讲经，不用动手记写，言传口授，代代沿袭，故有关经堂教育的文字材料极少。在长达数百年实践过程中，经堂教育有了很大的发展，构建了独特的经堂语词汇体系，形成了几大学派。著名学派有陕西学派，由胡登洲首创，冯养吾、张少山等为代表，在语言方面倾向于主攻阿拉伯语；金陵学派，又称江南学派，以王岱舆(1584—1670年)、伍遵契(1598—1698年)、

---

① 庞士谦：《中国回教寺院教育之沿革及课本》，原载于《禹贡》半月刊第7卷第4期，见白寿彝主编《中国回回民族史》丙编附录，中华书局2003年版。

刘智（1655—1745年）、马注（1640—1711年）等为代表，注重经籍汉译及以儒诠经；山东学派，由常志美首创，常志美、李延龄、舍起灵（1630—1710年）等为代表，在语言方面强调阿、波并举，尤精于波斯文经典；云南学派，以马德新（复初）（1794—1874年）及其弟子马联元、马安礼等为代表，在语言方面也强调阿、波并举，同时也力求阿、汉文并授；河州学派，以甘肃临夏为中心，盛行于西北地区，经师众多，重视讲解《噶最》（تفسير القاضي البيضاوي）（古兰经注）、《米什卡特》（مشكلة المصابيح）（圣训集）、《耶海亚依》（إحياء علوم الدين，即《圣学复苏》）等大部头的经典。

在这里，还应提到新疆地区维吾尔族等少数民族在阿拉伯语经堂教育方面所做的努力。阿拉伯语以及伊斯兰文化对新疆地区的维吾尔族等少数民族文化产生过深刻影响。早在10世纪中叶的喀喇汗王朝时期，维吾尔文就开始采用阿拉伯字母书写（除了28个阿拉伯字母外，还增补了4个波斯语字母），一直延续至今，维吾尔语吸收了大量阿拉伯语和波斯语词汇。在中亚、西亚阿拉伯地区教育模式的影响下，维吾尔族穆斯林也很早就创立有自己独特的经堂教育模式——麦德莱赛（مدرسة），积极开展阿拉伯语和波斯语的教学和研究活动，并且取得了出色的成绩，培养出许多精通阿拉伯语、波斯语的学者。如10世纪时在喀什创办的"萨吉耶麦德莱赛"就是历史上著名的经学院，它仿照当时巴格达的"尼扎米亚大学"[①]的教育方式

---

① "尼扎米亚大学"是1065—1067年由塞尔柱王朝素丹令首相尼扎米·穆勒克主持建造的伊斯兰教学院，规模比较宏大，与当时宣传什叶派思想的爱资哈尔大学分庭抗礼，致力于宣传逊尼派教义，影响广远，安萨里等著名学者曾在该校执教。除宗教学方面的课程外，还开设有文学、史地、天文、历法、医学等方面的课程。为塞尔柱王朝和阿拔斯王朝培养了大批宗教学者、法官和行政官员。

和教育内容,旨在培养教职人员和学者、法官等高级人才,传播伊斯兰文化。开设课程除了阿拉伯语、波斯语以及经注学、圣训学、教义学、教法学外,还有文学、历史、逻辑、哲学、数学等。[①] 早在11世纪时,著名维吾尔语言学家马哈茂德·喀什噶里(约1008—1105年)就用阿拉伯语编纂出百科全书式的语言学巨著《突厥语大字典》,收词多达七千余条,其中还对突厥语语言学、语法学、词汇学及方言学资料与阿拉伯语、波斯语语法进行了比较研究,开创了古代比较语言学研究的新方法。[②] 喀喇汗王朝后的叶尔羌汗国(1514—1680年)也在喀什等地建立了不少经学院,在阿拉伯语、波斯语的教育方面很有成就,还开展了大量有关比较语言学和翻译学的研究工作。

第五节 阿拉伯语经堂教育的成绩与缺陷

经堂教育通过在阿拉伯语以及波斯语教育领域的长期探索和实践,摸索和总结出一套独特的语言教育方式,在中国外语教育史上具有重要的意义和独特的价值。

第一,经堂教育培养了一代又一代具有深厚阿拉伯语、波斯语功底的伊斯兰教经学家,造就了许多"以饱学有德为旨趣,以安贫乐道为其富,无时不在求学中"[③]的经师和教长,

---

[①] 夏米西丁·哈吉:《维吾尔族与伊斯兰教经院教育》,载《文史知识》编辑部编辑的《中国伊斯兰文化》,中华书局1996年版。

[②] 宛耀宾总主编:《中国伊斯兰百科全书》,四川辞书出版社1994年版。

[③] 李兴华等:《中国伊斯兰教史》,中国社会科学出版社1998年版。

仅清代赵灿在《经学系传谱》中列传的著名经师就有28位。[①]有些人还在阿拉伯语和波斯语的语法、修辞和文学方面达到很高的造诣，著有不少阿拉伯语或波斯语的学术著作，如山东常志美编著的波斯文法《海瓦依·米诺哈吉》，不仅得到国内穆斯林学者推崇，而且一度享誉海外。云南经学大师马复初不仅译作众多，而且还有大量阿拉伯语著述，深得海内外学人称道，他编著的阿拉伯语语法著作《蒙台细根·奈赫乌》（منسق النحو）长期以来作为经堂教学的主要语法教材而广泛采用。

第二，经堂教育使得回族穆斯林形成了以清真寺为中心的独特的宗教教育体制，这一制度使伊斯兰教在中国得以长期延续和传播，也对促进中阿文化交流起到了积极的作用。这种经堂教育模式一直延续至今。

第三，经堂教育长期开展阿拉伯语及波斯语的教学活动，为后来进一步开展这两种语言尤其是阿拉伯语的教学积累了历史经验，同时，也丰富了我国外语教学的历史内容。

第四，经堂教育创建了一套严密的"经堂语"术语体系，用于口头译解经文，其中有大量汉语、阿拉伯语和波斯语词汇，保存了许多元明时期汉语的口头语，是研究元明时期汉语口语和地方方言的珍贵口头资料。另外，经堂教育还创造了"小经"拼记方法，用以记录经文的汉语译解，这种颇具创造性的译解

---

① 他们是胡登洲、冯二先生、海先生、海文轩、冯伯庵、冯少川、冯少泉、冯养吾、张少山、马明龙、张行四、马真吾、马君实、常蕴华、李延龄、袁盛之、马戎吾、马永安、李定寰、冯通宇、舍蕴善、马续轩、余景善、马进益、皇甫经、袁懋昭、马恒霞、李谦居。见（清）赵灿著，杨永昌、马继祖标注《经学系传谱》，青海人民出版社1989年版。

和拼记方法，在中国翻译史和语言学史上具有独特价值和意义。①

第五，经堂教育推动了研究阿拉伯—伊斯兰文化的学术活动，特别是汉文译著活动的开展。明末清初，以王岱舆、马注、刘智等为代表的回族学者，学贯中阿，博通四教（回儒佛道），开展"以儒诠经"活动，译介了大量阿拉伯—伊斯兰文献，为中阿文化交流作出了艰苦的努力。

第六，经堂教育保存了大量阿拉伯语及波斯语的古典文献。经堂教育中长期使用、选修和参考的经籍多达上百部，内容包括语法学、修辞学、宗教学、哲学、逻辑学、伦理学、古兰经注学、圣训学、教义学、教法学，乃至天文、历法、历史、地理等诸多学科。有些典籍就是在今天的阿拉伯国家，也是难以见到的珍本。这是中阿文化交流史上的重要内容，对这些珍贵的历史文献，我们还缺乏必要的考证、整理和研究，而一些西方和日本的学者早已开始搜集和研究这些典籍了。②

总之，经堂教育的历史贡献是显而易见的，它实际上是一种文化交流和文化传播的方式，其意义是多方面的，特别是在

---

① "小经"又称"小儿锦"或"小儿经"，是以阿拉伯文字母拼记经堂语和汉语（方言）的一种方式，始见于元代，形成于明末清初。现已发现的最早小经典籍有清初一位佚名阿訇抄写的《塔志尼》和法国东方学家布洛歇（F. Blochet）从甘肃收集的18世纪的《米尔萨德》抄本。小经文字在中国语言学史和中阿文化交流史上有独特的意义，近年来，对"小经文字"的研究引起中外学者的重视，中国学者的研究以南京大学民族与边疆研究所刘迎胜教授为最力，其有关研究项目得到欧盟驻华代表处的资助。

② 例如，德国东方学家哈特曼曾于19世纪末来华考察，详细调查和考证了我国西北特别是新疆地区清真寺长期使用和流传的阿拉伯文、波斯文经典；再如日本学者佐口秀、研村忍、小野忍等也曾于20世纪40年代在我国内蒙古、宁夏等地调查记录了45种阿拉伯文和波斯文古典文献。

阿拉伯语、波斯语教育方面所做的长期而艰苦的探索和实践，更是弥足珍贵，在我国外语教育史上留有重要的一笔。

　　由于历史的局限，经堂教育也存在诸多不足和缺陷。这些缺陷和不足，随着历史的发展而愈加显得突出。第一，经堂教育没有规定明确的学制和严格的升留级制度，缺乏奖勤罚懒、优胜劣汰的激励机制，使学生的水平也参差不齐，勤奋好学、学业有成者有之，滥竽充数、终老经堂者也大有人在。第二，使用的教材陈旧，而且深浅不一；教学方法呆板僵化，拘泥于形式。一成不变的教材和固定僵化的教学模式，严重制约了教学质量的提高，使经堂教育无力吐故纳新，及时吸收新的知识。第三，缺失汉语教学及非宗教知识的学习，导致回民穆斯林中出现"读经者不知书，读书者不知经"的现象。第四，忽视实际能力特别是语言运用能力的培养，读死经、死读经，耗费多年时间培养出的学生，却对自己长期学习的语言不能听、不能说、也不能写，无法以所学语言开展交际活动，实际上也无从开展，从而使所学语言失去了最重要的交际功能。总之，经堂教育长期处于封闭、停滞的环境之中，未做及时的调整和不断的改革，与周围的汉文化脱节，与穆斯林的实际生活脱节，更无法也无力开展国际间的交流，致使在许多方面远离了经堂教育创兴者最初的积极主张，跟不上时代的发展，难以满足穆斯林的现实需要，因为穆斯林所需要的，不仅是宗教知识，还有普通知识；就是宗教知识，也需要不断补充和更新，因此，经堂教育一直面临着艰巨的改革任务。

第二章

20世纪前半叶的阿拉伯语教育

第一节 新式学校教育的兴起与发展

进入20世纪后，中国社会在政治体制、社会结构、教育制度等各方面都发生了翻天覆地的深刻变化。政治方面，民主革命先行者孙中山先生领导的辛亥革命推翻了清王朝，建立了中华民国，延续几千年的封建专制制度寿终正寝；文化、教育方面，科举制度被废，私塾教育衰亡，特别是五四新文化运动以来，以蔡元培、鲁迅、陶行知、胡适等为代表的一大批爱国志士高擎民主与科学的大旗，极力推进文化、教育界的变革，新式学校教育蓬勃兴起，出国留学蔚然成风。就是在这样的大背景下，中国穆斯林也开始了文化觉醒，探索变革经堂教育的途径，兴办学校，培养能够学以致用、服务社会的新型人才。

如前所述，数百年来的经堂教育虽然取得了显著的成绩，但随着时代的发展，其不足和缺陷也越来越明显，尤其是忽视汉语教学、脱离实际生活的弊端日见突出。回族穆斯林中首开学校教育之风者当推著名阿訇王浩然（1848—1919

年)。王阿訇于 1905 年赴麦加朝觐,借机遍游埃及、土耳其等国,颇有感悟,回国后即锐意兴学,以启民智,他说:"余游土耳其归国后,始知世界大势非注重教育,不足以图存。随即提倡兴学。"① 而当时国内教育急速变革的大氛围更为经堂教育的变革提供了客观条件。1907 年,浩然阿訇在北京牛街礼拜寺创办了"回文师范学堂",改经堂教育为学校教育,增订课程,兼授中文。浩然办学,无疑是中国穆斯林教育史上的一个创举,其意义和影响不亚于胡登洲先师当年创设经堂教育。继王浩然阿訇办学之后,全国各地陆续兴办起小学、中学和中等师范等不同规模的新式学校,著名的如宁夏银川蒙回师范、北平成达师范学校、山西晋城崇实中学、上海伊斯兰师范学校、四川万县伊斯兰师范学校、杭州穆兴中学、云南明德中学、宁夏云亭学校、北京的西北公学、新月女中、燕山中学,等等。② 其中尤以成达师范、上海伊斯兰师范、云南明德中学等最为著名,在教育模式和方法、教材改进、人才培养等方面也最有成就。

这些学校的办学经费大都依靠民间筹措,多依赖少数富商豪绅、社会名流乃至军政要人的支持,而广大回族穆斯林群众普遍生活贫困,因而许多学校的经费常常是捉襟见肘,难以为继,甚至被迫关闭者也不乏其例。师资方面,所能罗致的合格人才也是极其有限。尽管如此,不少学校在十分艰难的条件下依然作出了很大的成绩,对推动回族穆斯林的文化进步,促进阿拉伯语教育的发展都起到了显著的作用。

---

① 王宽:《中国回教俱进会本部通告》序,见白寿彝主编《中国回回民族史》丙编附录,中华书局 2003 年版。

② 参见附录五。

新式阿拉伯语学校的一个重要办学理念就是要培养经汉兼通的应用型人才，因而在教学内容、课程设置、教材选用、教学方法等许多方面，与传统经堂相比，可谓面貌一新。在语言教学方面，特别强调阿、汉文并重，并注重阿拉伯语的听、说、写、译的能力，有的学校还主张阿、汉、波、英四文并举。除语言课外，还加授数学、史地、美术、文（艺）体（育）等科目，对入学学生的知识水平特别是汉语水平也提出了一定的要求。所有这些，都是针对经堂教育的弊端而实施的重大改进措施。我国著名阿拉伯语教育家马坚先生在六十多年前出版的《回教教育史》序言中，详细讲述了当时这种新的教育理念，其中单就阿拉伯语的教学，马先生说：

欲专攻阿拉伯文学的学生，也以高中文科毕业者为最合格，最低限度，亦须初中毕业，国文通顺，对于英文或其他外国文，有相当根底者，才为合格。他们应该多读书、看报、作文、会话、实地地去练习阿拉伯文，而获得应用阿拉伯文的技能，不可以大部分的时间与精力去研究文法上的理论，去死记文法上的条规，而忽略了实地的练习，以免再蹈旧式学校毕业生不能读、不能写、不能作、不能说的覆辙。初级学生最好的教材，是《天方夜谭》、《印度寓言》、现代的小品文和短篇小说。高级学生，最好是读阿拉伯历代诗文选和现代的文集和诗集。课外宜读埃及最有价值的报章杂志。倘若能藉无线电收音机，常常收听到由开罗广播的《古兰经》与学术讲演，则进步更快了；此外须练习中阿互译，以养成翻译的专门人才，而为沟通中阿文的媒介。①

这里，马坚先生对要专攻阿拉伯语的学生的文化程度和知识结构提出了具体要求，特别要求要有足够的汉语水平，还要有英语或其他外语的基础，就是我们今天所说的要有二外基础，同时，还强调对语言技能的培养，要注重实践，阅读课外读物，训练听力，以掌握活生生的外语。这样，才能培养出能够担当沟通中阿文化重任的高级专门人才。成达师范、上海伊斯兰师范等学校实际上也是尽量朝这个方向努力的。马坚先生自己以及以他为代表的我国老一代阿拉伯语教育家，大都出自这类新式学校，这足以说明这类新式学校在语言教学方面的确取得了显著的成绩。虽然当时的每一所学校未必都能达到马坚先生提出的这些要求，但这至少反映出当时阿拉伯语教育在教学理念、教学方法等方面所发生的显著变化。

新式阿拉伯语学校教育的兴起，就语言教学的层面而言，乃是我国阿拉伯语教育发展史上一个很大的跃进和历史性的转换，数百年来蜷缩在清真寺里的阿拉伯语教育，可以说是枯木逢春，获得了进一步发展的机遇。况且，新式阿拉伯语学校的意义并不只限于语言教学方面，它还反映出当时回族穆斯林力求紧跟时代，努力自强、发展文化教育的愿望，这是这些学校最为鲜明的时代特征。

清王朝的覆灭，中华民国的诞生，使中国社会进入一个全新的发展阶段。五四运动更使中国社会劲吹起爱国、自由、民主、科学的春风，中国传统的思想观念和教育模式，都在这个时期经历着巨大的变革，正是这样的大环境和大氛

---

① 马坚：《回教教育史》序言，商务印书馆1941年版。

围，唤醒了回族穆斯林兴学救族、报国图强的觉悟。20世纪前期在全国各地兴起的新式伊斯兰学校，正是因为诞生于这样一个大的时代背景下，因此，无论其创办者、教师，还是学生，都才有与时代潮流合拍的新理念，具有强烈的国家意识和爱国精神。这一点，是这些新式伊斯兰学校共同的一个突出特点。这样的学校里培养和造就出的人才，报国之心和勇于承担使命的责任感都很鲜明。这正是回族新式阿拉伯语学校长期发展的重要动力之一，是其最大的成功之处。不少毕业生后来很有作为的事实也证明了这一点。"这些学校，包括成达师范在内，造就了一大批回族知识分子，其中不少是中小学教师和新型阿訇。通过派遣留学生，这些学校还为国家培养了一批阿拉伯语人才，新中国成立后在大专院校阿拉伯语专业任教的，即有15名之多"①，成为新中国阿拉伯语教育事业的奠基者和开拓者。

第二节　成达师范的阿拉伯语教育

成达师范学校由马松亭（1895—1992年）、唐柯三等于1925年4月在山东济南创建，8月正式开课。校名取"成德达才"之意，学校订有《成达师范总章》，明确规定以"流行师范教育，以造就健全师资，启发回民知识，阐扬回教文化为宗旨"，"成达之目的，即在教育兴教，宗教救国"，"阐扬回教文化，即中国图强之一道"。②学校实行董事会领导下的校长

---

① 刘麟瑞：《我的回忆——成达师范学校》，《阿拉伯世界》1991年第2期。
② 李兴华等：《中国伊斯兰教史》，中国社会科学出版社1998年版。

负责制，下设各专门机构，主要有：教务部、训育部、事务部、出版部、回文课程设计委员会、毕业生服务指导委员会、编译委员会等，由唐柯三担任校长。起初，学校设在济南马松亭担任教长的一座清真寺内，场地狭小，经费和师资也很紧张，条件异常艰苦。1929年，成达师范为谋求进一步发展，举迁北平（今北京），马松亭担任校长，创办了《成达校刊》和《月华》杂志，以配合教学，发表学生的翻译习作，登载有关阿拉伯伊斯兰研究的新信息和新动态。学校时常邀请社会名流、知名学者来校讲演，作学术报告，以活跃学校的学术气氛，促进教学。著名学者顾颉刚、张星烺、冯友兰、白寿彝、韩儒林等都曾在成达作过学术报告。1932年，成达开始向埃及爱资哈尔大学派遣留学生，马金鹏等五名首批留学生由马松亭校长亲自领送赴埃及。在埃期间，马松亭校长晋见了埃及国王福阿德，国王慨允赠予成达大量阿拉伯语经典书籍，还答应派教师到成达任教，第二年即有两名爱资哈尔大学教师来成达执教。1936年，在马松亭校长多年的努力下，成达师范建立起成达图书馆，为纪念福阿德国王的赠书义举，即称福阿德图书馆。图书馆的成立为学习阿拉伯语提供了很大便利，这也是我国历史上第一座收藏有大量阿拉伯文书籍的图书馆。值得一提的是，图书馆的筹建不但得到回族穆斯林教内人士的支持，而且不少著名教外人士也大力协助，蔡元培、陈垣、顾颉刚等当时知名的教育家和学者都是成达师范福阿德图书馆筹备委员会的成员。1938年，成达南迁广西桂林，1940年改名为国立成达师范学校，并在安徽阜阳设立分校。1944年因桂林沦陷又转迁至重庆，薛文波（1909—1984年）担任校长。抗战胜利后，成达又迁回北平。1949年10月，人民政府接管成达师范，与北平的西北中学、燕山中学合并，成立回民学院①。

成达师范的学制是四二制，即前四年为初级师范，后两年为高级师范。课程设置遵循中阿文并举、宗教知识与科学知识兼顾的原则，具体课程如下：

学 科	课 目
宗 教	古兰经（读法）、圣训、教法、认主学、古兰经注、穆圣史、伊斯兰教史
语 言	国文、回文（即阿拉伯语）、波斯语、英语
自 然	算术、物理、化学、生物卫生
社 会	历史、地理、伦理学、公民、公牍
教 育	教育学、心理学、教育管理、学校行政
其 他	体育（包括军训、武术、体操）、音乐

从这些课程可以看出，作为新式阿拉伯语学校典型的成达师范，在教学内容方面已经与传统经堂教育的内容有了很大的不同。成达对这些课程规定了具体的要求。对阿拉伯语及宗教课程的学习要求是：（1）要具备直接阅读阿拉伯文典籍的能力；（2）要对《古兰经》、《圣训》有整体性的认识；（3）要对伊斯兰哲学有概要性的了解；（4）要对伊斯兰教法、社会道德规范有整体性的认识；（5）要对伊斯兰教发展史有整体性的了解。对于国文及其他课程的要求是：（1）要具备直接阅读中文及用中文写作的能力；（2）对中国史地、外国史地有概要性的了解；（3）要对公民法律常识有整体性的认识，并特重公民道德意识之养成；（4）要具备对自然知识以及数学、逻辑学、心理学等进行初步研究的能力；（5）要具备对国学典籍进

---

① 当时虽名为"学院"，但在教学层次方面实际上是中学或中专性质。

行初步研究的能力；（6）要对教育学、教育史、教学法、学校行政有整体性的认识；（7）要具备对师范技能各科进行教授的能力；（8）要具备对应用文函牍进行实际运用的能力。①

可以看出，这些要求明显反映出中阿文并举的特点，而且特别强调对这两种语言的实际运用能力，同时又不囿于语言知识的范围，还要在史地、数理等方面有比较宽广的知识面。并且要求学生养成良好的道德情操，树立法律观念和国家意识，用今天的话来说，就是既重视教书，也重视育人。这些要求，对当时学习阿拉伯语的回族学生而言，的确很高。成达师范的学生，未必人人都能达到这样的要求。但对于一个学校来说，有了这样具体的、高标准的要求，对于教学质量的提高无疑具有重要的推进作用。成达师范毕竟在这样的要求下培养出了一批优秀的阿拉伯语人才，在新中国高等院校阿拉伯语专业初创时期的教师队伍中就有不少人出自成达师范。

成达师范的阿拉伯语教育已摆脱了传统经堂阿拉伯语教育的模式和内容，体制、理念、教材、方法等都有了质的变化。体制方面，明确了学制和升留级、考试制度，教师的教学方法和学生的学习方法也不再是刻板的填鸭灌输和死记硬背，而是注意调动学习的主动性，注重学生对语言技能的全面掌握，反复训练正确发音，培养实际运用能力。在教育理念方面，更不同于经堂教育，特别强调学以致用，培养的人要服务于社会而不是与社会脱节。这里必须指出，所有这些变革，都是在缺乏师资、缺乏教材、缺乏资金等困难中努力开拓发展的，"可以说，成师的阿拉伯语教育也曾走过一段

---

① 李兴华等：《中国伊斯兰教史》，中国社会科学出版社1998年版。

艰难路程"①。这也是成达师范最值得称道的地方。

成达师范的阿拉伯语教材主要有三类：一是从国外引进的新教材；二是教师自编的教材；三是沿用传统经堂教育中的部分教材。成达师范毕业的已故北京大学教授刘麟瑞先生回忆说：

记得学过埃及的小学语文课本"القراءة الرشيدة"（可译作《启蒙读本》），是由成达师范出版社影印出版的。六年级时，第一班同学马金鹏先生由埃及留学归来，曾教过我们报刊选读。

教过我们语法课的有庞老师、埃及教师福莱斐勒、一班留校同学周仲仁先生等，虽然每个老师用的教材不同，但都采用原文语法书，其中有1928年版的埃及小学语法教材《قواعد اللغة العربية》（《阿拉伯语语法》），有经堂教育使用的语法教材，如《عوامل》（全名العوامل المئة 指的是作用于名词或动词使之发生尾变的因素，可译为"变因"或"作用词"）、《المصباح》（全名المصباح في النحو），可称为语法指南。周仲仁老师还给我们讲过《الكافي في النحو》（可称为《语法观止》）。后三部语法书的成书年代，均在600年以上。

福莱斐勒老师用的是他自编的、由成达出版部铅字印刷的一本简明语法教材。

通过精读、语法和宗教课程的学习，培养了一定的阅读能力。王静斋阿訇所编的《中阿双解中阿新字典》对我

---

① 李兴华等：《中国伊斯兰教史》，中国社会科学出版社1998年版。

们的帮助也是很大的。①

成达师范初期的阿拉伯语教师，大都是传统经堂出来的优秀经师，后来才渐渐有了新的力量，有自己培养出来的学生，其中有直接留校的；也有留学深造后归来的；还有了两名外籍教师，一位名叫穆罕默德·赛义德·达里（محمد السيد الدالي），另一位名叫穆罕默德·伊卜拉欣·福莱斐勒（محمد إبراهيم فليفل），这是1932年马松亭校长访问埃及时福阿德国王答应派遣的，第二年，爱资哈尔大学便派来这两位教师来成达执教。这是阿拉伯国家首次正式派遣教师来中国教授阿拉伯语，刘麟瑞先生回忆说：

> 两位老师教学上都有一套办法，而且都很耐心……
> 1933年埃及两位教师来华任教，是中国阿拉伯语教育史和中阿友好关系史上值得记载的一件大事。因为据我所知，直到50年代中期，国外派遣教师来华教授阿拉伯语，那还是绝无仅有的一次。在这方面成师可谓得天独厚。不过，这里应该提到，30年代时，曾有一名埃及知识青年在上海伊斯兰师范学校待过一段时间，听说是一名中学生，他与黄承才先生合编过一本阿拉伯语会话，阿中两种文字对照，曾公开发行。那可能是国内出版的第一部阿拉伯语会话书。②

为了促进教学，成达师范还专门设立了出版部，出版发

---

① 刘麟瑞：《我的回忆——成达师范学校》，《阿拉伯世界》1991年第2期。
② 刘麟瑞：《我的回忆——成达师范学校》，《阿拉伯世界》1991年第2期。。

行了不少阿拉伯语教材和有关学术著作。例如，成达出版部出版了在该校任教的埃及爱资哈尔大学福莱斐勒先生编写的阿拉伯语语法教材《阿文新文法》，对这本新编教材，赵振武先生在《三十年来之中国回教文化概况》一文中评价说："阿文文法繁赜称极，中国历来所用，皆六百年前古本，编制体例，不适教授。本书用最经济最明显之笔，叙述阿文文法之全豹。"① 这是我国阿拉伯语教育史上由任课教师自编的最早的新式语法教材之一。

成达师范在阿拉伯语教育方面所做的努力是多方面的，从而成功地改革了传统经堂教育的教学模式，走出了一条新路。在课程设置、教材的引进和编写、聘用外籍教师、派遣留学生、图书资料建设、学术研究活动和开展对外交流等方面都作出了可贵的努力。特别值得一提的是，成达师范首开我国使用阿拉伯文活铅字的先河。1934年，马松亭校长从埃及带来阿文铅字，成达师范重新翻制铜模，鼓铸为活字，为铅印阿文典籍和教材提供了很大便利，从此结束了阿拉伯文在我国的手抄历史。

成达师范不仅"开辟了一条冲破纯宗教教育藩篱、把宗教教育同社会普通教育结合起来的康庄大道"②，在中国伊斯兰文化发展史和民族教育史上具有重要的意义，而且，在阿拉伯语语言教学方面作出了艰苦努力，取得了卓著的成绩，在我国外语教育史上占有重要的一席之地。

---

① 赵振武：《三十年来之中国回教文化概况》，《禹贡》第5卷第11期。著者名作《福力腓乐博士》，白寿彝主编《中国回回民族史》丙编附录，中华书局2003年版。

② 李兴华等：《中国伊斯兰教史》，中国社会科学出版社1998年版。

第三节　上海伊斯兰师范的阿拉伯语教育

1928年,从国外考察回来的上海著名阿訇达浦生、哈德成(1888—1943年),深感上海穆斯林"教务日颓,文化衰落",立志要"革新经堂教育,创办新型的伊斯兰教教育"[1]。他与穆斯林各界名流商讨办学事宜,得到工商界人士哈少夫(1856—1934年)、金子云(1869—1937年)、马晋卿(1880—1946年)等的大力支持和资助,遂于同年秋创建上海伊斯兰师范,校址在小桃园清真寺,由达浦生担任校长,哈德成担任教务主任,宗棣棠担任校监兼庶务。1930年学校迁至青莲街222号。1929年,改名为上海伊斯兰经学研究社,后又改称上海伊斯兰回文师范学校。1931年,学校开始向埃及派遣留学生。1938年,因抗战爆发,学校被迫迁往甘肃平凉,改称平凉伊斯兰师范。上海伊斯兰师范在上海办学10年,共招四届学生,毕业生六十多名,这些数字虽然不大,但在当时该校教育理念堪称先进,师资力量也相对雄厚,因而教学质量较高,加之学校位于大都市上海,对全国有辐射作用,培养出的学生后来也都具影响,如北京大学教授马坚先生、台湾政治大学阿拉伯语系首任主任定中明(1913—　)及教师熊振宗(1914—1962年)等均出自上海伊斯兰师范。

---

[1]　上海宗教志编纂委员会:《上海宗教志》,上海社会科学院出版社2001年版。

上海伊斯兰师范的办学宗旨是："培养传道、著书及翻译阿、波文书籍和教授阿、波文字之人才。"① 从外语教育的角度看，实际上就是要培养具有较高水平的应用性外语人才。学校学制为六三制，设普通班和速成班两级教学班，普通班六年，速成班三年。面向全国招生，首届招收二十余人。学校的课程设置为：

学　科	课　目
经　学	古兰经、圣训、教法、认主学
外　语	阿拉伯语、波斯语、英语
文　化	国文、历史、地理、数学、哲学、教育学、心理学、教育行政
其　他	体育（武术、篮球）

从课程设置上可以看出，上海伊斯兰师范与北平成达师范一样，同样注重中阿文并举，宗教学科与其他学科兼顾。这相对于传统经堂教育而言，是一个了不起的飞跃。从"上海伊斯兰师范学校的办学宗旨、教学内容、形式、制度和师资配备及其所产生的影响来看，无一不贯彻了革新经堂教育的思想"②。

在师资方面，伊斯兰师范汇聚了当时上海及全国穆斯林中的一流经师和学者授课，这无疑保证了教学质量的提高。校长达浦生、教务长哈德成除教务工作外，也承担经学课的讲课工作。买俊三阿訇（1888—1967 年）讲授认主学、修辞学和古兰经音韵学，江南汉语学者蓝煦生、古汉语学者马以愚（1900—1961 年）、桐城派古文专家李续川等主讲国文，教授《四书》、

---

① 宛耀宾总主编：《中国伊斯兰百科全书》，四川辞书出版社 1994 年版。
② 阮仁泽等主编：《上海宗教史》，上海人民出版社 1992 年版。

《庄子》、《楚辞》、《昭明文选》、《通鉴纲目》等，历史学家傅统先（1910—1985年）讲授历史，《申报》总主笔伍特公（1886—1961年）讲授教育学，路透社翻译沙善余（1879—1968年）等讲授英语，上海汇丰银行会计长杨稼秈讲授数学，伊斯兰学者王静斋阿訇（1879—1949年）也于1935年来校讲授圣训课。另外，学校还聘请有两名外教讲授阿拉伯语，一名是来自埃及亚历山大大学的穆罕默德·卡米莱（محمد كامل），另一名是曾留学埃及、后又一度担任英国驻上海领事馆领事的印度籍学者费德卢拉（فضل الله）[①]。这两位外教开始执教于上海伊斯兰师范的时间，略先于1933年两名爱资哈尔大学教师到成达师范执教的时间，应视为外籍教师来中国教授阿拉伯语之始。

关于上海伊斯兰师范所设课程及高质量的师资，定中明先生回忆说：

> 伊斯兰师范系采当时的四年制，曾向政府正式立案的私立学校，其功课内容为：国文、阿文、本国史、世界地理、数学、理化（无实验）、教育心理、教育行政（师范必修科目）等，英文、珠算为选修，所有功课均由名师担任，成绩斐然，颇获当时教胞们的赞誉与好评。
>
> 阿拉伯文除由哈德成、达浦生二位老师教授外，另聘请一位印度回教学者 Dr. Fedhullah 担任，这位印度老师，除印度国语乌尔都外，尚精通英文、阿拉伯文、波斯文，此外他对古兰圣训，均甚娴熟，阿文文学造诣甚深，记忆力甚强，能背诵全部古兰经与很多圣训及诗词，真可谓博

[①] 《中国伊斯兰百科全书》作"法杜里·依拉希"；《上海宗教史》作"法都里依俩希"。

学之士。后来又添了一位埃及的教师，使我们的阿文学习更为精进。

教育心理及教育行政则系聘请一位回教的姓伍（已轶其名）的老教育家担任，他曾经做过当时的教育部次长。数学老师为回教的杨稼秞先生，他当时是上海汇丰银行的会计长。所有老师多系义务职，惟有国文老师系以高薪礼聘而来的桐城派古文专家李续川教授。李先生是广东番禺人，曾受业于安徽桐城派古文家马其昶，他当时年仅二十八岁，同时兼任上海大厦大学、持志大学及杭州国立女子师范与上海伊斯兰师范的国文教授，在上海很有名气，派头很大，薪俸特高，即以我们一所私立师范的月薪就是六十元袁大头（现洋），其身价可知。不过他的学问与教育方法都是当时一流的，我们伊斯兰师范能够不惜重金礼聘而来，确是我们第一期学生的幸运。因为慕名争聘的大学很多，所以他在我们伊斯兰师范只教了两年便辞谢他就了。

上海伊斯兰师范注重师资和教学质量的水平，可从定中明先生的回忆中窥见一斑，虽说学校经费拮据，但为提高教学质量，特别是汉语教学，仍不惜高薪聘请名师，作为一所民办学校，这种精神确是值得称道的。

上海伊斯兰师范与北平成达师范，在办学理念、课程设置、教育方法、对外交流等许多方面有很多共同之处，两所学校一南一北，开新风、走新路，引领了当时回民教育的新潮流，开拓出我国阿拉伯语教育的新局面，成为阿拉伯语教育从经堂模式向新式学校成功转变的典型代表，在我国民族教育和外语教育史上写下了富有特色的一页。

第四节　赴阿拉伯国家留学生的派遣

中国人赴阿拉伯国家学习的历史也是很久远的，有确切文字记载的，可以追溯到公元 11 世纪。早在新疆喀喇汗王朝（10 世纪初—1212 年）时期，就有一些维吾尔族伊斯兰学者前往阿拉伯地区求学，如《突厥语大词典》的作者马哈茂德·喀什噶里（约 1008—1105 年）就曾在巴格达等地求学多年，其《突厥语大词典》也是在巴格达求学期间编纂的，完成后于 1074 年献给了阿拔斯王朝的哈里发。明清以来，有不少回族穆斯林经师在前往麦加朝觐的过程中，也大都滞留当地，访学拜师，进修阿拉伯语，研习教义。例如，经堂教育的创始人胡登洲及其后的著名经师马来迟（1681—1766 年）、马明心（1719—1781 年）、马德新（1794—1874 年）、马万福（1849—1934 年）等，都曾有在阿拉伯地区游学的经历。出身经堂而又大力倡导新式学校教育的阿訇王浩然、哈德成、王静斋等也都曾访学于埃及等阿拉伯伊斯兰国家。不过以往这些求学活动，都是零零散散的个人行动，虽说对经堂教育有过推进作用，但社会影响不大。有组织的赴阿拉伯国家留学活动，乃始于 20 世纪 30 年代。我国一批批青年学子出国留学，是近现代特别是五四新文化运动以来中国教育界的一大特点，受此大环境的影响，20 世纪上半叶兴起的回民新式学校，也将其育才工程延伸到国外，开始有计划地选拔和派遣留学生，到埃及等阿拉伯伊斯兰国家学习。

1930 年，云南回教俱进会及明德中学正式致函埃及爱资哈尔大学，请求爱大接受中国穆斯林青年留学深造，得到爱大校长复函，同意接受中国学生。明德中学随即组织考试，选拔留学人员。经过考试，录取纳忠为公费生，张有成、林仲明为自费生，明德中学训育主任沙国珍为领队。上海伊斯兰师范又举荐该校云南籍毕业生马坚也参加本次留学，其旅费由该校校董马晋卿资助。这样，首届留埃学生团一行五人，于1931年11月赴埃及留学，进入了阿拉伯世界享有盛誉的爱资哈尔大学学习。

这是中国历史上第一次有组织地通过考试选拔赴阿留学人员，也是中国穆斯林教育史上破天荒的大事。当时发行全国的云南《清真铎报》月刊将1932年1—2月号合刊，作为"留埃学生专号"，登载有关文章，其中有《考送留埃学生之经过》、《考送留学埃及各生履历表》、《考选学生资格》、《考取学生遵守规则》等。这次留学生选送工作，从组织、考试、管理等各方面，都进行得非常认真和严格，也很透明，这从当时明德中学规定的《考选学生资格》和《考取学生遵守规则》中就可以看出。《考选学生资格》如下：

——本校学生以具有阿文国文英文算术史地博物相当成绩为合格，阿文须《者略》① 以上能译其意者，国文须清顺通达者。

——本校学生须具品行端正有坚决毅力者。

——本校学生须得家庭同意签字认可者。

——本校学生能除送去旅费外，不能累及学校者。

《考取学生遵守规则》为：

---

① 似指经堂教育的传统教材《哲俩莱尼》（《简明古兰经注》الجلالين），待考。

——留学生毕业后须回校服务六年（此期费用当由校内相当筹给）。

　　——留学生须坚定意志，卒成其业，不得见异思迁，中途退学，违者由家庭追还公费。

　　——留学生以学宗教哲学礼法天经圣训历史教育等重要科学为限，不得任意学无用之学。

　　——留学生毕业后须即回校服务，不得在外逍遥致误校务。

　　——留学生每月须有文字一篇，寄登铎报，藉以观其学业志向。

　　——留学生须注意外国学校教授方法科书目录，良好管理……随时报告本校以供择采。①

　　这些具体而严格的要求，充分保证了留学生的资质，也为此后留学活动的进一步开展开了一个好头。继明德中学此次选派留埃及学生后，赴埃留学一时蔚然成风。北平成达师范和上海伊斯兰师范也相继选送了好几批学生赴埃留学。

　　1932年12月，北平成达师范遴选马金鹏、王世清等5名学生赴埃留学，马松亭校长亲自护送前往。1934年3月，云南明德中学选送纳训、林兴华等3名学生赴埃。1934年4月，上海伊斯兰师范选拔出金子宴、定中明、熊振宗等5名学生赴埃。

　　1936年，成达师范校长马松亭阿訇再度赴埃及，与埃大商

---

　　① 原载《清真铎报》1932年2月留埃学生专号，转引自姚继德《中国留埃回族学生派遣始末》，载杨怀中主编《首届回族历史与文化国际学术讨论会论文集》，宁夏人民出版社2003年版。

讨派遣留学生事宜，埃大同意接受20名中国学生，并获埃王法鲁克一世（1920—1965年）私资津贴。马松亭校长返国后即开始组织考试，选拔学生。这次招考也很严格，对学生有比较全面的要求，面向全国录取，还在天津《大公报》上登载了招考通告，规定考试科目为：（1）政治；（2）教义（古兰、圣训、教律）；（3）国文；（4）阿拉伯文（作文、翻译、文法、会话）；（5）中外史地（回教史在内）；（6）算学（算术、代数、几何）；（7）自然（理化、生理卫生）；（8）口试；（9）体格检查。此外，还要求有高中或高级师范毕业证。这次共选录刘麟瑞等15名学生赴埃留学，由成达教师庞士谦领队，于1938年3月赴埃。因得埃及法鲁克国王资助，故这届留埃学生团又称"法鲁克留埃学生团"[1]。

至此，由云南明德中学发起的有组织的留学活动，持续已近十年，前后有6届共33名学生前往埃及留学[2]。这些学生，都是经过严格的考试选拔出来的优秀青年，中、阿文基础比较扎实，同时又有明确的学习目标和吃苦耐劳的意志，担负着祖国和民族的厚望，因而颇富使命感和时代精神。在留学期间，虽然条件艰苦，却大都能坚持学习长达八九年，最终学有所成。不少人归国后在教育、翻译、学术研究、外交等许多与阿拉伯语相关的领域担当重任，表现出色。其中如马坚、纳忠、纳训、刘麟瑞、林兴华、林仲明、张秉铎、马金鹏、杨有漪、王世清、马宏毅等，都成为新中国的第一代阿拉伯学家，为我国高等院校阿拉伯语专业的建设和发展及中阿文化的沟通和交流作出了开拓性的贡献。

---

[1] 庞士谦：《埃及九年》，中国伊斯兰教协会1988年版。
[2] 参见附录二。

留埃学子不但刻苦攻读自己的学业，同时，还致力于中阿文化的相互交流，在"拿来"和"送去"两方面作出了可喜的成绩。他们不但将所学所见及时译介到国内，而且还注意向埃及和阿拉伯世界积极宣传中华文化，宣传中国的抗战。对此，曾担任当时中国留埃学生部部长的庞士谦先生说："回教世界对于我国向来隔膜。直至有了留埃学生以后，学生们之对外宣传向不后人，尤其在抗战期间更为显著。于是他们对我国才有认识。"① 庞士谦先生还担任埃及法鲁克国王的东方事务顾问，并"受爱大之聘，担任中国文化讲座讲师，这是回教世界讲中国文化的首创"②。马坚先生在课余将《论语》译为阿拉伯语，在埃及出版，使这部中华文化的名著第一次为阿拉伯读者所了解。留埃学子的这些努力，在当时受到广泛好评，孙绳武先生（1896—1975 年）在《三十年的中阿文化关系》一文中说：

> 我国的留埃学生，求学刻苦认真，成绩在爱资哈尔大学为最突出。他们于攻读之余，并将彼邦关于阿拉伯文化的新著述多种翻译成中文，除短篇多在《月华》等刊物披露外，已出版及已付印的整部译品有《回教真相》、《回教哲学》、《伊斯兰教》、《回教与文化》、《天方童话》等，均为近东名著。
> 我国赴近东的学生，在出国之前，学术上都已有相当的根底，所以到了埃及等地，一方面努力吸收新的阿拉伯文化；另一方面也尽量把我国的文化介绍给当地人。他们时常作关于中国文化的讲演和著述，各报竞相登录转载，

---

① 庞士谦：《埃及九年》，中国伊斯兰教协会 1988 年版。
② 同上。

因此流传很广。在埃及不但回教学者对中国文化极表重视,因为它有许多地方可资回教教义哲学的参证;即一般民众亦莫不感觉浓厚的兴趣,因为爱好和平的民族心理的倾向,总是相近似的。①

这是对20世纪30年代那批回族穆斯林留埃学子的高度评价。"孙先生的描述,全面而且中肯,它准确地概括了由马坚、纳忠先生为代表的一代中国阿拉伯学研究者的基本任务,是以扎实的语言为基础,既吸收新的阿拉伯文化,又向阿拉伯介绍中国文化","可以说,那一代中国留埃学生虽然学习条件十分艰苦,生活环境也远不如今日优越,但他们的学习态度和学术精神,却为后人树立了光辉的榜样"②。

由云南明德中学、北平成达师范和上海伊斯兰师范组织的留学活动,在我国回族穆斯林教育史上,是一个空前的壮举,它大大开阔了一代回族青年的视野,提升了民族的文化品位。同时,也为新中国的阿拉伯语教育事业、阿拉伯—伊斯兰文化的研究和中阿文化的相互交流奠定了基础,其作用、影响和意义,已大大超出了派遣学校最初的期望。它作为"中国回族现代史上文化启蒙运动的一个重要组成部分,在现代中阿文化交流史上,谱写了辉煌的历史篇章"③。

---

① 孙绳武:《三十年的中阿文化关系》,《回民言论半月刊》1939年第1卷第3期,见李兴华等编《中国伊斯兰教史参考资料选编》,宁夏人民出版社1985年版。

② 朱威烈:《天行健,君子自强不息:我印象中的纳忠教授——〈穆圣后裔〉再版序》,《阿拉伯世界》2004年第2期。

③ 姚继德:《中国留埃回族学生派遣始末》,载杨怀中主编《首届回族历史与文化国际学术讨论会论文集》,宁夏人民出版社2003年版。

第五节　教学科研活动的开展

　　20世纪上半叶我国的阿拉伯语教育，成功地走出了传统经堂教育的狭小范围，使阿拉伯语教育在面向社会方面迈出了一大步。伴随着阿拉伯语新式学校教育的发展，还开展了与之相关的一系列学术活动，取得了不少学术成果，这些活动丰富多样，成绩可观，在许多方面都富有创新意义，包括阿拉伯语教材、字典的编译，原文典籍的翻印、翻译和出版，文化刊物的创办发行，学术团体的组建，对外文化交流的开展等。这期间涌现出一批伊斯兰文化研究方面的著名学者和精通阿拉伯语的教育家、翻译家，如达浦生、哈德成、杨敬修、王静斋、马松亭、庞士谦、马以愚、白寿彝、马坚、纳忠等，他们筚路蓝缕，以启山林，开拓出我国阿拉伯语教育和阿拉伯—伊斯兰文化研究的新局面。

　　教材编译方面，杨敬修阿訇（1870—1952年）于1911年即编写出阿拉伯语语法教材《中阿初婚》，共四册，分别为《字义学》、《字体学》、《字用学》和《菁华录》，由北平秀珍精舍出版，开阿拉伯语语法汉译之先河，故有"初婚"之称。"杨敬修的《中阿初婚》是中国伊斯兰教经堂教育史上一部划时代的重要著作。它打破了用经堂语解释阿拉伯语的老传统，使汉语踏入了经堂，为汉阿对译开辟了途径，这应该在中阿文化交流史册上大书一页的。"[1] 此后，不断有新式阿文教材编出，如上海中国回教经书局编译出版的阿文教材有《中阿对照

---

[1]　于广增：《经堂教育基础课的改革》，《中国穆斯林》1986年第3期。

拼音读本》、《中阿对照连五本》、《中阿模范会话》、《字源学》、《初级回语读本》、《高级回语读本》等；四川万县伊斯兰师范印行有《回语读本》，分初级和高级两种共12册，"先由对译起，渐及高深文理，循序以进，最便教科"①；成达师范出版部还出版有埃及教师福莱斐勒编著的《阿文新文法》；等等。

众所周知，外语学习离不开工具书，优秀的字典、词典对教学的促进作用是无以替代的。传统经堂教育长期以来一直没有可以使用的工具书，给教学带来许多几乎是无法克服的困难。因此，在阿拉伯语教育由经堂到学校教育转换的过程中，不少学者注意到这个严重制约教学的老大难问题，开始在阿拉伯语—汉语字典的翻印、编纂方面，做了不少努力，为学习者提供了许多便利。例如，上海穆民经书社翻印了《大蒙吉德》（المنجد الكبير）等原版工具书，沙梦弼阿訇（1903—1972年）编著了《中阿词典》，李殿君阿訇编著了《中阿双解字典》，马德宝阿訇（1884—1943年）编著了《中阿词典》、《中阿要语汇编》。在这方面最有成绩者，当推王静斋阿訇。王静斋阿訇花费了很大的精力编著了《中亚字典》（阿拉伯当时又译称为亚拉伯）、《中阿双解中阿新字典》等多部字典。王阿訇编著的这些字典连同他翻译的《古兰经》，被当时关注回教文化的顾颉刚先生誉为"是很费心力的巨著"。②《中亚字典》出版于1928年，王静斋阿訇回忆说："脱稿数年之《中亚字典》，得以印刷出版，

---

① 赵振武：《三十年来之中国回教文化概况》，《禹贡》第5卷第11期，见白寿彝主编《中国回回民族史》，中华书局2003年版。

② 顾颉刚：《回教的文化运动》，《大公报》1937年3月7日星期论文，见白寿彝《民族宗教论集》，河北教育出版社2001年版。

风行海内。此我归国后对同道第一次贡献也。"① 这本字典"除解释纯粹亚拉伯字句，并考证贤达译而欠妥之字句外，更诠释近年列入亚拉伯文中之意、法、波、西、希腊等国译音字句，以及埃及与叙利亚之土语。"② 1934 年，北京清真书报社出版了王阿訇从英文编译过来的《中阿新字典》，更对此后学习阿拉伯语的人提供了很大的便利。刘麟瑞教授回忆 30 年代在成达师范的学习时说："王静斋阿訇所编的《中阿双解中阿新字典》对我们的帮助也是很大的。"③ 1955 年 6 月，北京清真书报社重版了《中阿新字典》，并加有简短的前言：

  这本字典是先进学者王静斋阿衡翻译的，在它出版问世时，实在给学习阿文的人们开辟了一个新工具，在当时无不人手一册，逢到问题无不迎刃而解。计算起来，从它的初版直到今日，虽然历时已久，学术的进步和新字新义的增多，已是不可估计的事实。可是这本字典在国内，仍是学习阿文的唯一工具，是目前学者们迫切需要的。我社再次重版复印，就是为了这个需要和要求而作的。④

可见，王静斋阿訇编译的这部《中阿新字典》，长期嘉惠学林，为促进阿拉伯语教学发挥了重要作用，这一点，从朱威烈先生在 1999 年编著出版的《简明汉阿词典》"编者的话"中也得到印证：

---

① 王静斋：《五十年求学自述》，《禹贡》第 7 卷第 4 期，见白寿彝主编《中国回回民族史》，中华书局 2003 年版。
② 白寿彝主编：《中国回回民族史》丁编，中华书局 2003 年版。
③ 刘麟瑞：《我的回忆——成达师范学校》，《阿拉伯世界》1991 年第 2 期。
④ 《中阿新字典》前言，北京清真书报社 1955 年版。

三十多年前，我在北大读书时，主要用两本词典，一是解放前上海穆民经书社翻印的《المنجد الكبير》，一是王静斋阿訇（1871—1949年）在30年代编成出版的《中阿新字典》。①

值得注意的一点是，20世纪初期先后成立的上海协兴公司（1913年）、北平清真书报社（1922年）、北平成达师范出版部（1925年）、上海中国回教经书局（1928年）、上海穆民经书社（1934年）等图书营销、出版机构，引进和翻印发行了大量阿拉伯文原文典籍，其中不少大部头的语法、修辞和经训著作，行销全国，数量十分可观，可谓盛极一时。赵振武先生在《三十年来之中国回教文化概况》一文中说：

回教文化，率多载之阿拉伯文中，故研习阿文，实为探讨回教文化之基本。中国回民，尚能保持此点，故千年来，阿文原文书籍之肄习，始终不辍，因而原文原书之流入中国，亦成要举。最近三十年来，经营此种文化事业，致其最大力者，当以上海协兴公司，上海中国回教经书局，以及北平成达师范出版部为最。

上海协兴公司在过去，曾由孟买、德里、埃及、叙利亚、土耳其等处，运输大量之原文典籍来华销售，便利学子良多。

上海中国回教书局则以影印西书为最大之贡献。如《教律经》、《喀最经注》，以及《门志得字典》等大部头之书，均经该经书局影制，便利中国学子。

---

① 朱威烈：《简明汉阿词典》"编者的话"，上海外语教育出版社1999年版。

> 北平成达师范出版部之经营运输与影印原典籍,为其最近对于中国回教文化上之极大贡献。自极浅显之《阿拉伯文读本》、《阿文法》、《圣训解释》,以至最高之《古兰经》,无不有影印本。就中尤以影印欧斯曼本之《古兰经》为最,字大行朗,极便于用。而该出版部回文铅字之鼓铸成功,更予中国回教文化上以极大之助力。[①]

仅上海中国回教书局行销的各类书籍就多达20万册[②],其中有大量阿拉伯文典籍,这也从一个侧面反映了阿拉伯语教学研究方面学术活动的活跃。为进一步促进文化教育活动的开展,各地还陆续成立了各种学术文化机构、组织或社团,如中国回教俱进会(1912年,北平)、中国回教学会(1925年,上海)、中国回民教育促进会(1933年,南京)、中国回教文化协会(1934年,上海)、中国回教协会(1937年,郑州)、中国回教文化学会(1938年,桂林)等。这些机构大都积极致力于促进回民教育、繁荣学术文化的工作,对阿拉伯语教育方面的教学、研究活动,尤其是翻译活动常给予赞助和支持。马坚先生1939年留学归国后,将主要精力投入到《古兰经》的翻译工作中,他的这项工作,就曾得到上海中国回教学会的大力支持。

这时期问世的译作不少,而且有相当的学术质量,译著者大都是从事阿拉伯语教学研究的专业人员。例如:《圣谕详解》(李虞宸)、《教心经》(杨敬修)、《回耶辨真》(王静斋)、《伟嘎业》(王静斋)、《古兰经译解》(王静斋)、《回教哲学》(马

---

① 赵振武:《三十年来之中国回教文化概况》,《禹贡》第5卷第11期,见白寿彝主编《中国回回民族史》丙编附录,中华书局2003年版。

② 上海宗教志编纂委员会:《上海宗教志》,上海社会科学院出版社2001年版。

坚)、《回教基督教与学术文化》（马坚)、《回教真相》（马坚)、《回教教育史》（马坚)、《回教哲学史》（马坚)、《伊斯兰教》（纳子嘉)、《回教诸国文化史》（纳忠)、《伊斯兰教与阿拉伯文明》（纳忠）；等等。

这期间，各地穆斯林还先后创办了各种报刊，数量多达百种以上，有较大影响的如《醒时报》（1911—1944年，奉天)、《清真旬刊》（1922—1924年，昆明)、《伊光》（1927—1940年，天津)、《月华》（1929—1948年，北平)、《清真铎报》（1929—1949年，昆明)、《成师校刊》（1936—1945年)、《回教论坛》（1939—1941年，重庆）等。这些报刊发表了大量文章和译作，介绍有关伊斯兰教的知识，传达阿拉伯文化研究方面的新动态、新信息和新成果。为提高学习阿拉伯语学生的翻译水平，这些刊物还时常登载各地学生的翻译习作。同时，还向广大穆斯林积极宣传国家意识，号召救亡图存。

教学质量的提高离不开科研的促进，无论是教材编写、工具书编纂，还是原作的引进和翻译，都是有助于提高教学质量的重要因素。20世纪上半叶，各地穆斯林开展的这些有关阿拉伯语教学研究方面的学术文化活动，虽惨淡经营，历经艰难，终究还是取得了引人注目的成果，使当时的阿拉伯语教育界获得了新的信息，开阔了视野，扩大了影响，从不同的方面推进了阿拉伯语教育水平的提升，也为以后我国阿拉伯—伊斯兰文化的研究（亦即今天我们所称的阿拉伯学）积累了宝贵的经验，奠定了深厚的基础。

第六节　中国穆斯林阿拉伯语研习活动中的爱国主义传统

爱国爱教是中国穆斯林的光荣传统。历史上，无论是在反抗封建统治者压迫的斗争中，还是在抵御外侮、救亡图存的历史关头，我国广大穆斯林同胞总是恪守"爱国是信仰的一部分"的训导，与各族人民并肩携手，浴血奋战，谱写出一曲曲可歌可泣的爱国主义凯歌。这种可贵的爱国主义精神，也贯穿在中国穆斯林的阿拉伯语教育活动中，他们始终把研习阿拉伯语作为报效祖国、振兴民族的重要途径之一。

进入 20 世纪后，在中华民族救国图强的历史运动中，广大穆斯林阿拉伯语教育工作者、学习者和研究者，清真寺的教长、经师和满拉（学生），学校的校长、教师和学生，都自觉运用所学，服务国家，积极投身于"五四"以来的新文化运动和社会变革之中。特别是在日本侵华、国难当头的岁月里，我国穆斯林同胞在阿拉伯语教学活动中的爱国激情更是空前高涨，历久弥坚，无论是身在国内的学者、阿訇、学生，还是远在海外的留学人员，无不积极宣传抗日，协力救国，表现出崇高的民族气节。

1937 年，日本发动了侵华战争，王静斋、时子周阿訇（1879—1969 年）在郑州发起成立了中国回民抗日救国协会，唤醒民众，号召抗战；宁夏著名阿訇虎嵩山（1880—1955 年）写出阿拉伯语、汉语对照的祈祷词，谴责日本侵略，祈祷抗战胜利；70 岁高龄的马良骏（1867—1957 年）大阿訇在新疆提出要参加抗战，并广泛宣传抗日，抗战胜利后，又积极致力于新疆的和平解放。云南纳明安教长坚持每天晨礼后率众诵经祈祷，默祝中国战胜日本，长达八年之久，直至抗战胜利；成达师范校长马松亭、上海伊斯兰师范校长达浦生等许多知名人士更是奔走各方，远赴海外，大力宣传抗日。堪称中国穆斯林阿拉伯语教育一代宗师的达浦生阿訇，曾借钱自费出国宣传抗战的事迹，尤为感人，在当时广为流传。

1937年"八·一三"上海沦陷，64岁高龄的达浦生阿訇愤慨万分，当他得知南京政府消极抗日，没有进行广泛的国际舆论宣传，在中东国家甚至连一张阿拉伯文传单都没有，而日本却派遣浪人潜入中东，颠倒黑白，歪曲侵华事实时，便毅然决定自费前往中东，以自己的声望宣传中国的正义抗战。1937年12月29日，达阿訇借了三千大洋，只身远赴埃及。他到达埃及后，晋见国王法鲁克，拜会爱资哈尔大学校长和各界知名人士，发表演说，揭露日本侵华罪行，宣传中国抗日，《金字塔报》及《埃及邮报》等均予报道。阿訇旋即又借朝觐之机赴沙特阿拉伯，对抗日作更广泛的宣传，多次发表讲演，力陈日本暴行，还参加了"世界回教大会"，向伊斯兰国家政要和宗教领袖传达了中国抗日的决心，并与出席该会的三名"伊斯兰教徒"（实为浪人）展开激烈舌战，使其装聋作哑，当众出丑。沙特国王伊本·沙特两次接见阿訇。达阿訇感到仅作口头宣传还不够，便当即在麦加起草了《敬告世界回教教友书》，向各国穆斯林散发。复返埃及后，达阿訇又撰写了长达一百多页的《告全世界回教教友书》，历时两个多月，在《金字塔报》上连载发表，引起埃及和世界各国穆斯林的极大关注。1938年6月，达阿訇又抵印度，在德里发表九次演讲，还拜见了此后成为巴基斯坦国父的阿里·真纳，真纳表示中国的抗战也是印度各族人民的抗战，他将阿訇的《告全世界回教教友书》译为印地文，刊登在

《印度时报》和《孟买新闻》上,还在印度穆斯林中募捐资金,买成药品,送往中国。

年逾花甲的达浦生阿訇,以满腔的爱国热忱,风尘仆仆地奔走海外,不辞辛劳,宣传抗日,历时长达八个月,取得了巨大成功。1938年8月,他带着各国穆斯林人民对中国人民的友好情意和对中国抗战的有力声援,携带几十万法币的捐款取道香港回国。重庆的《新华日报》于1938年8月8日和10月3日以《上海回教长达浦生欢迎会》和《达浦生先生访问记》等专文报道了这次出访及其意义。《新华日报》的报道说:

> 当埃王接见达先生时,殷殷垂询我国回民数目及抗战中之回汉关系等。达先生说:"我整个中华民族上下一致,同心同德,众志成城,共赴国难,咸存玉碎之心,不为瓦全之念,日本虽强,亦不能占我片土,制我民心。中国的回教徒也如非回教徒一样的热爱祖国,抵御暴敌,不愿为日人之奴隶。或直接持戈参战,或努力于后方工作,携手一致反对日本帝国主义。"埃王在欣慰之余,笑容满面地说:"那很好,最后胜利一定是属于中国的!"
>
> 达先生说:抗战则生,不抗战必死,惟有全民族团结起来,血战,更是我们不能忘记的警语。而且,他曾经以行动为他的理想作过回答了。[①]

达浦生阿訇爱国爱教的高风亮节,为中国穆斯林树立了可敬可佩的榜样,也受到各族人民的爱戴。新中国成立后,达阿

---

① 原载1938年10月3日重庆《新华日报》,转引自达杰《达浦生阿訇传略》,达浦生《伊斯兰六书》附录,宗教文化出版社2003年版。

訇历任中央民族事务委员会委员、中国人民政治协商会议第二届全国委员会委员、常务委员等。1956年，82岁高龄的达阿訇作为周恩来总理的顾问参加了著名的万隆会议，飞行途中，周总理将自己的卧席让给达老，一时传为佳话。[1]

如果说达浦生阿訇是穆斯林阿拉伯语教育活动中众多学者、教长和校长们爱国爱教的杰出代表，那么，20世纪30年代留学埃及的穆斯林学子们所表现出的爱国热情，则是阿拉伯语学习活动中一代穆斯林青年爱国爱教的榜样。这群回族青年学子，集合在尼罗河畔古老的金字塔下，日夜心系国难当头的祖国，他们发表文章、演说，印发传单，甚至节衣缩食，募捐资金，为抗战的正义事业竭尽全力。他们曾组织了留埃学生朝觐团，在赴麦加朝觐的过程中，向世界各国穆斯林广泛宣传中国抗战的正义，揭露日本侵略的罪行。在路途的行船上，他们也不忘做抗日的宣传："晚间子实[2]播音，演说中国回教人拥护抗战的情形及日机轰炸南北各省回民区域与清真寺的惨况。最后引经据典说明日本野蛮无理，必遭主怒，并引事实证明中国为正义，求生存抗战之是，日本侵略之非。说完时，全船中掌声雷动。"坐船时，他们"拟坐三等，国难期间处处节缩，为国惜财"[3]。他们的爱国激情，给当时到访埃及的著名爱国教育家陶行知先生留下了美好而深刻的印象。

1936—1938年，作为国民外交使节，陶行知先生出访欧洲、美洲、亚洲26国，宣传抗日救亡，动员各国华侨和国际友

---

[1] 达杰：《达浦生阿訇传略》，见达浦生《伊斯兰六书》附录，宗教文化出版社2003年版。

[2] 子实即马坚先生。

[3] 庞士谦："一九三九年留埃学生朝觐团日记"，见庞士谦《埃及九年》附录，中国伊斯兰教协会1988年版。

人支援抗战。他在《出访二十六国日志》中写道：

> 7月24日　到 Haifa（海法）
>
> 夜11时 到开罗 会埃及爱资哈尔回教大学中国留学生二十余人，此大学有千年历史，学生万余名。
>
> 1938年5月13日，林仲明代表回教近东访问团在开罗国际广播台广播《告世界回教民众书》，号召全世界回教同胞联合起来，抵抗侵略我们的敌人，打倒侵略中国的日本帝国主义。同年，中国留埃学生部长沙国珍，上海伊斯兰师范学校校长达浦生，共同著述《关于中日战争告世界回教同胞书》一册，埃及各报章杂志皆争先登载，曾得埃及人民与当局之注意。埃及华侨曾组织战区灾民救济会于开罗，并设分会于亚历山大。该会曾屡次印行传单、宣言劝告回教世界群起抵抗日货，对中国作物质上经济上援助，并由会员慷慨捐款二次，购买救国公债。[①]

陶行知还在重庆《新华日报》发表"海外的故事"，以"卅一个中国回教徒留学生"为题，记述了当时留埃回族学子赤忱的爱国热情：

> 到了埃及，有一件事是我记忆中最深刻的——尼罗河畔夕阳笼罩着的金字塔下，一曲雄壮的《义勇军进行曲》传向沙漠的边际去，这是三十一个中国回教徒留学生工作之余的歌声。谁也不曾想到，在这古国的沙漠里，听到我们民族的吼声。

[①] 陶行知：《陶行知全集》第3卷，湖南教育出版社1985年版。

三十一个青年。他们所进的学校，是世界最古的学府——爱资哈尔大学。这所大学创办了已有九百九十八年的历史。这些留学生，每人每月十金洋，一切烧饭、洗衣等杂务，都得自己动手。抗战后，对于祖国争取民族的自由解放，是有着极高度的同情和热望，他们在勉强维持的生活费中，还提出一点钱，在海外对侮蔑祖国的日本帝国主义，作强烈的抵制宣传。[①]

尼罗河畔这群攻读阿拉伯语、学习伊斯兰文化的回族青年表现出的爱国热情，令一向怀有教育救国抱负的人民教育家陶行知倍感亲切，不由得发出"这些回族学生，所表现出来的精神是多么好"[②]的赞语。实际上，他们只是无数爱国回族青年的代表。

以上这些，仅仅是在中华民族抗日救亡的过程中，我国穆斯林同胞在阿拉伯语教育活动中体现出的爱国主义精神的一些典型事例。这些事例说明，在我国穆斯林长期开展的阿拉伯语教育活动中，始终贯穿着爱国主义的精神，代代相传，绵延不绝，只是在不同的历史时期有着不同的表现罢了。穆斯林一向将爱国提高到信仰的程度，认为爱国是信仰的一部分，信仰的存亡与国家的兴亡息息相关。因此，每当国难当头、民族危亡的关头，中国穆斯林总是义不容辞地挺身而出，与全国各民族同胞团结一致，并肩战斗。和平时期，同样与各族人民一起，协力奋斗，共建家园。新中国成立后，以马坚、纳忠、刘麟瑞

---

① 原载 1938 年 10 月 17 日重庆《新华日报》，载《陶行知全集》第 3 卷，湖南教育出版社 1985 年版。

② 陶行知：《卅一个中国回教徒留学生》，原载 1938 年 10 月 17 日重庆《新华日报》，载《陶行知全集》第 3 卷，湖南教育出版社 1985 年版。

等为代表的一批留学归国的穆斯林学子,以极大的热情投身于高等院校阿拉伯语专业的建设中,并积极服务于新中国的外交工作;改革开放后,我国穆斯林学习阿拉伯语的热情再度高涨,其根本的着眼点依然在于提升民族文化水准,服务于国家的对外开放和经济建设事业。在不同时代,不同时期,穆斯林开展阿拉伯语教育活动的形式可能不同,但爱国主义的精神却是一以贯之。这实际上说明,中国穆斯林学习阿拉伯语的目的,并不限于掌握宗教知识,用于宗教生活,更有报效祖国、振兴中华民族的崇高定位。

第三章

20世纪后半叶的阿拉伯语教育

第一节　阿拉伯语教育成功进入高等院校

阿拉伯语教育由民办性质的初、中级私立学校提升到国立高等教育的层次，经历了将近十年的过程，时间正好在20世纪前半叶与后半叶之交，即20世纪40年代中后期到50年代初期。这段时期恰好也是中国社会发生巨变乃至质变的时期，国民党统治下的旧中国日薄西山，最终土崩瓦解，共产党领导的新中国冉冉升起，终于屹立于世界的东方。也许这不只是一个历史的巧合，它预示着我国的阿拉伯语教育将步入一个繁荣发展的新时代。

如前所述，阿拉伯语教育由传统经堂转入新式学校，是20世纪初期我国阿拉伯语教育领域取得的重大进步，也是一次历史性的转换，在我国阿拉伯语教育发展史上具有重要的意义。然而从教学层次方面来看，这一转换所达到的最高水准，大体上相当于高中或中专水平，阿拉伯语教学层次的继续提升尚有很大空间。到20世纪前半叶与后半叶之交，国家层面对阿拉伯语的需求日渐增强，加之早年赴埃及攻读阿拉伯语的不少留学生也纷纷归国，为阿拉伯语教育的进一步提升提供了客观条件，既有国家的需要，也有较高水平和一定数目的师资力量，阿拉伯语教育进入到高等学府便是顺理成章的事。

1942年，国民政府在云南昆明设立国立东方语专科学校，从培养目标看，该校大体相当于今日的外语院校，旨在为国家培养海外工作人员和东方各国文化的研究人员。学校设有韩语科、越南语科、阿拉伯语科等。但由于缺乏师资等诸多原因，其阿拉伯语专业，除了开设回教史、回教诸国地理等一些相关课程外，其他几乎形同虚设，基本上没有取得什么成绩。抗战胜利后，东方语专科学校迁往重庆，留学埃及归国的刘麟瑞、王世清等受聘该校，阿拉伯语语言教学才算有了起色。

1943年3月，留学埃及归国的纳忠先生执教重庆中央大学，开始讲授阿拉伯文化和阿拉伯历史等课程。1946年，北京大学文学院院长汤用彤先生在迁至云南的北大筹建东方语言文学系，经向达教授和白寿彝教授推荐，汤先生聘请马坚先生执教北大。北大在同年夏季返迁北京复校，马坚先生旋即北上，开始在北大创设阿拉伯语专业。原北京大学东语系主任季羡林先生在1995年6月9日纪念马坚先生的大会上回忆说：

> 马坚先生于1946年夏季来到北大。我于这一年的深秋来到北大，不久，金克木先生也来到了，加上原来在北大的王森先生，我们四个人，在校长胡适先生和文学院院长汤用彤先生的领导下，共同创办了北京大学东方语言文学系。①

---

① 李振中：《学者的追求——马坚传》，宁夏人民出版社2000年版。

至此，马坚、纳忠两位先生"一南一北，正式在我国高校招生设座，使阿拉伯史和阿拉伯语专业终于登堂入室，跻身于一流高等学府"。①

1948年，留学埃及归国担任广州光塔寺教长的熊振宗先生（1914—1963年）也曾一度在广州国立中山大学开设过阿拉伯语课程，当时发行于广州的穆斯林刊物《怀圣》曾有报道：

（本市讯）国立中山大学为华南最高学府，平日研究学术风气甚盛，每年造就专门人才，为国服务。特于本年增开阿拉伯文一科，闻已聘定熊振宗先生担任讲授。查此科之开设，为该大学创办以来第一次，亦为学术方面开一新纪元矣。②

可以说，以马坚、纳忠、刘麟瑞、熊振宗等为代表的一批留埃归国的回族穆斯林学子，正式拉开了我国阿拉伯语高等教育的序幕，成为新中国高等院校阿拉伯语教育的第一代开拓者。

北京大学于1946年深秋正式成立东方语言文学系，在马坚先生等的努力下，东语系的阿拉伯语专业也正式创建了，但由于招新生的时间已错过，阿拉伯语专业一时没有学生，马坚先生遂与马松亭、达浦生阿訇商议，决定从北平成达师范转来一些学生。这个想法得到北大校方同意，于是有十多名成达师范的学生转入北大，他们是马行汉、马国祥、刘有信、刘有强、

---

① 朱威烈：《天行健，君子自强不息：我印象中的纳忠教授——〈穆圣后裔〉再版序》，《阿拉伯世界》2004年第2期。

② 《怀圣》第五号，1948年11月5日第1版，转引自马强主编《民国时期广州穆斯林报刊资料辑录》，宁夏人民出版社2004年版。

吴一飞、杨正旺、杨殿骧、庞宝光、张玉堂等人①，这批学生成为北大阿拉伯语专业的第一届学生，也是北大东语系的第一届学生，为初创时期的北大东语系增添了人气，当时担任系主任的季羡林先生回忆说：

> 德国俗话说："一切开始都是困难的。"我们这个系也不例外。最初只有教员四人，语言有四种。不久增加了两位教员，代表两种语言。学生的人数更少于教员。在一间十几平方米的办公室内，能够召开全系大会。只在解放前夕，胡适校长批准了马松亭大阿訇推荐的十几名学阿文的学生入系，我们系才算人丁兴旺。②

这一届学生有两个特点：一是他们全部都是信仰伊斯兰教的回族穆斯林；二是他们在进入北大前，都已经学习过阿拉伯语，有一定的基础。他们"不仅代表了北大东语系和阿拉伯语专业的起点，也代表了阿拉伯语在中国发展的一个过程，即由普通教育的宗教语言转为高等教育的专业外语"③。1949年，北大阿拉伯语专业又迎来了第二批学生，他们也都是回族人，其中还有了这个专业的第一个女学生，名叫马亚慧，毕业后在新华社工作。④

这样，伴随着中华人民共和国的诞生，阿拉伯语教育终于成功地进入了高等院校，完成了我国阿拉伯语教育史上的又一次大跃进——从民办民间学校到国立高等学府的跃进，从而也

---

① 李振中：《学者的追求——马坚传》，宁夏人民出版社2000年版。
② 同上。
③ 同上。
④ 同上。

完成了阿拉伯语作为宗教性语言教学到作为专业外语教学的转换，使阿拉伯语教育从民间层面上升到国家层面，纳入到国家的高等教育体系，在课程设置、教材选编、学术研究以及学生的培养目标等方面，都与以往有了根本性的不同，中国的阿拉伯语教育从此跨入了一个全面发展的新时代。

第二节　20世纪50—70年代高校的阿拉伯语教育

1949年10月1日，毛泽东主席在北京天安门城楼庄严宣布："中华人民共和国成立了！"这是20世纪中国乃至世界最为重大的历史事件之一，是全体中国各族人民政治生活中惊天动地的大事，它标志着中国社会从此进入了一个全新的时代，政治、经济、文化、教育等各方面都是百废待兴，急需建设和发展。而西方国家却对新生的人民共和国采取敌视态度，奉行遏制和封锁政策，极力挤压新中国的外交空间。然而中国人民并没有被吓倒，以周恩来总理为代表的新中国外交家，以非凡的胆识和高超的智慧迅速摆脱外交困境，开拓出我国与包括阿拉伯国家在内的广大亚非拉国家的交往空间。新中国的外交、外贸、新闻、宣传等各方面都迫切需要阿拉伯语人才，我国阿拉伯语教育迎来了快速发展的历史性机遇。

20世纪50年代中后期至60年代初期，继北京大学后，北京对外贸易学院（1954年）、外交学院（1958年）、上海外国语学院（1960年）、北京外国语学院（1961年）、北京第二外国语学院（1964年）、北京语言学院（1964年）及解放军洛阳外语学院等多所高等院校都相继开设了阿拉伯语专业。随着我国与阿拉伯各国陆续建交,中阿交往日益密切,阿拉伯语专业几乎成为这时期的一个热门专业。至1966年,全国已有近十所高校开设有阿拉伯语专业。

北京大学自1946年起初设阿拉伯语专业后,教学活动的开展可谓举步维艰,教师只有马坚先生一人。直到新中国成立后,情况才逐渐有了改变。1952年全国高校院系调整后,北大东语系又聘请了杨有漪、陈克礼、马金鹏三位教师,并从原南京东方语专科学校转来刘麟瑞、王世清两位教师。这样,北大的阿拉伯语专业共有了六位教师,他们都是回族穆斯林,除陈克礼外,都曾在埃及留学多年,具有扎实的语言功底,北大阿拉伯语专业的师资力量因此大大加强。1955年以后,北大阿拉伯语专业已有自己培养的学生留校任教,师资队伍逐步壮大起来,教学活动蒸蒸日上。

在整个20世纪50—60年代,北京大学东语系阿拉伯语教研室在专业建设方面作出了许多开创性的努力,包括课程设置、教学大纲制定、教材选编、词典编纂等。作为教研室主任的马坚先生在这些方面倾注了大量心血,为北大阿拉伯语专业的基本建设作出了巨大贡献。他先后编写出《阿拉伯语初级读本》、《阿拉伯语高级读本》、《阿拉伯文学选读本》、《阿拉伯文学史》等教材,[①] 这些教材都有较高质量,实用性也强,可惜由于种种原因而未能正式公开出版。特别值得提到的是,马坚先生编写的语法教材,"不仅系统地归纳了阿拉伯文语法的规律和特点,而且科学地确立了阿拉伯语语法术语的一整套中文译名,这是

[①] 北京大学教授孙承熙先生在2005年6月6日出席本人论文答辩时补充说,马坚先生还全部翻译了阿拉伯语语法的传统经典教材《简明语法》(النحو الواضح),翻译得很仔细,该教材有相当难度和深度,可惜未能留存下来。

马坚先生对中国的阿拉伯语教育事业的一大贡献"①。例如，马坚先生参照清末马建忠的汉语语法著作《马氏文通》，把阿拉伯语名词句中的"المبتدأ"和"الخبر"分别译为"起词"和"语词"，把阿拉伯语语法中的"المضاف"和"المضاف إليه"分别译为"正次"和"偏次"，把"الضم"和"النصب"分别译为"主格"和"宾格"，还根据中国传统音韵学的有关术语，把阿拉伯语的" َ"、" ِ"、" ُ"三种韵母读音符号分别译为"开口符"、"合口符"和"齐齿符"，"至今国内各高校阿拉伯语专业编写的教材，仍使用这些译名，说明它是经得起推敲和时间考验的"②。在专业建设取得快速发展的基础上，20世纪60年代初，马坚先生开始计划招收阿拉伯语专业研究生，力图使我国阿拉伯语教育再上一个台阶，"他的得意门生朱威烈，是东方语言系65届毕业生，说起来应该算是马坚教授在'文化大革命'之前的一个关门弟子。朱威烈的天分高，也很用功，因此颇受马坚教授的器重。当朱威烈还在读本科阶段，马坚教授就有意要培养他为北京大学东方语言文学系的第一个研究生"③，然而，由于种种原因，这一计划未能实现，直到1980年，北京外国语学院阿拉伯语系被批准为我国第一个阿拉伯语专业硕士学位授予单位，我国阿拉伯语高等教育的研究生教学推迟了整整15年，这时候，马坚教授已经辞世两年。

北京大学东语系阿拉伯语教研室在20世纪50—60年代的另一重要贡献是编纂了《阿拉伯语汉语词典》，于1966年由商

---

① 李振中：《学者的追求——马坚传》，宁夏人民出版社2000年版。
② 同上。
③ 马志学：《开中国现代阿拉伯语教育先河的一代宗师——马坚》，《新月华》2004年第2期。

务印书馆出版，以后又多次印刷。在长达几乎半个世纪的时间里，这部词典为我国的阿拉伯语教学、研究和翻译工作一直发挥着无可替代的重要作用。1997年，在中国阿拉伯语教学研究会举行的我国首届阿拉伯语教学优秀科研成果颁奖大会上，该词典获得了唯一的一项特等奖，便是对这部词典给予的极高评价。

北京大学阿拉伯语专业，不但开启了我国阿拉伯语高等教育之先河，而且在整个20世纪50—60年代一直是全国阿拉伯语教育的一个中心，是长期以来我国阿拉伯语教育的一个重要基地。北大的阿拉伯语专业为国家培养出一批又一批外交、新闻、经贸方面高水平的阿拉伯语人才，也为其他院校输送了不少优秀的阿拉伯语教师，有力地推进了全国的阿拉伯语教育。从"1949年到1966年，阿拉伯语专业是北京大学东方语言文学系发展最快、招生规模最大的专业之一。据不完全统计，在此期间，阿拉伯语专业共招生20个班（其中包括三个来自朝鲜和越南的留学生班），学生总人数超过250人"。[1]可以说，以马坚、刘麟瑞等先生为代表的早期北大阿拉伯语人，在十分困难的情况下，努力开拓，为新中国的阿拉伯语高等教育事业立下了汗马功劳。

1954年，北京对外贸易学院建立，设有外贸阿拉伯语专业，聘请早年留学埃及的马宏毅先生开创阿拉伯语专业，并担任首任阿拉伯语教研室主任。马先生积极投入，直至1969年去世，使外贸学院的阿拉伯语专业从无到有，很快步入发展轨道。[2]

---

[1] 马志学：《开中国现代阿拉伯语教育先河的一代宗师——马坚》，《新月华》2004年第2期。

[2] 李唯中：《忆我的老师马宏毅先生》，《阿拉伯世界》1984年第1期。

1958 年，外交部调纳忠先生到外交学院开办阿拉伯语专业，阿拉伯语专业设在德日西阿拉伯语系，纳忠先生担任系主任。纳先生与他的留埃同学林仲明、林兴华等一起全身心投入教学工作，取得了突出的成绩，1960 年，德日西阿拉伯语系曾被评为首都高教战线群英会先进单位，纳忠本人也被评为北京市先进工作者。

上海外国语学院于 1958 年 9 月增设外贸外语系，该系是为适应华东六省一市外贸事业发展的需要，接受上海市委财贸部和上海市外贸局的委托而设立的，设有英、德、法、日、阿拉伯、西班牙六个语种，日、阿拉伯等语种于 1960 年 9 月起招生，学制设为四年，执行外贸外语教学计划，因招生数目不多，暂由俄语系管理，毕业生由市外贸局分配工作。1964 年 2 月，经高教部批准，日语、阿拉伯语两个专业脱离俄语系，组成日阿拉伯语系，阿拉伯语专业开始得到较快发展，并逐步成为继北大和北外之后全国阿拉伯语教育的又一个重要教育基地，而且长期以来一直是我国南方地区开设阿拉伯语专业的主要高校，1960 年 10 月成立的上海对外贸易学院也曾设有阿拉伯语专业，但于 1962 年 9 月并入到上海外国语学院。[1]

1961 年 9 月，北京外国语学院亚非系设立阿拉伯语专业，学制五年。1962 年 9 月，外交学院的阿拉伯语专业师生并入北京外国语学院亚非系，纳忠先生也调入北外，担任亚非系主任，北京外国语学院的阿拉伯语专业的教学开始迅速崛起，直追北大，成为我国阿拉伯语教育的另一个重要基地。

20 世纪 50—60 年代高校的阿拉伯语教学活动，几乎样样都

---

[1] 上海外国语学院院史编写组：《上海外国语学院简史》（1949—1989 年），上海外语教育出版社 1989 年版。

得从头做起，没有现成的大纲和教材，教师们边编边教，没有阿拉伯文印刷条件，教师们只能自己动手刻蜡版油印。马坚、纳忠、刘麟瑞、马宏毅（？—1969 年）等一批早年留学埃及的回族穆斯林学者，成为我国高等院校阿拉伯语教育事业的一代拓荒者，他们秉承中国穆斯林爱国爱教的优良传统，怀着强烈的翻身感和使命感，以高昂的工作热情和严谨认真的治学精神投身于新中国阿拉伯语高等教育的艰苦创业中，勤奋敬业，忍辱负重，开拓出我国阿拉伯语高等教育的新天地，这是 20 世纪 50—60 年代我国高校阿拉伯语教育的一个突出特点。早年毕业于北京对外贸易学院的李唯中先生在回忆自己的老师马宏毅先生的文章中写道：

50 年代初期，高等院校如雨后春笋，在北京和全国各地相继创建。北京外贸学院创建不久，马先生被请来创办阿拉伯语专业，先生的教育生涯即由此开始。截至十年内乱开始的十余年中，马先生兢兢业业，亲手教出了一届又一届的阿拉伯语毕业生。专业开办初期，因为没有打字机，先生常常亲自动手刻写讲义，一人独挑阿拉伯语基础、文选、口语、翻译等数门课。先生的住处离学校很远，不管秋雨淋漓、冬雪飞扬，还是春风裹沙、夏令酷热，先生从未误过一节课，而且也没有迟到、早退过，更令人敬佩的是，先生没有请过一天假，由此可见马先生以人民教育事业为己任的精神……

正值马先生壮年之时，内乱开始了。腥风血雨首先冲击大学课堂，为中华民族带来了空前的劫难。为党的教育事业奋斗多年的马宏毅先生也未能幸免，在狂躁的勒令声中，剃去了他那传神言志的花白长髯，他的自尊心和人格

遭到了粗暴的践踏。先生心情抑郁，踌躇彷徨之中，染上了绝症。1969年10月他默默地辞别了人间……①

历史不会忘记这些共和国外语教育事业的先驱，他们开辟的事业后继有人，他们的学生缅怀他们，继承着他们的事业。例如，声望卓著的北大阿拉伯语专业开拓者马坚先生于1978年去世，但北大没有忘记他，1995年6月，北京大学还专门召开了"马坚教授90诞辰纪念会"，各有关方面的领导以及马坚先生的老同事、学生、外宾等许多人参加了纪念会。在会上，原北京大学副校长季羡林先生对马坚教授为东语系的发展所作的贡献给予高度评价，他说，东语系"经过历届许多先生的共同努力，为祖国培养了大批的外语人才，还有其他方面的人才。马坚先生功不可没"②。马坚先生的弟子遍及各地，长期以来成为我国外交、教育、新闻等不同领域各自岗位上的骨干力量，他们追念着先生的道德文章，继承着先生的学术精神——邹裕池：《平生风仪兼师友——忆马坚先生》③；孙承熙：《学而不厌的楷模，诲人不倦的表率——深切怀念马坚先生》④；仲跻昆：《忆马坚先生》⑤；马云福：《令人敬仰的马坚先生》；吴一飞：《怀念子实老师》；马行汉：《怀念马坚先生》；林松：《缅怀您，敬爱的马坚教授》⑥；朱威烈：《马坚先生的治学之道》⑦；《德艺

---

① 李唯中：《忆我的老师马宏毅先生》，《阿拉伯世界》1984年第1期。
② 李振中：《学者的追求——马坚传》，宁夏人民出版社2000年版。
③ 《阿拉伯世界》1981年第6期。
④ 《中国穆斯林》1989年第4期。
⑤ 《阿拉伯世界》1983年第4期。
⑥ 《中国穆斯林》1989年第1期。
⑦ 《阿拉伯世界》1995年第3期。

双馨一代师表》[1]……呕心沥血育英才，赢得桃李满天下，是马坚先生他们这一代教阿拉伯语人的真实写照。

1964年10月，国务院外事办公室和文教办公室会同国家计委、高教部、教育部联合制定了《外语教育七年规划纲要》（以下简称《纲要》），确定了发展外语教育的方针，除强调大量增加学习英语的人数外，还强调要适当增加学习法语、西班牙语、阿拉伯语、日语和德语的人数。《纲要》对外语教育提出了一系列具体要求和指标，例如，要增加招生人数和出国留学人数，要招收研究生，开办研究生班，等等。在1964—1966年间，计划派出留学生1296人，其中学习阿拉伯语的增加75人。在七年之内，要不断扩充外语教师队伍，在原有人数的基础上，再增补23580名，其中阿拉伯语教师要增补180名。[2]《纲要》在新中国成立以来取得成绩的基础上，对包括阿拉伯语在内的外语教育提出了更高、更具体的要求。这样，在十多年来积累的经验的基础上，又有了明确的目标和具体的步骤，开拓出包括阿拉伯语在内的外语教育事业繁荣发展的新局面，本当是指日可待的事，然而，《纲要》只执行了不到两年就被迫中止，一场史无前例的历史灾难向中华民族袭来。

1966年6月，"文化大革命"开始，一发而不可收，"左"倾极端主义思潮不断膨胀，达到了登峰造极的地步，使中华民族陷入持续动乱的浩劫当中，长达10年之久。教育战线，尤其是外语教育领域是这场民族灾难的重灾区，阿拉伯语的教育自不能幸免，正常的教学活动受到严重干扰和破坏，招生工作中断，教师被下放到农村和干校劳动改造，一批忠诚于教育事业的老教

---

[1] 朱威烈：《学者的追求——马坚传》序三，宁夏人民出版社2000年版。
[2] 付克：《中国外语教育史》，上海外语教育出版社2004年版。

授、老专家更是被扣上莫须有的罪名，遭到残酷打击和迫害，身心受到严重摧残，有的甚至被迫害致死，含冤九泉。"文化大革命"以前17年的教育成绩被全盘否定，17年培养出来的高级外语人才，被认为是修正主义路线主导下培养的资产阶级知识分子，是修正主义的苗子和反动学术权威的接班人……

这种灾难性的局面，使富有社会良知和民族责任感的广大教育工作者忧心如焚，周恩来总理、陈毅副总理等深知外语教育重要性的老一辈革命家，更是千方百计地为保护和挽救外语人才、恢复外语教育做了坚持不懈的巨大努力，在毛主席"学校还是要办的"的指示下，1972年以后，北京、上海主要高校包括阿拉伯语在内的外语专业陆续恢复招生，上外等一些学校还办了阿拉伯语等外语培训班，下放劳动的教师重新回校执教，重编教材。尽管教学活动仍时常受到"接受再教育"、下乡下厂劳动等各种政治活动的干扰，但广大师生都十分珍惜这来之不易的教学机会，以高度的责任心和强烈的求知欲投身教学，争分夺秒，艰苦奋斗，最终还是取得了十分可贵的成绩，为国家的外交、外贸、教育、新闻、宣传等各方面培养了一批阿拉伯语人才，也使阿拉伯语教育领域的人才梯队免于断层的危险，为改革开放后阿拉伯语教育事业的进一步发展储备了师资。事实上，当前活跃在阿拉伯语教育及各相关岗位上的中年骨干力量，基本上都是在这一艰难的非常时期培养出来的优秀毕业生，他们为我国阿拉伯语高等教育事业的持续发展发挥着承前启后、继往开来的重要作用。

概言之，整个20世纪50—70年代我国高校的阿拉伯语教育，在许多方面所做的都是开拓性的工作，虽说在发展过程中经历了曲折，但仍然在非常艰苦的条件下，为国家培养出大批阿拉伯语人才，有力地促进了中阿关系的发展；在教材编写、工具书编纂、教学大纲编订等方面都积累了丰富的经验，为我国阿拉伯语高等教育事业的进一步发展打下了坚实的基础。

第三节　改革开放后高校的阿拉伯语教育

1976年10月，祸国殃民的"四人帮"倒台，这是20世纪中国人民政治生活中的又一重大事件，它标志着持续10年之久的民族灾难的结束，以邓小平同志为代表的老一辈革命家以无比的勇气和决心，驱散了"左"倾极端主义阴霾，拨乱反正，使中国社会从此摆脱极"左"路线的困扰，中华民族迎来了改革开放的春天，进入繁荣发展的新时代。我国的阿拉伯语高等教育事业，也与各行各业一样，开始进入大步前进的又一个发展阶段。

1978年3月，国务院召开了全国科学大会，强调要"发展科学，发展教育"，接着在4月又召开了全国教育工作会议，强调要"尊重知识，尊重人才"。同年8月28日至9月10日，教育部召开全国外语教育座谈会，深入批判"不学ABC，照样干革命"的"左"倾极端主义谬论，全面总结了新中国成立以来外语教育的经验和教训。12月，党中央召开了具有划时代意义的十一届三中全会，作出了把全党工作的重点转移到社会主义现代化建设中来的战略决策。1979年3月，经国务院批准，教育部印发了上年召开的全国外语教育座谈会提出的《加强外语教育的几点意见》，明确指出："根据实现新时期总任务的需要，总结二十八年来发展外语教育的正反两方面经验，今后一个时期外语教育的总要求应该是：千方百计地提高外语教育质量，切实抓好中、小学外语教育这个基础，在办好高等学校专业外语教育和公共外语教育的同时,大力开展各种形式的业余外语教育。"并对外语教育的语种布局、院系建设、师资培训、教材编写、电化教学等诸多方面提出了具体要求。这些重要会议的精神和要求很快得到了贯彻落实,经过几年的努力,到80年代,"全国外语教育出现了历史上从未有过的欣欣向荣的大好局面"。①

国家实行改革开放和以经济建设为中心的政策,为阿拉伯语教育带来又一次发展机遇,各高校阿拉伯语专业迅速走出低谷,进入前所未有的发展阶段,"80年代阿拉伯语言、文学和文化园地,展现在我们面前的是一片蓬勃向上,充满生气的景象",这10年,"是我们新中国成立以来,甚至可以说是有史以来,对阿拉伯语、阿拉伯文学、文化极为重视并取得丰硕成果的时期"②。到了90年代,随着我国改革开放的日益加深,各高校阿拉伯语专业不断加大改革力度,努力适应时代的发展与变化,在专业建设的方方面面都做了许多大胆的探索和调整,使我国阿拉伯语高等教育迈上了新的台阶,得到前所未有的发展。

综观整个20世纪80—90年代高校的阿拉伯语教育,在以下这些方面取得了显著成绩,而这些成绩和进步,正是这一时期我国阿拉伯语高等教育与以往相比而言,最为突出的特征。

一 不断强化改革,全面推进专业建设

改革是20世纪80—90年代阿拉伯语教育发展进程中的主旋律,这时期进行的改革,涉及管理体制、教学理念、专业设置等许多方面。各高校阿拉伯语专业都采取和实施了不少实践

---

① 付克:《中国外语教育史》,上海外语教育出版社2004年版。
② 朱威烈:《十年辛劳,一园硕果》,《阿拉伯世界》1990年第2期。

证明行之有效的重大改革举措，特别是进入90年代后，随着整个国家高等教育体制改革的日益加深，高校阿拉伯语专业的改革力度也不断加大，使我国高校阿拉伯语教育有了空前的变化和发展。这些改革措施主要有：

1. 阿拉伯语专业独立建系。80年代后，随着招生规模的逐步扩大，各主要高校的阿拉伯语专业开始脱离原属的诸如东方语系、亚非语系、日阿拉伯语系等系科而独立建系，阿拉伯语专业壮大为阿拉伯语系。独立建系是阿拉伯语专业教学规模扩大的必然结果。在我国高校外语教育中，通常有所谓大语种和小语种或通用语种和非通用语种的说法，阿拉伯语实际上并没有跻身于大语种或通用语种之列，一般被归于小语种或非通用语种，然而，阿拉伯语虽不同于英语这样的大语种，却又不同于诸如越南语、泰语等其他小语种。在国际上，阿拉伯语是22个阿拉伯国家官方语言，又是联合国的正式工作语言之一，还是全世界十多亿穆斯林的宗教语言，其实并不是属一个国家、使用范围很有限的小语种。在我国学科分级中，阿拉伯语言文学是一级学科外国语言文学之下的二级学科，是长期以来我国外语教育中的一个重要领域，各主要高校的阿拉伯语专业都有几十年的积累，教学规模不断扩大，这些都为独立建系提供了必要的现实条件，同时，独立建系也是阿拉伯语专业进一步发展的客观要求。独立建系后，作为处级建制的单位，在人员编制、行政经费等各方面就不至于处处捉襟见肘，在教学管理、对外交流等许多方面也便捷多了。阿拉伯语专业独立建系是教学管理体制改革方面迈出的一大步，对于专业发展具有十分重要的意义。

2. 调整学制，推行学分制。1977年恢复高考后，各高校阿拉伯语专业基本上都沿用先前的本科五年制（上海外国语学院

60年代初设阿拉伯语专业时，学制上为四年，后又改为五年），一方面，阿拉伯语的确较其他语言难学，加之新生都没有基础，多学一年自有其好处。另一方面，各学校一般都利用企业对外经贸合作的机会，在第四或第五学年派学生到国外实习半年到一年，使学生更好地掌握对所学语言的实际运用能力。但五年制利弊并存，其他主要语种都是四年制，阿拉伯语多设一年，无形中增加了学生选择阿拉伯语专业的畏惧心理。进入90年代后，随着国家计划经济向市场经济的转型，各学校逐步实行交费上学，多设一年更增加了阿拉伯语专业的教学成本，尤其要考虑学生的经济承受能力，在这种形势下，各校将学制陆续改为四年制，以节省教学的时间和经济成本，适应快速发展的时代要求。在调整学制的同时，各校还逐步推行学分制，这是我国教育管理体制向国际接轨的一种尝试，但在具体的教学计划和评估标准方面与国外并不完全等同，可以说是中国特色的学分制，而且各校之间在学分数目规定、学分计算方法、必修和选修课程的划定等方面也有差异。学分制的实施尚处在实践过程当中，有待进一步完善。

　　3. 拓宽专业方向。20世纪80—90年代以来，随着我国从计划经济向社会主义市场经济的转型，改革开放不断加深，社会对外语专业人才的需求也不断提出新的要求，包括阿拉伯语专业在内的外语专业，除了要向政府部门、教育、科研单位输送人才外，还越来越迫切地要顾及经济部门和企业的需要。社会对复合型外语人才的需求更是与日俱增，为了使学生就业适应快速变化的市场需求，各高校阿拉伯语专业都不同程度地调整和拓宽专业方向，在传统语言文学专业课程设置的基础上，又陆续增设了有关经贸、新闻、国际政治、计算机等应用性很强的新课程，同时还强化了英语等二外教学，以拓宽学生的就业渠道，提高就业竞争能力和适应能力。例如，上海外国语大学阿拉伯语专业就增设了计算机应用基础、当代世界经济与政治、中东经济概况、阿拉伯语广告文选、阿拉伯语经贸文选等不少非传统课程，同时加大了英语课程的比例，截至1999年，英语必修课必须修满40学分，占应修总学分的23.53%，所占比例已相当可观。①

4. 实行交费上学。进入90年代，我国在经济体制方面的改革取得重大突破，"大锅饭"模式告终，传统计划经济体制逐步被社会主义市场经济形式取代。在此形势下，教育体制的改革力度也不断加大，高校逐步推行交费上学，实行奖学金乃至贷学金制，就业方面取消毕业统一分配，强调双向选择，鼓励自主择业。在市场经济条件下，交费上学势在必行，这是我国高等教育体制改革方面的重大变革，阿拉伯语教育也不例外地开始实行交费上学制度。

5. 开展多层次教学。80年代以来，高校阿拉伯语专业在不断加强本科及研究生教育的同时，还开展了专科、成人、函授、夜大、短期培训等多种形式的非学历教育活动，形成多层次、多规格的教学局面，从而使高校的阿拉伯语专业对民间学校和广大自学者的学习产生了大面积辐射作用，从又一个侧面推动了我国阿拉伯语教育的繁荣发展。

以上这些改革举措，都是在国家实施全面改革（包括教育体制改革）的总体框架内实施的，没有国家的改革与发展，高校阿拉伯语专业的改革是不可能进行的。不过在改革的具体过程中，却存在对改革的把握是否适时适度、对形势的反应是否敏锐、改革的思路和眼光是否具有超前性和前瞻性等问题。因

---

① 参见附录七。

此，各校在具体实施前述诸多方面的改革时，进展并不完全同步，操作方式也不尽相同。以上海外国语大学为例，进入90年代后改革步伐不断加快，发扬敢为天下先的精神，努力适应市场经济的发展要求，及时调整专业方向，大胆开拓，勇于实践。1993年，国家教委将上外列为改革招生的试点单位，开始实行学生交费入学制度，推行完全学分制，"上外的阿拉伯语专业面对这样急剧的变化，为了主动与市场经济的需求接轨，在充分酝酿、磋商的基础上，决定把学制从原来的五年改为四年，并确定办两个专业方向：阿拉伯语——英语专业方向和中东经济贸易专业方向"①，在具体课程的设置方面也颇费心思，不断调整教学计划，增加选修课程②，注重学生知识结构的复合性和实用性，因为在以经济建设为中心任务的发展阶段，经济部门和企业对外语经贸人才的需求就会超过政府部门对外事干部的需求。上海外国语大学阿拉伯语专业的改革，正是着眼于这样的发展趋势，从培养复合型外语人才的战略角度，审时度势，在市场经济条件下对多样化外语人才的需求作出积极应对，采取了如上这些改革举措，后来的发展实践证明，上海外国语大学阿拉伯语专业的这些改革举措是成功的，学生的就业多年来相对而言一直比较顺利。另外，上外还长期开展阿拉伯语的函授教学，并借助《阿拉伯世界》期刊对广大函授生和自学者予以指导，获得了良好的社会反应和广泛赞誉。

　　事实上，进入20世纪90年代以来，各高校阿拉伯语专业都在不断加大改革的力度，努力适应时代的发展。可以说，

---

① 朱威烈：《阿拉伯语专业教育改革构想》，《阿拉伯世界》1993年第2期。
② 参见附录七。

80—90年代，特别是90年代以来，高校阿拉伯语的教学活动贯穿了与时俱进的改革精神，而且，这种改革的势头仍方兴未艾，中国当代阿拉伯语人正是带着这样的改革精神进入新世纪，迎接新挑战的。

二 教学手段和教学方法不断改进

改革开放后，我国阿拉伯语教育的各种软、硬件条件不断改善，教学方法和教学手段不断得到改进，特别是电化教学有了前所未有的快速发展。1988年，北京外国语学院阿拉伯语系电教大楼落成，标志着我国阿拉伯语电化教育开始迈上新的台阶，此后，各校的电教设备不断得到完善，专门的电教室、语音实验室陆续投入使用。一些阿拉伯国家也对我国发展阿拉伯语电化教育给予了有力支持，例如，1990年，沙特阿拉伯向北京大学捐赠了设备齐全的先进的语言实验室，阿联酋向北京外国语学院捐建电教楼，埃及向各高校阿拉伯语教育单位捐赠卫星电视接收系统等。二十多年来，我国高校阿拉伯语教学活动中，逐步广泛采用包括幻灯、电影、电视、录音、录像、电脑多媒体等电化教学手段，为学生创造出越来越丰富生动的语言学习环境，提供了多种语言学习的便利，丰富了教学内容，调动了学生的学习兴趣，充分发挥视、听觉作用，对于学生巩固所学知识、发展语言技能起到了有力的促进作用，教学效率和教学质量有了显著提高。

三 教材建设成绩斐然

进入20世纪80年代后，与我国阿拉伯语教育蓬勃发展的形势相应的，是各高校陆续推出一系列各具特色的阿拉伯语教材，有综合性的，有偏重于经贸的，也有注重政治和文化内容的，等等。其中以北京外国语大学（原北京外国语学院）、北京大学、上海外国语大学（原上海外国语学院）等高校的阿拉伯语教材最有影响。在近二十年时间里，出版的各种阿拉伯语教材多达五六十种。① 另外，还出版有不少相配套的音像资料和课外读物。外语教学与研究出版社和上海外语教育出版社等出版机构为这些教材的出版发行作出了重要贡献。这些教材既总结、融合了几十年来我国阿拉伯语专业的教学经验，同时又有不少创新。教材类型包括阿拉伯语语法、修辞、阅读、写作、翻译、口语会话、方言、文学等。外语教学与研究出版社推出的《阿拉伯语》教材1—10册（北京外国语学院纳忠教授领衔主编），自1982年起陆续出版，至1987年出齐，后又多次印刷，是新中国成立以来正式铅印出版的第一套阿拉伯语教材，也是二十多年来最有影响的阿拉伯语教材之一。该教材被其他一些高校乃至各地伊斯兰教经学院、民间阿拉伯语学校以及广大阿拉伯语自学者普遍采用，受到广泛好评。如果说这部《阿拉伯语》是一部比较大型的教材，那么还有中小型教材。北京大学出版社出版的《阿拉伯语基础教程》1—5册（张甲民、景云英编写），就是一部比较有代表性的中型教材，这部教材在编写过程中得到了巴基斯坦伊斯兰堡国际伊斯兰大学阿拉伯语系的协助。本教材课文内容新颖，循序渐进，并配有练习，第五册为习题参考答案，对于自学者有很大的帮助。而上海外语教育出版社出版的《阿拉伯语教程》1—2册（陈中耀等编写）则属比较有代表性的小型教材，对初学者非常实用。该教材"打破了阿拉伯语传统教材的编写方法，而是着重强调句型的基本结构，重实践重运用，配套练习内容丰富，形式多样。教师一册在手，

---

① 参见附录三。

不再花大量时间去寻找补充材料"。① 语法方面，有影响的教材如《阿拉伯语基础语法》1—4册（纳忠主编）、《阿拉伯语语法》（陈中耀编写）等，也都被广泛采用。后者"以研究为基础，注意吸收国外阿拉伯语语法研究的新成果，采取结构分析的方法，阐述阿拉伯语语法规律，既清晰，又实用"②，而且有一定深度。另外，在阿拉伯语修辞、口语会话、翻译等方面，也都有一些优秀教材问世，这里就不一一列举了。

总之，改革开放后的20年中，我国阿拉伯语教育领域在教材建设方面取得了突破性的进展，出版的教材种类之繁多、质量之优良、影响之广泛，都是前所未有的。

四 研究生教育有了长足发展

1980年，北京外国语学院阿拉伯语专业被批准为我国第一个阿拉伯语专业硕士学位授予单位，1982年该校招收了第一批阿拉伯语专业硕士研究生，此后，北京大学、上海外国语大学等高校的阿拉伯语专业相继成为硕士研究生培养点。1986年，北京外国语学院阿拉伯语系又率先成为我国第一个阿拉伯语专业博士学位授予单位，1992年，纳忠教授指导的我国第一个阿拉伯语专业博士研究生毕业，获得历史学博士学位。③ 之后，北京大学和上海外国语大学也相继成为阿拉伯语专业博士学位授予单位。各校研究生的专业方向包括阿拉伯语言（包括语法、修辞、语言史等）、文学、哲学、历史、文化等，开设的主要课程有：高级阿拉伯语、阿拉伯语言发展史、阿拉伯文学史、阿

---

① 朱威烈：《十年辛劳，一园硕果》，《阿拉伯世界》1990年第2期。
② 同上。
③ 纳忠教授指导的我国第一位阿拉伯语专业博士研究生是北外教师赵军利，专业方向为阿拉伯历史，论文题目为"中世纪阿拉伯的史学发展"。

拉伯文学批评、阿拉伯古典文献阅读、阿拉伯—伊斯兰文化史、伊斯兰哲学、《古兰经》和圣训研究、中东政治、中阿关系史等。1992年，北京外国语学院阿拉伯语系又被批准为我国第一个阿拉伯语专业博士后流动站，至此，我国阿拉伯语教育终于形成了从本科到硕士、博士研究生、博士后研究等完备的教育体系。截至2000年，已有纳忠等近十位教授担任我国高校阿拉伯语专业博士研究生的指导老师，培养出十多名博士研究生，他们已成为我国阿拉伯语教学、科研领域的一支新生力量，在各自的岗位上发挥着骨干作用。

阿拉伯语专业硕士、博士研究生教育的发展，为培养我国阿拉伯语高级专门人才搭建起一个较为理想的平台，标志着我国阿拉伯语高等教育迈上了一个更高的新台阶，这是新中国成立后的半个世纪以来我国几代阿拉伯语人努力奋斗的结果，它大大提升了阿拉伯语高等教育的层次，对于我国阿拉伯语教育事业的长期可持续发展具有长远而重要的战略意义。

五　教学大纲成功出版

新中国成立后，设立阿拉伯语专业的各高校在长期的教学实践中积累了丰富的经验，各自陆续制定了各具特色的教学大纲，但长期以来一直没有全国统一的教学大纲。1986年经国家教委高教一司批准，成立了高等学校基础阶段阿拉伯语教学大纲研订组，开始着手制定教学大纲，经过研订组成员及全国阿拉伯语教学研究会和各有关高校的共同努力，于1991年成功制定出我国第一部全国统一的《高校基础阶段阿拉伯语教学大纲》。在此基础上，国家教委高教司又委托高校外语专业教学指导委员会阿拉伯语指导组于1993年9月组建了高等学校高年级阿拉伯语教学大纲研订组，至1997年11月，经过研订组成员以及各有关高校阿拉伯语专业教师的共同努力，《高校高年级阿拉伯语教学大纲》定稿，该大纲与基础阶段大纲相衔接，统称为《高等学校阿拉伯语教学大纲》[①]，经国家教委高教司审批后，由北京大学出版社于2000年正式出版。《高等学校阿拉伯语教学大纲》的成功制定和出版，是20世纪我国阿拉伯语教育发展进程中一项具有标志性意义的成就。

《高等学校阿拉伯语教学大纲》对我国高等学校阿拉伯语专业的教学对象、教学目的、教学内容、教学原则、课程设置、教学安排、测试评估等各个方面都作了全面具体的要求，确定了明确的量化标准，特别是强调对学生听、说、读、写、译等语言技能的培养，各项要求既有原则性，又有灵活性。《大纲》"从在中国教授青年学生学习阿拉伯语的实际出发，努力将国内外应用语言学和外语教学理论的研究成果与我国高校阿拉伯语专业教学的成功经验结合起来"[②]，在大量调查研究的基础上，认真总结和吸收长期以来各高校在阿拉伯语教学实践中积累的经验，同时还借鉴了其他语种大纲的研订经验和国外有关方面的最新成果，因而具有很强的科学性、先进性和可行性，成为今后相当一段时期内我国高等学校阿拉伯语教学的纲领性文件，对进一步深化教学改革、提高教学质量、促进和规范专业建设具有极其重要的指导意义。《高等学校阿拉伯语教学大纲》的成功制订，既是对20世纪我国阿拉伯语教育的历史性总结，同时，也是对今后一段时期内我国阿拉伯语高等教育提出的具体要求。这样的大纲，在世界其他国家的阿拉伯语教育领域也是少见的，因此说这一大纲具有一定的世界意义，也是言不为

---

① 参见附录八。
② 《高等学校阿拉伯语教学大纲》，北京大学出版社2000年版。

过的。

综上所述，20世纪80—90年代我国的阿拉伯语教育，在各方面取得了令人瞩目的成就，二十多年来，阿拉伯语教育始终在改革中不断发展，在发展中不断提升，改革的精神贯穿如一，而这也正是这一时期整个中国社会快速发展的时代特征。有发展就会有困难，有问题，多年来，阿拉伯语教育在改革和发展的过程中也不可避免地遇到了不少困难，出现了一些问题，对此，我们将在下一章中专节予以讨论。

第四节　伊斯兰教经学院的阿拉伯语教育

前文已述及，阿拉伯语从民办学校的初、中等教育上升到国立大学的高等教育，既是教育层次方面的历史性跃进和转换，同时也是从作为一般宗教性语言教学到高等外语专业教学的转换，这种转换的实现与国家层面对阿拉伯语的迫切需求密不可分，也就是说阿拉伯语高等教育的出现，是国家利益之必需，否则，就难以成功实现这种提升和转换。但是，完成这种转换并不意味着民族宗教层面对阿拉伯语需求的消失，因为这种需求有其长久的历史传统，它实际上体现出中华民族多元一体文化格局的特征，因而会长期存在。

新中国成立后，中国穆斯林少数民族迎来了新生，其优秀文化传统的继承和延续得到党和国家的高度重视。各地回民学校或改制，或合并，陆续纳入到国家的教育体系，如原北平成达师范即与其他几所回民中学合并，成立了回民学院。1955年4月，周恩来总理在参加万隆会议期间，应邀参观了印度尼西亚伊斯兰教经学院，深有感触。周总理当即倡议："我们也要有自己的伊斯兰教经学院。"① 1955年11月，在周恩来总理的直接关怀下，中国伊斯兰教经学院在北京正式成立。

中国伊斯兰教经学院是全国性伊斯兰教高等专业学校，其办学宗旨是："培养热爱社会主义祖国，拥护社会主义制度，具有较高伊斯兰教学识和阿拉伯语、汉语文化水平的伊斯兰教专业人才。"② 学制设为五年，20世纪90年代后改为四年。教学方式上主要采用现代课堂讲授方法，教学内容和课程设置主要包括伊斯兰教专业课和大学文科基础课两大类，专业课主要开设有古兰学、圣训学、经注学、教义学、教法学、伊斯兰教史、阿拉伯语（包括语法、修辞、会话、书法、翻译等），基础课主要有政治、汉语（包括古汉语、现代汉语、写作等）、历史、地理等。学院面向全国招生，组织统一考试，择优录取。学生毕业后主要担任清真寺教长或从事伊斯兰教管理、教学、研究等工作。1966年因"文化大革命"而停办，1982年恢复招生。

中国伊斯兰教经学院成立四十多年来，一直受到党和国家的亲切关怀和有力支持，在教学、研究、人才培养等方面取得了可喜的成绩。1957年，毛泽东、刘少奇、周恩来、朱德、邓小平、陈云等党和国家领导人在中南海接见了经学院首届学生，1958年周恩来总理又在国务院礼堂接见了该学院的学生。改革开放以来，学院的教学规模有了较大发展，在师资力量培训、课程设置、图书资料的整理添置等专业建设方面有了较大改观。专业教师基本上都有国外留学、进修的经历。除了传统课程外，还增设了计算机基础等新课程。学院图书馆有包括大

---

① 李江民：《中国伊斯兰教经学院图书馆概况》，《新月华》2004年第2期。
② 宛耀宾总主编：《中国伊斯兰教百科全书》，四川辞书出版社1994年版。

量阿拉伯语经典文献在内的四万多册藏书，其中一部分是当年成达师范福阿德图书馆的藏书，还有达浦生、庞士谦、杨明远（1895—1956年）、马松亭、马坚、安士伟等已故知名阿訇和学者的个人捐赠。

中国伊斯兰教经学院是中国阿拉伯语教学研究会理事单位，多年来一直积极参与高校阿拉伯语专业的各项教学科研活动，致力于提高学院的阿拉伯语教学质量，在全国性的一些阿拉伯语竞赛活动中，该学院的学生曾多次获得优异成绩，如在1986年和1987年全国高等院校阿拉伯语水平评比竞赛中，该院学生名列前茅，有8名学生获奖，其中2名获84级水平测试第一、第二名，还有三名学生获83级阿拉伯语作文比赛前三名，这些成绩博得了其他院校阿拉伯语专业同行的好评。[①]

除了中国伊斯兰教经学院外，改革开放后在北京、新疆、云南、宁夏、河南、甘肃、青海、辽宁、河北等省市又陆续成立了九所地方性伊斯兰教经学院[②]，办学经费都由当地政府财政拨款，学制均为四年，办学宗旨和性质都与中国伊斯兰教经学院相同，开设课程也与中国伊斯兰教经学院一样，阿拉伯语是这些学院的主要教学内容，教材基本上都采用北外等高校的专业教材。由于经学院与普通高校的办学性质、目的等有所不同，因此专业方向和主要专业课程也就有所不同。与普通高校的阿拉伯语专业相比，经学院的阿拉伯语教学更多地体现出阿拉伯语作为伊斯兰教宗教语言教学的特色，例如，经学院学生应当掌握的一些基本词汇，对其他高校阿拉伯语专业的学生来说可能属于非常用词汇甚至生僻词汇，但各地经学院并没有制定统

---

① 杨淑丽：《中国伊斯兰教经学院》，《新月华》2004年第1期。
② 参见附表五。

一的阿拉伯语教学大纲。

伊斯兰教经学院的阿拉伯语教育，实际上是20世纪上半叶新式阿拉伯语学校的一种延伸和继承，前后所不同的，一是在教育层次上有了提升，经学院成为高等宗教院校；二是从民办转向了公办，经学院得到了国家的支持。伊斯兰教经学院的阿拉伯语教育，是我国阿拉伯语教育的一个组成部分，特别是20世纪80—90年代以来，经学院数目增多，且都逐步形成一定的办学规模。因此，各地伊斯兰教经学院的阿拉伯语教育，业已成为我国阿拉伯语教育领域一支独具特色的力量。

第五节　民间学校的阿拉伯语教育

改革开放以来，我国不少地方尤其是西北、西南等民族地区陆续兴办起不少民间阿拉伯语学校，数量多达几十所。[①] 有一定办学规模和影响的如甘肃临夏中阿学校、广河阿拉伯语学校、兰州阿拉伯语中专、云南开远阿拉伯语学校、通海纳家营阿拉伯语学校、陕西西安大皮院阿拉伯语学校、河南长葛白寨阿拉伯语学校、山西长治阿拉伯语学校等。

各地阿拉伯语学校的教学规模大小不一，教学水平也参差不齐，但在办学形式、办学宗旨、教学内容等方面实际上都大同小异。在性质上基本上都属社会力量办学的民办教育，宗旨都着眼于弘扬民族文化传统，服务当地改革开放和经济发展的大局。学制一般为三至五年，开设的课程主要有语言类、宗教类和文化知识类三大类型。语言类主要是阿拉伯语、汉语，具

---

① 参见附表六。

体有语法、阅读、写作、翻译等，有的还开有英语；宗教类主要是关于伊斯兰教教义、教法、《古兰经》、圣训等方面的课程；文化类包括中外史地、时事政治、法律常识等。阿拉伯语教学方面大都采用高校阿拉伯语专业的有关教材，特别是北京外国语大学的《阿拉伯语》、《阿拉伯语基础语法》，上海外国语大学的《阿拉伯语教程》等教材被广泛采用。也有一些学校采用阿拉伯国家的一些中学教材作为参考或补充。

民间阿拉伯语学校的兴办，是改革开放一系列政策得以贯彻落实的必然结果，没有国家的改革开放，就不会有各地如雨后春笋般兴起的民间阿拉伯语学校。同时，这些学校又是对民族文化传统的一种继承和延续，若没有这样的历史传统，这么多学校也是不会突如其来的。多年的实践证明，民办阿拉伯语学校对于促进地方经济、教育和文化事业的发展，具有一定的积极意义，各地阿拉伯语学校取得的成绩，都得到当地有关部门的肯定和表扬。这里不妨举出两个较有代表性的学校稍加评介。

一　甘肃临夏中阿学校

临夏中阿学校初创于1977年，创办初期条件极其简陋，经过一段艰难曲折的发展，逐步形成了由男生部和女生部两大教学单位组成的阿拉伯语专业学校，建有各自独立的教学大楼，并有图书室、电脑室、学生食堂、卫生室、操场等教学设施。其办学宗旨是："发展民族教育，培育民族英才，振兴民族文化，提高民族素质。"①

---

①　鲁格曼·康义：《二十年奋斗的历程——临夏中阿学校简史》，临夏中阿学校1999年印行。

临夏中阿学校学制四年，实行校董会领导下的校长负责制。办学经费由校董会负责向社会募捐。早期阶段学生免费入学，后来随着市场经济形势的发展，开始适当收取一定学杂费。学校面向全国招生，入学新生要求有初中以上文化程度。中阿学校强调中、阿文并举，开设课程有三大类：第一类是阿拉伯语课程，包括基础阿拉伯语、基础语法、修辞、口语、翻译等，课时安排占较大比例；第二类是中文及一般文化课程，包括现代汉语、古汉语诗文选、汉语写作、中国历史、世界简史、时事政治、法律常识、计算机基础等；第三类是伊斯兰文化基础课程，包括教法学基础、教义学基础、圣训学基础、《古兰经》知识、伊斯兰教历史、先知生平等。另有体育（主要有体操、篮球、乒乓球）以及请当地武警教官开设的军训等活动。

中阿学校的师资力量在办学早期很薄弱，阿拉伯语及宗教方面的课程主要由出身于清真寺的一些开明阿訇任教，学校的创办者马志信本人就是一位出自清真寺的开明阿訇，其他课程则聘请当地中学或师范学校的教师来任教。20世纪90年代以来，该校早年毕业后出国留学的一些青年陆续归来任教，师资力量得到一定加强。学校在注重教学的前提下，还注意鼓励教师积极从事有关教学、翻译等方面的学术研究工作，办有内部发行的《中阿校刊》，发表教师的教学心得及学生的翻译习作等。该校青年教师翻译的阿拉伯古典哲学名著《圣学复苏精义》被商务印书馆列入世界宗教文化名著丛书出版，一些教师还在《阿拉伯世界》、《回族研究》等刊物上发表过有关教学研究方面的论文。

多年来，已有大量学生从中阿学校毕业，有的出国留学，有的到北大、北外等高校阿拉伯语专业继续深造，有的被中建公司等涉外企业聘用，担任日常翻译，有的在广州、深圳、义乌等地从事对阿贸易活动或为阿拉伯商人担任翻译兼导购等。中阿学校为当地工商界打开阿拉伯市场发挥了桥梁作用，例如，当地地毯厂已有大量富有民族特色的产品销往中东，获得较好的经营业绩，阿拉伯语学校的师生在其中发挥了重要作用。临夏中阿学校对当地经济建设和社会进步发挥的积极作用得到了当地政府的充分肯定，也受到多家新闻媒体的关注，如1992年11月21日《甘肃日报》以《河州走向中东》[①]为题，对临夏中阿学校作了专题报道，还同时配发了大量反映学校教育活动的图片。

二 山西长治阿拉伯语学校

山西长治阿拉伯语学校创办于1984年，起步艰难，但在地方有关部门及社会各方面的大力帮助和支持下，学校发展比较顺利，取得了可喜的成绩。特别值得提及的是，学校得到过时任北京外国语学院阿拉伯语系主任的纳忠先生的热情支持，纳先生曾派马忠厚等骨干教师前往长治支教。另外，北京大学刘麟瑞教授、北京语言文化大学李振中教授、人民画报社李华英先生等阿拉伯语专家也曾亲临该校，指导教学。该校还获有国家外国专家局颁发的"聘请外国文教专家单位资格认可证书"，曾聘请埃及等国专家来校任教。高校的支持和外国专家的聘用，有力地促进了该校的教学质量。不少学生毕业后前往阿拉伯国家担任翻译，使学校获得良好的社会效益，得到当地政府有关部门的多次嘉奖。1990年北京主办第11届亚运会期间，长治阿拉伯学校组织了十名学生参加的翻译组，应邀前往北京担任亚运会翻译工作，较好地完成了任务，受到有关部门的表彰，第11届亚运会组委会还专门致函长治市委市政府向学校表

---

① 临夏旧称河州。

示感谢。新华社、《人民日报》（海外版）、《人民画报》、《人民政协报》、《文汇报》、《山西日报》等多家媒体从不同角度先后报道了长治阿拉伯语学校，使该校一度蜚声海内外。①

改革开放三十多年来，各地民间阿拉伯语学校在艰苦的办学过程中积累了一定的经验，取得了一定的成绩，但普遍存在着不少问题和困难。有些问题和困难是地方性的或个体性的，有些则是共同性的，这些问题和困难主要有：办学经费紧缺；师资力量薄弱，教师队伍不够稳定；学生水平参差不齐；教学质量难有较大提高；等等。要解决这些问题，还有许多艰苦的工作，需要多方面的支持和配合。如何有效地提高民办阿拉伯语学校的教学质量，努力做到与时俱进，不断适应时代的发展，是各地阿拉伯语学校需要认真总结和思考的问题，也是我国阿拉伯语教育界有关人士所应当关注和研究的问题。

社会对外语人才的需求是多方面、多层次的，不但需要高级专门人才，也需要一般初级人才。高等学校阿拉伯语专业不承担培养初级阿拉伯语人才的任务，而这类人才社会也有一定的需求，这也是市场经济条件下各地阿拉伯语学校多年存而不衰的客观原因之一。从这方面来看，民间阿拉伯语学校已成为高校阿拉伯语教育的一种补充。从我国阿拉伯语教育的长期可持续发展的角度来看，民间学校的阿拉伯语教育应得到业内机构和人士的足够重视。将民间阿拉伯语学校纳入我国阿拉伯语教育的视野之中，进而将其作为本领域人力资源的一个组成部分而加以有效的开发和利用，是阿拉伯语教育事业可持续发展中的一项特殊任务。

---

① 曹玉梅：《桃李芳菲遍中国——记马守信校长及长治市阿拉伯语学院》，长治阿拉伯语学校 1998 年印行。

第六节　留学生的派遣和对外交流

新中国成立后,特别是万隆会议(1955年)后,我国与阿拉伯各国的交往日益频繁,为了满足中阿交往对阿拉伯语人才的需求,并进一步加强高校阿拉伯语教育的师资队伍,教育部等有关部门对向阿拉伯国家派遣留学生的工作予以高度重视,这一工作始终得到了周恩来总理等党和国家领导人的亲自过问和关心,使留学阿拉伯国家这项与阿拉伯语教育密切相关的工作有了前所未有的进展。同时,各高校阿拉伯语专业还长期开展了形式多样的对外交流活动,有力地推进了阿拉伯语教育工作。

1955年4月,周恩来总理率中国政府代表团参加了在印度尼西亚万隆召开的第一届亚非国家首脑会议。会议期间,周总理会晤了埃及总统纳赛尔,在加快发展两国关系和中阿关系以及一系列重大国际问题方面达成广泛共识。同年5月,埃及政府派出宗教基金部长艾哈麦德·哈桑·马库里率领的友好代表团访问中国,寻求发展两国关系的具体途径。访问结束时,双方签订了互助合作和文化交流协议,决定互派留学生和教师。中国教育部迅速着手留学生的选派工作,到11月便很快确定了新中国首批赴阿(埃及)留学人员,共计7名学生和1名汉语教师,临行前,周恩来总理接见了他们。当周总理发现这批学生中没有回族学生时,感觉不妥,他又征求当时参加接见的中国伊斯兰教协会会长达浦生阿訇,达阿訇表示赞同总理的意见。于是周总理指示要有回族学生参加,教育部主管同志表示具体人员已定,而且行李也已托运,出发在即,可否考虑放在第二批，周总理当即予以严厉批评，说这是一个严肃的政治问题和原则问题，于是教育部又迅速开展留学生挑选工作，重新确定留学人员，从北京回民学院高中毕业生和北京俄语学院留苏预备部挑选了两名回族学生，换下原定7名中的两名同学，1名汉语教师也更换为回族学生，这样，至12月底，首批赴阿留学人员名单最终确定，他们是：杨福昌、顾中和、夏珊安、郑守一、余章荣、温亮（回族）、李振中（回族）、金家桢（回族，教师）。1955年12月24日，周恩来总理在中南海紫光阁再次亲切接见了这批留埃学员，时间长达两个小时，问长问短，勉励大家努力学习，为中埃、中阿友谊架设桥梁。周总理还特意转向两名回族同学问道："如果埃及教育部门安排你们两个到爱资哈尔大学学习宗教，你们两个意见如何？"这两位回族学生当即表示一定要服从埃方安排。周总理说："对的，宗教也是要学的，一定要学好。"[1] 周恩来总理接连两次亲切接见赴阿留学人员，体现了党和国家对阿拉伯语教育事业的高度重视，也使新中国广大阿拉伯语人备受鼓舞。此后，随着中阿关系的日趋发展及中国与阿拉伯各国的相继建交，我国开始向埃及、叙利亚、伊拉克、利比亚等阿拉伯国家陆续派遣留学生，赴阿留学日趋有序。

"文化大革命"期间，留学工作一度受到影响，1974年才

---

[1] 李振中：《学者的追求——马坚传》，宁夏人民出版社2000年版。笔者还就新中国向阿拉伯国家派遣首批留学生等有关问题，于2005年3月9日对北京语言大学教授李振中先生作了专题访谈，得到李先生的热情解答，特此致谢。李先生在谈话中特别强调新中国阿拉伯语高等教育的早期发展得到了周恩来总理等党和国家领导人的特别关心，发展迅速，多年来培养出众多优秀的高级阿语人才，我国驻阿拉伯国家使领馆的大使乃至重要工作人员几乎都能讲流利的阿拉伯语，这在世界上也是很少见的，它从一个侧面说明了我国阿拉伯语教育的卓越成就。

又恢复。1978年，经国家教委统一组织考试，选拔出8名高校阿拉伯语专业的骨干教师前往阿拉伯国家留学，其中6名教师赴埃及开罗大学留学，两名教师赴苏丹留学。这是改革开放后我国通过规范的选拔程序派往阿拉伯国家的第一批留学人员，其意义不亚于新中国成立后向埃及派遣的第一批7名留学生的意义。这批留学人员归国后，成为我国高校阿拉伯语教学的中坚力量，为改革开放后我国阿拉伯语教学的迅速复苏和发展发挥了突出的作用。此后，我国不断向阿拉伯各国派遣留学生、进修教师等，中国学子的身影几乎遍及整个阿拉伯世界，留学归国的阿拉伯语人才不断走上外交、新闻、经贸、教育等不同领域的工作岗位，20世纪80—90年代在高校从事阿拉伯语教学的众多教师，几乎人人都在阿拉伯国家学习深造过。

改革开放后，民族宗教层及阿拉伯语教育领域的对外交流和留学活动也逐步开展起来，人员互访、留学生派遣等日见频繁。1982年3月，中国伊斯兰教协会派遣10名学生赴埃及爱资哈尔大学留学，这是继20世纪30—40年代之后，中国穆斯林留学生再次进入这所蜚声阿拉伯伊斯兰世界的高等学府，之后，我国穆斯林留学阿拉伯国家的组织工作逐步趋于正规，中国伊协多次派留学生赴埃及、利比亚等阿拉伯伊斯兰国家学习。1993年，中国和埃及两国政府签署了《中埃两国文化交流协定》，其中还专门有一款规定：埃及每年向中国穆斯林提供15名奖学金名额，在爱资哈尔大学学习。①

除了公派留学之外，随着改革开放后我国民间留学热的出现，也有不少回族等少数民族青年到阿拉伯国家自费留学，学习阿拉伯语，留学人数及前往国家之众多，都是历史上从未有

---

① 杨志波：《中国穆斯林留学生今昔》，《新月华》2004年第1期。

过的。

除了留学活动外，新中国成立以来，我国与阿拉伯国家在阿拉伯语教育领域还开展了多种交流活动，包括出国讲学，参加学术会议，从事对外汉语教育，开展校际合作，聘用外籍教师等，这些交流活动，对我国阿拉伯语教育事业的发展起到了不可忽视的推动作用。特别是改革开放以来，中国阿拉伯语教育工作者在自己的岗位上取得了出色的成绩，为阿拉伯语在中国的传播作出了重大贡献。他们频繁出访阿拉伯各国，考察访学，积极参与国际学术交流，参加有关学术会议，宣传中国文化和改革开放的政策，介绍中国阿拉伯语教育以及相关领域研究方面所取得的成就，从而赢得了阿拉伯国家有关方面以及阿盟教科文组织等机构的充分肯定和高度赞誉，有的学者、教授取得的突出成绩还获得了阿拉伯学术机构的高度评价，被聘为有关机构的通讯院士，例如，北京外国语大学纳忠教授1985年被叙利亚大马士革阿拉伯语学会聘为通讯院士，北京大学刘麟瑞教授和上海外国语大学朱威烈教授先后被约旦皇家伊斯兰文明研究院聘为通讯院士，为我国阿拉伯语界赢得了国际荣誉。

北京大学、北京外国语大学、上海外国语大学等高校还与埃及、约旦、伊拉克、苏丹、利比亚、阿曼、突尼斯、也门、巴林等阿拉伯国家的一些大学建立了校际友好合作关系，长期开展互访和交流活动。中国还曾长期向也门萨那技校、埃及爱因沙姆斯大学、突尼斯布尔吉巴语言学院等院校派遣翻译教师和汉语教师，中国高校不少阿拉伯语教师都曾在这些学校任教过，这也从另一个方面推进了中阿交流和中国阿拉伯语教育的发展。

阿拉伯语教育的发展离不开阿拉伯国家的重视和支持。长期以来，有不少来自埃及、叙利亚、伊拉克、巴勒斯坦、也门、突尼斯、黎巴嫩、约旦、阿尔及利亚、苏丹等国家的阿拉伯专家在北京大学、北京外国语大学（原学院）、上海外国语大学（原学院）等高校的阿拉伯语专业承担第一线的教学任务，指导青年教师，协助中国同行编写、校订了大量教材和工具书，为促进我国阿拉伯语教育事业的发展和中阿友好关系作出了重要贡献。他们在中国，在自己的同事和学生中间播下了友谊的种子，留下了美好的回忆，中国人民和广大阿拉伯语师生不会忘记他们的奉献。例如，叙利亚专家奥贝德先生在中国工作 10 年（其中在北京大学任教 9 年，在新华社 1 年），勤奋敬业，孜孜不倦，留下了许多感人的事迹，回国后仅 10 天就溘然离世，把晚年的才华和智慧全部留在了他视为第二祖国的中国。[①] 在新华社、中国国际广播电台等一些涉及阿拉伯语的非教育单位，一直有一些阿拉伯专家在工作，他们也从不同方面对我国阿拉伯语教育提供了直接或间接的帮助，促进了阿拉伯语教育事业的发展。

各阿拉伯国家除了派遣教师来中国执教外，还为中国的阿拉伯教育提供了各自力所能及的物质帮助，包括捐献教育基金、赠送图书资料、提供教学设备等。例如，1987 年，阿联酋迪拜商会向上海外国语大学捐赠了迪拜—上海阿拉伯语教学基金；阿联酋总统还向北京外国语大学捐建了阿拉伯语教学大楼；1990 年，沙特阿拉伯向北京大学捐建了一套设施完备的语言实验室，并向北大、北外、上外等高校阿拉伯语教育单位各赠送了 30 册的《阿拉伯世界大百科全书》；1997 年，埃及驻华使馆向高校各阿拉伯语教育单位赠送了卫星电视接收系统。[②]

[①] 张甲民：《他没有走——怀念奥贝德先生》，《阿拉伯世界》1984 年第 3 期；郭晓勇：《奥贝德，北京不忘您的英名》，《阿拉伯世界》1990 年第 2 期。

[②] 张宏：《中国的阿拉伯语教育》，《阿拉伯人之家》2005 年第 49 期。

概言之，新中国成立后，特别是改革开放后的三十多年间，我国阿拉伯语教育领域的国际交流与合作不断向纵深发展，向许多阿拉伯国家派遣了一批又一批留学生，开展了形式多样的国际交流，有力地促进了中国阿拉伯语教育事业的蓬勃发展。我国的阿拉伯语教育，不仅为中阿全面交流与合作提供了有力的智力支持，而且本身也已成为中阿双方相互交流的一个重要内容，是联系中阿人民友谊的一条重要纽带。

第七节 相关科研学术活动的开展

与阿拉伯语教育相关的学术研究范围很广，涉及语言、文学、历史、哲学、宗教、文化、政治、经济、国际关系等诸多领域，这种研究正逐步形成一门独立的学科——阿拉伯学。20世纪后半叶，亦即新中国成立以来的50年，我国在与阿拉伯语教育相关的各领域的研究方面取得了突出成就，许多方面都是破天荒的，50年来开展的涉阿（阿拉伯语教育）学术活动，不断填补着我国学术界在有关研究方面的空白点。

20世纪50—60年代，如同阿拉伯语的教学一样，相关的学术研究也处于艰难的开拓阶段，这期间，广大阿拉伯语教育工作者一方面忙于繁重的教学任务，同时兼顾其他社会活动，从事科研的时间十分有限；另一方面，真正懂行（尤其是懂得作为重要研究工具的阿拉伯语）的学者实际上也屈指可数，这些都在很大程度上限制了这时期研究工作的全面开展。尽管如此，仍有一些学者在相关领域的研究方面作出了艰苦努力。最具代表性的学者便是北京大学阿拉伯语教研室主任马坚先生。马坚先生作为一名从充满艰难困苦的旧社会走出的回族高级知识分子，怀着强烈的使命感，以极高的工作热情投入到新中国的阿拉伯语教学科研活动中，在学术上表现最为活跃，他对阿拉伯语语言、文学、历史、哲学、宗教等都有广泛研究，写讲义，编词典，译原著，撰写和发表了大量很具学术价值的论文，笔耕不辍，成绩卓著，"用一篇篇学术文章、一本本著作，为建设我国的阿拉伯学作了重要的铺垫，打下了厚实的基础"。① 马坚先生最具分量和影响的学术成就，一是主持编纂了《阿拉伯语汉语词典》（商务印书馆1966年版）；二是翻译了美国东方学家希提的《阿拉伯通史》（商务印书馆1979年版）；还有完成了《古兰经》的翻译（中国社会科学出版社1981年版），这些皇皇巨著，不仅是马坚先生的代表作，实际上也堪称20世纪80年代前30年间我国学术界在相关领域内最具代表性的学术成就，这些成果自问世以来，一直成为广大阿拉伯语教育工作者和研究者的案头必备书，至今仍不失其重大的学术价值。

十年"文化大革命"期间，真正意义上的学术研究几乎一片凋零，我国阿拉伯学的研究同样蒙受了惨重的损失。十一届三中全会后，阿拉伯语学界迎来了学术的春天。一方面，像纳忠、刘麟瑞先生等那样具有深厚学术积累的学界前辈，继续担当着学术领军人的重任；另一方面，一批学术新人也快速崛起，新作不断问世，将我国阿拉伯学的研究推向一个前所未有的发展时期。

作为北京外国语学院阿拉伯语专业的元老，纳忠先生在改革开放后的三十多年里，老当益壮，"他秉承爱国爱教的坚定信念，教书育人，专心治学，勤于笔耕，活跃在国内外学术前沿"②，在

---

① 朱威烈：《马坚先生的治学之道》，《阿拉伯世界》1995年第3期。
② 朱威烈：《天行健，君子自强不息：我印象中的纳忠教授——〈穆圣后裔〉再版序》，《阿拉伯世界》2004年第2期。

教学和科研方面不断开拓前进，硕果累累。最具影响的重大成果主要有：主编了《阿拉伯语》教材1—10册（1982—1987年）；翻译了多卷本阿拉伯文化巨著《阿拉伯—伊斯兰文化史》（合译，1982—1991年）；编著完成了作为国家哲学社会科学重点项目的《阿拉伯通史》（上、下卷，1997—1999年），这些成果，就其学术意义和价值而言，不仅是纳先生本人的最高成就，应该说也代表了20世纪最后20年我国阿拉伯语言文化研究领域的最高成就，《阿拉伯通史》还获得第三届高校人文社会科学研究优秀成果一等奖。纳先生还作为我国阿拉伯学领域的首位博士研究生导师，指导培养出了我国在该领域的第一位博士研究生，对提升阿拉伯语教学及学术研究的层次具有重要的意义。

刘麟瑞教授作为北京大学阿拉伯语专业的资深教授，长期默默耕耘，在教材编写、工具书编纂以及翻译等相关领域的学术研究方面也很有建树，如他领衔主编的我国第一部《汉语阿拉伯词典》（1989年），翻译的《子夜》、《家·春·秋》阿译本等，都是颇具代表性的成果，得到国内同行和阿拉伯朋友的广泛赞誉。

引人注目的是，阿拉伯语界的一代学术新人也在20世纪80年代后迅速崛起，他们绝大部分都是50—60年代高校阿拉伯语专业的毕业生或是留学阿拉伯国家的归国学子。可以说，他们是继马坚、纳忠等老一辈学者之后我国的第二代阿拉伯学家，实际上也是新中国培养的第一代阿拉伯学家。这一批学术新人在阿拉伯语言、文学、哲学、文化等方面的研究，推陈出新，卓有建树，他们的大量学术成果，连同他们培养的第三代阿拉伯语学人，为21世纪我国阿拉伯学的研究开拓了新的领域，注入了新的活力。

改革开放以来，特别是90年代以来，阿拉伯语相关领域的研究范围不断拓宽，研究层次不断提升，大有向纵深发展之势，涉猎范围之广泛、研究内容之庞杂都是前所未有的。除了语言、文学、教育等传统研究内容外，更涉及各国的历史、哲学、宗教、文化、经济、政治、国际关系等领域。在这方面，上海外国语大学阿拉伯语系及中东研究所的研究工作特别值得关注，很可能作为80—90年代阿拉伯语教学科研领域里的一个突出个案。该系（所）主办的《阿拉伯世界》，二十多年来一直成为有关阿拉伯语教育以及相关领域研究的一块前沿阵地，刊发了大量有价值、有创见的论文，积累了丰富的资料。[①] 进入90年代后，该系更积极致力于"面向21世纪的课程和教材建设"工作，坚持教学科研并重的理念，"因为教学与科研总是相辅相成的，很难想象高等学校的专业建设离开了认真的科研，倒能形成一流的教学"。[②] 特别值得提及的是，该系（所）在有关研究方面十分注重学术创新，在我国学术界首次提出了构建中国特色的东方学、中东学和阿拉伯学研究体系的宏伟设想，明确提出了"中东学"和"阿拉伯学"的学科概念，并一直致力于此项宏大学术工程的基础建设，关注学术前沿，与时俱进，多次举办有关领域的学术研讨会，承担并完成了不少国家及省部级重点课题的研究任务，如国家教委"七五"社科重点项目"中东文化丛书"的编写等，在学术建设方面作出了艰苦的努力，取得了可喜的成果，2000年，中东研究所被教育部列入高等学校人文社会科学重点研究基地，这是对该所（系）多年研究成绩的充分肯定，同时也是对今后研究工作提出的更高要求。上

---

① 参见附录九。
② 朱威烈：《当代中东国家社会与文化》丛书总序，载陈万里、王有勇《当代埃及社会与文化》，上海外语教育出版社2002年版。

海外国语大学阿拉伯语系也被列为上海市重点学科。

20世纪80—90年代的阿拉伯语教学与研究，还有一点值得注意，那就是各有关高校开始重视相互间的沟通与协作，在研究队伍和学科建设等方面的整体观念和宏观意识逐渐增强。这方面的具体表现是全国性学术机构的成立、学术会议的举办、学术奖项的设立等。80年代以来，中国阿拉伯语教学研究会、中国阿拉伯文学研究会等学术机构相继成立，并多次举办相关领域的全国性学术研讨会，有力地促进了学术研究的繁荣发展。

1984年10月，中国阿拉伯语教学研究会在北京正式成立，同时召开了第一届全国阿拉伯语教学研究学术研讨会，与会学者众多，盛况空前。研究会的宗旨是"团结全国大专院校阿拉伯语教学研究工作者，总结交流阿拉伯语教学研究经验，开展学术活动，进行国内外学术交流，促进中国阿拉伯语教学和科研水平的提高，为社会主义'四化'建设和中阿文化交流作出贡献。"[1] 研究会的理事单位有北京大学、北京外国语学院、上海外国语学院、北京语言学院、北京对外经济贸易大学、北京第二外国语学院、中国伊斯兰教经学院、解放军洛阳外语学院八所当时开设阿拉伯语专业的高校。北京大学陈嘉厚教授当选为第一任会长，他高度评价研究会的成立，认为它"标志着我国阿拉伯语教学研究进入了一个新的发展阶段，这是中国人民与阿拉伯人民友好往来、文化交流史上又一件大事，必将产生深远的影响"。[2] 中国阿拉伯语教学研究会自成立以来，开展了卓有成效的工作，为我国阿拉伯语教育事业的发展作出了很大

---

[1] 孙承熙：《中国阿拉伯语教学研究会成立》，《阿拉伯世界》1985年第1期。

[2] 同上。

努力。1997年10月，中国阿拉伯语教学研究会在北京语言文化大学举办了中国阿拉伯语教育界首届优秀科研成果奖颁奖大会，《阿拉伯语汉语词典》（北京大学东语系阿拉伯语教研室，马坚主持）获特等奖；《传承与交融》（专著，纳忠等）、《汉语阿拉伯语词典》（刘麟瑞、陈嘉厚等）、《阿拉伯语》（教材，纳忠主编）、《阿拉伯世界》（学术刊物，朱威烈主编）、《阿拉伯哲学》（专著，陈中耀）、《基础阶段阿拉伯语教学大纲》（《大纲》编写组，史希同主持）、《阿拉伯语汉语成语词典》（杨言洪主编）等7项成果获一等奖，另有10项获优秀科研成果奖，11项获科研成果奖。这些成果中，既有教材、教学大纲，也有工具书、学术专著，还有学术期刊，这反映出阿拉伯语教学研究的涉及面已大大拓宽。这里还需要特别强调指出的是，在这些研究成果当中，有些实际上是属于省部级的科研项目，例如，《阿拉伯哲学》即属国家教委"七五"社科重点项目，这说明阿拉伯语教学研究的层次已有了很大的提升。这次活动，其意义已经超过颁奖本身，它实际上是对新中国成立半个世纪以来我国阿拉伯语教育及学术研究的一次检阅和总结，同时也是对新时期阿拉伯语教学科研的一次展望，对于我国阿拉伯语教育事业的发展，具有继往开来的重要意义。

20世纪80—90年代，在阿拉伯语教材和工具书的编写、出版方面成就也很突出，北外、北大、上外等高校阿拉伯语专业的广大教师在这方面用力最勤，成果不断。在阿拉伯语言、语法、修辞、口语、写作、文学、历史、文化、报刊阅读、阿拉伯语发展史等方面，几乎都有专门教材和学术著作问世，有的还有初级、中级、高级不同层次的教材，一些教材还配有录音甚至录像，不少教材多次印刷，发行量可观，在全国范围内有广泛影响。同时，还出版有不少初、中级课外读物。另外，大、中、小型工具书也接连问世，多达十余种①，为阿拉伯语教学提供了很多便利。全国高校统一的阿拉伯语教学大纲也于90年代问世。所有这些成果，既有对新中国成立以来阿拉伯语教学研究领域所积累的经验进行总结吸收的一面，也有开拓创新的一面。在1949—1980年30年间，虽然由于种种原因而没有使阿拉伯语教材得到正式出版，也没有全国统一的教学大纲，但各高校在教材编写、大纲编订方面做了不少探索性工作，积累了丰富的实践经验，北外、北大、上外等高校阿拉伯语专业各自都有独具特色的讲义、教案和教学大纲，这些都为80年代后各种阿拉伯语教材的正式出版以及全国统一的教学大纲的成功制定奠定了坚实的基础。

另外，在20世纪后50年内，特别是80—90年代，有许多阿拉伯文学作品和学术著作被翻译过来，译品种类之繁、数量之多都是前所未有的。这也从一个侧面反映了阿拉伯语教学、科研的兴旺。值得注意的一点是，从事阿拉伯文学翻译的主力军实际上就是高校阿拉伯语专业的广大教师。这期间，老一辈阿拉伯语学者继续致力于翻译事业，佳作迭出，有代表性的如北京外国语大学林兴华先生译出的阿拉伯散文故事的历史名著《卡里莱和迪木乃》（1978年），北京大学马金鹏先生译出的阿拉伯历史地理名著《伊本·白图泰游记》（1985年）等，这些都是阿拉伯的古代名著。而更多的译品则是出于年轻人之手的现代作品，体裁包括诗歌、小说、剧本、人物传记等，尤以现代小说为多，埃及文豪塔哈·侯赛因（1889—1973年）的代表作《日子》，诺贝尔文学奖得主纳吉布·马哈福兹（1912—　）的《平民史诗》、《卡尔纳克咖啡馆》、《米达克胡同》以及三部

---

① 参见附录四。

曲《宫间街》、《思宫街》、《甘露街》，优素福·西巴伊（1917—1978年）的《回来吧，我的心》、《生命一瞬间》，陶菲格·哈基姆（1898—1988年）的《乡村检察官手记》，阿卜杜·拉赫曼·谢尔卡维（1920—　）的《土地》，伊赫桑·阿卜杜·库杜斯（1919—1990年）的《罪恶的心》、《难中英杰》，穆罕默德·阿卜杜·哈利姆·阿卜杜拉（1912—1970年）的《弃婴》，米哈伊尔·努埃曼（1889—　）的《相会》、《努埃曼短篇小说集》，哈纳·米纳的《蓝灯》，优素福·伊德里斯（1927—1991年）的《罪孽》等许多阿拉伯现代文学名著都被译介过来，黎巴嫩著名作家纪伯伦（1883—1931年）的作品几乎全部被介绍过来了，出版了《纪伯伦全集》。值得一提的是，早在纳吉布·马哈福兹1988年荣膺诺贝尔文学奖之前，他的一些代表作品就已被译成中文出版，这也从一个侧面反映出我国阿拉伯文学的研究和翻译水平。

　　高校阿拉伯语专业除了致力于阿拉伯文学作品的翻译介绍外，对阿拉伯文学的研究也取得了可喜成绩。1983年10月召开了全国首届阿拉伯文学研讨会，1987年8月成立了中国阿拉伯文学研究会，刘麟瑞先生担任首届会长。之后又多次召开阿拉伯文学学术研讨会，各高校阿拉伯语专业的许多教师在教学之余，撰写和发表了不少很有价值的学术论文，还翻译和编写出阿拉伯文学史、文学专题研究等方面的专著、词典等，有代表性的如人民文学出版社出版的埃及著名学者邵武基·戴伊夫的《阿拉伯埃及近代文学史》（1980年），译林出版社出版的《当代阿拉伯文学词典》（1991年），上海外语教育出版社出版的《阿拉伯文学史》（1998年）等，都是很有影响和学术价值的著作，这说明高校阿拉伯语专业在注意翻译阿拉伯文学作品的同时，也很重视对阿拉伯文学的研究，做到了既有作品的翻译介绍，又有作品的评论和研究，不但有阿拉伯文学史的原著翻译，也有了中国人自己编写的阿拉伯文学史。

总之，在20世纪后50年内，特别是80—90年代，我国各有关高校在与阿拉伯语教育的相关学术研究、翻译方面取得了丰硕成果，可以说，我国的阿拉伯学研究作为一门新的庞大的学科，其学术架构和体系的轮廓已经初见端倪。然而，必须清醒地看到，90年代中后期以来，在市场经济形势对阿拉伯语教学研究领域带来明显冲击的情况下，本领域的一些专业人员专业思想不够牢固，或下海，或出国，或跳槽另就，加之我国于1992年加入了国际版权、著作权公约，联系版权等杂务让翻译工作增加了难度，这种原因导致在阿拉伯语教学、研究，特别是文学作品的翻译介绍等方面出现某种滑坡的迹象，严格意义上的学科建设和学术研究尚缺乏全国性的统一及有序的规划和协调，研究队伍的阵容也不容乐观，这些乃是21世纪中国阿拉伯语人所要面对和承担的艰巨任务。

第八节　台湾地区的阿拉伯语教育

台湾岛内的阿拉伯语教育最初也始于清真寺内。台湾地区自古以来就与隔海相望的福建泉州等沿海城市有密切联系，两岸居民捕鱼通商，互有往来。泉州等沿海城市在唐宋元时期蕃客云集，伊斯兰教遂于宋元时期传入岛内。郑成功收复台湾之际，随军赴台的回回日渐众多。台湾第一座清真寺始建于1918年，阿拉伯语教习活动便在清真寺内开展起来。20世纪40年代，大陆著名阿訇王静斋、马松亭等都曾经在台北清真寺内主持教务，讲习经文。岛内高校的阿拉伯语教育，则始于50年代。与大陆情形基本上相似，台湾高校东方语言专业的开拓工作，也主要依靠早年留学阿拉伯国家的一些回族穆斯林学子，如定中明、熊振宗、马明道（1908—1991年）、海维谅（1912—　）等。

1956年，"国立"政治大学成立东方语文系，第二年，系内增设了阿拉伯语文组。从1969年起，由沙特阿拉伯资助聘请沙籍教师前往执教，阿拉伯语专业的教学力量得到加强。1978年，该系阿拉伯语文组独立成系，聘定中明担任第一任系主任，掌理系务长达八年定中明早年毕业于上海伊斯兰师范，是马坚、纳忠先生留学埃及时的同学。政治大学阿拉伯语系还与沙特阿拉伯、约旦、利比亚等国的一些大学有教学方面的交流，双方人员常有往来。政大还向一些阿拉伯国家派遣阿拉伯语专业的留学生和进修教师。

政治大学的阿拉伯语专业是台湾地区唯一的阿拉伯语人才培养基地，每年招生十几名或二十几名不等，例如，1997—1998学年度阿拉伯语专业的毕业生为23人。[①] 同时，政治大学阿拉伯语系也是台湾地区关于阿拉伯—伊斯兰文化及中东问题研究的一个中心，办有系刊《阿拉伯语人》，并有一定的学术成果。

政大阿拉伯语系学制为四年，课程设置有必修课和选修课，实行学分制，最低毕业学分为120分，其中选修课至少16学分。90年代后期开设的具体课程及学分要求如下[②]：

[①] 潘慧斌等编：《台湾地区高等教育纵览》，学林出版社2002年版。
[②] 参见政治大学阿拉伯语文学系网址：http://www2.nccu.edu.tw。

第三章　20世纪后半叶的阿拉伯语教育

必修科目：

科　目	学分	科　目	学分	科　目	学分
阿拉伯语（一）	6	中东现代史	4	伊斯兰思想史	4 四选一
阿拉伯语语法（一）	4	伊斯兰文明	4	阿拉伯语应用文	
阿拉伯语会话（一）	2	阿拉伯哲学概论	4 四选一	阿拉伯文作文	
阿拉伯语实习（一）	2	阿拉伯文书法		阿拉伯古典名著选读	
阿拉伯文史概论	4	阿拉伯地理		阿拉伯语视听教学	2
语言学概论	4	中东民族关系		阿拉伯语文专题研究	4
阿拉伯民族与宗教	4 任选	阿拉伯语（三）	6	古兰经与圣训研究	4
阿拉伯社会		阿拉伯语会话（三）	2	中东伊斯兰专题	
阿拉伯语（二）	6	阿拉伯语实习（三）	2	阿拉伯语口译	五选一
阿拉伯语语法（二）	4	阿拉伯文学史	4	阿拉伯诗歌选	
阿拉伯语会话（二）	2	阿拉伯语修辞与习作	4	阿拉伯各国现势	
阿拉伯语实习（二）	2	专题会话	2		

选修科目：

科　目	学分	科　目	学分	科　目	学分
阿文文字处理	1	阿拉伯语综合应用	4	现代阿拉伯妇女	4
现代阿拉伯文艺思潮	4	现代阿拉伯名著选读	4	伊斯兰艺术	4

　　台湾地区出版有一些阿拉伯语的学习教材、工具书和相关学术著作。出版的阿拉伯语词典有《阿华简明辞典》、《阿拉伯语汉语辞典》等，前者系由日语转翻过来的简明词汇表；后者署名为林道岩、王士鉴，出版时间为1987年，出版社为名

山出版社。该辞典实际上是北京大学东方语系阿拉伯语教研室编纂的《阿拉伯语汉语词典》的翻印。① 有代表性的相关学术著作及译著主要有：《古兰经国语译解》（时子周）、《伊斯兰法之研究》（马明道）、《中东回教诸国简史》（熊振宗）、《中阿关系》（阿文，海维谅）、《伊斯兰人权论丛》（译作，海维谅）、《回教黎明史》（定中明）、《中东地区研究》（定中明）、《中阿关系史略》（苏良弼）等。

其实这些并不全是政治大学阿拉伯语系的成果，政大阿拉伯语系的具体学术成果，尚无从掌握详细资料。政大设立阿拉伯语专业的目的，是为了培养"外交"、商务方面的政府官员和实用性翻译人员，因而政治性十分明显。台湾地区与一些阿拉伯国家在经贸、能源等领域往来较多，政大阿拉伯语系毕业生的去向基本上也围绕这些领域。除定中明、海维谅等少数有一定学术积累和个人研究兴趣的老一辈台湾阿拉伯语人外，政大阿拉伯语系教师及毕业生实际上很少专门从事有关阿拉伯文化、历史、哲学、宗教、民族等方面研究。台湾出版发行的不少有关著作，有的是从大陆翻印过去的，有的则是从英文翻译的，政大阿拉伯语系毕业生的学术成果实际上并不多见。

近半个世纪以来，两岸阿拉伯语教育界虽偶有接触，但一直没有正式的校际交流活动，这使我们对台湾地区的阿拉伯语教育以及相关科研学术活动的详情，缺乏足够的了解，相关资料和信息也难以全面掌握。

---

① 笔者将该辞典与北大阿拉伯语教研室编纂的《阿拉伯语汉语词典》作过认真对照，发现只是删除了其中的前言和个别政治性词汇，其余均未改动，这种做法显属不妥，不知编者是否与北大阿拉伯语教研室有过沟通。

第四章

历史的总结与未来的展望

第一节 阿拉伯语教育存在的问题、面临的挑战及发展前景

中国的阿拉伯语教育，在不断开拓中走过了艰难曲折的20世纪。一个世纪以来，特别是新中国成立后的半个世纪以来，我国的阿拉伯语教育事业经过几代阿拉伯语人的不懈努力，持续发展，取得了丰硕的成果和可喜的业绩。然而前进的道路并不总是一帆风顺，有发展、有提升，就会有困难、有问题。我们已经看到，我国的阿拉伯语教育存在着诸多问题，面临着严峻的挑战，需要予以认真研究和积极应对。这些问题和挑战，有的是信息时代和知识经济时代对包括各种外语教育在内的整个教育界提出的共同挑战，是教育界各领域共同面临的问题，有的则是作为非通用语或所谓小语种的阿拉伯语教育遇到的特殊问题和困难。

第一，随着我国社会主义市场经济建设的日益发展，"政治、经济、文化、教育等各方面对外开放的广度与深度都史无前例地扩大"，"社会对外语人才的需求不仅在数量上扩大，而

且在质量、层次和种类上均提出更高更多的要求"[①]。以外语本身，尤其是像阿拉伯语这样的非通用语种作为一门专业知识的传统单科教育模式越来越难以生存和发展，社会对应用型、复合型外语人才的需求远远大于对一般语言文学专业人才的需求。这种新形势不断对阿拉伯语教育提出新的问题和挑战，虽然20世纪90年代以来阿拉伯语教育界对此已有比较明确的认识，并且做了相应的调整和改革，然而阿拉伯语教育为不断适应新形势，在专业方向的设计与拓宽、教材的修订与编写、教学手段和评估方式的改进、科研工作的规划与拓展等诸多方面所面临的改革任务依然极为繁重。

第二，在教学现状与改革和发展的要求之间、教学规模与师生比例之间、招生规模与就业机会之间，都存在着不相适应的诸多矛盾，不同程度地制约着阿拉伯语教育的发展。例如，就招生规模与就业机会而言，国家部委、新闻机构及教学单位对阿拉伯语人才的需求与过去相比并未逐年减少，而是始终保持一定的需求量，比较稳定，但经贸领域的需求则升降无定，难以预测，实际上，中阿经贸合作的项目、合资企业或阿拉伯独资企业相对较少，而且更倾向于需要英语人才而不是阿拉伯语人才，像有关航空公司、旅游公司、金融机构（如埃及国民银行等）办事处等实际上都不十分需要阿拉伯语人才。这样，招生规模扩大，就业压力就会加大。然而要是招生规模不保持一定的数量，教学单位的教师就会超编，另外，教师过少，教学工作就要受到影响，教材编写及教辅工作，教师进修深造等都难以周转，教师承担的科研工作也无法完成。这些问题实际上一直困扰着各高校阿拉伯语专

[①] 戴炜栋：《外语教学改革：问题与对策》序，上海外语教育出版社2004年版。

业的管理工作，影响着阿拉伯语教育的持续发展，究其原因，可能与阿拉伯语在我国外语教育中实际上介于所谓大语种和小语种之间的独特情况有关，这种不大不小的外语教育，的确有其特殊的问题，无论是招生规模，还是教学规模，实际上处于大不了也小不得的境地，要把握一个合适的度，就必须不断对人才市场开展周全细致的调研工作，及时作出相应的调整。

第三，阿拉伯语教育在学科建设的一些具体环节上也一直存在一些问题，例如，师资队伍相对薄弱、教材建设滞后、科研活动不力等。随着阿拉伯语界一批老教授、老专家逐渐退出教学和科研第一线，使得师资队伍和学术梯队出现青黄不接、后继乏人的局面；旧有教材的修订改进和新教材的编写、不同种类工具书的编纂工作等都跟不上不断发展的教学要求；相关领域的科研活动因受多方面因素的制约而举步维艰，缺乏足够的力度和广度。

第四，由于市场经济对教育带来的冲击，也对阿拉伯语教育领域产生了一些负面影响，师生专业思想不够稳固，某些方面表现出不同程度的趋利、短视行为，对专业建设的长期可持续发展造成一定影响。特别是学生的学习热情不够高涨，有些学生甚至抱有"学习阿拉伯语前途暗淡"的消极认识，心有旁骛。报考外语专业的考生也不看好阿拉伯语，招生工作面临一定压力，在诸多"小语种"当中，阿拉伯语专业缺乏足够的竞争优势。所有这些，都不同程度地制约着阿拉伯语教育的进一步发展和教学质量的提高。

第五，对阿拉伯语教育业已取得的成绩、对阿拉伯语作为一种主要的非通用语所具有的重要意义缺乏足够的宣传，有关决策部门实际上不太了解该专业的重要性，甚至缺乏必要的战略性认识，因而阿拉伯语专业容易处于被忽视的边缘位置，得不到相应的支持和重视，造成该专业在诸如图书资料、教学设备、师资培训等基础建设以及对外交流、科研活动的开展等方面经费不够宽余，缺乏发展后劲，一些有益的设想和研究项目也难以付诸实践。

教育部高等学校外语专业教学指导委员会有关人士认为，在我国阿拉伯语教育领域存在的诸多问题中，尤以师资队伍青黄不接和学生专业思想不稳定两大问题最为突出，造成这些问题的原因是多方面的，但从宏观方面看，主要与我国和阿拉伯各国的交往现状以及整个阿拉伯世界近年来的政治经济形势有关。这些问题和困难，需有多方面的共同努力，通过采取各种有计划的具体措施来逐步加以解决。阿拉伯语教育所面临的一系列问题，已经引起各有关方面的重视。[①]

我国阿拉伯语教育存在的问题，还部分源自于全球化形势下阿拉伯国家的阿拉伯语教育以及阿拉伯语本身所面临的挑战。"众所周知，全球化在很大程度上就是西方化，它对包括阿拉伯国家在内的广大发展中国家的政治、经济以及包括语言在内的文化带来了巨大的冲击和压力，构成了诸多严峻的挑战"[②]，语言方面，英语凭借众多的跨国公司以及互联网、卫星电视等现

---

① 2004年12月29日，笔者就阿拉伯语教育的有关问题对担任教育部高等学校外语专业教学指导委员会秘书长的上海外国语大学教授蔡伟良先生做了专题访谈，得到蔡先生的热情支持和解答。蔡先生还介绍说，在教育部高等学校外语教学指导委员会的支持下，北京、上海等有关高校的六位教授、副教授于2003年9月组成"中国阿拉伯语教学现状调查研究课题组"，对全国范围内各个层次阿拉伯语教学的现状进行了初步调研，现正在就调查的有关情况以及诸如阿语四、八级考试社会化的可行性等有关问题进行进一步的探讨和研究。蔡先生还向笔者提供了这次调查的有关报告以做参考，特此向蔡先生致谢。

② الدكتور أحمد بن محمد الضبيب : اللغة العربية فى عصر العولمة مكتبة العبيكان - الرياض 2001م

代化传媒手段得到空前广泛的传播，几乎在全世界各地无所不及，这使像阿拉伯语、汉语这样的发展中国家的语言受到前所未有的挑战，在政治、经济、文化等各方面的国际交往中，英语几乎成为无法缺少的交际工具。阿拉伯国家的语言教学本身也面临着严峻的形势，大学的阿拉伯语教学活动不力，有些重要课程实际上使用外语教学或双语教学。学生的阿拉伯语水平普遍不高，运用能力下降，各种语法、词法错误普遍存在，方言土语流行，而且，各地阿拉伯方言借助传媒大有蔓延之势，对标准语的教学和推广带来冲击。① 同时，外语教学特别是英语教学又得到空前重视，外来词汇大量进入本国语。阿拉伯各国缺乏统一而明确的语言发展战略，对阿拉伯语作为非母语的教学支持不力，缺乏应有的重视或力不从心。所有这些，都间接地影响到我国阿拉伯语教育的发展。

阿拉伯语教育存在的问题和面临的挑战固然严峻，但也有不少积极因素和有利条件，存在着难得的发展机遇。只要抓住机遇，始终坚持与时俱进的改革精神，坚持不懈，迎难而进，就会迎来持续发展的美好前景。

第一，中国与阿拉伯各国的相互交往始终是双方的必需，"从我国实现小康社会的战略视角看，中阿之间不仅经济互补性突出，而且各自的战略地位和国际影响也都十分重要，因此，加强中阿全方位的友好往来和合作，已成为我国核心利益的一个组成部分"②，中阿交往的趋势只会前进而不会后退，"中阿合作论坛"的成立及《中国—阿拉伯国家合作论坛行动计划》

---

① الدكتور أسامة الألفى *اللغة العربية وكيف ننهض بها نطقا و كتابة* الهيئة المصرية العامة للكتاب 2004م

② 朱威烈：《〈阿拉伯文化基础教程〉序》，《阿拉伯世界》2004年第4期。

（2004年）的制定就是很好的例证。

第二，阿拉伯中东地区在国际政治、经济领域，特别是石油能源领域始终具有重要的战略地位，而国际能源安全与能源战略形势的日益严峻更使这种战略地位有增无减，随着我国综合国力和国际地位的不断提升，我国与中东地区特别是盛产石油的阿拉伯各国的联系日益重要。我国对中东事务的关注将会日趋广泛和深入。

第三，从国际文化战略的角度来看，作为世界四大文化体系之一的阿拉伯—伊斯兰文化，依然影响着世界十多亿人民的物质生活和精神生活，在国际社会致力于开展文明对话和文明交往的过程中扮演着不容忽视的角色，能够对人类未来的和平与发展发挥重要作用，阿拉伯语的《古兰经》依然是阿拉伯世界乃至整个伊斯兰世界"精神文化和理性文化的源泉，也是阿拉伯文化和学术的源泉"[1]。因此，作为阿拉伯—伊斯兰文化重要载体的阿拉伯语也会因此而富有持久的生命力。

第四，我国的改革开放日趋全面深入，小康社会建设的步伐进一步加快，西部大开发战略的实施、世贸组织（WTO）的加入、申奥和申博的成功等都是我国改革开放和小康社会建设进程中具有标志性的重大举措，这些重大历史性事件对包括阿拉伯语在内的外语教育提出更高要求的同时，也带来了难得的机遇。

第五，信息技术的快速发展为语言教学提供了极大的便利。借助于卫星电视、互联网等现代传媒手段，阿拉伯语在遇到挑战的同时，也获得了从未有过的传播空间，学习阿拉伯语的语言环境和语言资料空前丰富，而且，"现在我们看到，阿拉伯语

---

[1] 朱威烈主编：《国际文化战略研究》，上海外语教育出版社2002年版。

在21世纪很可能取代法语而成为国际信息网络上的第五大语言。如果这成为现实,阿拉伯语族群将跨越中东地区,而具有更广泛的世界意义……"① 这对阿拉伯语教育的积极影响无疑也将是前所未有的。

上述这些情势,为阿拉伯语教育的长期持续发展提供了广阔的空间。很显然,阿拉伯语专业的重要性是不言而喻的,我们有理由相信,我国的阿拉伯语教育,依然有着光明的发展前景。②

第二节　对发展阿拉伯语教育事业的几点建议

通过对我国阿拉伯语教育历史特别是20世纪教育的回顾,以及对发展前景的展望,这里试就我国阿拉伯语教育的可持续发展提出如下一些建议。

一　不断转变观念,继续深化改革

我国阿拉伯语教育一个世纪的艰苦历程证明,只有不断推进改革,阿拉伯语专业才会有发展和提升,也就是要有我们现在特别强调的与时俱进的精神。教育改革是建设社会主义市场经济体制的必然要求,外语教育自不能例外,"应该认识到,教育思想和教育观念的转变是这场教育改革的先

---

① 彭树智主编:《阿拉伯国家史》,高等教育出版社2002年版。
② 正是因为看好这样的前景,进入21世纪后,我国黑龙江、天津、大连、宁夏、四川等地的一些高校陆续开设了阿拉伯语专业。

导,改革是必然的趋势。不改革,我国的外语专业是没有出路的"。① 我国阿拉伯语教育的进一步发展,面临着异常繁重的改革任务,在课程设置、教材编写、教学方法、评估体系和方式等诸多环节都需要不断改革。广大阿拉伯语教育、科研工作者必须始终坚持与时俱进的改革精神,积极应对面临的各种挑战,坚持深化改革,谋求专业的长期持续发展。至于具体如何改革,改到什么程度,则应做到全面、深入、细致的调查研究和科学论证,注意借鉴其他语种教学改革的成功经验,在改革的具体实践中不断作出符合实际的调整。应当认识到,改革是长期性的,不是一步到位的,不仅要有勇于创新、敢为天下先的探索精神,更要有求真务实的科学观念。总之,牢固树立以改革求发展的理念,是我国阿拉伯语教育事业长期可持续发展的一个重要基础。

二 加强师资队伍建设

随着我国阿拉伯语教育的快速发展,师资队伍薄弱的问题日益显得突出。因此,加强师资队伍建设是一个十分紧迫的任务。这方面,具体可采取这样一些措施:(1)加速培养青年教师,充实教学一线的力量,改变教师队伍后继乏人的局面;(2)争取更多的国际支持,重视外教引进工作,尤其应争取聘请高水平的外国专家,不但让他们承担教学任务,更让他们发挥作为专家的作用,指导青年教师;(3)打破各高校阿拉伯语专业之间相互封闭的壁垒,鼓励人才合理流动,建立各校共享

---

① 高等学校外语专业教学指导委员会:《关于外语专业面向21世纪本科教育改革的若干意见》,载《高等学校英语专业教学大纲》附录,上海外语教育出版社2000年版。

的阿拉伯语师资资源开发利用机制,以期达到师资资源的整体优化组合;(4)尽可能地培养和吸收一部分少数民族教师,因为"从阿拉伯语专业的特点出发,师资队伍最好能做到汉族学者与少数民族学者相结合"①。这一点,实际上也是新中国成立50年来,特别是50—60年代高校阿拉伯语专业教学实践中得出的一条成功经验。随着老一代回族阿拉伯语教师的去世或退休,现在这方面的结合不够理想,应当予以重视。

三 强化研究生教育

进一步强化研究生教育,坚持专业性与综合性相结合的原则,努力培养高素质复合型的阿拉伯语人才。在研究生阶段的教学中增设新的专业方向,拓宽研究领域,注意边缘学科的建设,特别要注重像阿拉伯语教学研究、阿拉伯学学科体系研究等这类对专业建设具有重要现实意义的研究方向。在目前语言、文学、文化等专业方向的基础上,可再增加教学研究、翻译研究、阿拉伯学学科体系研究等方向,课程设置方面,在充分考虑我国学生必须面对的社会需求的基础上,还可参考阿拉伯国家乃至非阿拉伯国家有关专业的课程设置。加强研究生教学阶段的教材建设,争取在较短时期内编出几套研究生教学的重点教材,修辞学、词汇学、语义学等一些课程,可考虑直接引进国外原版教材。要进一步注重对研究生理论研究能力的培养,注意研究生教学与实际科研活动的结合,让学生更多地参与科研项目,从而做到项目出人,人出项目。研究生教育要着眼于培养高层次的专业人才,我国阿拉伯语专业的高级专业研究型人才目前还很缺乏,而中阿之间的深层次文化交流实际上空间

---

① 朱威烈:《〈阿拉伯文化基础教程〉序》,《阿拉伯世界》2004年第4期。

很大，相互介绍、了解乃至研究都十分不足，虽说北京、上海等有关高校阿拉伯语专业对阿拉伯各国历史、文化、社会、政治、经济、法律、宗教、民族及一般国情研究方面都有所涉及，对阿拉伯各种重要典籍的译介和研究也已起步，但总体而言，深度和广度都很有限，尚待继续推进和深化，在这方面，阿拉伯语专业的研究生教育显然责无旁贷，承担着我国阿拉伯学的人才培养和学科建设的重任。另外，目前唯一一个阿拉伯语专业的博士后流动站尚需进一步加强工作，重视开展有关领域特别是阿拉伯语教育改革及可持续发展方面的战略性研究。

四　加强教材建设和工具书的编纂工作

改革开放以来，我国阿拉伯语教育在教材建设方面取得了突出的成绩，但随着阿拉伯语教学实际情况的不断变化和发展，教材建设依然是阿拉伯语教育领域一个需要加强的薄弱环节，现有的教材还不能完全满足和适应教学的实际需要。实际上，"学科教材的建设是一项没有止境的工作"[①]，因为学科是不断发展的，教材也必然要相应地不断发展，做到吐故纳新。高校阿拉伯语专业的本科阶段教学，虽然已制定出全国统一的教学大纲，而且具有较强的科学性和实践性，但还没有一套严格按照该大纲的具体要求编写的系列教材，大纲新而教材旧的问题比较突出。因此，依据该大纲的具体要求编写出从基础阶段到高年级阶段的完整教材，并配以必要的参考资料，是教材建设方面的一项重要工作，也有助于大纲的具体落实和执行。对原有的具有较高质量和实用性较强的教材，也应推陈出新，作进一步的补充修订，因为"实践证明，任何一本教材都要经过长

---

① 徐厚道主编：《教育学通论》，北京工业大学出版社2003年版。

期锤炼，反复修订，才能逐步臻于完善，达到较高水平"。① 还应考虑编写适用于中学阶段教学的基础教材。

不同类型工具书的缺乏，是长期以来一直困扰和制约阿拉伯语教学与研究的一个突出问题，尽管各有关高校阿拉伯语专业的不少有识有志之士，在这方面做了艰苦的努力，奉献出多部阿拉伯语工具书②，但随着时代的发展，阿拉伯语词汇也在不断变化和更新，现有的工具书，在种类和实用性等方面都跟不上学科的发展，满足不了实际的需要。因此，应有工具书编纂的中长期计划，组织力量编纂出具有较强实用性和门类较为齐备的各种词典，对我国阿拉伯语教育事业的长期可持续发展来说，这实在是功德无量的善举。

五 进一步增强科研意识，加大科研力度

实践证明，教学与科研总是相辅相成的。阿拉伯语教学要得到发展，就必须进一步注重科研工作，增强科研意识。根据阿拉伯语教学科研的现状，尤其需要注重和加强以下各方面的研究：（1）重视对我国阿拉伯语教育历史，尤其是20世纪后半叶教育实践的研究和总结，探讨和总结中国人学习阿拉伯语的成功经验和特殊规律。（2）加强对阿拉伯语教学的理论研究，并注意及时借鉴和吸收国内外外语教学理论研究取得的新成果，使阿拉伯语教学的具体实践活动能够及时得到理论指导。（3）对阿拉伯语教育的现状做全面细致的调查研究，因为我国阿拉伯语教育的实际状况已经发生了很大的变化，但相应的调查研究却开展得很不够。在实际调研的基础上应进一步

---

① 刘玉柱主编：《高等学校教育管理》，山东大学出版社1986年版。

② 参见附录四。

开展阿拉伯语教育长期可持续发展的战略性及策略性研究,如阿拉伯语等级考试社会化的可行性研究、阿拉伯语教学中的英语教学问题研究等。(4)进一步拓宽视野,加强阿拉伯学的研究力度,重视与阿拉伯语相关的边缘学科、跨学科研究。阿拉伯学作为一门独特而庞杂的学科体系,在我国实际上还处于初创阶段,离形成完整的学科体系和理论架构尚有一段距离,有待广大阿拉伯语教育科研工作者作出更大的努力。此外,还应通过举办学术会议和学术报告、出版学术论文集和学术专著等多种形式,促进科研领域的国内外交流和整体学术水平的提升。总之,要"以学科建设为核心,凝练学科方向,汇集学科队伍,构筑学科基地"①,使像作为教育部人文社科重点研究基地的上海外国语大学中东研究所和上海市重点学科的上外阿拉伯语系等这样的阿拉伯学研究基地得到进一步加强,在科研规模和研究水平等方面尽快赶上和达到国际先进水平。

六 对民间阿拉伯语学校给予足够重视和必要扶助

民间阿拉伯语学校作为我国阿拉伯语教育领域一支独特的基础力量,是可以开发利用的潜在资源,应以足够重视和必要支持,特别应当给予必要的专业指导。使其不断加大改革力度,提升教学质量。由于各种原因,长期以来,各有关高校在这方面开展的工作还很不够。20世纪80年代,北京外国语大学纳忠先生及北京大学刘麟瑞先生等曾对山西长治阿拉伯语学校等民间学校有过支持,纳先生和刘先生本人作为从民间阿拉伯语学校走出的阿拉伯语界前辈,一定深知民间学校的艰难,

---

① 教育部:《2003—2007年教育振兴行动计划》,载2004年3月31日《文汇报》。

也看好民间学校的作为,因而才有那样的支持。从旧时代的民间阿拉伯语学校中,能够走出一批优秀的阿拉伯语人才,并能出色地服务于新中国的阿拉伯语教育事业,那么,在今天,我们更没有理由将各地阿拉伯语学校拒于阿拉伯语教育事业发展的大门之外,而应着眼于西部大开发、全面建设小康社会、加快民族地区经济社会发展的实际需求,将民间阿拉伯语学校纳入整个阿拉伯语教育领域人力资源开发的范围,给予必要的引导和帮助,予以有效的开发和利用,这应是促进阿拉伯语教育事业可持续发展的一项特殊任务。① 还可进一步研究高校对基层学校教学的具体指导方式,建立协助机制,制定诸如师资培训、现场指导等相关扶助计划。这种协助计划,对阿拉伯语专业的长期可持续发展、阿拉伯语等级考试的实施等都具有一定的积极的意义。而且,"在西北以及其他回族聚居区拓展阿拉伯语教育,对发展地区经济,实施开发大西北战略很有意义"。②

教育部《2003—2007 年教育振兴行动计划》(以下简称《计划》)指出:

> 民办教育是社会主义教育事业的组成部分,要遵循"积极鼓励、大力支持、正确引导、依法管理"的方针,依

---

① 可喜的是这一点已经得到业内有关人士的重视,例如,担任教育部外语教育指导委员会阿语组组长的北京外国语大学阿拉伯语系主任国少华教授等 2004 年曾亲赴各地,实地调研了一些阿拉伯语学校,通过与学校师生座谈、听课等了解了民间阿语学校的一些具体情况,这是多年来高校阿语教育界权威人士首次踏入民间阿语学校大门进行工作调研。

② 中国阿拉伯语教育现状调查研究课题组:《中国阿拉伯语教育现状调查报告》,2004 年 8 月。

法保障民办学校权益；明确国家对民办学校的扶持措施，落实相关优惠政策，加强政策引导；促进民办教育扩大办学规模，改善办学条件，提高办学质量，增加办学实力；表彰奖励成绩突出的民办学校和教育机构；营造有利于民办教育自主自律、健康发展的环境，形成公办学校和民办学校优势互补、公平竞争、共同发展的格局。[①]

《计划》进一步强调要"积极推进各级各类教育的体制改革和制度创新，凡符合国家有关法律的办学模式，均可大胆试验，使民办教育发展迈出更大的步伐"。根据这一精神，应尽快将全国各地的民间阿拉伯语学校，纳入我国阿拉伯语教育事业发展的视野，给予必要的扶助和引导。

七 扩大对我国阿拉伯语教育成就的宣传，进一步拓宽国内外交流

阿拉伯语教育的发展不仅取决于阿拉伯语教育科研工作者的努力，而且还有赖于相关的政策支持、制度改革等一系列外部环节。因此，在尽可能充分利用好现有政策和制度的同时，还应通过宣传、公关等多种渠道，使国内外关心我国阿拉伯语教育的教育界和学术界人士以及有关部门和机构对我国阿拉伯语教育的历史、成绩、现状、发展动态及其战略意义等有进一步的了解和认识，从而为阿拉伯语教育的发展争取更多的支持，营造更好的氛围，创造更有利的条件。同时，在原有交流的基础上进一步扩大交流范围，包括各高校教学单位之间、国家重点学校与地方院校之间、高等学校与民办学校之间、大陆学校与台湾学校之间以及与其他阿拉伯语作为非母语教学的国

---

① 教育部：《2003—2007年教育振兴行动计划》，载2004年3月31日《文汇报》。

家之间的交流。当然,更要重视与阿拉伯国家的学校和研究机构之间的交流,在这方面虽说开展了一些活动,但仍嫌不足,"交流不够,中阿双方都有责任。阿拉伯方面已经有加强交流的强烈愿望,并在一定程度上开始见诸行动。我们这方面,尤其是中国高校的阿拉伯语专业也应该行动起来,积极争取机会,努力创造条件,组织和参加中阿文化学术交流活动,进一步开阔眼界,展示自己,增进了解,加强合作,使我国高校阿拉伯语专业的发展得到阿拉伯国家更多的支持和帮助,从而使阿拉伯语教育和学术研究上一个新的台阶"[1]。

此外,还可探讨创办《阿拉伯语教学研究》杂志的可能性,因为一份专门刊物,对于阿拉伯语教育界开展学术交流、促进教学科研、普及语言知识等都具有重要的意义。尽管我国阿拉伯语教育有很长的历史,也取得了显著的成绩,但迄今为止还没有一份关于阿拉伯语教学研究的专门杂志,这与我国阿拉伯语教育的规模和发展要求并不相称。1980年创刊的《阿拉伯世界》,二十多年来一直担当着刊发有关阿拉伯语教学科研方面论文的重任,但随着阿拉伯语教育的发展,《阿拉伯世界》作为一份综合性学术刊物,已经不可能承载大量有关阿拉伯语教学研究的文章。实际上,早在1984年成立全国阿拉伯语教学研究会时,就已有了创办有关阿拉伯语教学研究专门杂志的设想,只是多年来由于各种原因而一直未能实现。《阿拉伯语教学研究》可作为全国阿拉伯语教学研究会的会刊,或作为阿拉伯语专业博士后流动站的工作通讯,或作为实力较强的某一高校阿拉伯语系的系刊,或在各有关高校间轮流主编,创刊初期可先不定

---

[1] 国少华:《阿拉伯世界外的阿拉伯语与阿拉伯文化——记阿拉伯文化学会第九届年会》,《阿拉伯世界》2003年第6期。

期发行，逐步转为季刊甚至双月刊。

以上都是笔者很不成熟的一些建议，由于自己对阿拉伯语教育缺乏足够的感性认识，因此，未必都讲在点子上，也未必都正确可行。在这方面，还当集思广益，让更多关心中国阿拉伯语教育事业的有识之士都来献计献策，目的只有一个，那就是希望我国的阿拉伯语教育事业走上繁荣兴旺的可持续发展之路能不断前进。

第三节 20 世纪我国阿拉伯语教育发展的历史性启示

源始察终，观衰见盛，考察我国阿拉伯语教育的发展历程，特别是阿拉伯语教育在 20 世纪不断发展、不断提升的进程，给了我们多方面的启示。

一 我国阿拉伯语教育的繁荣发展与国家的兴旺发达紧密相关

如前所述，阿拉伯语教育在 20 世纪经历了两次大的转型和提升，即从传统经堂教育到民办新式学校教育再到国立高等教育的转型，这是 20 世纪前漫长的历史过程中没有完成也不可能完成的重大变革，因为每次转型都与当时整个中国社会所经历的深刻变化密切相关。20 世纪初期，阿拉伯语教育从延续数百年的清真寺进入新式学校，不但体现出教育形式的变化，更反映了教育理念的变化。虽说这时期从事阿拉伯语教育活动的基本上是回族等穆斯林少数民族同胞，但这时期阿拉伯语教育领域的诸多变化与当时全国政治、文化、教育领域的深刻变化密不可分。兴教救国，变革图强是当时最鲜明的时代精神，这种精神也充分体现在阿拉伯语教育活动中，不管是各地雨后春笋般兴起的阿拉伯语学校的教学活动，还是阿拉伯语教育进一步走出国门，开展留学深造、对外交流乃至宣传抗战的活动，无不体现出救亡图存、振兴中华的时代精神。20世纪前半叶与后半叶之交，中国社会又一次经历了翻天覆地的变化，随着新中国的成立，阿拉伯语教育又从民间学校成功进入国立高等院校，这一历史性的转换和跃升，同样与这一时期国家的急剧变化密切相关。新中国迫切需要开拓国际交往的空间，尽快走向世界，这种时代要求为阿拉伯语教育的迅速发展带来了历史性机遇，阿拉伯语教育作为我国人民教育事业的一部分，受到国家的高度重视。改革开放后阿拉伯语教育的进一步发展，同样与国家的繁荣进步密切相关。

总之，阿拉伯语教育不断发展和提升的百年沧桑昭示我们，阿拉伯语教育，广而言之，包括外语教育在内的整个教育事业，与国家的变革与发展密不可分。国家有变革、有进步、有发展，包括阿拉伯语教育在内的文化教育事业才会有起色、有提升，出现新面貌、新气象，这是我们从阿拉伯语教育发展具体进程的考察研究中得出的一个规律性认识，是历史给我们的一个重要启示。

二 我国的阿拉伯语教育是中阿友好关系的生动体现

中阿友好关系源远流长。我国的阿拉伯语教育活动与中阿关系一样，历史悠久，内容丰富，它从一个侧面反映了中阿友好交往的发展历程。自古以来，无论民间层面还是国家层面，阿拉伯语教育始终是连接中阿交往的一条重要纽带。阿拉伯语教育与中阿交流形成一种互动关系，中阿关系的发展不断推动着阿拉伯语教育，阿拉伯语教育又服务于中阿交流的拓展，二者相互促进，相互需求，中阿交流对阿拉伯语教育不断提出新的要求，阿拉伯语教育则不断为中阿交流提供重要的智力支持。这样，我国的阿拉伯语教育也就成为中阿关系的重要内容之一。

20世纪前半叶，旧中国在国家层面上与阿拉伯国家的交往几近空白，没有多少特别值得称道的重大交往活动。民间组织和个人的外交活动作用比较突出。而民间层面中阿交往也与阿拉伯语教育有密切关系。30年代回族穆斯林组织的留学活动，在很大程度上推进了当时的中阿交流，特别是文化领域的交流和沟通，成达师范校长马松亭多次出访埃及，"且觐见埃王福德一世，力陈东西文化沟通之需要及中埃两国应负此沟通之任，极蒙埃王嘉许，当允尽量收容中国学生，且派教授二员来北平担任该校教授。自是而后，中西文化之沟通乃益进展"[①]。

20世纪后半叶，中国对阿关系以国家层面为主导，伴以民间交往为补充。新中国成立以来的50多年，中阿友好关系得到快速全面发展，在政治、经济、文化、教育各个领域的交流与合作不断迈出新的步伐，取得新的成果。中阿关系是20世纪后半叶世界范围内国际关系的典范，充分体现出坚持以平等互利、共同发展为国际交往基本准则的原则精神。这期间，阿拉伯语教育，特别是阿拉伯语高等教育，有效地服务于中阿友好交往的大业，为中阿关系的全面发展提供了极为重要的智力支持，阿拉伯语教育本身也因之而得到空前的发展。概言之，20世纪的阿拉伯语教育，是中阿友好交往深入发展的生动反映。

[①] 赵振武：《三十年来之中国回教文化概况》，《禹贡》第5卷第11期，见白寿彝主编《中国回回民族史》附录，中华书局2003年版。

三 我国的阿拉伯语教育作为人民教育事业的组成部分,需要各族人民的共同努力

由于回族民族形成的特殊历史过程以及宗教信仰、文化传承等因素的影响,使得回族等穆斯林少数民族在我国阿拉伯语教育史上,曾发挥过重要作用,作出了历史性的贡献,也对我国的阿拉伯学研究作了重要的历史积累。在 20 世纪阿拉伯语教育所经历的两次大转型过程中,特别是在将阿拉伯语教育从民间学校引入高等院校的过程中,以马坚、纳忠等教授为代表的一批回族阿拉伯语学者发挥了十分突出的作用,在开拓我国阿拉伯语高等教育事业、促进中阿文化的沟通与交流等方面作出了重要贡献。

"中国的历史,是中华人民共和国境内各民族共同创造的历史"①,这是新中国成立以后我国史学界逐步确立的一个科学史观,"这在史学思想上是一个了不起的进步。它既有重要的理论意义,又有深远的现实意义"②。中华民族多元一体的格局由来已久,包括汉族、回族在内的 56 个民族是多元,是基层;各民族共休戚、同命运的主体认同——中华民族是一体,是高层。③回族作为中华大地上诞生的一个年轻民族,对中华民族有着高度的认同,爱国爱教是其优良的民族传统,爱国是一体认同,爱教是多元认同,二者并行不悖,共存共荣。爱国爱教的精神贯穿于回族穆斯林开展的包括阿拉伯语教育在内的各种文化活动中。我国阿拉伯语教育的发展历程,进一步证明各民族共创中华文明这一论断的正确性,同时也充分说明,阿拉伯语教育

---

① 白寿彝总主编:《中国通史》第 1 卷导论,上海人民出版社 2002 年版。
② 白寿彝:《二十世纪中国史学名著·民族宗教论集》,河北教育出版社 2001 年版。
③ 费孝通等:《中华民族多元一体格局》,中央民族大学出版社 1989 年版。

作为国家和人民的事业，其长期持续发展，是国家和人民的利益所在，需要各族人民的共同努力。

四　阿拉伯语教育是我国外语教育事业的一个重要领域

我国的阿拉伯语教育历史悠久，成绩卓著。我国各族人民长期以来开展的阿拉伯语教育活动，不但发展了阿拉伯语教育本身，而且丰富了我国外语教育的内容，因而在我国外语教育发展史上占有重要的位置。在20世纪后半叶，亦即新中国成立后的50多年间，阿拉伯语一直是我国外语教育中最为重要的东方语种之一，阿拉伯语教育成为我国高等外语教育的一个重要领域，其发展与整个外语教育事业的不断发展紧密联系在一起，阿拉伯语教育的不断发展、取得的成就、存在的问题、遇到的困难等，事实上都从一个侧面反映出我国外语教育的发展、成就、困难和问题。从这个意义上来说，对阿拉伯语教育的关注、研究和考察，不应仅仅限于阿拉伯语教育界的范围之内，所有关心我国外语教育的各有关方面和人士，对我国阿拉伯语教育的过去和今天都需要有所了解和研究，因为阿拉伯语教育的可持续发展，对我国外语教育保持均衡、持续、协调发展具有重要的战略意义。

五　多层次、多形式办学对阿拉伯语教育的持续发展具有重要意义

20世纪阿拉伯语教育的发展进程证明，多层次、多形式办学有利于阿拉伯语教育的长期持续发展。在20世纪，阿拉伯语教育经历了多次大的转型、提升和发展，但每一次转型并不是新类型取代旧类型。20世纪早期，阿拉伯语教育从传统经堂教育中转向新式学校，并不是取代了经堂教育，而是有了发展，有了进步和提升。阿拉伯语教育从民间学校上升到国立

高等院校，宗教性语言教学转换为专业外语教学，这是一次更大的转换、提升和进步，但这同样也不意味着阿拉伯语作为宗教性语言教学从此退出历史；硕士、博士研究生教育的发展，更不是本科教育的萎缩或消失。80年代后，更有了函授、短期培训、成人教育、初中级民办教育等多种形式。

阿拉伯语教育在20世纪的发展，实际上是教学形式、层次、目标的不断跃升和发展，这种发展和跃升的结果是阿拉伯语的教学形式、层次从单一走向多样。这反映了我国社会对作为一种外语语言工具的阿拉伯语有着多样化的需求，既有国家层面的需求，也有民族宗教层面的需求，既有对高层次的专业人才的需求，也有对一般性的初中级人才的需求。各种类型和层次相互不能取代，这种教学形式、层次的多样化，是阿拉伯语教育繁荣兴旺的表现，对于阿拉伯语教育的持续发展具有重要的积极意义。

结　语

黎巴嫩裔的美国著名东方学家希提（1886—？）在其扛鼎之作《阿拉伯通史》中说：

> 讲阿拉伯话的各国人民，是第三种一神教的创造者，是另外两种一神教的受益者，是与西方分享希腊—罗马文化传统的人民，是在整个中世纪时期高举文明火炬的人物，是对欧洲文艺复兴做出慷慨贡献的人物，他们在现代世界觉醒的、前进的各独立民族中间已经有了自己的位置。他们有着丰富的文化遗产，有着无比的石油资源，他们对于人类的物质和精神进步，一定会做出重大的贡献。[①]

这句话不仅是对阿拉伯民族的历史贡献以及阿拉伯民族在现当代及未来国际社会中所处战略位置的精辟概括，实际上也是对阿拉伯语的历史价值及其当代意义的一种高度概括和定位。的确，由于阿拉伯国家在地理位置上处于扼守"五海三洲"的战略要道，不但拥有丰厚的文化积淀，而且拥有丰富的油气资

[①] ［美］希提著，马坚译：《阿拉伯通史》，商务印书馆1979年版。

源，在当代国际政治格局、经济发展和文明对话中占有不容忽视的战略地位，这在很大程度上决定了阿拉伯语的重要性。"在新的形势下，阿拉伯语作为 22 个阿拉伯国家、两亿七千万人口的通用语言，作为伊斯兰教的载体、全世界 10 亿穆斯林民众的宗教活动用语，作为联合国第六大工作语言，其重要性、敏感性和战略意义日益受到全世界的关注。"[①] 中国作为一个正在崛起的世界大国，其国家利益决定了对阿拉伯世界的关注和重视必将与日俱增。在这种形势下，探究我国阿拉伯语教育事业的演进历程，总结其发展规律，对于促进阿拉伯语教育事业的发展及中阿全面交流与合作的深入开展，无疑具有重要的现实意义。

《易大传》说："彰往而知来。"太史公司马迁说："述往事，思来者。"中国的阿拉伯语教学经历了漫长的发展历程，尤其是在艰难曲折和不断探索、改革中走过的 20 世纪，为我们留下了宝贵的教学经验和丰富的学术遗产，迫切需要我们认真加以梳理和总结，从而为阿拉伯语教育事业的长期可持续发展提供重要的历史依据和成功经验，本书正是本着这样的动机而写的。

白寿彝先生主张治史应从综论、专论和人物研究三个层面着手，本书实际上只是在综合论述的层面所做的一个粗浅尝试，却已深觉其内容的庞杂，这一层面尚有许多问题值得进一步的研究。综论之外，还可有专论，对某个或某些问题开展专题性的研究，如对阿拉伯语教育的改革、教材、评估体系、学科建设等进行专门研究，同时，还可开展对一些卓有建树的阿拉伯

---

① 中国阿拉伯语教学现状调查研究课题组：《中国阿拉伯语教学现状调查报告》，2004 年 8 月。

语教育家的研究，例如，马坚先生、刘麟瑞先生、纳忠先生等，研究他们各自独到的教学方法，总结他们在长期的教学实践中得出的经验，继承下来，发扬光大。总之，关于中国阿拉伯语教育事业的发展，需要研究的方面还有很多，在本书将要画上最后一个句号之时，我愈加感到我的这项研究其实仅仅是一个开始，因此，终究未敢画上句号，因为要做的工作、要研究的课题还有很多，要走的路还很长……

附录一

中国穆斯林传统经堂教育
主要教材一览表

	教材名称	内容	语种	备注
1	连五本 (أساس العلوم)	语法学	阿拉伯语	包括《索尔夫》(الصرف)、《穆尔则》(المعزي)、《咱加尼》(الزنجان)、《米额台·阿米来》(مائة عامل)、《米斯巴哈》(المصباح) 五种
2	《遭五》 (ضوء المصباح)	语法学	阿拉伯语	《米斯巴哈》的详细诠释本
3	《满俩》 الفوائد الضيائية (لملا عصام الدين)	语法学	阿拉伯语	又名《舍拉哈·卡菲耶》(شرح الكافية)，是埃及学者伊本·哈吉布(ابن حاجب，1175—1249年)的语法著作《卡非》(الكافية)的诠释本，作者是波斯人阿卜杜·拉合曼·加米(عبد الرحمن الجامي，1397—1477年)，这是古代阿拉伯语法理论的经典作品之一，有一定深度

续表

	教材名称	内容	语种	备注
4	《白亚尼》（البيان）	修辞学	阿拉伯语	又名《台洛黑素·米夫特哈》(تلخيص المفتاح)，作者是呼罗珊地区著名学者赛尔德丁·台夫塔札尼 (سعد الدين التفتازاني, 1321—1389年)
5	《阿戛伊德·伊斯俩目》（عقائد الإسلام）	认主学	阿拉伯语	又名《阿戛伊德·奈赛斐》(عقائد النسفي)，作者是欧麦尔·奈赛斐 (عمر النسفي, 1068—1142年)。有《白亚尼》的作者赛尔德丁·台夫塔札尼的边注。1924年杨仲明阿訇译有文言文本，称《教心经注》，1945年马坚先生译有白话文本，称《教义学大纲》，1951年上海文通书局再版，译者改名为《教典诠释》
6	《舍来哈·伟戛业》（شرح الوقاية）	教法学	阿拉伯语	是哈乃斐学派的教法著作，成书于14世纪，著者为迈哈穆德·赛德尔·欧拜杜拉 (محمود صدر عبيد الله, ?—1346年)，王静斋阿訇有汉语节译本《选译详解伟戛业》
7	《虎托布》（الخطب）	圣训学	阿拉伯语 波斯语	是对40段圣训的波斯文注解本，偏重于教法阐释
8	《艾尔白欧》（الأربعين）	圣训学	阿拉伯语 波斯语	也是对40段圣训的波斯文注解本，偏重于哲学阐释
9	《米尔萨德》（المرصاد）	哲学	波斯语	波斯文哲学著作，成书于13世纪中叶，著者为阿卜杜拉·艾布·伯克尔 (عبد الله أبي بكر)。清初伍遵契译为汉语，名为《归真要道释义》

续表

	教材名称	内容	语种	备注
10	《艾什阿·莱麦阿特》(أشعة اللمعات)	认主学	波斯语	波斯文认主学著作，著者也是《满俩》的作者。中国著名经师破衲痴（舍起灵）（1630—1710年）有汉语译本，名为《昭元秘诀》
11	《海瓦依·米诺哈吉》(هواء المنهاج)	语法学	波斯语	波斯文语法著作，著者是中国伊斯兰学者常志美（约1610—1670年）。
12	《古洛司汤》(كلستان 古力斯坦)	文学	波斯语	1943年王静斋阿訇译为汉语，名为《真境花园》，是波斯诗人萨迪（سعد，1200—1290年）的代表作品，诗文相间，颇富哲理。1980年人民文学出版社出版水建馥由英语转译的汉译本，名为《蔷薇园》
13	《古兰经》(القرآن الكريم)	宗教学	阿拉伯语	以上13种为传统经堂必修教材，以下为选修或自修教材
14	《哲俩来尼》(تفسير الجلالين)	经注学	阿拉伯语	15世纪《古兰经》注，著者一位是哲拉鲁丁·马哈里（جلال الدين المحلّي，?—1460年），另一位是哲拉鲁丁·苏尤蒂（جلال الدين السيوطي，1445—1505年）。注释较为简明
15	《拜达威》(تفسير البيضاوي)	经注学	阿拉伯语	注者为波斯人纳绥尔丁·拜达威（البيضاوي ناصر الدين，?—1286年），注重对《古兰经》语言文字、修辞章法的阐释

续表

	教材名称	内容	语种	备注
16	《鲁哈·白亚尼》(روح البيان)	经注学	阿拉伯语 波斯语	著名苏菲派经注，注者为土耳其学者伊斯玛仪·哈基 (اسماعيل الحاجي, 1652—1725年)
17	《侯赛尼》(تفسير الحسين)	经注学	波斯语	注者为印度学者侯赛尼 (الحسين)，完成于1491—1492年间
18	《麦勒格》(مراقي الفلاح)	教法学	阿拉伯语	
19	《伊尔沙德》(المجلس الإرشادية)	教法学、伦理学	阿拉伯语	又译《指迷集》，著者为土耳其学者穆罕默德·艾敏·阿凡提 (محمد أمين آفندي)。经堂教育自修课本之一
20	《麦克土布》(المكتوبات)	哲学、伦理学	波斯语 阿拉伯语	又作《麦克图巴特》或《书信集》，印度苏菲派学者伊玛目·兰巴尼 (الإمام الربّاني, 1563—1624年) 著
21	《脱里格》(طريقة محمدية)	伦理学	阿拉伯语	埃及学者穆罕默德·拜尔卡威 (محمد البركوي) 著
22	《沙米》(الشامي)	教法学	阿拉伯语	伊斯兰教教法学著作，16开本，全六册
23	《伊哈亚仪》(إحياء)	宗教学	阿拉伯语	即安萨里 (أبو حامد الغزالي, 1058—1111年) 的名著《圣学复苏》

附录一　中国穆斯林传统经堂教育主要教材一览表

续表

	教材名称	内容	语种	备　注
24	《米什卡提》（مشكاة المصابيح）	圣训学	阿拉伯语	原名《麦萨比哈》（《群灯圣训集》），艾布·麦斯欧德·白格威（أبو مسعود البغوي，1044—1122年）辑录，收录圣训4434段。波斯圣训学家瓦利丁·海推布（وليد الدين الخطيب）于1336年增补1511段，称为《米什卡提》（《灯盏圣训集》）
25	《大学》（الفقه الأكبر）	教义学	阿拉伯语	又译《教义学大纲》，伊斯兰教义学古典著作，作者为哈乃斐教法学派创始人艾布·哈尼法（أبو حنيفة，700—767年）。经堂教育中采用的是满拉·阿里·嘎里（ملا علي قاري，?—1001年）的注释本
26	《呼图拜》（الخطب المنبرية）	演讲稿	阿拉伯语	即《呼图拜集》，为10世纪伊斯兰教劝世箴言集，编者为伊本·努巴泰（ابن نباتة，946—984年）
27	《巴格达基础》（قواعد بغدادية）	语音、词法基础	阿拉伯语	阿拉伯语语音初级教材及《古兰经》文选。《阿拉伯世界》杂志1981年第6期曾作过转载
28	《亥听》（الختم）	古兰经	阿拉伯语	《古兰经》文选
29	《蒙台细根·奈赫乌》（منسق النحو）	语法学	阿拉伯语	阿拉伯语简明教材，附有单词表，8开本，共102页，全1册。著者为中国学者马复初（1799—1874年），流传广泛
30	《杂学》	词汇学	阿拉伯语 波斯语	是穆斯林常用宗教术语词汇的汇编，版本繁多，有32开本、16开本

续表

	教材名称	内容	语种	备注
31	《都苏格》（حاشية الدوسفى）	修辞学	阿拉伯语	是阿拉伯语修辞学著作《白亚尼》的注本，16开本
32	《穆罕热》（محرم）	语法学	阿拉伯语	是阿拉伯语法著作《满俩》的注本，16开本，全2册
33	《米夫塔哈·曼拉赫》（مفتاح المرح）	词法学	阿拉伯语	是阿拉伯语变字法读本，16开本，全1册
34	《曼布苏特》（المبسوط）	教法学	阿拉伯语	是伊斯兰教哈乃斐学派的教法学巨著，16开本，全10册
35	《富图哈提·曼肯耶》（الفتوحات المكية）	经注学	阿拉伯语	著者为伊本·阿拉比（ابن عربي，1165—1240年），是一部综合性的著作，内容涉及宗教诸学科，全4册
36	《罗鲁·麦热加尼》（اللؤلؤ و المرجان）	圣训学	阿拉伯语	即《圣训珠玑》，是《布哈里圣训实录》和《穆斯林圣训实录》两大圣训集的选本

说明：

经堂教育中使用的教材较多，各地、各派有所不同，本表所列经籍大体为各派所采用，且基本上都是传统教材，即所谓"老经"，而当代经堂所采用的教材已有较大变化，有不少所谓"新经"，种类繁杂，因缺乏详细调查，本表未能列入

附录二

20世纪30年代中国留埃学生名录

届　别	姓　名	籍贯	派遣学校	派遣年份	备　注
第一届	沙国珍 马　坚 林仲明 纳　忠 张有成	云南 云南 云南 云南 云南	云南明德中学 上海伊斯兰师范 云南明德中学 同上 同上	1931	沙国珍是明德中学训育主任，为首届留埃学生领队，抵埃后担任中国留埃学生部部长
第二届	韩宏魁 王世明 金殿桂 马金鹏 张秉铎	山东 天津 山东 山东 河南	北平成达师范 同上 同上 同上 同上	1932	
第三届	纳　训 马俊武 林兴华	云南 云南 云南	云南明德中学 同上 同上	1934	
第四届	金子常 定中明 胡恩钧 林兴智 马有连	山东 湖南 江苏 云南 云南	上海伊斯兰师范 同上 同上 同上 同上	1934	

续表

届　别	姓　名	籍贯	派遣学校	派遣年份	备　注
第五届	海维谅	湖南	印度来客脑大学	1934	
第六届	庞士谦	河南	北平成达师范	1938	庞士谦是成达师范教员，作为领队赴埃，抵埃后接任中国留埃学生部部长
	马继高	四川	同上		
	马宏毅	山西	同上		
	马维芝	河北	同上		
	刘麟瑞	河北	同上		
	高福尔	新疆	同上		
	杜寿芝	新疆	同上		
	范好古	河南	同上		
	张怀德	河南	同上		
	熊振宗	广州	同上		
	杨有漪	北京	同上		
	丁在钦	河北	同上		
	王世清	北京	同上		
	金茂荃	山东	同上		
	张文达	山东	同上		
	李鸿清	北京	同上		

说明：

本表据赵振武《三十年来之中国回教文化概况》（见白寿彝主编《中国回回民族史》丙编附录，中华书局2003年版）和庞士谦《埃及九年》（中国伊斯兰教协会1988年版）所载资料编录

附录三

中国当代阿拉伯语教育主要教材一览表

教材名称	编著者	审订者	出版社	出版日期（年）
《阿拉伯语基础口语》	纳忠 主编	刘麟瑞	外语教学与研究出版社	1982
《阿拉伯语》（1—10册）	纳忠 主编		外语教学与研究出版社	1982—1987
《阿拉伯语基础语法》（1—4册）	纳忠 主编		外语教学与研究出版社	1983
《阿拉伯语会话》	唐裕生、王蕊		商务印书馆	1982
《实用阿拉伯语读本》	陈中耀、张迈进、袁义芬		上海外语教育出版社	1984
《阿拉伯语应用文》	沈冠珍、王伟		上海外语教育出版社	1986
《现代阿拉伯埃及口语教程》	刘开古	范绍民	上海外语音像出版社	1986
《阿拉伯语汉语口译教程》	郭黎	朱威烈	上海外语教育出版社	1987

续表

教材名称	编著者	审订者	出版社	出版日期（年）
《自学阿拉伯语有声教材》	范绍民 主编		上海外语音像出版社	1987
《阿拉伯语实用口语》	王玉栋、张宏、陈建民、吴宝国	高凤祥	外语教学与研究出版社	1987
《阿拉伯语口译》	史丽清、程辉		旅游教育出版社	1987
《阿拉伯语语法》	陈中耀		上海外语教育出版社	1988
《阿拉伯概况》	陈万里	朱威烈	上海外语教育出版社	1988
《基础阿拉伯语》（1—4册）	余章荣 主编		外语教学与研究出版社	1989—1992
《阿拉伯语速成》（1—2册）	马忠厚、史希同		外语教学与研究出版社	1989
《阿拉伯语教程》（1—2册）	陈中耀、虞晓贞、丁明仁		上海外语教育出版社	1989（1）1990（2）
《阿拉伯语阅读》（上、下）	北外阿拉伯语系	余章荣	外语教学与研究出版社	1990—1991
《阿拉伯语汉语翻译教程》	刘开古	朱威烈	上海外语教育出版社	1991
《伊斯兰简史》	陈万里		上海外语教育出版社	1991
《阿拉伯语语法教程》	马智雄	林则飞	同济大学出版社	1991
《穆斯林会话》	刘麟瑞、杨有漪、杨捷生		上海外语教育出版社	1992
《阿拉伯语报刊阅读》	史丽清		旅游教育出版社	1993
《阿拉伯语基础教程》（1—5册）	张甲民、景云英	陈嘉厚	北京大学出版社	1993
《阿拉伯语听说教程》（上）	张宏、孙雁清		外语教学与研究出版社	1993

续表

教材名称	编著者	审订者	出版社	出版日期（年）
《阿拉伯语听说教程》（下）	国少华、向培科、李乾正		外语教学与研究出版社	1993
《阿拉伯语修辞》	余章荣　主编		外语教学与研究出版社	1993
《中阿对照实用礼仪会话手册》	马丽、王松园、李长海	闫金城	天津科技翻译出版公司	1994
《阿拉伯语应用文写作指南》	周玉森	仲跻昆	安徽科学技术出版社	
《埃及小说和戏剧文学》	周顺贤、袁义芬			
《阿拉伯语听与读》	马忠厚、叶文楼	刘麟瑞		
《阿拉伯语》	杨言洪、高英、杨建荣		对外贸易教育出版社	1994
《阿拉伯语发展史》	刘开古	朱威烈	上海外语教育出版社	1995
《阿拉伯哲学》	陈中耀		上海外语教育出版社	1995
《阿拉伯语语言学》	周烈		外语教学与研究出版社	1995
《阿拉伯语速成》（3—4册）	马忠厚、纪焕桢、陈建民		外语教学与研究出版社	1995
《阿拉伯语汉语翻译教程》（1—2册）	高彦德、朱立才		现代出版社	1995
《实用阿拉伯语语法》（上、下）	余章荣　主编		外语教学与研究出版社	1997
《灿烂的阿拔斯文化》	蔡伟良	朱威烈	上海外语教育出版社	1997
《阿拉伯语三百句》	李生俊	陈嘉厚	北京大学出版社	1997

续表

教 材 名 称	编 著 者	审订者	出 版 社	出版日期（年）
《阿拉伯现代文学选读》	陆培勇、郭黎、王有勇		上海外语教育出版社	1998
《阿拉伯语词汇学》	国少华	余章荣	外语教学与研究出版社	1998
《阿拉伯语与阿拉伯文化》	周烈、蒋传英	余章荣	外语教学与研究出版社	1998
《阿拉伯文学史》	蔡伟良、周顺贤		上海外语教育出版社	1998
《经贸阿拉伯语》（上）	吴宝国、张宏仪		外语教学与研究出版社	1998
《跟我学阿拉伯语》（配磁带）	罗林主编		中国宇航出版社	1999
《阿拉伯语基础听力教程》	虞晓贞		上海外语教育出版社	1999
《阿拉伯政治外交与中阿文化》（上）	张宏、王宝华		外语教学与研究出版社	2000
《新编阿拉伯语语法》	陈中耀		上海外语教育出版社	2000
《阿拉伯语言风格学》	王有勇		上海外语教育出版社	2000

说明：

进入 21 世纪，又有一些新的教材陆续出版，有些是新编写的，有些则是原来教材的修订版，本表未予收录。

附录四

20世纪中国出版的
主要阿拉伯语工具书一览表

工具书名称	编著者	审订者	出版社	出版日期（年）	备注
《المنجد الكبير》			上海穆民经书社		1958年重版
《中阿词典》	沙梦弼				
《中阿词典》	马德宝				
《中阿要语汇编》	马德宝				
《中阿双解字典》	李殿君		上海穆民经书社		
《中亚字典》	王静斋			1928	俗称"王氏小字典"。阿拉伯旧译亚拉伯
《中阿双解中阿新字典》	王静斋	米焕章	北京清真书报社	1934	俗称"王氏大字典"，1955年再版

续表

工具书名称	编著者	审订者	出版社	出版日期（年）	备注
《阿拉伯语汉语词典》	北大东语系阿拉伯语教研室	马坚	商务印书馆	1966	1989年第4次印刷
《阿华简明辞典》	川崎寅雄编著，左秀灵译		中国台湾五洲出版社	1981	
《阿汉经济贸易词典》	王培文	马忠杰	中国学术出版社	1984	
《阿拉伯语汉语辞典》	林道岩、汪士鉴		中国台湾名山出版社	1987	本辞典实为北大东语系阿拉伯语教研室编《阿拉伯语汉语词典》之翻印
《汉语阿拉伯语分类词汇手册》	北大东语系阿拉伯语教研室		商务印书馆	1988	
《简明汉语阿拉伯语词典》	北京语言学院		商务印书馆	1988	
《汉语阿拉伯语词典》	北大东语系阿拉伯语教研室	刘麟瑞	商务印书馆	1989	
《阿拉伯语汉语袖珍词典》	袁义芬、周文巨		同济大学出版社	1989	
《当代阿拉伯文学词典》	朱威烈主编		译林出版社	1991	

附录四 20世纪中国出版的主要阿拉伯语工具书一览表

续表

工具书名称	编著者	审订者	出版社	出版日期（年）	备注
《汉语—阿拉伯语成语词典》	北大阿拉伯语言文化教研室	刘麟瑞 陈嘉厚	华语教育出版社	1991	
《阿拉伯语汉语成语谚语词典》	杨言洪 主编	纳 忠	对外经济贸易大学出版社	1995	
《汉语英语阿拉伯语科技词典》	王绍新		华语教育出版社	1998	
《汉语阿拉伯语常用词分类辞典》	北大东方学系阿拉伯语教研室、外文出版社阿文部编		外文出版社	1999	
《简明汉阿词典》	朱威烈		上海外语教育出版社	1999	

说明：

进入21世纪，又有一些词典问世，见黄友义主编《汉阿时事词典》，外文出版社2001年版；王培文主编《新阿拉伯语汉语大词典》，商务印书馆2003年版；等等，均未列入本表。

附录五

20世纪中国开设阿拉伯语专业的高等院校一览表

学 校	设立时间（年）	学 制	备 注
北京大学	1946	本科5年	本科学制原为5年，后改为4年。有硕士、博士研究生培养点
北京对外经济贸易大学	1954	本科4年	
中国伊斯兰教经学院	1955	本科5年	学制已改为4年。国家财政拨款
台湾"国立政治大学"	1957	本科4年	
外交学院	1958	本科4年	1961年转入北京外国语学院
上海外国语大学	1960	本科4年	本科初设时为4年，后改为5年，之后又改为4年。有硕士、博士研究生培养点
北京外国语大学	1961	本科5年	本科学制1994年起改为4年。有硕士、博士研究生培养点

续表

学　校	设立时间（年）	学　制	备　注
北京语言文化大学	1964		
解放军洛阳外国语学院		本科 4 年	
北京第二外国语学院	1964	本科 4 年	
北京伊斯兰教经学院	1982	本科 4 年 专科 2 年	地方政府财政拨款
新疆伊斯兰教经学院	1983	本科 4 年	地方政府财政拨款
昆明伊斯兰教经学院	1984	本科 4 年	地方政府财政拨款
兰州伊斯兰教经学院	1984	本科 4 年	地方政府财政拨款
郑州伊斯兰教经学院	1985	本科 4 年	地方政府财政拨款
宁夏伊斯兰教经学院	1985	本科 4 年	地方政府财政拨款
沈阳伊斯兰教经学院	1987	本科 4 年	地方政府财政拨款
青海伊斯兰教经学院	1987	本科 4 年	地方政府财政拨款
河北伊斯兰教经学院	1992	本科 4 年	地方政府财政拨款
西北民族大学	1997	专科 3 年	经批准 2000 年增设成人教育，2002 年增设 4 年本科
云南大学	2000	本科 4 年	

说明：

各地伊斯兰教经学院虽属宗教院校，但学制基本上都是 4 年制本科，招收学生也都要求高中毕业，且均为国家或地方财政全额拨款，属"官办"性质的宗教高等院校，故一并列入高校之列，其中中国伊斯兰教经学院是全国阿拉伯语教学研究会理事单位。进入 21 世纪，又有一些高校开设了阿拉伯语专业，如黑龙江大学、宁夏大学、天津外国语学院、大连外国语学院、四川外国语学院等，均未列入本表。

附录六

20世纪中国民间阿拉伯语学校一览表

学　校	校　址	建校日期（年）	创建者	备　注
回教师范学堂	北京	1907	王浩然	不久即停
清真小学	湖北武昌	1912		
清华小学	甘肃兰州	1913	马邻翼	
蒙回师范学校	宁夏银川	1918	马福祥	1930年停办
鱼峰小学	云南沙甸	1921		
成达小学	安徽蚌埠	1922		
成达师范学校	山东济南	1925	马松亭、唐柯三	1929年迁至北平，1949年10月人民政府接管，并入国立回民学院
崇实中学	山西晋城	1927	马君图	1938年停办
上海伊斯兰师范学校	上海	1928	达浦生、哈德成	1938年因抗战爆发迁往甘肃平凉，改名为平凉伊斯兰师范，新中国成立后并入平凉师范
万县伊斯兰师范学校	四川万县	1928	周级三、李仁山	1935年因经费拮据停办

续表

学　　校	校　址	建校日期（年）	创建者	备　注
穆兴中学	浙江杭州	1928	孙吉士	1937年因抗战爆发停办
西北公学	北平	1928	马云亭、孙绳武	1949年人民政府接管，并入国立回民学院
明德中学	云南昆明	1929	杨士敏、白亮诚	1952年改为昆明十三中。80年代经有关部门批准恢复原名
常德伊斯兰中学	湖南常德	1931	李仁山、剪质辅	1933年停办
协进中学	湖南邵阳	1932	马邻翼	
昆仑中学	青海西宁	1933	马步芳	1949年停办
新月女子中学	北平	1935	杨新民、赵振武	1939年改办为实践女子中学，1944年改为西北女中
兰州西北中学	甘肃兰州	1938	孙绳武、马焕文	抗战初由北平西北公学分出
成都西北中学	四川成都	1938	金鼎铭	抗战初由北平西北公学分出
云亭中学	甘肃临夏	1938	马鸿逵	新中国成立后改为临夏一中
知行中学	甘肃兰州	1939	吴鸿业	
养正学校	云南养正	1940	白耀明、张子仁	1950年停办
养正初级中学	河南开封	1943	郭宜甫、张铸千	1952年改为回民中学
兴建中学	云南巍山	1943		新中国成立后改为巍山二中
鱼峰中学	云南沙甸	1943	白耀明	1945年停办
新民中学	甘肃张家川	1946	李文著、李楷顺	新中国成立后改为张家川回族一中
崇真中学	内蒙包头	1947		

续表

学　校	校　址	建校日期（年）	创建者	备　注
临夏中阿学校	甘肃临夏	1977	马志信	1992年当地教育部门批准为职业高中
开远阿拉伯语学校	云南开远	1979		1999年经当地政府部门批准，升格为中等专业学校
兰州阿拉伯语学校	甘肃兰州	1981	汪作清、罗正清	1993年经甘肃省教委批准升格为中等专业学校
长治阿拉伯语学校	山西长治	1984	马守信	
海淀阿拉伯语学校	北京	1985	韩文成	1989年停办
广河阿拉伯语学校	甘肃广河	1989	马维忠、马忠明	
张家川穆斯林学校	甘肃张家川	1991		
银川阿拉伯语学校	宁夏银川	1991		原报伏桥阿拉伯语学校
毛货街中阿学校	云南昭通			
泰格瓦阿拉伯语学校	云南沙甸			
同心阿拉伯语学校	宁夏同心			
穆光阿拉伯语学校	河南郑州			
白寨阿拉伯语学校	河南长葛			
武陟世纪人才学校	河南武陟			
达鲁伊玛尼学校	海南三亚			
顺城寺阿文学校	云南昆明			
大理穆斯林文化专修学院	云南大理			
开远阿拉伯语职业高级中学	云南开远			
松毛坡伊斯兰学校	云南砚山			
纳古镇中阿学校	云南通海			
大皮院中阿学校	陕西西安		刘永安	

续表

学　校	校　址	建校日期（年）	创建者	备　注
纳家营伊斯兰文化学院	云南通海	1994	纳本慈、马恩信	
下回中阿学校	云南通海	1999		中专

说明：

所谓"阿拉伯语学校"，并非是只教授阿拉伯语的学校，许多学校实际上都主张中阿文并授，有的还开设有英语以及史地、数理等其他文化课。在20世纪20—40年代以及80年代后，全国各地大大小小的阿拉伯语学校逾百所，而依附于各地清真寺的阿文学习班则为数更多，这里只列入在各地相对比较知名和有一定影响的学校，其中一些学校的创办人、创办时间等信息未能具体掌握。

附录七

上海外国语大学阿拉伯语专业（副修英语）教学计划

课程类别	课程名称	各学期周学时								学时	学分
		1	2	3	4	5	6	7	8		
公共必修课	思想道德修养	3	?3							54	3
	法律基础	2	?2							36	2
	毛泽东思想概论	3	?3							54	3
	马克思主义哲学			3	?3					54	3
	邓小平理论概论	2	?2							36	2
	马克思主义政治经济学原理		2	?2						36	2
	当代世界经济与政治			3	?3					54	3
	现代汉语	2	?2							36	2
	中国现代文学	2	?2							36	2
	中国古代诗文选			2	?2					36	2
	语言学概论			2	?2					36	2
	体育	2	2	2	2					144	6
	计算机应用基础					4	4			144	6
	小计									756	38

续表

课程类别	课程名称	各学期周学时 1	2	3	4	5	6	7	8	学时	学分
专业必修课	基础阿拉伯语	14	14	10	10					864	34
	高级阿拉伯语					8	8			288	16
	阿拉伯语语法			2	2					72	4
	阿拉伯语口语			2	2					72	4
	阿拉伯语报刊选读					2	2	2	2	144	8
	阿拉伯语听力					2	2			72	4
	翻译理论与实践							2		36	2
	口译（阿译汉）							2		36	2
	小计	14	14	14	14	12	12	4	4	1584	74
英语必修课	基础英语	6	6	4	4	4	4			504	24
	英语视听说	2	2	2	2	2	2	2	2	288	12
	英语写作							2		36	2
	翻译理论与实践							2		36	2
	小计									864	40
限定选修课	阿拉伯伊斯兰史		2							36	2
	阿拉伯文学选读						2			36	2
	当代中东问题					2				36	2
	阿拉伯文学史							2	2	72	4
	埃及现代口语						2			36	2
	阿拉伯语泛读（1）			2						36	2
	阿拉伯语应用文						2			36	2
	《古兰经》选读					2				36	2
	穆斯林会话					2				36	2
	阿拉伯语泛读（2）					2				36	2
	阿拉伯语经济贸文选							2		36	2
	中东经济概况					2				36	2

续表

课程类别	课程名称	各学期周学时 1	2	3	4	5	6	7	8	学时	学分
任意选修课	阿拉伯国家国情	2								36	2
	阿拉伯语广告文选						2			36	2
	应修满学分										14
	任意选修课应修满学分										4
总计											170

其中各类课程的修读要求是：

课程类别	应修满学分	占应修总学分百分比（%）	占应修总学分百分比（%）
公共必修课	38	22.35	
专业必修课	74	43.53	89.41
英语必修课	40	23.53	
限定必修课	14	8.24	10.59
任意选修课	4	2.35	
总　　计	170	100.00	100.00

说明：

本表资料来源为上海外国语大学教务处编《上海外国语大学教学一览》(1999年)。

附录八

中国高等学校阿拉伯语教学大纲

学校阿拉伯语专业基础阶段阿拉伯语教学大纲

本大纲规定我国高等学校阿拉伯语专业本科基础阶段阿拉伯语的教学对象、目的、内容、安排、要求和原则,为本阶段组织教学、编写教材、进行测试、检查和评估教学质量提供依据。

高等学校阿拉伯语专业二年制专科的教学亦可参照本大纲。

一 教学对象

本大纲的教学对象是高等学校阿拉伯语专业本科基础阶段初学阿拉伯语的学生。他们入学时应具备高级中学的外语基础。

二 教学目的

基础阶段的教学目的是:向学生传授阿拉伯语基础知识;

对学生进行阿拉伯语语言熟巧和技能的全面训练；使学生对阿拉伯国家的文化及国情有初步的了解；培养学生掌握用阿拉伯语进行交际的初步能力；要求学生掌握正确的学习方法，养成良好的学习习惯，为提高阶段的学习打下坚实的基础。

三　教学内容

基础阶段教学内容包括语音、词汇、语法以及功能意念、语言技能等项目。具体内容见下列附表：一、语音表；二、语法表；三、功能意念表；四、语言技能表；五、测试参考方案；六、词汇表。（附表略）

四　教学安排

基础阶段为二学年。按每周 16 学时，每学年 36 周计算，实际授课时数为 1152 学时。

基础阶段分为四级，每学期为一级。本大纲只对二、四级提出教学要求。

授课时数与课外自学时数的最低限度比例为 1：1.5—2。

五　教学要求

要求 项目	第二级	第四级
语音	1. 正确掌握28个字母的全部发音； 2. 掌握基本读音规则； 3. 朗读标有符号的单词、词组、句子和短文时，语音、语调基本正确。	1. 在语流中发音正确； 2. 掌握阿拉伯语语音特点，能自觉地模仿和纠正语音、语调； 3. 在朗读和口头表达中，语音正确、语调自然，并有基本的节奏感。

续表

要求　项目	第二级	第四级
语法	掌握常用的基本词法和简单句的结构等初级语法知识（具体项目见附表二，略）。	掌握并能综合运用基本句法等基础语法知识，能在实际运用中做到概念清楚，表达形式正确（具体项目见附表二，略）。
词汇	学习单词2000个左右，掌握其中1000—1200个词的基本用法。	学习单词4500个左右（含第二级的2000个），熟练掌握其中2000—2500个词的基本用法。
听	1. 能听懂一般课堂用语和日常生活用语； 2. 能听懂熟悉题材的一般性交谈； 3. 就学过的题材，语速为80—90词/分钟的两分钟的听力材料，听三遍后，能懂大意。	1. 能听懂用阿拉伯语授课的内容； 2. 能听懂以日常生活或学生熟悉的社会生活为题材的谈话； 3. 就学过的题材，语速为90—100词/分钟的3分钟听力材料，听三遍后，能懂主要内容，并能回答问题。
说	1. 能就学过的一般日常生活性题材进行5分钟的简单交谈，表达清楚； 2. 能就读懂的材料进行回答； 3. 能就熟悉的题材，经过10分钟准备，做大约3分钟的连贯叙述，语音、语调基本正确； 4. 具有一定的造句能力、提问能力和反问能力。	1. 能复述课文大意，并能略述感受； 2. 能就读懂的材料进行讨论； 3. 能就一般日常生活性题材，同阿拉伯人士交谈，能正确表达思想，无重大语法错误； 4. 能就熟悉的题材，经10分钟准备，做大约5分钟的连贯叙述，语速为50词/分钟，语音正确，语调自然，无重大语法错误。

续表

要求\项目	第二级	第四级
读	1. 能正确认读标有符号的单词、词组和句子； 2. 掌握基本读音规则，能正确朗读标有符号的短文，语音、语调基本正确； 3. 能在10分钟内读完与课文难度相当的250词左右的短文（生词不超过2%），理解大意； 4. 初步学会查阅阿汉词典。	1. 掌握阿拉伯语语音的特点，以及连读、停读规则，能正确朗读只标词尾符号的短文，语音正确、语调自然； 2. 掌握细读方法，能抓住文章要点，理解主要内容；初步掌握快读、略读、寻读等阅读方法； 3. 能在10分钟内读完与课文难度相当的350词左右的短文（生词不超过2%），理解大意； 4. 借助工具书，能阅读注释读物及书信、请柬、通知等一般应用文。
写	1. 书写规范、工整，能在15分钟内抄写150个词； 2. 能在15分钟内，听写根据已学知识编写的材料，字数90—100个，读四遍，根据意群停顿，错误率不超过15%； 3. 能正确写出自己口头表述的话语； 4. 能就熟悉的内容，在30分钟内写出100词左右的短文，通顺、达意。	1. 能在15分钟内，听写根据已学知识编写的材料，字数120个左右，根据意群停顿，读四遍，错误率不超过15%； 2. 阅读与课文难度相当的材料后，能写出中心思想与段落大意； 3. 能就熟悉的题材，在30分钟内写出120词左右的短文，内容连贯，语言通顺，无重大语法错误。
译	汉、阿互译：词组、句子。	汉译阿：各类常用句子、语段； 阿译汉：各类常用句子、短文（包括简易应用文）。

六 教学原则

（一）正确处理专业教学与思想教学的关系

高等学校阿拉伯语专业旨在为我国社会主义现代化建设事业培养具有扎实的阿拉伯语基础和比较广泛的科学文化知识，德、智、体全面发展的专门人才。

阿拉伯语教学应注重教材的思想性、科学性、实践性和时代感；重视开发学生智能，培养学生独立学习和用阿拉伯语进行交际的能力。同时，还应重视对学生进行社会主义思想品德教育，用爱国主义和国际主义的精神，激发他们为祖国和人民而学习的责任感；培养他们不怕困难、勇于进取的精神，帮助他们树立勤奋、严谨和虚心好学的学风。

（二）充分发挥教师在教学中的主导作用，努力使学生成为教学实践的主体

在教学过程中，在训练语言熟巧、培养语言技能的过程中，教师始终处于主导地位，学生则是实践的主体和中心。因此，教师要：

1. 热爱社会主义教育事业，教书育人，关心学生的健康成长；

2. 了解并熟悉教学大纲的各项内容和要求；

3. 重视教学研究，努力揭示语言、语言教学、语言习得的特点和规律，积极改进教学方法，不断提高教学质量；

4. 重视开发学生的智能，注意培养他们的自学能力，提高他们的分析、归纳和概括能力，增强他们对语言及文化差异的分辨能力；

5. 结合学生在中国学习阿拉伯语的实际组织教学，充分调

动学生的学习积极性与自觉性，因材施教，因势利导，严格要求，严格训练，严格考核。

学生要：

1. 热爱专业，明确学习目的，端正学习态度；

2. 尊敬师长，团结同学，发扬互助友爱精神；

3. 积极、主动、大胆地参加课内外的各种教学和语言实践活动，在熟巧训练和技能培养上下苦工夫；

4. 学会安排自己的学习，认真抓好预习、上课、复习、作业、课外活动几个环节，善于归纳、总结学习规律，主动开发智能，努力培养独立获取知识的能力，并注意增强与他人协作的意识。

（三）打好语言基础，重视交际能力的培养

阿拉伯语基本功包括语言基本知识（语音、词汇、语法）和语言基本技能（听、说、读、写）两个方面，这是进行语言交际的基础和前提。因此，在基础阶段教学中，要始终重视语言基本知识的学习和语言基本技能的训练，扎扎实实地打好语言基础。

语言是交际的工具，语言教学的目的是培养学生具备以口头和书面两种形式进行交际的能力。因此，交际能力的培养必须贯穿基础阶段教学的全过程。

为了使学生能用得体的阿拉伯语进行交际，必须将技能训练与交际需要结合起来，尽量创造接近真实的情景；还必须让学生学习和了解有关阿拉伯国家的文化及国情知识，使他们能正确使用带有阿拉伯文化特色的词语。

（四）正确处理语言知识和语言技能的关系

掌握语言知识和发展语言技能是一个统一的整体，是相互促进、相辅相成的。

掌握语言知识是发展语言技能的基础。但是，语言知识只有在形成语言技能之后才能成为交际工具，而语言技能也只有在大量的实践和反复的练习中才能形成。因此，在基础阶段教学中，必须重视和突出技能训练。

（五）正确处理听、说、读、写的关系

听、说、读、写是学生必须全面掌握的基本语言技能，这几种技能是相互关联、相互促进的。但是，每种技能又都有自己的特点和规律。因此，在教学的不同阶段和不同的课程，各种技能训练应当有所侧重。

语言，首先是有声的语言。交际，首先是指人们以对话形式进行的交往。因此，基础阶段的教学应该突出和强化听、说技能训练。

读、写也是重要的交际形式。要真正掌握阿拉伯语，必须进行读、写训练。

学生在掌握基本的语言知识和语言技能的同时，应通过听、读途径，逐步加大语言输入量，接触大量的、多种题材和体裁的语言材料，以丰富自己的语言知识，增加用语积累，增强对语言规律的认识和对语言整体性的理解，为更有效、更自觉地进行语言实践，提高说、写的表达能力创造条件，为从基础阶段向提高阶段过渡奠定基础。

（六）正确处理课上与课下的关系

环境是语言学习和进行语言训练的重要条件。处在汉语包围的环境中学习阿拉伯语，必须精心组织好课堂教学，尽量用阿拉伯语授课，充分利用录音、幻灯、电视、电影等现代化教学手段，给学生提供更真实的语言交际情景。同时，还应积极组织唱歌、朗诵、讲演、故事会、记者招待会、书法比赛、作文比赛、知识竞赛、文艺演出、联欢会等各种课外活动，以形成课上讲练、课下实践的良性循环。

七 测试

测试是检查教育大纲执行情况,考核学习成绩,评估教学质量,改进教学的重要手段。

测试内容以本大纲规定的各项教学内容和要求为依据,测试基本模式见附表五(略)。

每学年结束时,各学校应参照本大纲的要求进行测试。

基础阶段结束时,将根据实际情况,按照本大纲的要求统一命题,举行测试。

高等学校阿拉伯语专业高年级阿拉伯语教学大纲

本大纲规定高等学校阿拉伯语专业高年级阿拉伯语教学的对象、目的、原则、要求、内容和测试标准,为高年级课程设置、教材编写、教学安排、水平测试和教学评估提供依据。

一 教学对象

本大纲的教学对象是高等学校阿拉伯语专业高年级学生,水平已达到本专业《基础阶段阿拉伯语教学大纲》的要求。

二 教学目的

本大纲以《基础阶段阿拉伯语教学大纲》(修订本)的终点为起点,通过阿拉伯语言技能的训练及相关学科知识与文化知识的传授，进一步培养学生比较得体地运用阿拉伯语进行交际的能力，为他们毕业后从事一般的翻译、教学和以阿拉伯语为工具的其他工作奠定坚实基础。

三　教学原则

（一）寓人的教育于语言教学的全过程

从教书育人的崇高使命出发，教师在教学中应注意培养学生高尚的爱国主义情操和良好的道德素养，激励他们为国家的社会主义现代化而刻苦学习阿拉伯语，自觉树立勤奋、严谨、求实、创新的优良学风，使自己成为新一代德智体全面发展的阿拉伯语专门人才。

（二）注重培养学生的综合能力

通过专业语言及相关学科知识与文化知识的教学，提高学生素质，帮助他们掌握研究问题的基本方法，培养他们运用阿拉伯语参与涉阿事务和对阿拉伯—伊斯兰问题进行初步研究的综合能力。

（三）以语言技能训练为中心对教学过程实施合理调控

从教学规律和社会需要出发，集中主要力量对学生进行阿拉伯语听、说、读、写、译五项技能的交叉训练，在继续加强各单项技能训练的基础上开展各项技能的交叉训练，以提高他们语言的整体水平；与此同时注意充实他们的语言知识，拓宽他们的文化视野，以培养他们比较得体地运用阿拉伯语进行社会交际的能力。为推动这一教学机制的正常运转，需从下述五大关系的处理入手，对教学过程实施相应和适时的调控。

1. 语言知识与语言技能

阿拉伯语属于综合型语言，结构复杂、变化纷繁，语言知识在高年级教学中应予以足够的重视。但语言知识通常应转化为语言技能，而转化的关键则在于大量的训练，以保证学生形成运用这一语言去获取、转换和发出信息的能力。

2. 单项训练与综合训练

在听、说、读、写、译五项技能训练中，单项训练是综合训练的基础，综合训练是单项训练的发展。教学中，在加强各单项技能训练的基础上，应进一步注重各项技能的交叉训练。

在非阿拉伯语言环境中的单项训练，阅读是巩固语言知识、扩充词汇量、增强语感的主要途径，教学应有所侧重；与此同时，应从实际需要出发注意加强阿、汉互译，特别是汉译阿训练的力度。

3. 文化知识与语言教学

为拓宽学生的知识领域，应适当开设阿拉伯文学、历史、文化、政治、经济、宗教、哲学以及法律等文化知识课。这类课程应视社会需要和教学条件，在保证语言训练正常运行的前提下适量安排；教学过程应尽可能使用阿拉伯语，使学生在拓宽知识面的同时也加强语言的训练。

4. 教学规律与交际实际

高年级阿拉伯语教学受教学规律和交际实际两个方面制约。教学规律要求高年级阿拉伯语教学从科学性、系统性、可行性以及兼顾长远的原则出发，逐步加大教学内容的深度、广度和技能训练的力度；而交际实际则要求这种教学尽可能贴近话语境界，而不必拘泥于一般教学规律。

教学规律或交际实际，强调程度可因教学阶段的不同而有所不同，但总体上应相互兼容、相得益彰。

5. 教与学

在语言教学的组织和实施中，教师的主导作用和学生的主体作用都应得到充分的发挥。教师应努力发展学生的聪明才智，在传授专业知识、训练语言技能的过程中因材施教，给不同学生相应和适时的启发和诱导，以充分开发他们的学习潜能。学生则既虚心向老师求教，也充分发挥主动性和创造性，注意改进学习方法，提高学习效率，在积极吸收语言文化知识、认真参与语言技能训练的过程中，努力养成独立分析问题和解决问题的习惯。

上述五大关系或对立统一，或相辅相成，反映高年级阿拉伯语教学运行的基本状况。这些关系高年级阿拉伯语教学应加以充分利用，使之各以应有的力度围绕语言技能训练这个中心协调运作，以形成整体合力，推动教学沿着"知识—熟巧—技能"这一循环往复、螺旋向上的轨迹持续运行；与此同时应从事物发展平衡的相对性和不平衡的绝对性这一认识出发，认真把握教学各相关方面的发展变化，遇有偏离中心的倾向，及时采取必要措施加以调控，力求高年级阿拉伯语技能训练的机制经常保持最佳的运行状态。

四　课程设置

类别	课　型	周学时	周数	总学时
必修课	高级阿拉伯语		198	
	翻译理论与实践（口、笔）			132
	写作（含论文指导）			40
	视听说			72
	阅读			81
限定选修课	阿拉伯文学史/选读			72
	阿拉伯历史			
	阿拉伯伊斯兰文化			
	专业知识（阿拉伯文）			198
非限定选修课	阿拉伯语语言学			
	阿拉伯语修辞学			
	阿拉伯语高级语法			
	《古兰经》			
	中阿语言对比			
	中阿文化对比			
	中东问题			
	阿拉伯经济地理			
	阿拉伯方言			
	阿拉伯小说			
	阿拉伯诗歌			
	阿拉伯戏剧			
	伊斯兰艺术			

（一）必修课

1. 高级阿拉伯语：继续加强语言基本功，丰富语言知识，提高语言技能，培养交际能力。教材应题材广泛，语体多样，语言规范，并配有必要的练习。教学应贯彻精讲多练的原则，引导学生利用已有语言知识吸收掌握新的语言知识，并尽快转化为语言技能。

2. 翻译课：讲授必要的翻译理论，指导学生通过大量翻译实践进行汉阿两种语言的对比，掌握翻译的基本技巧，形成具有从事一般性翻译工作的能力。笔译课应注意多种文体的翻译实践，减少母语和母文化对阿拉伯语表达的负面影响，培养学生严谨的翻译作风。口译课应设计接近交际实际的场景，训练学生逐步学会快速理解、记忆和传达所译文字内涵，举止大方，语言得体。

3. 写作课：培养学生书写便条、通知、信函等应用文的能力；就一般说明文、记叙文、议论文及课程论文与毕业论文的写作训练，培养学生把握中心思想、筛选素材、运用工具书和参考资料及自行修改等能力。教学应逐步向语段、语篇和行文的得体性过渡。

4. 视听说课：通过听、视阿拉伯国家关于政治、外交、文化、经济、社会等题材的广播影视节目开展训练，创造必要的语言环境，进一步增强学生理解、记忆和传达信息的能力。训练中可适当讲解有关语用规则和背景知识。

5. 阅读课：通过细读、略读、快读、寻读等途径，对学生进行阅读技巧和阅读速度的训练，以增强语感、扩大词汇量、丰富语言文化知识，进而提高理解、分析、判断和概括语言的能力。

（二）选修课

选修课目的在于加深学生对阿拉伯语言的了解，扩大他们对阿拉伯文化的视野，同时也激发他们发展专业倾向的志趣。

1. 限定选修课：应有专门的计划、教材和指定参考书目，并尽量用阿拉伯语授课。限定选修课应进行考查或要求提交 2000 字（词）左右的课程论文。

2. 非限定选项修课：各校视具体情况自行安排。

五 教学要求

（一）专业语言技能

1. 听

听力教学训练学生通过收听和视听的活动，捕捉关键词语，获取所需信息，理解中心内容，培养记忆、概括和翻译所听内容的能力。

六级

（1）能听懂以日常生活和一般社会生活为题材的有声材料，如用标准阿拉伯语进行的有关讲座、访谈及浅易的广播剧等。

（2）能听懂阿拉伯各国电台关于国际常识和国情知识等的简要介绍。

（3）能听懂阿拉伯语各国电台的简明新闻、一般国际新闻，生词不超过 3%，语速为 100—200 词/分。

听两遍，理解准确率达 60% 以上。

八级

（1）能听懂阿拉伯人就中阿关系、一般性国际问题或社会文化问题等所作的讲座、报告、访谈，语速为 100—120 词/分。

（2）能听懂用标准阿拉伯语播放的新闻和有关国际问题的一般报道与简短评论，语速为110—130词/分。

（3）能听懂用标准阿拉伯语播放的以当代社会生活为题材的广播剧、电视剧，语速为110—130词/分。

听两遍，理解准确率达60%以上。

2. 说

口头表达是进行社会交际的主要方式，其能力的发展与提高是高年级教学不可忽视的环节；训练应通过问答、讨论、连贯表述、视听转述以及口译等手段进行，着重培养学生询问、陈述、辩解、说服等口头交际能力。

六级

（1）无准备能就日常学习、生活或一般性社会题材进行交流。

（2）有准备（10分钟）能就难度低于所学课文的阅读材料（生词量在3%左右）和一般性政治、经济、文化及其他社会题材进行连贯表述或讨论，本人表达不少于5分钟。

（3）在准备较充分的情况下，能用阿拉伯语简单介绍我国国情。

语音、语调比较自然，语速正常，表达基本正确。

八级

（1）无准备能就日常学习、生活和一般性社会题材进行交流。

（2）有准备（10分钟）能就难度低于所学课文的阅读材料（生词量在3%左右）和政治、经济、文化及其他综合性社会题材进行连贯表述或讨论，本人表达不少于5分钟。

（3）在准备较充分的情况下，介绍我国基本国情，或就国际国内热门话题与外宾进行一般交流。

语音、语调自然，语速正常，语言基本得体。

3. 读

阅读包括寻读、快读和细读等，是高年级学生吸收语言知识、扩充词汇量、扩大知识面、增强语感和提高语言素养的主要途径，教学应有所侧重。

六级

（1）能读懂一般应用文，如公告、目录、信函及商业广告等。

（2）能读懂阿拉伯报刊中的国际新闻和一般性社会题材的报道。

（3）能读懂《المنجد》中的百科知识条目。

（4）能读懂难度与下列作品相当的原著。如：

لنجيب محفوظ	بداية و نهاية
لكمال الملاخ	فاجر الظلام
لمحمد حسنين هيكل	الصين
لأنيس منصور	200 يوم حول العالم
لنسان كنفاني	قصص الأطفال

掌握阅读方法，提高阅读速度，能抓住重点，并做内容简介。阅读速度不少于 60 词/分。理解准确率应达 70% 以上。年课外阅读量约为 1000 印刷页。

八级

（1）能读懂一般产品说明书、招聘广告、旅游指南、商业合同等应用文。

（2）能读懂难度相当于黎巴嫩的《الحوادث》周刊和埃及的《الأهرام》日报的专题报道、社论、时事评论和新闻公报等。

（3）能读懂常用工具书和一般参考资料，如《المسيرة》《الموسوعة》等。

（4）能读懂难度中等的人物传记和文学作品，如：

الأيام	لطه حسين
مسرح المجتمع	لتوفيق الحكيم
لقيطة	لمحمد عبد الله عبد الحليم
المصابيح الزرق	لحنامية
الشريط الأسود	لعيسى الناعوري

阅读中应抓住作品的中心思想，了解作者立场、观点，自觉吸收知识，提高理解、分析、概括和表达的能力。阅读速度：细读不少于70词/分，理解准确率应达70%以上；快读150—200词/分。年课外阅读量约1500印刷页。

为达到阅读训练的要求，本大纲列出一个包括101本阿拉伯文书籍的阅读推荐书目（见附件二）。

4. 写

就遣词造句、分段成篇等基本技能继续对学生进行训练，培养他们运用常用的语体、修辞知识，比较得体地书写应用文、记叙文、说明文、议论文，为形成良好的书面交际能力打下坚实基础。

六级

能写便条、通知、申请书、一般书信、电文等常见应用文，也能写文章摘要、故事梗概和一般记叙文等，内容切题，表达基本正确，文体格式基本符合要求。写作速度约250词/时。

八级

能写一般的备忘录、合同、协议、公务信函等应用文，也能写读书报告、一般的说明文、议论文、课程论文与毕业论文等，内容切题、充实，表达基本正确，层次清楚，语体基本得当。写作速度约300词/时。

撰写课程论文、毕业论文能把握选题范围，拟定提纲，查阅资料，做必要注释，开列参考书目，以及提出论文摘要等。课程论文2000词左右，毕业论文不少于5000词，用阿拉伯文书写。

5. 译

通过常用文体的翻译实践，总结和讲授翻译的基本理论与技巧，引导学生就词义、表达方式、语序、语体，以及修辞手段等进行汉阿两种语言对比和文字构架与思维方式转换的训练，培养他们比较得体地进行信息转换的基本能力。

六级

阿译汉　能译常见应用文和阿拉伯报刊上文字浅易、题材熟悉的短文，包括政治、经济、社会、文化等材料，速度为200—250词/时。译文忠实表达原意，语句通顺。

汉译阿　能译常见的应用文和我国报刊上有关社会、文化等内容通俗、文字浅易的短文，速度为150—200汉字/时。译文忠实表达原意，语句通顺。

口译　能担任一般的生活翻译。

八级

阿译汉　能译一般应用文和阿拉伯报刊有关日常生活、一般性政治、经济、社会文化等方面的文章及浅易的文学作品等，速度为250—300词/时。译文忠实表达原意，语句通顺。

汉译阿　能译一般应用文及有关政治、经济、社会、文化等一般性报道和短文，速度为200—250汉字/时。译文忠实表达原意，语句通顺。

口译　能承担政治、经济、社会、文化等一般性谈话的口译，传达主要信息，语言基本得体。

（二）专业语言知识

阿拉伯语专业高年级学生应具备以下专业语言知识：

（1）基本的语音知识。

（2）比较系统的阿拉伯语法知识。

（3）8000—9000 词，其中重点单词 3500 个左右。

（4）基本的修辞知识。

（5）初步的文体与语篇知识。

（三）社会文化知识

阿拉伯语专业高年级学生应了解以下社会文化知识：

（1）阿拉伯历史和地理概况、社会习俗与风土人情等基本知识。

（2）阿拉伯各国当前政治、经济、外交概况及热点问题等一般知识。

（3）阿拉伯—伊斯兰历史、文化及伊斯兰现代思潮等方面的概况。

（4）阿拉伯国家与我国政治、经济、外交、文化等方面的关系及概况。

（5）阿拉伯文学史基本知识，如文学发展的主要阶段、主要作家，特别是近现代和当代著名作家及其代表作。

（6）现代语言基础知识。

（四）综合交际能力

（1）综合运用所学语言知识的能力。

（2）运用听、说、读、写、译五项技能进行交际的能力。

（3）运用正确的立场和观点对涉阿问题进行分析、鉴别和判断的能力。

（4）查寻资料、使用工具书、研究问题和撰写论文的能力。

（5）独立进行社交和初步的涉外工作能力。

六 测试与评估

（一）测试

1. 测试作为检验教学效果、检查大纲执行情况、促进教学改革、提高教学质量的有效手段，应具有科学性、客观性和可行性。

2. 测试重点应为学生的语言技能和语言交际能力，同时应考核他们的语言知识和文化知识，以引导他们注重语言能力和独立分析、解决问题等能力的培养。

3. 测试内容和评估标准以本大纲的规定为依据。

4. 完成六级和八级课程时，各校应根据《大纲》要求自行命题进行测试。八级测试及格者方能取得大学阿拉伯语专业毕业资格。必要时可进行全国统一测试。

5. 为了从不同角度给命题提供参照标准，本大纲提供53个题例，按听、说、写、译顺序统一编号（见附件一，略）。

（二）测试材料、方法和评估标准

1. 听

（1）测试材料：

根据教学要求对内容、难度和语速的规定选定声音清晰的标准阿拉伯语有声材料。

一次标准测试，六级以听5分钟左右的材料为宜，其中应包括3分钟左右的新闻，2分钟左右的其他内容（参见题例1—新闻提要、2—新闻、3—知识介绍、4—广播剧）。八级以听7分钟左右的材料为宜，其中应包括3分钟左右的新闻，4分钟左右的其他内容；如选用电视短片，时间可延长10—15分钟（参见题例5—新闻提要、6—新闻、7—天气预报、8—访谈、9—讲话）。

（2）测试方法：

1）利用语言实验室，听 1—2 遍。

2）以笔答为主，分客观题和主观题。客观题包括填充、判断、选择、改错等；主观题包括答问、翻译、复述（必要时可给予提示）等。

3）按项目或题型类别逐一进行。

（3）评估标准：

等 级	优 秀 （100—90）	良 好 （89—80）	中 等 （79—70）	及 格 （69—60）	不及格 （59 以下）
评分标准	准确理解主要内容，获取 90% 以上的信息	比较准确地理解主要内容，获取 80% 以上的信息	基本理解中心内容，获取 70% 以上的信息	勉强理解中心内容，获取 60% 以上的信息	抓不住中心，只能获取零散信息

2. 说

（1）测试方法：

1）读、听短文或看短片（材料宜选用故事、人物传记、游记、国情简介等），复述或概述大意。长度，六级 300—350 词，八级 400 词以上（六级参见题例 10、11、12，八级参见题例 16、17、18，略）。

2）就阅读材料或熟悉的题材进行表述或讨论（六级参见题例 13、14，八级参见题例 19、20，略）。

3）经准备作专题发言（六级参见题例 15、八级参见题例 21，略）。

（2）评估标准：

标准\等级\项目		优秀 (100—90)	良好 (89—80)	中等 (79—70)	及格 (69—60)	不及格 (59以下)
内容 40%	表述或讨论	观点明确，内容充实，态度积极，顺利完成交际	观点明确，内容较充实，态度积极，实现交际目的	观点清楚，内容欠充实，态度较积极，基本达到交际目的	观点尚明白，内容不充实，态度欠积极，勉强完成交际	观点不清楚，内容单薄，表现被动附和，语言障碍较多，交际困难
	复述	基本运用个人语言概括材料，主要信息无遗漏	尚能运用个人语言概括材料，主要信息遗漏不超过10%	较多袭用原文语言，主要信息遗漏不超过20%	勉强表述材料内容，主要信息遗漏不超过50%	主要信息遗漏50%以上，不能反映材料原貌。
	专题表述	观点明确，内容充实，逻辑性强	观点明确，内容较充实，逻辑欠佳	观点清楚，内容欠充实，但能说明主题	观点基本清楚，内容不充实，勉强说明主题	观点含糊，内容零乱或文不对题
语言 55%	语音、语调、语法、词汇、流利程度	语汇丰富，语音、语调清晰自然，语速正常，表达流畅，无大错，语言比较得体	语汇比较丰富，语音、语调比较自然，语速正常，有个别语塞或重复，有个别大错但不造	语汇欠丰富，少量音调不准，语塞、重复较多，有几处大错但表达主要内容尚明白，语	语汇有限，语音、语调欠佳，语塞、重复较多，影响交际效果，语体分辨力差，勉强	语汇贫乏，语音、语调不准，语塞多，重复多，不能分辨语体，严重影响交际

续表

标准\等级 项目		优秀 (100—90)	良好 (89—80)	中等 (79—70)	及格 (69—60)	不及格 (59 以下)
			成误解，语言基本得体	体分辨力较差	进行交际	
仪态 5%	仪表举止	自然大方	比较大方	欠大方	拘谨	不佳

3. 读

（1）测试材料与方法：

1）寻读

在规定时间内找到所需信息。材料宜选用图书目录、百科词条、报刊栏目等（六级参见题例 22，八级参见题目例 25，略）。

2）快读

在规定时间内读完长度、难度相当的材料，了解主要内容。材料宜选用新闻报道、人物传记、记游文章和文艺作品等。方法可采用正误判断、多项选择、回答问题、概述大意、复述评论等（六级参见题例 23，八级参见题例 26，略）。

3）细读

在规定时间内理解所读材料的中心思想、段落大意和主要细节，如观点立场、时间地点、人物情节、前因后果等，并对材料的基本观点做简要评论。材料宜选用长度相当的社论、评论、专题报道、文学作品等。方法可采用是非判断、多项选择、词句解释、回答问题、概述大意、段落翻译、发表评论等（理解性阅读六级参见题例 24，以阅读为主导、以语言技能转换为主要内涵的综合能力测试八级参见题例27、28，略）。

（2）评估标准：

标准＼等级＼项目		优秀 (100—90)	良好 (89—80)	中等 (79—70)	及格 (69—60)	不及格 (59以下)
细读	寻读	找到全部信息	找到五分之四以上信息	找到五分之三以上信息	找到二分之一以上信息	找到信息不足二分之一
	快读	主要信息无遗漏	了解五分之四以上主要信息	了解五分之三以上主要信息	了解二分之一以上主要信息	了解信息不足二分之一
	理解	能准确抓住中心思想，把握段落大意，并理解85%以上的内容	能抓住中心思想，基本把握段落大意，理解70%以上的内容	可基本抓住中心思想，大致把握段落大意，理解60%以上的内容	可基本抓住中心思想，把握一半以上的段落大意，理解60%以上的内容	抓不住中心思想，基本把握不住段落大意，理解内容不足50%
	评论	能抓住主要论点并发表评论，观点明确，论证有力	能抓住主要论点并发表评论，观点明确，但论证不很有力	尚能抓住主要论点并发表评论，观点基本明确，但论证平平	尚能抓住主要论点，但评论欠妥，论据不足	抓不住主要论点，不能发表评论，或评论错误

4. 写

（1）测试方法：

1）给提示写应用文（六级参见题例29、30，八级参见题例35、36，略）。

2）根据提供的材料书写梗概、摘要或读书报告（六级参见题目例32、33，略）。

3）根据提供的材料书写简评或说明（六级参见题例34，八级参见题例38、39、40，略）。

4）限定性命题（附提示）或半限定性命题作文（六级参见题例30、31，八级参见题例37、41，略）。

（2）评估标准：

项目与比例		优秀 (100—90)	良好 (89—80)	中等 (79—70)	及格 (69—60)	不及格 (59以下)
内容 40%	应用文	包括全部要素	要素有个别遗漏	少量要素遗漏，但不影响交际目的	要素遗漏较多，勉强达到交际目的	要素遗漏过多，达不到交际目的
	叙述文	切题,充实	切题，但不够充实；或充实，但有少量内容不切题	基本切题，但欠充实，能反映问题或事物概貌	不够切题，勉强反映问题或事物概貌	文不对题,内容贫乏,达不到交际目的
	说明文 议论文	观点明确,说理充分	观点明确，说理欠充分	观点比较清楚，但论理不充分，举例不贴切	观点尚清楚，但论说无力，举例不当	观点含混,论说不清,达不到交际目的

续表

标准＼等级＜br＞项目与比例	优秀＜br＞(100—90)	良好＜br＞(89—80)	中等＜br＞(79—70)	及格＜br＞(69—60)	不及格＜br＞(59以下)
结构＜br＞20%	层次分明，条理清楚，语句连贯	层次基本分明，条理基本清楚，语句不够连贯	层次不够分明，条理性不强，但尚能表达大意	层次不明，条理不清，勉强达到交际目的	结构松散，条理紊乱，令人不得要领
语言＜br＞40%	语汇丰富，用词贴切，句子完整，行文流畅，无大的语法错误，语言基本得体	语汇比较丰富，用词比较贴切，句子结构、语法、书写、标点有少量错误	语汇不够丰富，表达不够准确，构句、语法、书写、标点错误较多，但基本达到交际目的	语汇贫乏，表达不准确，语法、书写、标点错误多，勉强达到交际目的	语汇贫乏，语法概念混乱，书写、标点错误多，达不到交际目的

(3) 毕业论文（学士论文）评估标准：

标准＼等级＜br＞项目	优秀	合格	不合格
内容	有独立见解，观点明确，论据充分，论证有力，有一定深度	观点基本清楚，论据比较充分，论证比较有力	观点不清楚，论述前后矛盾，或观点有重大错误

续表

标准 等级 项目	优秀	合格	不合格
结构	层次分明，条理清楚，语句连贯，段落衔接自然，逻辑性强	层次比较分明，条理比较清楚，语句、段落基本连贯，有一定逻辑性	层次不明，条理不清，抓不住要领
语言	语汇丰富，用词贴切，无大的语法错误，语言基本得体	表达基本正确，语法、书写、标点有些错误，但能够表达主要内容	用词不当，语法概念不清，书写、标点错误多，表达力差，令人不得其解。引用原文超过30%，或抄袭他人作品

5. 译

（1）测试方法：

1）笔译：选定材料，在1—2小时内完成对指定篇幅或段落的翻译（阿译汉六级见题例42—44，八级见题例45—47。汉译阿六级见题例48—50，八级见题例51—53，略）

2）口译：可利用电化教学设备，采用读译、听译、视译、即席翻译等方式，时间10分钟左右

（2）评估标准：

阿 译 汉

标准等级 项目	优秀 (100—90)	良好 (89—80)	中等 (79—70)	及格 (69—60)	不及格 (59 以下)
忠实 70%	传达全部信息，风格与原文一致	主要信息全部传达，个别次要信息漏译或误译，风格与原文基本一致	个别主要信息或较多次要信息漏译或误译，但精神与原文一致	信息有较多漏译或误译，但总体勉强达意	信息漏译或误译很多，不能传达原文精神
通顺 30%	选词妥帖，构句、段衔接自然，行文流畅	选词无误，构句基本得当，句段衔接大体合理，文字一般	选词有误，构句尚可，句段衔接欠佳	选词、构句皆有较多错误，语句不规范	用词不当，构句有重大错误，译文难以理解

汉 译 阿

标准等级 项目	优秀 (100—90)	良好 (89—80)	中等 (79—70)	及格 (69—60)	不及格 (59 以下)
忠实 60%	传达全部信息，风格与原文基本一致	主要信息全部传达，个别次要信息漏译，风格比较接近原文	个别主要信息或较多次要信息漏译，但精神与原文一致	信息有较多漏译或误译，但总体勉强达意	信息漏译或误译很多，不能传达原文精神

续表

标准＼等级＼项目	优秀 (100—90)	良好 (89—80)	中等 (79—70)	及格 (69—60)	不及格 (59以下)
通顺 40%	构句得当，选词妥帖，表达符合阿文习惯	构句合理，选词比较准确，表达比较符合阿文习惯	构句有少量错误，选词不够准确，汉化痕迹明显	构句生硬，用词不当，汉化痕迹重	构句能力很差，选词错误甚多，译文难以理解

说明：

《高等学校阿拉伯语教学大纲》还有"语音表"、"语法表"、"功能意念表"、"语言技能表"、"测试参考方案"、"测试题例"、"阅读推荐书目"、"词汇表"等附件，这里均未收录。

附录九

有关阿拉伯语教学研究的论文索引

说明：

《阿拉伯世界》杂志二十多年来一直成为发表有关阿拉伯语教学研究方面学术论文的重要园地，这里收录了该刊自1982—2000年间所刊载的有关阿拉伯语教学研究方面主要论文和文章，按发表时间先后排序，并按文章内容作了相应分类，以便检索。

语法、修辞

阿拉伯语虚词（一），北京大学阿拉伯语教研室，1982，1。
阿拉伯语教学入门阶段的几个有关问题，郭黎，1982，1。
阿拉伯语虚词（二），北京大学阿拉伯语教研室，1982，2。
阿拉伯语两大语法学派争论问题选，陈中耀，1982，2。
阿拉伯语中的主动名词和名词、动词的比较，王复、陆孝修，1982，2。
阿拉伯语虚词（三），北京大学阿拉伯语教研室，1982，3。
汉译阿被动语态的处理与运用，木欣，1983，2。

阿拉伯语动词（一），陈中耀，1983，2。
阿拉伯语动词（二），陈中耀，1983，3。
关于海木宰，范绍民，1983，3。
阿拉伯语动词（三），陈中耀，1983，4。
阿拉伯语动词（四），陈中耀，1984，1。
阿拉伯语并列句的连接问题，木欣，1984，2。
阿拉伯语名词（一），常思，1984，3。
阿拉伯语名词（二），常思，1984，4。
阿拉伯语名词（三），常思，1985，1。
阿拉伯语名词（四），常思，1985，2。
阿拉伯语名词（五），常思，1985，3。
试探阿拉伯语四母动词的词形与词源，刘开古，1985，4。
阿拉伯语修辞学（一），陈中耀，1986，2。
阿拉伯语修辞学（三），陈中耀，1986，4。
阿拉伯语修辞学（四），陈中耀，1987，1。
两种述语，刘麟瑞，1987，1。
阿拉伯语句中的描述成分和非描述成分，刘麟瑞，1987，2。
阿拉伯语修辞学（五），陈中耀，1987，2。
阿拉伯语修辞学（六），陈中耀，1987，3。
西方对阿拉伯语语法的研究，贾治平，1989，3。
试论修辞在阿拉伯语词汇发展中的作用，刘开古，1992，2。
阿拉伯语"是"词浅说，黄云龙，1994，1。
试用现代语言理论剖析阿拉伯语词，周文巨，1995，1。
阿拉伯语同义词，周文巨，1995，3。
阿拉伯语句子的预设，陈中耀，1996，1。
阿拉伯语反义词，周文巨，1996，1。
阿拉伯语句子的深层结构和表层结构，陈中耀，1996，2。

古代阿拉伯语风格研究概述，王有勇，1996，4。

阿拉伯语句子的语序研究，陈中耀，1996，4。

篇章及其粘合方式，周文巨，1996，4。

试析《古兰经》中某些词语含义的伸缩性与广泛性，罕戈，1997，1。

阿拉伯语感应动词，丁淑红，1997，1。

试论阿拉伯语的语法结构层次，陈中耀，1997，2。

阿拉伯语语篇粘合的词汇手段，周文巨，1997，2。

阿拉伯语新闻语体风格，王有勇，1997，2。

阿拉伯语中的名词句，严庭国，1997，2。

阿拉伯语句法结构的表义功能，陈中耀，1997，3。

阿拉伯语新闻语体风格（续），王有勇，1997，3。

阿拉伯语多义词和同音词，陈中耀，1997，4。

阿拉伯语派生构词的科学性和优越性，国少华，1997，4。

当代阿拉伯应用文的写作特点及其行文规范，李东森，1997，4。

当代阿拉伯风格研究概述，王有勇，1997，4。

阿拉伯语同义词与反义词（上），陈中耀，1998，1。

阿拉伯语语篇的语法粘合手段（上），周文巨，1998，1。

阿拉伯广告语体风格（上），王有勇，1998，1。

阿拉伯语派生构词的科学性和优越性（续），国少华，1998，1。

阿拉伯语的阴性名词，麦海迪，1998，1。

阿拉伯语同义词与反义词（下），陈中耀，1998，2。

阿拉伯语语篇的语法粘合手段（下），周文巨，1998，2。

阿拉伯广告语体风格（下），王有勇，1998，2。

阿拉伯语的合成构词，国少华，1998，3。

阿拉伯公文事务语体风格，王有勇，1998，4。
阿拉伯文学语体风格，王有勇，1999，2。
阿拉伯语的词汇与词（一），陈中耀，1999，3。
阿拉伯科学语体风格，王有勇，1999，3。
阿拉伯语的词汇与词（二），陈中耀，1999，4。
阿拉伯政论语体风格，王有勇，1999，4。
阿拉伯语的词汇与词（三），陈中耀，2000，1。
阿拉伯政论语体风格（续），王有勇，2000，1。
阿拉伯语的词汇与词（四），陈中耀，2000，2。
阿拉伯语的词汇与词（五），陈中耀，2000，3。

语音、方言
浅谈阿拉伯语语音，范绍民，1983，1。
阿拉伯各方言区的语言特征及其成因，王蕾，1991，4。
简析阿拉伯语语音的发展，刘开古，1992，1。
阿拉伯国家大力推广标准语，傅伯模，1989，1。
阿拉伯语语音的同化与异化，王有勇，1994，1。
苏丹、也门及海湾地区方言中的相似现象，郭宝华，1994，3。
阿拉伯语音的风格手段，周文巨，1996，3。
重视语音阶段的朗读与书法，严庭国，1997，1。
学习阿拉伯语到什么阶段才能去掉音符，何惠安，1998，2。

文学、文化、艺术、书法
《古兰经》对阿拉伯语的影响，王玉栋，1985，1。
十年辛劳，一园硕果，元鼎，1990，2。
八种阿拉伯书法，袁义芬，1986，1。

阿拉伯书法艺术，袁义芬，1989，3。
浅析《日子》的语言结构，袁义芬，1992，2。
没有《古兰经》就没有阿拉伯语，吴根福，1995，1。
阿拉伯语比喻与阿拉伯文化的关系，吴根福，1995，2。
塔哈·侯赛因小说《日子》的篇章风格，王有勇，1995，2。
贾希利亚谚语与同时期社会文化的内在联系，李玲，1996，3。
阿拉伯语书法简介，何惠安，1997，1。
从外来词看文化的接触，周烈，1998，1。
汉阿亲属称谓的差异及其文化渊源，朱立才，2000，4。

翻译、比较
"圣"字译法刍议，元鼎，1985，2。
浅析阿拉伯语中的外来词汇，刘开古，1985，3。
翻译不易，刘元培，1986，1。
关于阿拉伯语口译技巧的管见，叶水林，1986，2。
谈阿汉口语中的异曲同工，翟隽，1987，2。
劳务、承包工程翻译浅谈，程永宁，1987，3。
阿拉伯语对西班牙语的影响，陆经生，1988，1。
小议汉阿古诗中的"异曲同工"，任国毅，1988，2。
英语中的伊斯兰教词汇，马国庆，1988，3。
首次全国性阿译汉文学翻译有奖比赛揭晓，《阿拉伯世界》编辑部，1988，3。
可贵的尝试 可喜的收获——首次全国性阿译汉征文比赛评奖委员会，1988，3。
《美》的翻译和翻译的美，杨孝柏，1988，3。
谈阿拉伯文学翻译，仲跻昆，1988，3。

漫谈翻译，刘麟瑞，1988，3。

借鉴与探索——对照阅读《古兰经》中英文译本的启示，葛继远，1989，2。

阿汉人名地名的翻译，晓文，1989，2。

阿汉语言现象的比较研究，刘开古，1989，2。

阿汉形象词语翻译初探，刘开古，1989，4。

再谈《古兰经》中英文译本，葛继远，1989，4。

浅谈汉译阿中的加词，刘元培，1990，1。

阿拉伯语翻译课管见，马瑞瑜，1990，1。

中世纪阿拉伯语与波斯语的相互影响和融合，林则飞，1990，2。

查尔加尼语言理论与乔姆斯基、马德修斯语言理论之比较，张迈近，1990，2。

浅谈阿拉伯语长句的汉语译法，刘开古，1990，3。

阿拉伯语是德语、英语的母语吗？宇宙，1990，4。

浅谈汉译阿中的减词，刘元培，1991，1。

阿拉伯语中类似汉语述补结构的翻译问题，黄云龙，1993，3。

阿汉成语的异曲同工，盖双，杨阳，1994，4。

阿拉伯语吸收外来语的途径，周文巨，1996，2。

从汉语、阿拉伯语的不同句法结构看汉、阿心理文化差异，朱立才，1997，1。

阿拉伯文和波斯文形貌之比较，袁义芬，1997，3。

全面掌握词义是阿拉伯语翻译水平的关键，李东森，1997，3。

阿译汉审美再现手段的增词法，袁义芬，1998，2。

试谈汉阿专名互译的原则与方法，赵培森，1999，1。

时空副词قبل的多种译法，任国毅，1999，1。

阿译汉的长句短译法，袁义芬，1999，1。

观察语境 寻觅语义，周文巨，1999，2。

"归化"还是"异化"——浅谈阿汉成语翻译中文化意象的失落，李雅柯，2000，2。

语言历史

阿拉伯文字在中国，林松，1984，3。

关于阿拉伯文字由来的争议，宋龙根，1985，3。

阿拉伯文字体的起源，王成龙，1986，1。

浅说阿拉伯语的起源，刘开古，1987，4。

广州阿拉伯文雕刻史料，杨棠，1988，4。

阿拉伯语的起源，徐凡希，1988，1。

中世纪阿拉伯语在西亚、北非的传播，刘开古，1988，2。

中世纪阿拉伯语的发展，刘开古，1988，4。

近现代阿拉伯语的发展，刘开古，1989，1。

阿拉伯语在巴基斯坦的传播，李令军，1989，1。

浅谈阿拉伯民族共同语的形成，刘开古，1989，3。

伊斯兰教产生前后阿拉伯文字的发展，李令军，1990，3。

阿拉伯字母符号的发展，袁义芬，1990，4。

阿拉伯语在中国，一知，1991，1。

阿拉伯语在中国（续），一知，1991，2。

阿拉伯文字和世界文字的渊源关系，一知，1991，4。

人物、回忆

奥贝德先生在北大九年，吕学德，1982，1。

回忆成达师范学校，志程，1982，2。

祝贺纳忠教授执教四十年，张惠文，1983，2。

桃李满园时，当忆老园丁——访刘麟瑞教授，仲跻昆，1983，2。

忆马坚先生，仲跻昆，1983，4。

回忆马坚生前几件事，马存真，1983，4。

一代阿訇——记马松亭先生（一），杨孝柏、马为公，1984，1。

忆我的老师马宏毅先生，李唯中，1984，1。

一代阿訇——记马松亭先生（二），杨孝柏、马为公，1984，2。

他没有走——怀念奥贝德先生，张甲民，1984，3。

我国穆斯林学者哈德成，马全仁，1984，3。

开拓者的脚印——王静斋先生事迹追记（一），杨孝柏、马为公，1984，3。

开拓者的脚印——王静斋先生事迹追记（二），杨孝柏、马为公，1985，1。

尼罗河畔九度春——庞士谦先生事迹追记（一），杨孝柏、马为公，1985，2。

尼罗河畔九度春——庞士谦先生事迹追记（二），杨孝柏、马为公，1985，3。

求学不辞天方远——访纳忠教授（上），杨孝柏、马为公，1986，4。

求学不辞天方远——访纳忠教授（下），杨孝柏、马为公，1987，1。

一千零一个梦——访纳训先生，杨孝柏、马为公，1988，4。

访马维维先生，杨孝柏、马为公，1989，1。

虎嵩山与宁夏伊斯兰教的经堂教学，李仁，1989，2。

叙利亚专家玛哈·伊塔尔（女）博士来上海外国语学院任教，何惠安，刘开古，1989，2。

著名大阿訇安士伟，青霞，炳书，1990，1。

奥贝德，北京不忘您的英名，郭晓勇，1990，2。

我的回忆（一），刘麟瑞，1990，4。

我的回忆（一），刘麟瑞，1991，1。

我的回忆（二），刘麟瑞，1991，2。

我的回忆（三），刘麟瑞，1991，3。

我的回忆（三）（续），刘麟瑞，1991，4。

埃及九年，纳忠，1992，3。

回忆成达师范，闪克行，1992，4。

埃及九年（续），纳忠，1993，1。

著名回族学者海维谅，韩海潮，马长兴，1993，2。

学者的追求（一），李振中，1993，4。

师生有真情，晚晴添温馨，朱威烈，1993，4。

学者的追求（二），李振中，1994，1。

学者的追求（三），李振中，1994，2。

学者的追求（四），李振中，1994，3。

学者的追求（五），李振中，1994，4。

教学

中国阿拉伯语教学研究会成立，孙承熙，1985，1。

《高等学校阿拉伯语专业基础阶段阿拉伯语教学大纲》制定说明，史希同，1991，3。

阿拉伯语专业教学改革刍议，元鼎，1993，2。

纳忠、刘麟瑞两教授荣获"中国阿拉伯语教学杰出贡献奖",韦良,1993,4。

阿拉伯语基础课教学探讨,张嘉南,1994,3。

中国阿拉伯语教学事业的发展,向培科,1995,4。

中国阿拉伯语教学发展前景——从访问的黎波里经学院谈起,李振中,1997,4。

中国大学里的阿拉伯语,辛俭强,霍娜,1997,4。

语言知识

漫谈阿拉伯语的谚语、格言,时延春,1985,1。

阿拉伯语字母排列顺序趣谈,宋龙根,1986,1。

阿拉伯报刊中的语言现象,刘开古,1986,4。

阿拉伯成语谚语选录,杨言洪、葛铁鹰,1987,2。

阿拉伯成语谚语选录,杨言洪、陆伯渠,1987,3。

阿拉伯数字小议,傅伯模,1987,3。

阿拉伯成语、谚语选录,杨言洪等,1987,4。

阿拉伯语成语谚语选录,杨言洪等,1988,1。

考一考,印晓林,1988,3。

叙利亚专家谈阿拉伯语,张迈近,1989,3。

自学阿拉伯语(一),周顺贤,1990,2。

自学阿拉伯语(二),周顺贤,1990,3。

自学阿拉伯语(三),周顺贤,1990,4。

自学阿拉伯语(四),周顺贤,1991,1。

自学阿拉伯语(五),周顺贤,1991,2。

自学阿拉伯语(六),周顺贤,1991,3。

自学阿拉伯语(七),周顺贤,1991,4。

杂谈"المرأة"和"أسماء النساء"及其他,李国发,1993,3。

阿拉伯语言知识讲座（一），虞晓贞，1994，1。
阿拉伯语言知识讲座（二），虞晓贞，1994，2。
阿拉伯语言知识讲座（三），虞晓贞，1994，3。
阿拉伯语言知识讲座（四），虞晓贞，1994，4。
阿拉伯语言知识讲座（五），虞晓贞，1995，1。

其他
"小儿锦"初探，冯增烈，1982，1。
电脑首次应用于阿拉伯语言学研究，刘开古，1984，3。
介绍几种阿拉伯语词典，王伟，1985，1。
试谈汉阿混合排版时的行文格式，赵培森，1987，3。
汉语阿拉伯语标点符号的比较，林则飞，1991，3。
关于阿拉伯语文字的改革，刘开古，1991，3。
评《汉语阿拉伯语词典》，张嘉南，1994，4。
阿拉伯科技工程术语的构成与特点，赵培森，1995，3。
泛论阿拉伯语词典，周文巨，1995，4。
阿拉伯人姓名考，赵培森，1997，1。
阿拉伯语的数字，麦海迪，1997，3。
阿拉伯语的数字（2），麦海迪，1997，4。
阿拉伯语词典学（上），陈中耀，1998，3。
阿拉伯语词典学（续），陈中耀，1998，4。
阿拉伯数字刍议，周贤，1998，4。

附 录 十

中国阿拉伯语教育历史大事记
（截至 2000 年）

公 元	大 事 记
前139—前119	张骞连通西域，开辟了中阿交流的通道丝绸之路
25—97	班超、甘英出使西域，远抵阿拉伯地区
651	第三任哈里发奥斯曼遣使来华，与中国唐朝通好
651—798	阿拉伯帝国频繁遣使来华，多达39次。伊斯兰教和阿拉伯语传到中国
751—762	唐人杜环游历中亚西亚广大阿拉伯地区，撰成《经行记》，为中国最早全面介绍阿拉伯地区及伊斯兰教（大食法）的历史文献
851—880	旅居中国的阿拉伯商人苏莱曼将在中国等地的亲身见闻汇集成书，名为《中国印度见闻录》，是阿拉伯作家记述中国的最早、最重要的历史文献
996	宋太祖赐建北京牛街礼拜寺，阿拉伯回回谢赫·纳速鲁丁任掌教，在寺内讲习阿拉伯语及伊斯兰教经典
1072—1074	维吾尔族学者马哈茂德·喀什噶里用阿拉伯语编成《突厥语大词典》
1289	元朝政府设立回回国子学、回回国子监，教授亦思替非文

续表

公 元	大 事 记
1328—1339	元代航海家汪大渊两次远涉重洋,穿行阿拉伯海和红海,远至今日索马里、摩洛哥等地,撰写了《岛夷志略》一书,记述了当时阿拉伯国家的情形
1345—1347	阿拉伯旅行家伊本·白图泰游历中国,访问泉州、广州、大都(北京)等地
1405—1433	明代著名回族航海家郑和七下西洋,远抵今日阿曼、索马里、沙特阿拉伯等阿拉伯地区,担任随行通事的马欢、哈三、费信等均为精通阿拉伯语的穆斯林学者,撰有《瀛涯胜览》(马欢)、《星槎胜览》(费信)、《西洋番国志》(巩珍)等有关阿拉伯地区等域外信息的重要著作
1407	明朝政府始设"四夷馆",专门负责翻译和教习各少数民族语言及一些外国语言,其中有回回语,包括阿拉伯语、波斯语和维吾尔语等。该机构一直延续至清朝,改称"四译馆"
1522—1597	中国伊斯兰教经堂教育的奠基人胡登洲在世
1570—1658	中国伊斯兰教学者王岱舆在世
1662—1722	中国伊斯兰教经师常志美在世
1662—1731	中国伊斯兰教学者刘智在世,他在著作中采辑的阿拉伯文献多达67部
1681—1736	中国伊斯兰教阿訇、经堂教育经师马来迟在世
1794—1874	中国伊斯兰教经学家、阿拉伯语学者马德新(复初)在世
1848—1919	中国伊斯兰教新式教育的倡导者王宽阿訇在世
1849—1934	中国伊斯兰教阿訇、经堂教育经师马万福在世
1866	马复初译出埃及诗人浦绥里的长诗《天方诗经》
1867—1957	中国伊斯兰教阿訇、经堂教育经师马良骏在世
1870—1952	中国伊斯兰教学者、阿拉伯语学者杨仲明在世
1874—1965	中国伊斯兰教阿訇、阿拉伯语学者达浦生在世
1879—1949	中国伊斯兰教阿訇、阿拉伯语学者和翻译家王静斋在世
1880—1955	中国伊斯兰教阿訇、经堂教育经师虎嵩山在世

续表

公 元	大 事 记
1888—1943	中国伊斯兰教阿訇、阿拉伯语学者哈德成在世
1890	《天方诗经》经马复初弟子马安礼修润后在成都刻版印行，这是我国最早完整翻译出版的阿拉伯文学作品
1895—1992	中国伊斯兰教阿訇、阿拉伯语学者马松亭在世
1906—1978	中国现代伊斯兰学者、阿拉伯语教学家和翻译家马坚在世
1911	杨仲明阿訇编译《中阿初婚》四册，由北平秀贞精舍出版，为阿拉伯文法教材汉译之始，故曰初婚
1911.10	辛亥革命推翻满清王朝
1912.1	中华民国成立，孙中山就任临时大总统
1912.7	中国回教俱进会在北平成立
1922	北平清真书报社创办（1956年停办）
1925.4	成达师范创立于山东济南
1925.6	中国回教学会在上海成立
1927.1	《月华》旬刊在北平创刊，赵振武任主编，发表大量阿拉伯文译作
1928	上海伊斯兰师范创立
1928	王静斋阿訇编纂的《中亚字典》刊行
1928	中国回教经书局在上海创办，印行大量阿拉伯文典籍、教科书和工具书
1929.2	《清真铎报》在昆明创刊。发表大量阿拉伯语译作和学生翻译习作
1929	成达师范举迁北平，增加课程，扩大招生
1930	马坚等中国首届穆斯林青年赴埃及爱资哈尔大学留学
1932	马松亭晋见埃及国王福阿德一世，得到福阿德一世及爱大校长大量赠书
1932	王文清（静斋）翻译的《〈古兰经〉译解（甲）》在北京出版，这是我国第一本由阿拉伯语直接翻译过来的汉语译本
1933.5	爱资哈尔大学中国学生部成立，沙国珍任部长

续表

公 元	大 事 记
1933.5	中国回民教学促进会在南京成立
1933	埃及首次派教师来中国教授阿拉伯语,两名爱资哈尔大学教师来成达师范任教
1934	王静斋阿訇编译的《中阿新字典》在北平刊行
1934	成达师范将马松亭校长从埃及带来的阿文铅字翻制为铜模,鼓铸活字,为铅印阿文典籍和教材提供了很大便利,结束了阿文在我国的手抄历史
1934.10	上海穆民经书社创办,多年来发行大量阿拉伯文经籍
1935	马坚先生在埃及完成《论语》阿拉伯文译本,由开罗古籍出版社出版
1936	成达师范建立福阿德图书馆,收藏有大量阿拉伯语文献
1937	王静斋阿訇等在郑州发起成立中国回民抗日救国协会(中国回教协会)
1937.11	中国回教近东访问团组成,出访中东各国,宣传抗日,1939年1月归来
1937—1938	达浦生阿訇自费出访埃及、沙特阿拉伯、印度等国,宣传中国抗日救亡运动
1938	中国回教文化学会在桂林成立,1941年改名为伊斯兰文化学会
1938	庞士谦继任爱资哈尔大学中国学生部部长,1947年解散
1938.7.24	陶行知先生到访埃及,宣传抗日,并看望就读于爱资哈尔大学的中国留学生
1943	留学埃及爱资哈尔大学的纳忠先生学成归国,受聘当时中央大学,首次在我国高校教授阿拉伯语和阿拉伯—伊斯兰历史文化课程
1946	北京大学聘请马坚先生创设阿拉伯语专业
1949.10.1	中华人民共和国成立,毛泽东就任中央人民政府主席
1952—1953	全国高等院校进行院系调整
1955.4	周恩来总理率中国政府代表团参加在印度尼西亚万隆召开的第一届首亚非国家脑会议,期间会晤了埃及总统纳赛尔,打开了新中国对阿关系的大门
1955.11	中国伊斯兰教经学院成立
1955.11—12	周恩来总理两次接见新中国即将派往阿拉伯国家留学的第一批全体留学生
1956.1	新中国派往阿拉伯国家的第一批留学生杨福昌等七人赴埃及留学

续表

公 元	大 事 记
1956.5	中华人民共和国与阿拉伯埃及共和国正式建立外交关系
1957	《中国穆斯林》杂志在北京创刊
1957	台湾政治大学东方语文系增设阿拉伯语文组，定中明主持
1958.9	北京外交学院、上海外国语学院设立阿拉伯语专业
1960	上海外国语学院阿拉伯语专业开始招生
1961.9	北京外国语学院亚非系设立阿拉伯语专业
1961.10	上海成立对外贸易学院，设有阿拉伯语专业
1962	上海中国回教经书局停业
1962.9	外交学院与北京外国语学院的阿拉伯语专业合并，隶属北京外国语学院亚非系，纳忠担任系主任
1963—1964	周恩来总理由陈毅副总理陪同，访问埃及、阿尔及利亚等亚非欧14国
1962.9	北京外国语学院阿拉伯语专业基础阶段、高年级阶段教研室成立
1964.2	上海外国语学院阿拉伯语系成立
1964.9	北京第二外国语学院成立，设有阿拉伯语专业
1964.10	教育部制定《外语教学七年规划纲要》
1965.9	北京外国语学院招收"文化大革命"前最后一批阿拉伯语专业本科生
1966	北大东语系阿拉伯语教研室编纂的《阿拉伯语汉语词典》由商务印书馆出版
1966.6	"文化大革命"开始，阿拉伯语教学与其他教学领域一样开始受到严重破坏
1968	沙特阿拉伯开始出资聘请沙籍教师支教台湾政治大学阿拉伯语专业
1969.10	我国高等学校阿拉伯语专业的奠基者之一、北京外贸学院阿拉伯语教研室第一任主任马宏毅先生去世
1971.9	北京外国语学院招收第一批阿拉伯语专业工农兵学员
1972	台湾政治大学东方语文系阿拉伯语专业独立成系，定中明为首任系主任，连任八年
1975.9	北京外国语学院招收最后一批阿拉伯语专业工农兵学员

续表

公 元	大 事 记
1976.10	"四人帮"倒台,"文化大革命"结束
1977.9	北京外国语学院等高校招收国家恢复高考后的第一批阿拉伯语专业学生
1977	甘肃临夏中阿学校创立
1978.8.16	北京大学教授、我国高等学校阿拉伯语专业的奠基者之一马坚先生逝世
1978.8.28—9.10	教育部召开全国外语教学座谈会
1978	"文化大革命"结束后我国向阿拉伯国家派遣第一批留学人员,经教育部统一考试,选拔出八名高校阿拉伯语教师分赴埃及、苏丹留学
1978.12	中共中央召开十一届三中全会
1979.3.27	教育部印发《加强外语教育的几点意见》
1979	北京外国语学院阿拉伯语专业图书资料室建立
1979	北京外语教学与研究出版社和上海外语教育出版社成立
1979	云南开远阿拉伯语学校创立
1980	《阿拉伯世界》期刊在上海外国语学院创刊
1980	北京外国语学院阿拉伯语专业被批准为我国第一个阿拉伯语硕士学位授予单位
1980.8	教育部批准成立全国高等学校外语专业教材编审委员会
1981.1	教育部印发《高等学校外语专业教材编审委员会工作条例》
1981.5	中国外语教学研究会在杭州成立,季羡林担任首届会长。阿拉伯语界担任首届名誉理事的为纳忠,担任理事的有陈嘉厚、余章荣、周顺贤
1981.6	北京外国语学院阿拉伯语专业独立建系,纳忠教授担任第一届系主任
1981	马坚先生翻译的《古兰经》全译本由中国社会科学出版社出版发行
1982.6	中国翻译工作者协会成立,阿拉伯语界担任首届理事的有纳忠、刘麟瑞、张秉铎、陈嘉厚
1982.8	北京外国语学院阿拉伯语系招收第一批阿拉伯语专业硕士生

续表

公 元	大 事 记
1982.9	北京外国语学院阿拉伯语系编写的第一套本科教材《阿拉伯语》开始公开出版
1983	北京外国语学院开始面向全国招收阿拉伯语专业函授生
1983.10	全国首届阿拉伯文学讨论会在北京召开
1984	北京外国语学院阿拉伯语系招收第一批阿拉伯语专业大专夜大班
1984	山西长治阿拉伯语学校创立
1984.10	中国阿拉伯语教学研究会在北京成立，陈嘉厚当选为会长
1985	北京外国语学院纳忠教授荣任叙利亚大马士革阿拉伯语学会通讯委员
1985.5	中共中央作出《关于教育体制改革的决定》。撤销教育部，成立国家教委
1985.6	中国阿拉伯语教学研究会在北京举办阿拉伯文化节
1985.9	北京外国语学院阿拉伯语系招收阿拉伯语大专班
1986	北京外国语学院阿拉伯语系被批准为阿拉伯语博士学位授予单位
1986.6	高等外语院校教育研究协作组在西安成立
1987.8	中国外国文学学会阿拉伯文学研究会在北京成立，刘麟瑞担任会长
1987.8	高等院校阿拉伯语专业基础阶段教学大纲研订组成立，史希同担任组长
1987	阿联酋迪拜商会向上海外国语学院捐赠"上海—迪拜阿拉伯语教学基金"
1988.6	中国阿拉伯语教学研究会与中国阿拉伯文学研究会共同举办了阿拉伯文学翻译大赛
1988.8	由阿盟教科文组织赞助，设在北京外国语学院阿拉伯语系的亚洲阿拉伯语言、阿拉伯—伊斯兰研究中心与苏丹喀土穆国际语言学院合作，举办第一届亚洲大学阿拉伯语教师暑假培训班
1988.9	北京外国语学院阿拉伯语系电教室建成
1989	北大东语系阿拉伯语教研室编纂的《汉语阿拉伯语词典》由商务印书馆出版
1989.12	北京外国语学院阿拉伯语系和亚洲阿拉伯—伊斯兰研究中心联合举办阿拉伯文化周
1990.7	中华人民共和国与沙特阿拉伯王国正式建立外交关系

续表

公　元	大　事　记
1990. 5	沙特阿拉伯向北京大学捐赠阿拉伯语语言实验室
1990. 11	阿联酋总统扎耶德向北京外国语学院捐建阿联酋阿拉伯语教学与阿拉伯伊斯兰研究中心
1991. 11	《高等学校阿拉伯语专业基础阶段阿拉伯语教学大纲》编订完成并正式出版
1992	北京外国语学院阿拉伯语系被批准为我国第一个阿拉伯语专业博士后流动站
1992. 7	纳忠教授指导的北京外国语学院阿拉伯语系教师赵军利获得我国第一个阿拉伯语专业（阿拉伯历史）博士学位
1993. 9	纳忠、刘麟瑞教授获第一届中国阿拉伯语教学杰出贡献奖
1993. 9	高等学校阿拉伯语专业高年级阶段教学大纲研订组成立
1994	北京外国语学院阿拉伯语系本科学制由5年改为4年
1994，8	上海外国语大学朱威烈教授荣任约旦皇家伊斯兰文明研究院通讯院士
1995. 2	阿联酋总统扎耶德赠款修建的阿拉伯语教学楼（阿联酋阿拉伯语教学与阿拉伯—伊斯兰研究中心）在北京外国语大学正式启用
1995. 6	北京大学举行马坚教授诞辰90周年纪念大会
1995. 8. 22	北京大学教授、我国高等学校阿拉伯语专业的奠基者之一刘麟瑞先生逝世
1995. 12	北京外国语学院和阿拉伯国家驻华使团联合举办第二届阿拉伯文化研讨会
1996	经国家民委和教育部批准，西北民族大学外语学院增设阿拉伯语专业
1996. 6	高校外语专业教学指导委员会成立"面向21世纪外语专业教学内容和课程体系改革小组"（分南方组和北方组）
1996. 10	上海外国语大学阿拉伯语函授单科班正式开学
1997	埃及驻华使馆向中国有关大学的阿拉伯语教学单位赠送卫星电视接收系统
1997. 3	沙特阿拉伯驻华大使尤素夫·穆罕默德·迈达尼先生代表沙特阿拉伯王国第二副首相苏尔坦·本·阿卜杜·阿齐兹亲王向上海外国语大学等开设阿拉伯语专业的各大学赠送全套《阿拉伯全球大百科全书》（共30册）
1997. 3	沙特阿拉伯邀请七位中国大学教授参加该国杰纳迪里文化遗产节

续表

公 元	大 事 记
1997.7	由阿盟教科文组织与北京外国语大学亚洲阿拉伯—伊斯兰研究中心联合举办第二届亚洲国家阿拉伯语教师培训班
1997.10.24	中国阿拉伯语教学界首届优秀科研成果奖颁奖大会在北京语言文化大学举行,《阿拉伯语汉语词典》(马坚主持)获特等奖;另有7项获一等奖,10项获优秀科研成果奖,11项获科研成果奖
1998.12	教育部高教司转发《关于外语专业面向21世纪本科教学改革的若干意见》
1999.8	北京外国语大学阿拉伯语系和阿拉伯联盟教科文组织联合举办"面向21世纪中阿文化关系研讨会"
2000.2	经教育部批准,云南大学设立阿拉伯语专业
2000	上海外国语大学中东研究所添列教育部组建的全国百家人文社会科学重点研究基地,基地负责人为朱威烈教授
2000.12	《高等学校阿拉伯语专业高年级阿拉伯语教学大纲》编订完成并正式出版

参考文献

一 外语文献

1. الدكتور أحمد بن محمد الضبيب :

   اللغة العربية فى عصر العولمة مكتبة العبيكان - الرياض 2001 م

2. الدكتور أسامة الألفي :

   اللغة العربية و كيف ننهض بها نطقا و كتابة الهيئة المصرية العامة للكتاب 2004 م

3. حسين حسن حسين :

   المستعرب الصيني البروفيسور تشووي ليه: نطمح في جائزة تشجع المستعربين الصينيين مجلة الفيصل- العدد- 331-2004 م

4. خاشع بن شيخ إبراهيم :

   اللغة العربية و المسيرة التعليمية في الوطن العربي مجلة الفيصل- العدد 312 سبتمبر- 2002 م

5. الدكتور شوقي ضيف :

   تيسير النحو التعليمي قديما و حديثا مع نهج تجديده دار المعارف- مصر 1993 م

6. رضوان ليولين روي :

   اللغة العربية في الصين قديما و حديثا مجلة مجمع اللغة العربية بدمشق العدد 62

الجزء الرابع 1987 م

7. Howatt, A. P. R. *A History of English Language Teathing.* 上海外语教育出版社 1999 年版。

8. Johnson, K. *An Intruduction to Foreign Language Learnung and Teaching.* 外语教学与研究出版社 2001 年版。

9. Kramsch, *Claire Cotext and Culture in Language Teathing.* 上海外语教育出版社 1999 年版。

10. Willis, J. & Willis, D. *Challenge and Change in Language Teathing.* 上海外语教育出版社 2002 年版。

二 汉语文献

1. 白寿彝：《民族宗教论集》，河北教育出版社 2001 年版。

2. 白寿彝：《中国伊斯兰史存稿》，宁夏人民出版社 1983 年版。

3. 白寿彝主编：《中国回回民族史》，中华书局 2003 年版。

4. 白寿彝总主编：《中国通史》，上海人民出版社 2002 年版。

5. 蔡伟良：《灿烂的阿拔斯文化》，上海外语教育出版社 1997 年版。

6. 蔡伟良、周顺贤：《阿拉伯文学史》，上海外语教育出版社 1998 年版。

7. 曹玉梅：《桃李芳菲遍中国——记马守信校长及长治市阿拉伯语学院》，长治阿拉伯语学校 1998 年印行。

8. 陈达生：《泉州伊斯兰教石刻》，宁夏人民出版社、福建人民出版社 1984 年版。

9. 陈嘉映：《语言哲学》，北京大学出版社 2003 年版。

10. 陈万里、王有勇：《当代埃及社会与文化》，上海外语教育出版社 2002 年版。

11. 陈炎：《海外丝绸之路与中外文化交流》，北京大学出版社 1996 年版。

12. 陈垣：《陈垣集》，中国社会科学出版社 2000 年版。

13. 陈垣：《元西域人华化考》，上海古籍出版社 2000 年版。

14. 达浦生：《伊斯兰六书》，宗教文化出版社 2003 年版。

15. 戴炜栋、张雪梅：《探索有中国特色的英语教学理论体系》，《外语研究》2001 年第 2 期。

16. （晋）范晔：《后汉书》，中华书局 1964 年版。

17. 费孝通等：《中华民族多元一体格局》，中央民族大学出版社 1989 年版。

18. （明）费信：《星槎胜览》，中华书局 1954 年版。

19. 付克：《中国外语教育史》，上海外语教育出版社 2004 年版。

20. 傅统先：《中国回教史》，宁夏人民出版社 2000 年版。

21. 《高等学校课程、教材、教法研究文集（二）》，高等教育出版社 1988 年版。

22. 高等学校外语专业教学指导委员会英语组：《高等学校英语专业英语教学大纲》，上海外语教育出版社 2000 年版。

23. 高发元：《穆圣后裔》，云南大学出版社 2000 年版。

24. 葛壮：《宗教和近代上海社会的变迁》，上海书店 1999 年版。

25. （明）巩珍著，向达校注：《西洋番国志》，中华书局 1961 年版。

26. 韩儒林：《穹庐集——元史及西北民族史研究》，上海人民出版社 1982 年版。

27. 何东昌主编：《中华人民共和国重要教育文献》，海南出版社 1998 年版。

28. 何芳川等：《古代中西文化交流史话》，商务印书馆 1998 年版。

29. 黄时鉴点校：《元代史料丛刊·通制条格》，浙江古籍出版社 1986 年版。

30. 基础阿拉伯语教学大纲研订组、高年级阿拉伯语教学大纲研订组编：《高等学校阿拉伯语教学大纲》，北京大学出版社 2000 年版。

31. 季羡林等：《外语教学往事谈——教授们的回忆》，上海外语教育出版社 1988 年版。

32. 贾福康：《台湾回教史》，台湾伊斯兰文化服务社发行，2002 年版。

33. 江淳等：《中阿关系史》，经济日报出版社 2001 年版。

34. 教育部：《2003—2007 年教育振兴行动计划》，《文汇报》2004 年 3 月 31 日。

35. 金吉堂：《中国回教史研究》，宁夏人民出版社 2000 年版。

36. 柯劭忞：《新元史》，中华书局 1976 年版。

37. 李良佑等：《中国英语教学史》，上海外语教育出版社 1988 年版。

38. 李兴华等：《中国伊斯兰教史》，中国社会科学出版社 1998 年版。

39. 李兴华等：《中国伊斯兰教史参考资料选编》，宁夏人民出版社 1985 年版。

40. ［英］李约瑟：《中国科学技术史》，科学出版社、上海古籍出版社 1990 年版。

41. 李振中：《学者的追求——马坚传》，宁夏人民出版社 2000 年版。

42. ［美］黎天睦（Timothy Light）：《现代外语教学法——理论与实践》，北京语言学院出版社 1987 年版。

43. 梁镛主编：《跨文化的外语教学与研究》，上海外语教育出版社 1999 年版。

44. 林松等：《回回历史与伊斯兰文化》，今日中国出版社 1992 年版。

45. 刘海平主编：《文明对话：本土知识的全球意义——中国哈佛—燕京学者第三届学术研讨会论文选编》，上海外语教育出版社 2002 年版。

46. 刘晖等：《中国研究生教育和学位制度》，教育科学出版社 1988 年版。

47. 刘开古：《阿拉伯语发展史》，上海外语教育出版社 1995 年版。

48. 刘麟瑞：《我的回忆——成达师范学校》，《阿拉伯世界》1991 年第 2 期。

49. 刘润清等：《中国高校外语教学改革现状与发展策略研究》，外语教学与研究出版社 2003 年版。

50. 刘玉柱主编：《高等学校教学管理》，山东大学出版社 1986 年版。

51. 刘震编注：《〈学记〉释义》，山东教育出版社 1984 年版。

52. （明）刘智：《天方典礼》，天津古籍出版社 1988 年版。

53. 鲁格曼·康义：《二十年奋斗的历程——临夏中阿学校简史》，临夏中阿学校 1999 年印行。

54. 陆培勇：《闪族历史与现实——文化视角的探索》，甘肃人民出版社 1998 年版。

55. 吕良环主编：《外语课程与教学论》，浙江教育出版社 2003 年版。

56. （明）马欢：《瀛涯胜览》，中华书局 1955 年版。

57. 马坚：《回历纲要》，中华书局 1955 年版。

58. 马强编：《民国时期广州穆斯林报刊资料辑录》，宁夏人民出版社 2004 年版。

59. 马以愚：《中国回教史鉴》，宁夏人民出版社 2000 年版。

60. 马宗保：《多元一体格局中的回汉民族关系》，宁夏人民出版社 2002 年版。

61. 马志学：《开中国现代阿拉伯语教育先河的一代宗师——马坚先生》，《新月华》2004 年第 2 期。

62. （清）马注：《清真指南》，宁夏人民出版社 1988 年版。

63. 纳忠：《阿拉伯通史》，商务印书馆 1999 年版。

64. 纳忠等：《传承与交融：阿拉伯文化》，浙江人民出版社 1993 年版。

65. 潘慧斌等编：《台湾地区高等教育纵览》，学林出版社 2002 年版。

66. 潘懋元：《高等教育学》，人民教学出版社、福建教育出版社 1984 年版。

67. 庞士谦：《埃及九年》，中国伊斯兰教协会 1988 年版。

68. 彭树智主编：《阿拉伯国家史》，高等教育出版社 2002 年版。

69. 钱穆：《中国历史研究法》，生活·读书·新知 三联书店 2001 年版。

70. 邱树森主编：《中国回族史》，宁夏人民出版社 1996

年版。

71. 阮仁泽等主编：《上海宗教史》，上海人民出版社 1992 年版。

72. ［美］萨义德著，王宇根译：《东方学》，生活·读书·新知三联书店 1999 年版。

73. 沙甸区政府编：《哈德成》，云南民族出版社 1991 年版。

74. 上海外国语学院科研处：《上海外国语学院科研成果目录汇编》（1949—1989 年），1989 年。

75. 上海外国语学院院史编写组：《上海外国语学院简史》（1949—1989 年），上海外语教育出版社 1989 年版。

76. 上海宗教志编纂委员会：《上海宗教志》，上海社会科学院出版社 2001 年版。

77. 沈福伟：《中西文化交流史》，上海人民出版社 1985 年版。

78. 沈福伟：《中国与西亚非洲文化交流志》，上海人民出版社 1998 年版。

79. ［日］石田一良著，王勇译：《文化史学》，浙江人民出版社 1989 年版。

80. 束定芳等：《现代外语教学——理论、实践与方法》，上海外语教育出版社 1996 年版。

81. 束定芳：《外语教学改革：问题与对策》，上海外语教育出版社 2004 年版。

82. （汉）司马迁：《史记》，中华书局 1982 年版。

83. （明）宋濂：《元史》，中华书局 1976 年版。

84. 苏良弼：《中阿关系史略》，五洲出版社 1990 年版。

85. 孙承熙：《阿拉伯伊斯兰文化史纲》，昆仑出版社 2001 年版。

86. 谭晶华主编：《上海外国语大学教育一览》，上海外国语大学教务处 1999 年版。

87. 陶行知：《陶行知全集》，湖南教育出版社 1985 年版。

88. ［埃及］托太哈著，马坚译：《回教教学史》，商务印书馆 1941 年版。

89. 宛耀宾总主编：《中国伊斯兰百科全书》，四川辞书出版社 1996 年版。

90. （元）汪大渊著，苏继顾校释：《岛夷志略》，中华书局 1981 年版。

91. 王岱舆：《正教真诠、清真大学、希真正答》，宁夏人民出版社 1987 年版。

92. 王春德：《语言学概论》，上海外语教育出版社 2003 年版。

93. 王介南：《中外文化交流史》，书海出版社 2004 年版。

94. 王有勇：《现代中阿经济合作研究》，上海外语教育出版社 2004 年版。

95. 王正东：《外语教育学》，重庆出版社 1987 年版。

96. 薛文波等：《中国回教近东访问团日记》，重庆中国文化出版社 1943 年版。

97. 魏良弢：《喀喇汗王朝史纲》，新疆人民出版社 1986 年版。

98. 韦培春主编：《伊斯兰在扬州》，南京大学出版社 1991 年版。

99. 汶江：《古代中国与亚非地区的海上交通》，四川社会科学院出版社 1989 年版。

100. 《文史知识》编辑部：《中国伊斯兰文化》，中华书局 1996 年版。

101. 吴霓：《中国人留学史话》，商务印书馆 1997 年版。

102. 吴文良编：《泉州宗教石刻》，中国社会科学出版社 1985 年版。

103. [美] 希提著，马坚译：《阿拉伯通史》，商务印书馆 1979 年版。

104. 徐厚道主编：《教育学通论》，北京工业大学出版社 2003 年版。

105. （汉）许慎撰，（清）段玉裁注：《说文解字注》，上海古籍出版社 1981 年版。

106. 杨伯峻：《孟子译注》，中华书局 1960 年版。

107. 杨怀中：《回族史论稿》，宁夏人民出版社 1991 年版。

108. 杨怀中等：《伊斯兰与中国文化》，宁夏人民出版社 1995 年版。

109. 杨怀中等主编：《首届回族历史与文化国际学术研讨会论文集》，宁夏人民出版社 2003 年版。

110. 杨怀中主编：《回族研究》期刊。

111. 杨志玖：《元史三论》，人民出版社 1985 年版。

112. [阿拉伯] 伊本·白图泰著，马金鹏译：《伊本·白图泰游记》，宁夏人民出版社 1985 年版。

113. 叶奕良主编：《伊朗学在中国论文集》，北京大学出版社 1993 年版。

114. 余振贵、杨怀中主编：《中国伊斯兰历史报刊萃编（一）》，宁夏人民出版社 1992 年版。

115. 张俊彦：《古代中国与西亚非洲的海上往来》，海洋出版社 1986 年版。

116. （清）张廷玉等撰：《明史》，上海古籍出版社、上海书店 1986 年版。

117. 张维华：《中国古代对外关系史》，高等教育出版社 1993 年版。

118. 张一纯：《经行记笺注》，中华书局 1963 年版。

119. 张星烺编，朱杰勤校订：《中西交通史料汇编》，中华书局 1977 年版。

120.（清）赵灿著，杨永昌等标注：《经学系传谱》，青海人民出版社 1989 年版。

121.（宋）赵汝适著，冯承钧校注：《诸蕃志》，中华书局 1956 年版。

122. 中国阿拉伯语教学现状调查研究课题组：《中国阿拉伯语教学现状调查报告》，2004 年 8 月。

123. 中国大百科全书总编辑委员会教育编辑委员会：《中国大百科全书·教育卷》，中国大百科全书出版社 1985 年版。

124. 中国高等学校简介编审委员会：《中国高等学校简介》，教育科学出版社 1982 年版。

125.《中国教学年鉴》编辑部：《中国教学年鉴》（1949—1981 年），中国大百科全书出版社 1984 年版。

126.《中国教育年鉴》编辑部：《中国教育年鉴》（1993 年），人民教育出版社 1994 年版。

127.《中国教育年鉴》编辑部：《中国教育年鉴》（1994 年），人民教育出版社 1995 年版。

128. 中国教育事典编委会：《中国教育事典》，河北教育出版社 1994 年版。

129. 中国伊斯兰教协会主办：《中国穆斯林》期刊。

130. 中元秀等编：《广州伊斯兰古迹研究》，宁夏人民出版社 1989 年版。

131.（元）周密：《癸辛杂识续集》，上海古籍出版社 1991

年版。

132.（宋）周去非著，屠有祥校注：《岭外代答》，上海远东出版社1996年版。

133. 朱威烈：《站在远东看中东》，上海外语教育出版社2000年版。

134. 朱威烈主编：《阿拉伯世界》期刊。

135. 朱威烈主编：《国际文化战略研究》，上海外语教育出版社2002年版。

三　网站

1. http：//www. bfsu. edu. cn.
2. http：//www. chinaembassy. org. cn.
3. http：//www. ncceu. edu. tw.
4. http：//www. shisu. edu. cn.
5. http：//www. uibe. edu. cn.

后　记

　　本书是在我的博士论文《论20世纪的中国阿拉伯语教育》的基础上稍加增补而成的，原本想作较大幅度的扩充，写成《中国阿拉伯语教育史》，但限于搜集到的资料不足，仅对我国阿拉伯语教育的发展历程作了简要梳理，大致勾勒出其历史脉络，故名《中国阿拉伯语教育史纲》。

　　对中国阿拉伯语教育史的研究，是一个跨学科的综合性课题，涉及教育、历史、中外（阿）文化交流、民族、宗教等诸多学科领域，而且研究基础薄弱，资料匮乏，因此，要对中国阿拉伯语教育的发展历程作全面详尽的研究和梳理，具有较大难度。本书在写作过程中，得到我的导师上海外国语大学教授朱威烈先生的悉心指导，使我克服了不少困难，最终能够写成这样一部史纲，尽管不够丰满，甚至难免疏漏与差错，但这毕竟是迄今为止对我国阿拉伯语教育发展历程作专题性研究的第一部论著，自不失其开山铺路之意义。2006年出版之际，朱威烈先生又欣然作序，使本书增色不少。另外，北京大学教授孙承熙先生，北京语言大学教授李振中教授，教育部高等学校外语专业教学指导委员会秘书长、上海外国语大学蔡伟良教授，以及上海外国语大学陈万里、陆培勇、王有勇、周文巨、严庭国、钱学文等各位老师，都曾对本书写作给予各种形式的帮助，各位先生还在论文答辩时给予拙文较高评价，并提出了不少宝贵意见和建议，本书就是在吸收和采纳这些意见和建议的基础上完善定稿的，在此，特向上述各位老师表示诚挚的谢意。

本书自初版以来，得到学界好评，认为本书"对我国外国语言文学学科下属的二级学科阿拉伯语专业的建设而言，确实填补了外语教育史的一个空白。"（《西北民族大学学报》2006年第3期，第150页）；朱威烈先生在《阿拉伯世界研究》2008年第5期特稿"木欣欣以向荣，泉涓涓而始流——阿拉伯语学科建设30年回眸"一文中讲道："阿拉伯语作为高校的一门专业，由马坚先生（1906—1978年）在1946年始建于北京大学东方语言文学系，至今已有62年历史了。有关这段时期专业建设发展历程中的成绩和特点，20世纪八九十年代曾有不少教授撰有专文作过介绍，近年更有丁俊博士出版的专著《中国阿拉伯语教育史纲》，已尽可能全面地搜集各种资料，作了客观清晰的论述和总结。"

由于附有较为详细的阿拉伯文内容提要，使本书具有一定国际交流（中阿交流）价值。本书初版以来，相继在沙特阿拉伯、埃及、苏丹、科威特等阿拉伯国家的相关学术界也获得良好反映和积极评价，一些关心阿拉伯语教学的朋友还来函索要本书，埃及扎加齐克大学一位博士研究生在撰写相关领域学位论文的过程中曾专程前来中国采访著者，并就本书相关内容与著者进行学术交流。前不久笔者在埃及作学术交流期间，遇到的开罗大学、坛塔大学等高校的一些阿拉伯语教育专家在与笔者谈及中阿文化交流及阿拉伯语教学等相关话题时，一致认为本书的内容和议题均很有价值，只是觉得本书仅有阿文提要还不够，他们期待能有本书的阿拉伯文译本出版，以便阿拉伯学界同仁藉此更多地了解中国阿拉伯语教育的发展历史及其突出成就。

　　本书关于我国阿拉伯语教育的历史梳理至于20世纪末，而值得关注的是，在进入21世纪后，随着我国与阿拉伯国家关系的全面发展和日益提升，国家对阿拉伯语专业的人才需求也日趋增强，除外事、新闻等传统用人领域外，更有科技、经贸、文化等诸多领域的需求也在不断增大，特别是2004年"中阿合作论坛"成立以来，中阿双方交往更是日趋广泛和密切，我国的阿拉伯语教育事业因之而在新世纪有了长足发展。目前，全国开设阿拉伯语专业的高等院校已增至近四十所。即以笔者所在的西北民族大学为例，其阿拉伯语专业开设于1997年，在国家民委、教育部相关部门及学校的大力支持下，该专业在21世纪的短短十余年间得到快速发展，截至目前，共有专业教师19名，外籍专家2名，本科学生14个班级，在校学生452名，此外，还有不少通过成人自考方式入学的专科学生，单就学生人数而言，已是全国开设阿拉伯语专业的高校中规模最大的。同时，在本科教学的基础上，我校阿拉伯语专业也已开始招收和培养"课程教学论"方向的硕士研究生，本书也被列为该方向研究生入学考试的参考文献之一。这些年来，学校致力于教学与科研的相互结合与相互促进，注重学科建设，强调内涵式发展，着力提升教育教学质量，基于此，学校还成立了"中东文化研究所"，以期推进相关专业领域的学科建设及教学科研的可持续发展，这也是本书得以再版的具体缘由和背景。

　　作为我国外语教育重要组成部分的阿拉伯语教育，有着漫长的发展历程和丰富的教育实践，不仅丰富了我国外语教育的内涵，而且见证了中阿文明交往的历史轨迹，考察和研究其发展进程，彰往知今，不仅具有重要的学术价值，而且具有重要的现实意义。此次再版，原想将 21 世纪头 10 年来我国阿拉伯语教育的新发展作为增补内容列入其中，但因时间紧张，未能如愿，而只对原版中的一些差错做了修订，期待日后能有机会再做这方面的增补，以成专史，同时也希望有时间和精力翻译出版本书的阿拉伯文译本。

感谢西北民族大学学科建设工作办公室、西北民族大学外国语学院以及中国社会科学出版社给予的大力支持，特别要感谢黄燕生、蔺虹两位编辑为此书的编辑出版所给予的热情帮助和辛勤劳动。

丁 俊

2012 年 11 月 25 日于兰州

中国社会科学院创新工程学术出版资助项目

中国保险公司绩效研究

王向楠 边文龙 著

中国社会科学出版社

图书在版编目(CIP)数据

中国保险公司绩效研究／王向楠，边文龙著．—北京：中国社会科学出版社，2020.3

ISBN 978-7-5203-5991-7

Ⅰ.①中… Ⅱ.①王…②边… Ⅲ.①保险公司—企业绩效—研究—中国 Ⅳ.①F842.3

中国版本图书馆 CIP 数据核字（2020）第 026488 号

出 版 人	赵剑英
责任编辑	王　衡
责任校对	张依婧
责任印制	王　超

出　　版	中国社会科学出版社
社　　址	北京鼓楼西大街甲158号
邮　　编	100720
网　　址	http://www.csspw.cn
发 行 部	010-84083685
门 市 部	010-84029450
经　　销	新华书店及其他书店

印　　刷	北京明恒达印务有限公司
装　　订	廊坊市广阳区广增装订厂
版　　次	2020年3月第1版
印　　次	2020年3月第1次印刷

开　　本	710×1000　1/16
印　　张	22.5
字　　数	328千字
定　　价	99.00元

凡购买中国社会科学出版社图书，如有质量问题请与本社营销中心联系调换
电话：010-84083683
版权所有　侵权必究

前　言

保险是个人家庭、企业和社会进行风险管理的一种基本方法，是金融体系和社会保障体系的一个支柱，是市场经济的重要制度之一。保险业在中国属于发展较快但潜力仍很大的行业。2017年，中国保险业为全社会提供风险保障4154万亿元，同比增长75%，保费收入3.66万亿元，同比增长18%，新增保单件数175亿件，同比增长84%，保险公司利润2567亿元，同比增长30%，保险公司总资产16.75万亿元，同比增长11%。为了满足人民日益增长的美好生活需要，保险业应当平稳较快发展并不断改善供给水平。保险公司是保险产品和服务的主要供给方，不断提升其绩效对于保险业功能的发挥具有重要影响，是实现中国从保险大国向保险强国转变的基础。

本书研究中国保险公司的绩效。根据如何定义和度量公司绩效，本书分为上篇和下篇。"上篇　基于投入产出效率"（第1—6章）从厂商理论和技术经济学方法出发，基于生产函数、成本函数、收入函数、利润函数等结构式函数，得到中国保险公司的技术效率、成本效率、收入效率、利润效率等。"下篇　基于财务会计指标"（第7—15章），借用会计语言表示公司的绩效状况，包括成长性、盈利性、稳健性、流动性、研发活动、杠杆率、价格离散等内容。本书不仅旨在评价保险公司的绩效水平，更重要的目的是，分析若干有理论和政策含义的因素与保险公司绩效的关系，从而提出改进绩效的建议。

"上篇　基于投入产出效率"分为"方法"和"应用"两个部

分。"方法"从理论研究和经验研究两个方面梳理和综述面板数据随机前沿分析模型，并专门探讨了地理加权的效率模型；"应用"运用一些较有新意的效率评价方法，研究中国保险公司的几个话题。

"方法"包括第1章、第2章和第3章。第1章在统一的计量框架下，对面板数据随机前沿分析模型进行梳理和分类，着重分析每一种模型的假设、估计过程和局限性，为研究者选择随机前沿分析的计量方法提供参考，特别是希望改进研究中过度依赖几种假设严格的模型和不注重模型局限性的状况。第2章回顾随机前沿分析模型在国内外保险公司领域和商业银行领域研究中的应用状况，重点关注这些研究的主题、样本和所采用的随机前沿分析模型，为随机前沿分析模型在经验研究中的运用状况提供一个参照。一家决策单位的运行状况普遍受到各类环境因素的影响，且所处环境越相似的决策单位越会相互影响。因此，第3章将地理加权的思路与随机前沿分析模型结合起来，去评价每家保险公司的效率。

"应用"包括第4章、第5章和第6章。规模和多元化是一家公司的基本特征和战略决策的关键问题，第4章采用"一步法"随机前沿分析模型，分析规模和业务多元化对财产险公司经营效率的"非线性"的影响。人力资本在中国经济向高质量发展阶段转变中有重要作用，也是一个国家能否跨越"中等收入陷阱"的关键影响因素之一。第5章采用"两步法"估计人身险公司的效率，进而分析人力资本质量和人力资本激励对其效率的影响。财产险行业的经营条件与地理因素的关联较大，经营状况存在着明显的空间分异性，且中国财产险公司进行了较快速的地理扩张。第6章研究地理扩张如何影响财产险公司的盈利能力。

"下篇 基于财务会计指标"按照所研究的保险公司的范围分为3个部分。"保险集团或财产险+人身险公司"部分研究的是保险集团，或者说同时研究了财产险公司和人身险公司；"普通人身险公司"部分和"专业保险公司（市场）"部分所研究的公司范围可以"顾名思义"。

"保险集团或财产险+人身险公司"包括第7章、第8章和第9章。少数中国保险公司已经上市，还有大量的保险公司在寻求上市，第7章采用针对个别处理样本的宏观项目评估方法，构造反事实状态，研究上市对保险公司增长的影响。中国保险业的投资业务发展迅速，引起了社会各界的关注。第8章研究开展投资业务对保险公司的偿付能力、流动性、破产概率和退保等风险变量的影响，并关注了财产险公司和人身险公司的差异性；此外，延伸讨论了保险创新及其风险与监管的问题。研发是创新的重要来源，而保险业属于技术和运行复杂性强的行业。第9章分析中国保险公司的研发投入状况，并研究哪些因素影响了中国保险公司的研发。

"普通人身险公司"包括第10章、第11章和第12章。近些年中国人身险公司在产品类型、销售渠道和地理分布上有明显变化，第10章研究这3个维度上的业务集中度对人身险公司绩效的影响，并关注了中资公司和外（合）资公司的异同。风险承担需要相应的资本与之匹配，人身险公司要在开展承保业务的基础上进行财务杠杆决策。第11章研究承保业务状况（规模、传统型业务比重、持续性、分散化、分出程度、期限结构、成长性等）对人身险公司杠杆率及其动态调整的影响。中国老龄化状况在不断加深，需要完善多层次的养老保障体系。第12章分析了中国保险公司在这一过程中能够和应当发挥的作用，介绍了英国养老金融产品的最新发展及保险业的作用，最后提出政策建议。

"专业保险公司（市场）"包括第13章、第14章和第15章。价格离散是市场处理信息能力的一种反向反应，中国车险市场存在明显的价格离散，第13章基于信息搜寻和空间竞争模型去解释市场竞争与价格离散的关系，并进行了经验检验。银行系寿险公司是中国数量最多、规模最大的一类人身险公司，其各方面的经营特点均有明显的股东烙印。在银行业和保险业监管机构合并的背景下，第14章分析了银行系寿险公司的业务结构（5个维度的9个指标）和绩效（7个维度的16个指标）的状况。在建设"健康中国"的背景下，中国商业健康险在医疗保障体系中发挥的作用还不强，明显落后于美国等发达国家。第15章研究市场结构因素（含3个一般性的市场结构指标和3个较有保险市场特点的市场结构指标）如何影响了健康险提供的赔付水平。

需要说明的是，"下篇　基于财务会计指标"并未研究"普通财产险公司"。这是因为，我们将在另一部专著中研究中国财产险的运行状况，预计包括政策篇、市场篇、企业篇等。

在研读和学习已有文献的基础上，本书的创新意义可以概括为如下两个方面。第一，本书从投入产出效率和财务会计指标两个维度评价和分析中国保险公司的绩效，每个维度又包含多个具体指标，所以研究的系统性较强。第二，本书的每一章在研究的话题/视角、论证方法、数据资料、对策建议的不止一个方面均有创新性尝试。

对于本书一些内容的写作，两位作者感谢北京大学孙祁祥教授的指导。对于本书用到的保险及财务会计学的知识方法，王向楠感谢西南财经大学孙蓉教授、赵德武教授等老师的指导。边文龙感谢北京大学沈艳教授和南开大学赵春梅副教授的指导。

对于本书的完成，王向楠感谢中国社会科学院金融研究所以及保险与经济发展研究中心的李扬、王国刚、胡滨、张凡、郭金龙、杨涛、曾刚等领导及专家的关心和帮助，边文龙感谢成均馆大学金镛準院长的关心和帮助。

本书内容如有错误之处，敬请指正。作者也希望就本书及相关的研究内容与读者探讨。

王向楠　边文龙

Preface

Insurance is a basic metbod of risk management and insurance sector plays as an important pillar of the financial system and social security system. China's insurance industry has experienced dramatic growth over the lastfour decades, but still has great potential. In 2017, the insuance coverage reached up to 4154 trillion yuan and increased by 75%; the premium was 3.66 trillion yuan and increased by 18%; the total number of new policies were 17.5 billion and increased by 84%; the net income of insurers reached up to 256.7 billion yuan and increased by 30%; the total assets of insurance insurers were 16.75 trillion yuan and increased by 11%. In order to better meet the requirements of people's growing demand for a better life, the insurers should keep the stable growth rate and improve the supply capability. As the main supplier of the insurance produces and services, the continutious improvement of insurers' performance plays an important role and lays a great foundation in the transformation from a big insurance industry to a strong insurance industry.

In this book, we intend to analyse the performance of China's insurers. We divide the book into two parts according to the definitions and measurements of performance. PART I includes Chapters 1 – 6, which presents the evaluation of China's insurers' technical efficiency, cost efficiency, revenue efficiency, profit efficiency and such, based on firm theory and technological economics methodology. PART II includes Chapters 7 – 15, which presents the growth, profitability, stability, liquidity, R&D expenditure, price dispersion and leverage of China's insurers using the financial accounting language. Furthermore, based on the estimated performance level from multiple dimensions, we examine the effects of several factors of theoretical and policy importance on insurers' performance in order to improve their performance.

The structure of the book is present as follows.

PART I is comprised of two sections. SECTION 1 includes Chapters 1 – 3, which summarizes the existing econometric models in stochastic frontier analyses (SFA) in panel data and introduces the geographically weighted SFA model. Specifically, Chapter 1 examines the hypotheses, estimation techinuques, and the limitations of each econometric model, with an intention to provide references for future empirical work. Chapter 2 reviews the applications of the SFA models in insurers and commercial banks, focusing on the topics, angles, samples, and stochastic frontier analysis models used. The operation of a decision-making unit is commonly influenced by environmental factors, and the units operated in the same or similar circumstances are more likely to affect each other. Therefore, Chapter 3 combines the idea of geographical weighting with the SFA modela to estimate the efficiency of each insurer.

SECTION 2 includes Chapters 4 – 6, which presents the applications of these models on the evaluation of China's insurers' performance. Specifically, Chapter 4 adopts the "one-step SFA model" to examine the non-linear effects of scale and diversification on the efficiency of China's property insurers, in consideration of the key roles of scale and diversification in firms' strategic decision-making. Given the importance of human capital for China's economic transformation, Chatper 5 analzyes the effects of human capital (including quality and incentives) on the efficiency of China's life insurers using "two-step SFA model". Note that the operation of property insurers is primarily linked to geographic factors and China's property insurers experienced rapid expansisons over the decades, Chapter 6 investigates the effect of geographic expansions on the profitability of China's property insurers.

PART II is comprised of three sections. SECTION 3 includes Chapters 7 - 9, which analyzes the performance ofcomprehensive insurers. A few insurers have gone public while a large number of insurers are seeking to go public in China. Chapter 7 applies the latest macro policy evaluation method to analyse the growth effects of going public on insurers. Considering the extensive attention of insurers investment in China, Chapter 8 examines the effects of the investment function on insurers' solvency, liquidity, bankrupt probability, and surrender rate. In addition, we analyze the hetergoneity of the effects between property insurers and life insurers. Research and development (R&D) is an important source of innovation and insurance is an industry with technical and operational complexity, so Chapter 9 describes the R&D expenditures of China's insurers and further investigates the factors that could affect the R&D expenditures.

SECTION 4 includes Chapters 10 - 12, which analyzes the performance of common life insurers. Given the dramatic change of the product types, sales channels, and geographic distributions of China's life insurers, Chatper 10 examines the effects of the concentration of these three dimensions on life insurers' performance. In addition, Chapter 10 investigates the hetergoneity between domestic and foreign insurers in terms of the effects. Risk taking requires the matching of corresponding capital so life insurers should decide their leverage on the basis of undertaking business, Chapter 11 examines the effects of life insurers' underwriting business on their leverage's level and dynamically adjustment. China's aging situation is deepening, so it needs to improve the multi-level pension security system. Chapter 12 analyses the roles that China's commercial insurance companies can and should play in this processs and then introduces the latest development of the UK's pension financial products and the roles of the insurance industry, finally then puts forward policy recommendations.

SECTION 5 includes Chatpers 13 – 15, which analyses the performance of specialized insurers (insurance market). Price dispersion is a reverse reflection of the market's information processing capability. Given the significant price dispersion in China's automobile insurance market, Chapter 13 explains the link between competition and price dispersion based on the theory of information search and spatial competition, then empirical tests the link. It is interesting to note that a significant amount of life insurers is owned by commercial banks in China, whose business status is greatly influenced their owners. Given this and in the background of the merge of the CBRC and the CIRC, Chapter 14 describes the business structure (using nine indicates in five dimensions) and performance (using 16 indicators in 9 dimensions) of these bank-controlled life insurers. Relative to advanced countries, the commercial health insurance does not provide significant support to the healthcare security system in China. Given this, Chapter 15 examines how the payment of health insurance is affected by the market structure, using three general market structure indexes as well as three market structure indexes with insurance market feature.

It is worth noting thatcommon property insurers are not covered in PART II, because we intend to provide a comprehensive description of China's property insurance in another book. That book is expected to include more than ten specific research topics, which comprises Policy Part, Market Part, Firm Part or more.

Our work extends the existing literature in twofolds. First, we evaluate the performance of insurers using both efficiency and financial accounting methodology, which provides a more comprehensive landscape for the development of China's insurers. Second, we have several initiative attempts in topics/angles, methodology, data, or policy suggestions.

The authors are responsible for the mistakes of the book. We also hope to consult and discuss with readers about this book and related research contents.

Wang, Xiangnan   Bian, Wenlong

目　　录

上篇　基于投入产出效率方法

第1章　面板数据随机前沿模型综述 …………………… (5)
　一　问题的提出 ………………………………………… (5)
　二　面板数据 SFA 模型的分类 ………………………… (6)
　三　效率不随时间变化的 SFA 模型 …………………… (8)
　四　效率可随时间变化的 SFA 模型 …………………… (11)
　五　研究效率影响因素的 SFA 模型 …………………… (16)
　六　小结和对策建议 …………………………………… (18)

第2章　随机前沿模型在金融机构效率研究中的运用 ………… (20)
　一　SFA 模型在保险公司效率研究中的运用 ………… (20)
　二　SFA 模型在商业银行效率研究中的运用 ………… (25)
　三　小结和对策建议 …………………………………… (31)

第3章　地理加权的随机前沿效率模型 ………………… (32)
　一　问题的提出 ………………………………………… (32)
　二　地理加权 SFA 效率模型的原理 …………………… (34)
　三　投入产出变量和数据 ……………………………… (40)
　四　地理加权对 SFA 效率估计的影响 ………………… (43)
　五　小结和对策建议 …………………………………… (45)

应 用

第4章 规模、多元化与财产险公司效率 …………………… (49)
  一 问题的提出 ……………………………………………… (49)
  二 文献回顾和研究假设 …………………………………… (49)
  三 效率及其影响因素的一步估计 ………………………… (52)
  四 投入产出变量和数据 …………………………………… (55)
  五 规模、多元化对财产险公司效率的影响 ……………… (57)
  六 小结和对策建议 ………………………………………… (63)

第5章 人力资本与人身险公司效率 ………………………… (64)
  一 问题的提出 ……………………………………………… (64)
  二 效率及其影响因素的两步估计 ………………………… (66)
  三 投入产出变量和数据 …………………………………… (68)
  四 人力资本对人身险公司效率的影响 …………………… (72)
  五 小结和对策建议 ………………………………………… (75)

第6章 空间分异性、地理扩张与财产险公司效率 ………… (77)
  一 问题的提出 ……………………………………………… (77)
  二 中国财产险行业经营状况的空间分异性 ……………… (78)
  三 经验研究设计：模型、变量和数据 …………………… (81)
  四 地理扩张对财产险公司利润效率的影响 ……………… (88)
  五 小结和对策建议 ………………………………………… (96)

下篇 基于财务会计指标

保险集团或"财产险公司 + 人身险公司"

第7章 保险公司上市与增长 ………………………………… (101)
  一 问题的提出 ……………………………………………… (101)

二　回归设计:模型、变量和数据 ………………………………… (106)
　三　上市对保险公司增长的影响:基于项目评估方法 ……… (110)
　四　小结和对策建议 ……………………………………………… (116)

第8章　保险公司的投资业务与风险 ……………………………… (118)
　一　问题的提出 …………………………………………………… (118)
　二　政策和市场背景 ……………………………………………… (121)
　三　度量保险公司的投资业务和风险 …………………………… (124)
　四　回归设计:模型、变量和数据 ………………………………… (126)
　五　投资业务对保险公司风险的影响 …………………………… (129)
　六　小结和对策建议 ……………………………………………… (138)
　七　保险创新及其风险与监管问题的探析 ……………………… (139)

第9章　保险公司研发投入及其影响因素 ……………………… (145)
　一　问题的提出 …………………………………………………… (145)
　二　中国企业研发活动的意义和状况 …………………………… (147)
　三　中国保险公司研发活动状况 ………………………………… (151)
　四　回归设计:模型、变量和数据 ………………………………… (157)
　五　保险公司研发投入的影响因素 ……………………………… (163)
　六　促进中国金融保险机构研发的对策建议 …………………… (167)

普通人身险公司

第10章　人身险公司的业务集中度与绩效 …………………… (173)
　一　问题的提出 …………………………………………………… (173)
　二　人身险公司的业务集中度、利润和风险状况 ……………… (176)
　三　回归设计:模型、变量和数据 ………………………………… (184)
　四　业务集中度对人身险公司利润和风险的影响 ……………… (186)
　五　小结和对策建议 ……………………………………………… (196)

第11章　人身险公司的承保业务与杠杆率 …………………… (198)
　一　问题的提出 …………………………………………………… (198)

二　相关文献回顾 …………………………………………（199）
　　三　理论分析与研究假设 …………………………………（203）
　　四　回归设计：模型、变量和数据 …………………………（208）
　　五　承保业务对人身险公司杠杆率及其调整的影响 ………（214）
　　六　小结和对策建议 ………………………………………（217）
第12章　中国养老保障状况与保险公司参与分析 …………（219）
　　一　问题的提出 ……………………………………………（219）
　　二　中国老龄化和老年人收入状况 …………………………（220）
　　三　中国养老保障三支柱状况及保险业作用 ………………（228）
　　四　英国养老金融产品的发展及保险业的作用 ……………（234）
　　五　小结和对策建议 ………………………………………（242）

专业保险公司（市场）

第13章　车险市场的竞争与价格离散 ………………………（247）
　　一　问题的提出 ……………………………………………（247）
　　二　理论分析和研究假设：信息搜寻和空间竞争 …………（250）
　　三　回归设计：模型、变量和数据 …………………………（254）
　　四　市场竞争对价格离散的影响 ……………………………（258）
　　五　小结和对策建议 ………………………………………（269）
第14章　银行系寿险公司的业务转型及其效果 ……………（271）
　　一　问题的提出 ……………………………………………（271）
　　二　中国内地银行保险的发展阶段 …………………………（273）
　　三　银行系寿险公司的业务结构及其转型状况 ……………（274）
　　四　银行系寿险公司业务结构及其转型的效果 ……………（279）
　　五　小结和对策建议 ………………………………………（286）
第15章　健康险的市场结构与赔付水平 ……………………（289）
　　一　问题的提出 ……………………………………………（289）
　　二　中国健康险的市场结构状况 ……………………………（292）

三　回归设计：模型、变量和数据 …………………………（301）
四　市场结构对健康险赔付水平的影响 ……………………（303）
五　小结和对策建议 …………………………………………（308）

参考文献 ………………………………………………………（310）

上 篇
基于投入产出效率

方法

第1章

面板数据随机前沿模型综述

一 问题的提出

效率反映一个决策单位的综合绩效或竞争力,效率研究能够为公司的管理者和股东、行业监管者和宏观政策制定者的决策提供有价值的信息。甚至在战略管理领域,也有学者认为,在衡量机构的绩效或竞争力上,效率指标比传统财务指标更能体现公司运用资源的能力,具有更深刻的含义(Chen、Delmas 和 Lieberman,2015)。

测算决策单位效率的思想至少可以追溯到 Koopmas(1951)和 Debreu(1951),Farrell(1957)引入前沿分析(frontier analysis)来测量效率,该方法与微观经济理论中的生产函数、成本函数、利润函数等最优化目标相一致,所以被认为是研究决策单位效率的客观合理的方法。Meeusen 和 van den Broeck(1977)、Aigner、Lovell 和 Schmidt(1977)最先在截面数据中建立了随机前沿分析(Stochastic Frontier Analysis,SFA)模型,此后,SFA 的计量模型得到了迅速发展,同时也越来越成为测算各类决策单位效率的有效工具。

与另一种效率研究的常用工具——基于线性规划的数据包络分析方法(Data Envelopment Analysis,DEA)相比,SFA 的主要优点在于考虑了由测量误差、运气等因素造成的随机误差，避免了将这些随机误差成分不恰当地计入效率项之中①。SFA 的主要缺点是，研究者一般需要对效率项的分布做出先验的假设，如果假设不当，将造成效率值估计的偏误。然而，基于面板数据的一些 SFA 模型可以克服这个不足，即面板数据 SFA 可以不对效率项的分布做出假设，而且允许效率项与模型中的投入产出项之间存在相关性。自 Pitt 和 Lee（1981）首次将 SFA 应用到面板数据以来，面板数据 SFA 逐渐代替了截面数据 SFA，成为 SFA 理论和应用研究的主流。

在计量模型迅速发展的同时，运用 SFA 衡量效率的经验研究文献也如雨后春笋般出现，面板数据 SFA 模型越来越多地被用于测算各类决策单位的效率，取得了很多成果。但是，我们发现，无论是国外，还是国内，运用 SFA 的文章都存在过度依赖几种假设严格的模型和不注重模型的局限性等问题。本章在统一的计量框架下，对面板数据 SFA 模型进行系统的梳理，着重分析每一种模型的假设、估计过程和局限性。本章希望为经验研究者在选择 SFA 的计量方法上提供参考，从而在一定程度上规范未来 SFA 领域的经验研究。

本章随后部分按如下顺序展开：第 2 部分对面板数据 SFA 模型进行分类；第 3 部分和第 4 部分分别梳理效率不随时间变化的 SFA 模型和效率可随时间变化的 SFA 模型；第 5 部分梳理研究效率的影响因素的 SFA 模型；第 6 部分总结本章并提出对今后经验研究者选择 SFA 模型的建议。

二 面板数据 SFA 模型的分类

假设决策单位 i 在时期 t 的生产函数为：

---

① 由于测量误差和不确定性经济环境的问题更可能出现在发展中国家和转型经济国家，所以 SFA 等参数方法较之 DEA 等非参数方法在研究发展中国家和转型经济国家的效率问题时具有一定的优势（Kumbhakar, 2003）。

$$Y_{it} = f(X_{it},\beta)e^{\varepsilon_{it}} \tag{1.1}$$

其中，$\varepsilon_{it} = -u_{it} + v_{it}$。$Y_{it}$ 表示实际产出，X_{it} 表示影响产出的 k 个投入项，u_{it} 表示无效率项，$u_{it} \geq 0$，v_{it} 表示不受决策单位控制的随机因素。$f(X_{it},\beta)e^{\varepsilon_{it}}$ 代表生产前沿，它表示在给定投入项下产出的最大值。对（1.1）式两边同时取对数，可得：

$$\ln(Y_{it}) = \ln f(X_{it},\beta) + \varepsilon_{it} = \ln f(X_{it},\beta) - u_{it} + v_{it} \tag{1.2}$$

计量模型一般假设变量之间是线性关系，即存在 $\ln f(X_{it},\beta) = (\ln X_{it})'\beta$，从而得到：

$$y_{it} = x'_{it}\beta + \varepsilon_{it} = x'_{it}\beta - u_{it} + v_{it} \tag{1.3}$$

其中，y_{it} 表示产出 Y_{it} 的对数，x_{it}（$K \times 1$）表示投入项 X_{it} 的对数。根据 Battese 和 Coelli（1988）对"效率"的定义，

$$TE_{it} = \frac{E(Y_{it} \mid U_{it}, X_{it}, t = 1,2,\ldots,T)}{E(Y_{it} \mid U_{it} = 0, X_{it}, t = 1,2,\ldots,T)} = \frac{\exp(x'_{it}\beta - u_{it})}{\exp(x'_{it}\beta)}$$
$$= \exp(-u_{it}) \tag{1.4}$$

即效率被定义为在相同的投入项下，实际产出与完全有效产出的比值。比如，$TE_{it} = 0.90$ 表示，在时期 t，与完全有效的决策单位相比，决策单位 i 可以产生 90% 的产出。前沿分析方法就是按照一定的标准构造一个效率前沿面，再使用决策单位与该前沿面的接近程度来测量效率。从效率的定义中可以看出，它测量的是决策单位之间的"相对效率"，而不是"绝对效率"。

总的来说，面板数据 SFA 模型可以分为两类：效率不随时间变化的模型和效率可随时间变化的模型。每一类又可以根据是否对效率做出分布假设进一步分为：有分布假设的模型和无分布假设的模型。除了得到效率的估计值和排名之外，研究者还经常对效率的"影响因素"感兴趣，我们将其定义为第 5 类模型。表 1-1 列示了面板数据 SFA 的主要模型。

表 1-1　　　　　　　面板数据 SFA 模型的分类

分类标准		模型
估计效率值	效率不随时间变化、无分布假设	Schmidt 和 Sickles（1984）
	效率不随时间变化、有分布假设	Pitt 和 Lee（1981）、Battese 和 Coelli（1988）
	效率可随时间变化、无分布假设	Cornwell、Schmidt 和 Sickles（1990）、Lee 和 Schmidt（1993）
	效率可随时间变化、有分布假设	Kumbhakar（1990）、Battese 和 Coelli（1992）、Greene（2004，2005）、Wang 和 Ho（2010）
研究效率的影响因素		Battese 和 Coelli（1995）、Wang（2002）

三　效率不随时间变化的 SFA 模型

对于效率不随时间变化的模型，即假设 $u_{it} = u_i$，那么，（1.3）式变为：

$$y_{it} = x'_{it}\beta + \varepsilon_{it} = x'_{it}\beta - u_i + \nu_{it} \tag{1.5}$$

Pitt 和 Lee（1981）首次提出了面板数据 SFA 模型，并假设：（1）u_i 在不同的 i 之间服从相互独立的半正态分布，即 $u_i \sim N^+(0, \sigma_u^2)$，则 u_i 的概率密度函数为 $f(u_i) = \dfrac{2}{\sqrt{2\pi}\sigma_u}\exp(-u_i^2/2\sigma_u^2)$；（2）$\nu_{it}$ 在 i 和 t 之间服从相互独立的正态分布 $N(0, \sigma_\nu^2)$，则 u_i 的概率密度函数为 $g(\nu_{it}) = \dfrac{1}{\sqrt{2\pi}\sigma_\nu}\exp(-\nu_{it}^2/2\sigma_\nu^2)$；（3）$u_i$ 和 ν_{it} 之间相互独立；（4）u_i、ν_{it} 与 x_{it} 之间不相关。

根据以上这些假设，可以得到 ε_i 的概率密度函数，如下：

$$f(\varepsilon_i) = \int_0^\infty \prod_{t=1}^T g(\varepsilon_{it} + u_i) f(u_i) du \tag{1.6}$$

其中，$\varepsilon_i = (\varepsilon_{i1}, \varepsilon_{i2}, \cdots, \varepsilon_{iT})$，相应的对数似然函数为：

$$\log L = N\ln 2 - \dfrac{NT}{2}\ln(2\pi) - \dfrac{N(T-1)}{2}\ln\sigma_\nu^2 - \dfrac{N}{2}\ln(\sigma_\nu^2 + T\sigma_u^2) - \dfrac{1}{2\sigma_\nu^2}\sum_{i=1}^N \varepsilon'_i A\varepsilon_i + \sum_{i=1}^N \log\left\{1 - \Phi\left[\dfrac{\sigma_{it}}{\sigma_\nu(\sigma_\nu^2 + T\sigma_u^2)^{0.5}}\sum_{t=1}^T \varepsilon_{it}\right]\right\} \tag{1.7}$$

其中，$l_n = (1, 1, \cdots, 1)'_{N\times 1}$，$A = I_T - (\sigma_u^2/\sigma_\nu^2 + T\sigma_u^2) l_T l'_T$，$l_T = (1, 1, \cdots, 1)'_{T\times 1}$。通过极大似然估计可以得到参数 β、σ_u^2 和 σ_ν^2 的一致估计，并得到残差 $\hat{\varepsilon}_{it}$。根据（1.4）式中效率的定义，决策单位 i 的效率为 $\exp(-u_i)$。由于无法从 $\hat{\varepsilon}_{it}$ 中分离出 u_i 的估计值 $\hat{u}_i$，因此 Pitt 和 Lee（1981）无法得到每个决策单位的效率值，他们只得到了行业内所有决策单位的效率值的均值 $E[\exp(-u_i)] = 2\exp(\sigma_u^2/2)[1-\Phi(\sigma_u)]$ 的估计：$2\exp(\hat{\sigma}_u^2/2)[1-\Phi(\hat{\sigma}_u)]$，其中，$\hat{\sigma}_u^2$ 是 σ_u^2 的极大似然估计。

Jondrow 等（1982）在截面数据的 SFA 模型中首次提出从额 ε_i 中分离出 u_i 的方法，如下：

$$y_i = x'_i\beta + \varepsilon_i = x'_i\beta - u_i + \nu_i \tag{1.8}$$

Jondrow 等（1982）假设 u_i 在不同的 i 之间服从相互独立的半正态分布 $N^+(0, \sigma_u^2)$，ν_i 服从相互独立的正态分布 $N(0, \sigma_\nu^2)$，u_i 和 ν_i 之间相互独立。根据 u_i 和 ν_i 的联合分布 $f(u_i, \nu_i)$，可以得到 u_i 和 ε_i 的边缘分布 $f(u_i, \varepsilon_i)$，进而得到 u_i 相对于 ε_i 的条件分布 $f(u_i | \varepsilon_i)$。Jondrow 等（1982）证明了 $f(u_i | \varepsilon_i)$ 恰好服从从 0 处截断的正态分布 $N^+(\mu_{i*}, \sigma_*^2)$，其中，$\mu_{i*} = -\dfrac{\sigma_u^2 \varepsilon_i}{\sigma^2}$，$\sigma_*^2 = \dfrac{\sigma_u^2 \sigma_\nu^2}{\sigma^2}$，$\sigma^2 = \sigma_u^2 + \sigma_\nu^2$。

Jondrow 等（1982）进而提出用条件期望

$$E(u_i | \varepsilon_i) = \mu_{i*} + \sigma_* \frac{f(-\mu_{i*}/\sigma_*)}{1-\Phi(-\mu_{i*}/\sigma_*)} \tag{1.9}$$

或者条件分布的众数

$$M(u_i | \varepsilon_i) = \begin{cases} -\varepsilon_i \dfrac{\sigma_u^2}{\sigma^2} & (\varepsilon_i \leq 0) \\ 0 & (\varepsilon_i > 0) \end{cases} \tag{1.10}$$

来表示效率。通过极大似然估计得到 u_{i*} 和 σ_* 的估计值，进而得到效率的估计值。

Battese 和 Coelli（1988）扩展了 Pitt 和 Lee（1981）的模型，他们假设 u_i 服从从 0 处截断的正态分布 $N^+(\mu, \sigma_u^2)$，相应的概率密度

函数为：

$$f(u_i) = \frac{\exp[-0.5(u_i - \mu)^2/\sigma_u^2]}{2\pi^{0.5}\sigma_u[1 - \Phi(-\mu/\sigma_u)]} \quad (1.11)$$

Battese 和 Coelli（1988）模型的其他假设与 Pitt 和 Lee（1981）模型相同。当 $\mu=0$ 时，从 0 处截断的正态分布退化为半正态分布，所以 Pitt 和 Lee（1981）模型可以视为是 Battese 和 Coelli（1988）模型在 $\mu=0$ 的一个特例。同样运用极大似然估计，可以得到参数 β、μ、σ_u^2 和 σ_ν^2 的一致估计。与 Pitt 和 Lee（1981）不同的是，Battese 和 Coelli（1988）采用 Jondrow 等（1982）的估计方法，利用

$$E[\exp(-u_i | \varepsilon_i)] = \frac{1 - \Phi(\sigma_*^2 - \mu_{i*}/\sigma_*)}{1 - \Phi(-\mu_{i*}/\sigma_*)} \exp(-\mu_{i*} + \frac{1}{2}\sigma_*^2)$$

$$(1.12)$$

表示决策单位 i 的效率。其中，

$$\mu_{i*} = (-\sigma_u^2 T^{-1} \sum_{t=1}^{T} \varepsilon_{it} + T^{-1}\mu\sigma_\nu^2)(\sigma_u^2 + T^{-1}\sigma_*^2)^{-1} \quad (1.13)$$

$$\sigma_*^2 = \sigma_u^2 \sigma_\nu^2 (\sigma_\nu^2 + T\sigma_u^2)^{-1} \quad (1.14)$$

通过代入 ε_{it}、μ、σ_u^2 和 σ_ν^2 的极大似然估计值，可以得到效率的估计值。

Schmidt 和 Sickles（1984）指出，假设 u_i 和 ν_{it} 服从特定的分布、u_i 和 ν_{it} 之间相互独立、u_i、ν_{it} 与 x_{it} 之间不相关都是很严格的。在效率不随时间变化的假设下，决策单位 i 很可能知道自身的效率，从而影响当期投入项的选择，即 x_{it} 和 u_i 之间很可能是相关的。一旦 x_{it} 和 u_i 之间存在相关性，效率的估计将存在偏误。当 $u_{it} = u_i$ 时，模型（1.1）变为[①]：

$$y_{it} = \alpha + x'_{it}\beta - u_i + \nu_{it} = x'_{it}\beta + \alpha_i + \nu_{it} \quad (1.15)$$

（1.15）式本质上就是传统的面板数据模型，运用组内估计量（fixed effect estimator）可以得到 β 的一致估计 $\hat{\beta}$，进而得到 $\hat{\alpha}_i = \bar{y}_i - \bar{x}'_i\hat{\beta}$。令 $\hat{\alpha} = \max_i(\hat{\alpha}_i)$，则 $\hat{u}_i = \hat{\alpha} - \hat{\alpha}_i$，效率的估计为 $\exp(-\hat{u}_i)$。我

[①] 为了表述方便，将常数项 α 从 x_{it} 中分出。

们注意到，以上计算过程中隐含的假设样本中最有效的决策单位的效率值为 l，即它是完全有效的。当样本中的决策单位数量比较多时，这个假设是合理的，因为当 $N\rightarrow\infty$ 时，样本中最有效率的决策单位即完全有效的。组内估计量的优势在于：对效率项（u_i）和随机误差项（ν_{it}）不做任何分布假设，并且允许投入项（x_{it}）和效率项（u_i）之间存在相关性。然而，固定效应的估计方法将不随时间变化的不可观察的异质性（α_i）包含在 u_i 中，使得效率的估计值是效率真实值与 α_i 的加总，但是 α_i 可能与效率的真实值没有任何关系。

四 效率可随时间变化的 SFA 模型

当面板数据的时间跨度（T）较长时，效率不随时间变化的假设会受到广泛的质疑。正如 Schmidt（1985）所言，效率项（u_{it}）不能随时间变化是当时 SFA 模型最大的限制，研究者应该致力于允许 u_{it} 随时间改变。

Cornwell、Schmidt 和 Sickles（1990）首次在面板数据中允许效率项（u_{it}）随时间变化。模型表示为：

$$y_{it} = \alpha + x'_{it}\beta - u_{it} + \nu_{it} = x'_{it}\beta + \alpha_{it} + \nu_{it} \tag{1.16}$$

令 $\alpha_{it} = \theta_{i1} + \theta_{i2}t + \theta_{i3}t^2$，即 u_{it} 随时间变化的趋势是一个二次函数。此时模型变为：

$$y_{it} = x'_{it}\beta + \theta_{i1} + \theta_{i2}t + \theta_{i3}t^2 + \nu_{it} = x'_{it}\beta + w'_{it}\delta_i + \nu_{it} \tag{1.17}$$

其中，$w_{it} = (1, t, t^2)'$，$\delta_i = (\theta_{i1} + \theta_{i2} + \theta_{i3})'$。令 $w_i = (w_{i1}, w_{i2}, \cdots, w_{iT})'$，$Q = \mathrm{diag}(w_i)$（$i = 1, 2, \cdots, N$）以及 $P_Q = Q(Q'Q)^{-1}Q'$，$M_Q = I - P_Q$，得到模型的矩阵形式 $Y = X\beta = Q\delta + V$，从而得到系数估计 $\hat{\beta} = (X'M_QX)^{-1}(X'M_QY)$。

进一步地，对于决策单位 i，用 $y_{it} - x'_{it}\hat{\beta}$ 作为被解释变量，对常数项、时间（t）和时间的二次项（t^2）做最小二乘回归得到 δ_i 的估计 $\hat{\delta}_i$，进而有 $\hat{\alpha}_{it} = w'_{it}\hat{\delta}_i$。令 $\hat{\alpha}_t = \max_i(\hat{\alpha}_{it})$，则 $\hat{u}_{it} = \hat{\alpha}_t - \hat{\alpha}_{it}$，效率的估

计为 exp($-\hat{u}_{it}$)。可以发现，通过对效率的变化趋势做具体的参数假设，Cornwell、Schmidt 和 Sickles（1990）允许了 u_{it} 随时间变化。值得注意的是，在 Cornwell、Schmidt 和 Sickles（1990）的模型中，不需要对 u_{it} 和 v_{it} 的分布做出假设，并且允许 u_{it} 和 x_{it} 之间存在相关性。不过，$\hat{u}_{it}$ 的一致性依赖于两个条件：（1）$T \to \infty$；（2）效率项的变化趋势是二次函数形式。

与 Cornwell、Schmidt 和 Sickles（1990）不同，Lee 和 Schmidt（1993）假设：

$$y_{it} = \alpha + x'_{it}\beta - u_{it} + v_{it} = x'_{it}\beta + \alpha_{it} + v_{it} = x'_{it}\beta + \theta_t\delta_i + v_{it} \quad (1.18)$$

其中，θ_t 可以是任何形式的参数。令 $\xi = (1, \theta_2, \cdots, \theta_T)'$，为了模型可以识别，将 θ_1 标准化为 1，令 $P_\xi = \xi(\xi'\xi)^{-1}\xi'$，$M_\xi = I_T - P_\xi$，可以得到系数估计，如下：

$$\hat{\beta} = \left(\sum_{i=1}^{N} X'_i M_\xi X_i\right)^{-1} \left(\sum_{i=1}^{N} X'_i M_\xi Y_i\right) \quad (1.19)$$

其中，$X_i = (x_{i1}, x_{i2}, \cdots, x_{iT})'$，$Y_i = (y_{i1}, y_{i2}, \cdots, y_{iT})'$。如果 $\theta_2 = \theta_3 = \cdots = \theta_T = 1$，那么，上述模型简化为标准的面板数据模型。在 $\hat{\beta}$ 的表达式中，ξ 是未知的，Lee 和 Schmidt（1993）证明了 $\hat{\xi}$ 是 $\sum_i (y_i - x_i\hat{\beta})(y_i - x_i\hat{\beta})'$ 最大的特征根对应的特征向量。运用迭代的方法，可以得到 β 和 ξ 的一致估计。Lee 和 Schmidt（1993）建议用固定效应模型中 β 的估计值作为初值，进行迭代以减少迭代的次数。此外，通过最小化损失函数：

$$\sum_{i=1}^{N} (Y_i - X_i\beta - \xi\delta_i)'(Y_i - X_i\beta - \xi\delta_i) \quad (1.20)$$

可以得到 $\delta_i = \xi'(y_i - x_i\beta)/\xi'\xi$，代入 β 和 ξ 的估计值，可得 δ_i 的估计值 $\hat{\delta}_i$，进而有 $\hat{\alpha}_{it} = \hat{\theta}_t\hat{\delta}_i$。同样地，令 $\hat{\alpha}_t = \max_i (\hat{\alpha}_{it})$，则 $\hat{u}_{it} = \hat{\alpha}_t - \hat{\alpha}_{it}$，效率的估计为 exp($-\hat{u}_{it}$)。总的来说，与 Cornwell、Schmidt 和 Sickles（1990）相比，Lee 和 Schmidt（1993）对于效率项（u_{it}）的假设更加一般化，同时允许 u_{it} 和 x_{it} 之间存在相关性。

与 Cornwell、Schmidt 和 Sickles（1990）、Lee 和 Schmidt（1993）

没有对 u_{it} 和 ν_{it} 的分布做出假设不同，Kumbhakar（1990）在特定的分布假设下，提出了效率可随时间变化的模型。具体地讲，对于模型：

$$y_{it} = x'_{it}\beta + \varepsilon_{it} = x'_{it}\beta - u_{it} + \nu_{it} \qquad (1.21)$$

假设：$u_{it} = \gamma_t u_i$，u_i 服从半正态分布 $N^+(0, \sigma_u^2)$，ν_{it} 服从正态分布 $N(0, \sigma_\nu^2)$，u_i 和 ν_{it} 之间相互独立，以及 u_i、ν_{it} 与 x_{it} 之间不相关。Kumbhakar（1990）进一步假设：

$$\gamma_i = 1/[1 + \exp(bt + ct^2)] \qquad (1.22)$$

这样的假设不仅能够保证 $\gamma_t \geq 0$，从而有 $u_{it} \geq 0$，而且根据 b 和 c 的符号，γ_t 可以呈现递增（或递减）或者凹性（或凸性）的特征，保证了效率随时间变化的灵活性。当 $b = c = 0$ 时，$u_{it} = u_i$，即效率不随时间变化。根据：

$$h(\varepsilon_i) = \int_0^\infty \prod_{t=1}^T g(\varepsilon_{it} + u_{it}) f(u_i) du = \int_0^\infty \prod_{t=1}^T g(\varepsilon_{it} + \gamma_t u_i) f(u_i) du$$
$$(1.23)$$

可以得到相应的似然函数 $L = \prod_{i=1}^N h(\varepsilon_i)$，其中，$g(\cdot)$ 和 $f(\cdot)$ 分别表示 ν_{it} 和 u_i 的概率密度函数。运用极大似然估计得到参数 β、σ_u^2、σ_ν^2、b 和 c 的估计值。借鉴 Jondrow 等（1982）的方法，Kumbhakar（1990）得到决策单位 i 在时间 t 的效率：

$$E[\exp(-u_{it}) \mid \varepsilon_i] = E[\exp(-\gamma_t u_i) \mid \varepsilon_i] \qquad (1.24)$$

此外，可以用 LR 统计量对原假设 $H_0: b = c = 0$ 进行检验，判断数据是否支持效率不随时间变化的原假设。

Battese 和 Coelli（1992）将 Kumbhakar（1990）模型中 u_i 服从半正态分布的假设扩展为从 0 处截断的正态分布，但是他们假设：

$$\gamma_t = \exp[-\eta(t - T)] \qquad (1.25)$$

即假定效率在样本期间内只能随时间单调递增、递减或者不变。我们认为，此假设是十分严格的。如果效率在样本期间内随时间出现先增后减或者先减后增的情况，使用 Battese 和 Coelli（1992）估计效率将由于模型误设而导致估计的不一致。在经验研究领域，国内外不少文献运用 Battese 和 Coelli（1992）的模型估计决策单位的效率，得到效率随时间推移而单调递增（或递减）的结论，这可能仅是由于模型设定造成的，而不是效率真的在不断改善（或恶化）。最后，从假设上看，Kumbhakar（1990）与 Battese 和 Coelli（1992）可以视为是 Lee 和 Schmidt（1993）中 $\theta_t = 1/[1 + \exp(bt + ct^2)]$，或者 $\theta_t = \exp[-\eta(t-T)]$ 的特殊形式。

以上介绍的估计方法对应的计量模型均为 $y_{it} = \alpha + x'_{it}\beta - u_{it} + \nu_{it}$。然而，Greene（2004，2005）认为，这样的模型没有考虑决策单位 i 的不可观察的异质性，而忽略异质性的后果就是估计的效率项（u_{it}）中包含了单个决策单位的不可观察异质性，而这些异质性可能和真实的效率没有任何关系。因此，Greene（2004，2005）建议考虑如下的计量模型：

$$y_{it} = \alpha_i + x'_{it}\beta + \varepsilon_{it} = \alpha_i + x'_{it}\beta - u_{it} + \nu_{it} \quad (1.26)$$

其中，α_i 表示决策单位 i 的不可观察异质性。假设：（1）u_{it} 在不同的 i 和 t 之间服从相互独立的半正态分布 $N^+(0, \sigma^2_{it})$，（2）ν_{it} 服从相互独立的正态分布 $N(0, \sigma^2_\nu)$，（3）u_i 和 ν_{it} 之间相互独立，（4）u_i、ν_{it} 与 x_{it} 之间不相关，那么，可以得到 ε_{it} 的概率密度函数：

$$f(\varepsilon_{it}) = \int_0^\infty g(\varepsilon_{it} + u_{it})f(u_{it})du = \frac{2}{\sigma}\phi(\frac{\varepsilon_{it}}{\sigma})\Phi(\frac{-\lambda\varepsilon_{it}}{\sigma}) \quad (1.27)$$

其中，$\varepsilon_{it} = y_{it} - \alpha_i + x'_{it}\beta$，$\sigma^2 = \sigma^2_{it} + \sigma^2_\nu$，$\lambda = \frac{\sigma_{it}}{\sigma_\nu}$，相应的似然函数为 $L = \prod_{i=1}^N \prod_{t=1}^T f(\varepsilon_{it})$。运用极大似然估计，Greene（2004，2005）得到参数 β、α_i、σ^2、λ 的估计值，并采用 Jondrow 等（1982）的方法得到效率的估计值。需要注意的是，以上的极大似然估计由于需要同时估计决策单位的异质性（α_i），因此存在冗余参数的问题。Hsiao（1996）证明了在 Logit 模型中，当 $T = 2$ 时，决策单位异质性（α_i）的存在将导致极大似然估计得到的参数 $\hat{\beta}$ 是不一致的；然而，Heckman（1981）对 Probit 模型进行 Monte Carlo 模拟后发现，尽管存在 α_i，但是当 $T=8$、$N=100$ 时，参数 $\hat{\beta}$ 的偏误已经趋近于 0。正如 Greene（2005）所言，还没有文献讨论过当被解释变量是连续变量时，异质性（α_i）的存在对于参数 $\hat{\beta}$ 一致性的影响以及对效率估计结果的影响。Greene（2005）运用 Monte Carlo 模拟发现，当 $N=500$、$T=5$ 时，决策单位异质性（α_i）的存在不会对 β 估计的一致性产生影响，但是对 α_{it}^2 的估计会出现偏误，从而导致 u_{it} 的估计值与真实值之间会出现 0.05 的偏差（设定 u_{it} 的真实值为 0.25）。针对是否应该在模型中体现不可观察的异质性，学者们也进行了广泛的讨论。争论的关键在于：将效率视为随时间变化、不可观察的异质性设为不随时间变化过于绝对。因此，上述问题并没有得到一致的结论。

Wang 和 Ho（2010）通过对 u_{it} 做进一步的假设，解决了 Greene（2004，2005）运用极大似然估计存在冗余参数的问题。在 Wang 和 Ho（2010）模型中，假设 $u_{it}=h_{it}u_i$，$h_{it}=f(z_{it}\delta)$，u_i 服从从 0 处截断的正态分布 $N^+(\mu,\sigma_u^2)$。对于计量模型：

$$y_{it}=\alpha_i+x'_{it}\beta+\varepsilon_{it}=\alpha_i+x'_{it}\beta-u_{it}+v_{it} \qquad (1.28)$$

首先进行一阶差分，将决策单位的异质性（α_i）消去，得到：

$$\Delta y_{it}=\Delta x'_{it}\beta+\Delta\varepsilon_{it}=\Delta x'_{it}\beta-\Delta u_{it}+\Delta v_{it} \qquad (1.29)$$

其中，$\Delta u_{it}=\Delta h_{it}u_i$。然后，对差分后的计量模型做极大似然估计。从这种做法中可以看出，Wang 和 Ho（2010）之所以假设 $u_{it}=h_{it}u_i$，是因为差分后 u_i 没有发生变化，因此可以得到 $\Delta u_{it}=\Delta h_{it}u_i$ 的概率密度函数，进而得到 $\Delta\varepsilon_{it}$ 的概率密度函数。如果如 Greene（2004，2005）一样假设 u_{it} 在不同的 i 和 t 之间服从相互独立的半正态分布 $N^+(\mu,\sigma_u^2)$，就无法得到 Δu_{it} 的分布函数的具体表达形式。由于决策单位的异质性 α_i 已经从模型中消去，因此不存在冗余参数的问题。参考 Jondrow 等（1982）的方法，Wang 和 Ho（2010）建议用 $E[\exp(-u_it|\Delta\varepsilon_i)]$ 得到不同决策单位 i 在时间 t 的效率，其中，$\Delta\varepsilon_i=(\Delta\varepsilon_{i1},\Delta\varepsilon_{i2},\cdots,\Delta\varepsilon_{iT})'$。通过 Monte Carlo 模拟，Wang 和 Ho（2010）发现，与 Greene（2004，2005）相比，先差分再做极大似然估计的方法得到的效率的估

计更加精确,比如,当 $N=100$、$T=50$ 时,两种方法得到的效率的估计值与真实值之间的相关系数分别为 0.871、0.711。

五 研究效率影响因素的 SFA 模型

在估计完效率值后,学者经常关心效率的影响因素有哪些。对此,通常是采用"两步法",即首先忽略效率的影响因素,采用极大似然方法估计效率值,然后再将效率值作为被解释变量,对效率的影响因素($z_{it}: L \times 1$)进行分析。"两步法"可以根据某一两个影响因素进行分组统计,但更多的是进行多个影响因素的回归分析,具体做法主要有以下四种。(1)直接对效率值进行最小二乘回归,这包括了不少采用 Granger 因果检验的研究。这种做法没有考虑效率值的取值范围是[0,1]的特点。(2)对效率值进行 Logit 变化,再对变换后的效率值[取值范围为($-\infty$, $+\infty$)]进行最小二乘估计。不过,变换后的效率值失去了明确的经济含义[1]。(3)对效率值进行 Tobit 回归。不过,效率只是被"定义"为实际值与最优值的比值,并不能找到效率背后的潜变量(latent variable),所以效率值并不属于删失数据(censored data),而是属于比例数据(proportional data)。(4)采用 Papke 和 Wooldridge(1996)的比例因变量模型[2]。该方法采用拟极大似然方法估计"第二步"回归中的参数,只要条件期望的设定是正确的,参数估计就是一致的,避免了极大似然估计由于分布误设带来的偏误。

"两步法"被广泛用于研究效率的影响因素,然而,"两步法"由于在第一步运用极大似然估计效率时,忽略了投入项(x_{it})和效率的影响因素(z_{it})之间的相关性,可能导致参数估计结果存在偏误(Wang 和 Schmidt,2002)。对此,一些学者研究了如何在估计出参数

---

[1] 对于表示一类事项发生可能性的"概率值"(P)进行 Logit 变化,得到"对数机率比" $\{\log[p/(1-p)]\}$,是有经济含义的。

[2] Papke 和 Wooldridge(1996)提出该方法并首先用于研究美国雇员对 401(k)养老金计划的参与率。

(β) 的同时，也估计出效率的影响因素，这被称为"一步法"。

Battese 和 Coelli (1995) 在面板数据中首次建立了"一步法"的模型。具体地讲，他们假设 u_{it} 在不同的 i 和 t 之间服从相互独立的、从 0 处截断的正态分布 N^+ (μ_{it}, σ_u^2)，其中，$\mu_{it} = z_{it}\delta$，z_{it} 表示 L 个影响效率的因素；其他条件与 Battese 和 Coelli (1992) 相同。根据以上假设，可以得到 ε_{it} 的概率密度函数：

$$f(\varepsilon_{it}) = \int_0^\infty g(\varepsilon_{it} + u_{it}) f(u_{it}) du$$

$$= \int_0^\infty \frac{\exp\left[-\frac{1}{2}(\varepsilon_{it} + u_{it})^2/\sigma_v^2\right] \exp\left[(u_{it} - z'_{it}\delta)/\sigma_u^2\right]}{2\pi\sigma_u\sigma_v\Phi(z_{it}\delta/\sigma_u)} du$$

(1.30)

以及相应的似然函数 $L = \prod_{i=1}^{N} \prod_{t=1}^{T} f(\varepsilon_{it})$。运用极大似然估计可以得到效率影响因素的参数 ($\delta$) 的一致估计。

Wang (2002) 在 Battese 和 Coelli (1995) 的基础上，进一步考虑了方差 σ_u^2 和 σ_v^2 的异质性。具体地讲，他们假设 $\sigma^2 u_{it} = \exp(z'_{it}\gamma)$，$\sigma^2 v_{it} = \exp(z'_{it}\eta)$。Wang (2002) 的模型较之 Battese 和 Coelli (1995) 的模型的优势在于：考虑了方差异质性，并且允许效率的影响因素对效率的"边际效应"存在非单调的变化，边际效应的正负号也可以随影响因素的值发生变化。具体地讲，由于：

$$E(u_{it}) = \mu_{it} + \sigma_{u_{it}}^2 \frac{\phi(\Lambda)}{\Phi(\Lambda)}$$

(1.31)

其中，$\Lambda = \dfrac{u_{it}}{\sigma_{it}}$，则 z_{it} 中第 k 个因素 [$z_{it}(k)$] 对 $E(u_{it})$ 的边际效应如下：

$$\frac{\partial E(u_{it})}{\partial z_{it}(k)} = \delta(k) \left\{ 1 - \Lambda \frac{\phi(\Lambda)}{\Phi(\Lambda)} - \left[\frac{\phi(\Lambda)}{\Phi(\Lambda)}\right]^2 \right\} +$$

$$\gamma(k) \frac{\sigma_{u_{it}}^2}{2} \left\{ (1 + \Lambda^2) \frac{\phi(\Lambda)}{\Phi(\Lambda)} + \Lambda \left[\frac{\phi(\Lambda)}{\Phi(\Lambda)}\right]^2 \right\}$$

(1.32)

从 (1.32) 式可以看出，边际效应同时取决于参数 $\delta(k)$、γ

（k）以及相应的权重。伴随着不同的 Λ 值，边际效应的正负号可以发生变化。然而，在 Battese 和 Coelli（1995）中，由于 $\sigma_{u_{it}}^2 = \sigma_{it}^2$，即 $\gamma(k) = 0$，将会得到：

$$\frac{\partial E(u_{it})}{\partial z_{it}(k)} = \delta(k) \left\{ 1 - \Lambda \frac{\phi(\Lambda)}{\Phi(\Lambda)} - \left[\frac{\phi(\Lambda)}{\Phi(\Lambda)} \right]^2 \right\} \quad (1.33)$$

又因为 $\left\{ 1 - \Lambda \frac{\phi(\Lambda)}{\Phi(\Lambda)} - \left[\frac{\phi(\Lambda)}{\Phi(\Lambda)} \right]^2 \right\} > 0$，因此，Battese 和 Coelli（1995）的模型中必然会出现 $E(u_{it})$ 对 z_{it} 中第 k 个影响因素 $z_{it}(k)$ 的边际效应与 $\delta(k)$ 的正负号相同。允许边际效应存在非单调的变化具有非常重要的实际意义。例如，考虑体力劳动者的年龄对效率的影响，随着年龄的增长，劳动者的经验越来越多，年龄对效率存在正向影响；但年龄超过一定的范围后，脑力和体力开始下降，年龄对生产效率的影响可能会转化为负。除此之外，企业规模、多元化程度和很多财务指标等对企业效率的边际效应同样可能存在非单调的变化。Battese 和 Coelli（1995）的模型无法体现边际效应的非单调性是一个较严重的缺陷。

六 小结和对策建议

本章在统一的计量框架下，系统地梳理和分析了面板数据 SFA 模型。根据对效率随时间变化的假设不同，SFA 模型分为两类：效率不随时间变化的模型和效率可随时间变化的模型。在每一类别中，基于是否对效率项的分布函数做出假设，又可以将 SFA 模型进一步分为有分布假设的模型和无分布假设的模型。同时，本章对研究效率的影响因素的模型进行了梳理。

SFA 方法在研究国内外各类机构的效率问题上有着大量运用，取得了许多成果。不过，这些研究主要依赖几种假设严格的 SFA 模型，一些假设更为灵活的 SFA 模型极少得到运用。针对这种状况，并考虑到较之 DEA 等非参数方法，SFA 等参数方法的劣势主要是面临模型误设风险，因此，采用更灵活的假设是应用 SFA 等参数方法的发展方向。我们提出如下具体建议。

第一，由于效率不随时间变化的假设十分严格，建议采用效率可随时间变化的模型估计决策单位的效率值。只有当所有数据的时间跨度很短（比如 $T<3$）或者确信决策单位的效率在样本期间内保持不变时，再考虑采用效率不随时间变化的模型。

第二，在效率不随时间变化的模型中，Pitt 和 Lee（1981）是 Battese 和 Coelli（1988）的一种特殊情形；虽然 Schmidt 和 Sickles（1984）没有对 u_{it} 和 v_{it} 做出分布假设，但效率估计的一致性估计依赖于 $T \to \infty$。根据中心极限定理，在大样本中，相互独立的决策单位对应的随机变量的加总趋近于正态分布，因此，建议同时运用 Battese 和 Coelli（1988）、Schmidt 和 Sickles（1984）的模型估计效率。与此同时，为了加强效率估计结果的稳健性，建议根据效率的大小对各个决策单位进行排序，观察和判断效率值和排序是否受到了估计方法的较大影响。

第三，在效率可随时间变化的模型中，Battese 和 Coelli（1992）关于效率只能单调递增或递减的假设很严格，存在较大的模型误设的风险，不建议在经验研究中采用；Cornwell、Schmidt 和 Sickles（1990）对于效率随时间变化的趋势是二次函数的假设也很严格，而且此假设可能导致样本内初期或者期末的效率的估计存在较大的偏误。我们建议今后的研究中使用 Kumbhakar（1990）、Lee 和 Schmidt（1993）的模型估计效率。

第四，如果要进一步研究效率的影响因素，采用"一步法"和"两步法"各有优劣。在"一步法"模型中，Wang（2002）同时考虑了效率项的均值和方差的异质性，并且允许边际效应存在非单调的变化，是更为灵活的方法。但是，"一步法"需要对 u_{it} 和 v_{it} 的分布做出先验的假设。在"两步法"模型中，建议采用 Lee 和 Schmidt（1993）估计效率，然后运用 Papke 和 Wooldridge（1996）估计效率的影响因素。这种组合的优势在于前者不需要假设 u_{it} 和 v_{it} 的分布，后者采用拟极大似然估计，从而对不同的分布假设保持稳健。

第 2 章

随机前沿模型在金融机构
效率研究中的运用

金融是现代经济的核心,金融机构的效率对经济系统的良好运行有重要影响。金融机构具有多投入、多产出的性质,这使得金融机构成为 SFA 模型最重要的考察对象之一。本章第 1 节回顾了 SFA 模型在国内外保险领域的运用;考虑到以商业银行为研究对象的相关文献很丰富,第 2 节关注银行领域的研究。回顾中重点关注这些研究的主题、样本以及所采用的 SFA 模型,希望为 SFA 模型在经验研究中的运用状况提供一个参照。

一 SFA 模型在保险公司效率研究中的运用

(一) 估计一国 (或地区) 保险公司的效率

Hardwick (1997) 针对 1989—1993 年英国的寿险公司,采用 Aigner、Lovell 和 Schmidt (1977) 的模型发现:成本效率的平均值为 0.7。黄薇 (2006) 针对 1999—2004 年中国的保险公司,采用 Battese 和 Coelli (1992) 的模型发现:人身险公司的成本效率和利润效率高于财产险公司,中资公司的成本效率低于但利润高于外(合)资公司,规模、营销系统、集团化、产品多元化等因素也影响效率。梁平和梁彭勇 (2011) 针对 2001—2006 年中国的保险公司,采用 Battese 和 Coelli (1992) 的模型和分组统计发现:保险公司的利润效率低于成本效率；成本效率呈减速提高趋势，利润效率呈稳定上升趋势；人身险公司的成本效率低于财产险公司，但利润效率高于财产险公司。

（二）效率的跨国比较

有文献研究多个国家（或地区）保险公司的效率，以提供不同国家保险竞争力的信息。Delhausse 等（1995）针对 1984—1988 年法国和比利时的非寿险公司，采用 Battese 和 Coelli（1988）的模型和描述分析发现：这两个国家内部公司之间的生产效率和规模效率的差距很大，法国非寿险公司的效率明显更高。Rai（1996）针对 1988—1992 年 11 个 OECD 国家的保险公司，采用 Jondrow 等（1982）的模型和分组描述分析发现：芬兰和法国保险公司的成本效率最低，英国保险公司的成本效率最高；此外，小公司比大公司更加成本有效，专业化公司比多元化公司更加成本有效。Eling 和 Luhnen（2009）针对 2002—2006 年 36 个国家的 6462 家保险公司（该文为当时效率研究中保险公司数目最多的），采用 Battese 和 Coelli（1995）的"一步法"发现：技术效率、成本效率都在稳步改进；不同国家保险公司的效率差异很大，发达国家保险业的效率明显高于发展中国家，其中，日本和丹麦最高，菲律宾最低。

（三）规模经济

Cummins 和 Weiss（1993）针对 1980—1988 年美国的非寿险公司，采用 Pitt 和 Lee（1981）的模型和分组描述发现：大型保险公司实现了 90% 的成本效率，中型、小型保险公司分别实现了 80%、88% 的成本效率；中型和小型保险公司存在规模经济性。Zanghieri（2009）针对 1997—2006 年欧盟国家的保险公司，采用 Kumbhakar 和 Lovell（2000）的"一步法"发现：非寿险公司的成本效率和利润效率都与其规模正相关；而在寿险领域，大公司的成本效率和利润效率比小公司低。Kasman 和 Turgutlu（2009）针对土耳其寿险和非寿险公司，采用 Schmidt 和 Sickles（1984）的模型及基于 Logit 变换后的最小二乘法的"两步法"发现：小公司的成本效率比大公司高，所有公司都呈现显著的规模经济。

（四）范围经济

Toivanen（1997）针对1989—1991年芬兰的非寿险公司，采用Jondrow等（1982）的模型和分组描述分析发现：范围经济是存在的；在总公司层面存在规模不经济，在分支机构层面存在规模经济。Meador等（2000）针对1990—1995年美国的寿险公司，采用Schmidt和Sickles（1984）的模型及基于最小二乘法的"两步法"发现：公司的产品多元化程度与成本效率显著正相关。Hao和Chou（2005）针对1977—1999年中国台湾的寿险公司，采用Schmidt和Sickles（1984）、Battese和Coelli（1992）的模型和分组统计发现：市场份额大的公司更有效率，产品多元化对效率的影响不大。

（五）销售渠道与效率

"保险产品是卖的而不是买的"（Insurance is sold not bought）是中外保险从业者的共识，可见销售渠道对于保险经营至关重要。Berger、Cummins和Weiss（1997）针对1981—1990年美国的非寿险公司，采用Schmidt和Sickles（1984）的模型和基于最小二乘法的"两步法"发现：采用外部独立销售渠道的公司的成本效率低于采用直销渠道（包括业务员和专门部门或子机构）的公司；但是，外部独立销售渠道会给消费者提供更高质量的服务（如更快的理赔速度、更多的产品选择等），所以两类公司的利润效率没有显著差异。Ward（2002）针对1990—1997年英国的寿险公司，采用Schmidt和Sickles（1984）的模型和基于Logit变换后的最小二乘法的"两步法"发现：采用外部销售渠道的公司和采用直销渠道的公司的成本效率没有显著差距；不过，采用一个分销系统的公司比采用多个分销系统的公司更加成本有效。Klumpes（2004）针对1994—1999年英国的寿险公司，采用Schmidt和Sickles（1984）的模型和基于最小二乘法的"两步法"发现：采用外部独立销售渠道的公司的成本效率和利润效率高于采用直销渠道的公司，二者之间成本效率的差距是利润效率差距的5倍。

（六）所有权类型与效率

国外在此问题上主要是比较股份制和相互制的保险公司的效率。如果相互制公司效率更低，则支持费用偏好假设（expense preference hypothesis），即相互制公司的管理层可以更无约束地获得在职消费；如果相互制公司效率更高，则支持管理者自主裁量假设（managerial discretion hypothesis），即相互制公司管理层有更大的经营自主权，能做出更好和更及时的决策。Fecher 等（1993）针对 1984—1989 年法国的寿险和非寿险公司，采用 Battese 和 Coelli（1988）的模型及分组统计发现：在寿险领域，股份制公司比相互制公司更加成本有效；在非寿险领域上，相互制公司比股份制公司更加成本有效。Gardner 和 Grace（1993）针对 1985—1990 年美国的寿险公司，采用 Schmidt 和 Sickles（1984）的模型和基于 Logit 变换后的最小二乘法的"两步法"发现：股份制和相互制公司的成本效率很接近。Cummins 和 Zi（1998）针对 1988—1992 年美国的寿险公司，采用 Aigner、Lovell 和 Schmidt（1977）的模型和分组统计发现：股份制和相互制的公司的成本效率接近；此外，成本效率排名对于误差项分布的不同假设（该文考虑了正态分布、指数分布、截断正态分布和伽马分布）是稳健的。Greene 和 Segal（2004）针对 1985—1998 年美国的寿险公司，采用 Huang 和 Liu（1994）的"一步法"发现，股份制和相互制的寿险公司的成本效率和利润效率没有系统性差别。Choi 和 Elyasiani（2011）研究了 1992—2000 年美国的非寿险公司，采用 Jondrow 等（1982）的模型和基于最小二乘法的"两步法"发现：中资公司的收入效率和成本规模效率更高，而外（合）资公司成本效率和收入规模效率更高。

国内在此问题上，主要是比较中资公司和外（合）资公司的效率。刘志迎、孙文平和李静（2007）针对1999—2004年中国的财产险公司，采用Battese和Coelli（1992）的模型和Battese和Coelli（1995）的"一步法"发现：中国加入WTO后，外（合）资财产险公司的成本效率大幅提高，中资财产险公司的成本效率也在提高，但提高幅度不大，故中资财产险公司与外（合）资财产险公司的成本效率差距在不断扩大。甘小丰（2008）针对1996—2005年中国的保险公司，采用Battese和Coelli（1992）的模型和基于最小二乘法的"两步法"发现：中资保险公司的成本效率高于外（合）资公司，但利润效率低于外（合）资公司，外（合）资保险公司的规模效率高于中资公司；四大保险公司的规模效率呈逐年下降的趋势。刘铮和张春海（2013）针对中国的财产险公司，采用Battese和Coelli（1992）的模型发现：国有财产险公司的成本效率更高，上市公司、高市场份额财产险公司的收入效率更高。

（七）市场结构、管制政策与效率

Choi和Weiss（2005）针对1992—1998年美国的非寿险公司，检验了产业组织学的3个假说：结构—行为—绩效（structure-conduct-performance，SCP）假说、相对市场力量（relative market power，RMP）假说、效率结构假说（efficiency-structure，ES）。该文采用Aigner、Lovell和Schmidt（1977）的模型和基于最小二乘法的"两步法"发现：ES假说成立，即成本有效的公司索要更低的价格并获得了更高的利润，收入有效的公司的价格和利润也都更高；SCP假说和RMP假说没有得到支持，即市场集中度和市场份额没有显著影响公司价格。采用Aigner、Lovell和Schmidt（1977）的模型和基于Tobit模型的"两步法"，但加入反映各州管制情况的变量后，Weiss和Choi（2008）针对1992—1998年美国的非寿险公司的再次研究发现：SCP假说没有得到支持；RMP假说得到部分支持，即在竞争和非严格管制的州，市场份额更大的保险公司的价格更高；ES假说得到支持，即在竞争和非严格管制的州，更加成本有效的保险公司的价格也更低；此外，费率管制州的保险公司的成本效率和收入效率都低于费率竞争的州。Fenn 等（2008）针对 1995—2001 年 14 个欧洲国家的寿险、非寿险和综合型保险公司，检验了欧盟保险业放松跨国经营管制和公司之间兼并管制的影响。该文采用 Huang 和 Liu（1994）的"一步法"发现：大多数欧盟国家保险公司的规模报酬是递增的，更大市场份额的保险公司的成本效率更低，更大规模的保险公司的利润效率更高，总保费收入中来自国外的比重越高则利润效率越低。

（八）人力资本与效率

保险业对全社会就业的吸纳力很强，中国保险业也在逐渐提高从业人数的素质。张春海和孙健（2012）针对 2005—2009 年中国的财产险公司，采用 Battese 和 Coelli（1995）的"一步法"发现：人力资本存量显著提高了财产险公司的生产效率。Bian 和 Wang（2017）针对 2009—2013 年中国的人身险公司，采 Kumbhakar（1990）、Battese 和 Coelli（1992）模型发现，人力资本存量显著提高了人身险公司的成本效率和利润效率。外（合）资人身险公司较中资人身险公司在人力资本上的优势，成为外（合）资人身险公司的成本效率和利润效率高于中资人身险公司的原因之一。

二 SFA 模型在商业银行效率研究中的运用

（一）效率估计和比较

效率研究的最基本主题是估计效率值，并比较不同时间或不同主体的效率值。Chaffai（1997）针对 1980—1992 年土耳其的商业银行，采用 Jondrow 等（1982）、Kumbhakar（1990）的模型和基于 Tobit 模型的"两步法"发现：样本期间银行的效率在退步，银行资本投入的使用效率比劳动投入的使用效率高。张健华和王鹏（2011）针对 2004—2008 年中国和 27 个国家（或地区）的商业银行，采用 Battese 和 Coelli（1995）的"一步法"发现：2006 年以来，大多数国家

（或地区）的银行利润效率呈下降趋势，2007—2008 年下降得尤为明显；中国商业银行的利润效率在 2006 年及以前不高，但 2007 年以后逐年上升。Girardone、Nankervis 和 Velentza（2009）针对 1998—2003 年欧盟国家的商业银行，采用 Battese 和 Coelli（1992）的模型和描述分析发现：成本效率平均在 77%；在银行主导的金融体系与市场主导的金融体系的国家之间，银行的效率没有显著差异；上市银行的效率高于非上市银行。

（二）规模经济

规模经济反映平均成本随生产规模扩大而下降的现象。Kaparakis、Miller 和 Noulas（1994）针对 1986 年美国的商业银行，采用 Aigner、Lovell 和 Schmidt（1997）的模型和基于最小二乘法的"两步法"发现：银行的成本效率随着规模的增长而降低，分支机构更多的银行的成本效率低于分支机构较少的银行。Lieu、Yeh 和 Chiu（2005）针对 1998—2001 年中国台湾的商业银行，采用 Battese 和 Coelli（1995）的"一步法"发现：大银行的成本效率更高，这部分是缘于大银行更多地进行了资产负债表外活动；无论产出设定中是否考虑资产负债表外活动，银行普遍存在规模经济。Ross、Schwaiger 和 Winkler（2009）针对 1997—2003 年澳大利亚的商业银行，采用 Battese 和 Coelli（1992）的模型及 Granger 因果检验方法发现：贷款对象在产业和规模上的多元化程度负向影响银行的成本效率，但正向影响利润效率。王聪和谭政勋（2007）针对 1990—2003 年中国的商业银行，采用 Battese 和 Coelli（1992）的模型和基于最小二乘法的"两步法"发现：国有银行和股份制银行均存在一定程度的规模效率，国有银行在大多数年份里的规模效率高于股份制银行；从时间趋势上看，两类银行由于规模的扩大，规模经济效应都正在逐步减弱且两类银行的差距也在逐步缩小。

（三）范围经济

范围经济反映生产两种或两种以上的产品而引起的单位成本降低

的现象。Venne（2002）针对1995—1996年欧洲的商业银行，采用Aigner、Lovell和Schmidt（1997）的模型和分组统计发现：银行集团的成本效率高于专业化银行，全能银行的成本效率和利润效率高于非全能银行。Lieu、Yeh和Chiu（2005）对1998—2001年中国台湾的商业银行的研究发现：无论是否将资产负债表外业务作为一项产出，中国台湾的商业银行都存在范围经济。郑少锋和尹小蒙（2013）针对1996—2011年中国的商业银行，采用Battese和Coelli（1995）的模型和描述分析发现：多元化溢价假设成立，多元化程度下降是造成这期间中国商业银行利润效率快速下滑的最重要原因。王聪和谭政勋（2007）对1990—2003年中国的商业银行的研究发现：国有银行几乎不存在范围经济，股份制银行存在一定程度的范围经济；从时间趋势来看，范围经济程度在逐步减弱。

（四）所有权类型与效率

Cebenoyan等（1993）针对1988年美国的存贷款机构，采用Aigner、Lovell和Schmidt（1977）的模型和基于Tobit模型的"两步法"发现：相互制机构的成本效率平均为84%，相互制机构和股份制机构的效率没有整体性差异。Bonin、Hasan和Wacht（2005）针对1994—2002年6个东欧转轨国家，采用Pitt和Lee（1981）的模型和基于最小二乘法的"两步法"发现：外资银行的效率最高，国有银行的效率最低，"凭证式"民营化（voucher-privatized）没有提高银行效率，私有化时间越早的银行效率越高。Fries和Taci（2005）针对15个东欧转轨国家的商业银行，采用Battese和Coelli（1995）的"一步法"发现：外资银行的成本效率高于私有制银行，进一步高于国有银行。

中国金融体系以银行业为主导，且经历了国有银行的改制转型，国内学者对所有权类型与银行效率的关系进行了大量研究。刘琛和宋蔚兰（2004）针对1996—2001年中国的商业银行，采用Aigner、Lovell和Schmidt（1977）的模型和描述分析发现：四大国有银行的成本效率最低，上市银行的成本效率最高，四大国有银行和股份制银行的成本效率差距在不断缩小。迟国泰、孙秀峰和芦丹（2005）针对1998—2003年中国的商业银行，采用Battese和Coelli（1992）的模型和描述分析发现：国有银行的成本效率并不差，年均在0.619—1；国有银行的成本效率呈现上升趋势，股份制银行则呈现波动攀升趋势。刘玲玲和李西新（2006）针对1998—2004年中国的商业银行，采用Aigner、Lovell和Schmidt（1977）的模型和基于最小二乘法的"两步法"发现：主要银行的利润效率低于其战略投资者，国有和股份制银行的利润效率在逐年提高，与其战略投资者的差距在缩小。Fu和Heffernan（2007）针对1985—2002年中国的商业银行，采用Jondrow等（1982）和基于最小二乘法的"两步法"发现：银行的成本效率普遍在40%—60%，其中，股份制银行的成本效率高于国有银行。吴栋和周建平（2007）针对1998—2005年中国的商业银行，采用Battese和Coelli（1995）的"一步法"发现：国有法人股占比正向影响银行的成本效率和利润效率，国有股占比负向影响效率，中国商业银行的成本效率和利润效率与第1大股东持股比例呈倒"U"形关系。姚树洁、姜春霞和冯根福（2011）针对1995—2008年中国的商业银行，采用Battese和Coelli（1995）的"一步法"发现：股份制银行和城市商业银行的利润效率优于国有银行；外国投资者选择了利润效率较高的银行进行投资，从长期来看，外资参股对银行利润效率产生了负面影响。

（五）市场结构、管制政策与效率

Berger和Hannan（1998）针对1980—1989年美国的商业银行，采用Jondrow等（1982）的模型和基于最小二乘法的"两步法"发现：在市场集中度越高的地区，银行的成本效率越低；市场势力造成的成本效率损失是造成的市场交换福利损失（通过Harberger三角测量）的约20倍。Hao、Hunter和Yang（2001）针对1985—1995年韩国的私人银行，采用Aigner、Lovell和Schmidt（1977）的模型和基于

Logit 变换后的最小二乘法的"两步法"发现：有全国性分支机构的银行更有效，1991年金融自由化政策没有显著影响银行效率。徐忠等（2007）针对2001—2004年中国12个省81个县300余家县级金融机构（此类研究中少有的使用银行分支机构数据的文章），采用Schmidt 和 Sickles（1984）的模型和基于最小二乘法的"两步法"发现：在集中度低的市场中，银行的成本效率较高；银行提高成本效率对于提高资本回报率和降低不良贷款率均具有积极作用。Casu 和 Girardone（2009）针对2000—2005年欧洲5个发达国家，采用Battese 和 Coelli（1992）的模型和 Granger 因果检验方法发现：市场力量（通过 Lerner 指数测量）和公司效率是互为因果的，从市场力量到公司效率的因果关系更强。Pasiouras、Tanna 和 Zopounidis（2009）针对2000—2004年74个实施巴塞尔协议Ⅱ的国家的商业银行，采用Battese 和 Coelli（1995）的"一步法"发现：严格市场纪律监管和加强金融监管当局的权力可以提高银行的成本效率和利润效率，资本充足度监管要求提高了银行的成本效率，但降低了利润效率；而限制银行业务的监管要求降低了银行的成本效率，但提高了利润效率。

（六）兼并收购与效率

提高效率是公司兼并收购决策以及政府制定产业政策的一个主要目的。Lang 和 Welzel（1999）针对1989—1997年德国的巴伐利亚州合作制银行，采用 Battese 和 Coelli（1992）的模型以及通过比较真实的合并案例与"随机模拟"的合并案例发现：分支机构地理位置接近的银行之间的合并提高了成本效率，合并方和被合并方之间的成本效率差距并没有在合并之后缩小。Vennet（1996）针对1988—1993年欧洲的商业银行，采用 Jondrow 等（1982）的模型和分组统计分析发现：只有规模相近的、本国银行之间的合并才能提高成本效率。Cuesta 和 Orea（2002）针对1985—1998年西班牙的储蓄银行，采用Battese 和 Coelli（1992）的模型和描述分析发现：样本期间未经历合并的银行的成本效率没有显著变化，而经历了合并的银行的成本效率呈现先降低然后提高的变化。Lozano-Vivas 等（2011）针对1988—2004年欧盟国家的商业银行，采用 Jondrow 等（1982）的模型和 Wang（2002）的"一步法"发现：一国内部的合并和跨国合并都提高了成本效率和利润效率，跨国合并对成本效率和利润效率的正向作用大于一国内部的合并。

（七）风险与效率

金融企业尤其需要平衡收益和风险，银行可能为了控制风险而造成成本增加和利润下降，所以研究风险调整后的效率值很有意义。迟国泰、孙秀峰和芦丹（2005）发现，如果使用调整不良贷款后的产出项，国有商业银行和股份制银行的成本效率均会出现下滑，其中，国有银行的成本效率下降幅度更大，并导致它们在1998—2003年各年的成本效率均明显低于股份制银行。黄隽（2008）使用 Aigner、Lovell 和 Schmidt（1977）的模型估计了1996—2006年中国18家商业银行的效率，并采用 Z-score 度量银行的稳定性[①]，发现银行的稳定性与银行效率有显著的正相关关系。

"次贷"危机爆发后，金融稳定问题受到了更多关注，有一些文献开始直接估计商业银行的风险效率以及风险效率的影响因素。这些研究使用 Z-score 作为因变量，这类同于将"利润"作为因变量估计银行的利润效率。Tabak、Fazio 和 Cajueiro（2011）研究了2003—2008年10个拉美国家银行业的竞争程度（Booner 指数度量）与风险效率的关系，采用 Battese 和 Coelli（1995）的"一步法"发现：风险效率随着竞争程度的增加呈"U"形，银行规模正向"调节"竞争程度对风险的作用，资本在中高度的竞争环境下才能提高大型银行的风险效率。Tabak、Cajueiro 和 Fazio（2013）针对2001—2008年17家

---

① Z-score 来自在险价值（Value at Risk）的方法论，它测量一家机构到无法弥补亏损的"距离"，一家机构 Z-score 的值越大，则破产概率更高。Z-score（ROA + Capital Ratio）/σ_{ROA}，其中，ROA 是一个时期中（如5年、3年）资产回报率的均值，Capital Ratio 是该段时期的权益比率（所有者权益除以总资产）的均值，σ_{ROA} 是 ROA 在该时期的波动率。

拉美国家的商业银行，采用 Battese 和 Coelli（1995）的"一步法"发现：在集中度更高的市场中，银行的风险效率更低，从而支持了"集中导致脆弱"（concentration-fragility）的观点。Fang、Hasan 和 Marto（2014）研究了 1997—2008 年 15 个东欧国家的经济改革对商业银行风险效率的影响，采用 Aigner、Lovell 和 Schmidt（1977）的模型和基于最小二乘法的"两步法"发现：法律体制、银行自由化和公司治理体制的改革增加了这些国家银行的风险，其中，法律体制和公司治理体制改革对银行风险效率的影响还依赖于银行自身的改革状况。Bian、Wang 和 Sun（2015）研究了 2007—2012 年中国商业银行的业务结构与风险效率的关系，采用 Lee 和 Schmidt（1993）、基于 Papke 和 Wooldridge（1996）比例因变量模型的"两步法"发现：所有商业银行平均的风险效率仅为 0.31，四大国有行的风险效率最高，手续费和佣金收入占总收入的比重对风险效率有显著的负向影响。

三 小结和对策建议

总的来说，SFA 模型在金融领域的运用呈现如下发展过程：（1）其研究对象从发达国家发展到发展中国家、转轨国家；（2）研究主题从单纯的效率估计、检验规模经济和范围经济发展到为公司多项经营管理活动和监管者制定政策提供参考；（3）研究使用的数据从截面数据发展为面板数据，采用的 SFA 模型有所发展，但仍然主要依赖几种假设严格的 SFA 模型，一些假设更为灵活的 SFA 模型极少得到运用。

我们发现，Battese 和 Coelli（1988，1992，1995）的模型得到了广泛的使用，这在很大程度上归因于 Coelli 编写了研究效率的 Frontier 软件，而 Frontier 软件采用的主要就是 Battese 和 Coelli（1988，1992，1995）的模型。因此，相关软件的开发者如果能将 Kumbhakar（1990）、Lee 和 Schmidt（1993）、Wang（2002）、Wang 和 Ho（2010）等模型编入应用程序中，对后续经验研究将大有裨益。

第 3 章

地理加权的随机前沿效率模型

一 问题的提出

效率是决策机构的综合绩效或竞争力的体现,一家决策机构的效率值是指:单位时期中(如 1 年),在一定的生产技术条件下,该机构创造或增值的各类产品的有效价值量与总投入的比值,是该机构资源利用和经营管理水平的综合体现。为了更公允地评价一家机构的经营业绩,应当"剔除"环境因素的影响。这是因为:(1)决策机构的经营成果普遍受到自然、经济和社会等方面环境因素的影响,而这些环境因素一般都是单家机构难以管控的;(2)所处环境更接近的机构更会由于技术溢出、市场竞争机制而直接相互影响。对此,一个自然的做法是,将一家机构更多地与所处环境相似的机构进行比较;进一步,考虑到环境因素众多且很多难以观察或准确度量,因此,可以采用地理加权的方法去估计效率。

举一个简化的例子说明效率研究中进行地理加权的意义。假设有甲、乙、丙 3 家规模相等的机构,甲的业务全部来自北京,乙的业务一半来自北京、一半来自甘肃,丙的业务全部来自甘肃;再假设甲、乙、丙的资源利用和管理水平依次增加。在某个时期,如果甘肃发生了损害经营成果的较大灾害而北京没有发生,或者单纯由于甘肃的日常经营环境劣于北京,那么,采用普通的效率估计方法

第3章 地理加权的随机前沿效率模型

可能会得出：甲优于乙、乙优于丙。然而，进行地理加权后，无论北京和甘肃的日常经营环境如何以及某个时期北京和甘肃的经营环境发生了何种短期变化，这3家机构的效率的排名始终为：丙优于乙、乙优于甲。这是由于：根据假设，丙50%的业务的经营成果始终优于乙来自甘肃的业务，而乙来自北京的业务的经营成果始终优于甲50%的业务。本例中，为方便阐述，具体设定了3家机构规模和在各地的业务来源比例，而由于效率值是相对数[见 (1.4) 式]，这些假设可以不要。

在目前的学术研究中，随机前沿分析（stochastic frontier analysis, SFA）得出的效率结果为"相对值"或"相对效率"，即一家决策机构的经营成果与其"有效前沿"的比值，效率值的取值范围为0—1。本书将地理加权的思想与SFA方法相结合，其基本过程为：(1) 计算出任意两家机构之间的某个地理环境差异度指标；(2) 结合某种效率估计模型，为每家机构构造出以其自身所处环境为基准点的有效前沿，构造过程中需要将更高的权重赋予与基准公司所处环境更相似的机构的样本；(3) 计算每家机构距离其自身的有效前沿的比值。

选择中国人身险公司为样本，主要有两点考虑。(1) 基本原因是，影响保险经营成果的因素存在明显的地区差异，如不同地区之间的资源环境禀赋、经济发展阶段和联系程度、社会结构、历史文化特点不同。(2) 我们能收集到2001年以来中国所有人身险公司在各地级地区[①]的收入数据，为计算两家公司的地理环境差异度和构造随机前沿提供了较充分的样本。研究发现：采用地理加权估计将较大程度改变人身险公司的生产函数系数和效率值的估计结果。

虽然已有不少文献使用地理加权回归分析，但是将这些加权方法与SFA模型相结合的文献还非常少。其中，基于Samaha和Kamakura

---

① 除非特别说明，本书所称"地级"单位包含了中国内地的地级以上的单位（如直辖市、计划单列市、副省级城市）。

(2008) 建立的用于估计美国房地产交易价格的地理加权 SFA 的思路，Tabak、Miranda 和 Fazio（2012）将美国储蓄银行总部之间的地理距离作为权重，为每家储蓄银行构造出一个有效前沿，发现：比较未采用和采用地理加权估计，两者生产函数的系数估计值有较大差异，但是效率估计值没有明显差异。本章的主要贡献是研究了中国某类机构的地理加权效率，并且在研究中：（1）收集了各公司在地级地区的收入数据，基于向量相似度的方法计算两家公司的地理环境差异度，并以此作为计算"权重"的基础；（2）采用 Cornwell、Schmidt 和 Sickles（1990）的假设较为灵活的面板数据 SFA 模型。

本章随后部分按如下顺序展开：第 2 部分说明地理加权的 SFA 效率模型的原理和具体估计方法；第 3 部分介绍作为本章研究样本的人身险公司的投入产出变量和数据；第 4 部分报告和分析地理加权 SFA 效率的估计结果；第 5 部分总结本章并提出对策建议。

二 地理加权 SFA 效率模型的原理

（一）地理加权的 SFA 模型

假设公司的产出是投入、效率参数和随机扰动项的函数，生产函数为 Cobb-Douglas 型，如下：

$$Y_i = e^{\alpha_0} \Big(\prod_{j=1}^{J} X_{ij}^{\alpha_j} \Big) e^{u_i + v_i} \tag{3.1}$$

其中，Y_i 表示公司 i 的实际产出；X_{ij} 表示公司 i 的第 j 项投入，a_j 是投入项系数；u_i 是效率参数，取非正值，$|u_i|$ 表示一家决策机构距离其有效前沿的距离；v_i 是随机扰动项。

本章研究的效率仅是技术效率，这是因为，技术效率是最基本的效率形式，而对于成本效率、收入效率、利润效率、风险效率等其他效率形式，同样可以采用地理加权估计。本章估计技术效率值采用"产出导向"型，即考察公司在给定投入约束下最大化产出的能力；此外，也可以采用"投入导向"型，即考察公司在给定产出约束下最小化投入的能力。我们采用经典和比较基础的 Cobb-Douglas 型生产函数，而没有采用超越对数型、复合型等生产函数，这是为了通过投入项和产出项的系数直观地反映投入项和产出项之间的弹性关系以及计算规模报酬系数。

采用 $\tilde{Y}_i$ 表示公司 i 在有效生产时（处于有效前沿上，即 $u_i = 0$ 时）的产出，如下：

$$\tilde{Y}_i = e^{\beta_0} \prod_{k=1}^{K} X_{ik}^{\beta_k} \tag{3.2}$$

联合（3.1）式和（3.2）式可以得到公司 i 的效率值 Eff_i，如下：

$$Eff_i = \frac{Y_i}{\tilde{Y}_i} = e^{u_i} = e^{\alpha_0 - \beta_0} \left(\prod_{j=1}^{J} X_{ij}^{\alpha_j} \right) \left(\prod_{k=1}^{K} X_{ik}^{-\beta_k} \right) e^{\nu_i} \tag{3.3}$$

将一种产出拓展为多种产出，并将所有投入项对某一项投入项（记为 X_{iJ}）进行"标准化"，则（3.3）式变为：

$$\frac{Eff_i}{X_{iJ}} = e^{\gamma_0} X_{iJ}^{-1} \left(\prod_{j \neq J}^{J} X_{ij}^{\alpha_j} \right) \left(\prod_{k=1}^{K} Y_{ik}^{-\beta_k} \right) e^{\nu_i} = e^{\gamma_0} X_{iJ}^{-1 + \sum_{m=1}^{J} \alpha_m} \left[\prod_{j \neq J}^{J} \left(\frac{X_{ij}}{X_{iJ}} \right)^{\alpha_j} \right]$$

$$\left[\prod_{k=1}^{K} Y_{ik}^{-\beta_k} \right] e^{\nu_j} \tag{3.4}$$

其中，$\gamma_0 = \alpha_0 - \beta_0$。进一步将（3.4）式取对数，并结合生产函数的"齐次性"，得到：

$$\ln Eff_i - \left(\sum_m \alpha_m \right) x_{iJ} = \gamma_0 + \sum_{j \neq J}^{J} \alpha_j x_{ij}^* - \sum_{k=1}^{K} \beta_k y_{ik} + \nu_i \tag{3.5}$$

其中，x 和 y 分别表示 X 和 Y 的对数值，$x_{ij}^* = \ln(X_{ij}/X_{iJ})$。继续调整方程，并将作为参照投入项的 X_{iJ} 分离到方程的左边，得到：

$$-x_{iJ} = \gamma_0 + \sum_{j \neq J}^{J} \left(\frac{\alpha_j}{\sum_m \alpha_m} \right) x_{ij}^* - \sum_{k=1}^{K} \left(\frac{\beta_k}{\sum_m \alpha_m} \right) y_{ik} - \ln Eff_i + \nu_i$$

$$\tag{3.6}$$

以上推导是基于截面数据，将（3.6）式扩展为采用面板数据（加入 t 表示时间维度）的计量模型，得到：

$$-x_{iJt} = \gamma_0 + \sum_{j \neq J}^{J} \left(\frac{\alpha_j}{\sum_m \alpha_m}\right) x_{ijt}^* - \sum_{k=1}^{K} \left(\frac{\beta_k}{\sum_m \alpha_m}\right) y_{ikt} + u_{it} + \nu_{it} \quad (3.7)$$

进一步整理为:

$$-x_{iJt} = \gamma_{0it} + \sum_{j \neq J}^{J} A_j x_{ijt}^* + \sum_{k=1}^{K} \beta_j y_{ikt} + \nu_{it} \quad (3.8)$$

其中,$\gamma_{0it} = \gamma_0 + u_{it}$,$A_j = \alpha_j / \sum_m \alpha_m$,$B_k = \beta_k / \sum_m \alpha_m$。估计(3.8)式后,生成 $\hat{\gamma}_{0t} = \max(\hat{\gamma}_{0it})$,$\hat{u}_{it} = \hat{\gamma}_{0it} - \hat{\gamma}_{0t}$,那么,效率值计算为 $e^{\hat{u}_{it}}$。

在以往两项使用地理加权 SFA 的文献中,Samaha 和 Kamakura(2008)采用截面数据,Tabak、Miranda 和 Fazio(2012)采用面板数据,但是假设各家机构的效率值不随时间变化,即设定约束 $u_{it} = u_i$,这不适合处于快速发展变化阶段的中国保险业。为了更精确地估计生产函数系数和效率值,我们采用允许效率参数随时间变化且允许效率参数和投入项之间存在相关性的面板数据 SFA 模型(Cornwell、Schmidt 和 Sickles,1990)。即设定效率参数随时间变化的趋势是一个二次函数,采用广义最小二乘法,以"每个"公司—年度个体的基准进行 1 次估计。

(二)权重的设定

当估计公司—年度个体 n 的生产函数和效率值时,公司—年度个体 n' 的"权重"按照如下规则设定:

$$W_{nn'} = e^{-\left(\frac{d_{nn'}}{\lambda}\right)^2} \Big/ \sqrt{2\pi}\lambda \quad (3.9)$$

其中,$d_{nn'}$ 是公司—年度个体 n 与 n' 之间的地理环境差异度,$d_{nn'}$ 的度量方法见"(三)地理环境差异度的设定"。λ 是要先确定的带宽(bandwidth)参数,λ 取值越大,表示地理差别度大的公司将被给予相对较高的权重。权重与地理环境差异度、带宽参数的关系如图 3-1 所示。(3.9)式所得到的权重是"正态分布化"的,再对权重"标准化"处理,使调整后的权重之和等于样本数目(N),即

$w_{nn'} = NW_{nn'} / \sum_{n'} W_{nn'}$。

我们进行 N 次地理加权的估计（N 表示公司—年度个体数目）。第 n 次估计时，根据公司—年度个体 n 为基准点，按照（3.9）式设定每个公司—年度个体的样本的权重。第 n 次估计得到的生产函数系数和效率值仅适用于作为基准点的公司—年度个体 n。

如何确定带宽参数 λ？参考 Tabak、Miranda 和 Fazio（2012）的做法，将样本中所有公司—年度个体两两地理环境差异度的标准差记为 $\sigma(d_{nn'})$，λ 就从 $0.5\sigma(d_{nn'})$、$\sigma(d_{nn'})$、$1.5\sigma(d_{nn'})$、…、$Q \times \sigma(d_{nn'})$ 中选择，其中，Q 表示 $(Q+1)\sigma(d_{nn'})$ 大于所有 $d_{nn'}$。确定 λ 的标准是：所有回归方程（共 N 个）的残差平方和（sum of squared residuals）之和最小。

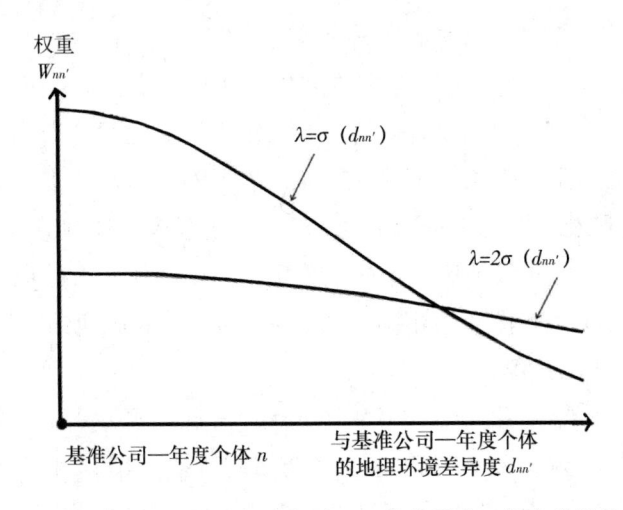

图 3-1 地理加权估计中权重与地理环境差异度、带宽参数的关系

（三）地理环境差异度的设定

2015 年样本中的人身险公司平均在 13.05 个省级地区和 64.21 个地级地区开展业务。样本公司总部在内地 31 个省级地区的空间分布，呈现很强的聚集效应；其中，北京和上海分别有 27 家和 18 家人身险公司的总部，而 18 个省级地区尚没有人身险公司总部。2015 年人身

险公司省级分公司的分布，其较之总部的分布更加均衡；其中，北京、上海、广东和江苏分别有 60、54、50 和 54 家人身险公司，各省级地区平均也有 29 家人身险公司。

由于人身险公司的地理分布普遍比较分散，计算两个公司—年度个体的地理环境差异度（$d_{nn'}$）基于这两个公司—年度个体在地级地区的收入分布情况。将一个公司—年度个体在 283 个地级地区的收入视为 1 个 283 维的向量，两个公司—年度个体的地理环境差异度计算为"1"——这两个公司—年度个体的该向量的相似度。采用余弦夹角法计算向量相似度，那么，$d_{nn'}$ 的计算如下：

$$d_{nn'} = 1 - \cos\theta_{nn'} = 1 - \sum_{p=1}^{283}(Z_{np}Z_{n'p}) \Big/ \sqrt{\sum_{p=1}^{283} Z_{np}^2 \cdot \sum_{p=1}^{283} Z_{n'p}^2}$$

(3.10)

其中，Z_{np} 和 $Z_{n'p}$ 分别是公司—年度个体 n 和 n' 在地级地区 P 的保费收入。$\theta_{nn'}$ 表示两个向量构成的夹角。如果两个公司—年度个体的地理分布没有交集，即没有任何 1 个省级地区有这两个公司—年度个体同时经营，那么两个向量正交，$\theta_{nn'}$ 为 $\pi/2$，$\cos\theta_{nn'}$ 取最小值 0；此时，$d_{nn'}$ 达到最大值 1。如果两个公司—年度个体的地理分布"重合"时，即任何一个省级地区中这两个公司—年度个体获得的保费收入占各自总保费收入的份额均相同，那么 $\theta_{nn'}$ 为 0，$\cos\theta_{nn'}$ 取最大值 1；此时，$d_{nn'}$ 达到最小值 0。

图 3-2（a）报告了 2015 年 $d_{nn'}$ 的情况，显示：$d_{nn'}$ 的均值为 0.69，标准差为 0.28；经营地区完全相同（$d_{nn'}=0$）和没有共同经营地区（$d_{nn'}=1$）的公司—年度个体两两组合的占比分别约为 1.7% 和 17%；除 0 点外，$d_{nn'}$ 的密度随着 $\theta_{nn'}$ 取值的增加呈增加趋势。图 3-2（b）显示：2001—2015 年，$d_{nn'}$ 在低分位点有上升后趋稳的趋势，这主要归因于，样本期间，中国新成立了多家人身险公司；近几年 $d_{nn'}$ 在高分位点有小幅减少趋势，这部分归因于很多人身险公司进行了地理扩张，增加了经营的地级地区数目。

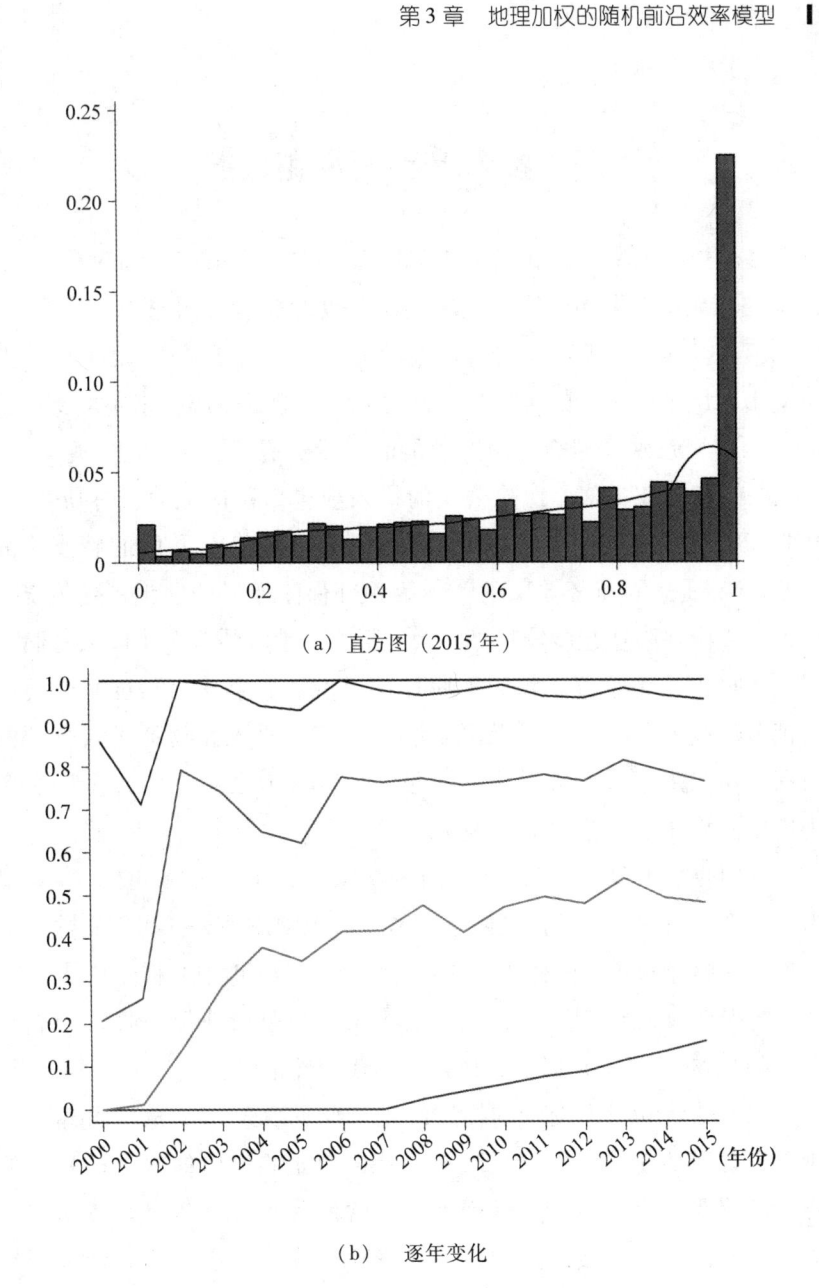

第3章 地理加权的随机前沿效率模型

(a) 直方图（2015年）

(b) 逐年变化

图3-2 人身险公司—年度个体的两两地理环境差异度

三　投入产出变量和数据

基于以往的文献，我们为人身险公司选择2项产出和3项投入。保险的职能是损失补偿和资金融通，所以对保险公司选择2项产出。（1）反映"损失补偿"功能的"赔付支出+准备金增量"，其中，赔付支出对应公司当年的实际赔付，而准备金增量对应未来年度支出的赔付。（2）反映"资金融通"功能的"投资资产"。

与一般行业类似，保险公司的投入项包括营销劳动、内勤劳动、物料和金融资本。（1）保险产品具有承诺性和无形性的特点，故"保险产品是卖的而不是买的"成为中外保险业界的共识，受传统文化以及中国保险业起步较晚等因素的影响，销售渠道对中国人身险开展业务显得尤为重要。我们采用"手续费和佣金支出"度量公司的营销劳动投入。（2）由于无法获取内勤劳动投入和物料投入分开的数据，所以采用"管理费用"度量这两项投入之和。（3）金融资本则使用"资本金+公积金"度量。

我们收集了2001—2015年中国67家人身险公司的样本，观察值为757个。由于一些数据披露不完整或不规则波动大，我们剔除了公司首个完整经营年度的样本。表3-1显示，各年中，样本中人身险公司的保费收入（总资产）之和占中国人身险行业保费收入（总资产）的97%（96%）以上，故样本的代表性很好。

产出变量和投入变量的描述统计情况见表3-2，从中可知：反映资金融通功能的产出是反映损失补偿功能的产出的数倍；人身险公司最重要的投入项是金融资本，而营销劳动投入、内勤劳动和物料投入的占比比较接近，因此，人身险行业具有金融行业资金密集的特点。在回归中，为了剔除样本期间物价变动的影响，将产出变量和投入变量按照历年的消费价格指数平减至2001年的价格水平。

表3-1　　　　　　　　　　本章样本的代表性　　　　　　　　　　单位：%

年度	公司数量	保费收入之和占全行业比重	总资产之和占全行业比重	年度	公司数量	保费收入之和占全行业比重	总资产之和占全行业比重
2000	8	97.40	98.24	2008	49	98.06	97.62
2001	10	98.35	97.26	2009	50	98.75	98.72
2002	12	97.11	96.54	2010	54	98.73	99.30
2003	17	99.70	97.89	2011	56	97.92	96.49
2004	24	98.42	96.28	2012	56	97.25	98.90
2005	29	97.88	96.62	2013	63	98.35	99.87
2006	37	99.20	98.71	2014	65	98.98	97.94
2007	43	98.54	97.52	2015	67	97.90	97.82

资料来源：历年《中国保险年鉴》。

表3-2　　　　　　　　投入和产出变量的描述统计

性质	含义	度量	均值	标准差	中位数
产出项（单位：百万元）	损失补偿	赔付支出+准备金增量	8517.97	25569.56	613.67
	资金融通	投资资产	57609.90	198386.22	3359.96
投入项（单位：百万元）	营销劳动	手续费和佣金支出	1141.15	3568.49	132.10
	内勤劳动和物料	管理费用	1404.71	3400.24	296.93
	金融资本	资本金+公积金	8517.97	25569.56	1298.48

注：度量单位为人民币百万元。观察值数为757。

资料来源：数据收集自《中国保险年鉴》或公司网站披露的公司年度财务报告。

《公司财务会计准则》在2007年开始实施，使得保险公司的会计科目在2007年前后发生了变化，所以"投资资产"在2006年及之前包括银行存款、短期投资、拆出资金、保户质押贷款、1年内到期的长期债权投资、长期投资和独立账户资产，在2007年以后包括公允价值计量且其变动计入当期损益的金融资产、买入返售金融资产、贷款、定期存款、可供出售金融资产、持有至到期投资、存出资本保证金、投资性房地产和独立账户资产;"管理费用"在2006年及之前是"管理费用",在2007年及之后是"业务及管理费用"。

本章的样本构成见表3-3。公司名称中省略"人寿""保险""股份有限公司""有限责任公司""有限公司"字样。在每个省级地区内部,采用《中国保险年鉴》(公司版)中的公司排序,排序主要依据公司的所有权类型、成立时间。

表3-3 样本构成

总部地	公司名称	总部地	公司名称	总部地	公司名称	总部地	公司名称
北京	中国人民	北京	中邮	上海	工银安盛	广东	珠江
北京	中国人民健康	北京	中融	上海	交银康联	广东	招商信诺
北京	中国	北京	弘康	上海	北大方正	辽宁	百年
北京	民生	北京	信诚	上海	同方全球	辽宁	华汇
北京	阳光	北京	中意	上海	长生	辽宁	中荷
北京	泰康	北京	中英	上海	中美联泰大都会	江苏	利安
北京	新华	北京	瑞泰	上海	陆家嘴国泰	江苏	东吴
北京	华泰	北京	中银三星	上海	汇丰	江苏	国联
北京	天安	北京	中法	上海	复星保德信	浙江	信泰
北京	安邦	北京	新光海航	上海	美国友邦	浙江	中韩
北京	长城	上海	太平	上海	太保安联健康	山东	德华安顾
北京	农银	上海	中国太平洋	天津	光大永明	福建	君龙
北京	昆仑健康	上海	平安健康	天津	恒安标准	湖北	合众
北京	君康	上海	国华	天津	渤海	湖南	吉祥
北京	华夏	上海	中宏	广东	中国平安	重庆	恒大
北京	英大泰和	上海	建信	广东	富德生命	四川	和谐健康
北京	幸福	上海	中德安联	广东	前海		

四 地理加权对 SFA 效率估计的影响

本部分将比较普通的和地理加权的面板数据 SFA 的估计结果。普通估计仅进行 1 次估计。地理加权估计中，以每个公司—年度个体为基准点进行 1 次估计，共进行 757 次估计。以营销劳动投入（$x1$）为参照投入，估计下式：

$$-\ln x1_{it} = \alpha_1 + \alpha_2 \ln x2_{it}^* + \alpha_3 \ln x3_{it}^* + \beta_1 \ln y1_{it} + \beta_2 \ln y2_{it} + u_{it} + v_{it}$$

(3.11)

其中，$x1$ 是营销劳动投入，$x2^*$ 是内勤劳动和物料投入与营销劳动投入之比，$x3^*$ 是金融资本投入与营销劳动投入之比。$y1$ 和 $y2$ 分别是引致损失和投资资产。u_{it} 和 v_{it} 分别为效率参数和随机扰动项。

第一，分析生产函数中投入项和产出项的系数估计值以及规模报酬情况。普通估计的结果只有 1 个（见表 3-4）；地理加权估计有 757 个（公司—年度个体数目）结果，其描述统计量如表 3-4 所示。

（1）投入项的系数估计值均为正且显著异于 0，符合厂商理论，说明其他条件不变时，想要减少一项投入需要增加另一项投入。地理加权估计中诸个 $\hat{\alpha}_2$ 的最大值为 0.668，其也小于普通方法的估计结果（0.752）。因此，考虑环境因素将调低关于内勤劳动和物料对营销劳动的替代弹性的估计，即调低对替代 1 单位营销劳动所需要的内勤劳动和物料水平的估计，调低的幅度平均为 28.8% [= (0.752 - 0.535)/0.752]。地理加权估计得到的 $\hat{\alpha}_3$ 的均值和中位数分别为 1.182 和 1.194，与普通方法的估计结果（1.284）很接近，故认为环境因素对金融资本与营销劳动的替代关系的估计结果影响很小。

（2）产出项的系数估计值均为负且显著异于 0，符合厂商理论，说明其他条件不变时，想要增加产出需要增加投入。地理加权估计中诸个 $\hat{\beta}_1$ 的绝对值的最小值为 | -0.549 |，其也大于普通方法的估计结果（| -0.440 |），因此，考虑环境因素将较大程度地调低关于单位投入生产"损失补偿"产出能力的估计，调低的幅度平均为

44.4% [= (1/0.440 - 1/0.792) ÷ (1/0.440)]。地理加权估计得到的 $\hat{\beta}_2$ 的均值和中位数分别为 -0.804 和 -0.807，与普通方法的估计结果（-0.792）很接近，故认为环境因素没有明显影响对单位投入生产"资金融通"产出能力的估计。

（3）结合投入项和产出项的系数估计结果，可以计算人身险公司的规模报酬系数（见表 3-4），其等于 $(1 + \hat{\alpha}_2 + \hat{\alpha}_3) / |\hat{\beta}_1 + \hat{\beta}_2|$。普通估计和地理加权估计得到的规模报酬系数均明显大于1，说明样本期间中国人身险公司处于规模报酬递增阶段，即人身险公司规模普遍小于最佳效率规模。普通方法估计的规模报酬系数为 2.464 [= (1 + 0.752 + 1.1284) / | -0.440 - 0.792 |]，表示投入扩大1倍能引起产出扩大2.464倍。由于中国保险业已经过了最初级的发展阶段，所以2.464的估计值是"偏高"的。

表 3-4   生产函数系数的估计结果

		$\hat{\alpha}_2$	$\hat{\alpha}_3$	$\hat{\beta}_1$	$\hat{\beta}_2$	规模报酬系数
普通估计	值（标准误）	0.752 ***(0.146)	1.284 ***(0.053)	-0.440 **(0.231)	-0.792 ***(0.110)	2.464
地理加权估计（样本量=757）	均值	0.535	1.182	-0.792	-0.804	1.763
	标准差	0.063	0.024	0.059	0.054	0.104
	最小值	0.200	0.924	-0.898	-0.910	1.399
	中位数	0.541	1.194	-0.794	-0.807	1.953
	最大值	0.668	1.816	-0.549	-0.490	2.709

注：规模报酬系数 = $(1 + \hat{\alpha}_2 + \hat{\alpha}_3) / |\hat{\beta}_1 + \hat{\beta}_2|$。**、***分别表示在5%、1%的水平上显著。

采用地理加权估计时，规模报酬系数估计值的均值和中位数分别为1.763和1.953，较2.464有所降低，更符合现实观察。

第二，分析效率值估计结果。对（3.11）式采用普通的和地理加权估计的效率值（$e^{\hat{u}_{it}}$）如表3-5所示。"以公司各年的均值为单位"

是指，先求每家公司（共67家）在样本各年的技术效率的均值，再进行描述统计；"以公司—年度个体为单位"则直接对757个效率值估计结果进行描述统计。对于这两种统计口径，均可发现：（1）在均值和几乎所有分位点上，地理加权估计得到的效率值均高于普通估计的；（2）这两种方法估计的效率值之差在更低分位数上更大。前者是由于，所处地理环境更相似的公司更会受到相同环境因素的影响，公司之间也更可能直接相互影响，使得公司的经营成果更接近。后者是由于，无论采用哪种估计方法，在有效前沿上的公司的效率值都被定义为1。此外，采用普通估计和地理加权估计的效率值的Spearman秩相关系数仅为0.670，这说明是否采用地理加权的估计方法将较大地影响人身险公司的效率值排名。

表3-5　　　　　　　　　效率值的估计结果

	样本量	均值	标准差	P5	P10	P25	中位数	P75	P90	P95
以公司各年的均值为单位											
普通估计	67	0.597	0.108	0.215	0.429	0.530	0.631	0.692	0.785	0.952
地理加权估计	67	0.698	0.097	0.466	0.546	0.597	0.691	0.730	0.823	0.953
以公司—年度个体为单位											
普通估计	757	0.598	0.123	0.204	0.432	0.532	0.632	0.695	0.788	0.957
地理加权估计	757	0.716	0.099	0.344	0.551	0.615	0.698	0.748	0.852	0.983

五　小结和对策建议

各类决策机构的经营成果普遍受到自然、经济和社会等方面环境因素的影响，且所处环境更相似的机构之间往往更会直接地相互影响，因此，在评价一家决策机构的经营业绩时，应当将该机构更多地与所处环境相似的机构进行比较，而地理加权的SFA模型就可以实现这一目的。我们收集了2001—2015年中国67家人身险公司的相关数据，根据其中两家公司在内地280多个地级地区的收入分布情况计算二者的地理环境差异度，结合Cornwell、Schmidt和Sickles（1990）提出的允许效率参数随时间变化的SFA模型，估计了每家公司在每年的地理加权的生产函数和技术效率值。

研究发现，采用地理加权估计将较大程度上改变人身险公司生产函数系数和效率值的估计结果。具体而言：采用地理加权估计后，内勤劳动和物料对营销劳动的替代弹性的估计值降低了28.8%，金融资本与营销劳动之间的投入替代关系没有明显改变；单位投入对"损失补偿"产出的生产能力的估计值降低了44.4%，对"资金通融"产出的生产能力的估计值没有明显改变；人身险行业规模报酬系数的估计值从2.464降低到1.763（个体均值）和1.953（个体中位数）；采用地理加权估计后，平均效率值从0.598提高到0.716，采用普通估计和地理加权估计的公司—年度个体的效率值的秩相关系数仅为0.670。

本章的研究启示在于，考虑到环境因素对生产函数（成本函数、利润函数等）系数的估计、对效率值的估计可能会产生较大程度的影响，因此评价那些经营成果受到既有环境因素影响较大、经营环境主要由外部因素决定或者机构之间因环境相似而直接相互影响的各类决策机构的经营业绩时，可以更多地采用地理加权的SFA模型或其他的效率估计方法，或者将该方法作为一种稳健性分析。

此外，从理论上讲，在评价机构的经营业绩时还有另一种思路可以应对地理环境因素的影响。（1）找出影响某类机构经营成果的所有环境因素，计算每个因素的影响程度；（2）测量每个因素（含有形因素和无形因素）在每个地区（如本章中的地级地区）的分布情况；（3）基于前两步的结果，结合每家机构的业务的地理分布情况，计算每家机构的经营成果受所有环境因素的影响的总和；（4）将"该总和"从各机构真实的经营成果中扣除，用剩余的部分去评价各机构的优劣。从这种思路的分析过程中能得到大量有价值的知识，但必须借助非常充足的数据和严格的假设。

应 用

第 4 章

规模、多元化与财产险公司效率

一 问题的提出

公司规模和多元化是一家公司的基本特征,也是公司战略决策的关键问题,因此,公司的规模、多元化与经营效率关系,都是理论研究者和实务工作者关心的问题。中国保险市场正在快速增长中,大部分保险公司的规模有较快的正向变动。随着农业险、责任险、信用保证险的增长,中国财产险公司的业务也呈现一定程度的多元化倾向。本章研究财产险公司的规模、多元化对公司经营效率的影响。

下文按如下顺序展开:第 2 部分回顾相关文献和提出研究假设;第 3 部分说明效率模型和估计方法;第 4 部分说明投入产出变量和数据;第 5 部分分析回归结果,进行稳健性检验;第 6 部分总结本章并提出对策建议。

二 文献回顾和研究假设

本书先提出财产险公司规模和多元化对公司经营影响的两个假说。

(一) 公司规模与经营效率

在以往的文献中,Hirao 和 Inoue (2004) 基于复合成本函数并引入一个误差成分模型的研究发现，1980—1995年在日本经营的本土和外资的财产和意外保险公司均存在明显的规模经济。Fenn等（2008）使用分离了方差中的随机部分和无效率部分的SFA方法对14个欧盟国家保险业进行研究发现，规模经济显著存在，并且欧盟1994年之后的自由化改革所提倡的保险业兼并收购有效地提高了保险业的效率。Clark（1988）对美国商业银行的研究发现，大型银行表现为规模不经济，中小型银行表现为规模经济。Kwan（2006）对中国香港银行业的研究发现，小型银行的X效率的平均值大于大型银行。

我们预期：公司规模会正向影响中国财产险公司效率，记为假设1。

得到假设1有以下原因：（1）大数法则是保险经营的数理基础，假定其他条件不变，保险公司的规模越大，意味着汇集的风险个体越多，公司的赔付水平越平稳。（2）保险公司的规模越大，产品和服务的固定性成本越容易分摊，也越有利于吸引客户。（3）根据相对市场力量假说（relative market power，RMP），规模更大的保险公司更具有市场影响力，能获得更高的经济租金。

需要说明的是，财产险公司的效率可能并非随公司规模的变化单调上升或者单调下降。Cummins和Xie（2008）对美国非寿险业的研究、Kasman和Turgutlu（2009）对土耳其保险业的研究、Biener和Eling（2012）对36个国家的非寿险业的研究均发现，中等规模公司的规模经济程度要好于小型公司和大型公司。基于这些研究结论，我们将考察中国的财产险公司在处于不同的规模区间时，其规模对效率影响的方向和大小是否发生变化。

我们使用公司资产总额的对数值代表公司规模。

（二）财产险公司多元化与经营效率

对于多元化对公司绩效的影响，正反两方面均有理论支持。（1）多元化能提高获得联合生产多种产品带来的范围经济效果，增加由交叉营销和共享信息所带来的收益，有利于建立内部资金配置市场，通过组合效应平滑收益和降低风险，增加潜在收购者对公司管理层的外部激励，从而提高公司效率。（2）多元化不利于公司增加专业化经验和优势，将增加公司的代理成本，带来过度投资或投资不足的问题，引起不同业务间的交叉补贴，因而会降低公司效率。

多元化对公司效率的影响——是多元化溢价，还是多元化折价——取决于正、负效应大小的比较。在过去的40多年中，大量的经验研究探讨了多元化与公司绩效的关系。早期的研究结论更多支持多元化会降低公司绩效，而最近20多年来，得到负向、正向或不显著结论（即多元化折价、溢价或中性）的研究均有不少（Martin 和 Sayrak，2003；Hoechle 等，2012；Benito-Osorio、Guerras-Martín 和 Zuñiga-Vicente，2012）。

我们预期：多元化会正向影响中国财产险公司效率，记为假设2。

得到假设2有以下原因。（1）财产险公司的多元化属于相关多元化，不同险种在营销、数据积累、风险管理方面可以很好地共享资源，具有较好的范围经济效应。（2）不同财产险险种的承保责任决定于不同的风险因素，这使得不同险种盈亏相关度较低，故多元化更有助于平滑收益。（3）中国财产险公司在组织结构上基本没有为某类业务成立专门的事业部，多元化引起的代理成本问题相对较小。由此看来，财产险公司的多元化能够在人力、设备、资金、知识、技能、关系、品牌等资源的共享上达到降低成本、分散市场风险的效果，实现范围经济效应。

这里需要说明的是，财产险公司的效率可能并非随多元化的变化单调上升或者单调下降。Grant、Jammine 和 Thomas（1988）对304家英国大型制造企业的研究发现，随着多元化程度的提高，公司的会计利润水平先上升再下降。而 Elang、Ma 和 Pope（2008）对美国非寿险公司的研究却发现，公司的会计利润和 Tobin Q 却都是随着多元化程度的提高先下降再上升。基于这些研究结论，我们将考察对于不同多元化程度的财产险公司，多元化对其效率影响的方向和大小是否发生了变化。

我们基于每家公司在业务线上的赫芬达尔指数（Herfindahl-Hirschman Index），得到多元化指数 $= \sum_{i=1}^{N} S_i^2$，该指数越高，表示多元化程度越低。S_j^2 表示某家公司第 i 类险种的保费收入占该公司所有险种（共 N 类）保险费收入的平方。按照《中国保险年鉴》中的划分，我们将财产险公司业务分为14类（这14类业务包括企业财产险、家庭财产险、机动车辆险、责任险、工程险、货物运输险、船舶险、信用险、保证险、特殊风险保险、农业险、短期健康险、意外伤害险、其他保险业务），即 $N=14$。

三 效率及其影响因素的一步估计

本部分简要介绍我们采用的 Wang（2002）的计量模型，并且说明他们与经验研究中广泛运用的 Battese 和 Coelli（1995）模型的优势。在（4.1）式中，y_{it} 表示实际产出，x_{it} 表示影响产出的 K 项投入，$u_{it} \geq 0$ 表示技术无效率项，v_{it} 表示个体难以控制的随机因素。根据 Battese 和 Coelli（1988）的定义，技术效率是指在相同投入下，实际产出与完全有效产出的比值，如（4.2）式所示。如果 y_{it} 和 x_{it} 是变量的水平值，技术效率为 $-u_{it}$；如果 y_{it} 和 x_{it} 是对数形式，技术效率为 $\exp(-u_{it})$。从技术效率的定义可以看出，它是一种相对效率，而不是绝对效率。

$$y_{it} = x'_{it}\beta + \varepsilon_{it} = x'_{it}\beta - u_{it} + v_{it} \quad (4.1)$$

$$TE_{it} = \frac{E(y_{it} \mid u_{it}, x_{it}, t=1, 2, \cdots, T)}{E(y_{it} \mid u_{it}=0, x_{it}, t=1, 2, \cdots, T)} \quad (4.2)$$

Battese 和 Coelli（1995）首次在面板数据中提出在如下模型中估计出参数 β 的同时，也考虑效率的影响因素。

$$y_{it} = x'_{it}\beta + \varepsilon_{it} = x'_{it}\beta - u_{it} + v_{it} \quad (4.3)$$

具体地讲，他们假设 u_{it} 在不同的 i 和 t 之间服从相互独立的、从 0 处截断的正态分布 $N^+(\mu_{it}, \sigma_u^2)$，其中，$\mu_{it} = z'_{it}\delta$，$z_{it}$ 表示无效率项

影响因素组成的列向量，v_{it}在不同的i和t之间服从相互独立的正态分布$N(0, \sigma_v^2)$，运用极大似然估计可以在得到$\hat{\beta}$的同时，得到技术无效率项的影响因素z_{it}的参数δ的估计。Wang（2002）对Battese和Coelli（1995）的研究进行了改进和扩展：（1）假设$\sigma_{u_{it}}^2 = \exp(z'_{it}\gamma)$、$\sigma_{v_{it}}^2 = \exp(z'_{it}\eta)$，从而允许方差项$\sigma_u^2$和$\sigma_v^2$存在异质性；（2）在考虑方差异质性的同时，允许某个因素对无效率项的影响存在非单调的变化，即影响的大小和符号都可以随该因素本身取值的变化而变化。

我们先证明某一个因素对无效率项u_{it}存在非单调性的影响。由于$E(u_{it}) = \mu_{it} + \sigma_{u_{it}}^2 \frac{\phi(\Lambda)}{\Phi(\Lambda)}$，$\Lambda = \frac{u_{it}}{\sigma_{it}}$，则$z_{it}$中第$k$个因素$z_{it}(k)$对$E(u_{it})$的边际效应如下：

$$\frac{\partial E(u_{it})}{\partial z_{it}(k)} = \delta(k)\left\{1 - \Lambda \cdot \frac{\phi(\Lambda)}{\Phi(\Lambda)} - \left[\frac{\phi(\Lambda)}{\Phi(\Lambda)}\right]^2\right\} +$$
$$\gamma(k)\frac{\sigma_{u_{it}}^2}{2}\left\{(1+\Lambda^2)\frac{\phi(\Lambda)}{\Phi(\Lambda)} + \Lambda\left[\frac{\phi(\Lambda)}{\Phi(\Lambda)}\right]^2\right\} \quad (4.4)$$

从（4.4）式知，边际效应同时取决于参数$\delta(k)$、$\gamma(k)$以及相应的权重，伴随着不同的Λ值，边际效应的大小和符号都可以发生变化。Battese和Coelli（1995）由于假设了$\sigma_{u_{it}}^2 = \sigma_u^2$，即$\gamma(k) = 0$，所以第$k$个自变量$z_{it}(k)$对无效率项的边际效应如下：

$$\frac{\partial E(u_{it})}{\partial z_{it}(k)} = \delta(k)\left\{1 - \Lambda \cdot \frac{\phi(\Lambda)}{\Phi(\Lambda)} - \left[\frac{\phi(\Lambda)}{\Phi(\Lambda)}\right]^2\right\} \quad (4.5)$$

由于$\left\{1 - \Lambda \cdot \frac{\phi(\Lambda)}{\Phi(\Lambda)} - \left[\frac{\phi(\Lambda)}{\Phi(\Lambda)}\right]^2\right\} > 0$，因此，边际效应与$\delta(k)$的符号必然相同，即假设了其他因素不变时，效率会随某个自变量的变化单调上升或单调下降。

允许自变量对效率的边际效应存在非单调的变化具有非常重要的经济意义。在经济管理学中，人们往往关心某项指标的最优值是多少，在达到最优值之前，这可能对公司的经营存在正向作用，但达到最优值之后，继续提高这些指标反而会对公司的经营产生不利的影响。如果关心某个因素的最优取值是多少，则需要借助 Wang（2002）的模型。

在探究金融机构效率影响因素的经验研究中，Battese 和 Coelli（1995）的模型成为广泛采用的计量模型（Greene 和 Segal，2004；Lozano-Vivas 和 Pasiouras，2010）。但是，这些文章只得到了每个影响因素的系数 $\delta(k)$ 的估计，且只能根据 $\delta(k)$ 的 t 统计量来判断该因素的影响是否显著。不过，与 Logit、Probit 等模型一样，我们真正关心的不是系数估计值，而是具有经济含义的边际效应以及边际效应的显著性。值得注意的是，在 Battese 和 Coelli（1995）的模型中，$\delta(k)$ 和边际效应的 t 统计量并不相等，即根据影响因素的系数 $\delta(k)$ 的显著性并不能判断该因素的边际效应的显著性。对于 Battese 和 Coelli（1995）的边际效应及显著性，在（4.5）式的等号右端，令 $w[\delta(k)] \equiv \left\{1 - \Lambda \cdot \dfrac{\phi(\Lambda)}{\Phi(\Lambda)} - \left[\dfrac{\phi(\Lambda)}{\Phi(\Lambda)}\right]^2\right\}$，那么 $d\mathrm{E}(u_{it}) \equiv \dfrac{\partial \mathrm{E}(u_{it})}{\partial z_{it}} = \delta(k) \cdot \omega[\delta(k)]$，运用 Delta 方法可以得到 $d\mathrm{E}(u_{it})$ 方差的表达式，如下：

$$\mathrm{var}[d\mathrm{E}(u_{it})] = \left[\dfrac{\partial d(u_{it})}{\partial \delta(k)}\right]' \mathrm{var}[\delta(k)] \left[\dfrac{\partial d(u_{it})}{\partial \delta(k)}\right] \quad (4.6)$$

不难发现，只有当 $\omega[\delta(k)]$ 与 $\delta(k)$ 无关时，$\mathrm{var}[d\mathrm{E}(u_{it})]$ 才等于 $\mathrm{var}[\delta(k)] \cdot \delta^2(k)$，$\delta(k)$ 和边际效应的 t 统计量才相等，但是上述假设是不成立的。

本章将采用 Wang（2002）的方法研究金融机构效率的影响因素，计算了影响因素的边际效应及其相应的 t 统计量，判断影响因素的经济意义和统计意义。据我们了解，这是该模型首次被用于研究中国金融机构的效率。早期的文献普遍将效率的估计值作为因变量，将可能影响效率的因素作为自变量，进行最小二乘回归或者 Tobit 回归。这种"两步法"由于忽略了影响无效率项的因素与影响前沿生产函数的因素之间的相关性，会产生偏误（Wang 和 Schmidt，2002）。从本书第 1 章的分析可知，在"一步法"中，Wang（2002）比目前普遍采用的 BC95 的方法更具优势。

四 投入产出变量和数据

本部分介绍相关函数形式的设定,解释财产险公司投入项和产出项的选择,说明样本和数据。

(一) 投入产出变量和生产函数

保险公司提供的产出是无形的服务,可以分为两类:(1) 我们选择财产险公司的"赔付支出+准备金变化"(称为引致损失)作为风险汇聚和损失分担功能的代理变量;(2) 选择"投资收益"作为度量资金融通功能的产出变量。

对于财产险公司的投入项,我们和主流做法相同,选择劳动力、金融资本、物料这3类,不过,我们对投入项代理变量的选择更为合理和细致。

(1) 用"职工人数"代表劳动力的数量,用"职工薪酬"与"职工人数"的比值代表劳动力价格。

(2) 金融机构的资本用于应对非预期损失,而比起其他金融中介,保险公司承担的未来赔付责任存在更大的不确定性(Brockett、Cooper 和 Golden,2004);并且财产险公司的业务分散性弱于人身险公司,损益波动性高于人身险公司,因而财产险公司更需要保持充足的资本用以支付非预期的索赔。我们提出采用"实际资本"代表保险公司的金融资本。用实际资本与资产总额的比值作为资本价格的代理变量,该变量越小表示资本承担的风险越高,资本价格越高。

(3) 用"业务及管理费—职工薪酬"作为物料投入的代理变量,反映保险公司的机器设备等物资资本的实际成本;使用"业务及管理费—职工薪酬"/固定资产作为物料投入的价格。对物料投入及其价格的选择参考了 Berger、Hasan 和 Zhou (2009,2010)、Lozano-Vivas 和 Pasiouras (2010) 的做法。

对于中国财产险公司的成本函数和利润函数,我们采用超越对数函数形式（transcendental logarithmic form，Translog）。该函数形式由 Christensen、Jorgenson 和 Lau（1973）提出，是效率研究中广泛采用的函数形式，如下：

$$\ln\left(\frac{TC}{A}\right) = \alpha_0 + \sum_{i=1}^{3}\alpha_i \ln(w_i) + \sum_{j=1}^{2}\beta_j \ln\left(\frac{y_j}{A}\right)$$
$$+ \frac{1}{2}\sum_{i=1}^{3}\sum_{k=1}^{3}\gamma_{ik}\ln(w_i)\ln(w_k)$$
$$+ \frac{1}{2}\sum_{j=1}^{2}\sum_{l=1}^{2}\delta_{jl}\ln\left(\frac{y_j}{A}\right)\ln\left(\frac{y_l}{A}\right)$$
$$+ \sum_{i=1}^{3}\sum_{j=1}^{2}\eta_{ij}\ln(w_i)\ln\left(\frac{y_j}{A}\right) + u + v \tag{4.7}$$

其中，TC 表示公司的营业成本，w_i 表示第 i 种投入的价格，y_j 表示第 j 种产出的数量。为了减少不同公司的规模差异引起的偏误，用营业成本和产出数量除以资产总额（Fu 和 Hefferan，2007；Berger、Hasan 和 Zhou，2010）。出于表达简洁的考虑，将脚标 i 和 t 省略。

根据成本函数的价格齐次性，有 $\sum_{i=1}^{3}\alpha_i = 1$，$\sum_{i=1}^{3}\gamma_{ik} = 1$，$\sum_{i=1}^{3}\eta_{ij} = 0$，根据对称性，有 $\gamma_{ik} = \gamma_{ki}$，$\delta_{jl} = \delta_{lj}$，从而可以将（4.7）式简化为（4.8）式。

$$\ln\left(\frac{TC}{Aw_3}\right) = \alpha_0 + \sum_{i=1}^{2}\alpha_i\ln\left(\frac{w_i}{w_3}\right) + \sum_{j=1}^{2}\beta_j\ln\left(\frac{y_j}{A}\right) + \frac{1}{2}\gamma_{11}\left[\ln\left(\frac{w_1}{w_3}\right)\right]^2 +$$
$$\gamma_{12}\ln\left(\frac{w_1}{w_3}\right)\ln\left(\frac{w_2}{w_3}\right) + \frac{1}{2}\gamma_{22}\left[\ln\left(\frac{w_2}{w_3}\right)\right]^2 + \frac{1}{2}\delta_{11}\left[\ln\left(\frac{y_1}{A}\right)\right]^2 + \delta_{12}\ln\left(\frac{y_1}{A}\right)\left(\frac{y_2}{A}\right) +$$
$$\frac{1}{2}\delta_{22}\left[\ln\left(\frac{y_2}{A}\right)\right]^2 + \sum_{i=1}^{2}\sum_{j=1}^{2}\eta_{ij}\ln\left(\frac{w_i}{w_3}\right)\ln\left(\frac{y_j}{A}\right) + u + v \tag{4.8}$$

成本效率并不能完全反映财产险公司的经营效果，我们也同时衡量财产险公司的利润效率，利润效率同时考虑了成本和收入两方面的因素。我们采用 Berger 和 Mester（1997）提出的替代利润函数形式，将（4.8）式中的总成本 TC 变为财产险公司的税前利润 π，将无效率项（u 本身为正）的正号变为负号，就得到利润函数。由于样本中部分财产险公司在部分年度的税前利润 π 为负值，参考 Berger 和 Mester

(1997)、Lozano-Vivas 和 Pasiouras（2010）的做法，使用 $\pi+\theta$ 替代 π，其中，$\theta=|\pi|^{\min}+1$，$|\pi|^{\min}$ 是样本中税前利润的最小值的绝对值。

（二）样本选取

本章样本为所有在中国经营的财产险公司，样本期为 2009—2012 年，数据来自《中国保险年鉴》和公司年度信息披露报告。2010 年 4 月，中国保监会颁布的《保险公司信息披露管理办法》要求保险公司必须在公司网站和指定的报纸上发布年度信息披露报告（以下简称"年报"），年报包括公司的资本负债表、损益表、现金流量表、偿付能力信息、保险产品的经营信息等内容，因而，与《中国保险年鉴》相比，年报的信息更为全面。我们删除了 2009 年之后建立的、主要经营农业险或出口信用险业务的以及年报披露不全的公司，最终样本包括 44 家财产险公司。在 2012 年，这 44 家公司的保费收入占整个财产险行业的 98.49%，能够很好地代表整个财产险行业。

五 规模、多元化对财产险公司效率的影响

（一）基本估计

表 4-1 报告估计结果，第（1）和第（2）列的自变量只包括公司层面的因素，第（3）和第（4）列在自变量中加入了市场和宏观层面的因素。在分析检验结果之前，我们需要说明以下 4 点。（1）因变量为无效率项的均值 $E(u_{it})$。（2）由于每个自变量对因变量的边际效应都随观察值而变化，我们报告的是自变量边际效应为所有观察值的均值。为了研究公司规模对公司效率的影响和多元化对公司效率的影响是否会出现非单调的变化，我们借鉴 Wang（2002）的做法，按规模（多元化程度）将所有样本分组，报告了前 1/4 样本的规模（多元化程度）的边际效应的均值、后 1/4 样本的规模（多元化程度）的边际效应的均值。(3) 由于边际效应均

值的标准差的表达式过于复杂,我们参考 Wang(2002)的做法,通过 Bootstrap 1000 次得到边际效应均值的标准差。(4)由于一些市场和宏观层面的变量有显著影响,我们的解释将主要采用第(3)和第(4)列的结果。

表 4-1　　　　财产险公司规模、多元化对效率的作用

		(1) 成本无效率项	(2) 利润无效率项	(3) 成本无效率项	(4) 利润无效率项
公司层面因素	资产总额的对数（资产总额的单位：千元）	0.1982 (0.2882)	-0.0203 (0.0669)	0.3634 (0.3280)	-0.0253 (0.0196)
	资产总额的对数：最小的 1/4 样本（资产在 797347 千元以下）	0.1283 (0.2661)	-0.0100 (0.0970)	0.3314 (0.3421)	-0.0149 (0.0202)
	资产总额的对数：最大的 1/4 样本（资产在 8983003 千元以上）	0.2261 (0.2984)	-0.0280 (0.0578)	0.3750 (0.3351)	-0.0320 (0.0293)
	多元化程度（赫芬达尔指数度量）	1.0886* (0.5810)	0.3483* (0.1833)	1.3537** (0.5463)	0.6087** (0.2818)
	多元化程度：最低的 1/4 样本（赫芬达尔指数大于 0.7282）	1.2417*** (0.3911)	0.7060** (0.3234)	1.3345** (0.5348)	0.6432** (0.2950)
	多元化程度：最高的 1/4 样本（赫芬达尔指数小于 0.3359）	0.8111 (0.5372)	0.1141* (0.0607)	1.3361** (0.6160)	0.5578* (0.2761)
	外(合)资 = 1（虚拟变量）	-0.7545*** (0.2640)	-0.2082** (0.0963)	-0.9489** (0.3957)	-0.3322** (0.1545)
市场和宏观层面因素	市场竞争程度（赫芬达尔指数度量）			12.1178* (6.2808)	9.9540* (5.7159)
	GDP 增长率（单位：%）			-0.1414 (0.2210)	-0.2063 (0.4340)
	CPI 增长率（单位：%）			0.0377** (0.0175)	0.0619** (0.0287)
	样本量	165	165	165	165

注：报告的是边际效应,边际效应下方括号内为边际效应的标准误,通过 Bootstrap 1000 次得到。*、**、*** 分别表示在 10%、5%、1% 的水平上显著。

第4章 规模、多元化与财产险公司效率

（1）资产总额的对数对成本无效率项、利润无效率项的影响都不显著。假设1没有得到支持或明确的否定。即便如此，对于公司规模的作用，仍有了两点有意义的发现。

①公司规模对成本无效率项的影响为正向，全样本平均而言，资产总额每增加1%将引起成本效率水平降低0.3634%[①]，即财产险公司的成本具有规模不经济。进一步比较处于不同规模区间公司的规模对成本无效率项的边际效应可以发现，规模最小的1/4样本、规模最大的1/4样本的边际效应均值分别为0.3314和0.3750，这说明在这两个区间中，资产总额每增加1%将引起成本效率水平分别降低0.3314%和0.3750%。在整个样本区间内，公司规模对公司成本效率的负向影响呈加速状态，这说明财产险公司的成本函数具有凸性特征（边际成本为正且递增），组织层级结构的增加将引起管理成本的加速提高。另一个解释是，目前的财产险行业整体规模较小，即使规模最大的1/4的样本也未达到成本最优的规模水平，处于扩张的初级阶段，固定资产投入所占比重较大，因此呈现成本效率加速降低的情形。

②规模对利润无效率项的影响为负向，数值较小且不显著，全样本平均而言，资产总额每增加1%，利润效率水平将提高0.0253%。这说明财产险公司规模对收益的积极影响大于对成本的消极影响。进一步比较处于不同规模区间的公司的规模对利润无效率项的边际效应可以发现，规模对公司利润效率的正向影响也呈加速状态，这反映出大型公司利用市场力量谋取收益的能力更强。在我们的样本区间中，规模对利润效率影响的数值虽然不同，但也没有出现非单调的变化（即边际效应改变正负号），这反映出对于利润效率而言，中国财产险公司的规模整体上还不够大。

（2）多元化（赫芬达尔指数度量）对成本无效率项、利润无效率

[①] 成本效率的表达式为 $u_{it} \geq 0$，它等于回归中的因变量（无效率项 v_{it}）取对数后的相反数，因此，资产总额的对数的边际效应可以解释为成本效率值对资产总额的弹性。

项的边际效应均为正向显著。全样本平均而言，度量多元化的赫芬达尔指数每下降0.1（表明业务更加多元化），财产险公司的成本无效率项和利润无效率项将分别减少0.13537和0.06087，这等价于成本效率和利润效率水平将分别提高12.66%｛即[exp（-0.1354）-1]×100%｝和5.91%。这说明中国财产险公司具有多元化溢价，由此支持了假说2。

进一步分析处于不同的多元化区间时多元化的边际效应。对于多元化程度最低的1/4样本、最高的1/4样本，多元化程度提高0.1将引起成本效率水平分别提高12.49%和12.51%，这说明多元化程度居中的财产险公司推进多元化的边际收益最高。对于多元化程度最低的1/4样本和最高的1/4样本，多元化程度提高0.1将引起利润效率水平分别提高6.23%和5.43%，这说明多元化对公司利润效率的提升作用呈减弱趋势。最后，多元化对财产险公司效率的影响没有出现非单调的变化（边际效应改变正负号），这反映出中国财产险公司业务的多元化程度普遍不高，没有达到多元化的最佳水平，应当进一步加强多元化经营。

（3）其他变量方面。无论在成本无效率项，还是利润无效率项的方程中，反映所有权类型的虚拟变量均负向显著。只考虑公司层面的因素时，外（合）资公司的成本无效率和利润无效率项分别比中资公司平均低0.7545和0.2082，这等价于说，外（合）资公司的成本效率和利润效率水平分别比中资公司高112.65%｛即[exp（-0.7545）-1]×100%｝和23.15%。加入市场和宏观层面的因素后，外（合）资公司的成本无效率项和利润无效率项分别比中资公司平均低0.9489和0.3322，即外（合）资公司的成本效率和利润效率水平分别比中资公司高158.29%和39.40%。由此可见，外（合）资公司的成本效率、利润效率均好于中资公司。

市场和宏观环境也会影响财产险公司效率。（1）市场竞争程度（赫芬达尔指数度量）的系数估计值为正且显著，这说明市场竞争程度越高，则公司成本无效率程度、利润无效率程度越低，故竞争有助于财产险公司提高效率。(2) GDP 增长率的系数在公司成本无效率项、利润无效率项的方程中的估计值为负,但不显著。(3) CPI 增长率的系数正向显著,平均而言,CPI 增长率每提高 1 个百分点,公司的成本效率将降低 3.77%,利润效率将降低 6.19%。因此,通胀不利于财产险公司的经营效率,这可能源于样本期间财产险公司的资产对通胀的抵御能力不够强。

(二) 稳健性分析

为分析研究结论的可靠性,我们进行了如下的稳健性检验。

第一,基于信息学中的熵(entropy)来度量公司多元化程度和市场竞争程度。与赫芬达尔相比,熵度量更多地反映中小业务线、中小公司的信息,那么,使用熵度量是否会改变前文的结论?具体而言,使用熵度量的多元化程度 = $\sum_{i=1}^{N'} p_i \ln(p_i^{-1})$,$N'$ 表示某家公司实际经营的险种种类,p_i($p_i > 0$)表示第 i 类险种的保费收入占该公司所有险种(共 N' 类)保险收入的比重,熵值越大,表示多元化程度越高。令市场竞争程度 = $\sum_{j=1}^{K} s_j \ln(s_j^{-1})$,$s_j$ 仍表示第 j 家财产险公司的保费收入占财产险市场总保费收入(共 K 家公司)的比重,该变量的值越大表示市场竞争性越强。如表 4-2 第 (1) 和第 (2) 列结果所示,使用熵度量没有改变自变量的影响方向和显著性,也没有改变规模和多元化程度的边际效应的变化趋势。

第二,随着公司年龄的增长,公司通过"学习效应"将不断加深对自身和市场的了解,进而提高经营效率或退出市场(Jovanovic,1982),故公司年龄可能会影响公司效率。据此,我们将公司年龄("样本年度"——公司成立的年度)作为额外的控制变量。不过,如表 4-2 第 (3) 和第 (4) 列结果所示,财产险公司年龄对效率的影响很小也不显著,并且我们所关注的变量的影响、显著性和边际效应的变化趋势也未发生改变。

表4-2　财产险公司规模、多元化对效率的作用（稳健性分析）

		(1)	(2)	(3)	(4)
	因变量	成本无效率项	利润无效率项	成本无效率项	利润无效率项
	多元化和市场竞争的度量方式	熵度量	熵度量	赫芬达尔度量	赫芬达尔度量
公司层面因素	资产总额的对数 （资产总额的单位：千元）	0.3123 (0.2081)	-0.0148 (0.0222)	0.3580 (0.2279)	-0.0222 (0.0491)
	资产总额的对数： 最小的1/4样本 （资产在797347千元以下）	0.3046 (0.2818)	-0.0118 (0.0131)	0.3475 (0.2166)	0.0068 (0.0571)
	资产总额的对数： 最大的1/4样本 （资产在8983003千元以上）	0.3148 (0.2052)	-0.0157 (0.0321)	0.3623 (0.2373)	-0.0537 (0.0428)
	多元化程度	-0.8115*** (0.2981)	-0.4040* (0.2126)	1.5693*** (0.4581)	0.6588*** (0.1642)
	多元化程度： 最低的1/4样本	-0.8059** (0.3696)	-0.3962** (0.1971)	1.5599*** (0.5056)	0.6978*** (0.1852)
	多元化程度： 最高的1/4样本	-0.8044*** (0.2556)	-0.4121* (0.2135)	1.5684*** (0.6728)	0.6129*** (0.1498)
	外（合）资=1 （虚拟变量）	-0.7874** (0.3966)	-0.2141** (0.0991)	-0.9148** (0.3938)	-0.3367** (0.1552)
	公司年龄 （单位：年）			-0.0027 (0.0219)	-0.0170 (0.0683)
市场和宏观层面因素	市场竞争程度	-4.6045 (3.0419)	-7.4434* (3.8368)	13.3651* (7.6565)	11.6536* (5.8561)
	GDP增长率 （单位：%）	-0.1689 (0.1790)	-0.3631 (0.3821)	-0.1247 (0.1531)	-0.2070 (0.1338)
	CPI增长率 （单位：%）	0.0315* (0.0166)	0.0638** (0.0297)	0.0427** (0.0182)	0.0564** (0.0264)
	样本量	165	165	165	165

注：表中第2行的"赫芬达尔度量"和"熵度量"分别是指多元化程度、市场竞争程度这两个自变量的度量方式是采用"赫芬达尔指数"还是"熵"。报告的是边际效应，边际效应下方（）内是边际效应的标准误，通过Bootstrap 1000次得到，具体参见Wang（2002）的研究。*、**、***分别表示在10%、5%、1%的水平上显著。

六 小结和对策建议

基于中国 44 家财产险公司的面板数据,本章探究了财产险公司规模和多元化对经营效率的作用。我们在研究方法上做出了新的尝试,使用 Wang(2002)的模型研究某个因素对金融机构效率的作用。较之流行的 Battese 和 Coelli(1995)的方法,Wang(2002)的方法的优点在于:允许无效率项和随机扰动项的方差异质性;能够反映出某个因素对无效率项影响的大小以及符号如何变化,从而判断某项影响因素是否已经达到最优水平;能够得到某一因素对效率影响的具有经济意义的边际效应以及相应的 t 统计量。此外,本章尽可能选取整个财产险业的公司作为样本,更为准确地识别行业的随机前沿面;引入市场和宏观层面的因素作为控制变量,进行了较为充分的稳健性检验。

本章主要得到如下研究结论。(1)中国财产险公司是否存在"规模(不)经济"还不能够确定,公司规模扩大倾向于降低成本效率而提高利润效率,公司规模对成本效率和利润效率的影响都是递减的。(2)多元化越高的财产险公司的成本效率和利润效率越高,财产险公司存在多元化溢价。多元化程度居中时,多元化对财产险公司成本效率的正向影响最强;多元化对财产险公司利润效率的正向影响则表现为逐步减弱;中国财产险公司的多元化程度普遍低于最优水平。(3)外(合)资公司的成本效率、利润效率优于中资公司,市场竞争正向影响财产险公司效率,而通货膨胀负向影响财产险公司的效率。

为了提高中国财产险公司的经营效率,本章有以下政策建议:(1)较之于获取收入,中国财产险公司在规模扩大的过程中更应当增强成本控制;(2)中国财产险公司的业务普遍集中于机动车辆险,公司应当提高多元化程度;(3)应当创造条件,继续增加市场竞争程度。

第 5 章

人力资本与人身险公司效率

一 问题的提出

美国著名经济学家西奥多·舒尔茨（Schultz, 1961）认为，人力资本是人的技能、知识、健康状况、体力等因素的总称。在现代社会中，一个国家总产出的增长率往往要大于物质资本投入的增长率，人力资本的迅速增长可以较好地解释上述差异。对于一个行业或企业而言，经营效率也是物资资本和人力资本相互作用的结果，尤其是当物资资本积累到一定程度之后，人力资本的作用会愈发明显。中国保险业逐步告别了单纯靠规模扩张的时期，在这种情形下，如何发挥人力资本的作用，并对人身险公司的成本控制和利润增长发挥作用，显得更为重要。

在关于人力资本和企业绩效关系的理论研究中，Grant（1991，1996）指出，由于人力资本的不可复制性和排他性，企业对人力资本的投资可以形成相对其他竞争对手的比较优势，而且这种比较优势具有持续性。周其仁（1996）分析到，既要注重人力资本的积累，又要注重人力资本产权的明晰和激励制度的完善，才能充分发挥人力资本的潜能。程承坪（2001）将企业绩效看成是企业家自身的能力禀赋、企业家生产性努力、企业家掌握的资源和环境等变量的函数，并尤其强调监督约束机制和激励对企业家生产性努力的积极作用。

尽管理论分析表明人力资本可以促进企业绩效，但是经验分析结论并不一致。Weisburg（1996）基于1990年以色列的数据发现，企业员工的受教育程度越高、在一家企业工作的年限越长，则企业的绩效越高。Crook等（2011）采用Meta分析的方法发现，平均而言，人力资本每提高1个标准差，企业的绩效会提高0.21个标准差。姚先国和盛乐（2002）提出，中国乡镇企业和国有企业经济效率的差异主要在于经营者人力资本产权界定，前者对于人力资本的产权界定更为清晰，更能激励经营者发挥自身的人力资本，提高企业经营效率。魏刚（2000）基于中国上市公司的样本研究了高级管理层的激励与公司经营绩效（用净资产收益率表示）的关系，发现高级管理人员的年度报酬和持股数量与公司的经营绩效之间不存在显著的相关性。

对人力资本和公司绩效的经验分析主要关注了上市公司，对于金融机构的分析比较少。Yao、Han和Feng（2007）使用数据包络分析方法（DEA）研究了1999—2004年中国保险公司的效率，发现人力资本和公司规模、所有权类型、销售模式都是公司技术效率的影响因素。周延和王晓霞（2010）采用DEA方法对2004—2008年中国财产险公司进行研究发现，人力资本对技术效率的影响存在"双门限效应"。张春海和孙健（2012）基于松弛变量测度的动态DEA模型对2006—2010年中国人身险公司进行研究发现，人力资本对公司效率有显著的正向影响。Lu、Wang和Kweh（2014）采用Battese和Coelli（1995）（以下简称"BC95"）的SFA模型研究了2005—2009年中国财产险公司的效率，以及人力资本的存量及其结构与经营效率的关系，结果表明，人力资本存量显著提高了财产险公司的经营效率，但改善程度有限；本科和硕士学历的员工占比越高，财产险公司的经营效率越高，且改善程度较大。

在研读已有文献的基础上，本章研究人力资本对中国人身险公司效率的影响。本章从公司成本最小化和利润最大化的目标出发，关注公司的成本效率和利润效率，采用假设非常灵活的Lee和Schmidt（1993），Ahn、Lee和Schimidt（2001）的计量模型测量人身险公司效率。我们采用Papke和Wooldridge（1996）的模型估计人力资本对成本效率和利润效率的边际效应。此外，我们在回归中控制公司规模、所有权类型等相关变量，以便在它们与人力资本存在相关性并且对公司效率存在影响的情况下，得到人力资本作用的一致估计。

本章随后部分按如下顺序展开：第 2 部分说明效率值的估计模型和效率影响因素的估计模型；第 3 部分介绍财产险公司的投入产出变量和数据；第 4 部分报告和分析人力资本对财产险公司效率的影响；第 5 部分总结本章并提出对策建议。

二 效率及其影响因素的两步估计

（一）效率值的估计模型

对于人身险公司效率的测算，我们采用 SFA 模型。基于已有的计量文献，我们构建如下表达式：

$$y_{it} = x'_{it}\beta + \varepsilon_{it} = x'_{it}\beta - u_{it} + v_{it} \tag{5.1}$$

其中，y_{it} 表示人身险公司 i 在时间 t 的实际产出，x_{it} 表示影响产出的 K 项投入，u_{it} 为无效率项，并且 $u_{it} > 0$，v_{it} 表示不受公司控制的随机误差项。如果 y_{it} 和 x_{it} 是对数形式，人身险公司 i 在时间 t 的效率为：

$$TE_{it} = \frac{E[\exp(y_{it}) \mid u_{it}, x_{it}, t = 1, 2, \cdots, T]}{E[\exp(y_{it}) \mid u_{it} = 0, x_{it}, t = 1, 2, \cdots, T]} = \exp(-u_{it}) \tag{5.2}$$

为了识别模型，进一步假设 $u_{it} = \gamma_t \cdot u_i$。在计量理论中，主要有两种方法估计效率：极大似然法和迭代最小二乘法。对于前者，需要假设 u_i 服从半正态或者截断正态分布，v_{it} 服从正态分布，u_i 和 v_{it} 之间相互独立，以及 u_i、v_{it} 和 x_{it} 之间不相关。对于 Kumbhakar（1990）（以下简称"KUMB90"）的模型，$\gamma_t = 1/\exp(at + bt^2)$，对于 Battese 和 Coelli（1992）（以下简称"BC92"）的模型，$\gamma_t = \exp[-\eta(t-T)]$。如第 1 章所述，BC92 的假定限制了无效率项只能在样本区间内单调递增（$\eta < 0$）或者单调递减（$\eta > 0$），也就是说，如果无效率项出现非单调的变化，BC92 将由于模型误设造成参数估计的不一致。

如第 1 章所述，与 KUMB90 和 BC92 的思路不同，Lee 和 Schmidt（1993）（以下简称"LS93"）以及 Ahn、Lee 和 Schimidt（2001）（以下简称"ALS01"）的研究没有对 u_i 和 x_{it} 的分布做出假设，对 γ_t 的变动趋势不做任何设定，而且允许 u_i、ν_{it} 和 x_{it} 之间存在相关性。具体地，令 $X_i = (x_{i1}, \cdots, x_{iT})$，$Y_i = (y_{i1}, \cdots, y_{iT})$，$P_\xi = \xi (\xi'\xi)^{-1}\xi'$，$M_\xi = I_T - P_\xi$，其中 $\xi = (1, \gamma_2, \cdots, \gamma_T)$。不失一般性，将 γ_1 标准化为 1。通过最小化损失函数 $\sum_{i=1}^{N}(Y_i - X_i\beta - \xi u_i)'(Y_i - X_i\beta - \xi u_i)$，可以得到：

$$\hat{\beta} = \left(\sum_{i=1}^{N} X'_i M_\xi X_i\right)^{-1}\left(\sum_{i=1}^{N} X'_i M_\xi Y_i\right) \qquad (5.3)$$

$$\hat{u}_i = \xi'(Y_i - X_i\beta)/\xi'\xi \qquad (5.4)$$

$\hat{\xi}$ 是 $\sum_{i=1}^{N}(Y_i - X_i\beta)'(Y_i - X_i\beta)$ 的最大特征值所对应的特征向量。令 $\hat{u}_t = \max(\hat{u}_{it})$，则人身险公司 i 在时间 t 的效率为 $\exp[-(\hat{u}_{it} - \hat{u}_t)]$。由于 LS93 和 ALS01 的假设更加灵活，本章将采用迭代最小二乘法来衡量人身险公司的成本效率和利润效率。

（二）效率影响因素的估计模型

当得到人身险公司的成本效率和利润效率后，我们要研究人力资本对成本效率和利润效率的影响。对于估计效率的影响因素，主要有两种方法：一步法和两步法。"一步法"主要指 Battese 和 Coelli（1995）的效率模型，他们通过极大似然法，在得到效率估计值的同时估计出效率影响因素的系数。"两步法"则首先估计得到效率的估计，再用最小二乘估计（OLS）或 Tobit 模型等回归方法得到影响因素对应的参数估计。

我们采用"两步法"研究人力资本对人身险公司成本效率和利润效率的影响，理由如下。(1) 如 Wang 和 Schmidt（2002）所言，用极大似然法得到效率的估计后再用"两步法"估计效率的影响因素，可能因为影响产出的投入与影响效率的因素之间存在相关性而导致估计偏误。但是，本章用 LS93 和 ALS01 的模型可以解决这个问题，即允许 u_i 和 x_{it} 之间存在相关性。(2) 当样本量较少时，极大似然估搜索极值的过程会出现很大的不确定性,一旦不是严格凹的情形,参数估计的精确性将会受到较大的影响。(3) 采用 Papke 和 Wooldridge (1996) 的比例因变量模型进行第 2 步回归,解决了 OLS 和 Tobit 模型没有考虑效率是比例因变量的问题。具体而言,普通最小二乘法的缺点在于,它没有考虑效率估计值位于 (0, 1) 之间。Tobit 回归虽然考虑了效率在 (0, 1) 之间,但是效率本身并不是删失数据 (censored data),并不能找到效率背后的潜变量 (latent variable)。根据效率处于 (0, 1) 之间是由定义得到,即效率是指实际值与最优值的比值。因此,Papke 和 Wooldridge (1996) 的比例因变量模型是更为合适的计量模型。

得到成本效率和利润效率的估计值后,采用 Papke 和 Wooldridge (1996) 的比例因变量模型考察人力资本对效率的影响。具体地,

$$y_{it} = G\ (z'_{it} \cdot \eta + Human_{it} \cdot \delta + Foreign_{it} \cdot \varphi + Human_{it} \cdot Foreign_{it} \cdot \kappa + CVs \cdot \rho + \phi_t + \varepsilon_{it}) \tag{5.5}$$

其中,G (·) 表示 Logistic 函数,y 表示成本效率 (利润效率)。*Human* 表示人力资本,我们采用两个指标来衡量人力资本:(1) 具有本科及以上学历的员工占员工人数的比例 (*Education*),侧重于衡量人力资本的质量;(2) 员工的平均薪酬 (*Incentive*),通过职工薪酬除以员工人数得到,侧重于衡量对人力资本的激励程度。

(5.5) 式中,*Foreign* 表示公司的所有权类型的虚拟变量:对于中资人身险公司,$Foreign = 0$,对于外 (合) 资人身险公司,$Foreign = 1$。为了考虑人力资本对效率的影响可能在中资公司和外 (合) 资公司之间有所差别,加入人力资本 (*Human*) 与所有权类型 (*Foreign*) 的交乘项。*CVs* 是控制变量。δ、φ、κ 和 ρ 分别是这 4 个变量的待估系数。ϕ_t 是年度效应,ε_{it} 是随机扰动项。

三 投入产出变量和数据

我们研究人身险公司的成本效率和利润效率,对于相应的成本函

数和利润函数,采用经验研究中广泛使用的超越对数函数形式(transcendental logarithmic form)。成本函数的设定如下:

$$\left(\frac{TC}{A}\right) = \alpha_0 + \sum_{i=1}^{3}\alpha_i\ln(w_i) + \sum_{j=1}^{2}\beta_j\ln\left(\frac{y_j}{A}\right)$$
$$+ \frac{1}{2}\sum_{i=1}^{3}\sum_{k=1}^{3}\gamma_{ik}\ln(w_i)\ln(w_k)$$
$$+ \frac{1}{2}\sum_{j=1}^{2}\sum_{l=1}^{2}\delta_{jl}\ln\left(\frac{y_j}{A}\right)\ln\left(\frac{y_l}{A}\right)$$
$$+ \sum_{i=1}^{3}\sum_{j=1}^{2}\eta_{ij}\ln(w_i)\ln\left(\frac{y_j}{A}\right) + u + v \qquad (5.6)$$

其中,TC 表示营业成本,w_i 表示投入价格,y_j 表示产出数量,A 表示资产总额。为了表述简洁,我们省略了表示公司的脚标 i 和代表时间的脚标 t。(5.6)式的含义是,人身险公司应在给定产出数量和投入价格的基础上最小化自己的成本。考虑到中国人身险公司之间的规模差异较大,我们将营业成本和产出数量除以资产总额以减少规模差异引起的误差。对于产出,采用"引致损失"(赔付支出和准备金变动之和)代表风险汇聚和风险分担的职能,采用"投资资产"代表资金融通职能。对于人身险公司的投入,选取劳动力、物料和金融资本3项,用"职工薪酬"除以员工数量代表劳动力的价格,用"业务及管理费"减去"职工薪酬"后的部分除以"固定资产"代表物料的价格,用"实际资本"(根据《保险公司偿付能力管理规定》和《保险公司偿付能力报告编报规则第8号:实际资本》)除以资产总额代表金融资本的价格。

进一步地,根据成本函数的齐次性,有 $\sum_{i=1}^{3}\alpha_i = 1$、$\sum_{i=1}^{3}\gamma_{ik} = 1$、$\sum_{i=1}^{3}\eta_{ij} = 0$,根据成本函数的对称性,有 $\gamma_{ik} = \gamma_{ki}$、$\delta_{jl} = \delta_{lj}$。因此,(5.6)式可以进一步简化为:

$$\ln\left(\frac{TC}{Aw_3}\right) = \alpha_0 + \sum_{i=1}^{2}\alpha_i\ln\left(\frac{w_i}{w_3}\right) + \sum_{j=1}^{2}\beta_j\ln\left(\frac{y_j}{A}\right) + \frac{1}{2}\gamma_{11}\left[\ln\left(\frac{w_1}{w_3}\right)\right]^2 +$$
$$\gamma_{12}\ln\left(\frac{w_1}{w_3}\right)\ln\left(\frac{w_2}{w_3}\right) + \frac{1}{2}\gamma_{22}\left[\ln\left(\frac{w_2}{w_3}\right)\right]^2 + \frac{1}{2}\delta_{11}\left[\ln\left(\frac{y_1}{A}\right)\right]^2 + \delta_{12}\ln\left(\frac{y_1}{A}\right)\left(\frac{y_2}{A}\right) +$$

$$\frac{1}{2}\delta_{22}\left[\ln(\frac{y_2}{A})\right]^2 + \sum_{i=1}^{2}\sum_{j=1}^{2}\eta_{ij}\ln(\frac{w_i}{w_3})\ln(\frac{y_j}{A}) - u + \nu \tag{5.7}$$

对于利润函数，采用 Berger 和 Mester（1997）提出的替代利润函数形式，即人身险公司在给定产出数量和投入价格的基础上实现利润最大化。经验研究中采用替代利润函数的设定，只需把（5.7）式的营业成本（TC）替换成税前利润（π），其余部分与（5.7）式相同。与成本函数不同的是，人身险公司的税前利润存在很多负值的情形，会导致取对数后出现缺失。对此，通常的做法是给所有的观察值都加上一个常数，即通过整体平移的方法使利润变为正值。Bos 和 Koetter（2011）提出了一种"指标变量"的做法，即将样本中小于 0 的税前利润 π 替代为 1，同时在利润函数的右边增加一个新的变量——指标变量（Z）。对于税前利润为正的观察值，令 $Z=1$；对于税前利润为负的观察值，令 Z 等于税前利润的绝对值。Bos 和 Koetter（2011）通过 Monte Carlo 模拟发现，"指标变量"法的精确度更高，我们采用该方法处理税前利润为负的问题。

表 5-1 报告了成本效率和利润效率影响因素的描述性统计结果。平均而言，人身险公司有 36.5% 的员工具有本科及以上学历，公司之间的差异较大。将样本分年度看，2009 年、2010 年、2011 年和 2012 年公司员工中有本科及以上学历的比重分别为 31.41%、35.56%、37.93% 和 40.29%，呈逐年上升的趋势。人身险公司的平均工资薪酬为 11.39 万元，公司之间的差异亦较大。样本中有 50.4% 的人身险公司是外（合）资公司，49.6% 为中资公司。衡量产品多元性的赫芬达尔指数的均值为 0.70，显示人身险公司的业务较为集中，对数据进一步分析发现，人身险公司销售分红险的比例的均值为 75.87%。人身险公司的平均年龄为 10.81 年，最年轻的公司于 2011 年成立，成立时间最长的公司持续经营了 30 年。最后，资产总额的对数、支付给代理人和经纪人的佣金与保费总额的比例、资本总额与资产总额的比例的均值分别为 16.185、0.104、0.173。

第5章 人力资本与人身险公司效率

表 5-1　　　　　　　　效率影响因素的描述性统计

变量名	观察值	均值	标准差	10百分位	50百分位	90百分位
Education	191	0.365	0.241	0.0807	0.310	0.715
Incentive	191	113.906	78.590	31.471	97.713	220.496
Scale	191	16.185	1.865	14.132	15.886	19.309
Foreign	191	0.503	0.501	0	1	1
HHI	191	0.700	0.203	0.395	0.7078	0.941
Commission	191	0.104	0.068	0.048	0.089	0.170
Equity	191	0.173	0.167	0.045	0.118	0.397
Age	191	10.181	5.595	4	9.42	16.33

注：*Education* 表示具有本科及以上学历的员工占员工人数的比例；*Incentive* 表示平均工资薪酬，单位为千元；*Scale* 表示资产总额的对数，单位为千元；*Foreign* 表示公司的类型，对于中资保险公司，*Foreign* = 0，对于外（合）资保险公司，*Foreign* = 1；*HHI* 表示产品多元性的赫芬达尔指数；*Commission* 等于支付给代理人和经纪人的佣金除以保费总额；*Equity* 等于资本总额除以资产总额；*Age* 表示公司年龄。

资料来源：中国保险行业协会网站和《中国保险年鉴》。

(5.5) 式中有如下控制变量 (*CVs*)。资产总额的对数 (*Scale*)、衡量产品多元性的赫芬达尔指数 (*HHI*)、单位保费的佣金支出 (*Commission*)、权益总额与资产总额的比值 (*Equity*) 以及公司年龄 (*Age*)。其中，*Scale* 主要控制规模的影响，可用来衡量人身险公司的规模经济（不经济）程度。*HHI* 的构造为 $\sum_{k=1}^{5} S_k^2$，其中 S_k 表示人身险公司 *i* 产品 *k* 的保费收入占总保费收入的比值。人身险公司的业务可以分为5类：普通寿险、分红寿险、投连险和万能险、意外伤害险和健康险。单位保费的佣金支出 (*Commission*) 等于支付给代理人和经纪人的佣金除以保费总额，用来控制公司直销、个人代理、银保合作等销售渠道的差异。*Equity* 用来反映公司的资本结构，*Equity* 越大表示公司的资本越充足。考虑到公司的经营经验可能对效率有影响，加入公司年龄作为控制变量，*Age* 等于"样本年度"减去公司成立的年度。此外，$ø_t$ 是年度虚拟变量，用来控制宏观因素和技术进步的影响，ε_{it}是随机扰动项。

我们的样本为2009—2012年的中国人身险公司，其财务数据来源于中国保险行业协会的网站，产品多元性、员工人数的信息来源于2010—2013年《中国保险年鉴》。我们使用的职工薪酬在公司的财务报表附注中披露，实际资本在公司的偿付能力信息中披露。对于2009年及以后成立的人身险公司，由于成立当年的数据不能反映一个完整年度的信息，故从样本中删去。表5-2报告了每年的样本数量以及包含的人身险公司的保费总额占人身险业保费总额的比重。我们选取的样本每年的保费占比为95.16%—98.62%，具有很好的代表性。

表5-2 本章样本的代表性

年度	公司数目（中资）	公司数目［外（合）资］	保费占比（%）
2009	20	24	95.16
2010	22	25	98.62
2011	26	24	97.38
2012	27	23	97.31

四 人力资本对人身险公司效率的影响

（一）成本效率和利润效率的估计

表5-3报告了运用Lee和Schmidt（1993）以及Ahn、Lee和Schimidt（2001）的模型得到的中国人身险公司2009—2012年的成本效率和利润效率的估计结果。平均而言，2009—2012年，中国人身险公司成本效率的均值为0.2812，利润效率的均值仅为0.0457。对样本分析发现，在191个观察值中，税前利润为负的观察值有107个，占比高达56.02%，故中国人身险业于2009—2012年的利润状况不佳。分年度看，成本效率在2009—2011年逐年下降，并在2011年达到最低，2012年出现了较为明显地反弹，达到0.2953。利润效率

在 2009—2010 年出现了下降,但 2011 年出现小幅回升,2012 年再次下降。可以看出,无论是成本效率还是利润效率,其年度变化都是非单调的,故更有必要采用假设灵活的效率估计方法。

表 5-3　　成本效率和利润效率的估计及年度变化

年度	观察值	成本效率	利润效率
2009	44	0.2865	0.0485
2010	47	0.2811	0.0447
2011	50	0.2632	0.0451
2012	50	0.2953	0.0446
2009—2012	191	0.2812	0.0457

(二) 人力资本对成本效率和利润效率的影响

表 5-4 报告了当人力资本使用本科及以上学历的员工占比衡量时,采用 Papke 和 Wooldridge (1996) 模型的估计结果。结果显示,无论是成本效率还是利润效率,*Education* 的系数均为正向显著(1% 的显著性水平),故本科及以上学历的员工占比越高,人身险公司效率越高。从交乘项的系数可以看出,人力资本对外(合)资人身险公司的边际效应(0.238 = 0.385 - 0.147)要低于对中资人身险公司的边际效应(0.385)。进一步联系到外(合)资人身险公司本科及以上学历员工占比的均值为 44.5%,而中资人身险公司仅有 28.3%。可以推测出:(1) 对人身险公司尤其是中资人身险公司,提高员工的学历水平可以显著提高自身的成本效率和利润效率;(2) 与公司的物质资本投入类似,人力资本(以学历度量)的投入也具有边际生产力递减的特点。

在成本效率的回归结果中,公司规模的影响负向显著(1% 的显著性水平),说明中国人身险公司在成本管控上存在一定程度的规模不经济。公司年龄对成本效率也有正向影响(1% 的显著性水平),说明经营时间更长的公司的成本效率更高。公司类别变量(*Foreign*)

的作用显著为正（1%的显著性水平），说明外（合）资人身险公司在不可观察的因素方面（管理水平、技术等）要优于中资人身险公司。在利润效率的回归结果中，公司规模的影响正向显著，这与在成本效率方程中得到的结论相反，这说明规模越大的人身险公司在收入获取上具有优势。表示产品多元性的赫芬达尔指数的系数显著为正，说明其他条件不变时，人身险公司的业务线越分散，利润效率越高。最后，公司的资本充足度（Equity）对利润效率具有显著的正向影响（1%的显著性水平）。

表5-4　人力资本质量与人身险公司的成本、利润效率

	成本效率 系数	（标准误）	利润效率 系数	（标准误）
Education	0.385***	(0.053)	0.125***	(0.018)
Education × Foreign	-0.147**	(0.074)	-0.037*	(0.020)
Scale	-0.043***	(0.009)	0.042***	(0.005)
HHI	0.051	(0.054)	0.082***	(0.024)
Commission	0.077	(0.151)	0.043	(0.051)
Equity	-0.116	(0.099)	0.099***	(0.028)
Age	0.008***	(0.002)	0.001	(0.001)
Foreign	0.119***	(0.035)	0.098***	(0.018)
观察值	191		191	
拟极大似然估计值	-71.955		-13.442	

注：Education表示具有本科及以上学历的员工占员工人数的比例；Foreign表示公司的类型，对于中资保险公司，Foreign=0，对于外（合）资保险公司，Foreign=1；Scale表示资产总额的对数，单位为千元；HHI表示产品多元性的赫芬达尔指数；Commission等于支付给代理人和经纪人的佣金除以保费总额，Equity等于资本总额除以资产总额，Age表示公司年龄。*、**、***分别表示在10%、5%、1%的水平上显著。

表5-5报告了当人力资本用平均职工薪酬衡量时的回归结果。考虑到平均职工薪酬的偏倚程度较大，我们将平均职工薪酬的对数放

到回归方程中。从表 5-5 可以看出，平均职工薪酬对成本效率和利润效率具有显著的正向影响（1% 的显著性水平上），只是外（合）资公司和中资公司的边际效应的差异不再显著。其他控制变量的结果与表 5-5 的估计结果相似。

表 5-5　人力资本激励与人身险公司的成本、利润效率

	成本效率		利润效率	
	系数	（标准误）	系数	（标准误）
Incentive	0.070***	(0.012)	0.024***	(0.004)
Incentive × Foreign	0.006	(0.020)	-0.004	(0.005)
Scale	-0.037***	(0.010)	0.040***	(0.005)
HHI	0.065	(0.052)	0.054**	(0.023)
Commission	0.053	(0.133)	0.003	(0.054)
Equity	-0.005	(0.126)	0.123***	(0.027)
Age	0.006**	(0.003)	0.001	(0.001)
Foreign	0.010	(0.086)	0.086***	(0.022)
观察值	191		191	
拟极大似然估计值	-72.409		-13.265	

注：*Incentive* 表示平均工资薪酬，单位为千元；*Foreign* 表示公司的类型，对于中资保险公司，*Foreign* = 0，对于外（合）资保险公司，*Foreign* = 1；*Scale* 表示资产总额的对数，单位为千元；*HHI* 表示产品多元性的赫芬达尔指数；*Commission* 等于支付给代理人和经纪人的佣金除以保费总额，*Equity* 等于资本总额除以资产总额，*Age* 表示公司年龄。*、**、*** 分别表示在 10%、5%、1% 的水平上显著。

五　小结和对策建议

本章测算了中国人身险公司的成本效率和利润效率，进而研究了人力资本对成本效率和利润效率的影响。我们用人身险公司本科及以上学历的员工占比衡量人力资本的质量，用平均职工薪酬衡量公司对人力资本的激励程度。经验研究结果表明：2009—2012 年，中国人身险公司成本效率的均值为 0.2812，利润效率的均值仅为 0.0457。中国人身险公司的人力资本水平在提高，人力资本对中国人身险公司

成本效率和利润效率都具有显著的正向影响。人力资本质量对于外（合）资公司的影响显著小于中资公司，故人力资本对效率的正向影响有一定程度的递减效果。

本章的政策建议在于，为了提高自身的成本效率和利润效率，中国人身险公司：（1）应努力提高人力资本水平，特别是在中资公司目前落后于外（合）资公司的情况下；（2）应重视员工激励制度的建设；（3）在规模扩张上应注意权衡好对收入的正向影响和对成本的负向影响。

本章的主要局限性在于，受制于数据可得性，我们在分析人身险公司人力资本的激励中没有区分公司的管理层、内勤员工和外勤员工，而进行这种区分性的研究是有意义的。

第 6 章

空间分异性、地理扩张与财产险公司效率

一 问题的提出

金融服务业是具有明显地理特征的经济活动（贺灿飞和傅蓉，2006；戴志敏和朱莉妍，2015），不同地区的金融生态环境存在差异（胡滨，2009）。财产险业是为财产及其相关利益提供财务保障，影响其经营成果的众多因素存在着明显的空间分异性（spatial stratified heterogeneity），且这种影响在金融业的主要子行业（银行、财产和意外险、寿险、健康险、证券、信托、基金、金融租赁等）中或许是最大的。因此，财产险的经营主体——财产险公司的经营状况应当显著受到其地理布局的影响。过去十几年，中国财产险公司实施了较快速的地理扩张，其中，2006—2015 年财产险公司突破总部所在省区市去拓展业务的占比从不足 50% 上升到 90% 以上。商业企业以利润最大化为根本目的，那么，地理扩张如何影响中国财产险公司的盈利能力？这是本章要研究的问题。

国内外已有一些文献研究分析了地理扩张（或"地理分散化"）对金融机构的经营成果（效率、会计绩效、市场价值等指标）的影响。一些研究发现地理扩张有助于金融机构提高经营成果（Deng 和 Elyasiani，2008；王擎、吴玮和黄娟，2012；戴志敏和朱莉妍，2015），但是更多的研究发现地理扩张对金融机构产生了不利影响

(Berger 和 DeYoung，2001；Brickley、Linck 和 Smith，2003；Hayden、Porath 和 Westernhagen，2007；Schmid 和 Walter，2009；Goetz、Laeven 和 Levine，2013；李广子，2014；孙祁祥、边文龙和王向楠，2013）。鉴于此，本章分析中国财产险行业主要经营指标的空间分异状况及其原因，并基于2006—2015年中国64家财产险公司的面板数据，定量研究地理扩张对财产险公司利润效率的影响。其中，地理扩张程度采用5个度量指标（"是否"实施了跨省区市经营、经营的省区市数目、从非总部所在的省区市获得的收入比重、"1"—收入的地理集中度和"总部—分部"距离），而利润效率综合反映了公司最小化成本和最大化收入的能力，是度量盈利能力的适宜指标。

本章随后部分按如下顺序展开：第2部分说明中国财产险行业经营状况的空间分异性；第3部分是经验研究设计，说明计量模型、变量和数据；第4部分报告和分析回归结果，进行稳健性检验；第5部分总结本章并提出对策建议。

二 中国财产险行业经营状况的空间分异性

财产险业的经营状况存在着明显的空间分异性，本章结合中国前5大财产险险种（保费收入之和占全行业的95%以上）进行分析。我们从《中国保险年鉴》《中国区域经济统计年鉴》收集和计算了2013年中国339个地级（包括地级市、地级区、自治州和自治盟以及直辖市，不包括港澳台地区）地区的5大财产险险种的占比、深度和赔付率。其中，"占比"是指该险种的保费收入占财产险市场总保费收入的比重；"深度"是指该险种的保费收入与国内生产总值（Gross Domestic Produc，GDP）的比值，反映该险种的发达程度；"赔付率"是指该险种的赔款支出除以保费收入，是反映该险种经营盈亏的1个简易指标。

表6-1报告了7个地理区域中5大险种的占比、深度和赔付率以及反映这3个指标的空间分异程度的 q 统计量。借鉴 Wang 等（2010）、Wang 等（2016）的做法：

第6章 空间分异性、地理扩张与财产险公司效率

$$q_k = 1 - \sum_{h=1}^{7} N_k^h (\sigma_k^h)^2 / N_k \sigma_k^2 \qquad (6.1)$$

其中，k 表示险种，h 表示 7 个地理区域，N_k 和 σ_k^2 分别表示险种 k 的某个指标的样本总量（地级单位总数）和样本总方差，N_k^h 和 σ_k^h 分别表示地理区域 h 中险种 k 的某个指标的样本量和方差。q 表示总体方差被各层解释的百分比，q 的取值范围为 [0，1]，$q=0$ 表示不存在空间分异，$q=1$ 表示存在完全的空间分异，q 的值越大表示空间分异性越明显。q 统计量被 Wang 等（2010）用于研究地方性疾病风险和相关地理影响因素，也被王少剑等（2016）用于研究中国县域住宅价格的空间差异性。

表 6-1　2013 年主要财产险险种发展程度和赔付率的空间分异性　　单位：%

		东北	华北	华东	华南	华中	西北	西南	q 统计量（显著性）基于省级单位计算
区域所含地级单位数		40	31	66	37	55	53	54	
车险	占比	70.3	80.1	77.2	76.6	79.0	71.6	74.0	51.0（0.000）
	深度	0.53	0.91	0.83	0.73	0.62	0.78	0.97	40.8（0.000）
	赔付率	52.8	52.4	56.0	51.2	53.2	50.6	51.4	18.9（0.000）
企业财产险	占比	4.4	4.4	4.3	3.7	2.8	4.1	2.3	24.6（0.000）
	深度	0.04	0.05	0.05	0.04	0.02	0.05	0.03	22.2（0.000）
	赔付率	43.9	43.5	47.4	102.2	61.7	52.2	54.6	19.4（0.000）
农业险	占比	13.0	4.5	2.4	3.0	6.0	9.6	9.2	45.2（0.000）
	深度	0.09	0.06	0.03	0.03	0.04	0.10	0.11	31.0（0.000）
	赔付率	78.5	44.2	46.6	62.5	63.2	50.0	45.0	27.6（0.000）
区域所含地级单位数		40	31	66	37	55	53	54	
信用保证险	占比	2.4	6.2	5.3	5.7	4.6	4.0	3.7	21.5（0.000）
	深度	0.05	0.03	0.05	0.08	0.04	0.06	0.06	17.9（0.000）
	赔付率	10.2	29.6	31.1	19.7	22.5	15.2	22.4	23.1（0.000）
责任险	占比	2.3	2.7	3.8	3.4	3.5	2.8	2.6	38.7（0.000）
	深度	0.02	0.03	0.03	0.03	0.03	0.05	0.05	37.0（0.000）
	赔付率	47.2	38.1	40.8	40.4	45.8	35.4	36.1	21.1（0.000）

续表

		东北	华北	华东	华南	华中	西北	西南	q统计量（显著性）基于省级单位计算
其他险	占比	5.1	5.3	8.1	10.0	7.4	9.6	9.1	48.3（0.000）
	深度	0.04	0.05	0.08	0.08	0.06	0.12	0.11	42.0（0.000）
	赔付率	46.5	53.1	47.3	52.6	47.3	52.2	45.2	13.6（0.000）

注：根据胡浩、葛岳静和陈鑫弘（2013）等文献，华北地区包括北京、天津、山西、河北和内蒙古中部。东北地区包括辽宁、吉林、黑龙江和内蒙古东部的呼伦贝尔、兴安盟、通辽、赤峰。华东地区包括上海、江苏、浙江、安徽、山东和福建。华中地区包括河南、湖北、湖南和江西。华南地区包括广东、广西和海南。西南地区包括重庆、四川、贵州、云南和西藏。西北地区包括陕西、甘肃、青海、宁夏、新疆和内蒙古的阿拉善。

（1）机动车辆险在各地区都占据财产险市场七成以上的份额，但是机动车辆险的赔付率和综合成本率在华东地区大幅高于西南、西北地区，这主要归因于不同地区在人口和道路密度、人均收入上的差异。q统计量显示，机动车辆险"占比""深度""赔付率"可以由空间分异性解释的部分分别达到了51.0%、40.8%、18.9%。

（2）企业财产险承保各类企业由于遭受"火灾、爆炸、雷电、暴风、龙卷风、洪水、地陷、崖崩、突发性滑坡、雪灾、雹灾、冰凌、泥石流以及空中运行物体坠落等自然灾害或者停电、停水、停气等意外事故"而造成的损失，所以企业财产险的经营成果受到所在地的气象、地质、水文等因素的较大影响（中国保险行业协会，2015）。东北、华北、华东地区的企业财产险相对发达主要归因于这些地区较好的工业基础，而企业财产险的赔付率在各地区之间差别较大，反映了各地区气象、地质、水文等因素的差异。q统计量显示，企业财产险"占比""深度""赔付率"可以由空间分异性解释的部分分别达到了24.6%、22.2%、19.4%。

（3）农业生产有"靠天吃饭"的特点，农业险的科学发展依赖于农业区划，其经营成果高度依赖于所在地的农业生产环境。东北、西北、西南地区农业险的发展程度较高，这是得益于这些地区农业在国民经济中的占比较高,而东北、华东、华中地区农业险的赔付率较高,这是由于这些地区发生了相对严重的气象和病虫害。q统计量显示,农业险"占比""深度""赔付率"可以由空间分异性解释的部分分别达到了45.2%、31.0%、27.6%。

(4)在信用保证险中,信用险主要是出口信用险,而进出口情况很大程度上取决于地理位置(如是否有港口、与哪些国家或地区临近);保证险承保被保险人自身的违约风险,而较大规模的违约风险往往具有区域性特征。作为外向型经济地区和信用交易发达的地区,华北、华东、华南地区的信用保证险的发达程度和赔付率均相对较高;相应地,东北、西北、西南地区均相对较低。q统计量显示,信用保证险"占比""深度""赔付率"可以由空间分异性解释的部分分别达到了21.5%、17.9%、23.1%。

(5)责任险的特点是与法治环境息息相关,而法治(法制)受到文化的巨大影响,进而也受到地理环境的影响。华东、华中、华南地区的责任险相对发达,这在一定程度上得益于这些地区较好的民事法律环境,而这些地区的责任险较高的赔付率也应当归因于此。q统计量显示,责任险"占比""深度""赔付率"可以由空间分异性解释的部分分别达到了38.7%、37.0%、21.1%。

根据2013年地级单位财产险的深度和赔付率的分布情况,不难发现,财产险的深度和赔付率均呈现出明显的空间分异性;深度和赔付率也存在一定的空间聚集性。虽然我们没有通过图形展示财产险单个险种的深度和赔付率的空间分布,但它们均存在明显的空间效应。综上可知,中国财产险行业经营状况存在明显的空间分异性,所以财产险公司的地理扩张对其经营成果应当会产生影响。

三 经验研究设计:模型、变量和数据

本章样本为2006—2015年中国64家财产险公司,观察值为474个。样本剔除了专营政策性强的出口信用险业务的中国出口信用保险公司；由于数据披露不完整和经营波动性较大，剔除了公司首个完整经营年度的样本。样本始于2006年，这是由于新《企业财务会计准则》的实施导致样本期间的一些财务指标与更早之前的财务指标不容易比较。表6-2显示样本中财产险公司的保费收入占中国财产险业总保费收入的96%以上，样本的代表性很好。

表6-2　　　　　　　　　　　　**本章样本的代表性**

年度	公司数量	保费收入占全行业比重（%）	年度	公司数量	保费收入占全行业比重（%）
2006	30	99.03	2011	51	98.56
2007	33	98.56	2012	54	96.63
2008	37	98.74	2013	59	97.59
2009	41	98.89	2014	61	98.14
2010	46	98.11	2015	62	98.28

资料来源：保费收入数据来自《中国保险年鉴》。

（一）估计利润效率的模型、变量和数据

本章的利润函数使用替代利润函数形式，即公司在给定投入项价格和产出项数量的基础上去追求利润最大化。为财产险公司选择3项投入和2项产出。投入项包括劳动、物料和金融资本。(1) 劳动投入的数量使用"员工人数"度量，劳动投入的价格使用"职工薪酬/员工人数"度量。(2) 物料投入的数量使用"固定资产"度量，物料投入的价格使用"（业务及管理费用-职工薪酬）/固定资产"度量。(3) 金融资本投入使用"资本金+公积金"度量，金融资本投入的价格使用"税后利润/（资本金+公积金）"的期望值度量。借鉴Cummins、Weiss和Zi（1999）的研究，"期望值"是通过将"税后利润/（资本金+公积金）"对一系列公司特征进行面板数据混合OLS回归获得的拟合值。其中，公司特征包括公司规模、产品多元化程度、广告支出占保费收入的比重、公司年龄的对数和年度哑变量。

保险的职能是损失补偿和资金融通，我们选择了2项保险公司的

产出。(1) 反映"损失补偿"功能的"赔付支出+准备金增量",其中,赔付支出对应公司当年的实际赔付,而准备金增量对应未来年度支出的赔付。(2) 反映"资金融通"功能的"投资资产"。投入和产出变量的描述统计情况如表 6-3 所示。反映资金融通功能产出是反映损失补偿功能产出的大约 2 倍,反映出金融行业的特点。在回归中,为了剔除样本期间物价变动的影响,将投入和产出变量按照历年的消费价格指数平减至 2006 年的价格水平。

表 6-3　　　　　　　投入和产出变量的描述统计

		度量	均值	标准差
投入项数量	劳动	员工人数(人)	5796.36	8845.45
	物料	固定资产(百万元)	369.61	826.15
	金融资本	资本金+公积金(百万元)	2354.21	4390.93
投入项价格	劳动	职工薪酬/员工人数(百万元/人)	0.25	0.37
	物料	(业务及管理费用-职工薪酬)/固定资产	1.98	8.14
	金融资本	税后利润/(资本金+公积金)(拟合值)	0.06	0.10
产出项数量(百万元)	损失补偿	赔付支出+准备金增量	4687.37	15666.72
	资金融通	投资资产	9472.91	28495.60

注:观察值数为 474。投资资产包括公允价值计量且其变动计入当期损益的金融资产、买入返售金融资产、贷款、定期存款、可供出售金融资产、持有至到期投资、存出资本保证金和投资性房地产。

资料来源:数据收集自《中国保险年鉴》、公司网站披露的公司年度财务报告或保险行业性机构的数据库。

2015 年样本中的财产险公司平均在 11.37 个省区市开展业务。2015 年样本公司总部在内地 31 个省区市的分布,呈现很强的聚集效应。2015 年财产险公司省级分部的地理分布,其较之总部的地理分布均衡很多。

我们采用超越对数函数形式(transcendental logarithmic form, Translog),如下:

$$\ln\left(\frac{\pi+\theta}{Assets}\right) = \alpha_0 + \sum_{i=1}^{3}\alpha_i \ln(w_i) + \sum_{j=1}^{2}\beta_j \ln\left(\frac{y_j}{Assets}\right)$$

$$+ \frac{1}{2}\sum_{i=1}^{3}\sum_{k=1}^{3}\gamma_{ik}\ln(w_i)\ln(w_k)$$

$$+ \frac{1}{2}\sum_{j=1}^{2}\sum_{l=1}^{2}\delta_{jl}\ln\left(\frac{y_j}{Assets}\right)\ln\left(\frac{y_l}{Assets}\right)$$

$$+ \sum_{i=1}^{3}\sum_{j=1}^{2}\eta_{ij}\ln(w_i)\ln\left(\frac{y_j}{Assets}\right) - u + \nu \qquad (6.2)$$

π 表示公司的税前利润，由于部分财产险公司的税前利润为负值，导致取对数后出现缺失，对此，将所有 π 替换为 $\pi+\theta$，其中，$\theta=|\pi^{\min}|$（样本中税前利润最小值的绝对值）$+1$。w_i 表示第 i 项投入的价格，y_j 表示第 j 种产出的数量。u 和 ν 分别为无效率项和随机扰动项。为了减少不同公司的规模差异引起的偏误，借鉴已有文献的常见做法，将税前利率和产出数量除以资产总额（$Assets$）。出于表达简洁的考虑，将表示公司的脚标 i 和表示年度的脚标 t 省略。(6.2) 式受到一些约束：根据价格的齐次性，有 $\sum_{i=1}^{3}\alpha_i = 1$，$\sum_{i=1}^{3}\gamma_{ik} = 1$，$\sum_{i=1}^{3}\eta_{ij} = 0$；根据对称性，有 $\gamma_{ik} = \gamma_{ki}$，$\delta_{jl} = \delta_{lj}$，从而可以将 (6.2) 式简化。

对 (6.2) 式采用两种估计方法。一种是借鉴 Tabak、Miranda 和 Fazio (2012) 的地理加权的 SFA 方法，以"每家"公司为基准进行一次 Battese 和 Coelli (1992) 的面板数据 SFA 估计。每次估计中其他公司的权重是以距离基准公司总部的地理距离确定。另一种估计方法即是普通的（未进行地理加权的）Battese 和 Coelli (1992) 的 SFA 方法。

（二）分析地理扩张对利润效率影响的模型、变量和数据

地理布局是任何一家公司的重要战略选择，那么，地理扩张是否影响了财产险公司的利润效率？以利润效率（$Profit_{it}$）为因变量，建立如下模型：

$$Profit_{it} = \phi_0 + \phi_1 GeoExpan_{it} + \eta_i + \lambda_t + CV'_{it}\gamma + \varepsilon_{it} \qquad (6.3)$$

其中，脚标 i 和 t 分别表示公司和年度；$GeoExpan$ 是地理扩张程度，即我们关注的自变量；η_i 和 λ_t 分别是公司固定效应和年度固定效应；CV 是由时变的公司特征变量构成的控制变量集合；$\emptyset_0$ 是截距项；$\emptyset_1$ 和 γ 是待估系数；ε 是随机扰动项。

结合已有研究，我们采用 5 个地理扩张（$GeoExpan$）的度量指标。(1) 公司"是否"实施了跨省区市经营。变量 $GeoDum$ 对在超过一个省区市经营业务的公司取 1，否则取 0。(2) 公司所经营的省区市数目，记为 $GeoProv$。(3) 公司从非总部所在的省区市获得的保费收入比重，记为 $GeoShare$。(4) "1" - 公司在省区市层面的保费收入的赫希曼—赫芬达尔指数：

$$1 - GeoHHI_i = 1 - \sum_p s_{ip}^2 \qquad (6.4)$$

其中，s_{ip} 表示公司 i 的保费收入中来自于省区市 p 的份额。(5) 公司总部和省区市分部之间距离的加权平均值（简称"总部—分部"距离）：

$$GeoDist_i = \sum_p s_{ip} \times Dist_{ip} \qquad (6.5)$$

其中，$Dist_{ip}$ 是公司 i 的总部所在城市与省区市 p 的省会（首府、直辖市本身）的距离。计算 5 个地理扩张指标的数据也来自《中国保险年鉴》。两个城市之间的距离是根据两个城市几何中心的经纬度坐标，由地理信息系统软件计算得到空间距离。

图 6-1（a）显示，越来越多的财产险公司实施了跨省区市经营，2015 年这一比例已超过了 85%；从 2006—2015 年，财产险公司经营的省区市数目的均值从 9.3 家上升到 11.3 家，上升幅度不大主要是由于这期间新成立了 30 多家财产险公司；财产险公司从非总部所在的省区市获得的保费收入比重在样本期间平均提高了 15 个百分点，2015 年平均达到 56.2%；"$1-GeoHHI$"度量的地理扩张程度也保持小幅上升趋势。图 6-1（b）显示，除 2011 年外，2006—2015 年中"总部—分部"距离的"差分值"（本期值—上期值）均大于 0，所以公司总部与分部之间的地理距离是在逐年增加的；各年样本的"总部—分部"距离的均值都在 550km 上下波动，这是由于每年新进入市场的财产险公司的地理扩张程度较低。表 6-4 报告了这 5

个指标在样本中的描述统计和相关系数，显示 5 个指标的 Pearson 相关系数为 0.5—1，均在 1% 的水平上统计显著。

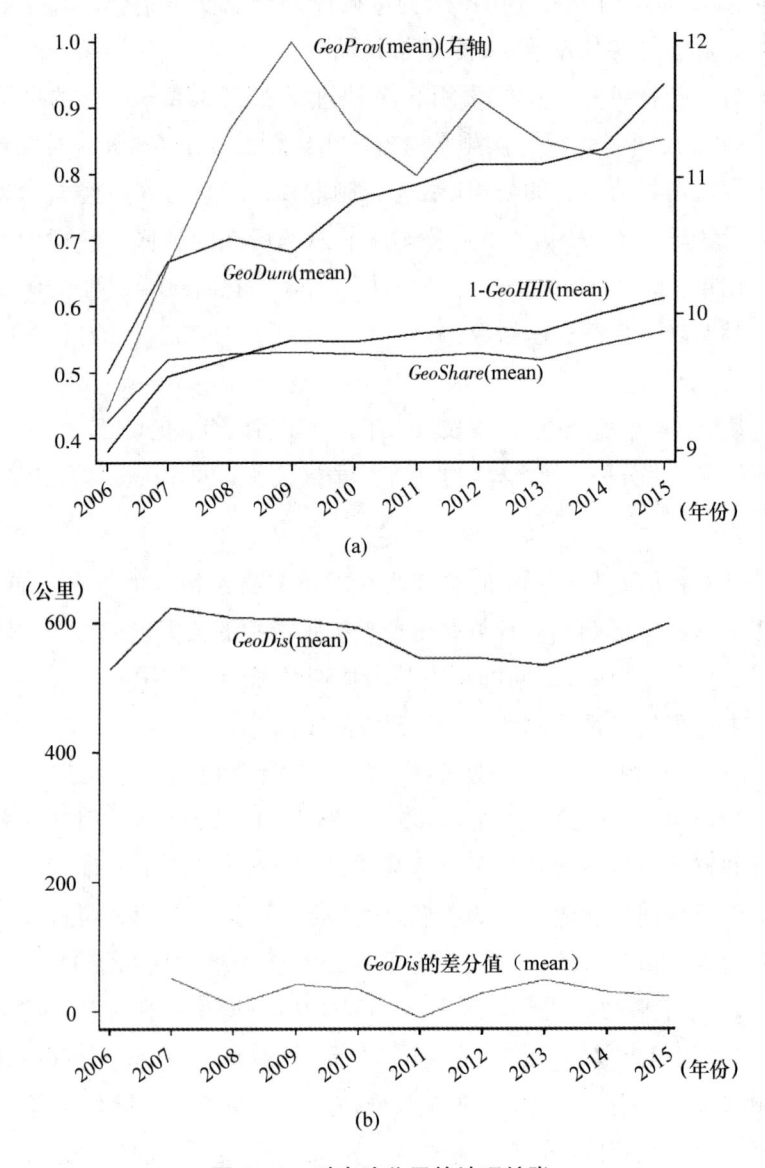

图 6-1 财产险公司的地理扩张

表6-4　"地理扩张"变量的描述统计和相关性

	描述统计				简单相关系数				
	均值	标准差	最小值	最大值	GeoDum	GeoProv	GeoShare	1-GeoHHI	GeoDist
GeoDum（0或1）	0.78	0.41	0	1	1				
GeoProv（个）	11.36	10.78	1	31	0.51***	1			
GeoShare	0.54	0.39	0	1	0.69***	0.81***	1		
1-GeoHHI	0.56	0.38	0	0.95	0.78***	0.82***	0.95***	1	
GeoDist（公里）	583.58	482.69	0	2604.54	0.56***	0.74***	0.86***	0.80***	1

注：观察值数为474。***表示在1%的水平上显著。

在估计地理扩张对利润效率的影响时控制了如下变量（CV）。（1）公司规模，使用资产总额的对数[即$\ln(Assets)$]衡量。（2）产品多元化程度，使用"1"-公司在各产品线的保费收入的HHI指数衡量：

$$1 - ProdHHI_i = 1 - \sum_q s_{iq}^2 \qquad (6.6)$$

其中，s_{iq}表示公司i的保险收入中来自产品线q的份额。财产险公司的产品线分为10条：企业财产险、机动车辆险、货运险、责任险、工程险、信用保证险、农业险、短期健康险、意外伤害险和其他险，在这种划分方法下，每条产品线的含义在2006—2015年是一致的。（3）财务杠杆（$Leverage$）等于公司的"总负债"除以"总资产"。（4）广告支出（AD），等于公司的"业务宣传费用"占营业收入的比重。（5）公司年龄的对数（即$\ln Age$），"公司年龄"等于"样本年度"减去"公司成立的年度"。除"业务宣传费用"来自保险行业性机构的数据库外，计算其他变量的数据收集自《中国保险年鉴》和公司网站披露的各家公司的年度财务报告。控制变量的描述统计情况见表6-5，观察值数为474。在回归中，对货币计量的$Assets$根据历年消费价格指数平减至2006年的价格水平。

表6–5　　　　　　　　控制变量的描述统计

变量	均值	标准差	最小值	中位数	最大值
Assets（百万元）	13221.35	38839.05	179.07	2009.66	420420.00
1 – *ProdHHI*	0.47	0.20	0.00	0.48	0.84
Leveage	0.63	0.26	0.02	0.67	2.05
AD	0.05	0.33	0.00	0.01	5.84
Age（年）	9.94	7.24	2	8	36

四　地理扩张对财产险公司利润效率的影响

表6–6报告了关于地理加权的利润效率的估计结果，地理扩张使用5个度量指标，对每个指标分别报告了3组不同的控制变量设定下的估计结果。在Battese和Coelli（1995）的面板数据SFA模型中，无效率项随时间的变化趋势有严格的假定，所以本章所有关于"地理扩张对效率影响"的回归均控制了年度固定效应。

当仅控制年度固定效应[第（1）、第（4）、第（7）、第（10）和第（13）个结果]时，5个指标的系数估计值均为正向且是统计显著的，因此，财产险公司的地理扩张与利润效率是正相关的。这与Deng和Elyasiani（2008），Goetz、Laeven和Levine（2013）对美国银行业绩效的研究结论类似。

当进一步控制公司固定效应[第（2）、第（5）、第（8）、第（11）和第（14）个结果]后，5个地理扩张指标的系数估计值均有明显减小，减小程度均在六成以上。因此，地理扩张与利润效率的正相关性主要是盈利能力强的财产险公司更会去实施地理扩张。Goetz、Laeven和Levine（2013）对美国银行业的研究甚至发现，控制公司固定效应后，地理扩张对Tobin Q 值的系数估计值从正向显著变成了负向显著，并认为地理扩张会降低美国商业银行绩效。不过，在本章的估计中，地理扩张的系数估计值虽然大幅减少，但是仍然是正向的，且除"*GeoDum*"之外都是统计显著的（在10%的水平上），因此，财产险公司的地理扩张对利润效率仍然产生了正向影

第6章 空间分异性、地理扩张与财产险公司效率

表6-6 地理扩张对地理加权的利润效率的影响

被解释变量：$Profit_{it}$（地理加权）

$GeoExpan$的度量方式	$GeoDum$		$GeoProv$			$GeoShare$			$1-GeoHHI$			$\ln(1+GeoDis)$		
	(1)	(2)	(3)	(4)	(5)	(6)	(7)	(8)	(9)	(10)	(11)	(12)	(13)	(14)	(15)
$GeoExpan$	0.0224***	0.0053***	0.0016	0.0010***	0.0004**	0.0002*	0.0311***	0.0113***	0.0055***	0.0335***	0.0127***	0.0053***	0.0050***	0.0021***	0.0010***
	(0.0057)	(0.0009)	(0.0045)	(0.0002)	(0.0001)	(0.0001)	(0.0059)	(0.0017)	(0.0017)	(0.0060)	(0.0017)	(0.0017)	(0.0012)	(0.0003)	(0.0003)
时变公司特征变量			√			√			√			√			√
公司固定效应		√	√		√	√		√	√		√	√		√	√
年度固定效应	√	√	√	√	√	√	√	√	√	√	√	√	√	√	√

注：时变公司特征变量包括 lnAssets、$1-ProdHHI$、Leverage、AD 和 lnAge。观察值个数为 474。估计方法为 OLS，系数估计值下方（ ）内为异方差和序列相关稳健标准误。*、**、*** 分别表示在 10%、5%、1% 的水平上显著。

响。其原因包括以下几点：

（1）与大多数公司相同，财产险公司的成本包括固定性成本（如总部管理人员的固定性薪酬、固定资产折旧、无形资产摊销、技术授权费），故公司的业务量越大，单位业务分摊的经营成本越小；保险公司汇集的风险越多，单位业务的风险水平就越低，公司的经营稳定性就越强。公司实施地理扩张往往同时扩大了业务量——地理扩张本身就是扩大业务的一种常用战略，所以地理扩张有利于财产险公司降低成本和提高稳定性。不过，控制公司规模因素后，此解释的说服力不足。

（2）任何一个风险因素在不同地区的分布存在或多或少的差异，所以任一风险因素对不同地区财产险业的经营成果所产生的影响都不完全相同。进一步讲，根据地理学第一定律，任何一个风险因素在距离越远的地区的分布通常会差别越大，所以，当其他条件不变时，公司越进行地理扩张，其受到任一风险的影响程度越小。

（3）不同类型的风险的发生概率和严重程度呈现低度的正相关或负相关，如台风和干旱、交通事故（工业地区相对多）和病虫害（农业地区相对多）、东北省区市的出口收款风险（来自日韩俄的占比更高）和西南省区市的出口收款风险（来自东南亚国家的占比更高）。考虑到中国不同地区的风险因素构成存在较大差异，所以较之于仅在一个地区经营，地理扩张可以借助不同类型风险之间的对冲效应，降低财产险公司承担风险的整体水平。

（4）在地理扩张的过程中，财产险公司会设立地区分支机构，每家分支机构都有管理人员和资本，于是在一家财产险公司内部就能形成"管理人市场"和"资本市场"。借助这两个内部市场，财产险公司可以比较方便地考察各地区分支机构的管理水平以及所占用资本的回报率，从而激励管理人员工作和优化资本配置，最终提高整个公司的利润效率。当继续加入时变公司特征变量后［第（3）、第（6）、第（9）、第（12）和第（15）个结果］，5个地理扩张指标的系数估计值进一步降低，不过，除"*GeoDum*"之外仍然都为正向且是统计显著的。当其他条件不变时，如果财产险公司经营的省区市数目增加10家、财产险公司来自非总部所在省区市的收入份额增加10个百分点、财产险公司在各省区市保费收入的集中度（HHI 度量）降低单位标准差（0.38）、财产险公司总部与分部的平均距离提高1%，那么，财产险公司的利润效率将分别提高0.002、0.001、0.002、0.001，提高的幅度分别占样本中利润效率单位标准差（0.103）的2%、1%、2%、1%。

在时变公司特征变量方面，表6-7显示，利润效率与财务杠杆之间呈显著正相关［在第（6）、第（9）、第（12）和第（15）个结果中显著］，说明适当增加负债有助于提高盈利能力。财产险公司的利润效率与年龄之间呈显著正相关，反映出公司经验、技术等能通过"学习效应"而提高。盈利能力与公司规模和广告支出之间没有发现有显著关系，与产品分散化之间仅发现了一个显著关系［第（3）个结果］。

表6-7　　　　　时变公司特征变量的估计结果

	GeoDum (3)	GeoProv (6)	GeoShare (9)	1 - GeoHHI (12)	ln(1 + GeoDis) (15)
lnAssets	-0.0025 (0.0031)	0.0001 (0.0006)	0.0002 (0.0005)	0.0001 (0.0006)	0.0001 (0.0006)
1 - ProdHHI	-0.0490*** (0.0144)	0.0012 (0.0027)	0.0033 (0.0027)	0.0026 (0.0027)	0.0025 (0.0027)
Leveage	0.0067 (0.0069)	0.0082*** (0.0013)	0.0077*** (0.0012)	0.0069*** (0.0013)	0.0074*** (0.0013)
AD	-0.0049 (0.0037)	-0.0002 (0.0007)	-0.0001 (0.0006)	-0.0003 (0.0007)	-0.0002 (0.0007)
lnAge	0.0200*** (0.0072)	0.0026* (0.0014)	0.0023* (0.0014)	0.0022* (0.0013)	0.0024* (0.0013)

注：*、**、***分别表示在10%、5%、1%的水平上显著。

表6-8的回归结果中以普通方法估计的利润效率作为因变量，其余设定与表6-6相同。当仅控制年度固定效应时，5个地理扩张

度量指标的系数估计值均正向且是统计显著的，这与表 6-6 的结果相同。然而，当进一步控制公司固定效应或者连同控制时变公司特征变量时，地理扩张的系数估计值仅在 1 个回归 [第 (5) 个] 中具有统计显著性（在 10% 的水平上）。因此采用普通方法估计效率时，难以得到地理扩张显著影响盈利能力的结论。

表 6-8　地理扩张对普通方法估计的利润效率的影响

GeoExpan 的度量方式	被解释变量：*Profit*$_{it}$（普通估计的)					
	GeoDum			*GeoProv*		
	(1)	(2)	(3)	(4)	(5)	(6)
GeoExpan	0.0708*** (0.0114)	0.0032 (0.0040)	-0.0016 (0.0045)	0.0038*** (0.0004)	0.0008 (0.0005)	0.0000 (0.0006)
时变公司特征变量			√			√
公司固定效应		√	√		√	√
年度固定效应	√	√	√	√	√	√

GeoExpan 的度量方式	被解释变量：*Profit*$_{it}$（普通估计的)					
	GeoShare			1 − *GeoHHI*		
	(7)	(8)	(9)	(10)	(11)	(12)
GeoExpan	0.1040*** (0.0114)	0.0129 (0.0080)	0.0043 (0.0097)	0.1090*** (0.0117)	0.0136* (0.0079)	-0.0031 (0.0098)
时变公司特征变量			√			√
公司固定效应		√	√		√	√
年度固定效应	√	√	√	√	√	√

GeoExpan 的度量方式	被解释变量：*Profit*$_{it}$（普通估计的)		
	ln (1 + *GeoDis*)		
	(13)	(14)	(15)
GeoExpan	0.0231*** (0.0024)	0.0014 (0.0014)	-0.0015 (0.0016)
时变公司特征变量			√
公司固定效应		√	√
年度固定效应	√	√	√

注：时变公司特征变量包括 ln (*Assets*)、1 − *ProdHHI*、*Leveage*、*AD* 和 ln (*Age*)。观察值数为 474。估计方法为 OLS，系数估计值下方 ( ) 内为异方差和序列相关稳健标准误。*、**、*** 分别表示在 10%、5%、1% 的水平上显著。

最后，直观地讲，如果地理扩张对公司利润效率真的产生了正向影响，那么应当观察到，实施地理扩张后，利润效率提高了；相反，如果实施地理扩张后的利润效率没有什么变化，那么就很难支持地理扩张能够影响利润效率的结论。对此，估计如下模型：

$$Profit_{it} = \theta_0 + \theta_{-3}D_{-3t} + \theta_{-2}D_{-2t} + \theta_{-1}D_{-t} + \\ \theta_1 D_t + \theta_2 D_{2t} + \theta_3 D_{3t} + \eta_i + \lambda_t + \varepsilon_{it} \quad (6.7)$$

其中，D_{-j} 和 D_j 分别表示公司进行首次地理扩张"之前"第 j 年和"之后"第 j 年的哑变量，θ_{-j} 和 θ_j 分别是它们的系数。η_i、λ_t、ε_{it} 分别是公司固定效应、年度固定效应和随机扰动项。对于首次"地理扩张"，采用考虑两种定义：首次跨省区市经营、首次跨大区域（指华北、东北、华东、华中、华南、西南和西北7个地理区域）经营。

表6-9显示，对于两种"首次地理扩张"的定义，反映地理扩张"之前"的3个哑变量（D_{-3t}、D_{-2t}、D_{-1t}）的系数估计均不具有统计显著性，而反映公司地理扩张"之后"的3个哑变量（D_{1t}、D_{2t}、D_{3t}）的系数估计均为正向且是统计显著的。财产险公司首次跨省区市开设分部"之后"3年的利润效率均值比"之前"3年的利润效率均值高出0.010，占样本中效率1个单位标准差（0.094）的11%。公司首次跨大区域开设分部之后3年的效率均值比之前3年的效率均值高出0.007，占样本中效率1个单位标准差（0.094）的7%。表6-9的观察值数较前文（474）有所减少，这是由于我们从相关资料中仅能查阅到自2001年起的各家财产险公司在各省区市的分布情况，所以表6-9的样本没有包括那些在2001年之前已经实施了"首次地理扩张"或截至2015年仍未实施"首次地理扩张"的公司的样本。

表 6-9　　　　　　　　首次地理扩张前后的利润效率

	（地理加权）					
	首次跨省区市经营的前后比较			首次跨大区域经营的前后比较		
	系数	标准误	t 统计量	系数	标准误	t 统计量
D_{-3t}	0.006	(0.006)	[0.99]	0.006	(0.007)	[0.92]
D_{-2t}	0.005	(0.006)	[0.95]	0.008	(0.006)	[1.40]
D_{-t}	0.001	(0.004)	[0.32]	0.001	(0.005)	[0.12]
D_t	0.016***	(0.004)	[3.59]	0.015***	(0.004)	[3.22]
D_{2t}	0.013***	(0.004)	[2.74]	0.010**	(0.004)	[2.00]
D_{3t}	0.015***	(0.004)	[3.13]	0.012**	(0.005)	[2.52]
公司固定效应	√			√		
年度固定效应	√			√		
R^2	0.96			0.96		
观察值数	288			295		

注：估计方法为普通最小二乘估计。标准误为异方差和序列相关稳健标准误。*、**、*** 分别表示在 10%、5%、1% 的水平上显著。

最后，在表 6-10 中报告 2015 年的样本构成和地理加权的利润效率的估计结果。

表 6-10　　　　2015 年样本构成和地理加权的利润效率

序号	公司名称（作为计算地理基准点）	总部地	利润效率	序号	公司名称（作为计算地理基准点）	总部地	利润效率
1	中国人民	北京	0.682	9	华泰	北京	0.702
2	中国人寿	北京	0.733	10	天安	上海	0.685
3	中国大地	上海	0.692	11	史带	上海	0.540
4	太平	上海	0.696	12	华安	广东	0.766
5	中国太平洋	上海	0.727	13	永安	陕西	0.653
6	中国平安	广东	0.715	14	永诚	上海	0.696
7	中华联合	北京	0.624	15	安信农业	上海	0.467
8	阳光	北京	0.740	16	安邦	北京	0.589

续表

序号	公司名称（作为计算地理基准点）	总部地	利润效率	序号	公司名称（作为计算地理基准点）	总部地	利润效率
17	安华农业	吉林	0.592	41	北部湾	广西	0.542
18	阳光农业	哈尔滨	0.286	42	众安在线	上海	0.542
19	安盛天平	上海	0.542	43	中意	北京	0.507
20	渤海	天津	0.738	44	国泰	上海	0.672
21	都邦	吉林	0.744	45	美亚	上海	0.718
22	华农	北京	0.678	46	东京海上日动	上海	0.564
23	民安	广东	0.661	47	瑞再企商	上海	0.716
24	安诚	重庆	0.685	48	丘博	上海	0.823
25	中银	北京	0.658	49	三井住友海上	上海	0.444
26	英大泰和	北京	0.584	50	三星	上海	0.386
27	长安责任	北京	0.701	51	安联	广东	0.551
28	国元农业	安徽	0.299	52	日本	上海	0.652
29	鼎和	广东	0.444	53	利宝互助	重庆	0.709
30	中煤	山西	0.689	54	中航安盟	四川	0.862
31	紫金	江苏	0.690	55	苏黎世	北京	0.789
32	浙商	浙江	0.579	56	现代	北京	0.327
33	信达	北京	0.742	57	劳合社	上海	0.458
34	泰山	山东	0.777	58	爱和谊日生同和	天津	0.682
35	锦泰	四川	0.617	59	日本兴亚	广东	0.607
36	众诚汽车	广东	0.639	60	乐爱金	江苏	0.390
37	长江	湖北	0.672	61	富邦	福建	0.749
38	诚泰	云南	0.627	62	信利	上海	0.593
39	富德	广东	0.690	63	天平汽车	上海	0.739
40	鑫安汽车	吉林	0.442	64	安盛	上海	0.688

注：公司名称中省略"财产保险""保险""股份有限公司""有限责任公司""有限公司"字样。采用《中国保险年鉴》（公司版）中的公司排序，排序主要依据公司的所有权类型、成立时间。"天平汽车"和"安盛"两家公司于2014年合并后退出市场，表中报告的利润效率值为二者2014年的水平。

资料来源："序号"和"公司名称"来自《中国保险年鉴》，"总部地"来自公司网站，"利润效率"为作者计算的结果。

五 小结和对策建议

中国财产险行业的经营状况具有明显的空间分异性,且近些年中国财产险公司进行了较快速的地理扩张,那么,地理扩张如何影响财产险公司的盈利能力?本章收集了 2006—2015 年中国 64 家财产险公司的面板数据,基于多个地理扩张指标的回归分析发现:地理扩张与利润效率呈显著正相关,六成以上的正相关是来自盈利能力更强的财产险公司更会去实施地理扩张;不过,地理扩张对财产险公司的利润效率仍然产生了一定程度的正向影响,此发现不同于以往大多数对于金融机构的相关研究结论;当以普通方法估计的利润效率作为回归中的因变量时,难以得出财产险公司的地理扩张对利润效率有(正向或负向)影响的结论。

本章的政策建议在于两个方面。(1)由于中国财产险行业的经营状况具有明显的空间分异性,因此,在研究财产险行业发展状况、经营成果等问题时建议对此加强考虑。(2)在产业实践上,中国财产险公司整体上应当加强地理扩张以提高利润效率,而近些年保险监管中"支持设立区域性保险公司"倾斜性政策可能不具有经济上的合理性,建议考虑修改。

下 篇
基于财务会计指标

保险集团或"财产险公司+人身险公司"

第 7 章

保险公司上市与增长

一 问题的提出

伴随着中国保险业的不断发展,很多保险公司实现了上市。2003年12月17日,中国人寿在纽约证券交易所上市,成为中国内地第一家上市的保险公司。截至2012年年底,中国人寿、中国人保、中国平安、太平洋保险、新华人寿5家保险公司先后完成了上市。表7-1列出了各家保险公司上市的具体时间。

表 7-1　　　　　　　　保险公司上市一览表

	上海（A股）	香港（H股）	纽约
中国人寿	2007年1月9日	2003年12月18日	2003年12月17日
中国人保	—	2003年11月6日（财产险），2012年12月7日（整体）	—
中国平安	2007年3月1日	2004年6月24日	—
中国太保	2007年12月25日	2009年12月23日	—
新华人寿	2011年12月16日	2011年12月16日	—

理论上说,保险公司上市可以带来很多好处。2014年8月,《国务院关于加快发展现代保险服务业的若干意见》(保险业"新国十条")提出,到2020年,保险深度(保费收入/国内生产总值)达到5%,保险密度(保费收入/总人口)达到3500元/人。保险公司上市

后可以直接通过资本市场筹集资金，扩大企业的资产规模，有助于上述目标的实现。保险公司可以通过筹集资本提高自身的偿付能力，保险公司发行上市也被认为是保证保险公司可持续发展的最优策略选择（江生忠和祝向军，2001）。最后，保险公司可以通过上市完善自身的经营管理体制，提高企业的竞争力。

上市是否真的会给保险公司带来上述收益？如果答案是肯定的，具体的收益额度又是多少？现有文献仍主要停留在定性探讨，鲜有文献进行严谨的定量分析，其主要原因在于缺乏可行的计量方法准确地从各种因素中识别出保险公司上市对企业增长的真实效果。我们不能简单地通过比较保险公司上市前后的相关数据来衡量上市对公司增长的效果，因为在分析保险公司上市给企业带来的真实效果时，公司可能受到各种其他因素的影响，比如中国居民的收入水平逐步提高，中国保监会出台了某项利好政策，中国人民银行调整了存款的基准利率等，因此很难分辨出保险公司某项经营绩效的改善是由保险公司上市引起的，更难衡量保险公司上市所带来的真实收益是多少。本章结合2012年以来宏观计量领域项目评估（treatment effect）方法的最新进展以及保险公司的可得数据，衡量了保险公司上市对企业增长的真实效果。具体的思路是：对比保险公司上市后的真实数据和假设在其他条件不变的情况下，保险公司没有上市的拟合数据，两者的差即为公司上市带来的真实影响。

在微观计量经济学中，项目评估方法得到了广泛的应用。在给定的时点上，如果有足够多的个体受到某个项目的影响或者具有某个特征，则他们进入处理组（实验组）；与此同时，有足够多的个体在其他方面与处理组的个体非常相似，只是他们没有受到这个项目的影响或者不具有这个特征，他们进入对照组。如果上述假设条件成立，就可以利用两组个体在表现上的差异来衡量这个项目或者这个特征给个体带来的平均效果。当然，现实中很少存在这样的自然实验，但只要条件独立假设成立，即控制了相应的协变量之后，我们能够确信是否受到某个项目的影响或者具有某个特征在个体之间是随机分配的，就可以衡量相应的平均效果。Lalonde（1986）通过一项随机实验研究了美国的就业培训项目对劳动者工资的影响。"国民就业支持项目"专门负责对缺乏基本工作技能或者掌握的技术已经濒临淘汰的劳动者开展为期9—18个月的就业培训。符合一定条件的劳动者可以提交申请，项目的负责机构将所有的申请者按照性别分类，在男性和女性中随机分配一定比例的人员进入处理组和对照组。处理组的申请者将会享受到项目的各种就业培训，而进入对照组的人员不能享受任何培训。根据随机分配的结果，有800位女性和2083位男性进入处理组，有802位女性和2193位男性进入对照组。项目申请时需要所有申请者提交个人的详细信息和年收入。在项目结束一段时间后同样会询问所有申请者的年收入。对于女性申请者而言：申请前处理组和对照组的平均年收入分别为895美元和877美元；在项目结束后，相应的年收入变为4670美元和3819美元[①]。对于男性申请者而言：申请前处理组和对照组的平均年收入分别为3066美元和3027美元；在项目结束后，相应的年收入变为5976美元和5090美元。研究表明，"国民就业支持项目"对劳动者的工资具有正向的影响，对女性的影响要大于男性。Rouse（1998）研究了美国密尔沃基市发放私立学校教育券对学生成绩的影响，共有2763名符合要求的学生申请该项目，最终有1544人被私立学校接收，他们进入处理组；有1219人被私立学校拒绝，他们进入对照组。Rouse通过比较两组学生的学习成绩发现发放教育券可以显著地提高学生的数学成绩，但对语文成绩没有显著的影响。

但是，微观计量领域的项目评估方法很难处理保险公司上市的效果问题。在给定的某个时点上，决定上市的只有一家保险公司，即处理组中只有一个个体。与此同时，需要关注保险公司上市对于公司经营业绩的影响随时间变化的趋势。在这种情形下，宏观计量的项目评估是更为合适的方法。微观计量和宏观计量的项目评估方

[①] 美国的国民就业支持项目于1975年开始，项目结束后工资的衡量年份为1979年。

法的主要区别在于：微观计量的项目评估方法强调随机分配或者控制协变量基础上的随机分配，宏观计量的项目评估方法强调如何利用个体之间的相关性模拟处理组如果没有被处理的反事实状态；微观计量主要处理大 N 小 T（个体数据较多，但时间跨度较小）的数据，而宏观计量主要处理小 N 大 T 的数据。最近几年，宏观计量领域的项目评估方法逐渐成为一些计量经济学家的研究方向。Hsiao、Ching 和 Wan（2012）提出了一个面板数据的项目评估方法，并利用它来估计香港地区回归中国对香港地区 GDP 的实际影响。他们利用日本、韩国、美国和中国台湾在 1997—2003 年的季度 GDP 数据模拟如果香港地区在 1997 年 7 月没有回归中国的情形下 1997—2003 年的季度 GDP 数据，得到香港地区回归中国对 GDP 的真实效果。研究表明：相应的 t 统计量为 -0.50，在统计意义上不显著。Pesaran、Smith 和 Smith（2007）提出了一个运用 Global VAR 的方法来估计如果英国在 1999 年加入欧元区将会对英国的 GDP 产生多大的影响。他们在 Global VAR 中构造了两个反事实：英国加入欧元区和英国没有加入欧元区，并得到了两种情形下的一致估计值。本章主要使用 Hsiao、Ching 和 Wan（2012）的方法来估计保险公司上市对企业增长的真实效果。

　　本章将保险公司年度资产总额和月度保费作为衡量企业增长的主要指标。2011 年年底，中国保险业的资产总额为 6.01 万亿元。图 7-1 刻画了中国人寿、中国太保和中国平安三大保险公司的年度资产总额随时间变动的趋势。将年度资产总额作为其中的一个衡量指标，可以探究保险公司上市是否有助于公司资产总额的增加。中国保险公司可得的年度数据的时间跨度不是很长，如果只用年度数据进行估计，会影响估计的精确性，也很难观察到保险公司上市对公司增长的影响随时间变化的趋势。因此，采用月度保费作为另一个衡量指标。（1）保费的增加是公司规模不断扩大的必然结果；（2）保险公司上市后会建立更加健全的经营管理制度和激励机制，公司可以设计出更加具有市场竞争力的保险产品，从而提高公司的保费收入。图

7-2展示了中国人寿、中国太保和中国平安三大保险公司年度保费的时间变动趋势。

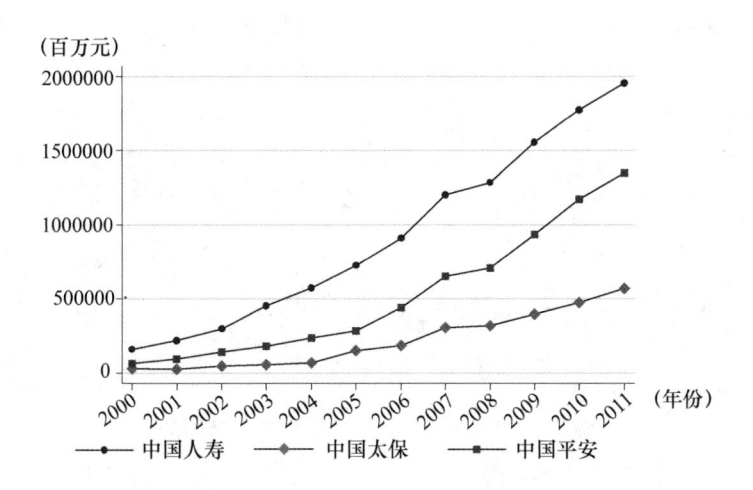

图7-1 三大保险公司年度资产总额变动趋势①

从图7-1可以看出，中国人寿的资产总额在2003年和2007年有较为明显的增加，中国平安的资产总额在2007年有明显的增加，中国太保的资产总额在2007年有较为明显的增加，这与3家公司上市的时间基本一致。从图7-2可以看出，中国人寿和中国平安的年度保费虽然在2008年有明显的增加，但在2009年经历了明显的回调，中国太保在公司上市前两年（2008年和2009年）的年度保费并没有明显的增加。保险公司的上市是否提高了公司的资产总额和保费收入呢？由于图7-1和图7-2体现的是综合各种因素得到的实际结果，因此需要进一步分离出上市给保险公司带来的真实影响。

本章随后部分按如下顺序展开：第2部分说明宏观计量领域项目

---

① 2011年7月，中国平安完成了控股深发展的重大资产重组交易，在第三季度首次实现了并表处理，为了数据之间具有可比性，2011年中国平安的资产总额数据中不包含并表的银行资产数据。

(百万元)

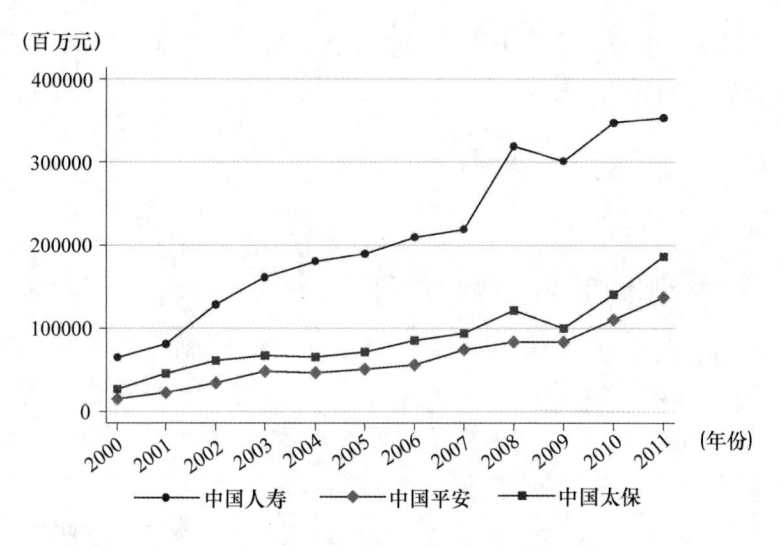

图 7-2　三大保险公司年度保费变动趋势

评估方法和本章采用的数据；第 3 部分报告和分析回归结果；第 4 部分总结本章并提出对策建议。

二　回归设计：模型、变量和数据

y_{it}^0 表示如果个体 i 在时间 t 没有受到项目影响的值，y_{it}^1 表示如果个体 i 在时间 t 受到项目影响的值。假设 y_{it}^0 的产生过程服从如下：

$$y_{it}^0 = b'_i f_t + \alpha_i + \varepsilon_{it}, \ i=2, \ 2, \ \cdots, \ N, \ t=1, \ 2, \ \cdots, \ T \quad (7.1)$$

其中，f_t 表示 $K \times 1$ 个随时间变动的共同因素，比如中国宏观经济的波动、监管机构出台的某项法规等；b'_i 表示 $K \times 1$ 个共同因素对个体 i 的影响；α_i 表示个体 i 不随时间变化的特征；ε_{it} 表示随机误差项。

将 N 个个体合并到向量 y_t^0 中，可以得到：

$$y_t^0 = Bf_t + \alpha + \varepsilon_t \quad (7.2)$$

其中，$y_t^0 = (y_{1t}^0, \ \cdots, \ y_{Nt}^0)'$，$\alpha = (\alpha_1, \ \cdots, \ \alpha_N)'$，$\varepsilon_t = (\varepsilon_{1t}, \ \cdots, \ \varepsilon_{Nt})'$，$B = (b_1, \ \cdots, \ b_N)'$ 表示一个 $N \times K$ 的矩阵。

对于上述模型，有以下四个重要的假设：

假设 1：$\|b_i\| = c < \infty$，即 b_i 的行列式是一个有限的值；

假设 2：$E(\varepsilon_t) = 0$，$E(\varepsilon_t \varepsilon_t') = V$，其中 V 是一个对角矩阵；

假设 3：$E(\varepsilon_t f_t) = 0$，即共同因素和随机误差项之间不相关；

假设 4：rank(B) = K，即共同因素的个数 K 应该小于个体的数量 N。

y_{it} 表示个体 i 在时间 t 能够实际观察到的值，d_{it} 表示一个与项目有关的虚拟变量，如果个体 i 在时间 t 受到项目的影响，则 $d_{it} = 1$；如果个体 i 在时间 t 没有受到项目的影响，则 $d_{it} = 0$。很显然，$y_{it} = d_{it} y_{it}^1 + (1-d_{it}) y_{it}^0$。不失一般性地，假设在时间 $T_1 + 1$，个体 1 做出了某个项目，对于个体 1 来说，在 $t = T_1 + 1, \cdots, T$，有 $y_{1t} = y_{1t}^1$；在 $t = 1, \cdots, T_1$，有 $y_{1t} = y_{1t}^0$。因为只有个体 1 实施了这个项目，其他个体没有实施这个项目，所以，对于其他个体来说，在任何时间里都有 $y_{1t} = y_{1t}^0$。如果我们知道 y_{1t}^0 和 y_{1t}^1，则 $\Delta_{1t} = y_{1t}^1 - y_{1t}^0$ 就是这个项目对个体 1 在时间 t 的影响。但现实是，我们无法同时观察到 y_{1t}^1 和 y_{1t}^0，如果个体 1 在时间 t 受到项目的影响，则 $y_{1t} = y_{1t}^1$，y_{1t}^0 的值是无法观察到的。虽然 Bai 和 Ng（2002）提出可以在识别出 f_t 的基础上得到对 y_{1t}^0 的一致估计，但是 Hsiao、Ching 和 Wan（2012）指出，当 N 和 T 不是很大时，很难有效识别出 f_t，这时可以用其他可以观察到的个体值来代替共同因素 f_t。因此，我们的目标就是将不能观察到的 y_{1t}^0 用其他可以观察到的没有实施这个项目的个体值表示出来。

假设向量 a' 位于矩阵 B 的零空间 $N(B)$ 中，从而 $a'B = 0$。将向量 a' 标准化，使得 $a' = (1 - \tilde{a}')$。根据 $y_t^0 = Bf_t + \alpha + \varepsilon_t$，等式两边同时乘以 a'，有：

$$y_{1t}^0 - \tilde{a}' \tilde{y}_t = a'Bf_t + a'\alpha + a'\varepsilon_t = a'Bf_t + \bar{a} + \varepsilon_{1t} - \tilde{a}'\tilde{\varepsilon}_t \qquad (7.3)$$

其中，$\tilde{y}_t$ 表示 y_t^0 中除第 1 项 y_{1t}^0 以外的其他项，$\tilde{\varepsilon}_t$ 表示 ε_t 中除第 1 项 ε_{1t} 以外的其他项。进一步整理，可得：

$$y_{1t}^0 = \bar{a} + \tilde{a}' \tilde{y}_t + \tilde{\varepsilon}_{1t} \qquad (7.4)$$

其中，$\tilde{\varepsilon}_{1t} = \varepsilon_{1t} - \tilde{a}' \tilde{\varepsilon}_t$。

从（7.4）式可以看出，如果个体1在时间t实施了某个项目，即使观察不到y_{1t}^0，同样可以用其他没有实施这个项目的个体在时间t的值$\tilde{y}_t = (y_{2t}^0, \cdots, y_{Nt}^0)'$来表示$y_{1t}^0$。为了能够运用相关的计量方法得到$y_{1t}^0$的一致、无偏估计，需要得到$y_{1t}^0$的条件期望值$E(y_{1t}^0 | \tilde{y}_t)$。

对（7.4）式取条件期望，可得：

$$E(y_{1t}^0 | \tilde{y}_t) = \bar{a} + \tilde{a}'\tilde{y}_t + E(\tilde{\varepsilon}_{1t}) = \bar{a} + \tilde{a}'\tilde{y}_t - E(\tilde{a}'\tilde{\varepsilon}_t | \tilde{y}_t)$$

(7.5)

又因为$E(\tilde{\varepsilon}_t | \tilde{y}_t) = \text{Cov}(\tilde{\varepsilon}_t, \tilde{y}_t) \text{Var}(\tilde{y}_t)^{-1}\tilde{y}_t$，将其代入上式，可得：

$$(y_{1t}^0 | \tilde{y}_t) = \bar{a} + \tilde{a}^* \tilde{y}_t \quad (7.6)$$

其中，$\tilde{a}^* = \tilde{a}'[I_{N-1} - \text{Cov}(\tilde{\varepsilon}_t, \tilde{y}_t) \text{Var}(\tilde{y}_t)^{-1}]$。进一步地，（7.4）式和（7.6）式相减，可得：

$$y_{1t}^0 - E(y_{1t}^0 | \tilde{y}_t) = \varepsilon_{1t} - \tilde{a}'\tilde{\varepsilon}_t + \tilde{a}\text{Cov}(\tilde{\varepsilon}_t, \tilde{y}_t) \text{Var}(\tilde{y}_t)^{-1}\tilde{y}_t$$

(7.7)

由此得到需要估计的计量等式：

$$y_{1t}^0 = E(y_{1t}^0 | \tilde{y}_t) + \varepsilon_{1t}^* = \bar{a} + \tilde{a}^*\tilde{y}_t + \varepsilon_{1t}^* \quad (7.8)$$

其中，$\varepsilon_{1t}^* = \varepsilon_{1t} - \tilde{a}'\tilde{\varepsilon}_t + \tilde{a}'\text{Cov}(\tilde{\varepsilon}_t, \tilde{y}_t) \text{Var}(\tilde{y}_t)^{-1}\tilde{y}_t$。如果能够得到$\bar{a}$和$\tilde{a}^*$的一致估计就可以得到某个项目给个体1带来的真实效果的一致估计：$\hat{\Delta}_{it} = y_{1t}^1 - \hat{y}_{1t}^0 \hat{\Delta}_{it}$；其中，$\hat{y}_{1t}^0 = \hat{\bar{\alpha}} + \hat{\tilde{\alpha}}^* \tilde{y}_t$。Hsiao、Ching 和 Wan（2012）证明了可以用最小化$\frac{1}{T_1}(y_1^0 - e\bar{a} - Y\tilde{a}^*)'A(y_1^0 - e\bar{a} - Y\tilde{a}^*)$的方法得到对$\bar{a}$和$\tilde{a}^*$的一致估计。其中，$y_1^0 = (y_{11}, \cdots, y_{1T_1})$，$Y = (y_1, \ldots, y_{T_1})$，$A$是$T_1 \times T_1$的任意有限正定矩阵。如果令$A = I$，则上述方法等价于最小二乘法。Bai、Li 和 Ouyang（2014）证明了即使y_{it}是非平稳的$I(1)$过程，协整向量$\tilde{\alpha}^*$总是存在的，因此运用最小二乘法仍然可以得到参数$\bar{\alpha}$和$\tilde{\alpha}^*$的一致估计。

如果我们的目标是得到个体1实施的某个项目对其自身的真实效果，除了要得到$\bar{\alpha}$和$\tilde{\alpha}^*$的一致估计外，还面临如何选取其他的$N-1$

个个体的问题，本质上就是计量经济学关于模型选择的问题。模型选择的准则有很多，实际处理过程中建议采取如下3步。

第1步，找出与个体1关系密切但又没有实施这个项目的 $N-1$ 个个体作为候选。

第2步，从 $\bar{N}-1$ 个个体中任意选出 j ($j=1,\cdots,\bar{N}-1$) 个个体，以它们在 $T=1,\cdots,T_1$ 的值作为解释变量，以个体1在 $T=1,\cdots,T_1$ 的值作为被解释变量进行 OLS 回归；运用 AIC（或者 BIC）准则选出相应数值最小的模型，记为 $M(j)^*$。比如有4个候选个体，首先从这4个个体中任意选出1个个体（共有4种组合），分别对个体1进行 OLS 回归，从这4种组合中选出具有最小 AIC（或者 BIC）的组合，记为 $M(1)^*$；其次，从4个候选个体中任意选出2个个体（共有6种组合），分别对个体1进行 OLS 回归，从中选出具有最小 AIC（或者 BIC）的组合，记为 $M(2)^*$；依此类推，可以得到 $M(3)^*$ 和 $M(4)^*$。

第3步，从 $\bar{N}-1$ 个 $M(j)^*$ 中再选出具有最小 AIC 值的一个组合，这个组合所对应的个体就是最终确定的 $N-1$ 个个体。

确定了 $N-1$ 个个体之后，首先运用 $t=1,\cdots,T_1$ 的值进行回归得到 $\tilde{\alpha}$ 和 $\tilde{\alpha}^*$ 的一致估计，然后利用系数的估计值和个体在 $t=T_1+1,\cdots,T$ 的值，得到 y_{it}^0 在 $t=T_1+1,\cdots,T$ 的估计值，从而得到个体1在时间 T_1+1 实施的某个项目在 $t=T_1+1,\cdots,T$ 的真实效果 $\tilde{\Delta}_{it}=y_{it}^1-\tilde{y}_{it}^0$。上述理论模型背后的经济学直觉是：在衡量某个项目带来的影响时，不能单纯地比较这个项目实施前后研究对象经营绩效的变化，这种在不同时间层面的比较不能说明相关数据的变化就是由这个项目带来的，因为在这个时间区间内同时有其他可观测和不可观测的因素影响着研究对象。更加准确的方法是：用研究对象在实施这个项目后的真实值和在相应时点上假设没有实施这个项目时的一致估计值做比较。由于一致估计值抓住了各种宏观因素、行业因素（用 f_t 表示）和个体特有因素（用 α_i 表示）的影响，两者相减的目的在于，尽可能消除这些因素带来的影响，最终得到项目的真实效果。

保险公司年度资产总额数据来自《中国保险年鉴》，月度保费数据来自中国保监会网站。由于《中国保险年鉴》创刊于1998年，我们只能得到各保险公司在1997—2011年的年末资产总额的数据。中国原保监会网站提供了从2004年7月开始的累积保费数据，因此可以通过计算得到从2004年8月开始的月度保费数据。中国人寿和中国平安的首次上市时间分别为2003年和2004年，在估计这两家公司上市对资产总额的真实影响时，只有七八个样本值对$\bar{\alpha}$和$\tilde{\alpha}^*$进行估计，难以拟合出真实效果；由于只能获得2004年8月之后的月度保费数据，我们同样无法估计这两家公司上市对月度保费的真实影响。此外，中国人保首次上市的时间虽然在2003年，但那次上市是人保财产险公司上市，而不是集团上市，人保财产险公司上市对人保集团的溢出效应难以精确地估计。因此，本章中国太保作为研究对象，衡量中国太保首次上市对其资产总额和月度保费的影响。我们选取了华泰财产险、新华人寿①、泰康人寿、天安财产险、永安财产险、中华联合财产险和友邦上海七家保险公司作为$N-1$个个体的候选，他们在研究的时间区间里没有上市，并且在人身险市场或财产险市场中占有较大的市场份额，具有代表性。

三　上市对保险公司增长的影响：基于项目评估方法

首先，分析中国太保首次上市（2007年12月25日A股上市）对其资产总额的影响。我们运用1997—2007年相关保险公司的对数资产总额的数据得到$\bar{\alpha}$和$\tilde{\alpha}^*$的估计值，然后利用系数的估计值得到中国太保假设在2007年12月25日没有上市的情况下2008—2011年4年的对数资产总额。2009年12月23日，中国太保在香港上市，因此2010年

---

① 新华人寿上市的时间是2011年12月16日，由于预测中国太保上市后资产总额的区间为2008—2011年，在这期间新华人寿还没有上市，因此将其放入对照组。

和2011年的真实效果是公司在上海和香港上市后的综合影响,但是考虑到这样可以更好地观察中国太保上市对资产总额的影响随时间变化的趋势,我们同时估计了2010年与2011年的真实效果。表7-2列出了华泰财产险、新华人寿、泰康人寿、天安财产险、永安财产险、中华联合财产险和友邦上海各种可能组合下AIC的最低值及其对应的组合构成。

表7-2　　　　各种组合下AIC的最低值以及对应的组合

变量个数	AIC最低值	对应的变量名称
1	-1.05	新华人寿
2	-3.82	华泰财产险、新华人寿
3	-4.58	华泰财产险、新华人寿、泰康人寿
4	-3.49	华泰财产险、新华人寿、泰康人寿、永安财产险
5	-1.92	华泰财产险、新华人寿、泰康人寿、永安财产险、友邦上海
6	-0.22	华泰财产险、新华人寿、泰康人寿、天安财产险、永安财产险、友邦上海
7	1.36	华泰财产险、新华人寿、泰康人寿、天安财产险、永安财产险、中华联合财产险、友邦上海

从表7-2可以看出,当用中国太保的对数资产总额作为被解释变量,华泰财产险、新华人寿和泰康人寿的对数资产总额作为解释变量进行OLS回归时所得到的AIC的值最低(AIC = -4.58),因此用这个组合得到对$\bar{\alpha}$和$\bar{\alpha}^*$的估计,OLS回归结果如表7-3所示。

表7-3　　　　　　　　　OLS回归结果

变量	系数	t统计量
华泰财产险	0.3614	2.37
新华人寿	1.0364	2.52
泰康人寿	-0.5277	-1.41
常数	2.8000	3.23

联合表 7-3 得到的系数估计值和华泰财产险、新华人寿和泰康人寿在 2008—2011 年的对数资产总额，可以得到中国太保如果在 2007 年年底没有上市的情况下 2008—2011 年的对数资产总额 y_{it}^{0} 之估计值。中国太保在 2008—2011 年实际的对数资产总额与 y_{it}^{0} 之差就是公司上市对资产总额的真实效果。表 7-4 列出了真实效果的具体数据，表中所有的数据都将对数的资产总额指数化，还原成资产总额。

表 7-4　　　　中国太保上市对公司资产总额的真实影响　　　　单位：百万元

年度	上市后的实际资产总额	假设没有上市的资产总额	上市的真实效果
2008	319390	307427	11963
2009	397187	333084	64104
2010	475711	420855	54856
2011	570612	508769	61843

从表 7-4 可以看出，上市显著提高了中国太保的资产总额，相应的 t 统计量为 1.99，说明两列数据的差距在 10% 的水平上是显著的。在公司上市的第一年，中国太保的资产总额比没有上市提高了 11.96 亿元，第 2 年提高了 64.1 亿元。2010 年和 2011 年，中国太保在上海和香港同时上市的作用下资产总额分别提高了 54.9 亿元和 61.8 亿元。总的来说，中国太保在上海和香港上市对其资产总额的增加带来的平均效果是 48.19 亿元。一个有意思的现象是：中国太保上市后第 1 年的效应明显小于第 2 年，这很可能与 2008 年中国股市的暴跌有关。上证综指在 2008 年最后 1 个交易日以 1820.81 报收，全年跌逾 65%，创造了中国股市自建立以来的最大年跌幅。在股市不景气的情况下，中国太保在上市的第 1 年并没有带来预期的效果。

图 7-3 同时表示了对 1997—2007 年中国太保对数资产总额的拟合情况和 2008—2011 年中国太保上市后实际的对数资产总额与假设

没有上市的情况下相应的对数资产总额的变动趋势。从图7-3可以看出，在中国太保上市之前，实际值和估计值之间非常接近，说明模型实现了很好的拟合。与此同时，上市后的对数资产总额与假设没有上市的情况下相应的对数资产总额之间始终保持了较为稳定的差距，表明上市为中国太保的资产总额带来了稳定的提升。

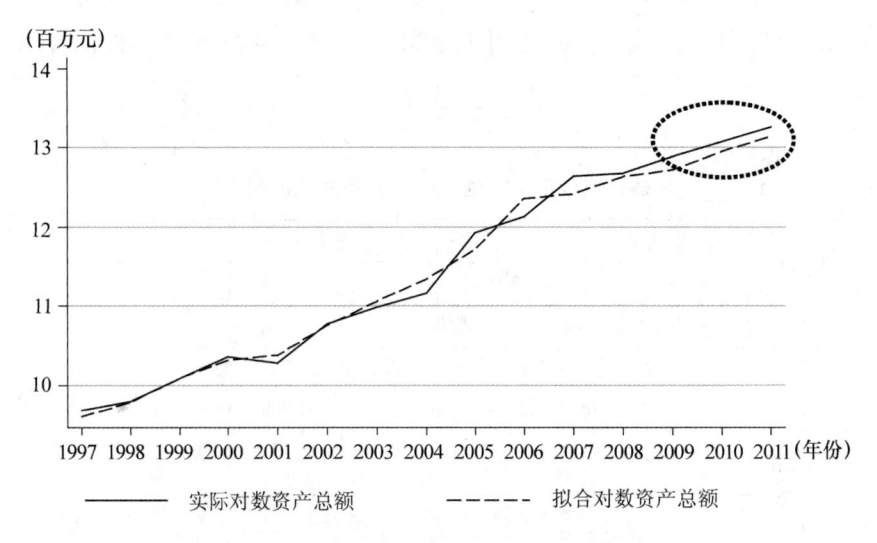

图7-3 中国太保对数资产总额变动趋势

其次，分析中国太保上市对月度保费的影响。为了尽可能利用更多的可得数据进行精确的估计，同时更好地体现出真实效果随时间变化的趋势，我们使用的是保险公司的月度保费数据。从2004年8月到2007年12月，我们可以得到41个月的月度保费数据对模型进行拟合，因此可以得到对 $\bar{\alpha}$ 和 $\bar{\alpha}^*$ 更为精确的估计。由于中国太保在A股上市和H股上市的时间间隔是24个月，可以很好地观察到中国太保在A股上市对其月度保费的真实影响随时间变化的趋势，因此，把预测区间限定在2008年1月到2009年12月，单独考察中国太保A股上市对其月度保费的影响。

以中国太保的对数月度保费收入作为被解释变量，以华泰财产险、新华人寿、泰康人寿、天安财产险、永安财产险、中华联合财产险和友邦上海 7 家保险公司的对数月度保费作为解释变量进行 OLS 回归，时间区间为 2004 年 8 月到 2007 年 12 月，共 41 个样本值。表 7-5 列出了不同组合下 AIC 的最低值以及对应的变量组合，可以看出，当泰康人寿、天安财产险、永安财产险、中华联合财产险和友邦上海的对数月度保费作为解释变量时，相应的 AIC 的值在所有组合中是最低的，因此用这个组合作为基本的模型进行拟合和预测。

表 7-5　　各种组合下 AIC 的最低值以及对应的组合

变量个数	AIC 最低值	变量名称
1	-29.46	永安财产险
2	-37.27	泰康人寿、永安财产险
3	-39.58	泰康人寿、永安财产险、中华联合财产险
4	-41.07	泰康人寿、天安财产险、永安财产险、中华联合财产险
5	-43.00	泰康人寿、天安财产险、永安财产险、中华联合财产险、友邦上海
6	-41.51	华泰财产险、泰康人寿、天安财产险、永安财产险、中华联合财产险、友邦上海
7	-39.61	华泰财产险、新华人寿、泰康人寿、天安财产险、永安财产险、中华联合财产险、友邦上海

表 7-6 列出了上述组合 OLS 回归的结果。图 7-4 展示了从 2004 年 8 月到 2007 年 12 月共 41 个月的对数月度保费的拟合情况，总体上看，拟合值与实际值之间非常接近，不仅体现了实际值随时间的波动情况，而且在某几个时间段里甚至实现了几乎完全的拟合。因此，有理由认为，泰康人寿、天安财产险、永安财产险、中华联合财产险和友邦上海在 2008 年 1 月到 2009 年 12 月的对数月度保费可以很好地拟合中国太保在假设没有上市的情形下相应的对数月度保费。

表7-6　　　　　　　　　　OLS 回归结果

变量	系数	t 统计量
泰康人寿	0.4289	4.42
天安财产险	0.2807	2.03
永安财产险	0.4911	4.10
中华联合财产险	-0.2021	-2.21
友邦上海	-0.2696	-1.88
常数	4.9460	3.67

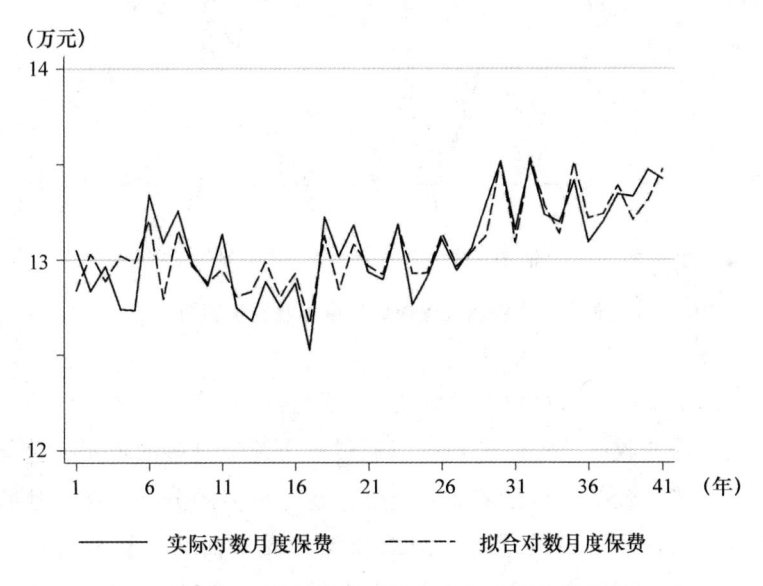

图7-4　中国太保对数月度保费拟合情况

图7-5展示了中国太保上市对月度保费的真实效果。从图7-5中可以看出，上市后的实际值和假设没有上市的拟合值之间上下交错，没有体现出稳定的趋势。中国太保上市对月度保费的真实影响在最初的2个月是正数，但后面3个月又变为了负数，且在2008年9月、2008年12月、2009年3月、2009年9月、2009年10月和2009年11月都出现了负值。经计算，真实效果的平均值为1.77亿元，但

是相应的 t 统计量只有 0.24，并不显著（我们也对年度保费数据进行了类似的分析，相应的 t 统计量为 0.52，同样不显著）。中国太保上市并不能带来月度保费的显著提高。

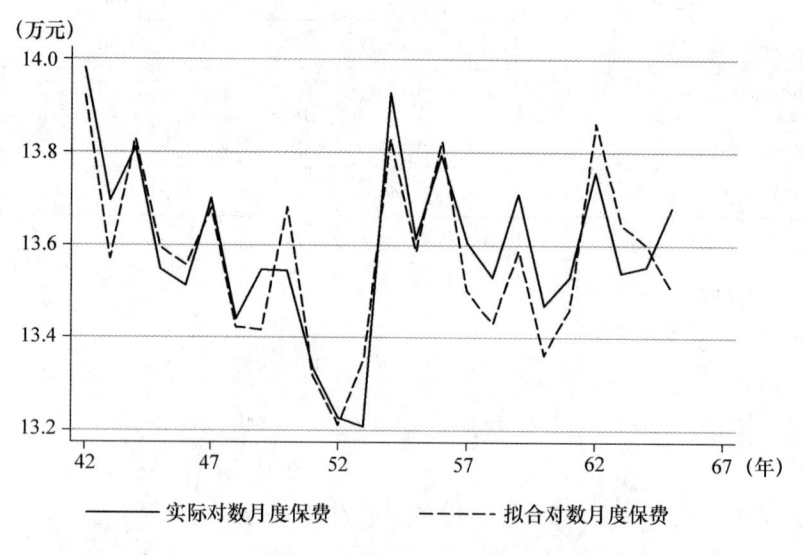

图 7-5 中国太保对数月度保费的预测情况

总的来说，上市可以显著地提高保险公司的资产总额，但难以提高公司的保费收入。保险公司可以通过上市筹集更多的资本，公司可以利用这些资金扩大自己的业务范围，建立更多的分支机构，这直接体现为公司资产规模的增加。但对于保费收入而言，能否设计出新颖、符合保险消费者需求的产品以及营销体系的建设很可能是更为关键的因素。

四 小结和对策建议

本章结合 2012 年以来宏观计量领域项目评估方法的最新进展和保险公司的可得数据定量分析了上市对保险公司增长的真实效果。经验研究结果表明：中国太保上市可以显著地提高的资产总额，2008—

2011年公司的资产总额与没有上市相比平均每年增加 48.19 亿元，但中国太保上市对月度保费没有显著的影响。

本章主要有以下几个特点：（1）为保险业的项目评估问题提供了新的思路：不能简单地比较项目制定前后个体的变化，而是应该尽可能地构造"假设个体不受项目变化的反事实"，真实值和反事实之差才是项目的真实效果；（2）运用定量分析的方法对保险公司上市可以带来收益的理论假说进行了验证；（3）本章方法具有较强的可推广性，如果可以获得相应的数据，用同样的方法完全可以分析中国人寿、中国平安、中国人保和新华人寿上市对企业增长的真实效果。

对于即将上市或者正在计划上市的保险公司来说，本章的结论具有一定的指导意义。如果某家保险公司希望扩大规模，提高增速，公开上市是一个很好的选择。但是，如果保险公司希望通过上市显著地提高自己的承保保费，公开上市有可能达不到预期的效果。目前，保险从业人员的整体素质还有待提高，中国保险市场险种的同质性现象依然非常严重，保险公司需要更加注重相关险种的设计，提高保险从业人员的整体素质和业务能力，开发出真正具有市场竞争力的保险产品，从而实现保费规模的持续增长。此外，政府部门在出台某项政策之前可能会选择某些地区进行试点，用本章采用的方法可以为政府部门衡量某项政策的有效性提供依据。

第8章

保险公司的投资业务与风险

一 问题的提出

防范化解重大风险(主要是金融风险)是全面建成小康社会的"三大攻坚战"之一。最近几年,中国保险业的投资业务发展迅速,保险公司的资金运用余额从2011年的5.55万亿元增至2015年的11.18万亿元,资金运用收益率也从3.57%提高至7.56%[①]。从最初的保险公司在国内外频频投资,到最近几年保险资金在资本市场上接连"举牌",保险投资引起了监管层、业界及学术界的关注。有观点支持保险投资,特别是考虑到中国保险业的总资产在金融总资产的比重仅为6.23%(2017年年底),与发达国家的30%左右有巨大差距;有观点则将保险投资视为重要的"风险点",会引起风险的"跨界传染"。那么,开展投资业务如何影响保险公司的风险?此话题还鲜有文献研究。

作为一种特殊的商品,保险的使用价值体现为在被保险人遭受损失时提供经济保障,所以风险分散和损失补偿是保险的基本职能,也是保险业独立存在的基础。由于获得保费收入和进行损失赔偿之间存在时间差,保险公司可以利用闲置资金(含自有资金)进行投资,获取投资收益。虽然承保业务与投资业务可能相互促进,投资业绩可以提高保险公

---

① 《中国保险年鉴》和中国保监会网站。

司的竞争力进而扩大承保业务量，但是两者之间也存在"传染效应"，即，如果投资业务出现较大亏损、保单承诺的利率过高、被保险人大量退保或存在严重的资产负债不匹配，将考验保险公司的偿付能力和流动性，进而影响保险公司履行承保责任。为此，我们收集了中国107家保险公司（包括50家财产险公司和57家人身险公司）的数据，从偿付能力、流动性、破产概率和退保等4个维度研究保险公司的投资业务对风险的影响。研究发现：对于财产险公司，开展投资业务提高了公司的偿付能力，对流动性和破产概率也没有造成冲击；对于人身险公司，开展投资业务显著提高了破产概率，并加剧了退保行为。

虽然鲜有文献研究本章关心的话题，但仍有一些文献对本章有重要的参考意义。在理论研究上，Spellman、Witt和Rent（1975）通过构建利润最大化模型将投资业务融入保险公司的经营体系，分析投资业务对传统的风险分散与损失补偿业务的影响渠道。首先，高的投资收益增加了保险公司的经营利润，提升了保单的吸引力，提高了保险公司在产品定价上的灵活性；其次，当投资业务遭受较大损失时，保险公司需要通过强制结算投资资产或者向外部借入资金来赔偿被保险人的损失。Hancock、Huber和Koch（2001）认为，相比其他金融中介，保险公司在资金获取的承保环节上具有税收和低营销成本的优势，但在资金运用的投资环节上处于被监管和舆论限制以及税收上的劣势，保险公司的业绩主要取决于经营组织水平和现金流管理水平而非投资风格。

国内一些学者对中国保险公司的投资业务进行了分析和评价。陆磊和王颖（2005）通过建立保险资金运用的基本模型，在对保险资产分布与金融制度相关性进行国际比较的基础上，主要发现：由于体制性风险的全局性，单个保险机构不具备管理风险的能力，因此需要引入货币当局的"最后贷款人"职能；保险机构需要金融创新，但因信息不对称下的委托代理关系可能导致保险资金过于追逐高风险，所以监管层应当适度介入。郭文旌和李心丹（2009）在考虑承保风险的基础上，研究了保险公司最优的投资策略问题。李心愉和赵景涛（2014）基于DEA方法研究发现，中资保险公司在投资上的规模效率低于外（合）资公司，但纯技术效率高于外（合）资公司。本书第11章中我们基于 SFA 方法研究发现，开展投资业务对财产险公司的成本效率有积极影响，但对利润效率影响的方向不确定且不显著。

在经验研究上，有关商业银行的非利息收入业务对银行风险影响的文献对本章研究有一定的启发，这是由于：非利息收入业务和投资业务分别是中国商业银行和保险公司的收入中占比"较小但在逐步提高"的业务。Stiroh（2004）对 1984—2001 年美国银行业的研究发现，非利息收入业务较传统的利息收入业务具有更大的波动性，提升非利息收入占营业收入的比重会增加银行的风险。Lepetit 等（2008）对 1996—2002 年欧洲银行业的研究发现，非利息收入占营业收入的比重越高，银行的破产概率越大。Hidayat、Kakinaka 和 Miyamoto（2012）对 2002—2008 年印度尼西亚银行业的研究发现，非利息收入业务与风险的关系依赖于银行的资产规模，提高非利息收入占营业收入的比重降低了小银行的风险，但提升了大银行的风险。张健华和王鹏（2012）对 1999—2009 年中国银行业的研究发现，银行的手续费净收入占营业收入比重与其风险之间没有显著关系，其他非利息收入占营业收入比重对其风险有显著的负向影响，后者是缘于增加其他非利息收入降低了银行的业绩波动。Bian、Wang 和 Sun（2015）基于 2007—2012 年中国银行业的数据，将非利息收入划分为手续费和佣金收入以及投资收益，发现手续费和佣金收入占比的提高会显著降低银行的风险效率，投资收益占比的提高显著则会降低银行的利润效率。

在分析已有文献的基础上，本章在以下几个方面进行拓展。（1）分析开展投资业务对保险公司风险的影响。考虑到财产险公司和人身险公司多方面的差异，本章将两类公司分开考察。（2）从偿付能力、流动性、破产概率和退保 4 个角度全面地衡量保险公司的经营风险，从营业收入结构和保险产品结构两个角度衡量保险公司投资业务的开展状况。（3）我们收集了中国 107 家保险公司（含 50 家财产险公司和 57 家人身险公司）的数据，力求经验研究结果能够反映中国保险业的全貌。值得注意的是，对银行业的研究，可以从 Bureau van Dijk

(BvD)公司的Bankscope数据库获得丰富的财务数据，但是尚无数据库可以提供比较完善的各国保险公司的财务信息（尽管BvD公司建立了ISIS全球保险公司分析库，但样本的缺失程度非常严重）。鉴于此，我们从保险行业协会、《中国保险年鉴》和中国保监会等渠道收集了中国所有财产险公司和人身险公司的相关数据。

本章随后部分按如下顺序展开：第2部分分析保险公司投资业务开展的政策和市场背景；第3部分说明本章的两个关键变量——人身险公司的投资业务开展程度和风险；第4部分介绍模型、控制变量和数据；第5部分报告和分析回归结果，并进行稳健性检验；第6部分总结本章并提出对策建议。

二 政策和市场背景

研究经济主体的行为，首先要分析其背后的激励约束机制，其中监管政策对保险资金运用起到了基础性作用。中国的保险投资监管先后经历了"紧、松、紧、逐步放开"的变化，在"次贷"危机高潮过后的几年中，保险投资监管处于"快速放开"阶段。

第一，保险投资的范围大幅拓宽、投资比例不断松绑。2009年2月、2010年2月、2012年7月、2013年1月、2014年1月、2014年10月、2014年12月、2015年7月、2015年9月和2016年7月，保险公司被先后允许投资不动产、参与股指期货交易、委托机构开展定向或专项资产管理、直接开展公募基金管理业务、投资创业板上市公司股票、直接投资优先股、投资创业投资基金、设立保险投资基金、投资私募基金和以更灵活的方式投资基础设施。2010年8月，中国保监会颁布《保险资金运用管理暂行办法》，规定保险资金用于投资股票和股票型基金、基础设施、未上市企业股权、不动产的账面余额与上季末公司总资产的比例分别不能高于20%、10%、5%、10%；2014年2月，《关于加强和改进保险资金运用比例监管的通知》发布，对投资资产进一步分类和整合，其中，将上市企业和非上市企业的股权投资合并监管（统称为权益类资产），并将上限提高至30%，同时将不动产类投资的上限提高至30%；2015年7月，《关于提高保险资金投资蓝筹股票监管比例有关事项的通知》发布，进一步规定当权益类资产达到30%的上限时，符合条件的保险公司可进一步增持蓝筹股票，增持后权益类资产余额不高于上季度末总资产的40%。

  第二，万能险费率改革提升了投资型产品的吸引力，为保险公司获取大量资金创造了条件。2015年2月，《关于万能型人身保险费率政策改革有关事项的通知》发布，取消了万能险最低保证利率不得高于2.5%的规定，改为由保险公司按照审慎原则自行决定最低保证利率（当最低保证利率高于3.5%时，保险公司仍需向监管机构报批）。最低保证利率的放开提升了万能险的吸引力，以万能险保费为主的"保户投资款"从2013年的3212.32亿元增加至2015年的7646.56亿元，2016年上半年已经实现了8103.24亿元的收入（数据来源：中国保监会网站统计数据栏目）。根据黄枫和张敏（2014）对中国工业企业的研究，企业财产险产品需求的价格弹性远远大于1。人身险需求的价格弹性一般来说大于财产险需求，所以费率改革对人身险销售的影响较大。

  第三，保险公司单一股权比例的上限大幅提高。2004年《保险公司管理规定》发布，规定除经中国保监会批准外，单个企业法人或者其他组织（包括其关联方）投资保险公司的，持有的股份不得超过保险公司股份总额的20%。2013年，《关于〈保险公司股权管理办法〉第4条有关问题的通知》提出，对于符合条件的保险公司单个股东（包括关联方），出资或者持股比例可以超过20%，但不得超过51%[①]。政策出台后，一些股东在完成对保险公司的控股后，有可能将保险公司当成自身的"融资平台"，通过大量销售万能险、投连险等投资型产品聚集资金，进而投资风险高的项目以追求高收益。

---

  ① 根据2018年3月，中国保监会修订发布的《保险公司股权管理办法》，保险公司单一股东持股比例上限由51%降低至1/3。

在多项政策的作用下，保险公司的投资业务得到了较为充分的发挥。以中国人寿、中国人保人寿、泰康人寿为代表的传统保险公司和以安邦保险、富德生命人寿、国华人寿、华夏人寿为代表的新兴保险公司相继举牌上市公司，增加对权益类资产的配置。

从各保险公司的保费结构中可以发现其背后蕴含的潜在风险。从表8-1可知，2015年，以中国人寿、新华人寿和太保人寿为代表的传统人身险公司的保费收入主要来源于传统型产品，它们的投资性保费与保障性保费的比值最高仅为11.91%；而以富德生命人寿、前海人寿和华夏人寿为代表的新兴人身险公司的保费收入主要来源于投资型产品。此外，中国人寿等传统保险公司的万能险结算利率大多在5%左右，而新兴保险公司则大多在6%以上。较高的万能险结算利率表明资金可能投向了高风险项目，一旦投资出现亏损，致使资产收益率低于万能险的保证利率，保险公司为了减少退保和继续发展新业务，将不得不动用资本金补足，这将考验公司偿付能力和流动性。

表8-1　　　　　代表性人身险公司的保费收入结构

	保障性保费（亿元）	投资性保费（亿元）	总保费（亿元）	投资性保费/保障性保费（%）	保障性保费排名	总保费排名
中国人寿	3640.54	433.47	4074.01	11.91	1	1
新华人寿	1118.59	275.58	1146.14	2.46	3	6
太保人寿	1085.89	66.10	1151.99	6.09	4	5
富德生命人寿	789.98	861.96	1651.94	109.11	7	3
前海人寿	173.76	605.54	779.30	348.49	16	11
华夏人寿	52.24	1519.90	1572.13	2909.54	28	4

注：保障性保费是确认为保险风险部分的收入，主要指传统人身险产品的收入，也包括万能险和投连险等投资型保险产品的保费中的保障部分；投资性保费包括"保户投资款新增交费"和"投连险独立账户新增交费"，二者分别是万能险收入和投连险收入中投资性质而非保障性质的部分。总保费是保障性保费和投资性保费的加总。

资料来源：中国保监会网站统计数据栏目。

三 度量保险公司的投资业务和风险

(一) 保险公司的投资业务

本章的关键解释变量为投资业务的开展程度，用投资收益占营业收入的比重衡量，记为 Invest。保险公司的收入主要来自承保业务和投资业务，前者对应"已赚保费"，后者对应各类投资业务中获得的收益，包括"投资收益"（狭义的）、"公允价值变动收益"、"利息收入"等。通过计算投资收益在营业收入中的比重，能够从收入角度刻画保险公司对投资业务的依赖程度。

图 8-1 报告了 2009—2014 年财产险公司和人身险公司投资收益占营业收入比重的变动趋势。对于财产险公司，该比重一直在 10% 以下且较为稳定；对于人身险公司，该比重从 2009 年的 15.54% 增至 2014 年的 26.88%，明显呈上升趋势。上述特征表明财产险公司和人身险公司的投资行为存在较大的差异，投资业务对人身险公司的重要性大于财产险公司。

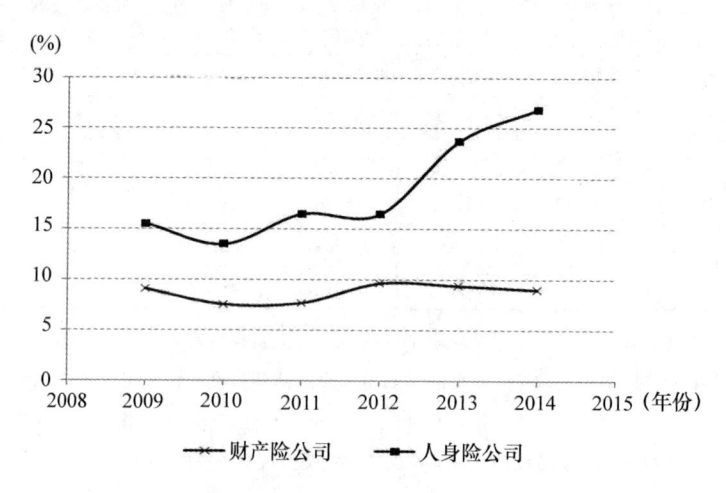

图 8-1 保险公司投资收益占营业收入的比重（Invest）

对于人身险公司投资业务的发展程度,本章还采用了另一个指标——投资性保费占比(Invest_prem),即投资性保费占总保费的比重来衡量。Invest_prem反映了人身险公司对传统的保障型产品和新兴的投资型产品的相对倚重程度[①]。产品结构中投资性产品的占比越高,人身险公司应当越会积极开展投资活动,用投资收益的一部分满足对被保险人保单回报的承诺,另一部分留做公司利润。此外,该指标可以直接体现各保险公司万能险、投连险等投资型产品的开展情况,以评估公司的收入和现金流的结构。表8-6报告了相应的回归结果,其主要结论与表8-5一致,即人身险公司增加投资性产品的比重会降低偿付能力充足率,增加破产概率并提高退保率。

(二) 保险公司的风险

本章采用4个指标衡量保险公司的风险($Risk_{it}$)。(1) 偿付能力充足率(Solvency)。偿付能力充足率是保险公司的"实际资本"与"最低资本"的比值,反映了保险公司履行保单责任的能力。偿付能力监管是包括中国在内的世界主要国家保险监管体系的重要内容。(2) 经营性净现金流的变异系数(CV_{cash}),用于衡量保险公司面临的流动性风险[②]。由于保险公司在计提准备金上存在较大的灵活性,所以经营利润有时不能全面、真实地反映公司的经营状况;但是保险公司的主要业务均有现金流入或现金流出相对应,所以现金流分析能反映保险公司的经营和风险状况。(3) Z指数(Z-

---

[①] 在原中国保监会网站上能够收集各寿险公司2013年及之后的"保户投资款新增交费"和"投连险独立账户新增交费"的数据,加总两者即得到寿险公司的投资性保费。《中国保险年鉴》公布了各保险公司保障性保费中传统寿险、万能险和投连险中保障部分的金额。我们发现,2013—2014年各寿险公司投资型保险产品的保障性保费与投资性保费的"比值"非常稳定,因此,我们用2009—2012年各寿险公司投资型保险产品的保障性保费除以该"比值",得到2009—2012年寿险公司的投资性保费。

[②] $CV_{cash} = \sigma_{cash}/\overline{cash}$,其中,$\sigma_{cash}$和$\overline{cash}$分别表示按照3年移动方法(样本当年和前两年)计算的经营性净现金流的标准差和均值。比如,2011年的σ_{cash}和$\overline{cash}$分别表示2009年、2010年和2011年经营性净现金流的标准差和均值。对于2009年和2010年各保险公司的CV_{cash},我们额外收集了2007年和2008年对应的经营性净现金流。

score)。Z - score = $(\overline{ROA} + \overline{E/A})/\sigma_{ROA}$，其中，$\overline{ROA}$ 是税后利润与资产比值的滚动平均值，$\overline{E/A}$是权益与资产比值的滚动平均值。Z 指数比较广泛地被用于衡量金融机构的风险（Stiroh 和 Rumble，2006；Mercieca、Schaeck 和 Wolfe，2007；张健华和王鹏，2012；Tabak、Cajueir 和 Fazio，2013；Bian、Wang 和 Sun，2015）[①]。Z - score 比 Solvency 多考虑了企业的盈利水平及其波动性，保险公司的 Z - score 越大，则破产概率越低。这 3 个指标同时适用于财产险公司和人身险公司，此外，对于人身险公司，本章还采用了（4）退保率（Surrender）衡量风险[②]。退保率等于退保金除以"当期保费"和"保险责任准备金"之和。退保率能够比较客观、直接和全面地反映中国人身险公司的风险状况（孙祁祥、边文龙和王向楠，2015），而退保率也是宏观决策层非常关注的变量，如，多年以来，每年发布的《金融稳定报告》均指出，保险业要提高对退保事件的应对能力，切实维护金融稳定。

四 回归设计：模型、变量和数据

本章的基本计量模型如下：

$$Risk_{it} = \beta_0 + \beta_1 Invest_{it} + Z'_{it}\gamma + \varepsilon_{it} \tag{8.1}$$

其中，$Risk_{it}$表示保险公司的风险，$Invest_{it}$表示保险公司投资活动的开展程度，Z_{it}为控制变量，ε_{it}为随机扰动项。首先，采用普通最小二乘法（OLS）估计（8.1）式。其次，考虑到本章的面板数据结构，在（8.1）式中加入固定效应，如下：

$$Risk_{it} = \beta_0 + \beta_1 Invest_{it} + Z'_{it}\gamma + \alpha_i + \varepsilon_{it} \tag{8.2}$$

[①] $\overline{ROA}$和$\overline{E/A}$是采用 3 年（样本当年和前两年）移动平均的方法计算得到。比如，2011 年的 Z - score 对应的$\overline{ROA}$和$\overline{E/A}$是 2009 年、2010 年和 2011 年的年均值。σ_{ROA}表示 3 年移动的标准差。为了计算各公司 2009 年和 2010 年的 Z - score 的数值，我们从《中国保险年鉴》额外收集了 2007 年和 2008 年各公司税后利润、资产总额和权益总额的数据。

[②] 财产险公司主要经营无现金价值的短期性产品，其退保率大多为 0，不适合计算退保率指标。

其中，α_i 表示保险公司 i 随时间不变的不可观察的异质性。

Z_{it} 包含了可能影响保险公司风险和业务特征的其他变量。在公司层面，有如下控制变量：（1）资产规模［$\ln(Assets)$］，使用公司资产总额的对数度量。（2）公司年龄（Age），等于样本年份减去公司成立的年份。（3）所有权类型（$Type$），对于中资保险公司，$Type = 0$，对于外（合）资保险公司，$Type = 1$。（4）员工教育程度（Edu），定义为拥有本科及以上学历的员工占总员工人数的比例。（5）保费增长率（$Growth$），等于（当年已赚保费 − 上一年已赚保费）/上一年已赚保费。（6）分出保费占比（$CedeRatio$），用分出保费与总保费的比值衡量。（7）承保业务的地理分散程度（$GeoDiv$），用 $1 - \sum_j (prem_{ij}/prem_i)^2$ 来衡量，其中，$(prem_{ij}/prem_i)$ 等于公司 i 的保费收入中来自省（自治区、直辖市）j 的份额。（8）对于人身险公司，额外控制了个人业务保费收入在总保费收入（个人业务和团体业务之和）中的比重（$IndRatio$）。（9）在市场层面，控制了保险公司的市场势力（MP），其定义为公司在各地区市场份额的加权平均值。$MP_{it} = \sum_j (prem_{ij}/prem_i)(prem_{ij}/prem_j)$，其中，$(prem_{ij}/prem_j)$ 表示公司 i 在省区市 j 的财产险或人身险市场上的份额，$(prem_{ij}/prem_i)$ 是权重。由于很多公司仅在一个或少数几个地区经营，较之直接使用一家公司在全行业总保费收入中比重，本章采用"加权平均"的方法能够更准确地度量市场势力。在宏观层面，控制了（10）国内生产总值的增长率（GDP_t）和（11）通货膨胀率（GPI_t），以剔除宏观环境对保险公司风险的影响。

本章的样本为 2009—2014 年中国 50 家财产险公司和 57 家人身险公司的面板数据。样本中未包括出口信用险、机动车辆险、健康险、养老保险等专业型保险公司。数据收集自 3 个来源：中国保监会、保险行业协会和《中国保险年鉴》。保险行业协会网站公布了 2010—2014 年所有保险公司的年报，不仅包含资产负债表和利润表等基本财务信息，还包含了偿付能力、现金流入流出等信息，为我们衡量保险公司的偿付能力和流动性奠定了基础。《中国保险年鉴》披露了各保险公司员工的人数及学历结构信息、各保险公司在各省区市的业务分布。

表8-2列出了相关变量的描述性统计结果①。对于保险公司风险水平的指标，偿付能力充足率显示出较大的变异性，其均值为614.92%（中位数为267.97%），最小值为34.99%，最大值高达4982.19；经营性净现金流的变异系数的均值为1.97，样本间的变异也较大；Z指数的均值为26.88，标准差为30.46；退保率（仅适用于人身险公司）的均值为3.43%，但最大值为27.98%，表明一些人身险公司的退保风险较为严重；投资收益占营业收入比重（Invest）的均值为14.38%，在样本期间内也表现出较大的变异。

对于控制变量，资产总额的均值为8.92，说明保险公司平均的资产规模为7.48亿元（$7.48 = 0.001 \times e^{8.92}$）。保险公司的平均年龄为9.50，反映出中国保险公司普遍较年轻。外（合）资公司的占比为45%。44.37%的员工具有大学及以上的学历。中国是新兴保险大国，保险公司年度的保费增长率平均约为40%。保险公司平均对13.65%的业务进行了再保险。中国人身险公司绝大部分业务来自个人业务。中国保险业呈现垄断竞争状况。2009—2014年中国国内生产总值的增长率和通货膨胀率的均值分别为8.62%和2.55%。

表8-2　　　　　　　　　变量的描述性统计

变量名称	观察值	均值	标准差	最小值	最大值
因变量：风险					
$Solvency$（%）	530	614.92	860.27	34.99	4982.19
CV_{cash}	494	1.97	4.52	0.02	50.50
$Z-score$	428	26.88	30.46	0.41	187.18
$Surrender$（%）	292	3.43	3.65	0	27.98

---

① 为了消除异常值的影响，对于被解释变量和解释变量，采取了上下1%的winsorize处理。

续表

变量名称	观察值	均值	标准差	最小值	最大值
自变量					
Invest（%）	530	14.38	12.29	0.33	94.07
ln（Assets）	530	8.92	1.93	5.48	14.62
Age	530	9.50	6.73	1.00	35
Type	530	0.45	0.50	0	1.00
Edu（%）	503	44.37	24.38	2.80	100.00
Growth（%）	504	39.57	90.37	-99.40	757.54
CedeRatio（%）	525	13.65	19.46	0.00	100.00
GeoDiv	530	0.59	0.28	0	0.96
IndRatio	284	98.10	6.52	49.42	100.00
MP	530	3.15	7.33	0	98.00
GDP（%）	6	8.62	1.20	7.30	10.40
CPI（%）	6	2.55	1.98	-0.70	5.41

注：变量含义和度量见前文。

资料来源：保险公司年报（2010—2014年）、《中国保险年鉴（2007—2014）》和中国保监会网站。

五 投资业务对保险公司风险的影响

（一）基本估计

我们以各类风险指标为被解释变量，以投资收益占营业收入的比重为关键的解释变量，在控制其他因素的条件下，首先对全样本进行回归分析。表8-3报告了回归结果，其中，第（1）和第（2）列、第（3）和第（4）列、第（5）和第（6）列的被解释变量分别为偿付能力充足率、经营性净现金流的变异系数和Z指数。(1)保险公司的投资业务显著提高了偿付能力。根据第（2）列的估计，投资收益占营业收入的比重增加1个百分点，将引起偿付能力充足率提高9.42个百分点。(2)保险公司的投资业务对经营性净现金流的变异系数的系数估计值非常小也没有统计显著性。(3) 保险公司的投资业务对 Z 指数有显著的负向影响（在固定效应模型中不显著），即开展投资业务整体上提高了公司的破产概率。根据第（5）列的估计，投资收益占营业收入的比重增加 1 个百分点，Z 指数将降低 0.261。开展投资业务会引起偿付能力充足率与破产概率同时增加，看似相互矛盾，对此，下文的分样本回归中将展开讨论。

对于控制变量，(1) 偿付能力充足率随公司年龄的增加而有所降低，这是由于样本中有很多处于成立初期的公司，这些公司的投入资本需要被逐步利用。(2) 中资和外（合）资保险公司在风险水平上没有显著差异。(3) 员工教育程度高的公司具有更高的偿付能力，反映出人力资本对保险公司的经营效率的正向影响。(4) 已有一些研究发现的业务增长会提高银行或保险机构的风险（Barth 和 Eckles, 2009；Alessi 和 Detken, 2018），表 8-3 中保费增长率的系数估计值有积极的（降低风险的）符号，反映出保费的增长基本上属于良性增长。(5) GDP 增长率越高，保险公司的破产概率越高（Z 指数降低），反映出经济加速增长时，保险公司可能经营得更为激进。(6) 资产规模、分出保费占比、承保业务的地理分散程度、市场势力和通货膨胀率等变量对保险公司风险的影响没有展示出显著且一致的结果。

表 8-3　　　　　投资收益占比对风险的影响（全样本）

	$Solvency$（%）		CV_{cash}		$Z-score$	
	OLS	FE	OLS	FE	OLS	FE
	(1)	(2)	(3)	(4)	(5)	(6)
$Invest$	11.027*** (3.740)	12.422*** (3.034)	-0.002 (0.015)	-0.032 (0.031)	-0.261** (0.112)	-0.275 (0.171)
$\ln(Assets)$	-193.584*** (31.916)	172.740** (76.840)	-0.598*** (0.184)	0.322 (0.833)	2.825* (1.471)	9.356 (6.426)
Age	-12.765*** (4.869)	-134.641*** (36.995)	0.035 (0.036)	0.213 (0.399)	-0.033 (0.248)	-0.804 (2.380)

续表

	$Solvency$（%）		CV_{cash}		$Z-score$	
	OLS	FE	OLS	FE	OLS	FE
	（1）	（2）	（3）	（4）	（5）	（6）
$Type$	-46.806 (74.538)		-0.012 (0.614)		1.208 (4.222)	
Edu	3.812** (1.694)	2.428 (1.880)	-0.018 (0.013)	-0.016 (0.022)	0.057 (0.078)	-0.254 (0.159)
$Growth$	0.771 (0.488)	1.019*** (0.274)	-0.003 (0.003)	-0.003 (0.004)	0.008 (0.017)	0.012 (0.013)
$CedeRatio$	6.547** (2.556)	-1.185 (2.239)	-0.006 (0.009)	-0.005 (0.025)	-0.068 (0.077)	0.066 (0.119)
$GeoDiv$	167.367 (128.338)	-67.466 (227.088)	-0.245 (0.923)	-3.766 (2.469)	1.217 (6.920)	23.495 (19.215)
MP	21.233*** (6.383)	-5.098 (7.832)	-0.003 (0.021)	-0.058 (0.085)	-0.183 (0.195)	0.264 (0.292)
GDP	3.308 (28.212)	-46.649 (48.308)	0.122 (0.193)	0.388 (0.539)	-5.835*** (1.286)	-5.164* (3.069)
CPI	-16.851 (19.338)	3.164 (16.221)	0.008 (0.190)	-0.075 (0.182)	0.916 (0.596)	0.556 (1.030)
常数项	1834.678*** (417.299)	433.673 (817.046)	7.083*** (2.587)	-2.406 (9.343)	49.343** (19.927)	-8.141 (67.726)
观察值	466	466	443	443	380	380
R^2	0.328	0.143	0.044	0.015	0.065	0.097

注：系数估计值下方括号为稳健标准误。下表同。***、**、*分别表示在1%、5%、10%的水平上显著。

财产险公司和人身险公司的产品特点不同，财产险公司基本为短期业务，而人身险公司以长期险种为主，因此，二者的投资行为也存在较大差异。人身险公司在投资的期限及渠道选择上较财产险公司更为宽松，由于人身险公司的营业收入中来自投资业务的比重远高于财产险公司。鉴于此，本章将分别考察财产险公司和人身险公司的投资业务对经营风险的影响，回归结果如表8-4和表8-5所示。

对于财产险公司，开展投资业务显著提高了偿付能力充足率，且对破产概率和流动性没有造成冲击。中国财产险公司收入中的投资业务贡献偏低，2009—2014年，中国财产险业的投资收益占营业收入比重平均为4.75%，而同期OECD国家平均达到了7.99%。财产险公司的产品主要投资于银行存款、债券、蓝筹股等安全性和流动性较高的标的，开展投资业务不仅获得了较为稳定的收益，并且能帮助承保业务分担固定成本，有助于提高财产险公司的偿付能力。在样本期间内，财产险公司的投资收益、已赚保费的变异系数的均值分别为0.58和0.63，说明财产险公司投资收益的波动性略小于承保收入的波动性。因此，财产险公司进一步发展投资业务有助于降低风险水平。

表8-4　　　　投资收益占比对风险的影响（财产险公司）

	Solvency (%)		CV_{cash}		Z-score	
	OLS	FE	OLS	FE	OLS	FE
	(1)	(2)	(3)	(4)	(5)	(6)
Invest	87.183*** (10.968)	48.699** (19.138)	-0.049 (0.030)	-0.063 (0.049)	-0.086 (0.323)	-0.144 (0.210)
ln(Assets)	-195.328*** (57.896)	-79.028 (219.249)	-0.434 (0.276)	0.436 (1.123)	2.959 (2.415)	6.445 (5.092)
Age	-5.756 (4.600)	-91.108 (72.508)	0.040 (0.056)	0.473 (0.640)	-0.561** (0.259)	1.875 (2.913)
Type	-53.077 (187.308)		-0.119 (1.112)		-11.384 (7.892)	
Edu	5.330* (3.095)	4.811 (4.818)	0.015 (0.023)	0.040 (0.044)	-0.022 (0.108)	-0.301 (0.212)
Growth	0.015 (0.570)	0.977 (0.593)	-0.006 (0.006)	0.002 (0.004)	0.013 (0.038)	0.041 (0.031)

续表

	Solvency（%）		CV_{cash}		$Z-score$	
	OLS (1)	FE (2)	OLS (3)	FE (4)	OLS (5)	FE (6)
$CedeRatio$	6.541 (4.754)	-1.295 (7.369)	-0.024 (0.020)	-0.091 (0.058)	0.129 (0.120)	0.247 (0.186)
$GeoDiv$	-146.669 (456.884)	791.592 (578.656)	-0.825 (1.175)	-1.495 (4.188)	26.186** (12.050)	15.513 (24.834)
MP	24.847*** (8.304)	-12.785 (50.939)	-0.048 (0.046)	-0.134 (0.297)	0.186 (0.415)	-3.525** (1.722)
GDP	38.030 (43.672)	-41.333 (63.227)	0.380 (0.337)	1.175 (0.804)	-5.045*** (1.894)	1.003 (3.400)
CPI	14.728 (30.602)	11.351 (24.610)	0.072 (0.258)	-0.112 (0.376)	0.025 (0.912)	-1.826 (1.420)
常数项	921.411 (721.353)	1,638.158 (1,459.319)	3.150 (4.800)	-14.251 (12.086)	40.868 (31.517)	-35.773 (62.474)
观察值	212	212	202	202	183	183
R^2	0.652	0.326	0.051	0.040	0.103	0.073

注：***、**、* 分别表示在1%、5%、10%的水平上显著。

由表 8-5 可知，人身险公司的投资业务显著降低了偿付能力、提高了破产概率（在固定效应估计中不显著）并提高了退保率，即投资业务提高了人身险公司的风险水平。究其原因，首先，人身险公司保单负债的久期较长，投资更多投向了不动产、股权股票等风险性较高的标的，万能险和投连险等新型投资型产品的热销使得人身险公司在投资方面更为激进。在样本期间内，人身险公司的投资收益、已赚保费的变异系数的均值分别为 0.70 和 0.66，人身险公司投资收益的波动性既远远大于财产险公司投资收益的波动性，也大于自身承保收入的波动性。其次，由于投资收益的波动性较大，使得某些特定时期内人身险保单分红或现金价值增加的程度低于被保险人的预期，促使被保险人选择退保。因此，人身险公司投资业务的风险应该引起重视。

表8-5　　　投资收益占比对风险的影响（人身险公司）

	Solvency (%)		CV_{cash}		Z-score		Surrender (%)	
	OLS	FE	OLS	FE	OLS	FE	OLS	FE
	(1)	(2)	(3)	(4)	(5)	(6)	(7)	(8)
Invest	-4.383**	-3.781*	0.023	-0.038	-0.321*	-0.395	0.046**	0.052*
	(2.066)	(2.168)	(0.017)	(0.026)	(0.182)	(0.266)	(0.020)	(0.029)
ln(Assets)	-85.462**	247.090	-0.729*	0.507	0.914	15.589	-0.031	1.199*
	(35.868)	(150.622)	(0.392)	(2.460)	(3.120)	(11.980)	(0.235)	(0.642)
Age	4.238	-88.398	0.021	-0.039	1.045	-3.738	-0.060	0.026
	(8.035)	(62.939)	(0.041)	(0.812)	(0.821)	(4.553)	(0.054)	(0.310)
Type	18.629		0.070		-0.304		-1.671***	
	(66.347)		(0.636)		(7.946)		(0.492)	
Edu	-2.323	1.620	-0.026*	-0.028	0.046	-0.210	-0.004	-0.002
	(1.675)	(1.819)	(0.015)	(0.035)	(0.112)	(0.210)	(0.009)	(0.010)
Growth	0.143	0.316	-0.000	-0.003	0.013	0.011	-0.005***	-0.004
	(0.356)	(0.302)	(0.004)	(0.006)	(0.018)	(0.017)	(0.002)	(0.003)
CedeRatio	-0.296	2.191**	-0.019	0.007	-0.262**	0.013	-0.021*	-0.020**
	(1.020)	(1.045)	(0.012)	(0.015)	(0.114)	(0.159)	(0.011)	(0.009)
GeoDiv	-535.555***	-618.996	1.252	-4.440	-1.357	9.287	-0.927	2.729
	(177.093)	(521.083)	(1.883)	(5.134)	(9.735)	(18.901)	(1.571)	(1.869)
IndRatio	-1.796	-7.535	-0.152***	-0.126	-0.450*	0.283	0.057**	-0.002
	(4.595)	(7.324)	(0.057)	(0.112)	(0.253)	(0.400)	(0.023)	(0.031)
MP	3.613	-11.822	0.033	-0.067	-0.500*	0.095	-0.012	0.030
	(5.672)	(7.572)	(0.026)	(0.078)	(0.294)	(0.259)	(0.020)	(0.033)
GDP	-30.451	-25.538	-0.055	-0.161	-6.847***	-10.127*	-1.029***	-0.188
	(33.076)	(46.626)	(0.152)	(0.417)	(1.749)	(5.118)	(0.189)	(0.269)
CPI	-3.153	-3.745	-0.078	-0.084	1.660**	2.256	0.123	0.057
	(20.636)	(13.354)	(0.266)	(0.245)	(0.840)	(1.562)	(0.090)	(0.103)
常数项	2124.595***	223.181	23.616***	16.204	112.778**	-29.141	8.288***	-9.272
	(731.425)	(822.048)	(8.643)	(15.001)	(50.374)	(117.321)	(3.184)	(6.288)
观察值	254	254	241	241	197	197	247	247
R^2	0.268	0.136	0.099	0.037	0.118	0.156	0.289	0.373

注：***、**、*分别表示在1%、5%、10%的水平上显著。

(二) 稳健性检验

1. 投资业务发展程度的衡量。对于人身险公司投资业务的发展程度，本章还采用了另一个指标——投资性保费占比（Invest_prem）。表8-6报告了相应的回归结果，其主要结论与表8-5一致，即人身险公司增加投资性产品的比重会降低偿付能力充足率、增加破产概率并提高退保率。

表8-6　　　投资性保费占比对风险的影响（人身险公司）

	Solvency (%) OLS	Solvency (%) FE	CV_{cash} OLS	CV_{cash} FE	Z-score OLS	Z-score FE	Surrender (%) OLS	Surrender (%) FE
Invest_prem	-2.474*** (0.811)	-3.993* (2.049)	-0.004 (0.010)	-0.019 (0.019)	-0.271* (0.141)	-0.647* (0.337)	0.012 (0.009)	0.038** (0.015)
ln(Assets)	-81.219** (31.300)	226.822* (116.286)	-0.349 (0.302)	2.910 (3.326)	-0.116 (3.739)	12.911 (12.053)	0.186 (0.290)	1.654*** (0.463)
Age	15.748** (7.691)	-69.203 (45.025)	0.039 (0.053)	-0.756 (1.138)	0.650 (0.859)	-3.419 (5.241)	-0.109* (0.060)	0.014 (0.271)
Type	-45.406 (64.344)		-0.073 (0.624)		-9.103 (10.693)		-1.521*** (0.505)	
Edu	-2.237 (1.457)	0.927 (1.333)	-0.021 (0.014)	-0.006 (0.014)	0.114 (0.173)	0.104 (0.311)	0.003 (0.011)	0.004 (0.011)
Growth	0.542 (0.414)	0.756* (0.414)	-0.007 (0.008)	-0.008 (0.010)	0.023 (0.044)	-0.024 (0.040)	-0.007*** (0.002)	-0.006* (0.003)
CedeRatio	-0.810 (0.766)	1.291 (0.772)	-0.006 (0.005)	0.011 (0.017)	-0.396*** (0.125)	-0.163 (0.129)	-0.009 (0.013)	-0.018* (0.010)
GeoDiv	-449.098** (211.977)	-891.543* (502.252)	-1.345 (2.397)	-7.653 (6.572)	-2.766 (14.044)	20.320 (34.399)	-1.462 (2.286)	4.722*** (1.742)
IndRatio	0.849 (3.098)	-3.406 (3.461)	-0.157*** (0.050)	-0.129 (0.080)	-0.424* (0.256)	0.433 (0.278)	0.045* (0.025)	-0.023 (0.038)
MP	-2.923 (3.466)	-14.971* (7.499)	-0.012 (0.025)	-0.100 (0.094)	-0.508 (0.351)	0.195 (0.495)	-0.004 (0.026)	0.062** (0.028)

续表

	Solvency (%)		CV_{cash}		Z-score		Surrender (%)	
	OLS	FE	OLS	FE	OLS	FE	OLS	FE
GDP	19.435 (27.525)	-20.442 (44.976)	-0.094 (0.239)	-0.149 (0.503)	-9.014*** (2.036)	-7.659 (6.139)	-1.296*** (0.205)	-0.334 (0.252)
CPI	8.832 (12.122)	0.929 (13.316)	-0.304 (0.325)	-0.281 (0.188)	2.398** (1.033)	3.302 (2.145)	0.197* (0.107)	0.045 (0.136)
常数项	1196.305** (465.915)	3.799 (842.419)	23.530*** (8.747)	1.780 (14.995)	145.856** (58.748)	-52.321 (137.076)	10.441*** (3.177)	-12.514* (6.291)
观察值	184	184	183	183	147	147	189	189
R^2	0.329	0.246	0.145	0.118	0.132	0.197	0.316	0.528

注：***、**、* 分别表示在1%、5%、10%的水平上显著。

综合表8-4、表8-5和表8-6的估计结果不难发现，投资业务对风险的影响在财产险公司和人身险公司之间存在差异，要区别对待。中国财产险公司投资业务的开展程度远落后于人身险公司，财产险公司进一步开展投资业务有助于降低自身风险；人身险公司开展投资业务存在过热的倾向，随着万能险、投连险等新型产品的热销，其中蕴藏的风险应引起重视。

2. 动态面板回归。由于数据收集处理滞后和会计估计调整等原因，某一期中保险公司的风险测度可能与前期相关，加之难以避免存在那些在 t 期之前已经发生的、难以观测、同时随公司和时间变化的外部冲击，因此，在（8.3）式中加入因变量的滞后项，将其扩展为一个动态面板模型，如下：

$$Risk_{it} = \rho Risk_{it-1} + \beta_1 Invest_{it} + Z'_{it}\gamma + \alpha_i + \varepsilon_{it} \quad (8.3)$$

由于 $Risk_{it-1}$ 中包含个体固定效应 α_i，采用混合样本 OLS（普通最小二乘）估计和 FE（固定效应）估计都是有偏和不一致的。对（8.3）式进差分变换得到（8.4）式，由于变换后方程中的 $\Delta Risk_{it-1}$（$= Risk_{it-1} - Risk_{it-2}$）包含 ε_{it-1}，仍然存在内生性问题。对此，采用 Arellano 和 Bond（1991）的差分广义矩（GMM）估计，利用矩条件：

$E(Risk^{t-2}\Delta\varepsilon_{it})=0$，其中 $Risk^{t-2}=(Risk_{i1},Risk_{i2},\cdots,Risk_{it-2})'$。

$$\Delta Risk_{it}=\rho\Delta Risk_{it-1}+\beta_1\Delta Invest_{it}+\Delta Z'_{it}\gamma+\Delta\varepsilon_{it} \quad (8.4)$$

表 8-7 报告了采用动态面板设定和 "AB91" 方法对财产险公司和人身险公司的估计结果。财产险公司方面，$Invest$ 的系数估计值在 $Solvency$ 的方程中仍然为正向显著，其影响的积累效应达到了 147.05 [=118.52/（1-0.194）]，较静态估计时（表 8-4 中的 87.18）有所上升。$Invest$ 在 CV_{cash} 和 $Z-score$ 的系数估计值仍然是不显著的。因此，采用动态面板回归没有改变前文关于财产险公司的结论。

在人身险公司方面，$Invest$ 系数估计值在 $Z-score$ 和 $Surrender$ 的方程中仍然分别是负向显著和正向显著的，其影响的积累效应分别达到了 0.330 [=0.509/（1+0.544）] 和 0.063 [=0.056/（1-0.113）]。不过，$Invest$ 在 $Solvency$ 的方程中却不显著了，所以投资业务对人身险公司偿付能力充足率的影响没有通过稳健性检验。由于"风险导向"的中国第二代偿付能力监管规则（Solvency Ⅱ）于 2016 年在保险业实施，而样本期间的偿付能力充足率是采用 2003 年创建的第一代偿付能力监管体系（Solvency Ⅰ）得到的，所以变量 $Solvency$ 对于公司风险的反映是不够充分的。

表 8-7　投资收益占比对风险的影响（动态面板估计）

	财产险公司			人身险公司			
	Solvency (%)	CV_{cash}	$Z-score$ (%)	Solvency (%)	CV_{cash}	$Z-score$	Surrender (%)
L. Risk	0.194 (0.154)	0.108 (0.083)	0.456** (0.201)	-0.444*** (0.082)	-0.031 (0.058)	-0.544** (0.223)	0.113 (0.110)
Invest	118.522*** (27.657)	0.034 (0.057)	-0.398 (0.338)	1.526 (1.912)	-0.019 (0.034)	-0.509** (0.248)	0.056* (0.029)
ln(Assets)	-93.367 (320.164)	-2.030 (2.205)	6.518 (9.425)	135.105 (109.356)	-0.813 (0.786)	30.538* (15.957)	0.147 (0.664)
Age	-52.349 (67.568)	0.687 (0.462)	-4.470 (4.084)	-43.735 (51.638)	0.718 (0.596)	-4.371 (6.742)	0.228 (0.259)

续表

	财产险公司			人身险公司			
	Solvency (%)	CV_{cash}	Z-score (%)	Solvency (%)	CV_{cash}	Z-score	Surrender (%)
Edu	6.443 (6.011)	0.045 (0.064)	-0.308 (0.240)	0.251 (1.368)	-0.072 (0.118)	-0.339 (0.325)	-0.009 (0.010)
Growth	-0.459 (1.171)	0.010 (0.017)	0.018 (0.024)	1.039 (0.670)	-0.000 (0.003)	0.001 (0.019)	-0.001 (0.002)
CedeRatio	-9.179 (5.658)	-0.039 (0.098)	0.234 (0.344)	0.237 (1.078)	0.001 (0.009)	0.026 (0.220)	-0.018* (0.009)
GeoDiv	-647.770 (1143.574)	-2.146 (6.940)	-19.281 (34.416)	131.266 (418.568)	-0.501 (2.062)	16.299 (30.010)	0.522 (2.037)
IndRatio				5.043* (2.870)	-0.036 (0.106)	-0.305 (0.240)	-0.003 (0.026)
MP	-39.894 (72.229)	-0.545 (0.597)	-6.299* (3.638)	1.570 (6.302)	-0.020 (0.047)	0.289 (0.457)	-0.012 (0.047)
GDP	-27.017 (60.461)	0.925 (0.883)	-5.461 (4.671)	-42.073 (46.550)	0.121 (0.405)	-5.589 (5.987)	-0.207 (0.206)
CPI	96.722*** (35.990)	-0.042 (0.311)	1.861 (1.461)	-1.093 (17.633)	0.219 (0.401)	0.553 (1.924)	0.081* (0.043)
常数项	1218.124 (2578.772)	4610 (18.352)	96.696 (126.946)	-1282.226* (777.267)	5.866 (11.710)	-156.480 (122.826)	0.728 (7.413)
Hansen J 检验	[0.412]	[0.287]	[0.323]	[0.180]	[0.403]	[0.917]	[0.139]
AR (2) 检验	[0.505]	[0.598]	[0.690]	[0.481]	[0.978]	[0.158]	[0.823]

注：***、**、*分别表示在1%、5%、10%的显著性水平上显著。Hansen J 检验用于判断 AB91 估计的过度识别约束是否有效，原假设为"有效"。AR（2）检验用于判断原估计方程的扰动项是否存在序列相关，原假设为"不存在"。相关检验的方括号内为拒绝该检验原假设的 P 值。

六 小结和对策建议

最近几年，中国保险公司的投资业务发展迅速，并引起了监管层、业界及学术界的关注。基于中国 50 家财产险公司和 57 家人身险公司的面板数据，我们从多个维度考察了保险公司的投资业务对风险的影响。研究发现，投资业务对财产险公司和人身险公司风险的影响存在差异。对于财产险公司，开展投资业务（使用投资收益占营业收入的比重度量）提高了公司的偿付能力，对流动性和破产概率没有造成冲击；对于人身险公司，开展投资业务（使用投资收益占营业收入的比重和投资性保费占总保费的比重度量），显著提高了破产概率并加剧了退保行为。

对于如何降低保险公司的风险水平，本章有如下的政策含义。(1) 适度鼓励财产险公司发展投资业务，利用承保业务和投资业务之间的良性互动，提高收益进而降低风险。(2) 加强监管人身险公司的投资行为，加强压力测试和流动性测试，抑制万能险、投连险等投资型产品发展过热的倾向，鼓励人身险公司发展保障型业务，坚持"保险姓保"。(3) 加强对保险公司的公司治理和股东准入的监管，防止保险公司异化为融资平台和提款机。

七 保险创新及其风险与监管问题的探析

金融具有融通资金、风险管理、提高经济运行效率、服务企业治理等多个功能，是国民经济最具活力的部门之一。金融创新对金融业自身以及经济社会的影响具有两面性。

一方面，金融创新能改进金融业的服务质量，满足多样化的需求（Merton，1992），提高风险集合和分散的效率（Allen 和 Gale，1991），优化资源配置（Houston 等，2010）。Beck 等（2016）采用 1996—2010 年 32 个发达国家的数据发现：金融创新对银行业的增长和脆弱性均有正向影响；金融创新对经济增长有正向影响。即使在"次贷"危机和欧债危机爆发之后，曾成功预言"非理性繁荣"（irrational exuberance）的 Shiller（2012）也认为：金融业远不是经济社会的"寄生虫"，而是解决很多重大问题和改善社会福利的强有力的工具，社会需要更多的而不是更少的金融创新。

另一方面，金融创新也有负面效果。金融创新往往追求监管套利，会带来过度的信用膨胀，助长资产价格泡沫（Brunnermeier，2009），让参与者忽视经济活动的真实成本和风险（Gennaioli、Shleifer 和 Vishny，2012），放大政治运行系统中一些主体之间的委托代理问题（Pérignon 和 Vallée，2017）。可以说，历次金融危机的形成均是压着金融创新的"韵脚"。英国《经济学家》的调查显示（Zingales，2015），"57%的读者不同意金融创新会促进经济增长"。周桦和张娟（2017）以 2013—2015 年中国财产险公司数据为样本，利用带有中间产出的成本函数模型，评估了财产险公司的成本效率，认为在"偿二代"下，财产险公司应抑制部分金融中介活动，加强风险管理体系建设，以求经营效率的提升。要让金融创新发挥对国民经济社会的积极影响，需要有效的监管和引导。

随着中国金融综合经营的节奏加快、保险业全面深化改革和保险市场进一步对外开放，中国的保险创新层出不穷，其成果和暴露出的问题也受到了高层和社会各界的关注。保险创新使得金融监管的对象不断扩大，但受限于监管法规滞后、监管措施不足等问题，金融监管在防范保险创新风险方面发挥的作用还不够。

金融监管可以分为事前、事中和事后三方面。事前监管即管理和审批金融机构和金融产品市场准入。事中监管是指监管金融机构经营和金融市场运作过程，涵盖了业务范围、流动性、风险控制措施等方面。事后监管是指，当金融机构严重违规或达到破产条件时，对这类主体进行市场退出，具体方式涵盖了合并、接管、清算等。由于保险业在国民经济和社会活动中的重要性日益提高，本章在对当前保险创新中存在的问题和未来保险创新趋势分析的基础上，探讨如何维护保险体系的安全和有效维护保险消费者权益，以期在新形势下为金融监管提供政策参考。

（一）保险创新及其监管中的问题

当前，金融业内监管机制在防范保险创新风险方面还有不足，一个原因是，中国目前进行的保险创新主要是借鉴了西方发达国家模式，采取改良方式建立产品体系和业务模式。保险创新产品在中国市场上的适应性还有待完善，经营模式也有待本地化；与此同时，当保险产品升级换代，相应的市场风险无法有效控制。当前保险创新及其监管中存在的问题有以下几个方面。

第一，从法律法规看，部分领域的监管立法滞后，存在监管盲点和潜在风险。以各种互联网互助社团为例，实际上其发展面临很大风险。首要的是法律和制度风险，如互联网互助社团虽然发展迅速，但各种庞氏骗局、退保困难甚至跑路的问题频发，但因其缺乏相应的法律依据，这类问题的立案存在问题，消费者权益得不到有效保护。案件频发的背后是监管制度的滞后。互联网互助社团实际上是民间保险的新模式，实现了民间保险由熟人模式转化为生人模式，其发展迅速的背后反映出组织者、平台以及购买者的保险知识缺乏。从制度法规来看，当前工商管理部门并未规定互联网互助社团的注册资金，导致很多小型平台缺乏备案，平台吸收资金的去向、用途主要依靠自律性，法律风险很大。同时，当前保险评级制度仍然发展不足，缺乏应用信息系统进行相关分析和考评，存在信息滞后、制度死板、缺乏动态考评机制的问题。一些考核机制是打分制，即基于财务指标和某些定性指标进行风险评级，其评判依据的是过往财务报告数据，其及时性和可靠性较差，缺乏预测风险的有效手段。

第二，从监管部门的职责看，存在不明确的问题。中国金融监管机构应当关注系统性风险而不是个别公司在市场竞争中的个体风险。监管部门还应当注意完善金融业发展的制度环境和监管环境，而不是总是首先想到直接干预公司。当前，对于保险创新的一些领域，存在金融监管部门不明确的问题。如对于互联网互助社团，未通过立法明确其监管领域，相关监管部门职责不清，缺乏自我更新动力。在风险管理模式方面普遍较为落后，方式方法较为单一。

第三，对于地区差异性导致的保险创新的不同特点，监管部门的有效对策不足。不同经济发展水平地区的保险活动存在差异，在此背景下，金融监管部门在制度制定和行政审批上的监管精力有限。加之不同地区保险人员操作水准不一，对保险创新及其风险管理的理解和把控水平存在差异，对风险管理也可能认识不足。在一般的风险评估中缺乏保险创新的风险意识与管理过程的结合，资金结构风险也经常存在。此外，不同地区的公司之间缺乏保险创新的沟通机制，信息披露不完整，信息的真实性不容易判断，所以不少信息无法有效应用于保险创新市场。

第四，保险创新不断深入日益挑战金融监管的有效性。保险创新涉及体制和工具两个方面，任一方面发生改变都会影响监管的有效性。一些企业希望通过保险手段降低风险，但实际上只是将风险转移到其他企业，风险不仅没有被规避反而可能加大；保险创新还对监管手段产生了一定的挑战，由于保险创新速度越来越快，监管手段跟不上就会导致监管盲点和监管断层。此外，监管机构具有不可忽视的作用，一旦创新领域超出监管机构的范围，监管的有效性将大为降低。而由于中国保险业对外开放不断加快，监管机构难免对一些新的监管方式认识不清，这也造成了对保险监管的挑战。

（二）完善保险创新及其风险管理的建议

创新与风险是一对矛盾统一体。创新是发展的重要内容，发展是防范保险风险的保障。当前，中国保险创新并未达到最优水平，中国保险创新应遵循以下原则。一是培育良好的保险文化，推进保险业竞争，提高保险机构的风险管理和服务质量，形成稳定的差异化市场定位。二是加强保险基础设施建设，在开展传统保险产品服务的同时，发展各类新兴风险保险产品，探索提供个性化的保险产品定制方案。三是加强产权保护，完善保险创新的外部环境。四是适度发展具有风险管理作用的保险衍生品，推动更多风险管理策略和对冲工具的使用。

金融保险创新是金融保险监管的先导以及完善监管的助推器。当前，中国经济正处于从高速增长向高质量发展方向转变的阶段，这使得未来保险创新要朝着新的方向和趋势演进，而完善保险创新的风险管理措施应注意以下几点。

第一，保险创新将更多围绕服务实体经济展开。保险业健康发展的一个标尺是与实体经济的契合度。当前中国经济发展已经进入转型升级的关键阶段，是这各类风险易于积累和爆发的时期，不确定性因素增多。保险公司要灵活运用不同保险产品组合，为公司转型提供差异化、多样化的服务。随着企业不断进行转型升级，其需求会发生新的变化，这也推动保险机构不断创新，提供新的产品和服务。

第二，积极完善保险创新的法规和规则体系。如，要明确互联网互助平台是"信息中介"而非"信用中介"和"准金融机构"，积极防范风险聚集扩散，要加强网贷企业信息发布管理；要加大金融监管力度，考虑由第三方评级机构提供信用评估报告。

第三，明确保险创新的监管部门。落实各方管理责任，为互联网保险等创新性保险活动提供制度保障。可由银保监会制定监督管理制度并实施行为监管，公安部负责对互联网互助平台等信息中介机构进行安全监管，依法查处违法违规活动。应加强外部监管，鼓励采用网上舆论、群众满意度打分等方式，促进监管机构主动履职。应加强内部风险管理，对保险创新中可能出现的问题做好评估，并制定应急预案。

第四，金融监管当局要加强与各类相关机构的合作。各类社会信用评级机构、行业自律机构等都有各自优势，是保险风险管理的重要防线。各地金融管理部门对互联网互助平台运营、互联网保险的发展和强化保险消费者保护等内容能发挥自身的作用。采用政府推动、行业自律、第三方评级、社会监督的合作模式，确保评级机构的结果是客观公正和有效率的。

第五，加强国际保险监管合作。未来经济社会的发展趋势包括经济金融的全球化和与之相对应的风险全球化，一国的保险风险可能导致国际的保险风险。因此，在保险创新的风险监管中应充分加强国际间沟通和合作，既要控制好国内的保险风险，又要积极融入国际金融监管中，充分发挥中国保险创新和风险管理的影响力，提升中国在国际保险金融监管领域的话语权。

第六，避免运动式监管。监管上既要有所作为，也要避免监管竞赛、层层加码，避免"一收就死"的局面。

第9章

保险公司研发投入及其影响因素

一 问题的提出

近年来,中国经济增长从高速转向中高速,全社会更加重视研发和创新。图9-1显示,中国的研发投入总额和研发投入强度逐年增加,研发投入总额已经稳居世界第2位;图9-2显示,中国研发经费占GDP的比重目前也达到了较高水平,低于日本、美国和德国,高于俄罗斯和英国,与法国接近。

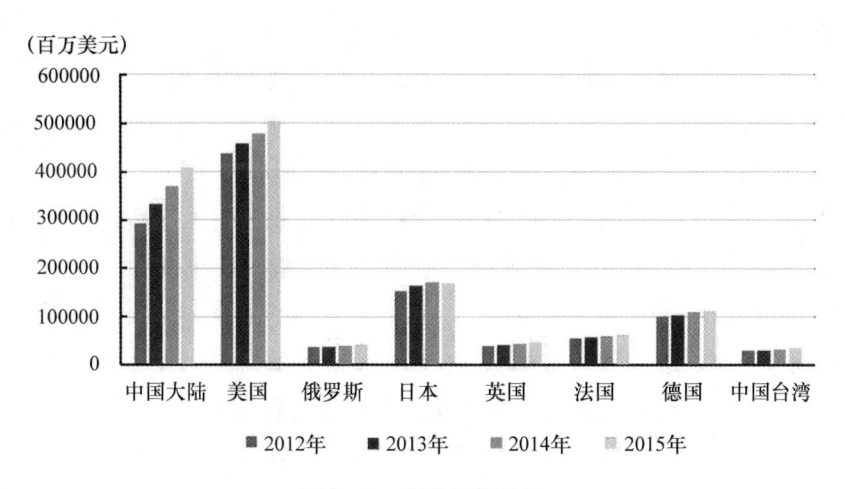

图9-1 研发经费总量

注:单位为百万美元,采用PPP折算的当期美元价。
资料来源:数据来自http://stats.oecd.org/。

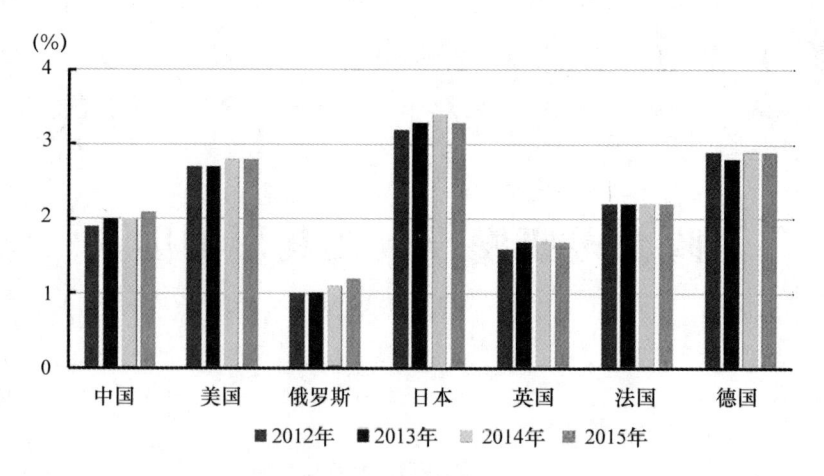

图 9-2　研发经费与 GDP 之比

资料来源：数据来自 http://stats.oecd.org/。

中国企业的研发更多是转化型或应用型研发，基础研发相对不足。基于 2008—2017 年官方的统计数据，中国企业对基础研究的投入仅占企业研发投入的 0.1%，占全国基础研究总投入的 1.5%，而美国、日本、欧盟企业的基础研究经费约占基础研究总经费的 20%（苗圩，2018）。

中国保险业自"复业"以来经历了近 40 年的快速增长，至今仍处于"黄金期"，然而，经济增长理论实践以及事物发展的一般规律告诉我们，保险业的增长将会越来越依赖于研发和创新。企业研发（R&D）是创新的主要源泉之一，金融保险企业的研发（R&D）也具有重要意义，如保险公司的研发活动就很复杂，其包括设计市场调研、客户分析、精算和风险评估、法律法规评价和条款设计、计算机系统的开发、市场测算和推广等，均是专业性很强的系统工程，不应轻视。因此，研究保险公司的研发投入问题具有价值。

在产业组织领域，创新是仅次于集中度（concentration）的第二大话题（Cohen 和 Levin，1989）。然而，与金融创新被社会各界关注相对照的是，关注金融创新的学术研究较少。其中的主要原因之一是，金融机构很少披露其研发投入情况的数据资料——经费预算、经费投入、研发人员等（Frame 和 Whit，2004）。因此，研究保险公司的研发投入问题具有新意。

本章随后部分按如下顺序展开：第 2 部分分析中国企业研发活动的意义和状况；第 3 部分分析中国保险公司的研发状况；第 4 部分介绍模型、变量和数据；第 5 部分分析那些因素影响了中国保险公司的研发投入；第 6 部分提出总结本章并提出对策建议。

二 中国企业研发活动的意义和状况

（一）企业研发活动的意义

本部分从创新成果到市场价值的 5 个方面，"依次递进"地分析研发对企业会产生何种影响，即对靠前因素的影响会延伸到对靠后因素的影响。

第一，对创新成果的影响。企业的创新包括多个维度，其中，产品/服务创新、流程创新一般要在关键环节上进行研究和开发，进而获得核心资料、技术、方法等创新成果。经济、社会和科技越发展，创新越会高于基本的实践经验总结、越需要精细化的设计和专业的研发工作。此外，从事研发活动的企业更有能力吸纳同行业企业以及其他领域的研究成果，节约企业自身的研发成本。

第二，对经营效率的影响。企业从事研发活动以获得新工艺、新流程，能降低已有产品的生产运行成本，促进开发新产品或增加已有产品的附加值，从而提高核心竞争力。这表现在企业提高了多种形式的效率，包括：生产效率——既定的投入数量下最大化产出量或在既定的产出量下最小化投入、成本效率——在既定的投入价格和产出数量下最小化成本、收入效率——在既定的投入数量和产出价格下最大化收入、利润效率——在既定的投入价格和产出价格下最大化利润、风险效率——在既定的利润和投入产出下最小化风险。这还可以通过将研发成果作为生产函数、成本函数等函数中的一个积极要素来理解。

第三，对盈利的影响。企业一般是以利润最大化为经营目的的。（1）除了通过提高经营效率外，研发还能通过其他途径促进企业盈利：①通过开发新产品、开阔新市场等引导消费者需求，获得更大的市场份额和价格加成；②利用新技术形成行业壁垒，设定新企业和其他已有企业难以满足的标准，进而扩大自身市场份额。（2）不过，研发可能对企业当期或短期盈利有负面影响，甚至对长期盈利的影响也不确定，原因在于：①研发要进行大量投入；②受技术演进规律、运气等因素的影响，研发成功与否具有不确定性，研发成果产生具有滞后性；③研发成果可能被其他搭便车的企业复制，无法为自身带来超额收益。

第四，对企业资本结构的影响。研发活动取得成果有很大的不确定性且通常周期较长，但是研发活动有外溢效应，所以为了提高企业的研发积极性，大多数国家和地区的政府会通过财政补贴、税收优惠等政策支持企业的研发活动。例如，中国《企业所得税法》就规定：企业研发投入中费用化的部分可以在发生当期直接扣除，并且可以按50%再进行加计扣除；企业研发投入形成无形资产的部分，可以按150%在以后年度摊销。因此，企业研发活动能作为一种"非债务税盾"。而非债务税盾能影响企业债务利息而抵税，进而影响债务的税盾价值，即非债务税盾对债务有"替代效应"。因此，当其他条件不变时，企业的研发投入越多，企业资本中通过债权融资的比重越低，通过股权融资的比重越高。

第五，对企业市场价值的影响。研发投入通过对企业效率、盈利和资本结构的渠道会影响企业的市场价值。此外，企业研发投入—市场价值的关系还能通过以下机制去理解：（1）企业价值由现有资产价值和未来成长性决定，而研发活动的成果是稀缺资产，能提高企业持续的竞争力；（2）企业市场价值是基于其有形资产和无形资产，而研发成功将提高企业的无形资产。

研发具有专业性、复杂性、保密性、个体独特性等特征，委托人难以通过市场信息、与外部项目比较来评价企业的研发活动，进而由于委托代理问题而损害企业的市场价值。(1) 研发活动会增加债权人（委托人）与经营层（代理人）之前的信息不对称，使得债权人对企业研发活动提出很多限制性条款以降低风险，或要求更高的利息作为风险补偿。例如，有研究发现，增加研发投入降低了企业的债券评级，提高了企业的再融资成本；再如，近两年乐视公司的例子。(2) 研发活动也增加了股东（委托人）与经理层（代理人）的信息不对称，经理层可能通过研发活动来获取在职消费，甚至利用技术成果转移来获取私利。此外，由于会计的稳健性原则，在研发投入增加时，企业的市场价值可能被高估，而在研发投入减少时，企业的市场价值可能被低估。

（二）中国企业研发活动状况

作为经济活动的基本单元和市场竞争的主体，企业是研发活动的重要力量，企业和企业家在研发活动中的多个环节具有优势：(1) 敏锐地发现研发需求；(2) 对研发目标及研发方案进行综合评估、优化设计；(3) 将研发成果快速转化为现实生产力；(4) 寻找最合理的成本边际，承担研发风险。

2016年，中国全社会研发投入达到15440亿元，其中企业占78%以上，占比较2015年提高了约1个百分点。而在1995年国家提出了"科教兴国"战略时，计划在2010年"力争使企业的R&D投入占全社会R&D投入的50%左右"，因此，企业在中国创新活动中的地位日益重要。从国际比较来看（见图9-3和图9-4），在企业占全社会研发经费的比重上，中国大陆略低于日本和中国台湾，但高于美国、英国和俄罗斯；在企业占全社会研发人员的比重上，中国在6个国家或地区中是最高的。因此，中国企业研发在全社会总研发的地位是很高的。不过，从另一个角度看，中国科研院所和高校获得的研发经费还需要提高，民间组织的研发贡献还很低，这也是中国基础研发投入不足的重要原因。

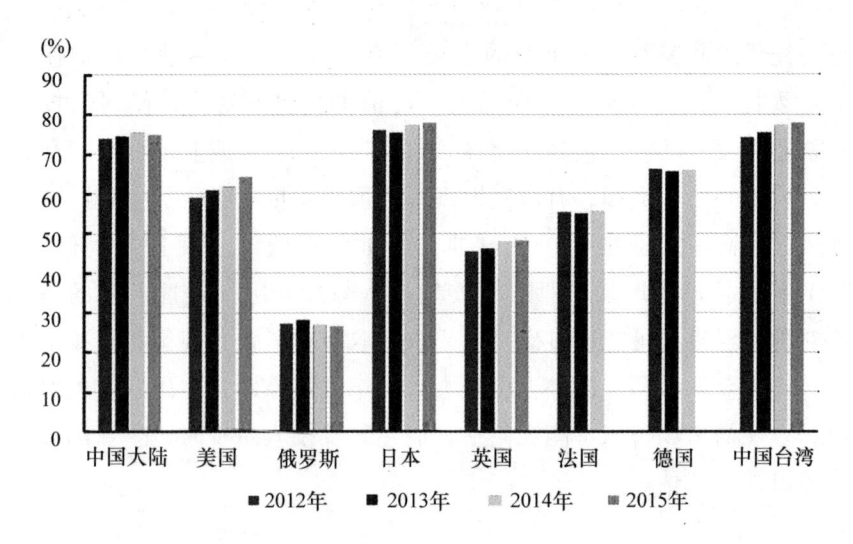

图 9-3 企业研发投入占社会总研发投入的比重

注：研发人员为折合为全职工作的等价量。

资料来源：数据来自 http://stats.oecd.org/。

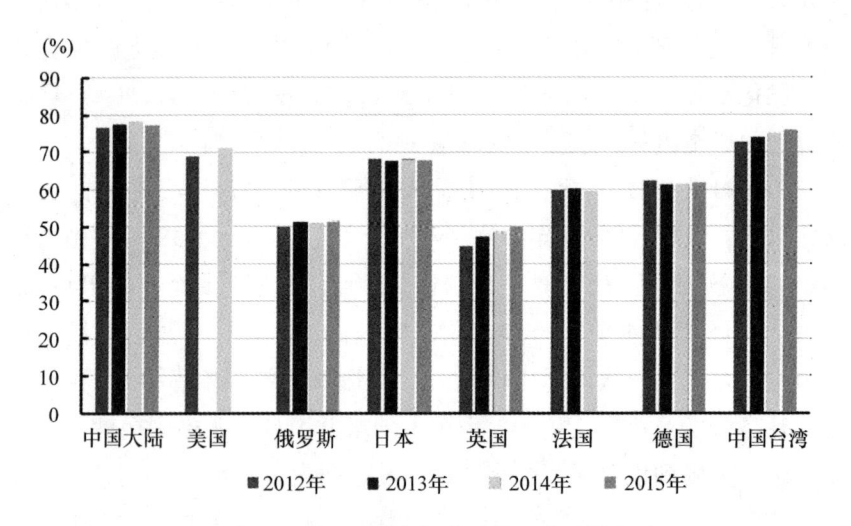

图 9-4 企业研发人员占总就业人员的比重

注：研发人员为折合为全职工作的等价量。

资料来源：数据来自 http://stats.oecd.org/。

三 中国保险公司研发活动状况

金融保险业的研发强度较工业和农业低,特别是在中国等发展中国家。近些年上市金融保险企业在所有上市企业市值和利润中的占比较高,但是根据表9-1,很少有金融保险企业披露其研发投入的数据,金融保险企业的研发经费占营业收入的平均比重也较低。Beck等(2016)对1996—2009年32个发达国家的研究发现,商业银行平均的研发投入占营业收入的比重为1.06%,因此,中国金融保险企业研发投入并不算少。考虑到上市保险公司数目较少,有些公司虽然有研发投入但没有披露,所以从行业性机构中获得各家公司的相关数据,进行此章的研究。

表9-1　　　　　　　　上市公司研发经费投入　　　　　　　单位:%

	披露研发经费的公司占比			研发经费占营业收入的平均比重		
	2014年	2015年	2016年	2014年	2015年	2016年
保险板块(6家公司)	0	33.3	33.3		0.7	2.4
金融板块(72家公司)	9.7	19.4	11.4	0.6	0.8	1.1
所有A股(3354家公司)	62.8	77.3	80.1	4.8	4.7	4.7

注:数据来自Wind咨询。采用证监会行业分类标准。从截至2016年年底上市的公司中,能获得其2014年和2015年的数据。

度量企业创新的指标有创新成果、研发投入等指标。"创新成果"主要以专利数据为基础,包括专业申请数量、发明专利申请数、国际专业分类号数IPC、专业权要求数等。本章使用的保险公司的研发投入是研究和开发活动的投入,未加入培训费用。

（一）中国保险业研发投入水平

图9-5报告了财产险行业的研发投入总额和两个研发投入强度指标。研发投入总额的数据由各公司的研发投入加总得到，两个研发投入强度指标是：研发投入/营业收入；研发投入/已赚保费，即分母不考虑受外生因素影响且波动较大的投资收益。2009—2016年，财产险行业的研发投入总额几乎是逐年增加的，增长了约2倍；但研发投入与营业收入之比、研发投入与已赚保费之比均一直处于较低水平，从2013年后还有所下降，所以财产险公司并没有呈现出加强研发的趋势。

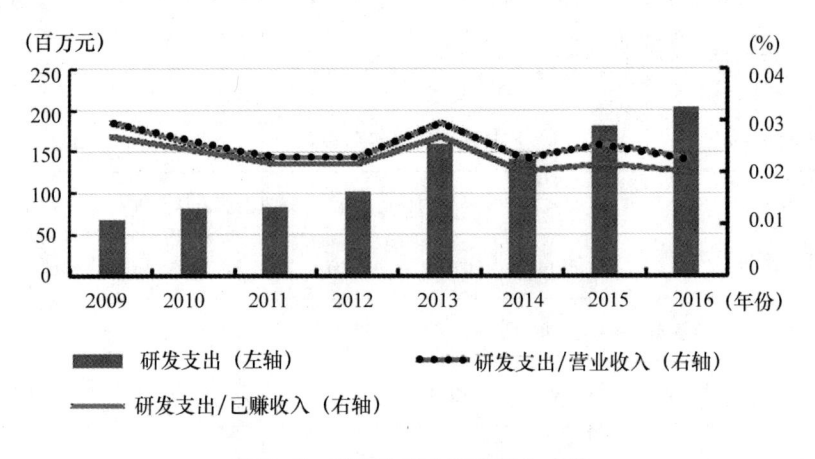

图9-5 财产险行业研发投入水平

图9-6报告了人身险行业的研发投入总额和两个研发投入强度指标。2009—2016年，人身险公司的研发投入总额逐年增加，增长了2倍；研发投入与营业收入和已赚保费之比均一直处于较低水平，且较2009年有所下降，人身险公司也并没有更加重视研发的趋势。比较财产险行业和人身险行业可知，人身险行业的研发投入总额虽然更大，但研发投入强度更小。

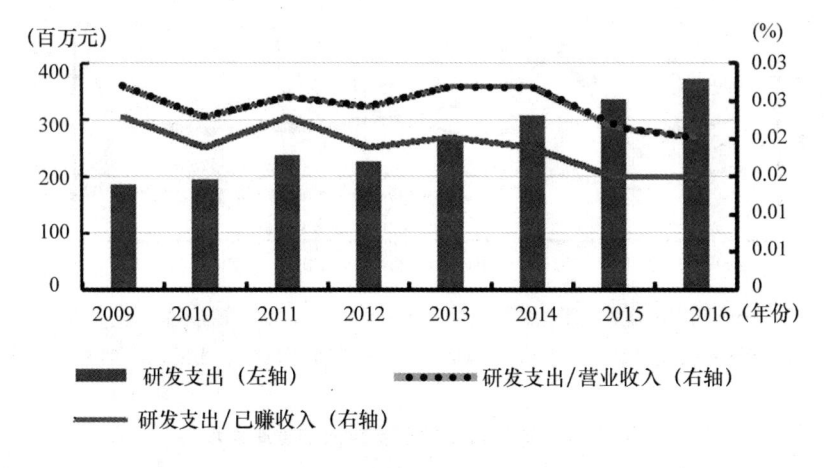

图9-6 人身险行业研发投入水平

(二) 中国保险公司研发投入的差距

分析了保险行业整体的研发投入状况后，下面分析各家保险公司之间在研发投入上的差距。对此，采用变异系数（coefficient of variation，CV）和基尼系数（Gini coefficient，Gini）这两个常用的不平等指标。$CV(x) = \text{std}(x)/\bar{x}$，其中，$\bar{x}$ 是研发投入 x 的均值，$\text{std}(x)$ 是研发投入 x 的标准差。$\bar{x} = \sum_{i=1}^{N} x_i/N$，其中，$N$ 是公司总数，$\text{std}(x) = \sqrt{\sum_{i=1}^{N}(x_i - \bar{x})^2/N}$。$\text{Gini}(x) = \frac{2}{N^2 \bar{P}} \sum_{i=1}^{N} \left(i - \frac{N+1}{2}\right)^2 x_i$。

图9-7报告了财产险公司研发投入的差距程度。(1) 通过变异系数和基尼系数的数值可知，无论在投入总额还是投入强度上，公司之间的差距均较大。(2) 2009年，投入强度的差距程度（变异系数或基尼系数测量）低于投入总额，到2016年，二者的差距程度更接近了，这说明，投入强度的差距程度上升了。

图9-8报告了人身险公司研发投入的差距程度。(1) 与财产险公司一样，人身险公司在投入总额和投入强度上的差距均较大。(2) 近几年投入强度的差距程度低于投入总额的差距程度。

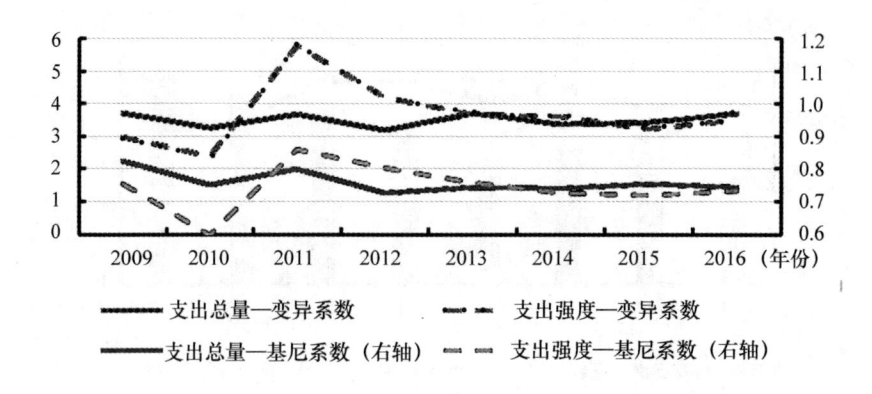

图9-7 财产险公司研发投入的差距程度

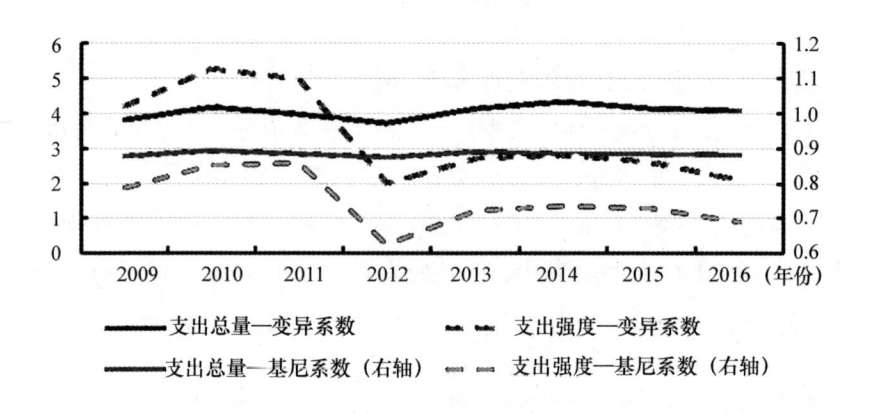

图9-8 人身险公司研发投入的差距程度

(三) 研发投入较多的公司

表9-2列示出了2007—2016年研发投入强度（研发投入/营业收入）最大的前十家财产险公司和最大的前十家人身险公司。表中的平均排名为"前×%"是指，2007—2016年中该公司在所有财产险公司或人身险公司中平均排在"前×%"；表9-2中的"平均研发投入强度"是指2007—2016年中该公司平均研发投入强度的平均值。

成力为和戴小勇（2012）基于中国工业企业普查数据的研究发现，约1/4的研发投入集中于有研发投入的3%的企业，且研发投入还没有成为一般企业的自主行为。中国保险公司的研发集中度更高，但进行研发的企业比例高于工业企业。

表9-2　　　　　　　　　研发投入强度较大的公司　　　　　　　　单位：%

财产险行业			人身险行业		
平均的排名	公司名	平均研发投入强度	平均的排名	公司名	平均研发投入强度
前2.54	安联	1.71	前2.37	复星保德信	0.15
前4.53	泰山	0.86	前5.72	信诚	0.11
前7.14	浙商	0.28	前10.91	中德安联	0.07
前7.66	出口信用	0.30	前11.80	中国人民人寿	0.07
前10.59	众诚汽车	0.15	前14.36	同方全球	0.24
前15.36	亚太	0.11	前19.62	太平洋	0.04
前17.72	中航安盟	0.50	前20.21	恒安标准	0.04
前18.77	安华	0.16	前20.27	汇丰	0.04
前19.46	阳光财产	0.30	前21.27	中国人寿	0.03
前23.54	中国人民保险	0.01	前21.92	招商信诺	0.01

注：部分公司名称全称中去掉了"保险""中国""财产""火灾""人寿""健康"等字样。

（四）中国保险公司研发案例

第一，将空间信息技术应用于农业险承保和理赔。农业标的范围广、分布分散，农业灾害存在巨灾性和突发性，加之一些农业经营者契约意识差，农业险经营面临严重的逆向选择、道德风险等信息问题。为适应中国农业险的快速发展并提升农业险的精细化管理水平，一些保险公司已经尝试通过合作研发，以农业险灾害评估、理赔为切入点将遥感技术应用到农业险的关键环节，并逐渐延伸服务至承保、理赔、风险管理的全流程。

2010年11月，A财产险公司与中国科学院遥感应用研究所合作，成立了"遥感空间信息技术保险应用联合创新中心"。几年以来，该中心利用卫星遥感技术和无人机航空遥感技术，在海南万宁县东兴农场、河北大厂县、河北栾城县、河北涿州市、海南澄迈县红光农场、广东湛江、阳江、江苏、内蒙古等地区针对橡胶林、小麦、玉米、水稻、农房等标的，在灾害发生前及发生后开展了航空遥感调查，获得 0.1m 左右分辨率的数据 1035 平方千米。基于这些数据，建立了无人机航拍典型标的影像图集，完成了遥感影像的分幅拼接与校正、影像信息化、影像浏览查询系统等工作，并对标的信息进行了解译、识别、分类和提取，服务于农业险承保和理赔。

其他几家保险公司也开展了相关探索。B 农业险公司曾利用无人机对北京通州镇（现北京市通州区）受风灾和暴雨袭击的受灾区域进行全覆盖的航拍作业，用于确定作物的受灾面积，同时，在多个省市区进行了多次实验使用。B 农业险公司在 2010 年利用无人机遥感技术开展了查勘、定损工作，在安徽池州、安庆运用无人机查勘暴雨洪涝灾害受灾情况，通过对航拍图片的技术分析，与现场查勘人员的手持 GPS 测定结果进行比较、分析和校正，提高了查勘工作的准确度和时效性。

第二，研究大数据在人身险"两核"中的应用。为了更准确地在核保端、核赔端识别风险，降低核保和理赔成本，2015 年起，C 人身险公司与某著名互联网企业合作研发大数据医疗险核保风险模型。C 公司基于大数据部和 FICO 组建"两核"大数据项目组，以长险和医疗险作为研究对象，全面梳理和分析流程中的相关风险点，应用该公司内部 1000 余万条"两核"数据，将客户、业务员、机构、保单等多方面的数据维度综合起来，通过机器学习+业务经验的方式分别搭建了长险核保风险控制模型和医疗险理赔风险控制模型。

2016 年，核保风控模型上线应用，2017 年，理赔风控模型上线应用。该研发成果：(1) 改变了只基于客户的申请材料进行风险判断的模式；(2) 细化了风险定义，为核保人员提供更加全面的风险分级图谱，筛选出被传统规则识别为低风险业务中的潜在高风险业务,改善了死差损益;(3)提高了核保、核赔的一次性通过率,减轻了两核人员的人工成本,改善了客户体验,减少不必要的体检。

第三,自主研发运营支持系统。近几年,D再保险公司自主研发了运营支持系统,支持原保险运营管理信息化。(1)电子核保手册,该成果考虑了国内核保人员的风险评估习惯,已为境内超过60家直保公司和多家香港保险公司提供系统服务。(2)智能核保引擎系统,其是包含电子投保、规则引擎、人工核保工作台(含再保临分处理)以及规则管理的全流程解决方案,体现了再保险的风险管理作用。(3)销售辅助核保引擎系统,其规范化、标准化了核保过程中的各类信息,提高了直保公司的自动承保效率,并于2015年获得了国家版权局颁发的国家计算机软件著作权。(4)理赔咨询系统,其提供了《人身保险伤残评定标准及代码》及其ICF(国际功能、残疾和健康分类,International Classification of Function, Disability and Health)代码的核赔辅助系统,已经应用于8家直保公司的理赔实践,为客户公司提升理赔案件处理的准确性、一致性和理赔效率提供支持。

四 回归设计:模型、变量和数据

(一)回归模型

本部分通过回归模型研究哪些因素影响了中国保险公司的研发投入。对于"研发与否"($d\_R\&D$),选择专门处理二元离散变量的Probit模型,如下:

$$d\_R\&D_{it} = 1\{x'_{it-1}\beta + \varepsilon_{it} > 0\} \tag{9.1}$$

其中,$1\{\cdot\}$是示性函数,$1\{\cdot\}$中的条件成立取1,否则取0;X是所考察的影响因素,β是待估系数集合;ε是服从独立同方差的正态分布,$\varepsilon_{it} \mid X_{it} \sim iid\ N(0, \sigma^2)$。为了控制因变量对自变量可能产生的反向影响,将自变量取因变量的滞后1期。

对于"研发强度"($R\&D/Income$),建立模型如下:

$$R\&D/Income_{it}^* = X'_{it-1}\beta + \varepsilon_{it},$$

$$R\&D/Income_{it} = \begin{cases} R\&D/Income_{it}^* & if \quad R\&D/Income_{it}^* \geq 0 \\ 0 & if \quad R\&D/Income_{it}^* < 0 \end{cases} \quad (9.2)$$

其中，$R\&D/Income^*$是潜在的研发强度，$R\&D/Income$是实际观测到的研发强度，对于有研发投入的公司，$R\&D/Income = R\&D/Income^* > 0$；对于没有研发投入的公司，$R\&D/Income^* < 0$，$R\&D/Income = 0$。$X$、$\beta$和$\varepsilon$分别表示自变量、待估系数和服从正态分布的随机扰动项。如果直接将$R\&D/Income$（将没有研发公司的因变量视为0），或者将$R\&D/Income \mid R\&D/Income > 0$（删除没有研发的公司的样本）对自变量集$X$进行OLS回归，估计都是有偏和不一致的。对此，本报告使用处理截取（censor）变量的Tobit回归，即假设模型扰动项服从独立同方差的正态分布，使用极大似然方法联合估计β和σ（周华林和李雪松，2012）。

（二）研发投入及其影响因素的度量

1. 研发投入。采用保险公司的研究和开发活动的经费之和度量研发投入，这是文献中的常用做法。由于不少公司报告的研发投入为0[①]，本章的回归中采用两个因变量。（1）研发与否，生成虚拟变量$d\_R\&D$，如果公司有研发投入，$d\_R\&D$取1；否则，$d\_R\&D$取0；（2）研发强度，采用公司的研发投入金额占其营业收入的比重度量，记为$R\&D/Income$。

2. 公司规模。（1）通常认为，大型公司比小型公司更有能力进行研发，这有如下原因：①研发活动通常需要大量资金和智力投入；②研发活动能否产生创新性成果存在风险，而研发活动有很高的固定性成本和沉没成本；③保险产品申请知识产权保护较难，容易被复制，故保险公司往往难以通过技术转让获利，而是希望在新产品推出初期迅速占领市场，而大公司更具有这方面的能力（Kumar 和 Tumbull，2008）。熊彼特的创新发展理论就认为，大公司能更好地利用研

[①] 本章原始数据中研发经费的填报单位是"万元"，所以存在一定的"四舍五入"问题。

发成果，也更能承担研发费用。国内外的经验研究也大多认为大公司比小公司的研发活动更多。(2) 不过，小公司也可能重视研发，这是因为：①小公司没有规模化优势，更希望借助研发成果来打出一片天地；②小公司的管理者可能更具有企业家精神，对外界的反应和决策更快。本章采用总资产的对数度量保险公司的规模，记为 $\ln(Assets)$；同时，考虑公司规模的平方项 $\ln(Assets)^2$，以反映规模影响的非线性（吴延兵，2007；寇宗来和高琼，2013）。

3. 公司年龄。和自然人一样，公司年龄会影响公司的经验积累、学习惰性、路径依赖等因素，进而影响公司行为。(1) 一方面，年龄大的公司更可能去进行研发，这是因为：①较长的经营历史使其知识储备、经验积累较好，更了解市场需求和对手信息，在研发方向上能有的放矢；②年龄大的公司往往更会赢得监管机构的信赖，从而有机会先去探索一些创新活动。(2) 另一方面，年龄小的公司更可能去进行研发，这是因为：①年龄小的公司更可能还没有形成既定的客户群和路径依赖，更有激励去研发；②年龄小的公司更可能没有建立起严格的内部控制、审计体系，让一些研发活动有更自由的空间，不至于因为研发活动固有的高风险性而被扼杀。此外，根据企业生命周期理论，企业包括出生、成长、成熟再到衰老、死亡等过程，企业在不同生命周期阶段下的研发和创新需求存在差异，如在成长期和衰老期的研发需求较大，在出生期和成熟期较小（苏依依，2015）。对于保险公司的年龄，本章采用"样本年度"—"公司开业的年度"度量，记为 Age。同时，考虑公司年龄的平方项 Age^2，以反映研发投入可能的生命周期性质。

4. 所有权类型。所有权类型对研发的影响主要缘于委托代理问题。对所有权类型研究最多的是比较国企和民企。有观点认为，其他条件相同时，国企更不会去研发，其原因在于：(1) 国企的管理者一般没有企业所有权且存在任期制，使其相对不重视企业的长远利益（Lerner、Sorensen 和 Strömberg，2011）；(2) 国企对包括研发失败在内的经营失败的宽容度更低；(3) 国企承担的社会职能和政策性负担影响了其关注研发和创新。不过，由于国企更能获得信贷支持、存在预算软约束问题，使其更不会面临研发投入上的融资约束，也更能承担研发失败的成果，所以国企也有理由比民企更多地研发。

在保险业的治理和经营管理问题上，国际文献基本是将保险公司的所有权分为股份制和相互制，并存在两种对立的假设。(1) 管理者自主决断假设 (managerial discretion hypothesis) 认为，相互制公司管理受到的外部制约更小，可能更考虑公司的长远利益。基于此，相互制保险公司会更重视研发。(2) 费用偏好假说 (expense preference hypothesis) 认为，相互制公司管理者更偏好获取在职消费，而非考虑公司的长远利益。基于此，股份制保险公司更会重视研发。这两个假设在保险公司效率、绩效等研究领域得到了大量研究。

由于我们没有保险公司股权结构及其股东（以及股东的股东等）性质的充分信息，故不能判断一些保险公司究竟是国企还是民企，而样本期间中国的相互制保险公司仅有一家。因此，与很多相关文献一样，本章将比较中资和外（合）资保险公司的研发活动。经验常识和一些文献表明，中资与外（合）资公司的经营特征和经营成果存在系统性差异（Yao、Hank 和 Feng, 2007; Chen、Powers 和 Qiu, 2009; Huang 和 Paradi, 2011）。(1) 外（合）资公司能直接享受外（合）资方带来的组织管理、数据积累和精算等经营技术的支持，而中资公司往往需要"白手起家"，因此，外（合）资公司的研发投入可能少于中资公司。Luong、Moshirian 和 Nguyen（2016）对 2000—2010 年 26 个非美国的企业的研究发现，外（合）资机构投资者持股比例对企业创新有正向影响，其原因在于：长期持股的外（合）资机构投资者往往是企业的积极监督者，能包容创新失败而不会频繁更换管理层，能从母国带来知识技术以注入企业。(2) 中国的国情和保险市场具有特殊性，从外国获得技术支持可能难以满足外（合）资公司的发展需要，但是外（合）资公司更有创新文化和激励机制，因此，外（合）资公司的研发投入可能多于中资公司。生成变量 *OwnType*，对于外（合）资公司取 1，对于中资公司取 0。

5. 产品结构。不难理解，产品或流程复杂的行业、更新快的行业会更多地进行研发。同理，即使在一个行业中，如果公司的收入更多来自复杂程度高的或新兴的产品，应当会更多地进行研发。根据保险业分业经营和分业监管的要求，财产险公司和人身险公司有不同的业务范围。（1）对于财产险公司，所有业务可以分为车险业务、非车财产险业务和短期意健险业务（短期意外伤害险和短期健康险）3类，所以本章生成2个变量：①$AutoRatio$，表示车险业务保费收入占公司总保费收入的比重；②$ShortAcc \& HealRatio$，表示短期意健险业务的保费收入占公司总保费收入的比重。（2）对于人身险公司，所有业务可以分为传统型寿险、投资型寿险和意健险（意外伤害险和健康险）3类，所以生成2个变量：①$InvestLifeRatio$，表示投资型寿险业务的保费收入占公司总保费收入的比重；②$Acc \& HealRatio$，表示意健险业务的保费收入占公司总保费收入的比重。

6. 杠杆率。研发成果主要形成无形资产，而企业要想从银行等金融机构获得贷款往往需要实物资产做担保，且研发活动的收益通常是不稳定的现金流，故不容易匹配偿还负债利息所需要的现金流，因此，杠杆率高、融资约束大的公司去研发的可能性低（Brown、Fazzari和Petersen，2009）。保险公司偿还债务虽然也需要稳定的现金流，但保险公司往往财力雄厚，容易负担研发开支，所以预计杠杆率对保险公司的研发活动有负向影响或者没有显著影响。采用"总负债"/"总资产"度量保险公司的杠杆率，记为$Leverage$。

7. 盈利能力。研发活动需要资金支持，盈利能力强的保险公司更有能力去开展研发活动，而亏损的公司在"扭亏"上的现实压力就很大，所以研发活动应当与盈利能力正相关。不过，保险公司的特殊性在于，即使是亏损的公司也往往不缺少现金流，所以盈利能力对研发活动制约很小。采用资产收益率（"税前利润"/"总资产"）度量保险公司的盈利能力，记为"ROA"。

8. 市场势力。在研发活动的影响因素中，公司市场势力的影响可能是最不确定和有趣的一个。（1）一方面，市场势力越大的公司越会去研发,这是因为:①市场势力大的公司享受了更大垄断利润,其从新技术应用中的获利更多(Gilbert 和 Newbery,1982;寇宗来和高琼,2013);②研发存在外溢效应,研发活动的私人收益小于社会收益,市场势力越大的公司的社会收益与私人收益的差距越小(Schumpeter,1950)。熊彼特的创新增长理论就认为,垄断的一个好处就是垄断利润能够激励研发。(2)另一方面,市场势力小的公司更会去研发,这是因为:①研发会引起替代效应(Aghion 等,2001),即新技术(或产品)替代原有技术(或产品),而市场势力小的公司在原有市场中的既得利益更少;②研发成果的应用将提高市场上主导公司影响市场(如价格水平)的难度,但市场势力小的公司则不存在这种担心。

不同保险公司的地理布局不同,如有的公司在20多个省份经营,有的公司仅在一个省份经营,所以本书采用"加权平均"的方法计算每家公司的市场势力(market power)。$MP_i = \sum_j s_{j|i} MP_{i|j}$。其中,$s_{j|i}$是地区$j$在公司$i$的保费收入中的"权重",$s_{j|i} = Prem_{ij}/Prem_i$,即公司$i$保费收入中来自地区$j$的比重;$MP_{i|j}$是地区$j$的保险市场中公司$i$的市场势力,$MP_{i|j} = Prem_{ij}/Prem_j$。

(三)数据

考虑到上市保险公司的数目较少,有些公司虽然有研发投入但没有披露(见表9-3),所以我们从保险行业性机构获得了所有保险公司的研发经费的数据。其他变量的数据收集自历年《中国保险年鉴》。考虑到一家公司最初经营前两年的数据可能有较大的不规则波动,我们剔除了这些样本。

除公司规模平方项、公司年龄平方项、年度固定效应之外的9个自变量的描述统计量见表9-3。可知,无论是财产险行业还是人身险行业,研发与不研发的公司之间存在明显的区别。对于财产险公司,平均而言,较之没有研发投入的公司,有研发投入公司的规模更大、年龄更大、更可能是中资公司、更多经营了车险、更少经营了短期意健险、有更高的杠杆率、更好的盈利水平和更大的市场势力。对于人身险公司，平均而言，较之没有研发投入的公司，有研发投入的公司的规模更大、年龄更大、更可能是中资公司、更少经营了投资型寿险、有更高的杠杆率、更好的盈利水平和更大的市场势力。可见，对于财产险公司和人身险公司有相同含义的6个变量（即除 *AutoRatio*、*ShortAcc & HealRatio*、*InvestLifeRatio* 和 *Acc&HealRatio* 外），它们在表9-3中显著与否的检验结果，在财产险公司和人身险公司之间保持一致。

表9-3　　　　　基于研发与否分组的影响因素

	财产险公司（$N=534$）			人身险公司（$N=558$）		
	有研发投入（$N=205$）	没有研发投入（$N=329$）	均值差异的显著性	有研发投入（$N=359$）	没有研发投入（$N=199$）	均值差异的显著性
Assets（百万元）	36658.2	7436.2	0.000	75622.7	42804.0	0.003
Age（年）	12.439	8.139	0.000	9.429	8.050	0.012
OwnType	0.171	0.459	0.000	0.429	0.522	0.033
AutoRatio	0.567	0.429	0.000			
ShortAcc & HealRatio	0.040	0.053	0.017			
InvestLifeRatio				0.113	0.153	0.094
Acc&HealRatio				0.192	0.178	0.588
Leverage	0.713	0.595	0.000	0.842	0.779	0.000
ROA	-0.001	-0.017	0.016	-0.016	-0.028	0.004
MP	0.033	0.004	0.000	0.018	0.006	0.000

注：对两组"均值"使用 t 检验。*、**、*** 分别表示在10%、5%、1%的水平上显著（双尾）。

五　保险公司研发投入的影响因素

由于财产险公司和人身险公司存在多方面差异，对两类公司分别进行回归，结果分别报告于表9-4和表9-5。对于每类公司，分别将 d_R&D（采用 Probit 估计）和 R&D/Income（采用 Tobit 估计）作为因变量。先报告了纳入所有自变量的回归结果；由于备选自变量的数目很多，也报告了采用逐步回归方法得到的回归结果。为稳健起见，逐步回归采用"后向"型，即逐次减少一个 P 值最大的自变量，直到所有剩余自变量的 P 值均小于 0.2。对于表 9-4 和表 9-5 的结果，由于 d_R&D 的含义（表示"研发的可能性"）更加直观，逐步回归的结果更精练，所以以第（2）列的结果为解释的基准。

对于财产险公司：（1）$\ln(Assets)$ 和 $\ln(Assets)^2$ 的系数估计值分别为正向显著和负向显著，所以公司规模对财产险公司研发可能性的影响为倒"U"形。影响"由正到负"的转折点出现在 $\ln(Assets) =$ 11.1，这对应于财产险公司的总资产为 769 亿元，2016 年仅有 5 家财产险公司的总资产超过了该数值。因此，大部分财产险公司研发的可能性将随着公司规模的增加而增加。（2）Age 和 Age^2 的系数估计值分别为正向显著和负向显著，所以财产险公司的年龄对研发可能性的影响也为倒"U"形。影响"由正到负"的转折点出现在公司年龄达到 12.5 岁左右。（3）车险业务占比（$AutoRatio$）越高，公司研发的可能性越低，这是由于：在大部分样本期间，中国车险产品的条款和费率采用了由监管机构或行业协会"统颁"的模式，财产险公司只有遵照执行，研发动力不足。（4）短期意健险业务的占比（$ShortAcc \& HealRatio$）越高，财产险公司研发的可能性越低，这是由于，意健险业务比财产险业务的复杂性弱，经营技术要求低。（5）盈利能力越弱（ROA）的公司越可能去研发，这可以看成一种"穷则思变"的体现。（6）市场势力越大（MP）的公司越可能去研发，这是由于它们从新技术应用中的获利更多。（7）杠杆率（$Leverage$）与研发可能性没有显著关系。不同于很多实体企业，保险公司并"不差钱"，其研发决策没有受到杠杆率的影响。（8）控制了其他变量后，中资和外（合）资财产险公司研发的可能性没有显著差异。

表9-4　　　　　　　财产险公司研发投入的影响因素

因变量	_d R&D		R&D/Income	
估计方法	(1) Probit	(2) Probit（逐步回归）	(3) Tobit	(4) Tobit（逐步回归）
$\ln(Assets)$	0.831*** (0.263)	0.926*** (0.238)	0.014*** (0.004)	0.013*** (0.004)
$\ln(Assets)^2$	-0.038*** (0.014)	-0.042*** (0.013)	-0.001** (0.000)	-0.001*** (0.000)
Age	0.057*** (0.021)	0.065*** (0.020)	0.001** (0.000)	0.001** (0.000)
Age^2	-0.003*** (0.001)	-0.003*** (0.001)	-0.000** (0.000)	-0.000** (0.000)
$OwnType$	-0.124 (0.121)		0.001 (0.004)	
$AutoRatio$	-0.494*** (0.143)	-0.430*** (0.127)	-0.005* (0.003)	-0.007** (0.003)
$ShortAcc\&HealRatio$	-1.379** (0.644)	-1.405*** (0.37)	-0.021 (0.013)	
$Leverage$	0.008 (0.181)		-0.003 (0.004)	
ROA	-1.226* (0.692)	-1.113* (0.654)	-0.020 (0.013)	-0.017 (0.012)
MP	10.644*** (3.985)	10.557*** (3.750)	0.001 (0.021)	
$dYears$	√	√	√	√
样本量	499	499	499	499

注：变量报告边际效应估计值（在自变量的均值处计算），（ ）内为稳健标准误 t。***、**、*分别表示在1%、5%、10%的水平上显著（双尾）。对于是否加入 $\ln(Assets)^2$：如果回归能得到因变量与公司总资产之间呈"U"形或倒"U"形关系，则加入；否则，不加入，即仅保留 $\ln(Assets)$ 的一次项。对于是否加入 Age^2，采用与 $\ln(Assets)^2$ 类似的处理方法。

对于人身险公司:(1)公司规模对研发可能性的影响也为倒"U"形。影响"由正到负"的转折点出现在 ln(Assets) = 9.42,这对应于人身险公司的总资产为1941亿元,2016年仅有十家人身险公司的总资产超过了该数值。因此,大部分人身险公司研发的可能性将随着公司规模的增加而增加。(2)年龄与人身险公司的研发可能性之间没有显著关系,这是由于,人身险的承保标的是人的寿命和身体,人身险公司能较快地熟悉业务。(3) InvestLifeRatio 的系数估计值均为正,在 Probit 估计不显著,但在 Tobit 估计中在1%的水平上显著,所以经营投资性寿险——在中国也常被称为"新型"寿险——会促进研发。这是因为,投资性寿险兼有保障、储蓄和投资性,其需求有不同于传统的纯粹保障寿险的特点,也需要对各类金融风险有更高超的管理技术。(4) Acc & HealRatio 的系数估计值为正向显著,这是由于,意健险是介于财产险和寿险之间的"第三领域",其所需的技术要求高于寿险业务。(5)人身险公司研发的可能性与盈利能力(ROA)负相关,与市场势力(MP)正相关,这与对财产险公司的研究结果一样,在此不再进行解释。(6)与财产险公司一样,控制了其他变量后,所有者类型(OwnType)、杠杆率(Leverage)与研发可能性之间均没有显著关系,这与对于财产险公司的研究结果一样。

表9-5　　　　　　　　人身险公司研发投入的影响因素

因变量	d_ R&D		R&D/Income	
估计方法	(1) Probit	(2) Probit (逐步回归)	(3) Tobit	(4) Tobit (逐步回归)
$\ln(Assets)$	0.831*** (0.263)	1.170*** (0.191)	0.001 (0.000)	
$\ln(Assets)^2$	-0.051*** (0.010)	-0.048*** (0.010)		
Age	-0.007 (0.007)		-0.000 (0.000)	

续表

因变量	d_R&D		R&D/Income	
估计方法	(1) Probit	(2) Probit（逐步回归）	(3) Tobit	(4) Tobit（逐步回归）
Age^2				
OwnType	0.033 (0.068)		0.000* (0.000)	0.001* (0.000)
InvestLifeRatio	-0.114 (0.099)		0.001* (0.001)	0.001* (0.000)
Acc&HealRatio	0.256** (0.126)	0.208* (0.111)	0.000 (0.000)	
Leverage	-0.031 (0.218)		-0.001 (0.000)	
ROA	-1.838* (1.021)	-1.834* (0.953)	-0.002 (0.003)	
MP	15.097*** (3.253)	13.870*** (2.824)	0.006 (0.005)	0.004 (0.003)
dYears	√	√	√	√
样本量	525	525	525	525

注：***、**、*分别表示在1%、5%、10%的水平上显著。

六 促进中国金融保险机构研发的对策建议

（一）提供有利于金融保险机构研发的外部环境

第一，重视金融保险机构研发和创新的作用。发达国家保险公司广泛参与了社会生产生活各领域的标准研究和制定工作，如防火标准、建筑认证、种植业地块探测设计、残疾和长期护理的标准等，中国的这些标准可以由保险行业来参与甚至牵头组织制定。虽然企业已经成为中国研发和创新的主体，但中国金融保险机构在研发和创新上的作用很大程度上还没有发挥，应当重视。

第二，加大对金融保险业设立研发中心和进行研发的支持。由于研发和创新的正外部性，在完全由市场自发调节下，企业研发投入很可能会低于社会的最优水平，因此，各级财政应增强在金融保险机构研发活动、研发成果转化等方面的支持，为机构设立研发中心、解决关键难题创造条件。加强对金融保险企业研发支出在增值税中的扣除力度。支持金融保险机构与科研机构建立合作开发、优势互补、成果共享、风险共担的产学研用合作机制，进而通过合作机制加强技术创新、商业模式创新和管理创新。这点从本章的案例中可知一二。

第三，完善金融保险业知识产权保护机制。（1）美国在建国之初的宪法中就写入了对科学和创新的保护，中国在这方面虽有重视，但仍然需要完善制度[①]。（2）金融保险产品的创新往往是组合创新且没有实体产品，往往没有数据标准化，保险产品的条款细节是向社会公众公开的，容易被模仿。因此，金融保险业的研发成果从专利权、著作权、商标权等法律获得的保护很弱，研发的机构难以获得排他性和独占性收益。对此，知识产权管理部门要加强借鉴国际经验，对保险产品和经营技术的创新性加强认同。（3）由于金融保险业很多研发成果无法申请专利或不愿申请专利，所以应加强对这种"商业秘密"的保护。一个现实问题是，关键员工在更换工作时可能将原有机构中的商业秘密带到竞争对手机构那里，对此，政府应当完善《劳动合同法》等，为组织与员工之间达成"限制此类活动的"契约创造法律环境。

第四，给予金融保险机构研发更好的监管激励。（1）在评价一个国家（企业）的增长潜力时，常常采用研发投入占财政（企业）收入或支出的比重等指标，所以金融保险行业主管部门对企业进行综合

[①] 1980年美国的《拜杜法案》允许大学和其他非盈利组织获得政府资助项目的发明专利，对科研成果的转化起了非常大的作用。其中一个著名的例子就是美国电脑工程师和企业家拉里·佩奇在斯坦福大学就读期间曾经获得国家科学基金会数字图书馆计划（DLI）的资助并开发了PageRank算法，最终凭借这一算法创立了谷歌。而国内前几年，作为浙大副校长的褚健创立了国内自动化领域的领军企业中控科技，却因涉嫌"贪污、挪用公款"等罪名被判处三年有期徒刑。引自恒大研究院（2018）。

评价时，也应当对研发投入多的机构给予一定加分。（2）金融保险产品获得知识产品的法律保护较难，但监管机构（对于产品很熟悉）对机构的新产品、新做法可以给予一定时期（如1—2年）专营权。对此，中国保险业已经存在"新险种保护"政策，应当考虑给予更长时期的保护，并对侵犯专营权的公司给予更严厉的惩罚。

第五，维护金融保险业的市场竞争环境。市场竞争会促进机构的研发投入，所以应当对在位机构创造来自其他在位机构或潜在机构的竞争威胁。对此，（1）放宽市场准入，提升保险业对内对外的开放水平；（2）避免行政垄断和不公正行为，监管者和其他权力机构对待企业要"一视同仁"；（3）放松对产品条款和价格的管制，为机构进行多维度的竞争创造条件。

（二）金融保险机构加强研发的内部措施

第一，金融保险机构应当更加重视研发。（1）应当认识到保险产品的复杂性、保险经营的系统性和社会风险的变化性，理解研发是机构提升发展水平的推动力，研发能力是企业核心竞争力的重要组成部分。（2）应当认识到研发是一个长期持续过程，不要因为短期利益而放弃长远发展。（3）为了使研发成果转化为机构的利润，金融保险机构要积极申请知识产权保护，提供计算机系统设计方案等"硬材料"和系统性论证材料。

第二，为研发活动创造更好的内部条件。（1）高端技术人才匮乏是中国企业特别是中小企业进行自主研发中面临的重大困难，对此，今后应当加快引进和培养。（2）机构应完善信息获取机制，注意收集国内外同业以及其他行业的最新技术成果和动向，及时掌握科技和市场信息。

第三，设定能促进研发的激励和考核评价机制。为研发岗位的员工提供工作环境、薪酬、决策参与、个人成长、企业产权等多方面的激励，且要注意在研发人员职业生涯的实现期、过渡期、发展期、稳定期等不同时期实施差别化的激励策略。对于研发岗位人员要在技术创新项目计划完成进度、项目完成质量、效益成本和团队协作精神等方面完善考核评价。

第四，区别战略规划和研发工作。不少金融机构的战略规划和研发工作在一个部门，甚至采用一套人马；但是，二者既有联系，也有重要区别。战略规划有企业自身特色，战略制定、监督、考核等是董事会的常设议题，而研发工作面对的是与同业共同的经济、金融、科技课题。从中长期来看，二者应当实行专业化（张春子，2016）。

第五，形成产、学、研紧密结合的研发合作机制。20世纪80年代，中国就进行了产学研技术合作，不过，在金融保险机构中这种合作还比较薄弱。在一些基础性的研究领域进行合作研发或借鉴外部科研成果，可以降低机构研发投入的不确定性。随着大数据、云计算、移动互联、智能化、区块链等新兴技术愈发重要，金融保险企业、科技企业、科研院所、高校等之间应形成更加密切的研发合作关系，并在此基础上，加快科研成果的转化步伐。

普通人身险公司

第10章

人身险公司的业务集中度与绩效

一 问题的提出

投资者追求增加利润和降低风险,基于现代投资组合理论,"不要把所有鸡蛋放在一个篮子里",即最优组合选择应考虑分散化。投资大师巴菲特则引用作家马克·吐温的话,"投资者应该把所有鸡蛋放在同一个篮子里,集中精力小心看好它"。① 与金融投资决策相同的是,公司管理者同样追求增加利润和降低风险,因而也面临着集中化和分散化的选择。与金融投资决策所不同的是:(1)公司某项业务的利润和风险在很大程度上是"内生的",受公司自身行为的影响,而金融资产的利润和风险基本上是外生于单个投资者的;(2)公司在业务选择方面往往没有像金融资产投资那样可以借助的大量历史数据。这两点的不同增加了公司管理者业务的决策难度。

对于保险公司的业务集中度对绩效(包括利润和风险)的影响。Fiegenbaum 和 Thomas(1990)通过对 1970—1984 年美国前 30 大保险公司进行描述统计和方差分析发现,同时经营寿险业务和非寿险业务的公司比只经营寿险业务或只经营非寿险业务的公司的赔付水平更低。Hoyt 和 Trieschmann(1991)对 1973—1987 年美国上市保险公司

---

① 西班牙作家塞万提斯在《堂吉诃德》中忠告,"不把所有的鸡蛋放在一个篮子里"。美国作家马克·吐温在《傻瓜威尔逊》中写道,"傻瓜说,不要把所有的鸡蛋放在一个篮子里;而聪明的人却说,把你的鸡蛋放在一个篮子里,然后看管好那个篮子"。

的股价表现的研究发现，较之同时经营寿险和非寿险业务的公司，专业化的寿险公司或非寿险公司的股票具有更高的收益（Jensen、Treynor 比率和 Sharpe 比率度量）、更低的风险（CAPM β 度量）。Berger 等（2000）对 1988—1992 年美国保险公司产品范围经济情况的研究发现，保险公司在成本、收入和利润上都不存在明显的产品范围经济或范围不经济。Meador、Ryan 和 Schellhorn（2000）使用 DFA 方法（Distribution Free Approach）研究了 1990—1995 年美国寿险公司的 X 效率，发现产品集中度越高，则公司的 X 效率越低。Ward（2002）利用英国 1990—1997 年 44 家寿险公司的样本，使用 DFA 方法的研究发现，单一化营销渠道的寿险公司比使用多个渠道的寿险公司的成本效率更高。Liebenberg 和 Sommer（2008）对 1995—2004 年美国非寿险业的回归分析发现，产品集中度对公司的 ROA、ROE 和 Tobin Q 均有显著的正向影响。Cummins 等（2010）使用 DEA 方法（Data Envelopment Analysis）研究了美国保险集团 1993—2006 年的范围经济情况，发现集中化是比分散化更好的战略选择。Schmid 和 Walter（2012）对 1985—2004 年美国金融服务业的回归分析发现，产品集中度提高了保险公司的利润水平，而地区集中度对保险公司利润水平的影响不显著。

此外，不少文献研究了商业银行的业务集中度对利润/风险的影响。这些文献主要从两个方面关注"业务集中度"：(1) 在商业银行业务转型过程中，提高非利息收入业务降低了银行收入集中于传统利息收入的程度；(2) 银行贷款组合的行业或地理集中度。这些文献度量"利润"使用了 ROA、ROE、销售利润率（ROS）等指标，度量"风险"使用了不良贷款率、拨备率这类直接性指标、利润率或收入增长的波动率这类间接性指标。由于篇幅所限，这些文献未展开介绍，包括：DeYoung 和 Roland（2001）、Stiroh（2004）、DeYoung 和 Rice（2004）、Stiroh 和 Rumble（2006）对美国银行业的研究，Mercieca、Schaeck 和 Wolfe（2007）对欧盟银行业的研究，Hayden、Porath 和 Westernhagen（2007）、Jahn、Memmel 和 Pfingsten（2016）

对德国银行业的研究，Achary、Hasan 和 Saunders（2006）对意大利银行业的研究，Rossi、Schwaiger 和 Winkler（2009）对澳大利亚银行业的研究，Berge、Hasan 和 Zhou（2009，2010）、刘孟飞、张晓岚和张超（2012）、Bian、Wang 和 Sun（2015）对中国银行业的研究，以及关于阿根廷银行业（Bebczuk 和 Galindo，2008）、巴西银行业（Tabak、Fazio 和 Cajueiro，2011）、印度尼西亚银行业（Hidayat、Kakinaka 和 Miyamoto，2012）的研究。

在研读和学习以往文献的基础上，本章研究业务集中度对人身险公司利润和风险的影响。本章的新意主要体现在以下 3 个方面。（1）将保险公司的业务集中度分为产品类型、销售渠道和地理区域 3 个维度，全面考察集中度对中国保险公司绩效的影响。（2）本章结合中国保险行业的制度环境，论证和采用退保率来度量人身险公司的风险水平，这类似于采用不良贷款率、拨备率度量商业银行的风险，而以往保险领域的研究仅使用公司股价的 $Beta$ 系数、ROA 或 ROE 的标准差等间接指标度量公司经营风险。（3）鉴于中、外（合）资保险公司的差异，我们考察了业务集中度与保险公司利润、风险的关系如何随所有权类型的变化而变化。虽然之前已有一些文献研究过保险公司业务集中度、所有权类型对绩效的影响，但都没有考察过这两个自变量之间的交互作用。

本章采用中国人身险公司的平衡面板数据的研究发现：产品类型、销售渠道、地理区域 3 个维度的集中度对人身险公司利润的影响、风险的影响存在着较大的差异；业务集中度对利润、风险的影响在中资人身险公司和外（合）资人身险公司之间的差异也很大，外（合）资人身险公司更能够从业务集中度提高的过程中受益。

本章随后部分按如下顺序展开：第 2 部分介绍人身险公司业务集中度、利润和风险的度量；第 3 部分是经验研究设计，说明计量模型、控制变量和数据；第 4 部分报告和讨论回归结果；第 5 部分是总结本章并提出对策建议。

二 人身险公司的业务集中度、利润和风险状况

本节介绍人身险公司业务集中度的3个维度、人身险公司利润和风险水平的度量指标。

（一）人身险公司的业务集中度

将人身险公司的业务集中度细分为3个维度：产品类型、销售渠道和地理区域。对于这3个维度的业务集中度，均使用都赫芬达尔指数（Herfindahl Hirschman Index，HHI）和熵指数（Entropy）来度量。定义 t 时期人身险公司 i 在部门 j 的相对暴露为 r_{ijt}，r_{ijt} 等于人身险公司 i 从部门 j 获得的保费收入占人身险公司 i 总保费收入的比重，这里的"部门"代表了产品类型、销售渠道或地理区域。人身险公司 i 在 t 年业务集中度的赫芬达尔测度为 $HHI_{it} = \sum_j r_{ijt}^2$、熵测度为 $Entropy_{it} = -\sum_j r_{ijt} \cdot \ln(1/r_{ijt})$。对于没有开展业务的部门 j，$r_{ijt} = 0$，设定 $r_{ijt} \cdot \ln(1/r_{ijt}) = 0$。赫芬达尔指数和熵指数越高，表示人身险公司的业务越集中，当业务均等地来自每一个部门时，业务集中度最低，此时 $HHI = 0$、$Entropy = -\ln J$（J 表示部门数目）；当所有业务都来自某一个部门时，业务集中度最高，此时 $HHI = 1$、$Entropy = 0$。

人身险公司主要经营以人的生死或身体、健康为标的的保险产品。在中国，按照具体承保责任的不同，这些产品通常分为5大类：普通寿险、分红寿险、投连和万能寿险、意外伤害险、健康险。产品集中度（product lines concentration）对人身险公司的利润和风险有正反两方面的影响。(1) 不同的人身险产品在产品开发设计、精算、承保理赔、投资和风险管理等方面有不同特点和要求，而集中于经营某些产品能够加强在该业务线上的数据和经验积累，逐步形成公司在特定产品上的专业优势，进而增加收益、降低风险。(2) 不同的保险产品能满足消费者不同的需求，保险公司同时

经营这些产品可以通过交叉营销、共享品牌来降低成本、增加收益。同时，死亡率、利率、通货膨胀、社会保障发展程度等对不同类型人身险产品的损益可能产生程度不同甚至方向相反的影响，因而，同时经营这些产品可以获得风险对冲效果。图 10-1 报告了 2005—2012 年中国人身险公司的产品集中程度，由此可见，人身险公司产品集中度比较高，样本期间有所上升，与 HHI 和 $Entropy$ 的测度结果比较一致。

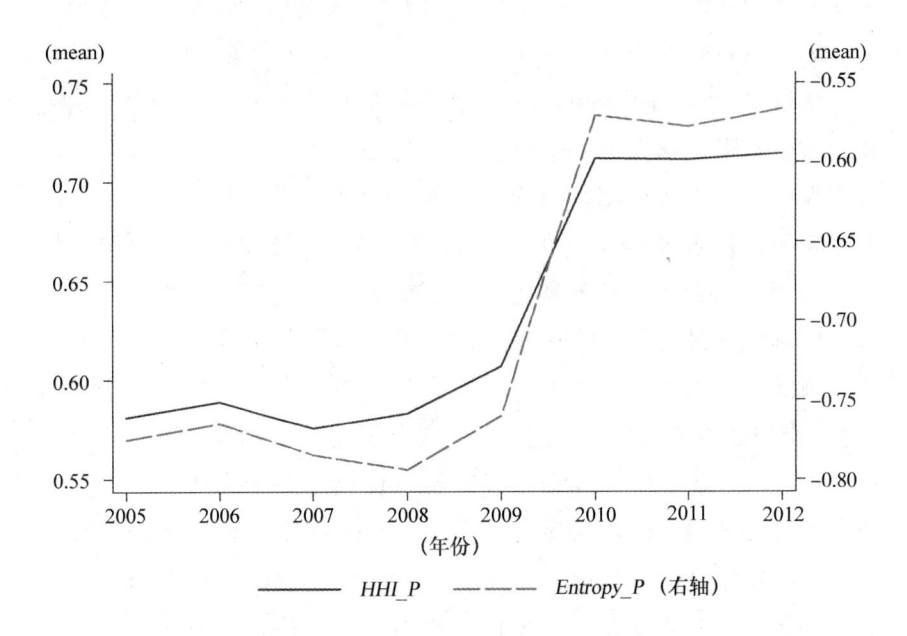

图 10-1 人身险公司产品集中度

注：数据整理自《中国保险年鉴》。HHI_P、$Entropy\_P$ 分别表示使用赫芬达尔指数、熵指数度量的产品集中度。

保险产品具有承诺性、无形性和长期性的特点，同时，人身险产品的零售性质很强，并且受到传统文化、长期的中央集权、过去计划经济体制以及中国保险业起步较晚等因素的影响，销售渠道对于中国人身险业发展显得尤为重要。人身险产品的销售渠道（简称"渠道"）主要分为公司直销、个人代理、保险专业代理、保险经纪机构经营、银行邮政代理和其他兼业代理6类。通过电话、网络等媒介的保险销售按照实施销售的主体也计入这6类渠道之中。渠道集中度（Sales Channels Concentration）对人身险公司的利润和风险也呈现正反两方面的影响：一方面，业务集中于某些渠道能够帮助公司与渠道商维持合作关系，降低合作成本，深入了解该渠道保险客户的特点，进而获得专业化收益；另一方面，业务来源于多个渠道可以提高与渠道商的谈判力量，并且，由于影响销售渠道发展的因素更多是"外生"于各家保险公司甚至保险业的，因而，业务来自多个渠道也会产生一定的风险分散效果。

从过去20多年中国人身险行业的发展历程来看，销售渠道的变化很大，这可以从以下4个标志性事件反映出来。（1）1992年美国友邦保险公司进入中国，引入了个人代理人销售人身险产品，个人代理制迅速被各家公司效仿（Sun, 2003）。（2）2008年《中华人民共和国劳动合同法》的实施提高了个人代理渠道的人力成本，而各地监管机构接连将寿险代理人的从业门槛提升至高中甚至大专文化，由此减少了个人代理人的供给。（3）2010年11月银监会发布《进一步加强商业银行代理保险业务合规销售与风险管理的通知》（被称为"银保新政"），加强规范银行保险业务，降低了人身险公司从银行邮政渠道获得的保费收入。（4）2013年上海最大的保险中介——泛鑫保险代理公司发生高管跑路事件，导致监管部门进一步加强整顿保险专业中介，至少在短期内影响了保险专业代理和经纪公司渠道贡献的保费收入。图10-2显示了2008—2012年中国人身险公司的渠道集中度状况：2010年达到峰值，从"银保新政"次年（2011年）起，渠道集中度开始下降。

中国地域辽阔，不同地区之间的资源环境禀赋、经济发展阶段和联系程度、社会结构、历史文化特点不同，因而，地理集中度（Geographic Regions Concentration）也是衡量人身险公司业务集中度的一个重要方面。地理集中度对人身险公司的利润和风险同样具有正反两方面影响。（1）已有研究表明，公司的地理集中度高可以从以下3个方

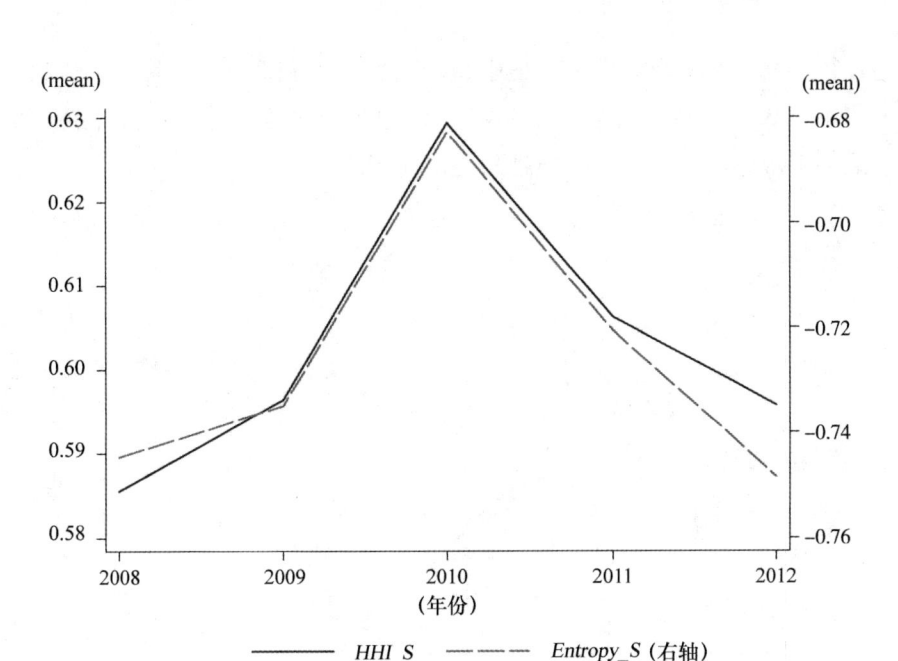

图 10-2 人身险公司渠道集中度

注：*HHI_S*、*Entropy_S* 分别表示使用赫芬达尔指数、熵指数度量的渠道集中度。

面对公司的利润和风险产生正面影响：①有利于减少总部和分支机构的信息不对称，提高总部对分支机构的控制能力，增强分支机构管理者努力工作的激励（Mayers 和 Smith，1988；Berger 和 DeYoung，2001；Brickley、Linck 和 Smith，2003），从而有助于提高公司绩效；②同一个地区的禀赋和发展情况有诸多相似之处，专注于在少量区域经营能提高人身险公司的专业化水平，如资源采掘业、建筑业、航运业、轻工业的从业人员对人身险产品的需求显然不同；③不同地区、不同社会结构和不同历史文化背景的人群对于人身险产品的需求存在差异（Chui 和 Kwok，2007，2009；Gutter 和 Hatcher，2008），保险公司专注于特定地区可以为本地人群提供更专业化的产品和服务。（2）但根据大数法则，在多个区域经营业务可以分散风险，故在多个区域经营可发挥共同保险影响。将中国人身险公司的经营区域分为

7个：华北、东北、华东、华中、华南、西南和西北①。图10-3报告了2005—2012年中国人身险公司的地理集中程度，集中度呈现明显的下降趋势，人身险公司越来越倾向于跨区域经营。

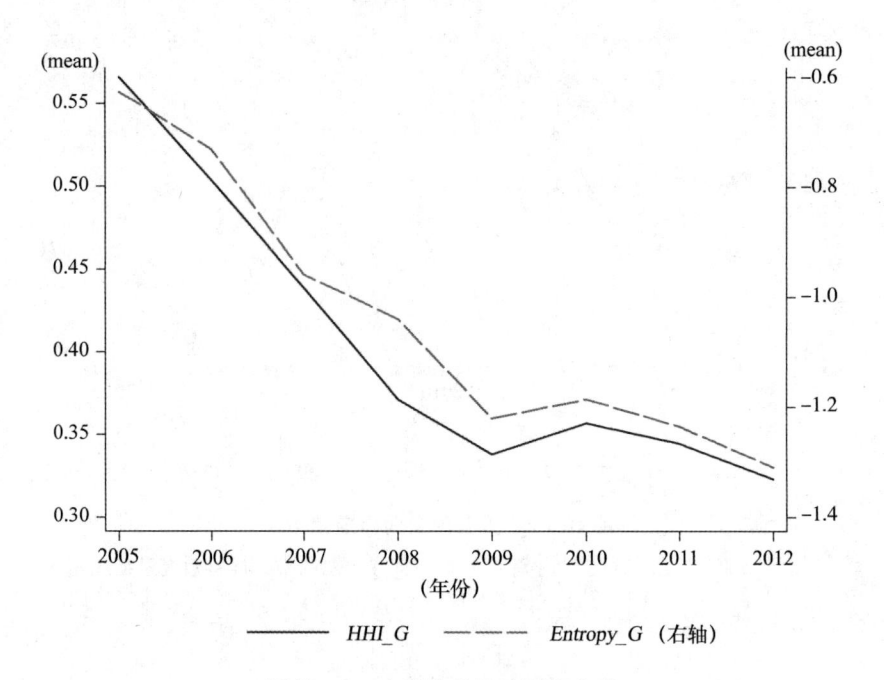

图10-3 人身险公司地理集中度

注：*HHI_G*、*Entropy_G* 分别表示使用赫芬达尔指数、熵指数度量的地理集中度。

（二）人身险公司的利润和风险

我们使用资产收益率（*ROA*）和权益收益率（*ROE*）度量人身险公司的利润水平。资产收益率等于税前利润除以公司年初和年末平

---

① 7个区域包含的省市区分别为（不包括台湾、香港、澳门）：华北地区——北京、天津、河北、山西、内蒙古，东北地区——辽宁、吉林、黑龙江，华东地区——上海、江苏、浙江、安徽、福建、山东，华中地区——河南、湖北、湖南、江西，华南地区——广东、广西、海南，西南地区——重庆、四川、贵州、云南、西藏，西北地区——陕西、甘肃、青海、宁夏、新疆。我们计算地理集中度也考虑了6个区域（东北、黄河中下游、长江中下游、东南、西南和西北）、8个区域（东北、环渤海、黄河中游、长三角、长江中游、东南、西南和西北）以及直接将每个省级行政区（共31个）作为一个单位的区域划分标准，采用不同的划分标准对实证结果的影响很小。

均的总资产。权益收益率等于税前利润除以公司年初和年末平均的所有者权益。ROA 和 ROE 的分子选择税前利润比税后利润更合适，这是因为，2008 年中国实施了企业所得税的"两税合并"并将基本税率调整为 25%，这些政策变化降低了不同时期和不同所有权类型的公司的税后利率的可比性。

保险业是经营风险的特殊行业，风险可以视为损失发生和损失程度的不确定性，因而分析人身险公司风险需要考虑公司的损益构成情况。人身险公司的损益来自于预估的死亡率、利率、费用率以及退保率与产品出售后的实际情况的差异。

第一，中国人口寿命不断提高，老龄化程度加剧，因而从理论上讲，中国人身险行业面对的死亡率风险基本上是长寿风险而非早逝风险。然而，中国人身险公司的养老年金型产品发展得却很滞后。统计数据显示，2002 年、2007 年、2012 年的中国年金业务（个人年金 + 团体年金）的保费收入之和分别为 381（147 + 234）亿元、682（339 + 343）亿元、1319（1227 + 92）亿元，占中国当年人身险行业的市场份额分别只有 18.37%、15.28% 和 8.52%[1]，由此可见，死差损益不是中国人身险公司重要的风险来源[2]。此外，中国人身险公司使用统一的生命表作为定价基础[3]，故死差损益在各家公司之间的差异也很小。

第二，1996—1999 年，伴随着中国经济的软着陆，中央银行连续 7 次下调存贷款利率，其中，一年期定存利率从 10.98% 陡降至

---

[1] 由于《中国保险年鉴》没有单独报告年金业务（包括个人年金和团体年金）的数据，我们从其他途径收集到了几个年度的数据。数据转引和整理自《中国养老金发展报告 2013——社保经办服务体系改革》（郑秉文等，2013）、《中国养老年金市场：发展现状、国际经验与未来战略》（孙祁祥和郑伟等，2013）。

[2] 企业年金是近些年中国发展较快的养老保障形式。中国一些大型寿险公司承担了企业年金受托人、账户管理人、投资管理人的职能，获得了受托管理费、账户管理费、托管费、投资管理费。我国企业年金是固定缴费型的（DC），寿险公司获得的费用是基于基金净值的固定百分比或者每个账户的固定金额。因此，中国寿险公司参与企业年金业务主要面临的是法律风险和操作风险，不受死亡率风险影响。

[3] 中国寿险产品的第一套生命表是 1997 年 4 月启用"经验生命表（1990—1993）"，第二套生命表是 2006 年 1 月启用并沿用至今的"经验生命表（2000—2003）"。

2.25%。当时中国保险公司的资产集中投资于银行协议存款和国债，故随着银行利率下调，保险公司投资回报率大大低于保单预定利率，公司遭受了巨大的"利差损"。1999年，中国保监会发布《关于调整寿险保单预定利率的紧急通知》，要求人身险产品的预定利率不得超过年复利2.5%，此后，直到2013年8月，中国保监会才将普通寿险的预定利率上调为3.5%。由于人身险行业长期以来实施了低水平的预订利率，其展业虽然受到了一定影响，但没有"利差损"的担忧。当然，这并不是说投资水平不会影响一些寿险产品的损益情况，例如，投连险的投资损益进入独立账户，万能险只有很低的保证利率水平，这两类产品的投资风险基本是由客户承担，故这两类寿险产品的客户对公司投资收益的负面评价主要表现为行使退保权，即利差风险主要表现在公司退保增加。

第三，费差损益是指保险公司实际发生的营业费用多于或少于根据预定营业费用率所计算得到的营业费用时，产生的收益或损失。1999年，中国保监会发布《人寿保险预定附加费用率的规定》，对各种人身险产品的预定附加费用率设置了上限，由此限制了人身险公司由于预定附加费用率不同所造成的损益差异程度。人身险产品的费用包括展业费用、维持费用和后续收费费用，而人身险产品前一两个保单年度的展业费用、维持费用开支远远高于以后年度的费用开支，因而签单后不久如果发生退保，将会大大增加保险公司经营成本，减少公司预期利润。因此，费差损益在较大程度上决定于公司的退保情况。

第四，S中国人身险行业面临一项严重但难于量化的风险——声誉风险。人身险行业声誉不佳主要来自保单销售环节的误导等不规范现象和事后的服务不到位。反映销售和售后的服务水平的主要指标是"投诉率"和"退保率"。寿险退保权相当于寿险消费者所享有的一个"美式期权"，当销售者认为遭遇了比较严重的销售误导或不良服务时，可以行使退保权进行对抗，故公司的退保程度反映了声誉损失。

退保对人身险公司直接的负面影响也是多方面的：（1）退保人群更多是身体健康的被保险人，即退保具有很大的逆向选择性；

(2）退保会降低保险经营的规模经济效应；（3）退保率上升将增大人身险公司的流动性风险[①]；（4）退保会引发人身险公司的资产负债的错配问题（Briys 和 De Varenne，1997）。

由于退保风险能够客观、直接地反映人身险公司的风险状况，从而成为决策层非常关注的变量。例如《金融稳定报告2013》提出，"由于保险资金运用收益水平不高、分红险等产品的收益率低于预期、产品竞争力较弱以及销售误导等多种因素，2012年，人身险行业退保压力增大，一些地区发生了集中退保事件，对金融稳定和社会稳定造成一定影响"。《金融稳定报告2014》分析道，"针对满期给付和退保大幅增长的情况，保险业制定应急预案，强化保险公司风险防范的主体责任，加大产品创新力度，增加保费收入，缓解流动性压力，从而保持了市场稳定。……大量给付与退保风险相叠加，人身险业的流动性管理仍将面临挑战"。《金融稳定报告2015》写道，"及时对退保风险较大的公司进行窗口指导，完善退保风险应急预案，妥善处置可能出现的群体性事件"。《金融稳定报告2016》写道，"防范满期给付和非正常退保风险，妥善处置风险苗头和群体性事件"。

基于以上的相关分析，使用"退保率"来度量人身险公司面临的风险，它等于人身险公司的"退保金"除以"期初长期险责任准备金＋报告期长期险原/分保费收入"。这是中国保监会的《保险公司统计分析指标体系规范》（2009）规定的退保率计算方式。这种退保率指标的设计和含义类似于商业银行的不良贷款率，二者在数值上也比较接近[②]。

[①] 20世纪80年代，美国寿险业面临了30年代大萧条以来最大规模的退保浪潮，退保引起的现金流出使得美国寿险公司被迫调整投资组合和投资期限，不得不在市场不利的情况下提前变现资产，这也降低了公司的投资收益率（Black 和 Skipper，2000）。

[②] 2005—2012年中国寿险公司退保率均值为0.0361，中位数为0.0233。我们利用Bankscope数据库得到了中国商业银行2007—2012年不良贷款率的均值为0.0140，中位数为0.0092。人身险公司的退保率约为商业银行的不良贷款率的2.5倍。

图 10-4 报告了人身险公司利润和风险变量的分布。样本期间，人身险公司利润大多为负数（63.91%），人身险业利润状况不佳，还存在一些盈余管理的迹象，ROA 和 ROE 呈现一定程度的左偏。用退保率衡量的风险状况 Risk 呈右拖尾，对其取对数得到 Risk(Ln) 变量，更接近于正态分布。

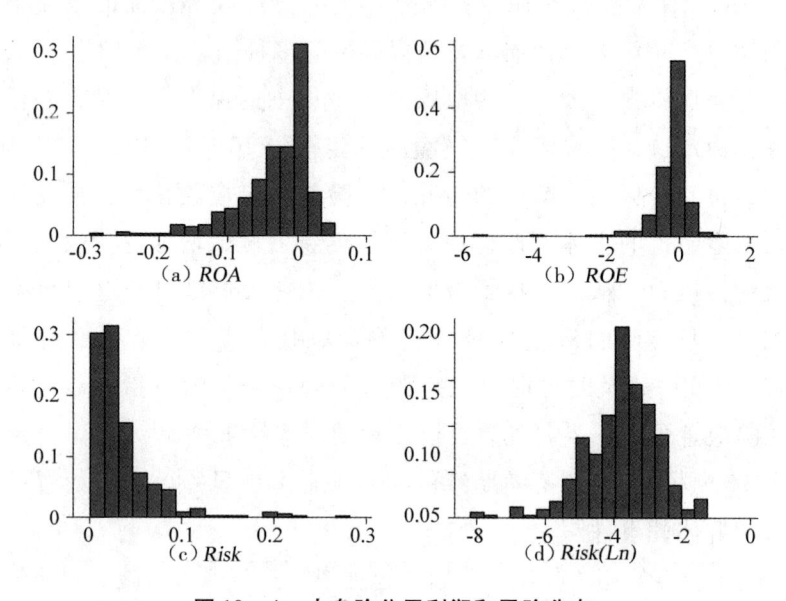

图 10-4　人身险公司利润和风险分布

注：ROA 是资产收益率，ROE 是权益收益率，Risk 是退保率，Risk(Ln) 是退保率的对数值。

三　回归设计：模型、变量和数据

（一）计量模型

我们使用（10.1）式研究集中度与人身险公司利润水平的关系。$Return_{it}$ 表示人身险公司 i 在年度 t 的利润水平，$Concentration_{it-1}$ 表示公司 i 在 $t-1$ 年某一维度（产品、渠道或地理）的集中度，CVs_{it-1} 表示控制变量集。为了控制可能的内生性问题，对自变量使用滞后 1 期值。η_t 是年度虚拟变量,用于控制宏观经济和金融环境的影响,ε_{it} 是随机扰动项。在(10.1)式中,我们主要关注 α_1 的估计值,$\alpha_1 > 0$($\alpha_1 < 0$)表示提高集中度将会增加(或减少)利润水平。

$$Return_{it} = \alpha_0 + \alpha_1 \cdot Concentration_{it-1} + \gamma \cdot CVs_{it-1} + \eta_t + \varepsilon_{it} \quad (10.1)$$

研究集中度对人身险公司风险水平的影响,将(10.1)式中的 $Return_{it}$ 换为风险水平($Risk_{it}$),得到(10.2)式。我们主要关心 β_1 的估计值,$\beta_1 > 0$($\beta_1 < 0$)表示提高集中度将会增加(或减少)风险水平。

$$Risk_{it} = \beta_0 + \beta_1 \cdot Concentration_{it-1} + \xi \cdot CVs_{it-1} + \tau_t + \varepsilon_{it} \quad (10.2)$$

此外,我们还探讨了公司的所有权类型是否会影响集中度与利润水平、风险水平的关系。具体来说,将 Concentration 和 D_Ownership(D_Ownership = 1 表示外(合)资人身险公司;D_Ownership = 0 表示中资人身险公司)的交乘项加入模型,得到(10.3)式和(10.4)式。(10.3)式中,如果 $\alpha_2 > 0$($\alpha_2 < 0$)表示,外(合)资人身险公司的集中度对利润的正向影响程度强于(或弱于)中资人身险公司;类似地,(10.4)式中的 $\beta_2 > 0$($\beta_2 < 0$)表示,外(合)资人身险公司集中度对风险的正向影响程度强于(或弱于)中资人身险公司。

$$Return_{it} = \alpha_0 + \alpha_1 \cdot Concentration_{it-1} + \alpha_2 \cdot Concentration_{it-1} \times D\_Ownership_{it-1} + \gamma \cdot CVs_{it-1} + \eta_t + \varepsilon_{it} \quad (10.3)$$

$$Risk_{it} = \beta_0 + \beta_1 \cdot Concentration_{it-1} + \beta_2 \cdot Concentration_{it-1} \times D\_Ownership_{it-1} + \xi \cdot CVs_{it-1} + \tau_t + \varepsilon_{it} \quad (10.4)$$

结合相关理论和保险业运行状况,我们纳入的控制变量包括公司所有权类型、公司规模、权益比率。将人身险公司分为中资公司和外(合)资公司两类。根据《外资保险公司管理条例》及其修订版和实施细则的规定,外(合)资公司既包括外(合)资在华设立的独资人身险公司,也包括外(合)资股份占比超 25% 的合资人身险公司。我们使用公司资产总额的对数度量公司规模,得到变量 Size。规模可能会影响金融企业的利润和风险状况,并且规模扩大通常是公司业务多元化的一个结果或目标。加入权益比率（Equity）来控制公司资本结构的影响，它等于公司所有者权益除以资产总额。

（二）样本和数据

我们的样本数据为非平衡面板数据，人身险公司共有52家，样本期间为2005—2012年，样本期间无公司退出样本，样本量共计336个公司—年度。样本数据来自历年的《中国保险年鉴》，样本起于2005年，主要是基于中国保险业统计口径变化的考虑。表10-1报告了变量的描述性统计量。

表10-1　　　　　　描述性统计量（$N=336$）

变量名称	单位	均值	标准差	最小值	中位数	最大值
Return（ROA）	%	-0.0332	0.0522	-0.2300	-0.0191	0.0419
Return（ROE）	%	-0.1900	0.4176	-1.9302	-0.0914	0.6253
Risk（Ln）	%	-3.7767	1.0217	-6.9723	-3.6990	-1.5623
D_Ownership	0,1	0.5417	0.4990	0	1	1
Size	Ln（千元）	15.8255	2.0144	11.8301	15.5390	21.3645
Equity	%	0.1941	0.1933	0.0034	0.1248	0.9501

注：ROA是资产收益率，ROE是权益收益率，Risk（Ln）是退保率的对数值，ROA和ROE进行左右各0.5%的缩尾处理。

资料来源：《中国保险年鉴》。

四　业务集中度对人身险公司利润和风险的影响

本节报告和分析估计结果。表10-2和表10-3报告产品集中度对人身险公司利润水平和风险水平的影响，表10-4和表10-5报告渠道集中度的影响，表10-6和表10-7报告地理集中度的影响。表10-2到表10-6中的回归方法均为普通最小二乘回归，采用矫正了异方差和序列相关稳健的标准误进行统计推断。

（一）产品集中度对利润和风险的影响

表 10-2 报告产品集中度对人身险公司利润水平的影响，产品集中度分别使用 HHI 和 $Entropy$ 度量。表 10-2 中的 $Return$ 使用 ROA 度量，而使用 ROE 度量 $Return$ 得到的估计结果与使用 ROA 度量的很类似，故未报告使用 ROE 的度量结果。

第（1）和第（2）列的 $Concentration$ 的系数估计为正但不显著，故人身险公司的利润整体上并未受到产品集中度的显著影响。在第（3）和第（4）列中，将 $Concentration$ 和 $D\_Ownership$ 的交乘项纳入模型。$Concentration$ 本身的符号显著为负（-0.0248*、-0.0140*）说明，中资人身险公司降低产品集中度，加强产品分散化将有助于增加利润。交乘项的系数显著为正（0.0527**、0.0322**）表明，外（合）资人身险公司中产品集中度对利润的正向影响显著强于中资人身险公司，说明外（合）资人身险公司更能从产品专业化过程中收益，并由此反映出外（合）资公司在展业、承保、理赔等环节中更有效率的经营管理。这一结论与 Tabak、Fazio 和 Cajueiro（2011）对于巴西银行业的研究结论相似，该研究发现，巴西私有银行中贷款组合集中度对银行利润水平的正向影响要强于国有银行。进一步计算得到，外（合）资人身险公司中 $Concentration$ 对 $Return$ 影响（0.0279 = -0.0248 + 0.0527、0.0182 = -0.0140 + 0.0322）是显著为正的（P 值分别为 0.0807、0.0470），故外（合）资公司加强产品专业化有助于增加收益[①]。在表 10-2 的第（5）和第（6）列重复第（3）和第（4）列的回归，但未控制年度虚拟变量，显示估计结果与第（3）和第（4）列的差别很小，只是调整后的可决系数有小幅降低。

[①] 我们的样本中，u_i 的度量产品集中度在中、外（合）资人身险公司的均值（中位数）分别为 0.7117（0.7684）、0.5865（0.5706），使用 u_i 度量的产品集中度在中、外（合）资人身险公司的均值（中位数）分别为 -0.5608（-0.5053）、-0.7889（-0.8258），由此可知，中资人身险公司的产品集中度高于外（合）资人身险公司，因而，以增加利润为目标的决策将会使中、外（合）资人身险公司之间产品集中度的差距减小。

表 10-3 的因变量为人身险公司的风险水平。第（1）和第（2）列的 Concentration 的系数估计为正但不显著，故人身险公司的风险整体上也没有受到产品集中度的显著影响。我们又将 Concentration 和 D_Ownership 的交乘项加入自变量中。第（3）和第（4）列中 Concentration 的符号显著为正（0.9715***、0.5607***），这说明中资人身险公司提高产品集中度将增加风险，故从降低公司风险的角度来看，中资人身险公司应当降低产品集中度，利用不同产品之间的组合分散效应降低风险。第（3）和第（4）列中交乘项的系数为显著为负（-1.2280***、-0.7141***），说明外（合）资人身险公司产品集中度对风险的降低影响显著强于中资人身险公司，这一结果同样归因于外（合）资人身险公司更高的经营管理水平。外（合）资人身险公司中 Concentration 对 Return 影响为 -0.2565（0.9715-1.2280）和 -0.1534（0.5607-0.7141），不过并不显著。因而以降低风险为目标的决策也将使得中、外（合）资人身险公司之间产品集中度的差距减小。在表 10-3 的第（5）和第（6）列重复第（3）和第（4）列的回归，但未控制年度虚拟变量，显示估计结果与第（3）和第（4）列的差别主要在于：（1）规模（Size）由不显著变得显著；（2）调整后的可决系数大幅降低，显示出人身险公司风险受到宏观环境的影响比较大。

在控制变量方面，Size 的系数在 Return 的估计中显著为正，在 Risk 的估计中都为负，说明增加规模能够提高收益和降低风险。这与以往大多数研究相同：人身险公司规模越大，产品和服务的固定性成本越容易分摊；根据市场力量假说，规模更大的保险公司更具有市场影响力，能获得更高的经济租金；考虑到中国保险消费者的风险厌恶等文化心理特点（Sun，2003）、中国法律法规和投资者保护仍不健全（Yao、Han 和 Feng，2007；王鹏，2008），相对于西方成熟保险市场来说，保险公司的可靠性和信誉、与规模的相关性在中国可能更高。Equity 的系数估计值在 Return 和 Risk 都显著为负。这可以从公司金融理论得到解释：（1）更高的权益比率意味着更低的杠杆率和财务风险,这降低了公司的盈利压力;(2)更高的权益比率减少了负债的税盾效应;(3)参与保险保障基金(相当于银行业的存款保险)可视为保险公司持有的看跌期权,提高权益比率将会降低保险公司从保险保障基金制度中获得的收益。D_Ownership 系数估计大多不显著,不过在 Return 的回归中更多显示为正,在 Risk 的回归中更多地显示为负。

表10-2　　　　　　产品集中度对人身险公司利润的影响

	Return (ROA)					
	(1)	(2)	(3)	(4)	(5)	(6)
Concentration 的度量	HHI	Entropy	HHI	Entropy	HHI	Entropy
Concentration	0.0050 (0.0112)	0.0046 (0.0066)	-0.0248* (0.0132)	-0.0140* (0.0079)	-0.0214* (0.0120)	-0.0123* (0.0073)
Concentration × D_Ownership			0.0527** (0.0207)	0.0322** (0.0127)	0.0544*** (0.0204)	0.0321*** (0.0119)
Size	0.0101*** (0.0013)	0.0102*** (0.0013)	0.0096*** (0.0013)	0.0096*** (0.0013)	0.0100*** (0.0013)	0.0100*** (0.0013)
Equity	-0.0763*** (0.0227)	-0.0767*** (0.0226)	-0.0810*** (0.0228)	-0.0816*** (0.0227)	-0.0853*** (0.0229)	-0.0857*** (0.0228)
D_Ownership	0.0081 (0.0051)	0.0087 (0.0053)	-0.0062 (0.0130)	0.0301*** (0.0105)	-0.0059 (0.0127)	0.0312*** (0.0107)
常数项	-0.1840*** (0.0262)	-0.1790*** (0.0255)	-0.1560*** (0.0265)	-0.1820*** (0.0251)	-0.1557*** (0.0266)	-0.1775*** (0.0253)
年度固定效应	√	√	√	√		
adj. R²	0.474	0.475	0.487	0.489	0.459	0.460
观察值数	284	284	284	284	284	284

注:Concentration 表示产品集中度,采取 HHI 和 Entropy 两种度量。系数估计值下方( )内为 Newey-West 标准误。*、**、*** 分别表示在10%、5%、1%的水平上显著。年度固定效应代表2007—2012年的5个虚拟变量。

表 10-3　　　　　产品集中度对人身险公司风险的影响

	Risk (Ln)					
	(1)	(2)	(3)	(4)	(5)	(6)
Concentration 的度量	HHI	Entropy	HHI	Entropy	HHI	Entropy
Concentration	0.2755	0.1456	0.9715***	0.5607***	0.7466**	0.4408**
	(0.2646)	(0.1567)	(0.3499)	(0.2113)	(0.3608)	(0.2146)
Concentration × D_Ownership			-1.2280***	-0.7141***	-1.1862***	-0.6582**
			(0.4573)	(0.2723)	(0.4985)	(0.2934)
Size	-0.0481	-0.0481	-0.0372	-0.0359	-0.0681**	-0.0665**
	(0.0324)	(0.0324)	(0.0313)	(0.0310)	(0.0334)	(0.0331)
Equity	-1.3050***	-1.2999***	-1.1986***	-1.1930***	-1.095***	-1.0992***
	(0.2845)	(0.2843)	(0.2851)	(0.2848)	(0.3173)	(0.3171)
D_Ownership	-0.1727	-0.1736	0.3113	-0.6516**	0.2126	-0.6910***
	(0.1382)	(0.1388)	(0.2984)	(0.2529)	(0.3357)	(0.2615)
常数项	-2.7412***	-2.4681***	-3.3852***	-2.4012***	-2.7216***	-1.9685***
	(0.6245)	(0.5769)	(0.6069)	(0.5790)	(0.6716)	(0.6250)
年度固定效应	√	√	√	√		
adj. R^2	0.222	0.221	0.241	0.240	0.069	0.067
观察值数	284	284	284	284	284	284

注：变量含义和度量见前文。

（二）渠道集中度对利润和风险的影响

表 10-4 报告了渠道集中度对人身险公司利润的影响。第（1）和第（2）列中 Concentration 的系数估计为正且显著（0.0188*、0.0158***），所以人身险公司的利润受到渠道集中度的正向影响。将 Concentration 和 D_Ownership 的交乘项纳入模型，得到第（3）和第（4）列的结果。中资人身险公司的 Concentration 对 Return 的影响为正，并且系数估计值有所提高（0.0262、0.0202*），故中资人身险公司中渠道集中度对利润水平正向影响更强一些。交乘项的系数为负但并不显著。Concentration 对外（合）资人身险公司影响仍然为正（0.0151 = 0.0262 - 0.0111、0.0140 = 0.0202 - 0.0062），

部分结果是显著的（P 值分别为 0.2023 和 0.0249），这是受到了表 10-4 回归中样本量有所减少的影响①。从增加利润的角度考虑，中资人身险公司和外（合）资人身险公司都应当提高渠道集中度，这是因为人身险公司业务集中于某些渠道能够帮助公司加强与渠道商的合作关系，降低委托代理成本和合作费用，了解该渠道客户特点，积累经验。不同于产品类型和地理区域，不同销售渠道之间基本上没有协同效应而主要是相互竞争的关系。在第（5）和第（6）列重复第（3）和第（4）列的回归，但未控制年度虚拟变量，显示估计结果与第（3）和第（4）列差别很小，只是调整后的可决系数有小幅降低。

表 10-5 的因变量为人身险公司的风险水平。我们发现，一共 6 列回归结果中的 $Concentration$ 均不显著，$Concentration$ 和 $D\_Ownership$ 的交乘项只在第（5）列估计结果中显著。从第（3）—（6）列可以得到：中资人身险公司的 $Concentration$ 对 $Risk$ 的系数估计值为正（但不显著）；外（合）资人身险公司的 $Concentration$ 对 $Risk$ 影响分别为 -0.6760（0.7320-1.4080）、-0.3987（0.1869-0.5856）、-0.7119（0.9242-1.6361）、-0.4216（0.3130-0.7346），都是显著的（P 值分别为 0.0730、0.0499、0.0721、0.0475）。这说明提高渠道集中度对中资人身险公司的影响并不大，但将显著降低外（合）资人身险公司的风险。究其原因，我们认为，由于进入中国开展业务的时间较晚，加之受到文化差异、没有国有产权纽带等因素的影响，外（合）资保险公司在所有 6 个销售渠道上（公司直销、个人代理、保险专业代理、保险经纪机构、银行邮政代理以及其他兼业代理）均处于不利的市场竞争地位，这使得外（合）资人身险公司更难以监督和激励渠道商。因此，外（合）资人身险公司更应集中精力经营好少量渠道，而不是将业务分散于多个渠道。

---

① 各家寿险公司分渠道的保费收入从 2008 年才开始公布。

综合考虑利润和风险因素，提高渠道集中度是外（合）资公司更好的选择，而中资人身险公司在渠道集中度决策时则面临着利润和风险的权衡[①]。在控制变量方面，公司规模的系数在利润的回归中显著为正，在风险的回归中都为负。权益比率的系数在利润和风险的回归中均为负向显著。$D\_Ownership$的影响在利润的回归均为正，在风险的回归中大多为负，在未加入其与$Concentration$交乘项的回归结果中都是显著的。因而，表10－4和表10－5中控制变量的估计结果与表10－2和表10－3保持一致。

表10－4　　　　　　　渠道集中度对人身险公司利润的影响

	Return（ROA）					
	(1)	(2)	(3)	(4)	(5)	(6)
Concentration 的度量	HHI	Entropy	HHI	Entropy	HHI	Entropy
Concentration	0.0188 *	0.0158 ***	0.0262	0.0202 *	0.0168	0.0150
	(0.0096)	(0.0054)	(0.0180)	(0.0115)	(0.0171)	(0.0107)
Concentration × D_Ownership			－0.0111	－0.0062	－0.0006	－0.0003
			(0.0219)	(0.0132)	(0.0216)	(0.0127)
Size	0.0097 ***	0.0098 ***	0.0099 ***	0.0099 ***	0.0092 ***	0.0093 ***
	(0.0014)	(0.0014)	(0.0016)	(0.0016)	(0.0016)	(0.0016)
Equity	－0.0547 **	－0.0553 **	－0.0538 **	－0.0548 **	－0.0597 **	－0.0603 **
	(0.0238)	(0.0233)	(0.0240)	(0.0233)	(0.0245)	(0.0239)
D_Ownership	0.0114 **	0.0125 **	0.0187	0.0085	0.0115	0.0121
	(0.0052)	(0.0051)	(0.0148)	(0.0098)	(0.0143)	(0.0099)
常数项	－0.1731 ***	－0.1519 ***	－0.1816 ***	－0.1520 ***	－0.1676 ***	－0.1489 ***
	(0.0310)	(0.0264)	(0.0388)	(0.0264)	(0.0380)	(0.0268)

---

① 以HHI度量的渠道集中度在中、外资寿险公司的均值（中位数）分别为0.6486（0.6389）、0.5594（0.5168），使用$Entropy$度量的渠道集中度在中、外资寿险公司的均值（中位数）分别为－0.6431（－0.6834）、－0.8061（－0.8239），中资寿险公司的渠道集中度显著高于外资公司。

续表

	Return（ROA）					
	（1）	（2）	（3）	（4）	（5）	（6）
Concentration 的度量	*HHI*	*Entropy*	*HHI*	*Entropy*	*HHI*	*Entropy*
年度固定效应	√	√	√	√		
adj. R^2	0.438	0.451	0.436	0.448	0.423	0.451
观察值数	185	185	185	185	185	185

注：*Concentration* 表示渠道集中度，采取 *HHI* 和 *Entropy* 两种度量。系数估计值下方（）内为 Newey-West 标准误。*、**、*** 分别表示在10%、5%、1%的水平上显著。Year Dummy 代表2009—2012年的共3个虚拟变量。

表10-5　渠道集中度对人身险公司风险的影响

	Risk（*Ln*）					
	（1）	（2）	（3）	（4）	（5）	（6）
Concentration 的度量	*HHI*	*Entropy*	*HHI*	*Entropy*	*HHI*	*Entropy*
Concentration	-0.2040	-0.2290	0.7322	0.1869	0.9242	0.3130
	(0.3690)	(0.2050)	(0.8070)	(0.5182)	(0.7945)	(0.5069)
Concentration × *D_Ownership*			-1.4081	-0.5856	-1.6361*	-0.7346
			(0.8905)	(0.5586)	(0.8821)	(0.5483)
Size	-0.0574	-0.0610	-0.0284	-0.0441	-0.0138	-0.0294
	(0.0445)	(0.0436)	(0.0467)	(0.0430)	(0.0484)	(0.0455)
Equity	-1.2418***	-1.2375***	-1.129***	-1.190***	-1.0656***	-1.1230***
	(0.3450)	(0.3500)	(0.3340)	(0.3360)	(0.3840)	(0.3881)
D_Ownership	-0.3180*	-0.3442**	0.6049	-0.7141	0.7649	-0.7989*
	(0.1658)	(0.1614)	(0.5566)	(0.4380)	(0.5533)	(0.4291)
常数项	-2.4248***	-2.6406***	-3.510***	-2.6501***	-3.9000***	-2.8228***
	(0.9020)	(0.8690)	(1.1080)	(0.8669)	(1.1250)	(0.8709)
年度固定效应	√	√	√	√		
adj. R^2	0.103	0.108	0.118	0.113	0.074	0.066
观察值数	185	185	185	185	185	185

注：*Concentration* 表示渠道集中度，采取 *HHI* 和 *Entropy* 两种度量。系数估计值下方（）内为 Newey-West 标准误。*、**、*** 分别表示在10%、5%、1%的水平上显著。Year Dummy 代表2009—2012年的共3个虚拟变量。

(三) 地理集中度对利润和风险的影响

最后来看地理集中度。表 10-6 的因变量为利润水平，第（1）和第（2）列中 Concentration 的系数估计为正且显著（0.3308***、0.1663***），故人身险公司的利润整体上受到了地理集中度的正向影响。将 Concentration 和 D_Ownership 的交乘项纳入模型，从第（3）和第（4）列可知，Concentration 的系数为正且显著（0.4174*、0.1816*），交乘项的系数为负但不显著；地理集中度对外（合）资人身险公司影响仍然为正（0.4044 = 0.4174 − 0.1130、0.1594 = 0.1816 − 0.0222），且也是显著的（P 值分别为 0.0013、0.0031）。在我们的样本中，未进行跨区域经营的中资人身险公司和跨区域经营的中资人身险公司的 ROA（ROE）的均值分别为 −0.0090（−0.0287）和 −0.0214（−0.1855），而外（合）资人身险公司中这两个数字分别为 −0.0214（−0.1511）和 −0.0638（−0.2083），从比较中可以看出，中资人身险公司和外（合）资人身险公司增强地理集中度均有助于提高利润水平。这应当是由于，地理扩张是较为容易实施的扩张战略，其在实践中容易增加公司的代理成本；并且中国不同地区之间的资源环境禀赋、产业结构、社会文化特点差异较大，这也会带来企业整合地理资源的难度。第（5）和第（6）列重复第（3）和第（4）列的回归，但未控制年度虚拟变量，显示估计结果改变很小。

表 10-7 报告地理集中度对人身险公司风险水平的影响。第（1）—（6）列的回归结果中，Concentration、Concentration 和 D_Ownership 的交乘项都不显著；并且样本中，未进行跨区域经营的中资人身险公司和跨区域经营的中资人身险公司的 Risk(Ln) 的均值分别为 −3.928 和 −3.698；外（合）资人身险公司中的这两个数字分别为 −4.187 和 −3.764，因而没有证据表明地理集中度对中、外（合）资人身险公司的风险水平产生了重要影响。在控制变量方面，公司规模、权益比率、所有权类型对于公司利润和风险的影响均与前文中的分析一致。

表 10-6　　　　　　地理集中度对人身险公司利润的影响

| | \multicolumn{6}{c}{Return (ROA)} |
	(1)	(2)	(3)	(4)	(5)	(6)
Concentration 的度量	HHI	Entropy	HHI	Entropy	HHI	Entropy
Concentration	0.3308***	0.1663***	0.4174*	0.1816*	0.3897*	0.1560
	(0.1030)	(0.0605)	(0.2290)	(0.1077)	(0.2333)	(0.1078)
Concentration × D_Ownership			-0.1130	-0.0222	-0.0883	-0.0035
			(0.2166)	(0.0974)	(0.2190)	(0.0964)
Size	0.1488***	0.1552***	0.1524***	0.1569***	0.1461***	0.1484***
	(0.0165)	(0.0191)	(0.0197)	(0.0223)	(0.0191)	(0.0220)
Equity	0.1760	0.1807	0.2000	0.2227*	0.1526	0.1724
	(0.1130)	(0.1105)	(0.1215)	(0.1233)	(0.1156)	(0.1170)
D_Ownership	0.1511***	0.1400***	0.2008*	0.1166	0.1852	0.1342
	(0.0545)	(0.0536)	(0.1118)	(0.1157)	(0.1146)	(0.1154)
常数项	-2.7651***	-2.5365***	-2.8561***	-2.5445***	-2.7458***	-2.4424***
	(0.3202)	(0.2953)	(0.3965)	(0.3046)	(0.4078)	(0.3107)
年度固定效应	√	√	√	√		
adj. R^2	0.299	0.296	0.297	0.293	0.238	0.233
观察值数	284	284	284	284	284	284

注：Concentration 表示产品集中度，采取 HHI 和 Entropy 两种度量。系数估计值下方（）内为 Newey-West 标准误。*、**、*** 分别表示在 10%、5%、1% 的水平上显著。年度固定效应代表 2007—2012 年的 5 个虚拟变量。

表 10-7　　　　　　地理集中度对人身险公司风险的影响

| | \multicolumn{6}{c}{Risk (Ln)} |
	(1)	(2)	(3)	(4)	(5)	(6)
Concentration 的度量	HHI	Entropy	HHI	Entropy	HHI	Entropy
Concentration	-0.3943	-0.2027	-0.6935	-0.2811	-0.7108	-0.2682
	(0.2734)	(0.1489)	(0.4245)	(0.2026)	(0.4760)	(0.2190)
Concentration × D_Ownership			0.3894	0.1168	0.3842	0.1222
			(0.4255)	(0.2011)	(0.4835)	(0.2225)
Size	-0.0908**	-0.0991**	-0.1036**	-0.1082**	-0.1211***	-0.1218***
	(0.0395)	(0.0426)	(0.0411)	(0.0438)	(0.0420)	(0.0456)

续表

	Risk (Ln)					
	(1)	(2)	(3)	(4)	(5)	(6)
Concentration 的度量	HHI	Entropy	HHI	Entropy	HHI	Entropy
Equity	-1.1236*** (0.2991)	-1.1595*** (0.2959)	-1.2055*** (0.3142)	-1.2204*** (0.3127)	-1.0464*** (0.3513)	-1.0782*** (0.3529)
D_Ownership	-0.1988 (0.1251)	-0.1848 (0.1398)	-0.3707* (0.2125)	-0.0621 (0.2721)	-0.4022* (0.2322)	-0.0975 (0.2975)
常数项	-1.7385** (0.7391)	-2.0057*** (0.6313)	-1.4223* (0.7971)	-1.9605*** (0.6256)	-1.0833 (0.8418)	-1.6720** (0.6694)
年度固定效应	√	√	√	√		
adj. R^2	0.226	0.225	0.225	0.223	0.052	0.049
观察值数	284	284	284	284	284	284

注：Concentration 表示产品集中度，采取 HHI 和 Entropy 两种度量。系数估计值下方（）内为 Newey-West 标准误。*、**、*** 分别表示在10%、5%、1%的水平上显著。年度固定效应代表 2007—2012 年的 5 个虚拟变量。

五 小结和对策建议

从理论上讲，业务集中度对公司绩效（包括收益和风险）有正反两方面的影响。提高业务集中度对公司绩效的正向影响包括：提高专业化经验和优势，降低代理成本，减少过度投资或投资不足问题，避免不同业务部门之间的交叉补贴。提高业务集中度对绩效的负向影响主要包括：降低获得联合生产多种产品服务带来的范围经济效果，减少进行交叉营销和共享信息的好处，不利于建立内部资金配置市场，不能通过组合效应平滑收益和降低风险，减少了潜在的收购者进而减少了公司提高治理水平的压力。这些理论适用于任何行业；保险业具有高度信息不对称、收益实现的滞后性、高负债和高传染性等特点，因而保险公司的业务决策是比一般企业更加需要考虑风险因素。

我们基于中国 52 家人身险公司的面板数据，研究了人身险公司的业务集中程度如何影响公司的利润和风险。我们从产品类型、销售渠道和地理区域3个维度考察了保险公司的业务集中度，论证和采用了退保率衡量中国人身险公司的风险，关注了公司所有权类型与集中度之间的交互作用。我们发现，产品、渠道、地理3个维度的集中度对公司利润状况、风险状况的影响存在着较大差异；对中资人身险公司和外（合）资人身险公司的影响显著不同。具体而言，对于中资人身险公司来说，产品集中度对利润的影响负向显著，对风险的影响正向显著；渠道和地理集中度对利润的影响正向显著。对于外（合）资人身险公司来说，产品、渠道、地理3个维度的集中度对公司利润的影响都是正向显著的，而对风险的影响均为负向。从产品集中度对利润的正向影响、产品和渠道集中度对风险的负向影响程度来看，外（合）资人身险公司均比中资人身险公司更强，由此说明，外（合）资人身险公司更能够从专业化经营中受益。

  本章的研究有助于保险公司管理者和政策制定者更好地认识业务集中度对公司经营的影响。为了提高利润和降低风险，中资人身险公司可以降低产品集中度，提供更加多元化的产品；提高地理集中度，减少区域上的铺摊子；而在进行渠道集中度的决策时，特别需要考虑其对利润和风险两个目标的影响。外（合）资人身险公司则应当提高产品、渠道和地理3个维度上的集中度，追求专业化收益。

第 11 章

人身险公司的承保业务与杠杆率[*]

一 问题的提出

中国自 1982 年恢复国内人身保险业务以来，人身险的保费收入由 1982 年的 159 万元增长到 2017 年的 26040 亿元，近十年来保持了年均约 50% 的增速。经营人身险业务的保险公司也从 1982 年的 1 家增长到 2017 年的 85 家。人身险行业是改革开放以来我国国民经济中增长最快的重要行业之一，中国人身险市场也成为全球同期增长最快的人身险市场之一。

保险业是经营风险的特殊行业，而风险承担需要相应的资本与之匹配，因此，业务的蓬勃发展也引起了对中国人身险公司杠杆率问题的广泛关注。经济学家张维迎曾经谈到，中国保险业处于粗放发展的扩张时期，保费收入总是大于理赔支付，虽然短期内不大可能出现支付危机，但是十几年后，保险公司就可能发生支付危机，因而位列我国金融业三大危机隐患之一。

杠杆率是这些年中国经济金融需要妥善处理的问题（李扬、张晓晶和常欣，2015），人身险公司的杠杆率决策的目标是在风险与收益平衡的基础上实现企业价值最大化。人身险公司的资本问题既包括资本总量问题，又包括资本结构问题，而后者更具复杂性。资本结构是

---

[*] 本章内容感谢国家社会科学基金项目（18CJY063）的资助。

指企业各种资本的价值构成及其比例,主要表现为权益资本和债务资本的比重问题。各部门、各行业的杠杆率均有其特殊性,人身险公司的承保业务在险种结构、交费结构、期限结构、分散程度等方面的特征将影响公司的风险状况,进而影响其杠杆率决策。

本章整合了人身险公司的财务数据与丰富的承保业务数据,从产品的保险责任、收入持续性、分散化、分出与自留、期限结构等方面探索承保业务对人身险公司杠杆率的影响。本章将保险公司杠杆率的调整速度表示为一系列由公司特征决定的内生变量,丰富了有关产品业务与杠杆率关系的经验研究。在实践中,本章研究希望能为快速发展中的中国人身险公司综合管理业务成本和风险成本提供一定的参考。

本章随后部分按如下顺序展开:第 2 部分本节回归相关文献;第 3 部分提出若干关于承保业务特征影响人身险公司杠杆率及其调整速度的假设;第 4 部分介绍计量模型、控制变量和数据;第 5 部分报告和分析经验研究结果;第 6 部分总结本章并提出对策建议。

二 相关文献回顾

杠杆率是公司金融学研究的一个经典领域。自 1958 年 Modigliani-Miller(MM)理论提出后,学者们通过放松 MM 理论的若干假设前提,如税收差异、破产成本、信息不对称等,逐渐形成了众多的公司资本结构理论,如静态权衡理论、优序融资理论为代表的不对称信息理论、代理成本理论、产品市场理论、控制权驱动理论、动态权衡理论、市场择时理论等(Harris 和 Raviv,1991;Myers,2003;唐国正和刘力,2006)。本章主要介绍资本结构的产品市场理论、动态权衡理论以及对保险公司杠杆率的专门研究。

(一)产品市场状况和企业杠杆率

传统上,资本结构属于公司金融学的研究领域,产品市场则属于产业组织学的研究领域。由于企业的杠杆率是根据外部环境和内部环境的变化不断进行调整的过程，产品市场状况和企业自身的产品结构也会影响到企业的杠杆率决策。

Brander 和 Lewis（1986）率先研究了企业杠杆率与企业所处产品市场竞争环境、企业竞争地位之间的关系。他们通过改进的两阶段双寡头古诺竞争模型说明，在产品市场不确定的环境下，由于股东的有限责任，公司可以将债务融资作为一种信号承诺以获得战略优势，所以产品市场状况事前就会影响公司的杠杆率决策。Schnitzer 和 Wambach（1998）认为，企业内部融资和外部融资决策与企业产品定价行为之间存在联系，企业资本决策依赖于所处的产品市场的特征。Lyandres（2006）的研究发现，产品市场竞争程度对公司杠杆率的影响为正向显著。Jiang 等（2017）对中国银行业的研究发现，市场竞争程度越高，银行向最优目标资本的调整速度越快，此外，小型银行和非国有银行的资本结构调整速度更快。

国内学者 Bai 和 Li（2000）通过一个一般化的模型，研究了产品市场特性对公司杠杆率的影响，并介绍了该领域的国际研究进展。朱武祥、陈寒梅和吴迅（2002）建立了一个两阶段寡头模型，并通过对燕京啤酒的案例分析发现，公司面临的竞争环境越激烈，其选择的债务规模越低。刘志彪、姜付秀和卢二坡（2003）发现中国上市公司的杠杆率与产品市场竞争强度之间呈显著的正相关。赵蒲和孙爱英（2004）发现中国上市公司的财务行为与公司竞争战略间的相关性不显著，从而认为中国上市公司的杠杆率决策较少考虑所处的产品市场状况。姜付秀等（2008）利用中国上市公司 1999—2004 年的数据发现，无论是从静态角度还是动态角度，企业所在产品市场竞争程度对其偏离目标杠杆率幅度的影响显著为负，但对杠杆率调整速度的影响并不显著。钟田丽和范宇（2004）以净资产收益率的均值及其变动程度衡量企业产品市场的竞争程度，利用 2000—2002 年中国上市公司的数据却发现，产品市场竞争越激烈，公司的杠杆率越高。他们认为这种极不匹配的现象说明，中国上市公司同时存在着股权融资过度和股权融资不足两种低效率。王丽珍（2012）通过拓展经典的期权定价理论模型，构建了关于产品价格、资本结构和组合风险的联立方程模型，进行了三阶段最小二乘估计。

（二）动态权衡理论

权衡理论认为公司通过权衡股权融资和债权融资的成本和收益形成最优的杠杆率；动态权衡理论进一步认为，由于调整杠杆率存在固定性成本，公司将离散地把杠杆率调整到特定范围内，而不是一步调整到某一水平（Fischer 等，1989）。在经验研究方面，Jalilvand 和 Harris（1984）发现，企业的杠杆率具有向长期运营目标部分调整的特征。Fischer 等（1989）将调整成本引入杠杆率的经验研究中，通过考察若干年间样本企业的杠杆率在最大值和最小值之间的变化，研究了企业杠杆率波动的决定因素。Fama 和 French（2002）使用部分调整模型发现，美国上市公司杠杆率的调整速度很低，平均在8%—15%，难以支持权衡理论。Flannery 和 Rangan（2006）研究得到的平均调整速度则为34.4%。Leary 和 Roberts（2005）发现，公司股票流动性（衡量股票市场的摩擦程度）对其杠杆率调整速度的影响显著为正。Hackbarth、Miao 和 Morelle（2006）、Cook 和 Tang（2010）研究了经济周期对杠杆率动态调整的影响发现，在宏观经济状况景气时，企业调整杠杆率更为频繁，调整速度更快。

国内不少学者在动态调整的框架下研究了中国上市公司的杠杆率问题。肖作平（2004）较早地估计了一个准动态模型发现，中国上市公司的杠杆率与资产有形性、公司规模、产品独特性正相关，而与公司成长性、资产流动性、内部资源能力负相关；杠杆率调整的平均系数为0.8，高于美英等发达国家。连玉君和钟经樊（2007）将杠杆率调整速度设定为受公司特征因素影响的内生变量，采取非线性最小二乘估计发现，调整速度受到公司所属行业、公司规模、成长性和杠杆率偏离最优水平程度等因素的影响；平均的调整系数为0.3，低于发达国家。孔爱国和薛光煜（2005）、陈辉、顾乃康和万小勇（2010）研究了公司股票的波动性和流动性对公司杠杆率调整速度的影响，何靖（2010）研究了宏观经济环境对公司杠杆率调整速度的影响。本领域的研究还包括王陆和赵俊（2004），童勇（2004），屈耀辉（2006），王正位、赵冬青和朱武祥（2007），黄辉（2010），李喜梅和胡棋智（2011），闵亮和沈悦（2011）。

（三）保险公司的杠杆率

保险公司的杠杆率亦是权衡权益融资和负债融资的成本与收益的结果（Cummins 和 Grace，1994；Cagle 和 Harrington，1995）。（1）保险公司应当保持充足的资本金，负债水平不能太高。这是因为：①保险公司的财务稳定性影响了被保险人的选择，同等情况下，被保险人将会从杠杆率更低的保险公司购买保险，这使得高杠杆率的保险公司面临着保单销售下降的压力（Cummins 和 Danzon，1997）；②负债融资将会提高公司的破产成本和财务危机成本，而特许权价值的丧失使得保险公司的破产成本往往是巨大的（Harrington 和 Epermanis，2006）。（2）保险公司负债程度不应太低，原因在于，权益融资是有成本的，如管理成本、税收成本、代理成本、信息不对称成本等，并且保险业是很缺乏透明性的行业，故保险公司的信息不对称成本和代理成本是比较严重的（Morgan，2002；Pottier 和 Sommer，2006）。

一些文献研究了保险公司杠杆率的具体影响因素。Meyers（1989）通过一个理论模型和模拟分析发现，承保周期、损失准备金的不确定性作为承保风险的衡量，会影响保险公司的杠杆率。Guo 和 Winter（1997）利用美国 1155 家财产险公司的截面数据发现，财产险公司的获利能力越强、公司规模越大、业务分散性越好，其杠杆率就越低。Cummins 和 Nini（2002）分析了破产成本、信息不对称、代理成本等如何影响财产险公司的杠杆率，进而以美国 1993—1998 年的财产险公司为样本发现，业务的分出程度、业务的期限结构、业务的成长性显著影响了财产险公司的杠杆率。Carayannopoulos 和 Kelly（2004）发现，业务的分出程度、业务分散化对加拿大财产险公司杠杆率的影响不显著。Shiu（2011）发现，财产险公司越多地使用再保险和衍生金融工具，其杠杆率越高。

目前很少文献考虑到保险公司的杠杆率需要逐步调整。Cummins 和 Sommer（1996）假设杠杆率的调整速度为恒定，利用 1979—1990 年 A. M. Best 数据库中财产险公司的样本发现，公司杠杆率的平均调整系数为 0.904，即平均而言，公司在一年中能够调整偏离最优杠杆率缺口的 90.4%，非常快。Cheng 和 Weiss（2012）以 1994—2003 年美国所有的财产险公司为样本发现，杠杆率调整系数只介于 0.2—0.3，比较慢，并且股份制和相互制财产险公司的平均调整速度没有显著差异。

国内关于保险公司杠杆率的研究还很有限。周铭山（2002）较早使用公司金融学、资产定价学等理论研究了保险公司的杠杆率问题。卓志和刘芳（2004）通过比较中外几家主要保险公司（集团）的业务规模、资本总量和资本构成，提出了中国人身险公司提高业务质量和优化杠杆率的若干建议。徐华（2005）经验研究了中国人身险公司杠杆率的影响因素，研究发现，人身险公司的杠杆率主要受公司规模和公司收益波动性的影响，而公司获利能力和信息不对称问题的影响并不显著。

三　理论分析与研究假设

人身险公司的杠杆率是动态权衡负债融资与权益融资的成本与收益，并不断进行调整的结果。承保业务状况决定了人身险公司面临的未来赔付，会影响到公司的财务稳定性和资本决策。本节提出若干关于承保业务状况影响人身险公司目标杠杆率（假设1—假设6）及其调整速度（假设7—假设9）的假设。

（一）承保业务影响目标杠杆率

1. 业务规模。一般认为，业务规模和目标杠杆率正相关，原因在于：破产成本中包含着固定成本，破产成本对于大公司相对更小，这使得大公司更偏好债权融资（Scott 和 Martin，1975）。大公司的业务往往更为分散，多元化经营程度也更高（Titman 和 Wessels，1988）；大公司比小公司通常会更好地做到信息公开化，债权融资能力受到信息不对称问题的影响更小（Fama 和 Jensen，1983）。人身险公司业务规模和目标杠杆率正相关的原因还在于：（1）保险运行的数理基础是大数法则，保险公司在汇集风险的同时实现了风险分散，因而业务规模越大，未来真实的赔付水平就越接近于精算预期的赔付水平，经营便会更加稳定；（2）在"国家信用"担保的背景下，金融机构容易出现"大而不倒"（too big to fail）的预期，所以债权人也往往对大公司更有信心。Shiu（2011）的研究发现，业务量对财产险公司权益资本需求的影响为负向显著；Cummins 和 Phillips（2005）认为，业务量对保险公司杠杆率的影响程度要远远大于其他行业。基于此，得到：

假设 $H1$：人身险公司的业务规模（$Size$）正向影响其目标杠杆率。

2. 传统型业务比重。寿险产品按照保障性和投资性的不同侧重可以分为传统型（traditional）寿险和投资型（investment-oriented）寿险。传统型寿险是指，保单持有人所缴保险费按照一个承保时约定的利率或仅通过分红增加的进行积累，保险金额在保单持续期内保持不变的人寿保险。投资型寿险是指，人身险公司将收到的保费分成基金单位或者为每位被保险人设立类似银行存款的专门账户，保单价值的积累利率直接取决于人身险公司投资业绩的人寿保险。现代寿险业300多年前起源于欧洲，此后寿险产品都为传统型。直到20世纪70年代，欧美国家进入了高通货膨胀及高利率时期，固定利率的传统保险失去竞争力，以万能险和投连险为代表的投资型寿险应运而生并蓬勃发展起来。中国寿险业自1982年复业，此后十几年中经营的都是传统型产品。直到2000年前后，由于国家7次下调利率，其中一年期定存中的普通寿险利率从10.98%陡降至2.25%，普通寿险遭遇严重的"利差损"问题，各家人身险公司借鉴发达国家寿险业的发展经验相继推出了投资型寿险产品。

传统寿险产品以固定交费、固定给付为特征，如果人身险公司未来资金运用收益率低于预定利率，那么人身险公司将承受利差损；反之，人身险公司虽然享受了利差益，但保单持有人可以行使退保权相对抗，这便增加了人身险公司收支预期的不确定性和现金流风险。投资型寿险的保单现金价值或保险金额并不事先确定，人身险公司并不承诺投资回报率，这使得投资型寿险的投资风险从人身险公司转移至保单持有人。Cummins 和 Lamm-Tennant（1994）指出，不同保险产品具有不同的风险特征，这是决定保险公司权益成本和杠杆率的一个重要因素。我们认为，传统寿险和投资型寿险是寿险产品的一种重要分类，应该说，前者的经营风险高于后者，前者需要的权益资本支持也多于后者。基于此，得到：

假设 H2：人身险公司传统型业务比重（Trad）负向影响其目标杠杆率。

3. 业务持续性。人身险产品的交费方式包括趸缴和期缴两类，其中趸缴是指一次缴纳全部保险费，期缴是指分期缴纳保险费（具体包括年缴、半年缴、月缴等）。趸缴保费无持续性可言，续单保费业务则有较高的持续性，这是因为：消费者在某一时期按照当时信息形成了购买长期人身险的决策，那么如果随后期间经济形势或消费者自身状况发生变化，该消费者想要减少长期人身险产品的持有，但是由于长期人身险保单在中国尚无二级市场可以流通转让，且退保或保单失效的成本很大，因此，大多时候该消费者仍会选择继续支付保费。长期期缴保险产品交费的这种黏性也可被称为"棘轮效应"。我们认为，人身险公司保费收入中续单业务的占比越高，其业务的持续性就越强，现金流和财务的稳定性就越强，同等情况下，人身险公司便可以持有更低的权益资本。基于此，得到：

假设 H3：人身险公司业务的持续性（Continuity）正向影响其目标杠杆率。

4. 业务分散化。风险分散化是保险业经营的一个重要原则，业务来源越分散，承保标的风险之间的独立性就越高，发生的系统性损失就越低，所以业务分散化会提高保险公司偿付支出的稳定性，降低用以应对非预期损失的资本要求。业务分散化可以体现为产品线上的分散化和地理分散化，由于人身险公司的承保标的是人的寿命和身体，故本章主要考虑地理分散化。我们使用人身险公司在各省级单位保费收入的赫芬达尔指数（HHI），即各省级单位保费收入在总保费收入中占比的平方之和，衡量其业务的分散化程度。业务分散程度越高（集中程度越低），表现为 HHI 越小。基于此，得到：

假设 $H4$：人身险公司业务分散化正向（HHI 反向）影响其目标杠杆率。

5. 业务的分出程度。保险公司通过购买再保险将部分承保责任分出至再保险公司，扩大了自身的承保能力，实现了风险的进一步分散。再保险可以视为一种非预期损失发生时的应急资本，Hoerger、Sloan 和 Hassan（1990）发现购买再保险会降低原保险公司的破产概率和破产成本；Shiu（2011）发现，财产险公司的分出业务越多，其杠杆率越低。与以往文献相同，我们使用人身险公司分出保费支出占当期保费收入的比重衡量其业务的分出程度，得到：

假设 $H5$：人身险公司业务的分出程度（$Reinsu$）正向影响其目标杠杆率。

6. 业务的期限结构。保险公司的保费收入在前，保单给付在后。人身险产品以人的身体为保险对象，多为长期性产品，承保期间往往长达十几年、几十年，因而人身险公司从收取保险费到给付保险金之间有较长的一段时间差。人身险公司收取保费时在位的管理者往往不是保险赔付支出发生时在位的管理者，因此，人身险公司的管理者更有激励利用公司资金服务于自身利益，从而损害公司股东的利益。人身险公司承保业务的期限结构越长，即业务越具有长尾性（long tail），那么股东和管理者之间的这种委托代理问题就越严重，使得人身险公司权益融资的成本就越高，权益融资比重越低。

我们使用人身险公司的"保险责任准备金总额/当年发生的赔付

及退保金"作为承保业务期限结构的代理变量,这借鉴了 Cummins 和 Nini(2002)的做法。由于保险责任准备金是公司用于承担以后各年度发生的保单赔付责任的准备,而当年发生的赔付及退保金则是为履行当前年度实际发生的保单责任的支出,那么,前者与后者的比值越大,人身险公司承保业务的期限结构就越长,所以得到:

假设 H6:人身险公司业务的期限结构(Interval)正向影响其目标杠杆率。

(二)承保业务影响杠杆率调整速度

1. 业务规模。业务规模大的公司调整杠杆率所需要的资金规模往往更大,这使得调整成本中固定性成本对大公司而言是相对小的,因而大公司调整杠杆率受成本制约的程度更小(Jalilvand 和 Harris,1984)。此外,一般而言,大公司的信息披露比较即时和规范,其信息不对称程度相对低,这也使得杠杆率调整成本中的制度性成本对于大公司也更低。基于此,得到:

假设 H7:人身险公司的业务规模(Size)正向影响杠杆率的调整速度。

2. 业务持续性。人身险公司的业务收入分为新单保费收入和续单保费收入。续单业务收入具有较高的持续性,这种持续性一方面提高了公司经营的稳定性,另一方面也使得人身险公司调整杠杆率受到限制。这是因为,除非极个别的情形出现,人身险公司作为承保方不能解除或主动终止人身险合同,这使得人身险公司即使主观上想要降低杠杆率,但对于续单业务仍需要分期提取相应的准备金负债。同等情况下,人身险业务的持续性越高,其调整杠杆率受到的限制就越大。基于此,得到:

假设 H8:人身险公司业务的持续性(Continuity)负向影响杠杆率的调整速度。

3. 业务成长性。调整杠杆率可以分为流量调整和存量调整,前者的调整空间大于后者,调整成本低于后者。快速成长的人身险公司对资本的需求更为强烈，通常进行调整空间更大的流量调整，并且快速成长的人身险公司大多更为"年轻"，内源融资受到限制，但它们具有很好的未来发展预期，所以往往借助调整空间更大的外源融资实现调整。对于发展已经成熟的人身险公司，一般需要进行存量调整，然而，无论是债务转换为权益还是相反，都会给市场传递负面信号，从而降低公司的市场价值，故很多公司不愿意做这种"捡芝麻丢西瓜"的事情（黄辉，2010）。我们使用人身险公司下一年度保费收入的增速（Grow）衡量其业务成长性，可以得到：

假设 H9：人身险公司业务成长性（Grow）正向影响杠杆率的调整速度。

四 回归设计：模型、变量和数据

(一) 模型

借鉴 Ayuso（2004）提出的、关于金融机构的最优资本的模型。基于真实投资，代表性人身险公司的资本存量：

$$K_t = K_{t-1} + I_t \tag{11.1}$$

其中，K_t 是 t 时期末的资本水平；I_t 代表了资本发行（正号）或回购（负号），也包括了留存利润。资本发行或回购是先决定的，但留存利润在每一期初是未知的，到期末才知道，所以公司每一期的资本水平在每一期末才知道。

人身险公司决定资本水平是权衡了 3 种与资本水平相关的成本的。(1) 持有资本是有直接成本的。(2) 持有资本减少了破产和财务困境的概率，包括特许权价值的损失、声誉损失、法律成本以及破产清算过程，较高的资本水平降低了保险公司不能达标的概率。(3) 资本调整成本。根据这些假设，所有的成本可以表示为：

$$C_t = (\alpha_t - \gamma_t)K_t + (1/2)\delta_t I_t^2 \tag{11.2}$$

其中，α_t 是资本的持有成本，γ_t 是失败成本（含无法达到监管要求的成本），δ_t 是调整成本。

根据这些设定，单个人身险公司最小化跨期成本是通过求解如下问题：

$$\text{Min}_{\{I_t, I_{t+1}, \cdots\}} E_t \left(\sum_{i=0}^{\infty} \beta^i C_{t+i} \right)$$

$$s.t. \ C_t = (\alpha_t - \gamma_t) K_t + (1/2) \delta_t I_t^2$$

$$K_t = K_{t-1} + I_t \tag{11.3}$$

此最优化问题的一阶条件改写为：

$$I_t = E_t \left[\frac{1}{\delta_t} \sum_{i=0}^{\infty} \beta^i (\gamma_{t+i} - \alpha_{t+i}) \right] \tag{11.4}$$

所以，

$$E_t(K_t) = K_{t-1} + E_t \left[\frac{1}{\delta_t} \sum_{i=0}^{\infty} \beta^i (\gamma_{t+i} - \alpha_{t+i}) \right] \tag{11.5}$$

本章分析人身险公司杠杆率的动态调整过程，经验研究中采用Nerlove部分调整模型（partial adjustment model），该模型已经被广泛用于动态杠杆率领域的经验研究。

$$Leverage_{i,t} - Leverage_{i,t-1} = \delta_{i,t} (Leverage_{i,t}^* - Leverage_{i,t-1}) \ \delta_{i,t} =$$
$$(Leverage_{i,t} - Leverage_{i,t-1}) / (Leverage_{i,t}^* - Leverage_{i,t-1}) \tag{11.6}$$

其中，$Leverage_{i,t}^*$ 和 $Leverage_{i,t}$ 分别是第 i 家人身险公司在第 t 年的目标杠杆率和实际杠杆率。本章使用账面资产负债率度量保险公司的杠杆率，即 $Leverage$ = 总负债/总资产 = 总负债/（总负债 + 所有者权益）。由于大多数保险公司并非上市公司，故本章无法同时考察市值杠杆率。

$Leverage_{i,t}^*$ 并不能直接观测。Hovakimian、Opler 和 Titman（2001）、Flannery 和 Rangan（2006）建议选择恰当的变量将 $Leverage_{i,t}^*$ 拟合出来，将人身险公司的目标杠杆率表示如下：

$$Leverage_{i,t}^* = \alpha_0 + \sum_j \alpha_j X_{j,i,t-1} + \gamma year_t$$
$$X \equiv (Size, Trad, Continuity, HHI, Reinsu, Interval, Foreign)$$
$$\tag{11.7}$$

其中，$X_{j,i,t-1}$ 表示影响第 i 家人身险公司第 t 年目标杠杆率的第 j 个因素，α_j 为相应的影响系数。

(11.7) 式中 $\delta_{i,t}$ 为人身险公司的杠杆率的调整系数,衡量公司调整杠杆率的快慢。若 $\delta_{i,t}=0$,表明公司调整成本大于经由调整获得的收益,以至于公司在第 $t-1$ 年的杠杆率仍然保持在前 1 年度的水平上。若 $\delta_{i,t}=1$,说明人身险公司可以在 1 个期间内实现完全调整,即不存在调整成本。若 $0<\delta_{i,t}<1$,说明人身险公司调整资本受到一些限制,只能进行部分调整。同样地,$\delta_{i,t}$ 亦是不能观测的,设定其为一些影响因素的线性函数:

$$\delta_{i,t} = \beta_0 + \sum_k \beta_k Y_{k,i,t} + \lambda year_t$$
$$Y \equiv (Size, Continuity, Grow, Foreign, Distance) \quad (11.8)$$

其中,$Y_{k,i,t}$ 表示影响第 i 家人身险公司第 t 年的杠杆率调整速度的第 k 个因素,β_k 为相应的影响系数。

(二) 估计方法

在 (11.6) 式的基础上,得到使用的计量模型如下:

$$Leverage_{i,t} = \delta_{i,t} Leverage_{i,t}^* + (1-\delta_{i,t}) Leverage_{i,t-1} + \varepsilon_{i,t} \quad (11.9)$$

其中,$Leverage_{i,t}^*$ 和 $\delta_{i,t}$ 分别由 (11.7) 式和 (11.8) 式确定,$\varepsilon_{i,t}$ 为随机扰动项。由于整个模型为非线性,我们采取非线性最小二乘法 (nonliner least squares,NLS) 估计该模型,迭代方法选择了高斯 – 牛顿 (Gauss-Newton) 法。对于各个待估参数的初始值,本章按照连玉君和钟经樊 (2007)、Cook 和 Tang (2010) 的做法。第 1 步,估计下面的静态模型:

$$Leverage_{i,t} = \alpha_0 + \sum_j \alpha_j X_{j,i,t-1} + \gamma year_t + \varepsilon_{i,t} \quad (11.10)$$

得到诸个 α 的估计值作为其初始值。第 2 步,将 (11.5) 式中因变量的拟合值代替 (11.6) 式中的 $Leverage_{i,t}^*$,通过 $\delta_{i,t} = (Debt_{i,t} - Debt_{i,t-1}) / (Debt_{i,t}^* - Debt_{i,t-1})$,计算得到一组 $\delta_{i,t}$ 的值作为其初始值。第 3 步,利用从第 2 步中得到的 $\delta_{i,t}$ 的初始值,估计 (11.8) 式,得到诸个 β 的初始值。

为了进行对比,本章还估计了静态模型和准动态模型。静态模型

是假设调整系数 $\delta_{i,t}$ 始终等于 1，即人身险公司的杠杆率始终处于最优水平之上。对此，只需单独估计（11.7）式。准静态模型假设公司会向最优杠杆率逐步调整，但调整系数 $\delta_{i,t} = \delta_0$，是一个常数。对此，需要估计下式：

$$Leverage_{i,t} = \delta_0 Leverage^*_{i,t} + (1-\delta_0) Leverage_{i,t-1} + \varepsilon_{i,t} \qquad (11.11)$$

（三）控制变量

除了上述代表承保业务特征的自变量外，我们还将人身险公司的所有权类型和实际杠杆率偏离目标杠杆率的距离作为两个控制变量。

中国大陆地区营业的人身险公司包括中资公司和合（外）资公司。合资人身险公司是指境外股东持股比例高于 25% 但未超过 50% 的人身险公司①。中资公司往往是一家股东处于绝对或相对控股地位。合资公司的外方股东为历史悠久的国际大型金融保险企业，中方股东多为大型央企和地方政府，双方优势的互补性很强。合资公司的股权结构和高管构成往往呈现双寡头格局，即中外股东持有的股份比重往往相当，公司的董事长、总经理等关键职位由中外股东分别派遣。因此，所有权类型（Foreign）可能影响人身险公司的杠杆率及其调整速度。

实际杠杆率偏离目标杠杆率的距离（$Distance = |Debt - Debt^*|$）可能影响调整速度 δ。对此，以往相关研究的结论并不一致。（1）由于调整成本中存在固定成本，公司可能只有当 Distance 足够大时才会进行调整，故 δ 与 Distance 可能表现出正相关。（2）当 Distance 较小时，公司可以通过更具灵活性和成本更低的内源融资实现更为迅速地调整，而当 Distance 较大时，公司需借助外部融资实现耗时较久的调整；当 Distance 过大时，公司可能会产生调整惰性，故 δ 与 Distance 可能表现出负相关。

---

① 根据中国保险业的"入世"承诺和相关规定，境外公司在华经营寿险需以设立合资公司的形式，且外资股东持股比例不得超过 50%。若全部境外股东持股比例超过保险公司股份总额的 25%（不足 100%），该公司就是合资保险公司。

(四) 数据处理和描述

本章的研究样本为 1998—2009 年中国大陆地区经营人身险业务的所有保险公司,这些公司的业务数据和财务数据来自历年《中国保险年鉴》。该年鉴自 1998 年开始连续出版,相应地,本章的样本期间为 1998—2009 年。本章的数据类型为非平衡面板数据,1998 年样本中共有 6 家公司,2009 年样本中共有 49 家公司,在此期间,并无公司退出样本。

本章的数据处理过程中需要说明以下几点。(1) 本章研究人身险公司,故样本中不包括经营财产、农业、责任、汽车等财产险相关险种的保险公司以及专业健康险公司。由于近几年新成立的专业养老公司原属于寿险公司,我们将它们的业务数据和财务数据合并入相应的寿险(母)公司。具体而言,将国寿养老、长江养老和平安养老分别合并入中国人寿、太平洋人寿和平安人寿[①]。(2) 太平洋保险自 2001 年起、平安保险自 2003 年起开始公布财产险和人身险分离的财务报表,故这两家公司在样本中的起始年份分别为 2001 年和 2003 年。(3) 将友邦公司在华的几家分支公司的数据合并为一家公司。(4) 对于个别公司在个别年度未在《中国保险年鉴》中公布其财务报告,我们从该公司在第二年度的比较财务报告尽量获取缺失年度(上 1 年)的财务数据。

表 11-1 为资产负债率 Leverage 在样本期间的描述统计,可知,中国人身险公司负债水平平均为 78.47%,有着不太明显的增长趋势。表 11-2 为自变量的描述统计。表 11-3 为变量之间的相关系数矩阵,可知除 Reinsu 外,诸个自变量与杠杆率 Leverage 之间的相关关系符合预期,并且大部分相关系数在 1% 的水平上显著;自变量之间的相关程度并不算高。

[①] 本章将专业养老险公司和相应寿险公司的财务数据直接加总,这在理论上可能产生合并财务报告问题。但是由于中国专业养老险公司的规模远远小于寿险公司,故本章进行直接加总的影响并不大;并且即使舍去专业养老险公司的数据,本章的实证结果改变很小。

第11章 人身险公司的承保业务与杠杆率

表 11 – 1　　　　　　　　　　杠杆率的描述统计

年度	均值	标准差	最小值	最大值	样本量
1998	0.6828	0.2882	0.3098	0.9626	6
1999	0.682	0.2724	0.4453	0.9987	8
2000	0.7627	0.3171	0.4364	1.0317	10
2001	0.7681	0.3139	0.3496	1.0735	14
2002	0.6334	0.3083	0.1796	1.0598	16
2003	0.7421	0.3079	0.191	1.0362	24
2004	0.7196	0.3180	0.2571	1.0546	27
2005	0.739	0.2684	0.2128	0.9839	35
2006	0.8206	0.2187	0.4441	0.9805	38
2007	0.8416	0.2041	0.5303	0.9817	43
2008	0.8211	0.1958	0.3548	0.9919	45
2009	0.8261	0.2173	0.3004	0.9797	49
全部	0.7847	0.2527	0.1796	1.0735	315

表 11 – 2　　　　　　　　承保业务状况的描述统计

	Size	Trad	Continuity	HHI	Reinsu	Interval	Grow	Foreign
单位	Ln（百万元）	0—1	0—1	0—1	0—1	0—1	增速	0, 1
均值	8.2139	0.5627	0.4249	0.4399	0.0235	18.7244	0.6104	0.5746
标准差	2.1414	0.2065	0.3150	0.3639	0.0725	10.9873	1.2688	0.4952
最小值	4.9224	0	0	0.4659	0.0007	1.8676	-0.3553	0
最大值	21.5539	1	0.9193	1	0.8169	93.2028	4.6580	1
样本量	315	315	315	315	315	315	266	315

表 11 - 3　　　　　　　　变量间相关系数矩阵

	Leverage	Size	Trad	Continuity	HHI	Reinsu	Interval	Grow	Foreign
Leverage	1								
Size	0.4882*	1							
Trad	-0.1858*	-0.1490	1						
Continuity	0.2627*	0.1607*	-0.0001	1					
HHI	-0.4483*	-0.5886*	0.1053	-0.1160	1				
Reinsu	-0.0348	0.0165	0.0138	0.0252	0.0122	1			
Interval	0.1023	0.0524	-0.0209	-0.0539	0.0251	0.0038	1		
Grow	0.1307	0.0780	-0.1392	0.1243	0.0370	-0.0430	-0.0986	1	
Foreign	-0.2125*	-0.4638*	-0.1255	0.0404	0.4492*	-0.0192	-0.0699	0.1092	1

注：* 表示在 1% 的水平上显著。

五　承保业务对人身险公司杠杆率及其调整的影响

本章分别估计了动态模型 [(11.9) 式]、静态模型 [(11.7) 式] 和准静态模型 [(11.11) 式]，相关参数估计和检验结果如表 11-4 所示。准动态模型估计的调整系数为 0.457，显著异于 0，并且显著小于静态模型假设的 $\delta_0 = 1$ （$p = 0.000$），此外，准动态模型的调整可决系数（0.6470）优于静态模型（0.4255）。较之准动态模型，动态模型将调整速度进一步放松为受公司特征变量影响的内生变量，发现其受 Continuity、Foreign、Grow 和 Distance 的影响显著，并且动态模型的调整可决系数（0.7368）又优于准动态模型（0.6470）。基于此，使用动态模型最为合理。此外，表 11-5 报告了动态模型残差序列的检验结果：不能拒绝残差序列服从正态分布和无序列相关的原假设，这进一步加强了我们使用 NLS 估计动态模型并进行统计推断的合理性。

表 11-4 回归结果

	预期符号	目标杠杆率 Debt* 静态模型	目标杠杆率 Debt* 准动态模型	目标杠杆率 Debt* 动态模型	调整速度 δ 动态模型	预期符号
Size	+	0.0716 *** (0.0123)	0.0630 *** (0.0151)	0.0409 *** (0.0112)	0.0327 (0.0303)	—
Trad	—	-0.1974 ** (0.0678)	-0.2493 *** (0.0513)	-0.2952 *** (0.0983)		
Continuity	+	0.1392 ** (0.0547)	0.0890 ** (0.0425)	0.1246 ** (0.0480)	-0.1825 ** (0.0870)	—
HHI	—	-0.1137 (0.0763)	0.0945 (0.0665)	0.07476 (0.0534)		
Reinsu	+	0.3466 * (0.1865)	0.3170 (0.2317)	0.4096 (0.2879)		
Interval	+	-0.0260 (0.602)	0.0149 (0.0375)	-0.0117 (0.0298)		
Foreign	+/-	0.0419 (0.0336)	-0.0384 (0.0445)	0.0347 (0.0441)	-0.1189 *** (0.0403)	+/-
Grow					0.0774 *** (0.0265)	+
Distance					-0.1081 * (0.0635)	+/-
Year		0.0063 (0.0060)	0.0100 (0.0084)	0.0115 (0.0083)	0.0036 (0.0049)	
δ_0			0.4572 *** (0.0367)			
常数项		-11.6351 *** (4.2153)	-14.3136 *** (5.1036)	-19.4135 *** (3.6414)	-6.7420 *** (1.3432)	
Adjusted R^2		0.4255	0.6470	0.7638		
样本量		266	266	266		

注：系数估计值下方（）内为标准误。***、**、* 分别表示在 1%、5%、10% 的水平上显著。

表 11 – 5　　　　　　　非线性最小二乘估计的残差检验

基本统计量	均值	标准差	最小值	中位数	最大值	偏度	峰度
	-0.0007	-0.2776	0.1850	0.0014	0.1850	-0.2017	3.1260
正态性检验	偏度检验	峰度检验	偏度和峰度联合检验		序列相关检验		
	$p=0.173$	$p=0.534$	$p=0.323$		$p=0.780$		

注：表中正态性检验使用 D'Agostino、Balanger 和 D'Agostino（1990）提出的检验，包括偏度检验、峰度检验、偏度和峰度联合检验，原假设是服从正态性。此外，正态性的 Shapiro – Wilk Z 检验和 Shapiro – Francia W 检验也不能拒绝正态性的原假设。如果原序列没有序列相关，那么该序列一阶差分后的自相关系数影响等于 -0.5，即为该检验的原假设。

先来分析中国人身险公司目标杠杆率的影响因素。（1）业务规模越大，人身险公司的目标杠杆率越高。除了与一般公司相同的原因外，保险行业天生具有规模经济效应，人身险公司汇集的风险越多则预期未来赔付责任的不确定性就越低。（2）传统型业务的比重越高，人身险公司的目标杠杆率越低。较之经营浮动利率机制的投资型人身险，公司经营固定预订利率的传统寿险需要承担更高的利率波动和通货膨胀率波动的风险，故需要更多的权益资本作为支撑。（3）业务的持续性越高，人身险公司的目标杠杆率越高。不难理解，期缴型人身险业务的现金流更为平稳，可预期性更强，所以流动性风险要求的权益资本就更低。（4）承保业务的地理分散化和分出程度对目标杠杆率的影响并不显著。虽然以往研究大多发现分散化和利用再保险会提高财产险公司的杠杆率，但是人身险的承保标的是人的寿命和身体，单个风险单位的保险金额较小，风险事故发生的系统性较低，所以人身险业务已经具有较强的分散性。此外，样本期间作为平衡和改善资本负债表手段的财务再保险，在国内使用得尚不普遍。因此，分散化和再保险利用对人身险公司杠杆率的影响不显著。（5）承保业务期限结构对目标杠杆率的影响亦不显著。中国人身险公司投资者主要是国家和机构，并非广泛的个人、企业群体，国内人身险市场发展得尚不成熟，因而代理问题、信息不对称因素还不能解释样本中人身险公司杠杆率的差异。

再来分析人身险公司杠杆率调整速度的影响因素。(1) 调整系数的平均值为 0.316,即平均而言,中国人身险公司在一年中能够调整偏离最优杠杆率缺口的 31.6%。这个数字明显小于 Cummins 和 Sommer (1996) 对 1979—1990 年 A. M. Best 数据库中财产险公司的估计值 (90.4%),略大于 Cheng 和 Weiss (2012) 对 1994—2003 年美国财产险公司的估计值 (20%—30%),与 Flannery 和 Rangan (2006) 对美国上市公司的估计结果 (34.4%) 较为接近。(2) 人身险公司业务的持续性越强,其杠杆率的调整速度越小。这一发现符合经济学直觉,发展期缴型人身险业务在提高公司业务持续性和现金流稳定性的同时,也增强了杠杆率的"惯性"色彩,对人身险公司调整杠杆率便形成了一定限制。(3) 人身险公司业务的成长性越强,其调整杠杆率越快。这与连玉君和钟经樊 (2007)、黄辉 (2010) 对中国上市公司的研究结论一致。成长性强的公司更为"年轻",它们的经营决策机制更为灵活,有着更好的未来预期,因而能够通过各种渠道募集所需资金并进行流量调整。(4) 中资人身险公司调整杠杆率显著快于合(外)资人身险公司,二者调整系数的差距达到了 0.1189。中资人身险公司往往是一家股东处于绝对或相对控股地位,而合(外)资人身险公司往往是中外双方各持有公司 50% 左右的股份,形成了控制权的双寡头情况。由于中外股东的背景和经营理念差异很大,在公司的发展战略、市场运作等问题上存在着更大程度的意见分歧,因此,对于调整杠杆率这样重要问题的决策和实施就更为缓慢。

六 小结和对策建议

本章结合公司资本结构理论和人身险行业特点,研究承保业务对人身险公司杠杆率及其调整的影响。我们利用中国人身险公司的面板数据,采用部分调整模型和非线性最小二乘法估计发现:对于目标杠杆率,业务规模、承保业务的持续性的影响显著为正,传统型业务比重的影响显著为负,而业务分散化、业务分出程度、业务期限结构和业务成长性的影响不显著。中国人身险公司杠杆率的调整系数平均为0.316。调整速度与业务成长性显著正相关，与业务持续性显著负相关，此外，中资人身险公司调整杠杆率显著快于合（外）资人身险公司。

本章的局限性在于以下几个方面：(1) 宏观经济环境如经济景气程度、财政政策、货币政策、利率和通胀率等已被证明会影响上市公司的杠杆率及其调整，然而，由于可获得数据的时间跨度并不大，各年度的公司数也不算多，故本章没能考察这些因素对人身险公司杠杆率决策的影响。(2) 由于保险公司大多数为非上市公司，国内已上市保险公司的上市时间也很短，所以本章无法同时将市值负债率作为杠杆率的代理变量，也未能控制公司治理状况等变量。

本章的研究结论表明，人身险公司杠杆率决策应当具有动态思维，需要关注公司经营环境等外部因素的不断变化，并与公司发展战略相统一。由于承保业务对动态杠杆率的影响很大，中国人身险公司进行产品决策时，需要从多个维度去考虑其对杠杆率及其调整的影响。

第12章

中国养老保障状况与保险公司参与分析

一 问题的提出

风险管理和养老健康财富管理是保险业的核心职能,也是这几年中国"保险姓保"的定位。较之风险管理,中国保险公司在全社会"养老健康财富管理"工作中的作用更为不足。

中国已经进入了老龄化社会,2017年,中国人口中65岁及以上人口有15831万人,占总人口的11.4%,60岁及以上人口有24090万人,占总人口的17.3%。中国未来的社会养老负担将不断加重,需要加快建设多层次养老保险体系。目前,社会基本养老保险基本实现了全覆盖,但是仅仅保障基本养老需要,替代率不断降低;企业年金主要集中于部分效益好的大型企业,而众多劳动密集型的中小企业绝大部分还处于资金积累的成长期,各项负担也比较重,参加企业年金的积极性不高;商业保险则相对灵活,参与社会养老事业的形式丰富多样。本章探讨中国养老保障状况以及保险公司如何更好地发挥其在社会养老保障体系中的作用。

以往学者们主要关注:商业养老保险和社会养老保险的异同、互补性和衔接;中国发展商业养老年金市场应注意的几方面问题;商业保险参与社会养老保障事业的经济社会效果。(1)俞自由和陈正阳(1997)讨论了社会基本养老保险和商业养老保险的区别和联系,分析了上海地区社会养老保险替代率，认为二者是互补的。李光勇和曾珠（2002）的国际比较研究发现，美国、瑞士等国的养老保障体系已形成基本养老保险、补充性职业养老保险和个人储蓄及商业保险并存的格局，商业养老保险的作用越发重要。Holzmann 和 Hinz（2006）提出未来应该打破传统的以社会基本养老保障、企业年金和商业保险组成的三层次的固定思维格式，构建更多层次的养老保障体系，尤其是要强化个体自愿性养老保险计划，即个人储蓄和商业性养老保险计划。（2）孙祁祥和朱俊生（2013）回顾了中国商业年金的发展模式与变革，分析了现实困境与形成机理，并结合国际经验提出了中国商业年金市场的未来发展战略与相关政策建议。（3）Pecchenino 和 Pollard（1997）发现，人们的财富进行完全年金化（即使精算公平）一般不是动态最优的，这取决于预期退休年龄和现收现付制下的社会保障税，此外，商业年金发展将减少政府在基金积累制养老保险体系下能够控制的资源。Heijdra 和 Mierau（2012）发现，年金市场不完美降低了储蓄从而降低了经济增长，特别是在采用局部的一般均衡分析时。

本章随后部分按如下顺序展开：第 2 部分分析中国老龄化和老年人收入状况，并进行国际比较，第 3 部分分析中国养老保障的三个支柱，特别是保险公司的作用，第 4 部分总结本章并提出对策建议。

二 中国老龄化和老年人收入状况

中国已进入老龄化社会，未来的养老负担将不断加重，养老保障形势严峻。

（一）中国老龄化状况

随着中国老年人口逐步增加，全社会养老负担越来越重。根据联合国经济和社会事务部人口司的数据（见表 12-1），可以发现：中国的老年负担系数（65 岁及以上人口数/15—64 岁人口数的比重）自 20 世纪 70 年代起不断上升，2010 年为 11.3%，与世界平均水平 11.6% 基本持平，低于美国（19.5%）、日本（35.5%）和西欧（27.7%）为代表的发达国家（23.6%），低于金砖国家中的俄罗斯（17.7%），高于印度（7.6%）、巴西（10.4%）和南非（7.1%）。中国过去几十年中养老负担并不严重，事实上，使用养老负担系数所衡量的"人口红利"（demographic dividend）一定程度上解释了上述世界主要经济体在过去较长时间中的经济增速（Bloom、Canning 和 Sevilla，2003）。

表 12-1　　　　　中国和世界的老年负担系数　　　　　单位：%

年份	1950	1955	1960	1970	1980	1990	2000	2005	2010
中国大陆	7.4	7.1	7.1	7.1	8.7	9.0	10.4	10.7	11.3
全世界整体	8.5	8.6	8.8	9.3	10.1	10.2	10.9	11.3	11.6
发达国家整体	12.2	12.8	13.6	15.4	17.7	18.7	21.3	22.6	23.6
美国	12.8	14.3	15.3	15.9	17.1	19.0	18.7	18.4	19.5
日本	8.3	8.7	8.9	10.2	13.4	17.1	25.2	29.9	35.5
西欧	15.3	16.4	17.5	20.8	22.4	21.3	23.8	26.2	27.7
不发达国家（除中国）	6.2	6.2	6.1	6.5	6.7	6.8	7.3	7.7	7.9
印度	5.3	5.4	5.4	5.8	6.3	6.5	6.9	7.3	7.6
俄罗斯	9.5	9.5	9.9	11.7	15.0	15.3	17.9	19.3	17.7
巴西	5.4	5.5	5.9	6.5	6.9	7.4	8.5	9.5	10.4
南非	6.2	6.7	7.0	6.3	5.6	5.5	5.9	6.4	7.1
最不发达国家	5.9	5.6	5.5	5.7	6.0	6.0	6.0	6.0	6.0

资料来源：Department of Economic and Social Affairs, U.N., World Population Prospects: The 2010 Revision。

随着经济社会发展以及计划生育政策实施，1986 年后中国出生率开始降低，目前处于较低水平（见图 12-1 和图 12-2）；死亡率一直保持在较低水平（见图 12-2）；中国的人口预期寿命不断提高（见图 12-3），1995—2000 年突破了 70 岁，预计将于 2055—2060 年突破 80 岁。这些因素是中国人口老龄化进程加快和老龄负担系数不断提高的人口因素。

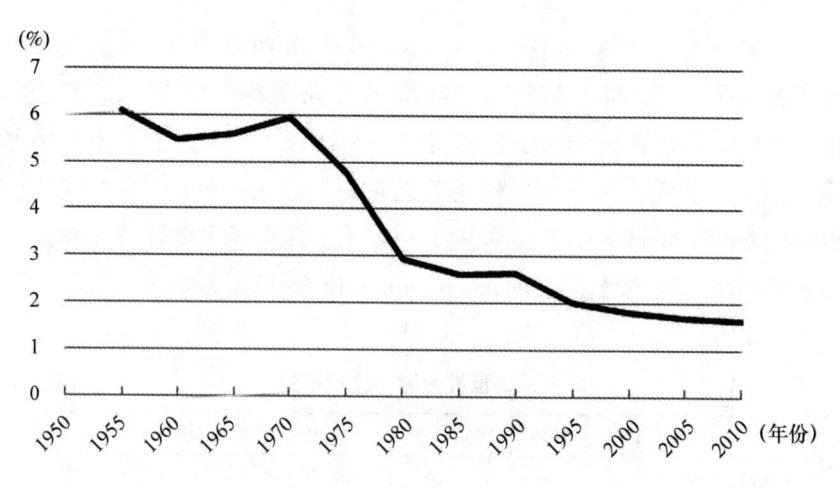

图 12-1 中国的总和生育率

注：总和生育率（total fertility rate，TFR）指假设妇女按照某一年的年龄别生育率度过育龄期，平均每个妇女在育龄期生育的孩子数。

资料来源：Department of Economic and Social Affairs, U. N., World Population Prospects: The 2010 Revision。

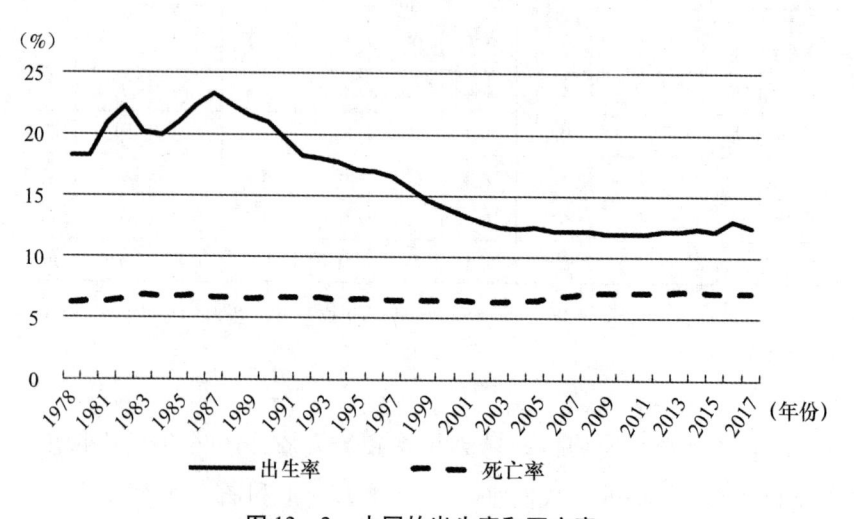

图 12-2 中国的出生率和死亡率

资料来源：《中国统计年鉴》。

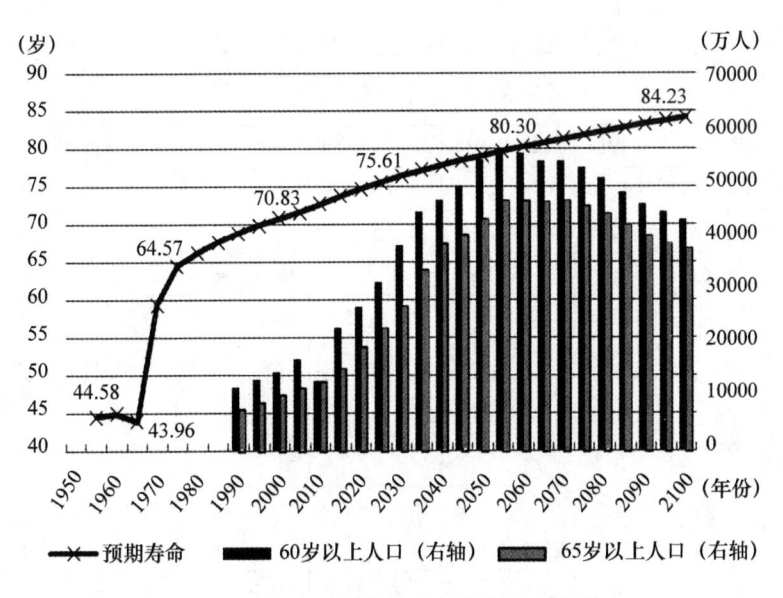

图 12-3 中国预期寿命和老年人口总数

资料来源：Department of Economic and Social Affairs, World Population Prospects: The 2010 Revision, Medium-fertility variant。

根据表 12-2，中国老龄负担系数 2000 年突破了 10%，目前正在处于快速上升状态，预计将在 21 世纪七八十年代达到高峰的 54% 左右，之后开始下降，但 21 世纪末仍将维持在 50% 以上。在 21 世纪的后 90 年中，中国老龄负担系数将一直高于全世界平均水平，并预计从 21 世纪下半叶起高于发达国家的整体水平，2035 年左右超过俄罗斯，2040 年左右超过美国，2060 年左右超过西欧，在世界主要经济体中仅次于日本。未来几十年，即使中国经济能继续保持较高的经济速度（中国经济已由高速增长转向中高速增长新常态），在 2025 年左右成为世界第一经济总量大国，并且国民收入也保持同等程度的增长，中国的养老保障形势仍然非常严峻。

表12-2 中国和世界的老年负担系数——
2015—2100年预测值　　　　　单位：%

年份	2015	2020	2030	2040	2050	2060	2070	2080	2090	2100
中国大陆	13.0	16.8	23.9	36.9	41.9	51.8	54.3	54.5	52.5	50.5
全世界整体	12.5	14.3	18.0	22.2	25.7	29.6	31.7	33.9	35.8	37.4
发达国家整体	26.4	29.6	36.5	41.1	44.6	46.0	44.6	45.7	47.1	48.1
美国	22.2	25.3	32.7	34.7	35.4	36.8	38.7	40.8	43.2	45.4
日本	43.2	48.2	52.9	63.3	69.6	68.6	65.1	62.2	60.5	59.8
西欧	30.6	33.8	42.9	49.3	49.5	49.2	48.7	48.3	49.4	50.9
不发达国家（除中国）	8.4	9.5	12.3	15.3	19.2	23.3	26.4	29.4	32.0	34.2
印度	8.2	9.5	12.2	15.4	19.9	25.4	30.4	35.4	39.6	42.8
俄罗斯	19.1	22.5	29.4	31.2	38.5	42.4	36.9	38.7	39.6	38.5
巴西	11.8	13.8	20.0	26.6	35.8	43.6	51.7	54.8	56.0	55.1
南非	8.1	9.4	11.7	12.5	14.6	18.7	23.0	27.4	31.7	35.3
最不发达国家	6.1	6.3	7.3	8.8	11.0	13.8	16.6	19.2	22.1	24.9

资料来源：Department of Economic and Social Affairs, World Population Prospects: The 2010 Revision, Medium-fertility variant。

（二）老年人收入状况

在老龄化进程加快的背景下，需要思考"靠什么养老"的问题。下面基于一些调查机构发布的数据，考察中国居民养老保障现状。

根据中国人民大学老年学研究的调查报告显示（见表12-3），（1）全国整体来看，2010年养老收入构成中，"离退休养老金"（24.1%）和"最低生活保障"（3.9%）代表的社会养老收入占比不高，与"劳动性收入"（29.1%）和"财产性收入"（0.4%）代表的自我养老的占比接近，但仍低于"家庭其他成员供养"（40.7%）为代表的代际养老方式。（2）较之于2000年，社会养老收入的占比提高了6.8个百分点，家庭养老的占比降低了3.1个百分点，劳动性收入提高了3.9个百分点，财产性收入占比仍然非常小。（3）城乡居民的养老收入差异巨大，城市居民的社会养老保障收入已占到2/3以上，家庭养老占1/5强；而农村仍以家庭养老（47.7%）和自我劳动（41.2%）为养老的主要方式，而由于2009年开始试点并于"十二五"期间实现全覆盖的"新农保"政策的效应还未真正展现，农村社会养老保障占比不足10%。（4）目前中国市场化的养老方式（企业年金和商业养老险）的作用还微乎其微，其占比最多才1.8%。

我们有如下预计：（1）在未来十几年的城市化进程中，农村居民不断进城并逐步享受与城市居民同等的社会保障和退休制度，社会化养老在居民养老收入的比重将会提高。（2）随着中国居民社会化程度的提高以及家庭规模小型化（见图12-4①），家庭养老的占比将会降低。（3）中国"创造条件让更多群众拥有财产""多渠道增加居民财产性收入"等政策产生效果是一个漫长的过程，在短期内，财产性收入难以担当养老大任。

此外，我们基于中国家庭金融调查（CHFS）2011年的样本分布于全国25个省（市、区）的80个县（区、市）的320个村（居）委会的8400多户家庭的调查，提供另一个角度的证据。当回答"养老主要依靠什么"这一单选题时，无论是城市还是农村居民，其依赖的主要方式与表12-3中反映的结论保持一致。

表12-3　　　　　　　　　养老收入构成　　　　　　　　　单位：%

	离退休养老金	最低生活保障	劳动性收入	家庭其他成员供养	财产性收入	其他
2000年全国	19.6	1.6	33	43.8	0.2	1.8
2010年全国	24.1	3.9	29.1	40.7	0.4	1.8
2010年城市	66.3	2.3	6.6	22.4	0.7	1.6
2010年农村	4.6	4.5	41.2	47.7	0.2	1.8

资料来源：中国人民大学老年学研究所的调研报告，2012年联合国人口基金与全国老龄办联合举办的"21世纪人口老龄化：成就与挑战"论坛。

---

① 另据中国人口普查数据显示，中国平均家庭规模在1982年为4.41，1990年为3.96；家庭户的人口数占人口总数的比重从2003年的0.98%下降到2011年的0.95%。

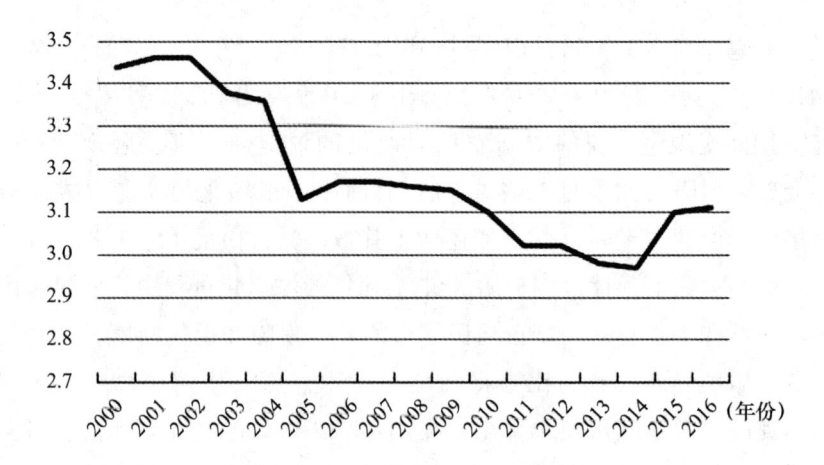

图 12-4　中国平均家庭规模

资料来源：《中国统计年鉴》。

下面作为对比，我们考察美国老年人的收入构成情况。美国65岁以上人群的收入主要来自4个方面：劳动性收入（earnings）、政府社保收入（social security income）、社会养老金收入（pensions）和资产性收入（income from assets）[①]。表12-4报告了美国65岁以上老人中获得某项收入的人口比重，而表12-5报告了收入构成中各项收入的比重情况。（1）2008年，美国65岁及以上老年人中20.1%还在进行工作，劳动性收入占比为31.0%，1968—2008年这两个比例呈现先减少再增加的趋势。（2）2008年，美国65岁及以上老年人中74.1%获得了政府社保收入，政府社保收入占比为39.0%，1968—2008年这两个比例呈现先增加再减少的趋势。（3）2008年，美国65岁及以上老年人中34.2%有社会养老金，社会养老金收入占比为19.5%，这两个比例较1968年均有所增加。（4）资产性收入主要是利息和分红，也包括租金和版税等。2008年，美国65岁及以上老年人中54.0%获得了资产性收入，比例呈上升趋势；资产性收入占比为12.8%，此比例呈下降趋势。

---

① 养老金收入包括雇主发起的养老金（包括军队的退休支付）、退伍军人养老金、商业年金、周期性保单分红、个人退休账户、401(k)账户和Keogh计划。

第12章 中国养老保障状况与保险公司参与分析

表12-4 美国65岁以上老人中获得某项收入的人口比重　　　单位：%

年份	1968	1970	1980	1990	2000	2005	2008
劳动性收入	25.4	23.4	16.6	16.3	16.9	17.8	20.1
政府社保收入	74.1	75.9	90.5	91.0	89.8	87.8	85.8
社会养老金收入	NA	NA	26.6	37.0	34.9	35.0	34.2
资产性收入	36.1	39.5	67.1	69.9	59.2	54.9	54.0
社会救助和公共补贴	8.9	9.2	8.5	5.5	3.8	3.4	3.2
其他收入	23.6	24.2	6.9	7.7	6.0	5.9	6.1

注：养老金收入在1976年之前计入了其他收入。其他收入包括员工补偿、事业补偿、赡养费、少儿补贴、非同生活人的财务支持。

资料来源：Purcell（2009）。

表12-5 美国65岁以上老人收入构成中各项收入的比重　　　单位：%

年份	1968	1970	1980	1990	2000	2005	2008
劳动性收入	31.0	27.1	15.9	15.3	20.0	24.8	26.0
政府社保收入	33.5	35.3	42.8	37.9	40.3	39.3	39.0
社会养老金收入	NA	NA	15.3	19.8	19.7	19.7	19.5
资产性收入	18.2	19.5	22.4	24.0	17.2	13.2	12.8
社会救助和公共补贴	2.7	2.6	1.6	0.8	0.7	0.7	0.6
其他收入	14.5	15.5	2.0	2.2	2.1	2.3	2.1

注：养老金收入在1976年之前计入了其他收入。其他收入包括员工补偿、事业补偿、赡养费、少儿补贴、非同生活人的财务支持。

资料来源：Purcell（2009）。

表12-6报告了美国中老年家庭的财富中政府社保财富和社会养老金财富的构成。（1）整体而言，政府社保财富占家庭总财富的28%，社会养老金财富占24%，二者比例接近。（2）不同财富水平的家庭的财富构成显著不同。政府社保财富占家庭总资产的比重随着家庭总财富的增加不断减少，这是由于，收入越低的人群越依赖于政府。（3）随着家庭总财富的增加，社会养老金财富占家庭总财富的比重基本在增加，但该比例在最富有的10%的家庭低于最富有的

10%—20%的家庭。这是因为即使不参加养老金计划，最富有家庭的财富已经足够维持生活。

表 12-6　　　　　　　美国 51—56 岁家庭的财富构成

	←更贫困		更富裕→		整体
	10%	10%—20%	80%—90%	90%—100%	
政府社保财富（2010年美元）	65819	125364	285379	289698	208096
政府社保财富占总财富比重（%）	88	72	21	12	28
社会养老金财富（2010年美元）	2445	11531	402127	595128	178007
社会养老金财富占总财富比重（%）	3	7	29	24	24
其他财富（2010年美元）	6730	36034	700225	1544980	360822
其他财富占总财富比重（%）	9	22	54	64	48
总财富（2010年美元）	74994	172929	1387731	2429807	746924

注：样本中剔除了财富最低的和最高的各1%的家庭。

资料来源：Committee on the Long-run Macroeconomic Effects of the Aging U. S. Population，2012。

三　中国养老保障三支柱状况及保险业作用

社会养老保险本着广覆盖、保基本的原则[①]，替代率将会降低，而企业年金、个人养老保险尚处于起步发展阶段，发展空间很大。中

---

① 中国家庭金融调查（CHFS）2011 年的抽样调查显示，在有工作的群体中，城市户口居民（农村户口）居民享有离/退休工资或社会养老保险的占比达到了 97.50%（73.51%），考虑到"新农保"快速推进中，中国第一支柱的社会基本养老保险可以实现广覆盖甚至全覆盖的目标。

国保险公司在服务国民养老保障事业中将发挥愈发重要的作用。

(一) 基本养老保险 (第一支柱)

先分析作为第一支柱的社会基本养老保险。表12-7显示，参加城镇职工基本养老保险的缴费人数和离退休人数都在不断增加。参保人数的负担系数（领取养老金的离退休人员与缴费的参保人员的数量之比）目前为32.49%，从2001年至今变化不大，其中，机关事业单位的参保人员负担系数不断提高到31.24%，企业单位的参保人员负担系数较为稳定，保持在32%—35%。不过，从前文可知，2001—2010年中国老年负担系数只是从10.4%上升到11.3%，而到2020年、2030年、2050年，中国的老年负担系数将迅速提高到16.8%、23.9%、41.9%。因此，如果保持现行退休政策，中国基本养老保险参保人员的负担系数在2050年就将"翻一番"，养老保险支出将面临巨大压力。

表12-7　　基本养老保险参保、离退休人数和负担系数

年份	缴费人数（万人） 机关事业单位	企业	离退休人数（万人） 机关事业单位	企业	参保人员负担系数（%） 机关事业单位	企业
2001	1069	9733	209	3171	19.58	32.58
2002	1199	9929	259	3349	21.56	33.73
2003	1322	10325	303	3557	22.94	34.45
2004	1346	10904	328	3775	24.33	34.62
2005	1410	11711	362	4005	25.70	34.20
2006	1513	12618	397	4239	26.23	33.59
2007	1493	13691	410	4544	27.45	33.19
2008	1504	15083	436	4868	28.96	32.27
2009	1524	16219	459	5348	30.11	32.97
2010	1580	17823	493	5812	31.24	32.61

资料来源：《中国统计年鉴》《中国人力资源和社会保障年鉴》和作者计算。

下面考察中国基本养老金的保障程度。我们利用公开数据计算了城镇职工基本养老保险的替代率。第1步，将每一年度的"基本养老保险基金支出"除以参与养老保险中的离退休、退职"人员总数"得到了人均的基本养老金收入水平。第2步，将当年人均基本养老金收入水平除以当年的"在岗职工平均工资"，就得到了一个简单的基本养老金替代率指标。从表12-8和图12-5可以看到，在1989年到2011年，中国每年都提高了养老金水平，（不考虑通胀）平均增幅12.76%。但是由于职工工资水平提高的幅度更快（平均增幅15.07%），中国企业职工的基本养老金替代率从大约70%开始下降，2011年已降至44.01%，已远低于当初设计的目标替代率[①]。

表12-8　　　　　　　城镇职工基本养老保险替代率

年份	基本养老保险年末离休、退休、退职人员参保人数（万人）	基本养老保险基金支出（亿元）	在岗职工平均工资（元/年）	替代率（%）	年份	基本养老保险年末离休、退休、退职人员参保人数（万人）	基本养老保险基金支出（亿元）	在岗职工平均工资（元/年）	替代率（%）
1990	965.3	149.3	2140	0.72	2001	3380.6	2321.3	10870	0.63
1991	1086.6	173.1	2340	0.68	2002	3607.8	2842.9	12422	0.63
1992	1681.5	321.9	2711	0.71	2003	3860.2	3122.1	14040	0.58
1993	1839.4	470.6	3371	0.76	2004	4102.6	3502.1	16024	0.53
1994	2079.4	661.1	4538	0.7	2005	4367.5	4040.3	18364	0.5
1995	2241.2	847.6	5500	0.69	2006	4635.4	4896.7	21001	0.5
1996	2358.3	1031.9	6210	0.7	2007	4953.7	5964.9	24932	0.48
1997	2533	1251.3	6470	0.76	2008	5303.6	7389.6	29229	0.48
1998	2727.3	1511.6	7479	0.74	2009	5806.9	8894.4	32736	0.47
1999	2983.6	1924.9	8346	0.77	2010	6304.961	10554.9	37147	0.45
2000	3169.9	2115.5	9371	0.71	2011	6826.219	12764.9	42452	0.44

资料来源：《中国统计年鉴》《中国人力资源和社会保障年鉴》和作者计算。

---

① 根据国际劳工组织《社会保障最低标准公约》，养老金替代率大于70%时，可维持退休前的生活水平，如果低于50%，则生活水平较退休前会有大幅下降。

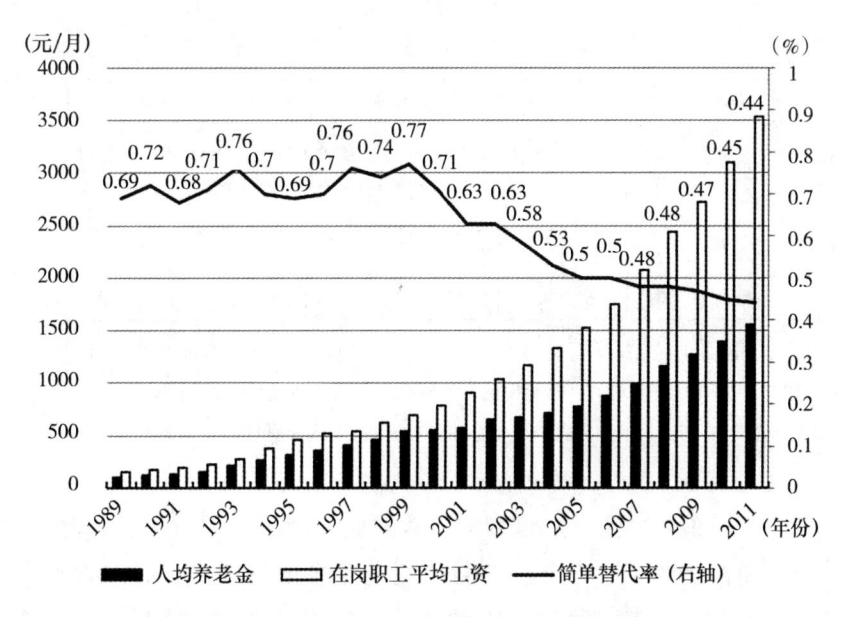

图 12-5　城镇职工基本养老保险替代率

资料来源：《中国统计年鉴》《中国人力资源和社会保障年鉴》和作者计算。

（二）企业年金（第二支柱）

企业年金是企业为职工提供一定程度退休收入保障的补充性养老制度，是目前社会养老保险体系的第二支柱。从表12-9可以发现：（1）2013年中国建立企业年金的企业个数和职工数分别为661万家和2056万人，年均增长12.85%和14.16%，企业年金积累资产达到了6035亿元，年均增长25.85%；（2）参加企业年金的职工数占参与职工基本养老企业职工数的比重从2007年的4.61%缓慢上升到2013年的6.38%，显示出中国企业年金的惠及人群仍然比较窄，企业年金产生了扩大社会收入差距的作用。

表12-9　全国企业年金发展情况

年份	2007	2008	2009	2010	2011	2012	2013	年均增长率（%）
建立企业个数（百个）	320	331	335	371	449	547	661	12.85
参加职工数（万人）	929	1038	1179	1335	1577	1847	2056	14.16

续表

年份	2007	2008	2009	2010	2011	2012	2013	年均增长率（%）
积累资金总额（亿元）	1519	1991	2533	2809	3570	4821	6035	25.85
参与职工基本养老保险职工数（万人）	20136	21891	23549	25707	28391	30426	32218	8.15
企业年金参与率（%）	4.61	4.74	5.01	5.19	5.55	6.07	6.38	

注：中国企业年金制度于2004年基本形成，从2006年下半年起才开展市场化投资运作，2007年才开始有完整的、跨年度的统计数据，故历年情况从2007年起始。

资料来源：《2013年度全国企业年金业务数据摘要》《中国统计年鉴》。

在中国企业年金发展过程中，保险业贡献了很大力量。养老保险公司在经营企业年金业务中履行了企业年金的受托人、账户管理人、投资管理人的职能。表12-10显示：（1）在企业年金受托人市场中，5家养老险公司的份额从2007年的5.53%逐渐提高到2017年的49.9%以上。（2）在投资管理人方面，2017年5家养老险公司的占比为82.75%，保险资产管理公司也做出了一定贡献。

参与企业年金也在一定程度上促进了保险业自身的发展。表12-10显示，中国养老险公司企业年金业务增速远高于寿险业整体的保费增速。2007—2017年，中国5家养老险公司的企业年金缴费、受托管理资产、投资管理资产的年均增速分别为40.12%、53.86%、55.95%，远高于同期年均15.59%的寿险保费收入增速。

表12-10　　养老险公司企业年金业务发展状况

	2007年	2009年	2011年	2013年	2015年	2017年	年均增长率
企业年金缴费（亿元）	86	263	410	589	874	2509	40.12%
受托管理资产（亿元）	84	708	1378	2495	4169	6246	53.86%
占企业年金受托资产比重（%）	5.53	27.95	38.60	42.85	44.39	49.19	—

续表

	2007 年	2009 年	2011 年	2013 年	2015 年	2017 年	年均增长率
投资管理资产金额（亿元）	80	486	1325	2166	3526	6805	55.95%
占企业年金投资资产比重（%）	51.44	30.55	39.84	61.13	61.47	82.75	—
寿险业保费收入（亿元）	5038	8261	9721	9425	13242	21456	15.59%

数据来源：中国保监会、《中国保险年鉴》、人力资源与社会保障部。

（三）个人养老保障（第三支柱）

养老险的第三支柱是个人商业养老险，中国保险公司的养老年金型产品（包括个人年金和团体年金）的发展比较缓慢。我们查询的资料显示，2002 年、2007 年、2012 年的中国个人年金的保费收入分别为 147 亿元、339 亿元、1227 亿元，占中国寿险业的市场份额分别为 6.5%、6.7%、12.1%。2002 年、2007 年、2012 年中国团体年金的保费收入分别为 234 亿元、343 亿元、92 亿元，占中国寿险业的市场份额分别为 1.5%、6.8%、0.9%。因此，中国保险公司的养老年金产品还有巨大的发展潜力。

表 12-11 中报告的中国家庭金融资产构成情况没有将"保险保障类"资产作为一类，国内其他几家调查机构的报告也是如此。不过，从表 12-11 可以看出，中国居民巨大的储蓄型资产是养老年金型产品发展的重要来源。清华大学和海康人寿的《2014 中国居民退休准备指数调研报告》显示，77.6% 的受访者意识到自己应该在一定程度上为个人退休收入负责，虽然为退休进行储蓄和购买商业养老保险依旧是居民缓解退休收入压力的主要方式，但其中商业保险的选择比例较去年有了较大增长，对已退休者而言，其重要性已成为仅次于社会养老保险的收入保障产品。

表 12-11　　　　　中国家庭金融资产构成情况　　　　　单位：%

资产类别	银行存款	现金	股票	债券	基金
占比	57.75	17.93	15.45	1.08	4.09
资产类别	衍生品	理财产品	外币资产	贵金属	
占比	0.01	2.43	0.78	0.48	

资料来源：《中国家庭金融调查报告 2011》。

较之美国，中国的企业补充养老保险和商业养老保险与 GDP 之比分别为 1.2% 和 2.6%，而美国分别为 98.9% 和 42.5%。较之高收入国家，中国金融机构的结构中，保险和养老金的份额异常低（殷剑峰，2018）。

四　英国养老金融产品的发展及保险业的作用

英国是年金保险最为发达的国家，2015 年英国对养老金领取方式进行了重大制度变革。本节主要分析英国的养老储蓄计划（分为 5 种）及养老金领取方式（年金保险和收入取回计划），希望为中国保险公司发展养老金融产品提供一些启示和参考。

（一）英国的养老储蓄计划

英国的养老储蓄计划目前主要可以分为以下 5 种。

1. 国家养老金（State Pension）计划。第二次世界大战以后，英国的国家养老金计划基本完善，属于 DB 型。近年主要有两个较大的变化：(1) 将参与人领取退休金的年龄提高至 65 岁；(2) 政府宣布自 2016 年 4 月起，国家养老金支付额将统一为每周 144 英镑（flat-rate）。

2. 企业养老金（Enterprise Pension）计划。和很多国家一样，英国的企业养老计划包括 DB 模式（Defined Benefit，给付固定型）

和 DC 模式（Defined Contribution，缴费固定型）两种。DB 模式也称"最终工资养老金"模式，其退休后的领取额主要根据退休前的工资水平、参与年限、账户的福利应计比率计算。2000 年以后，由于雇主提供的 DB 模式的养老金要满足很高的资本和基金要求，英国很多 DB 模式的养老金计划关闭，以减少财务负担。DC 模式也称为"货币购买养老金"模式，雇主和雇员分别存入一定金额，所提供的退休收入基于账户的存入额和投资增长率来确定。退休时（不能早于 55 岁），DC 模式养老金可以用于购买年金保险，以规划退休后的养老支出。目前，英国的雇主一般鼓励雇员参加 DC 模式，加之 DC 模式有更好的可携带性，有利于劳动力流动，因而 DC 模式养老金的占比越来越高。英国 DB 和 BC 模式的企业养老金计划的比较见表 12 - 12。

英国对企业养老计划有很好的税收优惠，征税采用 EET 模式。退休时，养老金账户的 25% 可以一次性免税领取，其余部分可用于购买年金保险，领取时再缴纳收入税。2012 年 10 月之后，英国规定雇主必须为雇员提供企业养老金。

表 12 - 12　英国 DB 和 BC 模式的企业养老金计划的比较

	DB 模式	DC 模式
可得性	由雇主契约	由雇员契约或雇主契约
缴费	一般是雇主交费；缴费由养老金计划通过精算平衡来确定	一般是雇员/雇主交费；雇主匹配雇员的交费，雇员可以选择多缴；雇员交费有税收优惠
投资	由养老金计划决定	雇员在一定的范围内选择
基金价值	需要对预期的未来给付进行折现，不容易计算	基于投资组合绩效、收费和缴费
退休后收入	一般由最终工资与服务年限的乘积获得（计划中具体约定）	退休时才确定；通过年金保险或收入支取计划领取

3. 存托养老金（Stakeholder Pension）计划。在英国自愿性、私人管理型的体制下，养老金账户的管理成本较高，低收入阶层即使加

入养老金计划也往往无利可图。为此，英国在 2001 年 4 月引入了存托养老金计划，以扩大养老金计划的覆盖面和降低计划的收费。在存托养老金计划中，雇员定期将一部分收入存入专门的个人账户，由计划提供商负责运营管理，当雇员达到退休年龄后用所积累的基金购买年金保险。存托养老金的主要监管规定包括：无最初的设立收费；基金的年度管理费不能超过基金价值的 1%；产品结构不能带有分红，以避免产品过分复杂和不透明；当销售顾问销售各类养老金产品时，不管消费者是否询问，必须向消费者明示存托养老金的存在。

4. 私人养老金（Private Pension）计划。私人养老金中，雇员可以选择建立一个"完全"属于自己的养老金账户，并且非受雇人群也可以参加。私人养老金可以由个人选择缴费金额，而退休后的给付不确定，因而为 DC 模式。基金的投资运营交由养老金计划的管理者，如保险公司、银行、共同基金等。参与者可以选择在 55 岁之后领取养老年金。英国政府主要通过税收来推动私人养老金的发展。私人养老金主要归金融监管部门监管。目前英国的私人养老金计划有从期缴型向趸缴型转变的趋势，目的是为了降低成本。私人养老金产品的特点有：（1）收费高；（2）附加条款多，例如，参与者可以将艺术品、收藏类汽车等作为养老基金的投资内容；（3）向自主投资倾斜。从 2013 年 1 月起，由英国财务会计师公会（institute of financial accountants，IFA）向参与者提供私人养老金咨询服务，为了保障公正，产品供应商禁止向 IFA 支付佣金。参与者对于咨询服务需要支付费用，IFA 可以直接向参与者收费，或经参与者同意从产品中扣除费用。2015 年英国有 2080 万个私人养老金计划，占劳动者人数的 33%，账户平均余额为 4.3 万英镑，当年新生效的账户约 400 万个。

5. 个人储蓄账户（Individual Saving Account，ISA）。个人储蓄账户是英国政府在 1999 年 4 月引入的，它不是一种实际的金融产品，而是通过税收手段鼓励英国国民进行养老储蓄的一项储蓄投资计划。参与者在个人储蓄账户进行储蓄，在每一财年都有一定的免除收入税和资本利得税的额度；从个人储蓄账户中取回资金没有时间和金额限制，且是免税的，由于免税也就无须向英国财政部报告。自2014年3月27日起，个人储蓄账户的年度总额为15000英镑。个人储蓄账户主要包括两种：现金型和投资型，人们可选择参与一种或同时参与两种。现金型个人储蓄账户与银行、住房协会等提供的储蓄账户比较接近，而主要区别在于，来自现金型个人储蓄账户的利息不需要缴税，因而更有吸引力。不过，每个人参与现金型个人储蓄账户有额度上限，2014/2015财年，该上限为5940英镑。现金型个人储蓄账户的参与者需要年满16周岁。投资型个人储蓄账户，又称股票型或股权型个人储蓄账户，其账户资金主要进行股票、长期债券、信托等长期投资。投资型个人储蓄账户的参与者需要满18周岁。

从表12-13可知，英国越贫困的家庭越依靠国家养老金支持退休后的生活，越富裕的家庭越依靠企业养老金和投资收入（资产性收入）。相比而言，中国退休家庭收入中企业养老金的贡献很低，中国家庭金融资产中的企业和商业养老金财富的比重很低。

表12-13　　　　　　英国已退休家庭的收入来源　　　　　　单位：%

	所有家庭	按分收入水平五等分组 ←更贫困的家庭　　　　　　　　　更富裕的家庭→				
其他收入和救济	13.51	13.33	19.05	20.35	16.52	7.53
国家养老金	37.46	68.83	55.80	44.85	39.76	18.76
投资收入	10.51	5.47	3.96	3.64	6.04	19.99
企业养老金	36.00	11.71	20.19	28.04	40.29	50.63
劳动性收入	2.52	0.66	1.00	3.12	3.05	3.10

（二）英国的养老金领取方式

1. 年金保险。英国是年金保险市场最发达的国家，这缘于1921年开始实施的养老金账户的"强制年金化"，即养老储蓄计划在参与者退休时向商业保险公司购买年金保险来实现养老金的发放。这样做是为了避免人们自由处置养老金时会提前花掉养老金,或者将多年积累的养老金投到不适宜的资产类别中。

英国年金保险产品主要有以下几种。(1)定额/水平年金保险(fixed annuity/leveled annuity),每期领取固定金额的年金,而领取的期数不确定。(2)定期年金保险(fixed-term annuity),年金的领取期是一定的,通常最少是3年。(3)加强型年金保险(enhanced annuity),给预期寿命低于平均人口水平(依据健康因子、生活状态因子计算得到)的参与者更高水平的每期年金领取额。加强型年金保险在英国发展很快,在年金保险市场的份额从2003年的2%增加到2014年的30%左右。(4)增长型年金保险(value increasing annuity),年金每期的领取额依照事先约定的增长率确定。(5)通胀联结年金保险(inflation linked annuity),年金的领取额基于合约规定的通货膨胀水平确定。(6)变额年金保险(variable annuity),在英国也称基金连接年金,其资金进入一个投资基金,而每期的年金领取额依照投资基金的价值确定,通常有最低保障水平。此外,年金保险还有单人年金、夫妻年金、指定受益人年金等形式。

由于长期固定年金支付的承诺蕴含着巨大的财务风险,保险公司需要投入相当规模的资本金。经营年金保险的公司主要面临如下风险。(1)25%的一次性支付,这部分资金通常由固定利息资产匹配。(2)终生固定年金收入的承诺,甚至包括抵消通货膨胀的承诺、年金领取者去世后对健在配偶的承诺,所以需要一个针对长期负债的投资匹配。(3)长寿风险,参与者的寿命越长,保险公司的风险越大。(4)保险资金运用风险,如市场风险、信用风险、流动性风险。(5)监管风险,如欧盟Solvency Ⅱ增加了对年金产品的资本要求。从表12-14可知,英国年金保险产品的给付主要由投资级的(BBB级及以上)固定收益类投资来支持。

第12章 中国养老保障状况与保险公司参与分析

表12-14 年金保险产品对应的投资组合（英国保诚保险公司） 单位：%

投资领域	占比	投资品的信用评级	占比	需要匹配的负债的期限	占比
固定收益资产	69	AAA	7	25年以上	13
核准证券（英国政府）	4	AA	16	20—25年	9
核准证券（其他）	11	A	40	15—20年	13
土地和建筑物	4	BBB	25	10—15年	17
可变收益率资产	3	BB	1	5—10年	22
其他资产	9	其他级别	11	5年以下	26

注：英国保诚保险是英国最大和世界第七大的保险公司（按2014年的营业收入排名）。

2015年第二季度英国养老储蓄计划用来购买年金保险的金额为9.9亿英镑，比2014年第二季度的18亿英镑减少了44%。2015年第二季度每个账户平均的年金保险购买金额为1.8万英镑，比2014年第二季度的3.8万英镑增长了42%。因此，年金保险的购买人数减少了，从2014年第二季度的4.6万个减少到2015年第二季度的1.8万个，降幅达到了61%。

2. 收入取回计划。年金保险的支付率低，致使英国人参与养老金计划和购买年金的愿望低落，于是另一种养老金领取方式——收入取回计划（income drawdown，简称drawdown）于1995年出现。"次贷"危机爆发后，英国资本市场收益率降低，收入取回计划流行起来。收入取回计划的参与者需要先参加政府认可的养老储蓄计划，开始取回收入时一般要年满55岁，但没有最高年龄的限制。收入取回计划的参与者既保留将养老金账户的资金用以购买年金保险的选择，也能提前取回一定数额作为养老收入，同时养老金账户的价值也会上升或下降。首次取回的一次性免税金额不能超过计划总值的25%，很多人为了更多地利用这项税收优惠，会推迟首次取回的时间。

收入取回计划的优点主要有3个：（1）收入选择权，即参与者可以选择何时从养老金账户中取回资金以及取回多少资金；（2）投资选择权,即参与者可以选择投资的种类,如股票、股权、基金、不动产;(3)税收节约,即免缴收入税和资本利得税。不过,收入取回计划比较复杂,适用于收入水平较高、有灵活方法安排退休生活的人。

收入取回计划主要分为"上限"和"灵活"收入取回计划。(1)"上限收入取回计划"是指,从养老金账户中取回的或者购买短期年金的金额不能超过政府设定的上限。2014年的上限由政府部门精算利率的1.5倍计算得到的。75岁以下者,政府每3年评估1次上限,75岁以上者,政府每年都会评估1次上限。如果取回的金额超过了上限,取回者将为超过的部分按照45%—55%的税率缴纳惩罚性所得税,收入取回计划的管理机构也将为超过的部分缴纳至少15%的税。英国市场上的收入取回计划大部分属于上限收入取回计划。(2)"灵活收入取回计划"是指,如果参与者能够证明其所拥有的其他的可持续收入之和大于12000英镑/年(2014年3月27日之前为20000英镑/年),那么参与者可以取回养老金账户中的任何金额,取回的时间也可自行决定,不过,取回的金额将按照个人当期所得税的边际税率纳税。某人采取灵活收入取回,将不被允许参加新的养老金储蓄计划,在采取灵活收入取回之前,也将停止作为DB型养老金计划的活跃成员的资格。

2015年4月后,英国放弃了"强制年金化"政策,并允许养老金计划参与者在年满55岁后通过收入取回计划(Flexi-access Drawdown)取回全部的养老金,不过要缴纳所得税。2015年4月英国养老金改革后的3个月中,有25亿英镑从养老金账户中取回。2015年第二季度,英国有18800多个新生效的收入取回计划账户,几乎是2014年第二季度的9500多个的两倍。

3. 年金保险与收入取回计划的比较。整体而言,年金保险作为一种保险合同属于一次性交易,即投保人使用养老金账户金额换取终生的收入保障,而保险人根据预测的寿命期和预测的投资回报,承诺为年金领取人终生给付。年金保险的基本理念是,短命人群补贴长寿人群。收入取回计划的主要目的是促进养老基金高效运作，基金的一部分投资于防通胀资产，用于抵御通胀；超过取回金额部分的投资回报，则可以放在基金里继续运作，享受税收优惠。

年金保险、上限收入取回计划和灵活收入取回计划之间的区别可以概括为7个方面。(1) 能否提供最低保障水平的领取额：年金保险能，上限和灵活收入取回计划都不能。(2) 能否对抗长寿风险：年金保险能，上限和灵活收入取回计划都不能。(3) 能否在市场下行时提供安全网：年金保险能，上限和灵活收入取回计划都不能。(4) 能否在市场上行时提供增长机会：年金保险不能，上限和灵活收入取回计划都能。(5) 能否继续税收节约的新支付：年金保险和灵活收入取回计划能，上限收入取回计划不能。(6) 能够灵活领取以满足参与者的需求变化：年金保险不能，上限收入取回计划在一定程度上能，灵活收入取回计划能（最高至扣除费用后的账户资金总额）。(7) 参与者死亡后的账户能否继承：年金保险不能，上限和灵活收入取回计划都能（需要纳税）。

（三）英国年金保险的发展存在的一些难题

最后，我们总结英国年金保险的发展存在一些难题。(1) 年金保险产品的设计缺乏灵活性，长期如此，近些年更被诟病。(2) 年金保险多年来的领取率较低，这是由于保险公司的投资收益率较低。(3) 2015年4月前，养老金被强制年金化发放，个人对自己的养老金财富没有话语权。近些年，英国保险公司面临来自个人储蓄账户、收入取回计划的挑战，也要同财富管理公司争夺客户。2014年3月，英国财政大臣奥斯本在2014年英国财政预算发表演说，英国将取消强制性购买养老年金，改由人们自行处置自己的养老金，成为英国近90年来最大的养老金革命。保险公司股价因此大跌。英国养老保险公司需要重新部署经营战略，甚至开创新的商业模式。

五 小结和对策建议

中国养老保障形势严峻。完善多层次的养老保障体系对于持续和有效率地应对养老问题至关重要，而保险公司在其中应当发挥更重要的作用。本书从外部政策环境和保险公司自身两个方面提出政策建议。

第一，养老事业具有较强的公益性和优效品（merit goods）性质，因此，无论从理论还是现实而言，应当对于商业保险参与社会养老事业给予支持。(1) 尽快在全国推行个人税延养老政策；对企业年金业务在个人缴费时和投资过程中免税而到领取时再缴税；对保险公司的个人年金、长期护理险等业务给予税收减免和延迟；对于一些处于探索性阶段的养老保险产品和业务考虑给予一定的财政补贴。(2) 将商业保险养老服务产业纳入全国城镇化建设规划和相关五年发展规划，统筹商业养老保险服务业的发展布局，例如，支持符合条件的保险机构投资养老服务产业，促进保险服务业与养老服务业融合发展，赋予养老机构内设医疗机构的医保定点资格，打通社会保险和商业养老保险服务业之间的通道。(3) 加快发展商业性长期护理保险，同时建立失能等级鉴定标准、长期护理服务标准、护理人员考试进修制度、参保人申诉制度、服务质量检查制度等配套制度；支持保险机构参与健康服务业产业链整合，探索运用股权投资、战略合作等方式，设立医疗机构和参与公立医院改制。(4) 条件成熟时，考虑基本养老保险账户和企业年金（以及职业年金）账户的"年金化"发放。

第二，中国保险公司应从战略高度研究如何参与养老保障事业。(1) 由于中国的养老保障的缺口很大、老龄产业产值巨大，保险业参与其中有很大的业务空间，这同时也是保险业回归保障的战略选择。(2) 参与养老事业的利润模式和风险与目前主要经营的寿险产品有很大不同。公司要做好年金保险、护理保险等产品的市场调研和产品设计，尤其是对长寿风险要有充分的估计；而企业年金和老年投资管理服务的收益主要来自托管费和管理费收入，这更要求公司完善内控和操作风险管理水平。（3）养老保险都是长期性业务，保险公司需要继续提高资金运用水平和通货膨胀应对能力。（4）近几年出现的保险公司投资于养老社区，其将出售保险产品与为老年人提供综合养老服务以及资金运用业务联系了起来，扩展了保险业务链条。不过，养老社区前期投入多，成本回收慢，资金和管理要求都较高，准备涉足其中的保险公司应有清晰的评估和规划。

第三，保险公司应当创新个人养老保险产品。（1）在发展个人养老保险时要增强产品灵活性，提供更丰富的保单选择权以提高产品吸引力。（2）提高保险资金的投资能力，包括提高收益水平以提高年金领取率，并注意投资组合与年金负债在期间、风险上的匹配。（3）创新中注重保护参与者权益，这是由于养老金产品的存续期长且参与者难以更换保险公司（用脚投票的成本很高）。

专业保险公司
（市场）

第13章

车险市场的竞争与价格离散

一 问题的提出

"一价定律"(The law of one price)是被检验最多的经济学定律之一。价格离散,即同一时期中同样的产品在不同厂商的售价不同,背离了"一价定律",却是生活中的普遍现象。价格离散反映出市场信息处理能力低,是一种市场不够成熟的表现(Stigler,1961),同时,价格离散也是检验市场运行效率的重要指标,如,大多数关于电子市场效率的研究就是通过对价格离散程度的分析实现的。理解价格离散对于企业管理者进行经营决策、市场机制设计者制定竞争、信息和税收等政策均有重要意义。市场经济中,价格、供求和竞争机制相互作用而实现资源配置,那么,通过市场竞争是否能影响价格离散?这是本章要研究的问题。

本章的研究是建立在两类文献基础上的。第1类文献是价格离散形成的理论研究。如果消费者和企业都是有完全信息的理性决策主体,单一价格将是Bertrand-Nash均衡,因此,理论研究通过引入消费者异质性(如搜寻成本不同)、企业成本异质性(如固定或可变成本不同)、不同的消费者对不同的企业有不同的偏好(如地理距离远近)、非理性行为(如短期记忆)、需求方面或供给方面的不确定性等因素,得到了价格离散如何作为一种市场均衡存在,此可参考Baye、Morgan和Scholten(2006)、Hopkins(2008)的综述。这些文献为本章从理论上挖掘竞争对价格离散的影响提供了基础。

第2类文献是关于竞争对价格离散影响的经验研究。一些研究认为竞争将降低价格离散。Marvc（1976）基于1964—1971年美国23个城市汽油市场数据，发现更高竞争程度的市场（更低的 HHI）有更小的价格区间（最高和最低价格之差）。Dahlby 和 Douglas（1986）基于1974—1981年加拿大亚伯达（Alberta）地区车险市场的数据发现，经营某类客户（性别—年龄段组合）业务的车险企业数目越多，则该类客户的车险价格的方差越小。Baye、Morgan 和 Scholten（2006）使用互联网上销售的1000多种产品的价格数据发现，某种产品销售者的数目与该产品的"最小和次最小的售价之差"负相关。Barron、Taylor 和 Umbeck（2004）使用美国4个城市共约3000家加油站的数据，通过回归控制加油站的若干特征后发现，在4个城市中，单位面积中加油站的数量与汽油价格的方差负相关；此结论也得到了 Lach 和 Moraga-González（2012）对荷兰加油站的研究的支持。Chen（2015）使用2009—2011年美国新罕布尔州的约30种常用药品的数据发现，经营某种药品的药店数目越多，则该药品的价格离散程度（使用标准差、基尼系数、变异系数、75—25百分位数、最高和最低价格之差等多种指标度量）越低。

另一些文献却发现竞争将提高价格离散。Borenstein 和 Rose（1994）基于专业咨询机构在1986年第二季度的大型市场调查数据的研究发现，经营某条航线的航空公司的竞争程度越高（HHI 越低），则该航线的机票价格的基尼系数越高。Walsh 和 Whelan（1999）基于1992—1995年爱尔兰124家企业的18种产品数据发现，更为竞争（更低的）的产品的价格具有更大的变异系数。Lewis（2008）对美国圣迭戈地区的加油站的研究发现，单位面积中加油站的数量与汽油价格的方差正相关，并得到 Chandra 和 Tappata（2011）使用美国4个州共25000家加油站的3种不同品质的汽油的数据的研究支持。Haynes 和 Thompson（2008）对美国一家大型购物网站上399种型号的数码相机的研究发现，商家数目与"中位数价格超过最低价格的程度"

呈显著正相关。

本章先基于两类价格离散的模型，从理论上得到市场竞争影响价格离散的结果及条件。一类是消费者信息搜寻模型，如 Carlson 和 McAfee（1983）、Hogan（1991）、Deneckere 和 Peck（2012），另一类是假设各企业的产品对不同消费者有不同的价值或成本的空间竞争模型，如 Salop 和 Stiglitz（1977）、Perloff 和 Salop（1985）、Raju 等（1990）、Barreda-Tarrazona 等（2011）。

我们从多个公开可靠的渠道收集了 2005—2014 年中国约 300 个地级城市的车险市场上所有企业的经营数据及相关变量的数据，作为经验研究样本。保险市场是产业组织研究中经常使用的数据来源，而本章选择车险市场的数据具有几点优势。（1）采用挂牌价格与采用实际交易价格所测量的价格离散程度可能差别很大，基于前者的测量结果一般会高估价格离散（Brynjolfsson 和 Smith，2000；Ghose 和 Yao，2011），而保险业务的收入和支出均有现金流相对应，且保险业有比较严格的统计和内控审计制度，所以车险价格是来自真实交易的，价格的度量误差因素较小。（2）保险业有严格的分地区经营政策，各城市的保险市场均有清晰的（地理）范围界定。（3）保险产品不能储存和再销售。（4）本章有交易量的数据，所以能够衡量各家企业的市场规模，进而能检验某些辅助性假说。（5）车险产品的同质性强，其是消费者和企业行为研究——尤其是涉及信息问题时——经常使用的数据来源。（6）本章数据是全国范围的，所得结论有较好的代表性。

本章有如下主要发现。（1）中国地级城市的车险市场存在明显的价格离散。车险市场原始价格的变异系数的均值和中位数分别为 0.494 和 0.466；当通过回归去除了产品异质性后，这两个数字稍有减少，也分别达到了 0.472 和 0.445。（2）市场竞争能够显著降低车险市场的价格离散。车险企业数目提高 5 家（市场集中度降低 1 个样本标准差）将引起车险价格标准差降低其样本均值水平的 12%—13%（5%—6%）。

在研读和学习已有文献的基础上，本章的新意在于两个方面。（1）鲜有文献正式分析中国市场上竞争与价格离散的关系，本章对此补充。本章采用中国保险业的样本，而本章的思路方法可以应用于研究其他领域的类似问题。（2）本章基于两类解释价格离散的文献，从理论上分析了市场竞争影响价格离散的机理，使得经验研究具有较严格的理论基础。

本章随后部分的结构安排如下：第 2 部分分析竞争影响价格离散的机理，提出研究假设；第 3 部分说明经验研究方法、变量和数据；第 4 部分报告和分析回归结果，进行稳健性检验；第 5 部分总结本章并提出对策建议。

二 理论分析和研究假设：信息搜寻和空间竞争

价格离散要作为一种市场均衡存在，需要采用不同于完全竞争市场的假设。本节在两类理论的框架下，说明价格离散为何存在以及市场竞争影响价格离散的结果及其条件。

（一）基于信息搜寻理论

假设消费者获取企业的价格信息需要付出搜寻成本，同时企业存在成本异质性。设有 N 家企业，N 是有限数，企业 j（$j=1$，…，N）的价格为 P_j。企业 j 的成本函数为：

$$C_j(q_j) = c_{0j}q_j + c_{1j}q_j^2 \qquad (13.1)$$

其中，q_j 是产量，c_{0j} 是固定性成本，$c_{0j} > 0$，c_1 大于、小于和等于 0 分别表示边际成本递增、递减和不变。

假设有 M 位消费者，每位消费者购买且仅购买 1 单位产品。假设消费者知道市场上产品价格的分布状况，采用序贯搜寻（sequential search）方式，每获得 1 家企业的报价需要付出 1 单位的搜寻成本，单位搜寻成本服从 [0，T] 的均匀分布。此时，消费者将在获得某一个低价（保留价格）后停止搜寻，并购买。可以得到，企业 j 面临的需求函数为（Dahlby 和 West, 1986）：

$$q_i = [1 - (P_j - \bar{P})/T](M/N) \quad (13.2)$$

其中，q_j 是企业 j 的产品数量，$\bar{P}$ 是所有企业平均的价格，(M/N) 是所有企业平均的产品数量。

企业的利润表达式为 $P_j \cdot q_j(P_j) - C_j[q_j(P_j)]$，企业 j 将制定最优价格 P_j 以实现利润最大化。根据最优化的 1 阶条件可以得到：

$$\bar{P} = \bar{c}_0 + [(1+\gamma)NT]/(N-1) \quad (13.3)$$

$$P_j - \bar{P} = A(c_{0j} - \bar{c}_{0j}) \quad (13.4)$$

$$\text{Var}(P_j) = A^2 \text{Var}(c_{0j}) \quad (13.5)$$

其中，参数 $A = (N-1)/[(2+\gamma)N-1]$，$\gamma = 2c_1 M(N-1)/N^2 T$。$\bar{P}$ 是所有企业价格的均值；$\text{Var}(P_j)$ 是所有企业价格的方差，用于表示市场的价格离散程度。$\bar{c}_0$ 和 $\text{Var}(c_{0j})$ 分别是 c_{0j} 的均值和方差。由于在市场达到均衡时，$(P_j - \bar{P})$ 和 $(c_{0j} - \bar{c}_{0j})$ 呈正相关，所以 $A > 0$，这也保证最大化利润的 2 阶条件成立。在实现最优价格时，企业没有激励再提高价格，这是由于提价将丧失一部分搜寻成本低的消费者。

为了得到价格离散 $[\text{Var}(P_j)]$ 与企业数目 (N) 的关系，将 A 和 γ 的表达式代入 (13.5) 式，并对 N 求偏导数，得到：

$$\frac{\partial \text{Var}(P_j)}{\partial N} > 0 \ if \ c_1 \geq 0; \quad \frac{\partial \text{Var}(P_j)}{\partial N} < 0 \ if \ c_1 < \frac{-N^2 T}{2M(N-1)^2}$$

$$(13.6)$$

因此，当边际成本递增（$c_1 \geq 0$）时，增加市场竞争（增加企业数目）将提高 $\text{Var}(P_j)$；当边际成本递减到一定程度时 $\{c_1 < (-N^2 T)/[2M(N-1)^2]\}$，增加市场竞争（增加企业数目）将降低 $\text{Var}(P_j)$。

本章样本为车险产品，每个消费者几乎只购买 1 单位产品，避免了消费者多样化购买的问题（蒋传海和周天一，2017）。保险行业的边际成本一般认为是递减的。这主要是由于，保险企业的规模越大意味着汇集的风险越多，大数法则使得企业的赔付水平越平稳，保险企业需要的资本越少，基于各国数据的经验研究一般也支持保险企业规模报酬递增的结论（Dahlby 和 West，1986；Cummins 和 Weiss，2013）。保险企业的业务量很大（M 的取值大），所以 $c_1 < (-N^2 T)/[2M(N-1)^2]$ 应当很容易成立，故 $\mathrm{Var}(P_j)$ 应当与 N 负相关。因此，我们提出：

研究假设：车险公司数目的增加将降低车险市场的价格离散。

此外，从以上分析还能得到关于价格离散和价格均值的各 1 个推论。（1）$\mathrm{Var}(P_j)$ 受到市场规模的影响同样依赖于 c_1 的正负号。结合（13.5）式和 A、γ 的定义不难看出，当 c_1 大于、等于或小于 0 时，如果其他条件不变，$\mathrm{Var}(P_j)$ 分别随市场规模（M）的增加而增加、不变或降低。由于市场规模是可观测的因素，所以在本章经验研究中，如果市场规模对 $\mathrm{Var}(P_j)$ 影响的估计值为负，那么，支持我们对 $c_1 < 0$ 的推测，由此，得到辅助性研究假设 1：

辅助性假设 1：车险市场规模负向影响价格离散。

（2）将 γ 的表达式代入（13.3）式，可得辅助性研究假设 2：

辅助性假设 2：车险公司数目负向影响价格水平。

（二）基于空间竞争理论

假设有 M 个消费者，每个消费者购买 1 单位产品，有 N 家企业（$N \geq 2$）。消费者可以对不同企业的产品有不同的额外效用，如品牌忠诚度，或者消费者对不同企业的产品要付出不同的额外成本，如地理距离带来的交通的成本（Salop 和 Stiglitz，1977；Raju、Srinivasan 和 LaL，1990；Barreda-Tarrazona 等，2011）。因此，消费者对不同企业产品的评价是有差别的，进而影响企业的市场势力和定价。令消费者 g 对企业 j 的产品的价值评价是 v_{gj}，v_{gj} 服从某个非退化分布 $F_j(\cdot)$。消费者 g 购买企业 j 产品的收益是 $u_{gj} = v_{gj} - P_j$。

第13章 车险市场的竞争与价格离散

对于企业 j，其生产 q_j 单位产品的成本为：

$$C_j(q_j) = k + c_j q_j, j = 1, \cdots, N \tag{13.7}$$

其中，k 是总固定成本，c_j 是边际成本。

如果所有企业被消费者评价的分布相同，即 $F_j(v) = F(v)$，并且企业的边际成本相同，即企业的市场势力属于对称型，那么，所有企业将采用同样的价格。此时，不存在价格离散，各企业等分市场（M/N）。此时，市场价格唯一的价格为：

$$P = c + kN/M \tag{13.8}$$

如果不同企业受到消费者的评价不同，每家企业面对的需求弹性就不同，那么，企业将根据自身的"边际成本 = 边际收益"的条件确定价格，如下：

$$P_j = c_j \cdot e_j/(e_j - 1), j = 1, \cdots, N \tag{13.9}$$

其中，P_j 是企业 j 的价格，e_j 是企业 j 的需求的价格弹性，$e_i = -(\partial q_j/\partial p_j)(p_j/q_j)$。此时，$p_j$ 服从非退化分布，存在价格离散均衡。在给定消费者对企业评价的分布 [$F_j(v)$] 时，各企业的价格和市场上的企业数目之间仍存在类似（13.8）式的关系。

总固定成本、边际成本的降低或消费者人数的增加，均会引起企业数目（N）的增加。如果新进入企业与已有企业存在替代性，那么，这将提高企业的需求弹性，降低价格，而随着企业数目不断增加，价格将不断接近企业的边际成本。因此，N 的增加将使得价格均值 $\bar{P}$ 下降。进一步，如果假定企业的边际成本（c_j）相同，那么 N 的增加将降低价格离散。如果企业的边际成本相差很大，则 N 对价格离散影响的方向将不容易判定。

由于车险的承保过程并不复杂甚至标准化程度很高，样本期间中国车险产品的条款由监管机构或行业协会统一制定，大多数的车险理赔也不要特别的技术，所以车险公司的边际成本应当比较接近。因此，在空间竞争理论下，仍然支持信息搜寻理论中提出的研究假设，即车险公司数目的增加将降低车险市场的价格离散。

三 回归设计：模型、变量和数据

（一）衡量价格离散

同一种产品的价格差别可能来自产品的异质性，所以度量价格离散所使用的价格需要去除产品异质性（Lewis，2008；Chandra 和 Tappata，2001；吴德胜和李维安，2008；王强、陈宏民和杨剑侠，2010；Gorodnichenko 和 Talavera，2017）。对此，估计：

$$\tilde{P}_{ijt} = \alpha_0 + X'_{jt}\alpha_1 + (\phi_i \cdot X_{jt})'\alpha_2 + \phi_i + \eta_t + \nu_{ijt} \quad (13.10)$$

其中，$\tilde{P}_{ijt}$ 表示城市 i 中公司 j 于年度 t 的车险原始价格。保险产品较为抽象，损失补偿是保险业的"产出"，赔款支出则反映了保险公司产出的数量，所以车险产品的价格使用消费者对车险的"保费支出"（对应于保险公司的保费收入）除以消费者收到的"赔款补偿"（对应于保险公司的赔款支出）来衡量（Frech 和 Samprone，1980；Winter，1982）。车险价格越高表示消费者对每单位车险产品需要支付的金额越高。

对于保险价格度量，需要进行一些说明。保险产品较为抽象，保险产品的价格有时表示为保费支出/保险金额，本章采用保费支出/赔款支出来度量价格，对此，进行如下解释说明。二者的差别在于，采用赔款支出还是保险金额来度量保险产出量（或保险消费量）。(1) 从理论上来论证。采用保险金额的好处在于，其是购买保险时就事先确定了的，与一般商品一样。不过，采用保险金额度量产出量需要假设投保人/保险标的的风险含量是相同的，但是不同投保人/风险标的的风险程度有或多或少的差异，使得基于保险金额计算的保险价格可能偏差很大[①]。(2) 在学术研究工作中。中国和很多国家并没

[①] 举两个例子。(1) 同样购买 100 万元的保险金额，一个常出事故的投保人 A 花费 3000 元，一个没出过事故的投保人 B 花费 1000 元，通过保费支出/保险金额度量价格时，A 的价格明显高，其实 A 的价格可能偏低。(2) 2015 年，经济和保险业第一大省——广东省的保费收入（2166 亿元）是上海市的（1125 亿元）约 2 倍，而广东省的保险金额（747047 亿元）仅为上海市的（2188686 亿元）约 1/3（数据来自保监会，Wind 咨询可见），如果认为广东省的保险价格是上海市的五六倍，是不合理的。

有披露多少保险金额的数据,并且从中国保险行业主管机构的已有统计中也没有各家财产险公司地级分支公司的车险保险金额的数据,这使得无法基于保险金额进行本章以及很多研究。保险赔款在各主要国家和地区均有大量数据持续披露,所以基于保险赔款度量保险产出量的做法在采用实际数据的国内外研究中被广泛使用,也使得研究之间更具有可比性。

(13.10)式中,加入一系列企业特征变量的向量(X),加入企业特征与城市固定效应的交互项($\phi_i \cdot X_{jt}$),这是由于不同城市的保险消费者对某一项或多项公司特征可能有不同的偏好。加入城市固定效应(ϕ_i)和年度固定效应(η_t)以提高对车险价格($\tilde{P}_{ijt}$)的估计的有效性。由于计算价格离散是在各个"城市/年度"的市场中,所以如果使用的价格离散指标具有平移不变性的话(本章如此),对ϕ_i和η_t的估计并不影响对价格离散的度量。最后,(13.10)式中的α_0和ν_{ijt}分别为截距项和扰动项,α_1和α_2是反映相应的系数估计值的向量。

(13.10)式中考虑的企业特征(X)包括如下变量。(1)所有权类型。中资和外(合)资保险公司的产品有不同的特点,因而加入哑变量($dOwner$),对于中资公司取0,对于外(合)资公司取1。(2)公司规模。由于保险经营中"大数法则"效应和金融机构"大而不倒"的现象,规模也能反映产品的兑付风险和品牌价值。使用总资产的对数[ln(Assets)]度量公司规模。(3)杠杆率。提高杠杆率会提高公司的破产风险,故杠杆率可以反映产品的兑付风险,我们使用"总负债"除以"总资产",即资产负债率($Leverage$)度量公司的杠杆率。(4)广告支出。广告可能影响消费者对产品的评价,我们使用公司的业务宣传费用支出占营业收入的比重(AD)度量。(5)公司年龄。公司年龄(Age)使用一家公司到某个城市经营的年数度量,它可能影响产品的品牌价值。

基于(13.10)式的估计结果,可以得到去除了产品异质性的价格P_{ijt}:

$$P_{ijt} = \tilde{P}_{ijt} - X'_{jt}\hat{\alpha}_1 - (\emptyset_i \cdot X_{jt})'\hat{\alpha}_2 \qquad (13.11)$$

本章中，价格离散（Disp）采用某个城市/年度市场中的 P_{ijt} 的"标准差"[即 $STD(P)_{it}$]度量。价格的方差和标准差是理论和经验研究（包括本章"问题的提出"中所介绍的经验研究文献）中主要使用的价格离散指标，所以使用标准差比方差理解起来更直观。

（二）计量模型和估计

本章基本的计量模型为：

$$Disp_{it} = \beta_0 + \beta_1 Num_{it} + Z'_{it}\beta_2 + \emptyset_i + \eta_t + \varepsilon_{it} \qquad (13.12)$$

其中，$Disp_{it}$ 是城市 i 年度 t 的车险市场的价格离散程度，Num 是经营车险业务的公司数目，我们关注其系数 β_1。$\emptyset_i$、η_t 分别是反映城市效应的虚拟变量和反映年度效应的虚拟变量。Z 是随城市和年度同时变化的因素，其系数向量为 β_2。ε 是随机扰动项。

结合已有文献，回归中控制了如下变量（Z）。（1）国内生产总值（GDP）的对数。GDP 越大则保险市场容量一般越大，保险业具有规模经济性，所以 GDP 可能同时影响价格（离散）和竞争程度。（2）人口密度（Density）。提高人口密度一般会降低保险业务的交易成本从而降低价格，而降低交易成本（一种可变成本）可能更有利于小型公司，从而增加市场竞争。此外，人口密度还可能影响搜寻成本进而影响价格和价格离散。（3）教育程度（Edu）。教育会增强人们对风险和保险产品的理解，进而促进保险需求，同时教育水平高的人更能够判断各家保险公司的产品，所以教育程度可能与价格和竞争程度均相关。（4）金融发展程度（Finance）。保险产品具有一定的金融属性，在此问题上，金融发展的作用与教育程度的作用类似。（5）通货膨胀（Inflation）。通货膨胀会影响所有产品的价格，通货膨胀可能通过菜单成本、影响消费者价格搜寻等方式影响一个行业（或产品）的价格分布。

价格离散可能存在持续性或均值回归性，所以将因变量的滞后项加入到（13.12）式中，如下：

$$Disp_{it} = \rho Disp_{it-1} + \beta_0 + \beta_1 Num_{it} + Z'_{it}\beta_2 + \emptyset_i + \eta_t + \varepsilon_{it} \tag{13.13}$$

由于 $Disp_{it-1}$ 中包含个体效应 $\emptyset_i$，采用混合样本 OLS（普通最小二乘法）回归和 FE（固定效应）回归都是有偏和不一致的。因此，对（13.13）式进行差分变换得到（13.14）式，由于变换后方程中的 $\Delta Disp_{it-1}$（$=Disp_{it-1} - Disp_{it-2}$）包含 ε_{it-1}，仍然存在内生性问题。对此，采用差分广义矩（GMM）估计。

$$\Delta Disp_{it} = \rho \Delta Disp_{it-1} + \beta_1 \Delta Num_{it} + \Delta Z'_{it}\beta_2 + \Delta \eta_t + \Delta \varepsilon_{it} \tag{13.14}$$

（三）数据

我们采用2005—2014年中国约300个地级（及以上）城市的车险市场的数据。我们选择至少有8家车险公司经营的城市，样本构成如表13-1所示。

表13-1　　　　　　　　　　样本构成

年份	城市数目	各城市的公司数 均值	各城市的公司数 标准差	各城市的车险价格 均值	各城市的车险价格 标准差	年份	城市数目	各城市的公司数 均值	各城市的公司数 标准差	各城市的车险价格 均值	各城市的车险价格 标准差
2005	44	9.159	1.055	1.954	1.007	2010	257	12.65	4.060	2.460	1.196
2006	95	9.758	1.736	2.755	2.031	2011	262	13.16	4.751	2.232	1.155
2007	151	10.61	2.506	2.537	1.836	2012	261	13.92	5.471	2.400	1.432
2008	209	11.31	3.340	2.077	1.329	2013	284	14.87	5.681	2.184	1.239
2009	251	12.08	3.782	2.123	1.191	2014	294	15.46	5.873	2.265	1.038

本章的数据来自多个公开可靠的渠道。（1）各城市中车险公司的价格数据和公司数目的数据收集自《中国保险年鉴》。（2）在去除产品异质性［（13.10）式］的回归中，保险公司的所有权类型（$dOwner$）、总资产（$Assets$）、杠杆率（$Leverage$）的数目收集自各公司的年度财务报告。业务宣传费用（AD）的数据收集自保险行业主管机构中各家公司的财务报告附注。公司的经营年限（Age）的数据计

算自《中国保险年鉴》。(3) 估计市场竞争对价格离散影响 [(13.12) 式、(13.13) 式和 (13.14) 式] 的控制变量中，GDP、Density、Edu、Inflation 的数据收集自《中国区域经济统计年鉴》。教育水平 (Edu) 采用各城市中的常住人口中在校大学生所占比重度量。通货膨胀水平 (GDPDeflator) 采用国内生产总值平减指数度量。金融发展程度 (Finance) 采用各城市的所有单位的从业人数中金融业从业人数所占比重度量，其数据来自《中国城市统计年鉴》。表 13-2 报告变量的描述性统计情况。

表 13-2　　　　　　　　　描述统计量

	单位	观察值数	均值	标准差	最小值	最大值
城市—年度—公司维度						
dOwner	0 或 1	26628	0.032	0.176	0	1
Assets	百万元	26628	46557	72187	212	365785
Leverage	比重	26628	0.803	0.231	0.018	2.049
AD	比重	26628	0.474	1.134	0.000	9.976
Age	年	26628	13.899	8.694	2	35
城市—年度维度						
Num	个	2108	13.010	4.903	8	36
GDP	亿元	2100	1576	1893	129	19197
Density	万人/平方公里	2075	0.045	0.033	0.000	0.247
Edu	比值	1996	0.017	0.023	0.000	0.342
Finance	比值	2002	0.035	0.012	0.006	0.113
Inflation	%	2097	0.036	0.077	-0.707	1.302

四　市场竞争对价格离散的影响

(一) 基本估计结果

表 13-3 报告了车险价格决定方程 [(13.10) 式] 的估计结果，4 个回归的差别在于控制变量不同。当同时控制公司特征、公

司特征与城市固定效应交互项和年度固定效应［回归结果（4）］时，R^2 和调整后 R^2 最大，说明公司特征对产品价格产生了影响，并且同一公司特征在不同城市的影响存在差异。因此，选择回归（4）作为去除产品异质性的模型，这借助了本章的公司/城市/年度3维数据较之于截面数据或普通面板数据的优势。在公司特征与车险价格的关系方面，所有城市平均而言［采用回归结果（2）的估计结果］，车险价格与公司所有权类型（dOwner）和公司规模（ln（Assets））之间没有显著关系；与杠杆率（Leverage）显著负相关，反映出价格对产品风险状况的调整；与广告支出（AD）显著正相关，反映出广告促进需求的作用；与公司经营年限（Age）负相关，由于公司经营年限与续期业务的占比一般为正相关，这反映了续期业务享受的更低价格。

表 13-3　　去除产品异质性的车险价格估计

	车险价格 $\tilde{P}_{ijt}$			
	（1）LSDV	（2）LSDV	（3）LSDV	（4）LSDV
dOwner	-0.064 (0.045)	-0.028 (0.045)	0.050 (0.045)	-1.463 (1.406)
ln(Assets)	-0.007 (0.008)	-0.000 (0.008)	-0.010 (0.008)	-0.677 (2.659)
Leverage	-0.348*** (0.035)	-0.464*** (0.038)	-0.473*** (0.038)	-3.693 (25.310)
AD	0.063*** (0.008)	0.062*** (0.008)	0.048*** (0.009)	0.078*** (0.013)
Age	-0.035*** (0.001)	-0.034*** (0.001)	-0.033*** (0.001)	-0.092*** (0.003)
城市效应			√	

续表

	车险价格 $\tilde{P}_{ijt}$			
	(1) LSDV	(2) LSDV	(3) LSDV	(4) LSDV
公司特征与城市效应交互项				√
年度效应		√	√	√
R^2	0.06	0.06	0.10	0.21
调整后 R^2	0.06	0.06	0.08	0.16
观察值数	26628	26628	26628	26436

注：LSDV 为最小二乘虚拟变量回归。系数估计值右侧（ ）内为异方差和序列相关稳健的标准误。***、** 和 * 分别表示在1%、5%和10%的水平上显著。

图 13-1 报告城市—年度车险市场中，单家公司的车险价格与市场价格均值的差异情况。图 13-1（a）是基于原始价格计算得到，$\tilde{P}_{ijt} - \bar{\tilde{P}}_{it}$，其中，$\bar{\tilde{P}}_{it} = (1/N_{it})\sum_{it}\tilde{P}_{ijt}$；图 13-1（b）由去除了产品异质性的价格 [通过（13.11）式] 得到，$P_{ijt} - \bar{P}_{it}$，其中，$\bar{P}_{it} = (1/N_{it})\sum_{it}\bar{P}_{ijt}$。这两个指标对于每个城市—年度的市场都是以0为均值。图 13-1（b）显示，当去除产品异质性后，车险价格的分布更对称一些，尾部的厚度也稍有减少。表 13-4 报告城市—年度车险市场的价格标准差的描述统计量，可知：车险市场原始价格的变异系数（标准差与均值之比）的均值和中位数分别为 0.494 和 0.466；去除产品异质性后，这两个数字略有减少，分别为 0.472 和 0.445。图 13-1 和表 13-4 都反映出车险市场存在明显的价格离散。

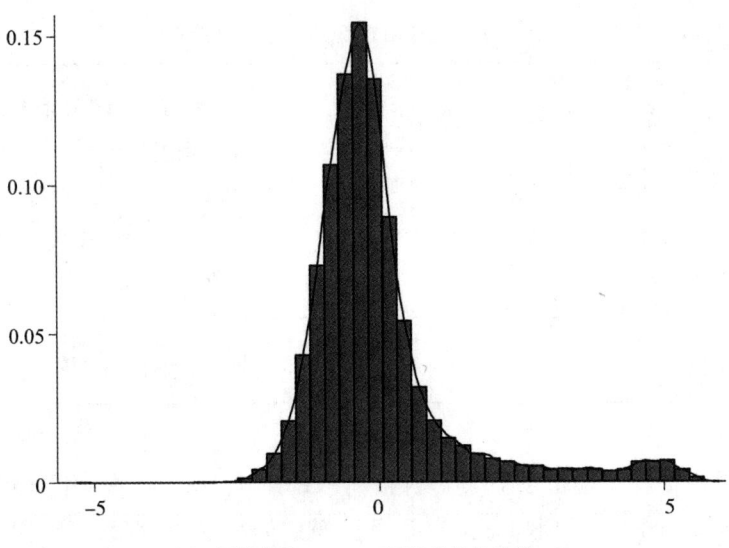

第 13 章 车险市场的竞争与价格离散

(a) 原始价格_ ijt ——原始价格的均值_ it

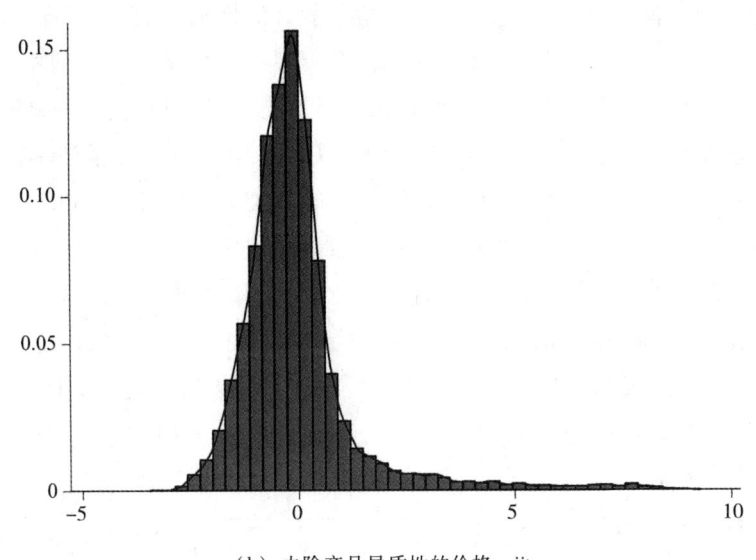

(b) 去除产品异质性的价格_ ijt

图 13 - 1 公司价格与价格均值的差异的分布

表 13-4　　城市—年度车险市场的价格标准差

	基于原始价格 ($\tilde{P}_{ijt}$)		基于去除产品异质性的价格 (P_{ijt})	
	均值	中位数	均值	中位数
价格标准差	1.168	1.066	1.096	0.977
价格标准差/价格均值	0.493	0.465	0.471	0.445

下面估计车险市场竞争对价格离散的影响。表 13-5 第（1）—（3）列 5 个回归采用静态设定和虚拟变量最小二乘回归，第（4）和第（5）列采用动态设定和差分 GMM 估计。Num 的系数估计值在 5 列中均为负向显著，因此，车险市场竞争对价格离散有负向影响。第（1）—（3）列中，第（3）列的 R^2 和调整后 R^2 最高，该列中 Num 的系数估计值为 -0.027，这反映出车险市场的公司数目增加 10 家，将促进车险市场价格标准差（即 STD（P）$_{it}$）降低 0.27，降低幅度为 STD（P）$_{it}$ 样本的平均水平（1.09）的 24.8%。第（4）和第（5）列的中，Num 对价格离散影响的积累效应分别为 -0.034 和 -0.026，与第（3）列的系数估计值较为接近。此外，我们尝试加入 Num 的二次项作为一个额外的自变量，不过，没有发现 Dai、Liu 和 Serfes（2004）所发现的价格离散与市场竞争的"非线性"关系。Dai、Liu 和 Serfes（2014）的研究中倒"U"形关系得以出现的主要原因是，公司对不同消费者进行了"价格歧视"，而本章研究的只是公司层面的价格离散。

在其他变量方面。STD（P）滞后项的系数估计值很小，不过是统计显著的。ln（GDP）的系数估计值均为负，支持辅助性假设 1（车险市场规模负向影响价格离散），进而支持财产险公司具有规模报酬递增的性质。

表 13 – 5　　　　　　　市场竞争对价格离散的影响

	价格离散 $STD(P)_{it}$					
	(1) LSDV	(2) LSDV	(3) LSDV	(4) 差分 GMM	(5) 差分 GMM
Num	-0.006*** (0.002)	-0.012** (0.006)	-0.027** (0.007)	-0.035** (0.014)	-0.030** (0.009)
$STD(P)_{it}$ （滞后 1 阶）				-0.029* (0.016)	-0.047*** (0.018)
Num 的积累效应				-0.034***	-0.026***
$\ln(GDP)$		-0.388*** (0.057)	-0.264* (0.145)	-0.008 (0.187)	-0.174** (0.086)
$\ln(Density)$		0.021 (0.082)	0.039 (0.079)	0.025 (0.086)	-0.008 (0.088)
Edu		1.403 (1.359)	1.594 (1.326)	2.604* (1.367)	1.869 (1.400)
$Finance$		-1.300 (2.062)	0.412 (2.126)	0.941 (2.287)	-2.402 (2.197)
$Inflation$		0.178 (0.157)	0.508*** (0.176)	0.372** (0.181)	0.186 (0.162)
城市效应		√	√	√	√
年度效应			√		√
R^2	0.00	0.27	0.32		
调整后 R^2	0.00	0.14	0.20		
Hansen J 检验				[0.14]	[0.33]
AR (2) 检验				[0.44]	[0.22]
观察值数	2108	1871	1871	1349	1349

注：LSDV 回归中，系数估计值下方（）内为城市 cluster 的标准误，差分 GMM 估计中，系数估计值下方（）内为纠偏的两阶段标准误。Num 的积累效应为"$1/(1-\rho)$"，其显著性通过非线性检验得到。Hansen J 检验和 AR（2）检验的［］中报告可以拒绝该检验原假设的 P 值。

（二）辅助分析和稳健性分析

本章"第 2 节"基于搜寻理论和空间竞争理论的分析均预测：随着车险公司数目的增加，车险市场的价格均值将会降低（辅助性假设 2）。为了对此检验进而支持前文理论分析的合理性，将前文回归中的因变量［（13.12）式和（13.13）式］由 $DISP_{it}$ 换为城市—年度车险市场的价格均值 $\bar{P}_{it}$，估计结果报告如表 13-6 所示。

表 13-6 中 Num 的系数估计值均为负向显著，因此，市场竞争降低了车险价格。由于回归（3）中因变量的 1 阶滞后项的系数并不显著，所以我们倾向于静态模型的估计值。当公司数目增加 10 家，在不控制其他变量［第（1）列］和控制其他变量［第（2）列］的情况下，将引起车险价格均值下降 0.05 和 0.12，占其样本平均水平（2.278）的比重分别为 2% 和 5%。

表 13-6　　　　　　　　竞争对价格均值的影响

	价格均值 $\bar{P}_{it}$		
	（1）LSDV	（2）LSDV	（3）AB91
Num	-0.005*** (0.001)	-0.012*** (0.004)	-0.032*** (0.005)
（滞后 1 阶）$\bar{P}_{it}$			-0.005 (0.023)
Num 的积累效应			-0.032***
$\ln(GDP)$		-0.074* (0.041)	0.136** (0.053)
$\ln(Density)$		-0.129** (0.058)	-0.126*** (0.016)
Edu		-0.370 (0.972)	-0.271 (0.625)
$Finance$		0.456 (1.474)	2.726** (1.264)
$Inflation$		-0.386*** (0.112)	-0.382*** (0.073)
城市效应		√	√
年度效应		√	√
R^2，调整后 R^2	0.01, 0.01	0.07, -0.07	
Hansen J 检验，AR（2）检验			[0.19]，[0.44]
观察值数	2108	1871	1349

注：系数估计值的右侧（）内为标准误，其余的注释同表 12-5。

前文采用价格的标准差度量价格离散，不过也存在着其他的价格离散指标，那么本章结论对于其他的价格离散指标是否稳健？本章考虑如下 4 个指标。第 75 与第 25 百分位的价格之差（又称"四分位距"）

$[(P_{75}-P_{25})_{it}]$、第95与第5百分位的价格之差$[(P_{95}-P_5)_{it}]$，二者的优点在于不受价格极端值的影响。价格的变异系数，$CV(P) = STD(P)/\bar{P}$。价格的基尼系数$[Gini(P)]$，其计算公式如下：

$$Gini(p) = \frac{2}{N^2\bar{P}}\sum_{j=1}^{N}\left(j - \frac{N+1}{2}\right)P^{(j)} \qquad (13.15)$$

其中，$P^{(j)}$是市场中排名第j低的价格，N是公司数目。将基尼系数"乘以2"可以得到两家公司的价格差异平均而言相当于价格均值的程度。$CV(P)$和$Gini(P)$的优点在于，可以去除价格水平高低对于度量价格离散程度的影响。由于车险价格均值也受到市场竞争的显著影响（见表13-6），所以估计$CV(P)$和$Gini(P)$对本章很有意义。

表13-7报告了采用4种替代性价格离散指标为因变量的估计结果。第（1）和第（2）列显示，车险公司数目增加10家，则$(P_{75}-P_{25})_{it}$和$(P_{95}-P_5)_{it}$分别降低各自样本均值水平（10.801和16.005）的5%和9%，均是统计显著的。第（1）和第（2）列中估计得到的Num的影响较之表13-5明显减少，这反映出，$(P_{75}-P_{25})_{it}$和$(P_{95}-P_5)_{it}$的度量中没有反映出很高和很低的价格。第（3）和第（4）列显示，车险公司数目增加10家，则$CV(P)_{it}$和$Gini(P)_{it}$分别降低各自样本均值（2.265和0.2422）的8%和16%，均是统计显著的。由于基尼系数的取值介于0—1，我们借鉴一些文献的做法，对基尼系数进行对数似然率$\ln(Gini/1-Gini)$变换，进而得到取值范围无约束的度量，本章的主要结论不受此影响。

表13-7　　　　　稳健性检验：其他价格离散指标

	(1) $(P_{75}-P_{25})_{it}$	(2) $(P_{95}-P_5)_{it}$	(3) $CV(P)_{it}$	(4) $Gini(P)_{it}$
Num	-0.056 *** (0.007)	-0.148 *** (0.021)	-0.017 ** (0.007)	-0.004 *** (0.001)
$\ln(GDP)$	-0.101 (0.160)	-0.495 (0.475)	-0.306 ** (0.154)	-0.016 (0.020)
$\ln(Density)$	-0.024 (0.078)	0.143 (0.234)	0.152 ** (0.076)	-0.016 (0.010)

续表

	(1) $(P_{75}-P_{25})_{it}$	(2) $(P_{95}-P_5)_{it}$	(3) $CV(P)_{it}$	(4) $Gini(P)_{it}$
Edu	0.292 (1.317)	3.462 (3.908)	1.287 (1.271)	0.323* (0.170)
Finance	1.201 (2.112)	0.225 (6.268)	0.449 (2.038)	-0.161 (0.273)
Inflation	0.259 (0.175)	1.312** (0.519)	0.377** (0.169)	0.0369 (0.022)
R^2，调整后 R^2	0.34, 0.23	0.33, 0.21	0.18, 0.03	0.53, 0.44
观察值数	1871	1871	1871	1871

注：估计方法为最小二乘虚拟变量回归。控制了城市效应和年度效应。系数估计值下方（）内为城市聚类的标准误。

前文采用公司数目度量市场竞争程度，这主要是为了与前文理论模型中的变量一致，不过，也存在其他基于不同理论或从不同出发点得到的市场竞争的度量指标，这些指标并无绝对的优劣之分。(1) CR_4 是前4家最大公司的市场份额之和，取值范围为 (0, 1)，该指标负向反映市场竞争程度。(2) $HHI = \sum_{j=1}^{N} s_j^2$，其中，$s_j$ 表示公司 j（共 N 家）的市场份额，HHI 取值范围为 (0, 1)，负向反映市场竞争程度。(3) $EI = -\sum_{j=1}^{N}(s_j \log_2 s_j)$，取值范围为 (0, $\log_2 N$)，该指标正向反映市场竞争程度。(4) H_m 指标，$H_m = \sum_{j=1}^{N} s_j^{2-(s_j(HHI-s_j^2))^\alpha}$，取值范围为 (0, 1)，该指标负向反映市场竞争程度。H_m 包含1个参数 α，α 反映该指标假设的寡头竞争中公司的合谋程度，$\alpha > 0$，α 的值越大表示寡头之间的合谋程度越低，当 $\alpha \to \infty$，H_m 等于 HHI。

表13-8中6个市场竞争指标的系数估计值均有预期符号，且除 CR_4 和 H_m（α 取 0.25）外，均是统计显著的。在度量市场竞争程度时，CR_4 只考虑前4家最大公司的市场份额，而 H_m 在 α 取 0.25 时是

假设公司之间存在高度合谋,而分析市场竞争与价格离散的关系时通常认为公司是不合谋的,所以 CR_4 和 H_m(α 取 0.25)的系数估计值不显著是可以理解的。其他条件不变时,当 HHI、EI、H_m(α 取 1)和 H_m(α 取 5)分别变动各自一单位的样本标准差(0.070、0.396、0.070 和 0.069),价格标准差将分别变动 0.061、0.056、0.056 和 0.063,变动幅度占价格标准差的样本均值水平(1.096)的比重分别为 6%、5%、5% 和 6%。此外,$Inflation$(使用 GDP 平减指数衡量)的系数估计值为负向显著,与前文的结果一致。

表 13-8　　　　稳健性检验:其他市场竞争指标

	价格离散 $STD(P)_{it}$					
$Comp$ 的度量方式:	(1) CR_4	(2) HHI	(3) EI	(4) H_m(0.25)	(5) H_m(1)	(6) H_m(5)
$Comp$	0.238 (0.314)	0.866** (0.348)	-0.141** (0.073)	0.197 (0.331)	0.802** (0.344)	0.906*** (0.348)
$\ln(GDP)$	-0.206 (0.161)	-0.213 (0.161)	-0.202 (0.161)	-0.203 (0.161)	-0.212 (0.161)	-0.213 (0.161)
$\ln(Density)$	0.044 (0.079)	0.045 (0.079)	0.043 (0.079)	0.045 (0.079)	0.045 (0.079)	0.045 (0.079)
Edu	1.468 (1.332)	1.562 (1.332)	1.439 (1.332)	1.506 (1.333)	1.559 (1.332)	1.562 (1.332)
$Finance$	0.908 (2.131)	0.814 (2.132)	0.925 (2.131)	0.883 (2.132)	0.821 (2.132)	0.814 (2.132)
$Inflation$	0.517*** (0.177)	0.524*** (0.177)	0.514*** (0.177)	0.518*** (0.177)	0.524*** (0.177)	0.524*** (0.177)
R^2,调整后 R^2	0.31,0.19	0.31,0.19	0.31,0.19	0.31,0.19	0.31,0.19	0.31,0.19
样本量	1871	1871	1871	1871	1871	1871

注:估计方法为最小二乘虚拟变量回归。控制了城市效应和年度效应。系数估计值下方()内为城市聚类的标准误。

本章的理论分析假设保险消费者是理性的,但是保险业在中国处于初级发展阶段,一些地区的消费者可能对保险商品不够了解,这会影响市场竞争—价格离散关系吗？我们将各城市按照其在样本期间的保险深度（保费收入/GDP）的中位数，分为保险深度"较低"（即保险业"较落后"）和保险深度"较高"（即保险业"较发达"）的两组，分组回归结果报告见表13-9第（1）和第（2）列。结果显示，Num对价格离散的系数估计值均为负向显著。

本章机理分析中假设公司之间的定价是独立进行的，那么如果考虑公司之间存在价格合谋，是否会影响本章结论？我们难以观测公司的这些行为，不过，经济周期可能影响公司合谋协议的稳定性和价格离散（Cornia、Gerardi 和 Shapiro，2012）。因此，我们根据在样本期间各城市的车险保费收入的增长率的中位数，将各城市平分为"低增长"（年均增长率≤2.89%）和"高增长"（年均增长率>2.89%）两组，分组回归结果报告见表13-9第（3）和第（4）列。结果显示，Num对价格离散的系数估计值均为负向显著。

中国经济社会发现存在明显的地区差异，我们将样本分为东、中、西部三组，分组回归结果报告见表13-9第（4）—（6）列。结果显示，Num对价格离散的系数估计值都为负，且有两个系数是统计显著的。

表13-9　　　　　　　　稳健性检验：样本分组

	价格离散 $STD(P)_{it}$						
	按保险深度分组		按市场增长率分组		按三大区域分组		
	(1)较低 ≤2.89%	(2)较高 >2.89%	(3)低增长 ≤10.90%	(4)高增长 >10.90	(5)东部	(6)中部	(7)西部
Num	-0.027**	-0.035***	-0.029**	-0.027**	-0.021**	-0.045***	-0.028
	(0.011)	(0.010)	(0.014)	(0.011)	(0.010)	(0.014)	(0.018)
$\ln(GDP)$	-0.320	-0.061	-0.562*	-0.281	-0.565**	-0.090	0.464
	(0.269)	(0.262)	(0.321)	(0.232)	(0.248)	(0.281)	(0.476)
$\ln(Density)$	0.036	0.477	0.149	0.516	1.328**	-0.715	0.050
	(0.081)	(0.499)	(0.445)	(0.549)	(0.573)	(0.567)	(0.078)

续表

	价格离散 $STD(P)_{it}$							
	按保险深度分组		按市场增长率分组		按三大区域分组		
	(1)较低 ≤2.89%	(2)较高 >2.89%	(3)低增长 ≤10.90%	(4)高增长 >10.90	(5)东部	(6)中部	(7)西部
Edu	2.842	2.945**	2.516	1.943	-4.586	-5.540	3.465**
	(5.774)	(1.490)	(1.888)	(3.231)	(3.213)	(7.182)	(1.438)
Finance	1.209	1.107	2.093	-4.930	0.895	-3.333	5.969
	(4.039)	(2.700)	(3.328)	(3.382)	(3.145)	(3.516)	(5.091)
Inflation	0.727**	0.392*	0.298	0.885***	0.312	0.988**	1.249**
	(0.363)	(0.213)	(0.252)	(0.324)	(0.207)	(0.446)	(0.599)
R^2, 调整后 R^2	0.40, 0.22	0.35, 0.18	0.44, 0.18	0.40, 0.21	0.29, 0.18	0.37, 0.25	0.40, 0.23
样本量	930	941	804	1067	813	690	368

注：估计方法为最小二乘虚拟变量回归。控制了城市效应和年度效应。系数估计值下方（ ）内为城市聚类的标准误。

五 小结和对策建议

价格离散背离了"一价定律"，是市场信息处理能力低的一种反映，而竞争机制是市场调节资源配置的重要手段，那么，市场竞争如何影响价格离散？对于此问题，还鲜有针对中国市场的正式研究。我们先是分别在信息搜寻模型和空间竞争模型的框架下，分析竞争对价格离散的影响及其依赖的条件，然后，我们收集了中国约300个地级及以上城市的车险市场的数据，进行经验研究。在控制相关变量后，我们发现：即使去除了产品异质性，车险市场仍然存在明显的价格离散，公司之间价格的变异系数的均值和中位数分别为0.472和0.445；车险市场的竞争会显著降低价格离散，平均而言，车险公司数目提高10家（市场集中程度降低一单位样本标准差），将引起车险价格的标准差降低其样本平均水平的约25%（5%—6%）；此外，车险市场规模会负向影响价格离散，车险公司市场竞争会负向影响价格水平。最后，我们进行了多种稳健性检验以支持研究结论。

本章有两方面的政策含义。(1)增进供给方面的竞争。以财产险行业为例，2015年中国财产险公司有73家，大幅低于2013年美国的3436家、英国的237家、法国的216家、德国的262家、意大利的132家和OECD国家平均的152家[①]，故中国保险市场应放宽市场准入，提升对内对外的开放水平，促进市场竞争。(2)降低需求方面的信息搜寻成本，包括加快建设互联网络、电信等市场基础设施，特别是促进互联网与保险以及其他传统行业的结合。

最后，本章存在局限性或可以拓展之处。(1)从理论上讲，市场竞争对价格离散的影响依赖于公司的成本结构、消费者需求特征和市场交易规则等。本章的经验研究以车险市场为样本，提供了这些条件在特定状态下的证据，而为了深入分析这些条件的影响，还需要很多对其他类型商品的经验研究。(2)本章以车险市场为样本有多个优点，但也有局限性，如：每个市场上的公司数目变异不太大，可能会低估市场竞争的实际影响；缺乏各城市保险公司投入产出的数据，所以本章仅采用结构化的竞争指标，而未采用Iwata、Bresnahan、Panzar-Rosse、Boone等非结构化的竞争指标进行稳健性分析。如果能获得更好性质的样本，可以拓展或深化本话题的研究。(3)在现代社会，消费者处于各类网络中，消费者的信息会受到所在网络中其他消费者和网络结构的影响。我们假设消费者是单独决策的、无相互影响，没有分析各类社会网络对市场竞争—价格离散关系的影响。

---

① 数据来自OECD Insurance Statistics。

第14章

银行系寿险公司的业务转型及其效果

一 问题的提出

银行保险（又称"保险银行"）是指商业银行与保险公司之间进行从销售协议到形成金融集团的各个层次的合作（陈文辉、李扬和魏华林，2007）。经过20余年的发展，中国内地的银行保险已经进入相互资本渗透及进一步形成金融集团的高级阶段。银行保险至少能通过3种方式创造价值：（1）规模经济，即银行保险促进了银行和保险公司的规模壮大，降低了平均成本；（2）范围经济，即较之分别经营银行业务和保险业务的成本之和，同时经营银行业务和保险业务的总成本更低；（3）制度变迁，即银行保险的产生和发展受金融监管改革、金融全球化和竞争加剧、信息技术发展等方面的制度和技术变迁的影响。

截至2017年年底，中国有72家寿险公司营业，其中11家可以称为广义的银行系寿险公司。根据主要股东的行业背景划分，银行系寿险公司是数量最多、规模最大的一类，其公司治理和管理较为规范，平均经营时间较短，各方面经营特点均有明显的股东烙印，所以其发展历程和转型方向有特殊性。银行系寿险公司的基本情况如表14-1所示，它们的市场规模如图14-1所示。

表 14-1　　银行系寿险公司的基本情况

公司名称	成为银行系公司的时间	前身成立时间	中方主要股东	外方主要股东	总部所在地
信诚人寿	2000 年 10 月		中信集团	英国保诚保险	北京
光大永明	2002 年 4 月		光大集团	加拿大永明人寿保险	天津
汇丰	2009 年 6 月		国民信托	汇丰集团	上海
中邮	2009 年 8 月		中国邮政集团		北京
交银康联	2010 年 1 月	2000 年 6 月	交通银行	澳洲联邦银行	上海
中荷	2010 年 6 月	2002 年 11 月	北京银行	法国巴黎保险	大连
建信	2011 年 6 月	1998 年 9 月	中国建设银行		上海
工银安盛	2012 年 7 月	1999 年 4 月	中国工商银行	法国安盛保险	上海
农银	2005 年 12 月		中国农业银行		北京
招商信诺	2013 年 8 月	2003 年 8 月	招商银行	美国信诺保险	深圳
中银三星	2015 年 8 月	2005 年 5 月	中国银行	韩国三星生命保险	北京

注：公司名称中省略"人寿保险股份有限公司"等字样。

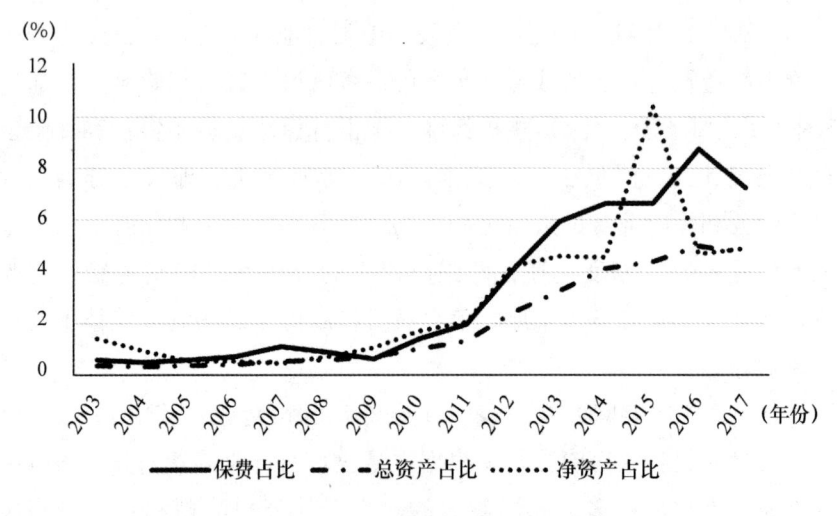

图 14-1　银行系寿险公司的市场规模

本章研究话题和视角的意义在于如下方面。（1）业务结构及其效果评价的综合性。考察一家保险公司的业务结构及其效果需要综合评价，难以从一两个维度以及通过几个指标描述好。因此，我们从 12

个维度设计了定量指标考察业务结构，从 7 个维度设计了 16 个定量指标考察效果。为此，我们从公司年报、行业年鉴和主管机构收集了 2008—2017 年中国所有寿险公司的相关数据。（2）业务转型的相对性。在主体上，将除银行系之外的其他中资寿险公司和其他外（合）资寿险公司作为比较对象。在时间上，将中国经济进入新常态前后进行对比。（3）对策建议力求有前瞻性。针对每个指标的分析结果，需要分析综合发达国家经验和预判中国监管政策走势。

本章随后部分按如下顺序展开：第 2 部分分析中国内地银行保险的发展阶段；第 3 部分从 5 个维度分析银行系寿险公司的业务结构及其转型状况；第 4 部分从 7 个维度分析银行系寿险公司业务结构及其转型的效果；第 5 部分总结本章并提出对策建议。

二 中国内地银行保险的发展阶段

在已有文献的基础上，我们将中国内地银行保险的发展里程分为 4 个阶段。（1）从 20 世纪 80 年代末到 20 世纪末，银行保险是银行业务的直接延伸。为了给贷款增信，大型商业银行代理承保工程险、企业财产险等险种，以便在借款企业发生灾害事故后仍能够收回贷款。

（2）1999—2010 年，银行与保险在销售和股权合作上均快速发展。2000 年左右，受到发达国家金融综合经营趋势的影响，中国内地的银行保险从销售代理开始快速发展起来，银邮代理渠道贡献的人身险保费占比在 2005 年和 2010 年分别达到了 27.35% 和 66.55%。2002 年，国务院批准中信集团、光大集团和平安集团作为综合金融控股集团试点。在此前后，中信集团与英国保诚保险公司合资的信诚人寿于 2000 年成立，光大集团与加拿大永明人寿合资的光大永明人寿于 2002 年成立。此后，汇丰人寿于 2009 年、中邮人寿于 2009 年相继成立。2007 年《关于商业银行投资保险公司股权问题的请示文件》提出，2009 年，中国银监会发布的《商业银行投资保险公司股权试点管理办法》明确规定了商业银行控股保险公司的条件和基本要求。此后，多家商业银行控股保险公司，包括交银康联人寿（前身成立于2000年，2010年由交通银行入股并更名）、中荷人寿（前身成立于2002年，2010年由北京银行入股并更名）。

（3）2011—2017年，销售合作受挫而股权合作继续加强。2010年11月，中国银监会发布《进一步加强商业银行代理保险业务合规销售与风险管理的通知》，加之其单独或与中国保监会联合发布的几个文件较严格地规范和约束了银行保险销售合作，被业界称为"银保新政"。此后几年，银邮代理渠道贡献的人身险保费占比下调到50%以下。在银行入股保险公司方面，在此期间，建信人寿（前身成立于1999年，2011年由中国建设银行入股并更名）、工银安盛人寿（前身成立于1999年，2011年由中国工商银行于入股并更名）、农银人寿（前身成立于2005年，2012年由中国农业银行入股并更名）、招商信诺人寿（前身成立于2003年，2013年由招商银行入股并更名）和中银三星人寿（前身成立于2005年，2015年由中国银行入股并更名）相继成立。

（4）2018年之后，银行保险深度融合阶段。2018年3月，根据十三届全国人大一次会议上发布的"国务院机构改革方案"，组建中国银行保险监督管理委员，整合中国银监会和中国保监会职责，并与央行进行了职责调整。今后商业银行和保险公司将在产品和市场行为、公司治理、资本和偿付能力、资金运用等方面会面临更为一致的监管要求，所以商业银行和保险将加快融合发展。

三 银行系寿险公司的业务结构及其转型状况

（一）销售渠道

销售渠道在寿险经营中非常重要。基于表14-2的信息，得到如下结论。（1）各销售渠道保费贡献方面。①银行系寿险公司明显更多采用银行邮政代理，更少采用公司直销和个人代理，甚至一些公司的业务的绝大部分就来自股东银行，这反映出：其充分利用了银行股东带来的渠道资源，弥补了其在个人代理人队伍建设上的劣势。此外，比起其他中资寿险公司，其他外（合）资寿险公司的个人代理人队伍较为薄弱。②经济新常态后，银行系寿险公司不同于其他中资和外（合）资寿险公司的特点进一步强化，这有助于提高中国寿险公司在销售渠道上的差异化程度，降低中国寿险业的业务同质化程度。

（2）销售费用率方面。①银行系寿险公司的"手续费及佣金支出/保费收入"明显低于其他中资寿险公司，又进一步低于其他外（合）资寿险公司，这说明：银行邮政代理渠道的交易成本较低，是银行系寿险公司的重要竞争优势。②经济新常态后，银行系寿险公司的销售费用率进一步降低（从6.8%到5.3%），其他中资寿险公司几乎没有变化（8.3%），其他外（合）资寿险公司略有上升（从10.1%到10.6%），这说明："银保新规"和保险费率市场化改革加强了银行系寿险公司在销售费用率上的优势，而对其他外（合）资寿险公司尤其不利。

表14-2　　　　三类寿险公司的销售渠道　　　　　　单位：%

		各销售渠道的保费贡献				手续费及佣金支出/保费收入
		公司直销	个人代理	银行邮政代理	其他专业或兼业中介	
2013—2017年	银行系	2.7	8.4	84.3	3.8	5.3
	其他中资	8.3	52.5	37.0	1.7	8.3
	其他外（合）资	15.0	40.0	37.5	8.2	10.6
2008—2012年	银行系	2.1	27.3	69.4	1.2	6.8
	其他中资	5.5	43.9	49.4	0.9	8.3
	其他外（合）资	8.7	38.7	40.7	14.6	10.1

注：报告的为各指标的中位数，本章下表同。

（二）产品类型

基于表14-3的信息，有如下结论。（1）产品的承保责任方面。①银行系寿险公司与其他中资以及外（合）资寿险公司的产品结构类似，2013—2017年，普通寿险占半壁江山，新型寿险和意健险

（意外伤害保险和健康险之和）各占约 1/4。②经济新常态后，银行系寿险公司的新型寿险占比大幅提高（其他中资和其他外（合）资寿险公司也有这种趋势），而意健险占比大幅下降，这说明：产品结构更向理财投资型转变。

（2）产品的被保险人类型方面。①银行系寿险公司和其他中资寿险公司的个人业务占比高于其他外（合）资寿险公司 4—7 个百分点，这说明：其他外（合）资寿险公司向公众销售产品的能力较弱，更依赖于来自股东的业务（更多是团体业务）。②经济新常态后，银行系寿险公司的被保险人结构几乎没有变化。

（3）产品的期限结构方面。①银行系寿险公司新签保单的保费占比显著高于其他中资和其他外（合）资寿险公司，这反映出：银行系寿险公司更多开展了短期险业务和趸缴型保费业务。这是由于：这些业务与银行存款或银行理财产品在期间、收益和风险分摊上更为接近，考虑到所面对的客户需求和自身产品供给特点，银行系寿险公司具有这些业务上的经营优势。②随着公司经营年限的增加，逐步积累业务，新签保单保费的占比应当逐步下降，如经济新常态后，其他中资和其他外（合）资寿险公司的新签保单保费占比分别下降了 12.4 个和 7.3 个百分点。然而，银行系寿险公司的新签保单保费的占比在进入新常态后上升了 5.6 个百分点，这说明：面对利率市场化和保险费率市场化带来的竞争压力，银行系寿险公司更加倚重了短期险业务和趸缴型保费业务。

表 14-3　　　　　　　　三类寿险公司的产品类型　　　　　　　　单位：%

		按照承保责任分			按照被保险人类型分		按照期限结构分	
		普通寿险	新型寿险	意健险	个人	团体	新签保单	往期保单
2013—2017 年	银行系	50.0	22.6	27.5	97.5	2.5	79.9	20.1
	其他中资	49.7	22.4	27.8	97.1	2.9	52.4	47.6
	其他外（合）资	49.9	22.4	27.7	92.7	7.3	43.3	56.7

续表

		按照承保责任分			按照被保险人类型分		按照期限结构分	
		普通寿险	新型寿险	意健险	个人	团体	新签保单	往期保单
2008—2012年	银行系	49.9	3.1	47.3	97.5	2.5	74.3	25.7
	其他中资	49.7	5.2	45.6	97.4	2.6	64.8	35.2
	其他外（合）资	49.9	9.3	40.8	90.6	9.4	50.6	49.4

注：新型寿险包括分红寿险、投资连接寿险和万能寿险。

（三）地理布局

基于表14-4的信息，得到如下结论。（1）三大区域保费贡献方面。①银行系寿险公司的保费收入在东部、中部和西部分布的均衡程度低于其他中资寿险公司，但高于其他外（合）资寿险公司。前者是由于银行系寿险公司的成立时间相对短，机构铺设还处于推进期，后者是由于外（合）资寿险公司本身并不太追求地理扩张和规模壮大以及外（合）资寿险公司在华的业务开展状况不佳。②进入新常态后，银行系寿险公司的保费收入在东部、中部和西部分布的均衡程度显著提高了，而其他中资和其他外（合）资寿险公司的变化很小，这说明：银行系寿险公司处于快速的地理扩张中，今后将更多向中部和西部地区开展业务。

（2）平均分支公司数目方面。①银行系寿险公司每家平均的省级和地级分支机构数目低于其他中资寿险公司，但高于其他外（合）资寿险公司，这反映出：银行系寿险公司相对年轻，以及外（合）资寿险公司在规模上处于弱势地位。②经济新常态后，银行系寿险公司每家平均的省级分支机构从6.5家增加到14.5家，每家平均的地级分支机构从15家增加到70家，目前的机构数已经接近了其他中资寿险公司；而其他中资和其他外（合）资寿险公司的变化很小，甚至其他外（合）资寿险公司每家平均的地级分支机构数目还有所下降。这进一步反映出：银行系寿险公司有较强的生命力，外（合）资寿险公司在寿险市场有向中心城市收缩的趋势。

表14-4　　　　　　　　三类寿险公司地理布局

		各区域保费贡献（%）			平均分支机构数目（个）	
		东部	中部	西部	省级	地级
2013—2017年	银行系	67.8	20.7	11.9	14.5	70
	其他中资	55.8	26.6	16.7	16	85
	其他外（合）资	85.1	4.3	10.6	7.5	9
2008—2012年	银行系	81.7	6.9	11.3	6.5	15
	其他中资	56.4	27.2	16.3	16	81.5
	其他外（合）资	88.4	2.9	8.1	5	14

（四）收入结构

基于表14-5报告的信息，得到如下关于收入结构的结论。(1) 银行系寿险公司的营业收入更多来自保险业务收入，更少来自投资收益，这反映出：银行系寿险公司的可投资资金的积累较少、资金运用能力较低或投资风险偏好较低。(2) 经济新常态后，银行系寿险公司收入来自保险业务收入的比重稍有降低，而来自投资收益的比重稍有提高，但变动幅度小于其他中资和其他外（合）资寿险公司，这说明：与发达国家和地区的保险业发展经验相同，中国保险业整体上有更倚重投资收益的趋势，但是银行系寿险公司在这方面的转型较保险行业整体而言偏慢。

表14-5　　　　　　　三类寿险公司的收入结构　　　　　　　单位：%

		各项收入占比		
		保险业务收入	其他业务收入	投资收益
2013—2017年	银行系	86.6	1.3	12.2
	其他中资	74.7	1.3	24.1
	其他外（合）资	79.7	1.3	18.9
2008—2012年	银行系	88.5	2.7	8.6
	其他中资	83.4	1.1	15.6
	其他外（合）资	82.7	2.8	14.5

（五）成本结构

基于表 14-6 的信息，得到如下关于成本结构的结论。(1) 相比于其他中资和其他外（合）资寿险公司，银行系寿险公司的成本中保单红利支出的占比更高，而年金给付的占比更低，这是由于：银行系寿险公司重视发展理财投资型寿险产品，且一次性结付型的产品更多。此外，银行系寿险公司的赔款支出在成本中的比重较高，这反映出：其提供保障的期限较短。(2) 经济新常态后，银行系寿险公司的满期给付在成本中的比重有所上升（从 35.5% 上升到 52.3%），相应地，赔款、死伤医疗和年金的支出则呈下降趋势，这是由于：其销售的中短存续期产品进入了给付期；而保单红利支出的占比略有上升。这反映出：进入新常态后，银行系寿险公司有进一步依赖于提供保单分红（类似银行理财产品收益）的寿险产品。

表 14-6　　　　　　三类寿险公司的成本结构　　　　　　单位：%

	赔款支出	死伤医疗给付	满期给付	年金给付	红利支出
2013—2017 年					
银行系	13.2	5.7	52.3	7.5	21.1
其他中资	6.9	8.4	59.5	9.4	15.5
其他外（合）资	16.2	8.2	36.8	24.7	13.9
2008—2012 年					
银行系	20.6	12.7	35.5	10.3	20.6
其他中资	8.8	9.8	54.9	10.6	15.7
其他外（合）资	26.2	8.7	11.1	38.0	15.8

四　银行系寿险公司业务结构及其转型的效果

（一）增长

基于表 14-7 的信息，得到如下关于增长状况的结论。(1) 在样本期间，无论是营业收入还是总资产的增长率，银行系寿险公司均大幅高于其他中资和其他外（合）资寿险公司，这显示出：银行股东带来的业务量是其他类型的股东很难比拟的。（2）经济新常态后，中国整体经济由高速增长向中高速增长转变，3类寿险公司的营业收入和总资产的增长率几乎均有下降。

表14-7　　　　　　　三类寿险公司的增长状况　　　　　　　单位：%

	营业收入年均增长率		总资产年均增长率	
	2013—2017年	2008—2012年	2013—2017年	2008—2012年
银行系	39.4	42.6	43.2	56.4
其他中资	14.9	10.3	15.8	22.6
其他外（合）资	9.9	12.8	13.1	14.1

（二）盈利

基于表14-8的信息，得到如下关于盈利状况的结论。（1）无论是总资产收益率（ROA）还是净资产收益率（ROE），银行系寿险公司明显低于其他中资寿险公司，与其他外（合）资寿险公司接近，这显示出：银行系寿险公司的盈利状况较差。（2）进入新常态后，银行系寿险公司的总资产收益率和净资产收益率均"由负转正"，其他中资和其他外（合）资寿险公司盈利状况也显著好转，这显示出：中国寿险业有向"高质量发展"阶段转变的趋势；不过，银行系寿险公司在盈利状况上较其他中资寿险公司的劣势也变大了。

表14-8　　　　　　　三类寿险公司的盈利状况　　　　　　　单位：%

	总资产利润率		净资产利润率	
	2013—2017年	2008—2012年	2013—2017年	2008—2012年
银行系	0.4	-0.3	2.8	-2.4
其他中资	1.3	0.9	14.1	11.0
其他外（合）资	0.6	-0.2	2.3	-2.1

(三) 破产风险

采用 Z 指数衡量保险公司的破产风险（边文龙和王向楠，2017；彭雪梅和曾紫芬，2018）。Z 指数 = [ROA + (1/$Leverage$)]/Std (ROA)，其中，ROA 是 ROA（利润总额与总资产的比值）的平均值，1/$Leverage$ 是杠杆率（所有者权益/总资产）的倒数的平均值，Std (ROA) 是 ROA 的标准差。Z 指数越大表示风险越低，Z 指数与 ROA 的均值正相关，与杠杆率、ROA 的标准差负相关。Z 指数比下文要采用的偿付能力充足度多考虑了公司盈利状况及其波动性。ROA 采用 3 年的（样本当年和前两年）滚动平均的方法计算得到，Std (ROA) 采用所分析样本期间的数据计算得到。

基于表 14-9 的信息，得到如下结论。(1) 关于 Z 指数整体。①银行系寿险公司的 Z 指数明显大于其他中资和其他外（合）资寿险公司，说明有较低的破产风险。②进入新常态后，银行系寿险公司的 Z 指数从 7.220 提高到 25.768，其他中资和其他外（合）资寿险公司的 Z 指数也有 2—3 倍的提高，说明中国寿险业的破产风险降低了。要知道这些关于 Z 指数横向和纵向变动的原因，就要分析 Z 指数的组成部分。

(2) 关于 Z 指数的组成部分。①银行系寿险公司的 ROA 的均值低于其他中资寿险公司，高于其他外（合）资寿险公司。进入新常态后，3 类寿险公司的 ROA 的均值均显著改善了，所以盈利能力改善是 Z 指数提高的重要原因。②银行系寿险公司的 ROA 的标准差低于其他两类寿险公司，这说明银行系寿险公司的经营成果的稳定性较高，这是其有较高的 Z 指数的重要原因。进入新常态后，3 类寿险公司的 ROA 的标准差均显著降低了，所以经营稳定性改善也是 Z 指数提高的重要原因。此外，进入新常态后，银行系寿险公司的 ROA 的标准差的降低程度（从 2.02% 到 0.42%）远大于其他中资和其他外（合）资寿险公司，所以这是其 Z 指数有更多的改善程度的主要原因。③银行系寿险公司的杠杆率低于其他中资寿险公司，高于其他外

（合）资寿险公司。进入新常态后，银行系寿险公司的杠杆率略有上升（从7.560到8.002），而其他两类寿险公司略有下降，3类寿险公司的相对差距缩小了。因此，杠杆率不是银行系寿险公司的Z指数较低的原因。

表14-9　　　　　　　　　银行系寿险公司的破产风险

		Z指数	Z指数的组成部分		
			ROA的均值（%）	ROA的标准差（%）	杠杆率
2013—2017年	银行系	25.768	0.29	0.42	8.002
	其他中资	10.217	0.39	1.37	8.992
	其他外（合）资	13.262	-0.44	1.03	6.441
2006—2012年	银行系	7.220	-0.95	2.02	7.560
	其他中资	3.642	-0.92	2.16	10.753
	其他外（合）资	5.934	-2.27	2.84	6.791

（四）偿付能力

偿付能力监管是世界大多数国家保险监管体系的核心内容，偿付能力充足度是保险公司的"实际资本"与"最低资本"的比值。较之Z指数，偿付能力充足度考虑了不同业务的风险状况和不同资本的质量。

2016年起，中国保险业第二代偿付能力监管体系（简称"偿二代"）正式实施，保险公司只向监管机构报送"偿二代"报告，停止报送"偿一代"报告，所以2016年前后寿险公司偿付能力充足度的绝对值不宜直接进行比较。对此我们采用了两种处理方式。（1）对所有年度的各寿险公司的偿付能力充足度在每一年进行序数（rank）变换，第t年中寿险公司i的偿付能力"排分" =（第t年中寿险公司i的偿付能力充足度从低到高的排名 -1）/（第t年的寿险公司数目 -1）。在任何一个样本年度，偿付能力最强的寿险公司的偿付能力排分为1，最弱的寿险公司的偿付能力排分为0。（2）将经济新常态

第14章 银行系寿险公司的业务转型及其效果

下的样本分为 2016—2017 年和 2013—2015 年两组。

基于表 14 – 10 的信息,得到如下结论。(1) 在偿付能力排分方面。①银行系寿险公司的排分优于其他中资寿险公司,劣于其他外(合)资寿险公司。②进入新常态后,银行系寿险公司的排分没有多少变化(从 0.328 增加到 0.336),而其他中资寿险公司的排分下降较多(从 0.288 到 0.226),其他外(合)资的排分略有下降。这是由于,银行系寿险公司的资本实力较强,其他外(合)资寿险公司的高风险的经营行为较少。

(2) 在偿付能力充足度方面。①不难理解,2009—2012 年,3 类寿险公司的偿付能力充足度的相对比较结果与偿付能力排分的相对比较结果的一样。②从 "2013—2015 年" 到 "2016—2017 年",银行系寿险公司的偿付能力充足度在这 3 类公司中从最低变为最高,这是由于期间银行系寿险公司增加资本投入,降低了高风险业务比重。

表 14 – 10　　　　　　　　银行系寿险公司的偿付能力

	偿付能力排分（调整为0—1）		偿付能力充足度		
			"偿二代"	"偿一代"	
	2013—2017 年	2009—2012 年	2016—2017 年	2013—2015 年	2009—2012 年
银行系	0.336	0.328	2.400	2.044	2.464
其他中资	0.226	0.288	1.892	2.619	2.214
其他外(合)资	0.425	0.399	2.321	2.949	2.552

(五) 退保率

退保是人身险公司重要的现金流出项目。退保率有如下两种计算指标。(1) 存量退保率,某期的存量退保率 = 该期的退保金/(该期初长期险责任准备金 + 该期长期险保费收入),存量退保率指标的优点在于:分母是分子的来源,考察的是部分与整体的关系,更具有逻辑一致性,更符合权责发生制。(2) 流量退保率,某期的流量退保率 = 该期的退保金/该期已赚保费。流量退保率指标的优点在于:分母和分子都是当期的现金流动,能够较早获取计算指标所需要的所有数据。

基于表14-11的信息,我们得到如下结论。(1)在存量退保率方面。①银行系寿险公司的存量退保率低于其他中资寿险公司,与其他外(合)资寿险公司比较接近。外(合)资寿险公司始终低于中资寿险公司是由于,外(合)资寿险公司开展中短期存续新产品更少,销售行为更规范。②经济新常态后,银行系寿险公司的存量退保率从3.87%大幅增长到10.13%,这是反映出,中短期的理财型产品占公司业务总量的比重提高。其他中资寿险公司的存量退保率大幅上升,而其他外(合)资寿险公司的退保率变化不大,这是由于,新常态后新开业的寿险公司大多数为中资,它们的历史上积累的保单少,市场竞争压力大。

(2)在流量退保率方面。①银行系寿险公司的流量退保率一直低于其他中资寿险公司,高于其他外(合)资寿险公司,这与存量退保率的状况一致。②进入新常态后,3类寿险公司的流量退保率的变化特征也与存量退保率一致。从数值上看,流量退保率是存量退保率的2倍左右,这是由于寿险公司存量保单责任大于流量保费收入。

表14-11　　　　　　　　银行系寿险公司的退保率　　　　　　　　单位:%

	存量退保率		流量退保率	
	2013—2017年	2006—2012年	2013—2017年	2006—2012年
银行系	4.68	1.94	10.44	4.75
其他中资	10.13	3.87	19.95	8.04
其他外(合)资	3.44	3.22	8.33	6.37

(六)流动性

保险公司的主要业务均有现金流入或现金流出相对应,所以现金流分析能够较准确地反映保险公司的经营状况。衡量保险公司的流动性风险较难,无法获得监管机构的内部数据,所以采用如下两个指标。(1)经营性净现金流的变异系数,其值越高说明现金流越不稳定。(2)(经营性净现金流/总资产)的标准差,这是通过总资产对现金流进行"去规模"化。关于这两个指标中涉及的均值和标准差,均采用3年(样本当年和前两年)的移动平均法计算。

基于表14-12的信息,我们得到如下结论。(1)关于经营性净现金流的变异系数。3类寿险公司之间的差异不大,新常态前后两段样本时期的差异也不大。由于保险公司的经营性现金流主要由保费收入、赔付支出和退保决定,所以联系前文对退保率的分析,可知如下两点结论:①银行系寿险公司在保费收入和赔付支出上的现金稳定性上弱于其他寿险公司,这主要是因为,前者在样本期间的增速更快;②进入新常态后,寿险业保费收入和赔付支出上的现金稳定性提高了。

(2)关于(经营性净现金流/总资产)的标准差。该指标反映的寿险公司之间和时期之间的比较结果与经营性净现金流的变异系数很接近。因为该指标是"去规模"的,所以规模较大的其他中资寿险公司的数值有相对下降。

表14-12　　　　　　银行系寿险公司的流动性风险

	经营性净现金流的变异系数		(经营性净现金流/总资产)的标准差	
	2013—2017年	2006—2012年	2013—2017年	2006—2012年
银行系	0.502	0.556	0.049	0.069
其他中资	0.545	0.422	0.039	0.056
其他外(合)资	0.376	0.560	0.065	0.082

(七)投资风险

根据投资收益是否包括尚未真正实现的内容——可供出售类金融资产的公允价值变动额,保险投资收益率可以分为财务收益率和综合收益率。(1)某一期间的保险资金的财务投资收益率=该期间的(投资收益+公允价值变动收益-投资类资产的资产减值损失)/该期间的投资资产平均值。(2)某一期间的保险资金的综合投资收益率=该期间的(投资收益+公允价值变动收益+可供出售类金融资产的公允价值变动额－投资类资产的资产减值损失）/该期间的投资资产平均值。这两个波动率的指标均采用3年移动平均法计算得到。

基于表14-13的信息，我们得到如下结论。（1）关于财务投资收益率的波动率。①"2006—2012年"3类寿险公司的数值几乎一样，这是由于这一期间保险资金运用有很严格的管制，各家公司的投资状况差别不大。②经济新常态后，其他中资寿险公司的波动率明显更高（0.014），这是由于其他中资寿险公司增加了高风险资产的投资比重，在增加投资收益率的同时也提高了投资风险。③经济新常态后，3类寿险公司的波动率均较"2006—2012年"明显提高，这是由于，金融危机高潮过后，经济金融形势好转且监管机构逐步放宽了保险资金运用渠道，使得投资收益水平和波动程度均有所增加。

（2）关于综合投资收益率的波动率。该指标反映的寿险公司之间和时期之间的比较结果与财务投资收益率的波动程度很接近。由于综合投资收益率包括了估计程度更大的"浮动盈亏"，其波动率在数值上较财务投资收益率更大。

表14-13　　　　　　　银行系寿险公司的投资风险

	财务投资收益率的波动率		综合投资收益率的波动率	
	2013—2017年	2006—2012年	2013—2017年	2006—2012年
银行系	0.012	0.010	0.016	0.012
其他中资	0.019	0.010	0.026	0.015
其他外（合）资	0.014	0.010	0.017	0.018

五　小结和对策建议

根据前文的分析，银行系寿险公司的业务结构及其转型有如下特点：（1）销售渠道和产品类型的股东烙印明显，主要借助银行渠道发展理财投资型产品；（2）更依赖于承保业务而不是投资业务；（3）产品的存续期较短，较同期成立的其他寿险公司更早地进入了满期给付期；(4) 平均经营年度较短，地理扩张较快；(5) 经济新常态后，银行系寿险公司在销售渠道、产品类型、收入结构和成本结构上的特点有强化的趋势，这在客观上减弱了中国保险公司之间的同质化状况。

根据前文的分析，银行系寿险公司的业务转型效果有如下特点：(1) 银行系寿险公司保持了明显高于其他寿险公司的增速，进入新常态后，增速有所放缓；(2) 银行系寿险公司的盈利水平偏低，进入新常态后，盈利能力有所提升但低于行业整体的提升程度；(3) 银行系寿险公司有较低的破产风险和较好的偿付能力，且其优势在新常态后有所提高，这主要是由于，其盈利的稳定性较好；(4) 银行系寿险公司的退保率有上升的趋势，银行系寿险公司在保费收入和赔付支出上的现金稳定性上弱于其他寿险公司；(5) 银行系寿险公司的投资风险较低。

我们对银行系寿险公司的业务转型提出如下建议。

第一，在销售渠道上。新成立的银行保险监督管理委员会的两个核心工作之一是金融行为监管，这要求改善金融服务提供者之间的竞争状态和提升市场交易效率，所以很可能会取消银行保险销售合作的诸多限制规定。因此，银行系寿险公司应当改变过于依赖银行渠道的状况，加强销售渠道的多元化。当前应主要关注：与网络科技公司合作建设互联网平台（含改建自身已有的互联网渠道），优先提供标准化的或场景化的保险产品；加快组建较高素质的个人代理人队伍，主要提供综合风险保障型或理财型产品。

第二，在产品类型上。近几年来，短存续期寿险产品、趸缴保费型寿险产品受到了更强的市场行为监管和偿付能力监管，且随着银行业和保险业在监管规则制定和运行上进一步协同，这种保险产品将受到更大的负面影响。因此，银行系寿险公司应当加强与银行股东的资源整合，多研发和销售中长期产品。具体措施包括：向中长期贷款客户推广包含寿命、意外医疗、重大疾病、长期护理等方面保险服务的综合型产品；向团体客户推介企业年金、团体寿险、团体健康险等期限较长且经营风险相对低的产品；对于财务稳定性强的客户，优先推荐内含价值高的期缴型业务。

第三，在地理布局上。中国"一二线"城市的保险市场竞争激烈，在保险费率市场化改革后尤其如此，因此，银行系寿险公司应当继续向"三四五线"城市进行地理扩张。对此，一方面借助主要股东是大中型银行的优势，利用股东较广泛的网店布局所带来的经营信息和社会资本，在监管政策逐步收紧的形势下，加快建立分支机构；另一方面，由于非中心城市的民众的金融保险知识较少，且难以短期改变，所以要多销售那些容易理解、容易比较、容易购买、容易管理的简单型保险产品。

第四，在收入结构上。保险的国际经验和中国近些年实践表明，随着保险深度逐步增加和保险费率市场化改革，保险公司的收入和利润会更多来自投资业务，这一点不会随市场经济模式和金融监管模式而改变。为了提高投资业务的收入贡献，银行系寿险公司一方面要多开发和销售中长期产品，重视私人业务，降低退保率对资金稳定性的负面影响，另一方面要建设中长期资产、权益资产和另类资产的投资团队，考虑成立专门的保险资产管理公司。

第五，在资本实力上。银行系寿险公司虽然股东资本实力强，但业务增长和结构特点造成了资本消耗大。在新常态，特别是防范化解金融风险"攻坚"的背景下，商业银行本身也需要补充资本金，所以银行系寿险公司需要考虑复合债务工具、优先股等多元化的资本补充方式。

银行保险发展对金融监管也会产生一定的挑战：(1) 资本重复计算，即银行保险可能通过交叉持股、复杂的股权设计或关联交易，虚增资本；(2) 监管套利，即由于对银行业和保险业的监管规则还不完全统一，以及整体监管系统中存在着一些漏洞，而这些漏洞可能被银行保险利用；(3) 金融风险跨领域传染，即银行保险一定程度上打破了银行和保险公司之间的风险隔离机制，使得一方的流动性困难和财务损失能通过多种途径影响到另一方，引起风险的跨境传染。

第 15 章

健康险的市场结构与赔付水平

一 问题的提出

近些年来,由于收入增长、人口结构转变、技术进步、社会基本医疗保险完善等原因,中国的卫生总费用保持了 20% 左右的年增速。在建设"健康中国"的背景下,商业健康险是中国医疗保障体系的重要力量,不过,健康险发挥的作用还很有限[①]。保险赔付是保险业发挥风险管理和经济补偿作用的基本体现,2017 年,中国健康险赔付支出 1294.8 亿元,仅占国家医疗卫生总支出 51598.8 亿元的 2.5%,而发达国家的这个数字在 10% 左右。要提升健康险的赔付水平,不应忽视市场结构的作用,本章即研究市场结构因素如何影响了中国健康险的赔付水平。

我们先从国际视角比较中国和欧洲国家的健康险的赔付率和保险公司数目。从表 15 – 1 的上半部分可见,2009—2013 年中国健康险赔付率平均为 50.21%,低于英、法、德、意这 4 个较大欧洲国家平均的 75.69%(个体法)或 70.79%(整体法),也低于其他参与"欧洲各国保险联合组织"相关统计的国家平均的 62.55%(个体法)或 86.97%(整体法)。因此,中国健康险的赔付水平较低。表 15 – 1 的下半部分显示,2009—2013 年中国的原保险公司数目平均为 131 家,

---

① 本书研究的健康险是指商业健康险,不同于社会医疗保险。

远低于英、法、德、意这4个较大的欧洲国家的平均数目（605家），高于其他参与"欧洲各国保险联合组织"国家的平均数目的（94家）。考虑到"其他参与统计的欧洲国家"的市场规模均较小，所以中国保险公司的数目是相对少的。公司数目是衡量市场结构的最基本指标，因此健康险的赔付率可能与市场结构因素之间存在内在关系。图15-1显示，健康险赔付率与原保险公司数目、原保险公司数目对数的 *Pearson* 相关系数分别为0.2987和0.2750，均在1%的水平上显著。

表15-1　　中国和欧洲国家健康险赔付率和公司数目

	2009年	2010年	2011年	2012年	2013年	2009—2013年平均
赔付率（%）					
中国	49.69	51.27	57.15	47.02	45.94	50.21
英、法、德、意平均（个体法）	70.80	74.63	73.42	73.31	86.33	75.69
英、法、德、意平均（整体法）	68.53	69.39	69.55	69.75	76.74	70.79
其他参与统计的欧洲国家平均（个体法）	66.93	64.75	63.40	58.34	59.33	62.55
其他参与统计的欧洲国家平均（整体法）	88.76	88.76	87.75	80.74	88.84	86.97
原保险公司数目（家）					
中国	120	126	130	138	143	131
英、法、德、意平均	554	643	614	612	602	605
其他参与统计的欧洲国家平均	99	92	102	80	99	94

注：①健康险赔付率是"健康险赔付支出"除以"健康险保费收入"。②参与"欧洲各国保险联合组织"相关统计的国家有32个，包括英国、法国、德国和意大利这4个较大的欧洲国家以及奥地利、比利时、保加利亚、瑞士、塞浦路斯、捷克、丹麦、爱沙尼亚、西班牙、芬兰、希腊、克罗地亚、匈牙利、爱尔兰、冰岛、列支敦士登、卢森堡、拉脱维亚、马耳他、荷兰、挪威、波兰、葡萄牙、罗马尼亚、瑞典、斯洛文尼亚、斯洛伐克和土耳其。③表中数据始于2009年是由于无法获得以前年度的健康险"保费收入"的数据。④"个体法"是将各国的健康险赔付率进行算数平均，"整体法"是将各国健康险的赔付支出之和除以保费收入之和。

资料来源：《中国保险年鉴》、欧洲各国保险联合组织（Comitéeuropéen des assurances，CEA）。

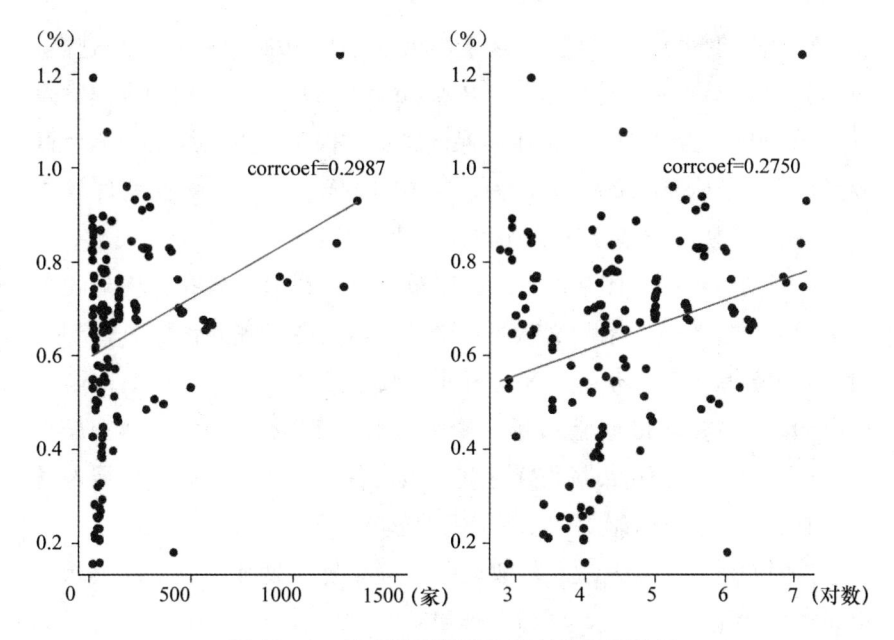

图 15-1　健康险赔付率与原保险公司数目

注：样本国家包括中国（2009—2014 年）和 32 个参与"欧洲各国保险联合组织"相关统计的欧洲国家（2004—2013 年）。

资料来源：《中国保险年鉴》、欧洲各国保险联合组织（Comitéeuropéen des assurances，CEA）。

对于健康险的市场结构与健康险的赔付率、价格、盈利状况等绩效指标的关系，国外开展了一些研究，研究对象主要是医疗保障制度在不断改革中的美国。Pauly 等（2012）对美国 262 个城市的研究发现，在 1994 年，在 HMO（Health Maintenance Organizations，健康维护组织）数目较多或市场集中度［采用 Herfindahl-Hirschman Index（*HHI*）度量］较低的市场中，HMO 的利润率更低。Dafny（2010）基于企业投保团体健康险的微观数据的研究发现，受到正向利润冲击的企业会被索要更高的健康险费率，并且更大的费率提高幅度发生在健康险供给者少（如 6 家以下）的市场中，因而支持了美国健康险市场存在卖方市场势力，且公司数目少的健康险市场的卖方市场势力更强。Dafny、Duggan 和 Ramanarayanan（2012）进一步研究发现，美国很多城市只有几家健康险的提供者,并且市场集中度(采用 HHI 度量)越来越高,而安泰(Aetna)和保德信医疗(Prudential Health Care)这两家健康险巨头在1999年合并之后,企业投保健康险的保费支出增加了近7个百分点。不过,Kopit(2004)认为,美国健康险产品的差异化程度较大且市场进入门槛不太高,所以市场集中程度对利润的影响应当很小。

中国的医疗保障体制也在不断改革发展中,但是研究健康险的市场结构与市场绩效关系的文献还很少见。本章在研究此话题时,既采用了公司数目、市场份额不平等和市场集中度这3个一般性的市场结构指标,也采用了健康险市场中财产险公司市场份额、公司经营年数、外(合)资公司市场份额这3个较有保险市场特点的市场结构指标,所以对"市场结构"因素的考察比较全面。

我们的研究主要发现:健康险赔付率与公司数目显著正相关,与市场集中度显著负相关,同时,健康险赔付率与市场中财产险公司的市场份额显著负相关,与外(合)资公司市场份额显著正相关。因此,市场结构因素对健康险的赔付率产生了重要的影响。

本节为引言,下文按照如下顺序展开:第2部分分析中国健康险市场结构状况;第3部分是经验研究设计,说明计量模型、其他变量和数据;第4部分报告和分析回归结果,进行稳健性研究;第5部分总结本章并提出对策建议。

二 中国健康险的市场结构状况

市场结构反映了特定市场中不同市场势力的相互关系,主要指公司间在数量、份额上的关系以及由此决定的竞争形式。本节介绍3个一般性的市场结构指标[公司数目(Num)、公司之间的市场份额不平等($Ineq$)、市场集中度($Conc$)]和3个较有保险市场特点市场结构指标[财产险公司在健康险市场的份额($Nonlife$)、公司经营年数(Age)、外(合)资公司在健康险市场的份额($Foreign$)]的度量,并分析它们对健康险赔付率(LR)的影响。

1. 公司数目（*Num*）。公司数目即经营了健康险业务的保险公司的数目。当公司数目少时，公司之间容易实现合谋，制定的产量和价格计划容易实施，进而维持低的赔付水平，因此，预期 *Num* 与 *LR* 正相关。不过，单纯从理论上讲，如果消费者的价格搜寻成本较大，并且消费者对不同的公司各有偏好或者公司采取混合定价策略，那么公司数目可能与市场价格呈正向关系，与赔付水平呈负向关系。图 15-2 显示，中国经营健康险业务的公司数目在不断上升，2004 年每个地级城市平均有 8 家，2014 年达到了 28 家；2014 年，67% 的保险公司经营了健康险业务。

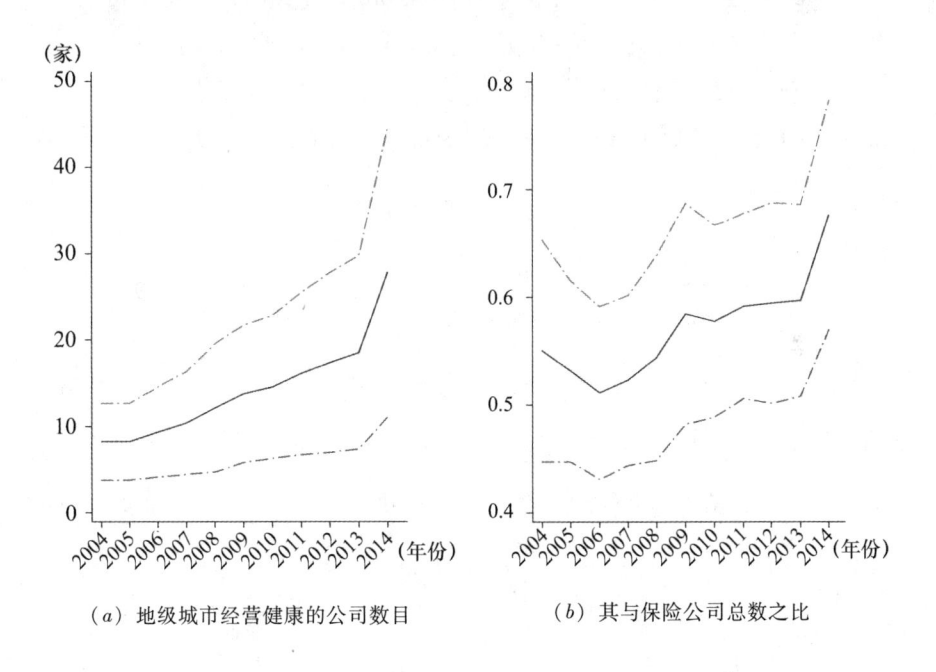

（a）地级城市经营健康的公司数目　　（b）其与保险公司总数之比

图 15-2　地级城市经营健康险的公司数目以及与保险公司总数之比
（均值和 95% 置信区间）

资料来源：见本章第 3 节第（一）小节。

2. 市场份额不平等（*Ineq*）。当公司数目确定时，公司之间的市场份额越不平等，公司就越容易分化为领导者和跟随者，公司之间越容易实现合谋，也越容易对准备进入该市场的外部公司产生威胁（Davies，1979）。因而，预期 Ineq 与 LR 负相关。借鉴以往研究（Rhoades，1995），我们考虑两种市场份额不平等的度量方式，如下：

$$Ineq_1 = \sum_{i=1}^{n} \sum_{j=i+1}^{n} (s_i - s_j) \tag{15.1}$$

$$Ineq_2 = \sum_{i=1}^{n} (s_i - \bar{s})^2 / \bar{s}n \tag{15.2}$$

（15.1）式和（15.2）式中，s_i 是按照健康险保费规模"由大到小"对公司（假设共 n 家）排序后的市场份额，$\bar{s}$ 表示市场份额的均值。$Ineq_1$ 是所有公司两两市场份额之差再求和，$Ineq_2$ 是衡量公司市场份额的离散程度的变异系数，$Ineq_1$ 和 $Ineq_2$ 的值越大，表示市场份额不平等程度越高。图 15-3 显示，2004—2014 年中 $Ineq_1$ 呈下降趋势，而 $Ineq_2$ 没有明显的变化趋势，其中，2014 年 $Ineq_1$ 大幅度下降而 $Ineq_2$ 有所上升，故 $Ineq_1$ 和 $Ineq_2$ 的衡量结果存在较大的差异。

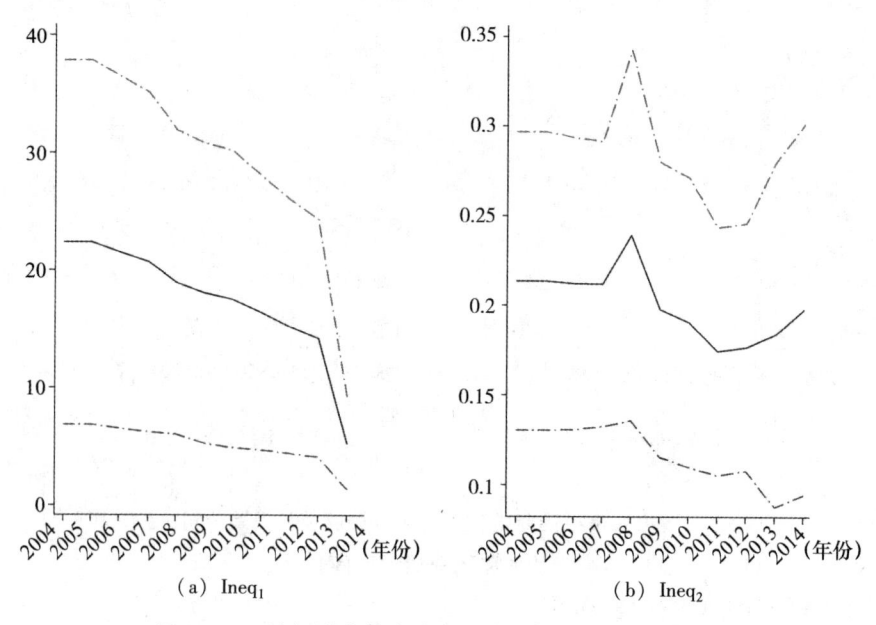

(a) $Ineq_1$

(b) $Ineq_2$

图 15-3 地级城市健康险市场的公司市场份额不平等
（均值和 95% 置信区间）

资料来源：见本章第 3 节第（一）小节。

第15章 健康险的市场结构与赔付水平

3. 市场集中度（$Conc$）。市场集中度指标一般要同时考虑公司数目和公司市场份额分布两方面的信息，其与公司数目呈负相关，与公司市场份额不平等程度呈正相关，因而，预期 $Conc$ 与 LR 负相关。产业组织学中，源于不同的理论假设，或者由于对公司数目、不同规模公司的市场份额、进入壁垒等因素的重视程度不同，存在着多个市场集中度的度量指标。这些指标可以分为两大类：一类是无参数的，另一类需要事先设定参数。直观上讲，这些指标的差异可以表现基本的市场集中度计算公式（$\sum_{i=1}^{n} w_i s_i$，s_i 和 w_i 分别表示公司 i 的市场份额和权重）对"权重"w_i 的不同设定（Bikker 和 Haaf，2002）。

无参数的市场集中度指标包括 HHI、EI、CCI、HTI。（1）$HHI = \sum_{i=1}^{n} s_i^2$。$HHI$ 中 s_i 的权重就是 s_i 本身，HHI 越大表示市场越集中，$1/n \leq HHI \leq 1$。HHI 可以分解为公司数目和公司市场份额的变异系数两个因素，与公司数目负相关，与公司市场份额的变异系数正相关（Kwoka，1985）。（2）EI。基于"熵"（entropy）测度的市场集中度（EI）等于 $-\sum_{i=1}^{n} s_i \log_2 s_i$，$EI$ 的权重是 $-\log_2 s_i$。与大多数的市场集中度指标相反，EI 的值越大表示市场越分散，市场集中度越低，$0 \leq EI \leq \log_2 n$。（3）CCI，即综合性产业指标（Comprehensive Concentration Index），由 Horvath（1970）提出，$CCI = s_i + \sum_{i=2}^{n} s_i^2 [1 + (1 - s_i)]$。$CCI$ 中最大公司的权重是 1，体现了该指标特别重视市场中的领导公司；其他公司的权重是 $s_i[1 + (1 - s_i)]$。CCI 越大表示市场越集中，$0 < CCI \leq 1$。（4）HTI 由 Hall 和 Tideman（1967）提出，$HTI = 1/(2\sum_{i=1}^{n} i s_i - 1)$，其中，$i$ 表示公司按市场份额由大到小的排名，市场份额最大（最小）公司的 $i = 1$（$i = n$）。HTI 能够更敏感地反映小规模公司的变化。HTI 越大表示市场越集中，$0 < HTI \leq 1$。图 15-4 报告了使用 HHI、EI、CCI、HTI 衡量的 2004—2014 年中国地级城市的健康险市场的市场集中度，可知这 4 个指标的测度的趋势一致，健康险的市场集中度呈比较平缓的下降趋势。

| 中国保险公司绩效研究

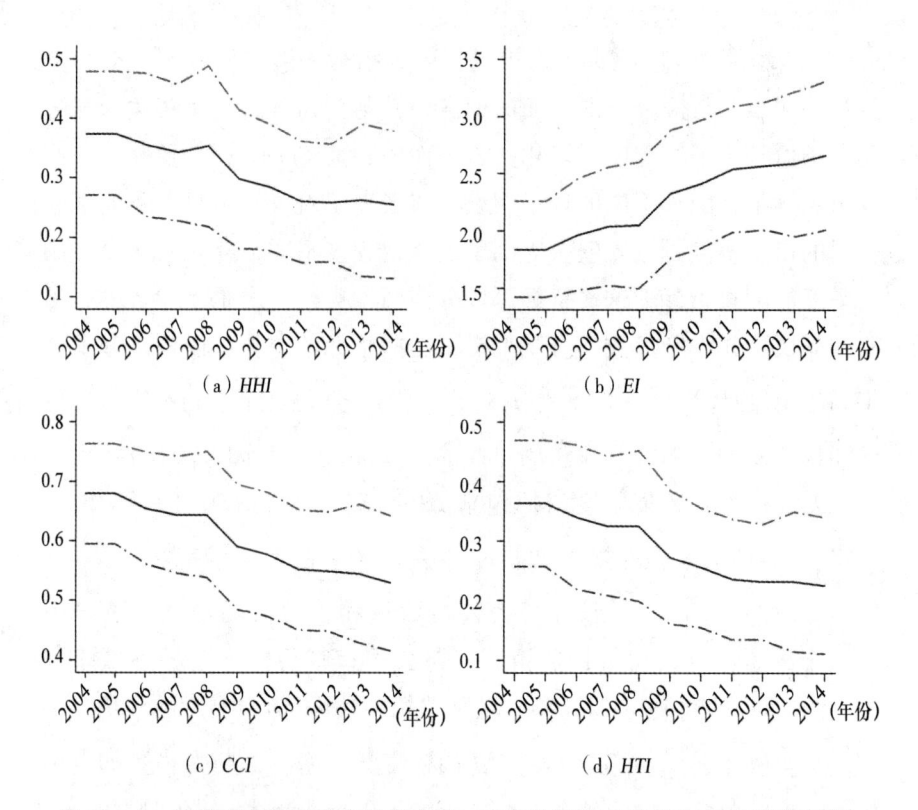

(a) HHI

(b) EI

(c) CCI

(d) HTI

图15-4 地级城市健康险市场集中度—无参数指标（均值和95%置信区间）

资料来源：见本章第3节第（一）小节。

有参数的市场集中度指标包括 CR_k 和 HKI。（1）CR_k 是前 k 家最大的公司的市场份额之和，$CR_k = \sum_{i=1}^{k} s_i$。计算 CR_k 时，对前 k 家公司的 s_i 设置权重1，对其他公司的 s_i 设置权重为0。CR_k 越大表示市场越集中，$0 < CR_k \leq 1$。图15-5显示，2004—2014年的健康险市场的 CR_1、CR_3、CR_{10} 均呈下降趋势。最大公司的市场份额下降了约15个百分点；前3家大公司的市场份额之和下降了约18个百分点，故第2、第3大公司的市场份额的下降很少；前10家大公司的市场份额之和下降了约8个百分点，不过，2014年仍然维持在90%以上。（2）HKI 由 Hannah 和 Kay（1977）提出，$HKI = (\sum_{i=1}^{n} s_i^{\alpha})^{1/(1-\alpha)}$，$HKI$ 中 s_i 的权重是 $s_i^{\alpha-1}$。参数 α 反映了市场集中度对公司进入退出、公司之间市

场份额转移的敏感程度，$\alpha>0$、$\alpha\neq 1$。α的取值越大表示 HKI 对大公司的变动越敏感。与 EI 指标一样，HKI 的值越大表示市场集中度越低，$1/s_1 \leq HKI \leq n$。图 15-6 显示，α 取 0.005、0.5、10 时的 HKI 均反映出市场集中度的下降趋势，而 α 取值越小则 HKI 的变化越剧烈，这反映出中国健康险市场中小公司市场份额的变动比大公司大。

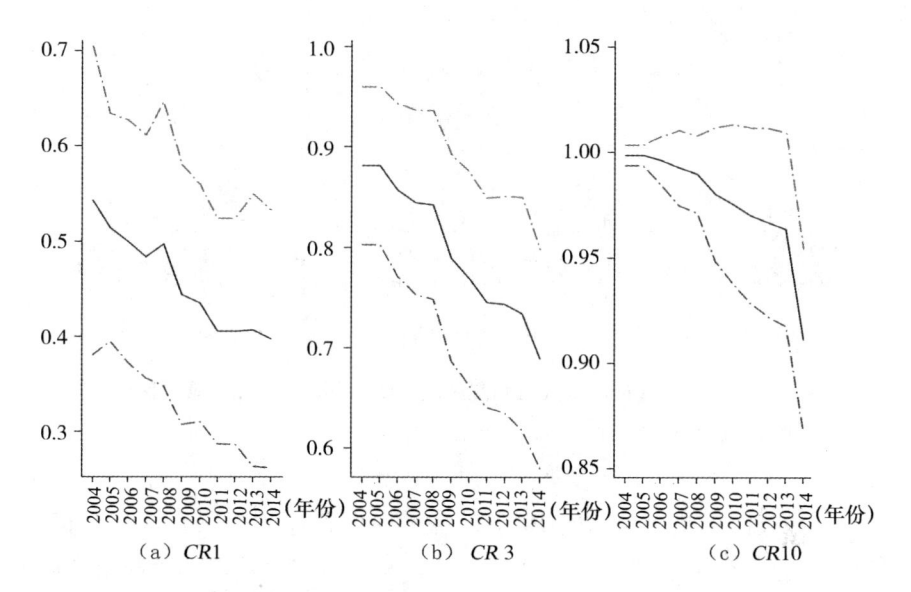

（a）CR1　　（b）CR3　　（c）CR10

图 15-5　地级城市健康险市场集中度 - CR_k（均值和 95% 置信区间）

资料来源：见本章第 3 节第（一）小节。

之所以采用了多个市场集中度指标，除了是由于这些指标并没有理论上的优劣之分外，还有两点考虑。(1) 以往有些文献发现采用不同的市场集中度指标可能得到不一致的经验研究结论。如 Sleuwaegen 和 Dehandschutter (1986) 对美国 44 个产业的利润的回归分析发现，HHI 和 CR_8 的系数为正向显著，CR_{20} 的系数为负向但不显著，CR_4 的系数不稳定。(2) 一些文献通过比较不同市场集中度指标的解释力，尤其是含有参数的指标在参数取不同值时的解释力，借助市场集中度指标本身构建上的差异来得到对"市场结构影响公司绩效原因"的进一步推测。如 Kwoka (1981) 对美国 314 个产业的利润的回

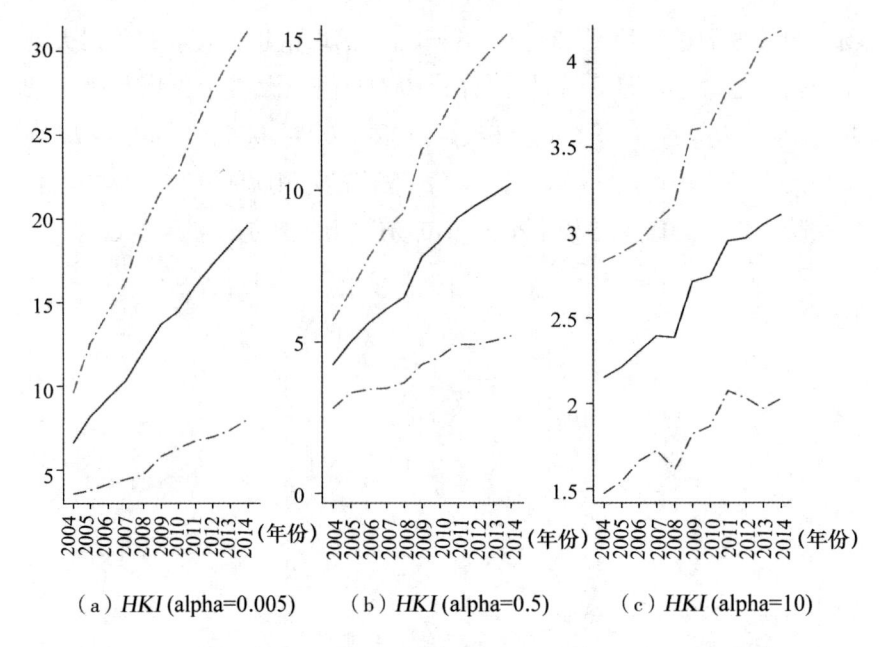

(a) HKI (alpha=0.005)　　(b) HKI (alpha=0.5)　　(c) HKI (alpha=10)

图 15-6　地级城市健康险市场集中度 – HKI（均值和 95% 置信区间）

资料来源：见本章第 3 节第（一）小节。

归分析发现，$CR_1 - CR_{10}$ 的 10 个市场集中度指标的回归系数均为正，但只有 CR_2 的系数是统计显著的，并认为这很可能是由于产业中前两家最大的公司决定了价格合谋。类似的研究还有，Stigler（1964）发现 HHI 对美国不同产业回报率的解释力高于 CR_4；Kilpatrick（1967）发现 CR_4 对美国不同产业回报率的解释力高于 CR_8、CR_{20} 等；Lamm（1981）对美国不同城市的杂货店销售的食品价格的研究发现，CR_3 的解释力优于 CR_1、CR_2 和 CR_4；Cotterill（1986）发现 HHI 对美国佛蒙特州的超市中食品价格的解释力优于 CR_1 和 CR_4。

　　市场集中度是较有综合性并被使用最多的市场结构指标，而我们还纳入了公司数目和市场份额不平等两个因素，这是因为：一些研究发现，在解释价格（或利润、市场竞争程度等）问题上，市场集中度指标不能充分反映公司数目和市场份额不平等这两个因素。Rhoades（1995）基于美国 300 多个市县银行业的截面数据发现：部分地区的市场份额不平等程度的差别很大，但是这些地区却有非常接近的 *HHI*；控制了 *HHI* 的回归分析显示，市场份额不平等对银行利润仍然有显著的正向影响，公司数目对银行利润仍然有显著的负向影响。因此，Rhoades（1995）认为，在解释美国银行业的利润问题上，*HHI* 不能充分反映公司数目和市场份额不平等因素。Hannan（1997）采用 1993 年美国 300 多个市县银行业的数据发现：在贷款利率为因变量的回归中，*HHI* 不能充分反映公司数目因素；而在存款利率为因变量的回归中，*HHI* 是否能够充分反映公司数目和市场份额不平等因素尚没有明确的结论。Pilloff 和 Rhoades（2002）对 1977—1998 年美国银行业面板数据的研究也发现，*HHI* 不能充分反映公司数目因素。Bikker 和 Haaf（2002）对 1995—2004 年 9 个欧洲发达国家银行业的研究发现，控制了市场集中度（分别采用 CR_3、CR_5、*HHI* 度量）后，公司数目对市场竞争程度（通过 Panzar-Rosse 模型测算）仍然有显著的负向影响。黄隽（2007）对 1996—2005 年韩国银行业的研究发现，控制了市场集中度（采用 CR_5 度量）后，公司数目对市场竞争程度（通过 Panzar-Rosse 模型测算）仍然有显著的负向影响。

4. 财产险公司市场份额（*Nonlife*）。健康险市场的产品提供者包括财产险公司和人身险公司。2014 年，健康险业务占中国财产险公司总保费收入和人身险公司总保费收入的比重分别仅为 2.12% 和 10.7%。财产险公司和人身险公司的绝大部分业务领域不同，如果将财产险公司和人身险公司均各自视为一个整体，那么提高某个整体在健康险市场的市场份额，就可能提高该整体在健康险市场的市场势力，进而降低该整体健康险业务的赔付率。由于 *LR* 为财产险公司的健康险赔付率，所以预期 *LR* 与 *Nonlife* 负相关。图 15 – 7（a）显示，2004—2014 年健康险市场中财产险公司的市场份额整体上略有上升，但波动较大。

5. 公司经营年数（*Age*）。其他条件不变时，保险公司的经营年数越长则对市场的了解越多，经验越丰富，通过"学习效应"影响赔付率，与此同时，一些经营不善的公司会认识到自身的"低能力"

而逐渐丧失市场份额或退出市场，故 Age 可能与 LR 负相关。不过，健康险在中国属于新型和变化较快的业务，老公司可能对变化的市场环境反应较慢，并且中国保险市场的退出机制还不健全，所以 Age 与 LR 的负相关可能不成立甚至表现出正相关。Age 由每个城市中所有经营健康险业务的保险公司的经营年数，按照其在该城市健康险市场的份额加权平均得到，其中，"经营年数"等于"样本年度"减去"公司开始经营保险业务的年度"。图 15-7（b）显示，2004—2014 年健康险市场中公司的经营年数呈上升趋势。

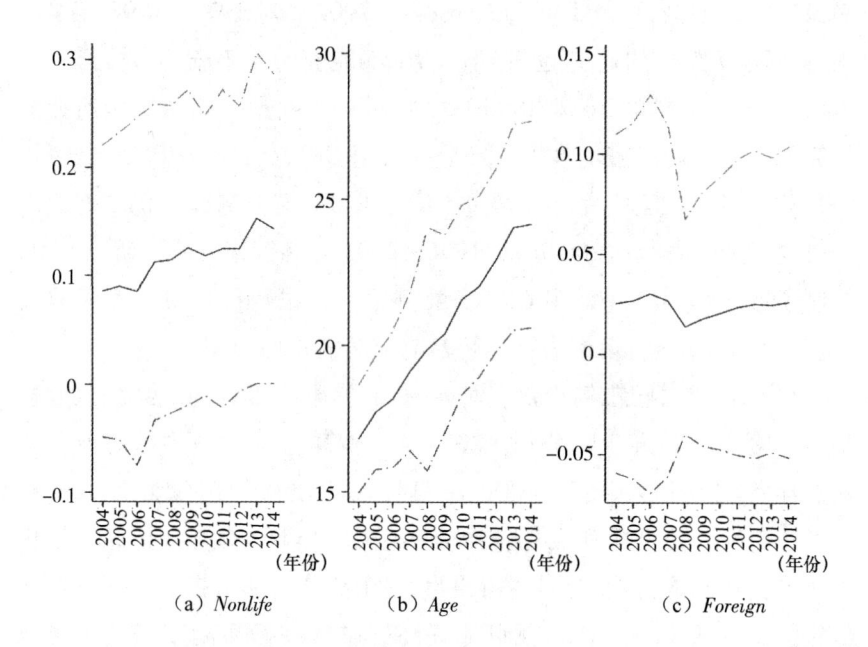

（a）Nonlife　　（b）Age　　（c）Foreign

图 15-7　地级城市的 Nonlife、Age 和 Foreign（均值和 95% 置信区间）

注：Nonlife 为健康险保费收入中财产险公司所占份额，Age 为保险公司的经营年数，Foreign 为健康险保费收入上外（合）资公司所占份额。

资料来源：见本章第 3 节第（一）小节。

6. 外（合）资公司市场份额（Foreign）。外（合）资保险公司在资本实力、经营理念、管理经验、技术手段等方面都与本土公司不同，外（合）资公司的进入和扩张也在一定程度上改变了中国保险市场的竞争格局、公司绩效、监管理念以及人们的保险观念。我们加入各地区健康险市场上外（合）资公司所占份额作为一个解释变量，预期 LR 与 Foreign 正相关。图 15-7（c）显示，2004—2014 年健康险市场上外（合）资公司的市场份额的均值保持在 5% 以下。

三 回归设计：模型、变量和数据

本节建立如下计量模型：

$$LR_{jt} = \alpha_j + \gamma_t + \beta_1 \ln(Num)_{jt-1} + \beta_2 Ineq_{jt-1} + \beta_3 Conc_{jt-1} + \beta_4 Nonlife_{jt-1} + \beta_5 Age_{jt-1} + \beta_6 Foreign_{jt-1} + X'_{jt}\delta + \varepsilon_{jt} \quad (15.3)$$

其中，LR_{jt} 是地区 j 在年度 t 的健康险赔付率。Num、Ineq、Conc、Nonlife、Age 和 Foreign 是衡量市场结构的 6 个指标。X_{it} 是控制变量集，随后介绍。α_j 和 γ_t 分别代表不随年度变化的地区效应和不随地区变化的年度效应。ε_{jt} 是扰动项。（15.3）式中，借鉴 Dafny、Duggan 和 Ramanarayanan（2012）等文献的做法，自变量较因变量取滞后一期值以控制因变量对自变量的同期影响。

本章中健康险的赔付率是财产险公司经营的健康险业务的"赔付支出"除以"保费收入"。我们没有加入人身险公司的健康险业务是出于两点原因：（1）人身险公司的健康险赔付支出的数据没有单独公开披露，而是披露于混合了寿险和意外伤害险赔付支出的"死亡、伤残和医疗给付"科目；（2）与财产险公司不同，人身险公司经营的健康险产品很多实质上是长期储蓄投资型的产品；并且衡量这些业务的绩效指标需要考虑投资收益率和长期准备金的估算，而这些数据也没有公开披露。

控制变量（X_{it}）是那些可能同时影响健康险赔付水平和市场结构的变量。（1）人均国内生产总值的对数，记为 ln(Income)。（2）人口密度，即年末常住人口除以地区面积，记为 PopuDen。（3）教育程度，基于已有相关文献，使用年末在校大学生占年末常住人口的比重度量，记为 Edu。（4）医疗保健支出占 GDP 的比重，记为 MedExp。

本节采用2004—2014年中国地级城市的面板数据。(1) 计算各城市的 LR 需要健康险"赔付支出"和"保费收入"的数据，计算 Num、$Ineq_1$、$Ineq_2$ 和 $Conc$ 需要各城市中各家保险公司的健康险保费收入情况，这些数据收集自《中国保险年鉴》（地方版）中对各城市的财产险市场和人身险市场的业务统计。(2) 计算 $Nonlife$、Age 和 $Foreign$ 需要将各地区中各家保险公司的健康险市场份额与公司特征变量相"匹配"，前者的数据来自《中国保险年鉴》（地方版），后者的数据来自《中国保险年鉴》（公司版）中各公司的介绍。(3) $Income$、$PopuDen$ 和 $MedExp$ 的数据收集自《中国区域经济统计年鉴》，其中，$Income$ 使用国内生产总值平减指数被平减至2014年的价格水平。(4) Edu 的数据收集自《中国城市统计年鉴》。数据起始于2004年，这是由于各城市中健康险业务的数据（含保费收入和赔付支出）自2004年起开始披露。表15–2报告了变量的描述统计情况，为了节省篇幅，市场集中度仅报告了使用 HHI 度量的结果。可知，健康险赔付率和各市场结构变量的样本变异均很大。

表15–2 描述统计量

变量	单位	观察值数	均值	标准差	最小值	最大值
LR（因变量）	比值	2358	0.676	0.319	0.062	2.010
Num	个	2358	16.117	11.383	2	101
$Ineq_1$		2358	11.651	9.872	0.018	87.950
$Ineq_2$		2358	0.197	0.088	0.000	0.792
HHI		2358	0.292	0.122	0.062	0.966
$Nonlife$	比值	2358	0.125	0.144	0.004	0.983
Age	年	2358	21.461	3.766	6.569	33.270
$Foreign$	比值	2358	0.023	0.074	0	0.695
$Income$	元	2045	33638	24195	3928	196728
$PopuDen$	万人/平方公里	2024	0.423	0.341	0.001	2.469
Edu	比值	1886	0.017	0.021	0.000	0.125
$MedExp$	比值	1812	0.014	0.011	0.000	0.092

四 市场结构对健康险赔付水平的影响

(一) 基本估计

表 15-3 报告了对 (15.3) 式采用面板数据固定效应的估计结果，市场集中度是最常用的 HHI 度量，不同列的自变量不同：第(1) 和第 (2) 列采用 3 个一般性的市场结构指标，第 (3) 列采用 3 个较有保险业特点的市场结构指标，第 (4) 列同时采用 6 个市场结构指标，第 (5) 和第 (6) 列在采用 6 个市场结构指标的基础上再加入控制变量。

对于 3 个一般性的市场结构因素。(1) 健康险赔付率与公司数目（对数）显著正相关，这与我们的预期一致。其他条件不变时，公司数目（对数）增加自身的 1 个样本标准差（0.649），健康险赔付率将增加 9.6 个百分点（0.149×0.649）到 18.8 个百分点（0.289×0.649）。如果以控制变量最多的第 (5) 列的估计结果为准，则健康险赔付率增加 11.3 个百分点。(2) 健康险赔付率与 HHI 显著负相关，也与我们的预期一致。其他条件不变时，HHI 降低自身的 1 个标准差（0.122），则健康险赔付率增加 3.1 个百分点（0.252×0.122）到 7.0 个百分点（0.581×0.012），如果以第 (5) 列的估计结果为准，则增加 3.4 个百分点。(3) 在加入了公司数目和 HHI 后，市场份额不平等指标（$Ineq_1$ 和 $Ineq_2$）与健康险赔付率的关系不再具有统计显著性（在 10% 的水平上）。(4) 虽然相关文献常常仅使用 HHI（或其他市场集中度指标），而不再使用公司数目或市场份额不平等的指标，但我们发现，在解释中国地级城市的健康险赔付率问题上，HHI 不能充分反映公司数目因素。其原因在于，在指标构建上，随着公司数目的增加，HHI 将对公司数目的变化会越来越不敏感，而在一些问题（包括本章研究的问题）上，公司数目对市场绩效产生了重要影响。

对于 3 个较有保险产业特点的市场结构指标。(1) 健康险市场中财产险公司作为一个整体的比重与其健康赔付率显著负相关，这可能是由于市场势力的影响。其他条件不变时，如果Nonlife提高10%，则健康险赔付率降低约7.0—8.5个百分点，如果以第（5）列的估计结果为准，则降低8.4个百分点。(2)健康险市场上外（合）资公司的市场份额与健康险赔付率显著正相关，原因在于：外（合）资公司的进入降低了市场上公司的合谋程度，或/和外（合）资公司的进入产生了技术传导作用。由于样本中外（合）资保险公司的健康险赔付率的均值和中位数分别为0.46和0.38，低于中资公司的0.69和0.50，所以Foreign的影响应当主要是通过降低市场中公司的合谋程度而非技术传导来实现的。(3)健康险市场中公司的经营年数与健康险赔付率之间没有显著关系。最后，控制变量中，人均GDP与健康险赔付率显著负相关，这可能来自保险经营中的规模经济效果，即，收入/财富水平越高的人投保的绝对量越大，这会降低单位保费收入的经营成本，进而使得保险公司（通过市场竞争）将更多部分的保费收入用于赔付支出。医疗保健支出占GDP的比重与健康险赔付率显著正相关，这点不难理解，一定程度上反映出中国健康险产品还未对"地区"这一风险因素充分定价。

表15-3 基本回归结果

	因变量：LR					
	面板数据固定效应估计					
	(1)	(2)	(3)	(4)	(5)	(6)
市场份额不平等的指标	$Ineq_1$	$Ineq_2$		$Ineq_1$	$Ineq_1$	$Ineq_1$
ln(Num)	0.206*** (0.056)	0.149** (0.056)		0.200*** (0.056)	0.174** (0.087)	0.289*** (0.075)
Ineq	-0.004** (0.002)	0.102 (0.259)		-0.004* (0.002)	-0.002 (0.005)	-0.006* (0.004)
HHI	-0.434*** (0.102)	-0.581** (0.265)		-0.284*** (0.104)	-0.275** (0.137)	-0.252** (0.127)

续表

	因变量：LR					
	面板数据固定效应估计					
	（1）	（2）	（3）	（4）	（5）	（6）
市场份额不平等的指标：	$Ineq_1$	$Ineq_2$		$Ineq_1$	$Ineq_1$	$Ineq_1$
Nonlife			-0.793***	-0.712**	-0.841***	-0.835***
			(0.082)	(0.083)	(0.112)	(0.103)
Age			0.003	-0.001	0.004	-0.002
			(0.003)	(0.003)	(0.004)	(0.004)
Foreign			0.679***	0.538**	0.750*	0.618**
			(0.247)	(0.264)	(0.419)	(0.302)
Income					-0.190*	-0.180**
					(0.100)	(0.086)
PopuDen					0.838	0.774
					(1.306)	(1.258)
Edu					2.377	-0.653
					(2.502)	(1.824)
MedExp					6.631***	
					(2.473)	
年度固定效应	√	√	√	√	√	√
组内 R^2	0.121	0.119	0.145	0.157	0.177	0.436
观察值数	2358	2358	2358	2358	1655	1862

注：第（6）列较第（5）列的区别在于没有控制 MedExp，但样本量有所增加。系数估计值下方（）内为在城市层面聚类的标准误。***、**、*分别表示在1%、5%、10%的水平上显著。

（二）稳健性检验

表15-4报告了采用除 HHI 外的5个市场集中度指标（EI、CCI、HTI、CR_k、HKI）的估计结果，而因变量、其他自变量、估计方法均与表15-3的第（5）列相同。结果显示，当采用不同的市场集中度

指标时，得到的市场集中度与健康险赔付率关系的结论存在较大差异。(1) 在无参数的市场集中度指标中，比较常用的 EI 以及对大公司市场份额变动更敏感的 CCI 的估计系数均为正向显著。其他条件不变时，二者分别变动各自的1个样本标准差（0.521 和 0.105），对健康险赔付率的负向影响分别为4.7个百分点（0.090×0.521）和4.5个百分点（0.429×0.105），这与表15-3第（5）列中 HHI 系数的经济含义（3.4个百分点）比较接近。HHI 的系数估计值不显著（在10%的水平上），由于 HHI 更为重视规模较小的公司的份额变动，这反映出，健康险赔付率主要受到少数大公司而非众多小公司规模变动的影响。(2) 在 CR_k 指标中，CR_1 和 CR_3 的系数估计值显著，其他条件不变时，CR_1 和 CR_3 分别降低各自的1个样本标准差（0.139 和 0.117），则健康险赔付率分别增加2.5个百分点（0.177×0.139）和4.8个百分点（0.416×0.117），说明 CR_3 的解释力强于 CR_1；而 CR_{10} 的系数估计值不显著（在10%的水平上）。这也反映出了，健康险赔付率主要受到市场中几家大公司的影响。(3) HKI 指标中参数 α 的值越大，表示 HKI 对大公司的规模变动越敏感。在第（7）—第（12）列中，当 α 取 0.005、0.25、0.5 时，HKI 的系数估计值不显著，而取 2、5、10 时，HKI 的系数估计值是统计显著的（在10%的水平上），这进一步说明健康险赔付率主要受到市场中几家大公司而非众多小公司的影响。基于 HKI 指标（α 取 0.005、0.25 和 0.5）计算得到的市场集中度变动一个样本标准差对健康险赔付率的影响分别为 3.2、3.0 和 2.8 个百分点。

对于其他5个市场结构指标，在表15-4的12列回归中，ln(Num)、$Nonlife$ 和 Age 的系数的估计结果与表15-3中相比没有正负号和统计上显著与否（在10%的水平上）的差异。$Ineq_1$ 和 $Foreign$ 的估计结果与表15-3中相比没有正负号上的差异，在个别结果上存在统计上显著与否（在10%的水平）的差异。因此，我们关于这5个市场结构因素与健康险赔付率关系的结论没有明显受到所选择的市场集中度指标的影响。

第15章 健康险的市场结构与赔付水平

表15-4 稳健性检验：其他市场集中度指标

因变量：LR

面板数据固定效应估计

市场集中度指标	(1) EI	(2) CCI	(3) HTI	(4) CR₁	(5) CR₃	(6) CR₁₀	(7) HKI α=0.005	(8) HKI α=0.25	(9) HKI α=0.5	(10) HKI α=2	(11) HKI α=5	(12) HKI α=10
ln(Num)	0.162* (0.092)	0.172* (0.089)	0.177* (0.096)	0.217** (0.085)	0.190** (0.087)	0.246*** (0.083)	0.244*** (0.083)	0.250*** (0.083)	0.247*** (0.083)	0.238*** (0.083)	0.246*** (0.082)	0.250*** (0.083)
Ineq₁	−0.003 (0.005)	−0.002 (0.005)	−0.003 (0.005)	−0.004 (0.005)	−0.003 (0.005)	−0.005 (0.005)	−0.025* (0.013)	−0.011* (0.006)	−0.008* (0.005)	−0.005 (0.005)	−0.005 (0.005)	−0.005 (0.005)
Conc	0.090** (0.039)	−0.429** (0.172)	−0.310 (0.202)	−0.177* (0.107)	−0.416*** (0.168)	0.543 (0.577)	0.018 (0.012)	0.009 (0.008)	0.010 (0.008)	0.021* (0.011)	0.028* (0.016)	0.029* (0.016)
Nonlife	−0.834*** (0.112)	−0.826*** (0.112)	−0.863*** (0.111)	−0.861*** (0.111)	−0.842*** (0.111)	−0.913*** (0.109)	−0.865*** (0.111)	−0.880*** (0.110)	−0.876*** (0.110)	−0.851*** (0.111)	−0.859*** (0.111)	−0.866*** (0.111)
Age	0.004 (0.004)	0.004 (0.004)	0.005 (0.004)	0.004 (0.004)	0.004 (0.004)	0.005 (0.004)	0.005 (0.004)	0.006 (0.004)	0.006 (0.004)	0.005 (0.004)	0.005 (0.004)	0.005 (0.004)
Foreign	0.850** (0.422)	0.821* (0.419)	0.707* (0.417)	0.732** (0.416)	0.798** (0.391)	0.725** (0.434)	0.702* (0.411)	0.784* (0.413)	0.620 (0.413)	0.709* (0.396)	0.783** (0.390)	0.740* (0.388)
年度固定效应	√	√	√	√	√	√	√	√	√	√	√	√
组内R²	0.176	0.176	0.174	0.174	0.176	0.173	0.1739	0.1733	0.1734	0.1746	0.1744	0.1741
观察值数	1655	1655	1655	1655	1655	1655	1655	1655	1655	1655	1655	1655

注：表中12个回归均控制了年度固定效应，观察值数均为1665。表中未报告计算结果但控制变量是 ln(Income)、PopuDen、Edu、MedExp、感兴趣的读者可向作者来函获得。HKI中含有一个参数α，α的值越大表示HKI对大公司的市场份额的变动越敏感。系数估计值下方（ ）内为在城市层面聚类的标准误。***、**、*分别表示在1%、5%、10%的水平上显著。

五 小结和对策建议

健康险是中国保险市场中起步较晚的险种，中国健康险的赔付水平还不高，在医疗保障体系中发挥的作用很有限。本章分析中国健康险的市场结构与赔付水平的关系。我们收集了中国地级城市的保险市场和相关变量的面板数据，发现了如下结论。(1) 在3个一般性的市场结构指标中，健康险赔付率与公司数目显著正相关，与市场集中度显著负相关，与公司市场份额不平等的（负向）关系在控制了其他市场结构指标后不再显著。这与产业组织经典理论中"结构影响绩效"假说的预测一致。(2) 在3个较有保险市场特点的市场结构指标中，健康险赔付率与财产险作为一个整体的市场份额显著负相关，与外（合）资公司市场份额显著正相关，与公司经营年数没有显著关系。

健康险是中国多层次医疗保障体系的重要组成部分，本研究有如下对策建议。为了提高中国健康险的赔付水平，应当：放宽市场准入，提升保险业对内对外的开放水平；清理废除妨碍统一市场和公平竞争的各种规定和做法；完善市场监督机制，打击企业之间不同形式的不正当合谋。本书的理论意义在于，今后研究保险业或其他产业的市场结构与市场绩效的关系时，为了得到更为稳健和丰富的经验研究结果，可以考虑：(1) 在采用市场集中度指标的基础上，加入公司数目和市场份额不平等因素；(2) 在选择市场集中度的度量指标时，增加报告采用"对大公司规模变动敏感"和"对小公司规模变动敏感"的指标的估计结果。

本章也存在着局限性。(1) 健康险包含医疗补偿险、疾病险、失能收入补偿险、护理险等具体业务，而产品差异化可能影响绩效甚至"市场结构—绩效"关系，但是由于缺乏这些健康险细分业务的收入和支出数据，本章没有分析产品差异化的影响。(2) 由于存在牌照控制、资本门槛等要求，保险市场存在一定的进入壁垒，而进入壁垒是公司能够在较长时期中借助市场势力获得高绩效的重要条件,对此,本章由于缺乏相关数据而没有控制。希望这些内容被今后的研究拓展。

参考文献

边文龙:《保险公司上市对企业发展的真实效果研究》,《保险研究》2013年第4期。

边文龙、王向楠等:《财产险公司的规模、业务多样化与经营效率——考虑边际效应的非单调性》,《保险研究》2015年第5期。

边文龙、王向楠:《面板数据随机前沿分析的研究综述》,《统计研究》2016年第6期。

边文龙、王向楠:《人力资本对寿险公司成本和利润效率的影响》,《保险研究》2014年第11期。

边文龙、王向楠:《投资职能对保险公司风险的影响研究》,《金融研究》2017年第12期。

陈辉、顾乃康等:《股票流动性与资本结构动态调整——基于时变的股票市场摩擦的视角》,《金融评论》2010年第4期。

陈文辉、李扬等:《银行保险:国际经验及中国发展研究》,经济管理出版社2007年版。

陈文辉、姚渝:《中国寿险业经营规律研究:费用、盈亏平衡、资本需求》,中国财政经济出版社2008年版。

成力为、戴小勇:《研发投入分布特征与研发投资强度影响因素的分析——基于我国30万个工业企业面板数据》,《中国软科学》2012年第8期。

程承坪:《论企业家人力资本与企业绩效关系》,《中国软科学》2001

年第 7 期。

迟国泰、孙秀峰等：《中国商业银行成本效率实证研究》，《经济研究》2005 年第 6 期。

戴志敏、朱莉妍：《中国商业银行贷款地理分布对银行利润效率的影响》，《地理学报》2015 年第 6 期。

甘犁、尹志超等：《中国家庭金融调查报告：2012》，西南财经大学出版社 2012 年版。

甘小丰：《中国保险业效率结构的实证分析》，《数量经济技术经济研究》2008 年第 7 期。

郭金龙等：《金融危机对全球保险业的影响》，经济管理出版社 2013 年版。

郭文旌、李心丹：《最优保险投资决策》，《管理科学学报》2009 年第 1 期。

郝臣、李慧聪等：《治理的微观、中观与宏观——基于中国保险业的研究》，南开大学出版社 2017 年版。

何靖：《宏观经济环境影响资本结构调整速度吗？——来自中国上市公司的经验证据》，《南方经济》2010 年第 12 期。

贺灿飞、傅蓉：《外资银行在中国的区位选择》，《地理学报》2006 年第 6 期。

恒大研究院：《中国科技实体对比：体制视角》，2018 年 7 月 25 日，https://mp.weixin.qq.com/s/jxJzR4wCmIeqqpMClixjOA。

胡滨：《区域金融生态环境评价方法与实证研究》，《经济管理》2009 年第 6 期。

胡浩、葛岳静等：《基于地域差异分析的高等院校与科研院所科教协同发展研究》，《经济地理》2013 年第 11 期。

黄枫、张敏：《费率市场化与企业财产保险需求》，《金融研究》2014 年第 12 期。

黄辉：《企业资本结构调整速度影响因素的实证研究》，《经济科学》2010 年第 3 期。

黄隽：《银行竞争与银行数量关系研究——基于韩国、中国和中国台湾的数据》，《金融研究》2007年第7期。

黄隽：《中国银行业稳定、效率及其关系研究》，《中国人民大学学报》2008年第4期。

黄薇、洪俊杰等：《金融业效率分析研究与展望》，《经济学动态》2013年第4期。

黄薇：《基于SFA方法对中国保险机构效率的实证研究》，《南开经济研究》2006年第5期。

江生忠、祝向军：《保险公司上市问题的理论分析》，《保险研究》2001年第3期。

姜付秀、屈耀辉等：《产品市场竞争与资本结构动态调整》，《经济研究》2008年第4期。

孔爱国、薛光煜：《中国上市公司资本结构调整能力的实证研究》，《复旦学报》（社会科学版）2005年第4期。

寇宗来、高琼：《市场结构、市场绩效与企业的创新行为——基于中国工业企业层面的面板数据分析》，《产业经济研究》2013年第3期。

李光勇、曾珠：《国际养老保险制度改革评述》，《人口学刊》2002年第4期。

李广子：《跨区经营与中小银行绩效》，《世界经济》2014年第11期。

李祥云、祁毓：《农村居民购买政策性农业保险的影响因素分析——来自农户调查的数据分析》，《山东经济》2010年第2期。

李心愉、赵景涛：《财产险资金运用效率与影响因素研究——基于DEA模型与面板固定效应模型》，《保险研究》2014年第10期。

李秀芳、施岚：《中国保险公司效率问题研究》，中国财政经济出版社2009年版。

李扬、张晓晶等：《中国国家资产负债表2015——杠杆调整与风险管理》，中国社会科学出版社2015年版。

连玉君、钟经樊：《中国上市公司资本结构动态调整机制研究》，《南方经济》2007 年第 1 期。

梁平、梁彭勇：《基于 SFA 的中国保险业 X 效率研究》，《数理统计与管理》2011 年第 1 期。

刘琛、宋蔚兰：《基于 SFA 的中国商业银行效率研究》，《金融研究》2004 年第 6 期。

刘玲玲、李西新：《银行利润无效率及其影响因素的实证研究——以中国主要商业银行及其战略投资者为例》，《金融研究》2006 年第 12 期。

刘璐：《中国寿险业效率研究》，人民出版社 2010 年版。

刘孟飞、张晓岚等：《我国商业银行业务多元化、经营绩效与风险相关性研究》，《国际金融研究》2012 年第 8 期。

刘铮、张春海：《我国保险公司 X 效率的实证研究——以中资财险公司为例》，《保险研究》2013 年第 1 期。

刘志彪、姜付秀等：《资本结构与产品市场竞争强度》，《经济研究》2003 年第 7 期。

刘志迎、孙文平等：《中国财产保险业成本效率及影响因素的实证研究》，《金融研究》2007 年第 4 期。

陆磊、王颖：《金融创新、风险分担与监管：中国转轨时期保险资金运用的系统性风险及其管理》，《金融研究》2005 年第 6 期。

苗圩：《加强核心技术攻关——推动制造业高质量发展》，《求是》2018 年第 14 期。

彭雪梅、曾紫芬：《保险市场集中度与公司财务稳定性——基于中国财产保险数据》，《保险研究》2018 年第 3 期。

清华大学、海康人寿：《2014 中国居民退休准备指数调研报告》，2014 年。

苏依依：《金融创新的年龄依赖性：国家制度文化的视角》，《科研管理》2015 年第 7 期。

孙祁祥、边文龙等：《业务集中度对寿险公司利润和风险的作用研究》，《当代经济科学》2015 年第 3 期。

孙祁祥、郑伟等：《中国养老年金市场：发展现状、国际经验与未来战略》，经济科学出版社 2013 年版。

孙祁祥、朱俊生：《人口转变、老龄化及其对中国养老保险制度的挑战》，《财贸经济》2008 年第 4 期。

唐国正、刘力：《公司资本结构理论——回顾与展望》，《管理世界》2006 年第 5 期。

田轩：《创新的资本逻辑》，北京大学出版社 2018 年版。

王聪、谭正勋：《我国商业银行效率结构研究》，《经济研究》2007 年第 7 期。

王丽珍：《产品价格、资本结构与组合风险——基于产险业联立方程的实证检验》，《当代经济科学》2012 年第 5 期。

王鹏：《投资者保护、代理成本与公司绩效》，《经济研究》2008 年第 2 期。

王强、陈宏民等：《搜寻成本、声誉与网上交易市场价格离散》，《管理科学学报》2010 年第 5 期。

王擎、吴玮等：《城市商业银行跨区域经营：信贷扩张、风险水平及银行绩效》，《金融研究》2012 年第 1 期。

王少剑、王洋等：《中国县域住宅价格的空间差异特征与影响机制》，《地理学报》2016 年第 8 期。

王向楠、边文龙：《产险业收入中的投资贡献及国际比较》，《保险理论与实践》2016 年第 12 期。

王向楠、边文龙：《市场结构与赔付水平：2004—2014 年的中国健康保险》，《当代经济科学》2016 年第 5 期。

王向楠、边文龙：《专业化与企业风险——以寿险业为例》，《当代经济科学》2018 年第 2 期。

王向楠：《财产保险公司的地理扩张与利润》，《地理学报》2017 年第 8 期。

王向楠：《承保业务与寿险公司的动态资本结构——来自中国 1998—2009 年的证据》，《金融评论》2011 年第 5 期。

王向楠：《地理加权的随机前沿效率——以中国寿险业为例》，《数理统计与管理》2018年第5期。

王向楠：《市场竞争与价格离散——影响机理和经验证据》，《中国管理科学》2018年第11期。

王向楠：《银行系寿险公司的业务转型及效果》，《银行家》2018年第4期。

王向楠：《中国保险费率监管机制的回顾和改革》，胡滨、尹振涛、郑联盛编《金融监管蓝皮书：中国金融监管报告（2017）》，社科文献出版社2017年版。

魏刚：《高级管理层激励与上市公司经营绩效》，《经济研究》2000年第3期。

吴德胜、李维安、声誉：《搜寻成本与网上交易市场均衡》，《经济学》（季刊）2008年第4期。

吴栋、周建平：《基于SFA的中国商业银行股权结构选择的实证研究》，《金融研究》2007年第7期。

吴洪、赵桂芹：《保险业效率研究前沿探析与未来热点展望》，《金融评论》2010年第1期。

吴延兵：《企业规模、市场力量与创新：一个文献综述》，《经济研究》2007年第5期。

肖作平：《资本结构影响因素和双向效应动态模型——来自中国上市公司面板数据的证据》，《会计研究》2004年第2期。

徐华：《我国寿险公司资本结构的影响因素》，《财经科学》2005年第6期。

徐忠、沈艳等：《市场结构与我国银行业绩效：假说与检验》，《经济研究》2007年第10期。

姚树洁、冯根福等：《中国保险业效率的实证分析》，《经济研究》2005年第7期。

姚树洁、姜春霞等：《中国银行业的改革与效率：1995—2008》，《经济研究》2011年第8期。

姚先国、盛乐：《乡镇企业和国有企业经济效率差异的人力资本产权分析》，《经济研究》2002年第3期。

殷剑峰：《比较金融体系与中国现代金融体系建设》，《金融评论》2018年第5期。

俞自由、陈正阳：《社会养老保险、补充养老保险与商业保险的关系》，《管理世界》1997年第2期。

张春海、孙健：《人力资本、人力资本结构与产业经营效率关系研究》，《保险研究》2012年第5期。

张春子：《商业银行研发定位与转型》，《中国金融》2016年第20期。

张健华、王鹏：《银行风险、贷款规模与法律保护水平》，《经济研究》2012年第5期。

张健华、王鹏：《银行效率及其影响因素研究——基于中、外银行业的跨国比较》，《金融研究》2011年第5期。

张琰、梅长林：《基于地理加权回归的我国中东部城市商品房价格的空间特征分析》，《数理统计与管理》2012年第5期。

赵冬梅：《电子商务市场价格离散度的收敛分析》，《经济学》（季刊）2008年第7期。

赵蒲、孙爱英：《财务保守行为：基于中国上市公司的实证研究》，《管理世界》2004年第11期。

郑秉文：《第三支柱商业养老保险顶层设计：税收的作用及其深远意义》，《中国人民大学学报》2016年第1期。

郑秉文：《中国养老金发展报告2013——社保经办服务体系改革》，经济管理出版社2014年版。

郑少锋、尹小蒙：《基于X效率角度的我国商业银行多元化分析》，《数量经济技术经济研究》2013年第7期。

中国保险行业协会：《中国机动车辆保险市场发展报告2014》，中国金融出版社2015年版。

钟田丽、范宇：《上市公司产品市场竞争程度与财务杠杆的选择》，《会计研究》2004年第6期。

周华林、李雪松：《Tobit 模型估计方法与应用》，《经济学动态》2012 年第 5 期。

周桦、张娟：《偿付能力监管制度改革与保险公司成本效率——基于中国财险市场的经验数据》，《金融研究》2017 年第 4 期。

周铭山：《保险公司资本结构和财务政策的理论分析》，硕士学位论文，西南财经大学，2002 年。

周其仁：《市场里的企业：一个人力资本与非人力资本的特别合约》，《经济研究》1996 年第 6 期。

周延、王晓霞：《人力资本对技术效率影响的门限效应研究——以财产保险公司为例》，《经济经纬》2010 年第 1 期。

朱武祥、陈寒梅等：《产品市场竞争与财务保守行为——以燕京啤酒为例的分析》，《经济研究》2002 年第 8 期。

卓志、刘芳：《初论我国寿险公司业务与资本的匹配》，《财经科学》2004 年第 4 期。

［美］罗伯特·霍尔茨曼、［美］理查德·汉兹等：《21 世纪养老保险改革展望》，林义、李静：《经济社会体制比较》2006 年第 3 期。

［美］约瑟夫·熊彼特：《经济发展理论》，何畏等译，商务印书馆 1990 年版。

Acharya, V. V., I. Hasan, and A. Saunders, 2006, "Should Banks be Diversified? Evidence from Individual Bank Loan Portfolios", *Journal of Business*, Vol. 79, No. 3, pp. 1355 – 1412.

Aghion, P., C. Harris, P. Howitt, and J. Vickers, 2001, "Competition, Imitation and Growth with Step-by-step Innovation", *Review of Economic Studies*, Vol. 68, No. 3, pp. 467 – 492.

Ahn, S. C., Y. H. Lee, and P. Schimidt, 2001, "GMM Estimation of Linear Panel Data Models with Time-varing Individual Effects", *Journal of Econometrics*, Vol. 101, No. 2, pp. 219 – 255.

Aigner, D., C. Lovell, and P. Schmidt, 1977, "Formation and Estimation of Stochastic Frontier Production Function Models", *Journal of Economet-*

rics, Vol. 6, No. 1, pp. 21 – 37.

Alessi, L., and C. Detken, 2018, "Identifying Excessive Credit Growth and Leverage", *Journal of Financial Stability*, Vol. 35, pp. 215 – 225.

Allen, F., and D. Gale, 1991, "Arbitrage, Short Sales, and Financial Innovation", *Econometrica*, Vol. 59, No. 4, pp. 1041 – 1068.

Arellano, M., and S. Bond, 1991, "Some Tests of Specification for Panel Data: Monte Carlo Evidence and an Application to Employment Equations", *Review of Economic Studies*, Vol. 58, No. 2, pp. 277 – 297.

Ayuso, J., D. Pérez, and J. Saurina, 2004, "Are Capital Buffers Pro-cyclical?: Evidence from Spanish Panel Data", *Journal of Financial Intermediation*, Vol. 13, No, 2, pp. 249 – 264.

Bai, C., and S. Li, 2000, "Capital Structure and Product Market Strategy", *Annals of Economics and Finance*, Vol. 1, No. 2, pp. 381 – 400.

Bai, C., Q. Li, and M. Ouyang, 2014, "Property Taxes and Home Prices: A Tale of Two Cities", *Journal of Econometrics*, Vol. 180, No. 1, pp. 1 – 15.

Barreda-Tarrazona, I., A. García-Gallego, N. Georgantzís, et al., 2011, "An Experiment on Spatial Competition with Endogenous Pricing", *International Journal of Industrial Organization*, Vol. 29, No. 1, pp. 74 – 83.

Barron, J. M., B. A. Taylor, and J. R. Umbeck, 2004, "Number of Sellers, Average Prices, and Price Dispersion", *International Journal of Industrial Organization*, Vol. 22, No. 8, pp. 1041 – 1066.

Barth, M. M., and D. L. Eckles, 2009, "An Empirical Investigation of the Effect of Growth on Short-term Changes in Loss Ratios", *Journal of Risk and Insurance*, Vol. 76, No. 4, pp. 867 – 885.

Battese, G. E., and T. J. Coelli, 1988, "Prediction of Firm-level Technical Efficiencies with a Generalized Frontier Production Function and Panel Data", *Journal of Econometrics*, Vol. 38, No. 3, pp. 387 – 399.

Battese, G. E., and T. J. Coelli, 1992, "Frontier Production Functions,

Technical Efficiency and Panel Data: With Application to Paddy Farmers in India", *Journal of Productivity Analysis*, Vol. 3, No. 1 – 2, pp. 153 – 169.

Battese, G. E., and T. J. Coelli, 1995, "A Model for Technical Inefficiency Effects in a Stochastic Frontier Production Function for Panel Data", *Empirical Economics*, Vol. 20, No. 2, pp. 325 – 332.

Baye, M, R., J. Morgan, and P. Scholten, 2004, "Price Dispersion in the Small and in the Large: Evidence from an Internet Price Comparison Site", *Journal of Industrial Economics*, Vol. 52, No. 4, pp. 463 – 496.

Baye, M. R., J. Morgan, P. Scholten, 2006, "Information, Search, and Price Dispersion", in Hendershott, T. (Ed.), *Handbook on Economics and Information Systems* (Vol. 1), Amsterdam: Elsevier.

Bebczuk, R., and A. Galindo, 2008, "Financial Crisis and Sectoral Diversification of Argentine Banks, 1999 – 2004", *Applied Financial Economics*, Vol. 18, No. 3, pp. 199 – 211.

Beck, T., T. Chen, C. Lin, and F. Song, 2016, "Financial Innovation: The Bright and The Dark Sides", *Journal of Banking & Finance*, Vol. 72, No. 1, pp. 28 – 51.

Benito-Osorio, D., L. Á. Guerras-Martín, and J. Á. Zuñiga-Vicente, 2012, "Four Decades of Research on Product Diversification: A Literature Review", *Management Decision*, Vol. 50, No. 2, pp. 325 – 344.

Berger, A. N., J. D. Cummins, M. A. Weiss, and H. Zi., 2000, "Conglomeration versus Strategic Focus: Evidence from the Insurance Industry", *Journal of Financial Intermediation*, Vol. 9, No. 4, pp. 323 – 362.

Berger, A. N., and L. J. Mester, 1997, "Inside the Black Box: What Explains Differences in the Efficiencies of Financial Institutions?", *Journal of Banking and Finance*, Vol. 21, No. 7, pp. 895 – 947.

Berger, A. N., and R. DeYoung, 2001, "The Effects of Geographic Expansion on Bank Efficiency", *Journal of Financial Services Research*,

Vol. 19, No. 2/3, pp. 163 - 184.

Berger, A. N. , and T. H. Hannan, 1998, "The Efficiency Cost of Market Power in the Banking Industry: A Test of the 'Quiet Life' and Related Hypotheses", *Review of Economics and Statistics*, Vol. 80, No. 3, pp. 454 - 465.

Berger, A. N. , I, Hasan, and M. Zhou, 2010, "The Effects of Focus versus Diversification on Bank Performance: Evidence from Chinese Banks", *Journal of Banking and Finance*, Vol. 34, No. 7, pp. 1417 - 1435.

Berger, A. N. , I. Hasan, and M. Zhou, 2009, "Bank Ownership and Efficiency in China: What will Happen in the World's Largest Nation?", *Journal of Banking and Finance*, Vol. 33, No. 1, pp. 113 - 130.

Berger, A. N. , J. D. Cummins, and M. A. Weiss. , 1997, "The Coexistence of Multiple Distribution Systems for Financial Services: The Case of Property-liability Insurance", *Journal of Business*, Vol. 70 No. 4, pp. 515 - 546.

Berry-Stölzle, T. R. , and P. Born, 2012, "The Effect of Regulation on Insurance Pricing: The Case of Germany", *Journal of Risk and Insurance*, Vol. 79, No. 1, pp. 129 - 164.

Bian, W. , and X. Wang, 2017, "The Openness of China's Insurance Industry and the Efficiency of Domestic vs. Foreign Life Insurers", *Asia-Pacific Journal of Accounting & Economics*, Accepted.

Biener, C. , and M. Eling, 2012, "Organization and Efficiency in the International Insurance Industry: A Cross-frontier Analysis", *European Journal of Operational Research*, Vol. 221, No. 1, pp. 454 - 468.

Bikker, J. A. , and K. Haaf, 2002, "Competition, Concentration and Their Relationship: An Empirical Analysis of the Banking Industry", *Journal of Banking & Finance*, Vol. 26, No. 11, pp. 2191 - 2214.

Bikker, J. A. , and K. Haaf, 2002, "Measures of Competition and Concentration in the Banking Industry: A Review of the Literature", *Economic & Financial Modelling*, Vol. 9, No. 2, pp. 53 – 98.

Black, K., and H. D. Skipper, 2000, *Life and Health Insurance*, Saddle Rive: Prentice Hall Upper.

Bloom, D. E., D. Canning and J. Sevilla, 2013, "The Demographic Dividend: A New Perspective on the Economic Consequences of Population Change", *Santa Monica California Rand Population Matters*.

Bonin, J. P., I. Hasan, and P. Wachtel, 2005, "Privatization Matters: Bank Efficiency in Transition Countries", *Journal of Banking & Finance*, Vol. 29, No. 8 – 9, pp. 2155 – 2178.

Borenstein, S., and N. L. Rose, 1994, "Competition and Price Dispersion in the US Airline Industry", *Journal of Political Economy*, Vol. 102, No. 4, pp. 653 – 683.

Bos, J. W. B., and M. Koetter, 2011, "Handling Losses in Translog Profit Models", *Applied Economics*, Vol. 43, No. 1 – 3: pp. 307 – 312.

Brander, J. A., and T. R. Lewis, 1988, "Bankruptcy Costs and the Theory of Oligopoly", *Canadian Journal of Economics*, Vol. 21, No. 2, pp. 221 – 243.

Brickley, J. A., J. S. Linck, and C. W. Smith Jr., 2003, "Boundaries of the Firm: Evidence from the Banking Industry", *Journal of Financial Economics*, Vol. 70, No. 4, pp. 351 – 383.

Briys, E., and F. de Varenne, 1997, "On the Risk of Insurance Liabilities: Debunking Some Common Pitfalls", *Journal of Risk and Insurance*, Vol. 64, No. 4, pp. 673 – 694.

Brockett, P. L., W. W. Cooper, L. L. Golden, J. J. Rousseau, and Y. Wang, 2004, "Evaluating Solvency versus Efficiency Performance and Different forms of Organization and Marketing in US Property-Liability Insurance Companies", *European Journal of Operational Research*, Vol. 154, No. 2, pp. 492 – 514.

Brown, J. R., S. M. Fazzari, and B. C. Petersen, 2009, "Financing Innovation and Growth: Cash Flow, External Equity, and the 1990s R&D Boom", *Journal of Finance*, Vol. 64, No. 1, pp. 151 – 185.

Brunnermeier, M. K., 2009, "Deciphering the Liquidity and Credit Crunch 2007 – 2008", *Journal of Economic Perspectives*, Vol. 23, No. 1, pp. 77 – 100.

Brynjolfsson, E., and M. D. Smith, 2000, "Frictionless Commerce? —A Comparison of Internet and Conventional Retailers", *Management Science*, Vol. 46, No. 4, pp. 563 – 585.

Cagle, J. B., and S. E. Harrington, 1995, "Insurance Supply with Capacity Constraints and Endogenous Insolvency Risk", *Journal of Risk and Uncertainty*, Vol. 11, No. 3, pp. 219 – 232.

Cai, J., A. Saunders, and S. Steffen, 2014, "Syndication, Interconnectedness, and Systemic Risk", *Social Science Research Network Working Paper*, No. 1508642.

Carayannopoulos, P., and M. Kelly, 2004, "Determinants of Capital Holdings, Evidence from the Canadian Property/Casualty Insurance Industry", *Journal of Insurance Regulation*, Vol. 23, No. 2, pp. 45 – 65.

Carlson, J. A., and R. P. McAfee, 1983, "Discrete Equilibrium Price Dispersion", *Journal of Political Economy*, Vol. 91, No. 3, pp. 480 – 493.

Casu, B., and C. Girardone, 2009, "Testing the Relationship between Competition and Efficiency in Banking: A Panel Data Analysis", *Economics Letters*, Vol. 105, No. 1, pp. 134 – 137.

Cebenoyan, A. S., E. S. Cooperman, C. A. Register, and S. C. Hudgins, 1993, "The Relative Efficiency of Stock versus Mutual S&Ls: A Stochastic Cost Frontier Approach", *Journal of Financial Services Research*, Vol. 7, No. 2, pp. 151 – 170.

Chaffai, M. E., 1997, "Estimating Input-specific Technical Inefficiency: The Case of the Tunisian Banking Industry", *European Journal of Opera-

tional Research, Vol. 98, No. 2, pp. 314 – 331.

Chandra, A., and M. Tappata, 2011, "Consumer Search and Dynamic Price Dispersion: An Application to Gasoline Markets", *RAND Journal of Economics*, Vol. 42, No. 4, pp. 681 – 704.

Chen, B., M. R. Powers, J. Qiu, 2009, "Life-insurance Efficiency in China: A Comparison of Foreign and Domestic Firms", *China & World Economy*, Vol. 17, No. 6, pp. 43 – 63.

Chen, C. M., M. A. Delmas, and M. B. Lieberman, 2015, "Production Frontier Methodologies and Efficiency as a Performance Measure in Strategic Management Research", *Strategic Management Journal*, Vol. 36, No. 1, pp. 19 – 36.

Chen, J., 2015, "Consumer Search, Market Characteristics, and Price Dispersion: New Evidence from the Retail Markets for Prescription Drugs", *Managerial and Decision Economics*, Vol. 36, No. 8, pp. 545 – 558.

Cheng, J., and M. A. Weiss, 2012, "Capital Structure in the Property-Liability Insurance Industry: Tests of the Tradeoff and Pecking Order Theories", *Journal of Insurance Issues*, Vol. 35, No. 1, pp. 1 – 43.

Choi, B. P., and E. Elyasiani, 2011, "Foreign-owned Insurer Performance in the US Property-Liability Markets", *Applied Economics*, Vol. 43, No. 3, pp. 291 – 306.

Choi, B. P., and M. A. Weiss, 2005, "An Empirical Investigation of Market Structure, Efficiency, and Performance in Property-Liability Insurance", *Journal of Risk and Insurance*, Vol. 72, No. 4, pp. 635 – 673.

Christensen, L. R., D. W. Jorgenson, and L. J. Lau, 1973, "Transcendental Logarithmic Production Frontiers", *Review of Economics and Statistics*, Vol. 55, No. 1, pp. 28 – 45.

Chui, A. C. W., and C. C. Y. Kwok, 2007, "National Culture and Life Insurance Consumption", *Journal of International Business Studies*, 2007, Vol. 39, No. 1, pp. 88 – 101.

Chui, A. C. W., and C. C. Y. Kwok, 2009, "Cultural Practices and Life Insurance Consumption: An International Analysis using Globe Scores", *Journal of Multinational Financial Management*, Vol. 19, No. 4, pp. 273 – 290.

Clark, J. A., 1988, "Economies of Scale and Scope at Depository Financial Institutions: A Review of the Literature", *Economic Review*, Vol. 73, No. 8, pp. 17 – 33.

Cohen, W. M. and R. C. Levin, 1989, "Empirical Studies of Innovation and Market Structure", in Richard, S. and R. Willig (eds.), *Handbook of Industrial Organization*, Vol. 2, Amsterdam: North-Holl.

Committee on the Long-Run Macroeconomic Effects of the Aging U. S. Population, 2012, *Aging and the Macroeconomy Long-term Implications of an Older Population*, The National Academies Press, Washington, DC.

Cook, D. O., and T. Tang, 2010, "Macroeconomic Conditions and Capital Structure Adjustment Speed", *Journal of Corporate Finance*, Vol. 16, No. 1, pp. 73 – 87.

Cornia, M., K. S. Gerardi, and A. H. Shapiro, 2012, "Price Dispersion over the Business Cycle: Evidence from the Airline Industry", *Journal of Industrial Economics*, Vol. 60, No. 3, pp. 347 – 373.

Cornwell, C., P. Schmidt, and R. C. Sickles, 1990, "Production Frontiers with Cross-sectional and Time-series Variation in Efficiency Levels", *Journal of Econometrics*, Vol. 46, No. 1, pp. 185 – 200.

Cotterill, R. W., 1986, "Market Power in the Retail Food Industry: Evidence from Vermont", *Review of Economics and Statistics*, Vol. 68, No. 3, pp. 379 – 386.

Crook, T. R., S. Y. Todd, J. G. Combs, et al., 2011, "Does Human Capital Matter? A Meta-analysis of the Relationship between Human Capital and Firm Performance", *Journal of Applied Psychology*, Vol. 96, No. 3, pp. 443 – 456.

Cuesta, R. A., and L. Orea, 2002, "Mergers and Technical Efficiency in Spanish Savings Banks: A Stochastic Distance Function Approach", *Journal of Banking & Finance*, Vol. 26, No. 12, pp. 2231 – 2247.

Cummins, J. D., 1988, "Risk-based Premiums for Insurance Guaranty Funds", *Journal of Finance*, Vol. 43, No. 4, pp. 823 – 839.

Cummins, J. D., and D. W. Sommer, 1996, "Capital and Risk in Property-Liability Insurance Markets", *Journal of Banking and Finance*, Vol. 20, No. 6, pp. 1069 – 1092.

Cummins, J. D., and E. Grace, 1994, "Tax Management and Investment Strategies of Property-Liability Insurers", *Journal of Banking and Finance*, Vol. 18, No. 1, pp. 43 – 72.

Cummins, J. D., and G. P. Nini, 2002, "Optimal Capital Utilization by Financial Firms: Evidence from the Property-liability Insurance Industry", *Journal of Financial Services Research*, Vol. 21, No. 1 – 2, pp. 15 – 53.

Cummins, J. D., and H. Zi., 1998, "Comparison of Frontier Efficiency Methods: An Application to the US Life Insurance Industry", *Journal of Productivity Analysis*, Vol. 10, No. 2, pp. 131 – 152.

Cummins, J. D., and J. Lamm-Tennant, 1994, "Capital Structure and the Cost of Equity Capital in the Property-liability Insurance Industry", *Insurance: Mathematics and Economics*, Vol. 15, No. 2 – 3, pp. 187 – 201.

Cummins, J. D., and M. A. Weiss, 1993, "Measuring Cost Efficiency in the Property-liability Insurance Industry", *Journal of Banking & Finance*, Vol. 17, No. 2, pp. 463 – 481.

Cummins, J. D., and M. A. Weiss, 2000, "Analyzing Firm Performance in the Insurance Industry using Frontier Efficiency and Productivity Methods", in Dionnes, G. (ed.), *Handbook of Insurance*, Boston: Kluwer Academic Publishers.

Cummins, J. D., and M. A. Weiss, 2013, Analyzing Firm Performance in the Insurance Industry using Frontier Efficiency and Productivity Methods, in Dionnes, G. (ed.), *Handbook of Insurance* (2nd edition), Boston: Kluwer Academic Publishers.

Cummins, J. D., and P. M. Danzon, 1997, "Price, Financial Quality and Capital Flows in Insurance Markets", *Journal of Financial Intermediation*, Vol. 6, No. 1, pp. 3 – 38.

Cummins, J. D., and R. D. Phillips, 2005, "Estimating the Cost of Equity Capital for Property Liability Insurers", *Journal of Risk and Insurance*, Vol. 72, No. 3, pp. 441 – 478.

Cummins, J. D., and X. Xie, 2008, "Mergers and Acquisitions in the US Property-Liability Insurance Industry: Productivity and Efficiency Effects", *Journal of Banking & Finance*, Vol. 32, No. 1, pp. 30 – 55.

Cummins, J. D., M. A. Weiss, and H. Zi., 1999, "Organizational form and Efficiency: The Coexistence of Stock and Mutual Property Liability Insurers", *Management Science*, Vol. 45, No. 9, pp. 1254 – 1269.

Cummins, J. D., M. A. Weiss, X. Xie, and H. Zi, 2010, "Economies of Scope in Financial Services: A DEA Efficiency Analysis of the US Insurance Industry", *Journal of Banking and Finance*, Vol. 34, No. 7, pp. 1525 – 1539.

Dafny, L. S., 2010, "Are Health Insurance Markets Competitive?", *American Economic Review*, Vol. 100, No. 4, pp. 1399 – 1431.

Dafny, L. S., M. Duggan, and S. Ramanarayanan, 2012, "Paying a Premium on Your Premium? Consolidation in the US Health Insurance Industry", *American Economic Review*, Vol. 102, No. 2, pp. 1161 – 1185.

D'Agostino, R. B., A. Balanger, and R. B. D'Agostino Jr., 1990, "A Suggestion for Using Powerful and Informative Tests of Normality", *Statistician*, Vol. 44, No. 4, pp. 316 – 321.

Dahlby, B., and D. S. West, 1986, "Price Dispersion in an Automobile Insurance Market", *Journal of Political Economy*, Vol. 94, No. 2, pp. 418 – 438.

Dai, M., Q. Liu, and K. Serfes, 2014, "Is the Effect of Competition on Price Dispersion Nonmonotonic? Evidence from the US Airline Industry", *Review of Economics and Statistics*, Vol. 96, No. 1, pp. 161 – 170.

Davies, S. W., 1979, "Choosing between Concentration Indices: The Isoconcentration Curve", *Economica*, Vol. 46, pp. 67 – 75.

Debreu, G., 1951, "The Coefficient of Resource Utilization", *Econometrica*, Vol. 19, No. 3, pp. 273 – 292.

Delhausse, B., F. Fecher, S. Perelman, and P. Pestieau, 1995, "Measuring Productive Performance in the Non-life Insurance Industry: The Case of French and Belgian Markets", *Tijdschrift voor Economie en Management*, Vol. 40, No. 1, pp. 47 – 69.

Deneckere, R., and J. Peck, 2012, "Dynamic Competition with Random Demand and Costless Search: A Theory of Price Posting", *Econometrica*, Vol. 80, No. 3, pp. 1185 – 1247.

Deng, S. E., and E. Elyasiani, 2008, "Geographic Diversification, Bank Holding Company Value, and Risk", *Journal of Money, Credit and Banking*, Vol. 40, No. 6, pp. 1217 – 1238.

DeYoung, R., and K. P. Roland, 2001, "Product Mix and Earnings Volatility at Commercial Banks: Evidence from a Degree of Total Leverage Model", *Journal of Financial Intermediation*, Vol. 10, No. 1, pp. 54 – 84.

DeYoung, R., and T. Rice, 2004, "Noninterest Income and Financial Performance at US Commercial Banks", *Financial Review*, Vol. 39, No. 1, pp. 101 – 127.

Elango, B., Y. L. Ma, and N. Pope, 2008, "An Investigation into the Diversification-Performance Relationship in the US Property-Liability Insurance Industry", *Journal of Risk and Insurance*, Vol. 75, No. 3, pp. 567 – 591.

Eling, M., and M. Luhnen, 2009, "Efficiency in the International Insurance Industry: A Cross-country Comparison", *Journal of Banking & Finance, Vol. 34, No. 7, pp. 1497 – 1509.

Fama, E. F., and K. R. French, 2002, "Testing Trade Off and Pecking Order Predictions about Dividends and Debt", *Review of Financial Studies*, Vol. 15, No. 1, pp. 1 – 33.

Fang, Y., I. Hasan, and K. Marton, 2014, "Institutional Development and Bank Stability: Evidence from Transition Countries", *Journal of Banking & Finance*, Vol. 39, No. 1, pp. 160 – 176.

Farrell, M. J., 1957, "The Measurement of Productive Efficiency", *Journal of the Royal Statistical Society. Series A (General)*, Vol. 120, No. 3, pp. 253 – 290.

Fecher, F., D. Kessler, S. Perelman, and P. Pestieau, 1993, "Productive Performance of the French Insurance Industry", *Journal of Productivity Analysis*, Vol. 4, No. 1 – 2, pp. 77 – 93.

Fenn, P., D. Vencappa, S. Diacon, P. Klumpes, and C. O'Brien, 2008, "Market Structure and the Efficiency of European Insurance Companies: A Stochastic Frontier Analysis", *Journal of Banking & Finance*, Vol. 32, No. 1, pp. 86 – 100.

Fiegenbaum, A., and H. Thomas, 1990, "Strategic Groups and Performance: The US Insurance Industry, 1970 – 84", *Strategic Management Journal*, Vol. 11, No. 3, pp. 197 – 215.

Fischer, E. O., R. Heinkeland, and J. Zechner, 1989, "Dynamic Capital Structure Choice: Theory and Tests", *Journal of Finance*, Vol. 44, No. 1, pp. 19 – 40.

Flannery, M. J., and K. P. Rangan, 2006, "Partial Adjustment toward Target Capital Structures", *Journal of Financial Economics*, Vol. 79, No. 3, pp, 469 – 506.

Foos, D., L. Norden, and M. Weber, 2010, "Loan Growth and Riskiness of Banks", *Journal of Banking & Finance*, Vol. 34, No. 12, pp. 2929 – 2940.

Frame, W. S., and J. J. White, 2004, "Empirical Studies of Financial Innovation: Lots of Talk, Little Action?", *Journal of Economic Literature*, Vol. 42, No, 1, pp. 116 – 144.

Frech Ⅲ, H. E., and J. C. Samprone Jr., 1980, "The Welfare Loss of Excess Nonprice Competition: The Case of Property-liability Insurance Regulation", *Journal of Law and Economics*, Vol. 23, No. 2, pp. 429 – 440.

Fries, S., and A. Taci, 2005, "Cost Efficiency of Banks in Transition: Evidence from 289 Banks in 15 Post-communist Countries", *Journal of Banking & Finance*, Vol. 29, No. 1, pp. 55 – 81.

Fu, X. M., and S. Heffernan, 2007, "Cost X-efficiency in China's Banking Sector", *China Economic Review*, Vol. 18, No. 1, pp. 35 – 53.

Gardner, L. A., and M. F. Grace, 1993, "X-efficiency in the US Life Insurance Industry", *Journal of Banking & Finance*, Vol. 17, No. 2, pp. 497 – 510.

Gennaioli, N., A. Shleifer, and R. Vishny, 2012, "Neglected Risks, Financial Innovation, and Financial Fragility", *Journal of Financial Economics*, Vol. 104, No. 3, pp. 452 – 468.

Ghose, A., and Y. Yao, 2011, "Using Transaction Prices to Re-examine Price Dispersion in Electronic Markets", *Information Systems Research*, Vol. 22, No. 2, pp. 269 – 288.

Gilbert, R. J., and D. M. G. Newbery, 1982, "Preemptive Patenting and the Persistence of Monopoly", *American Economic Review*, Vol. 72, No. 3, pp. 514 – 526.

Girardone, C., J. C. Nankervis, and E. F. Velentza, 2009, "Efficiency, Ownership and Financial Structure in European Banking: A Cross-country Comparison", *Managerial Finance*, Vol. 35, No. 3, pp. 227 – 245.

Goetz, M. R., L. Laeven, and R. Levine, 2013, "Identifying the Valuation Effects and Agency Costs of Corporate Diversification: Evidence from the Geographic Diversification of US banks", *Review of Financial Studies*,

Vol. 26, No. 7, pp. 1787 – 1823.

Gorodnichenko, Y., and O. Talavera, 2017, "Price Setting in Online Markets: Basic Facts, International Comparisons, and Cross-Border Integration", *American Economic Review*, Vol. 107, No. 1, pp. 249 – 282.

Grant, R. M., 1991, "The Resource-based Theory of Competitive Advantage: Implications for Strategy Formulation", *California Management Review*, Vol. 33, No. 3, pp. 114 – 136.

Grant, R. M., 1996, "Prospering in Dynamically-competitive Environments: Organizational Capability as Knowledge Integration", *Organization Science*, Vol. 7, No. 4, pp. 375 – 387.

Grant, R. M., A. P. Jammine, and H. Thomas, 1988, "Diversity, Diversification, and Profitability among British Manufacturing Companies 1972 – 1984", *Academy of Management Journal*, Vol. 31, No. 4, pp. 771 – 801.

Greene, W. H., 2004, "Distinguishing between Heterogeneity and Inefficiency: Stochastic Frontier Analysis of the World Health Organization's Panel Data on National Health Care Systems", *Health Economics*, Vol. 13, No. 10, pp. 959 – 980.

Greene, W. H., 2005, "Fixed and Random Effects in Stochastic Frontier Models", *Journal of Productive Analysis*, Vol. 23, No. 1, pp. 7 – 32.

Greene, W. H., and D. Segal, 2004, "Profitability and Efficiency in the US Life Insurance Industry", *Journal of Productivity Analysis*, Vol. 21, No. 3, pp. 229 – 247.

Guo, D., and R. A. Winter, 1997, "The Capital Structure of Insurers: Theory and Evidence", University of Toronto, Working Paper.

Gutter, M. S., and C. B. Hatcher, 2008, "Racial Differences in the Demand for Life Insurance", *Journal of Risk and Insurance*, Vol. 75, No. 3, pp. 677 – 689.

Hackbarth, D., J. Miao, and E. Morelle, 2006, "Capital Structure, Credit Risk, and Macroeconomic Conditions", *Journal of Financial Economics*,

Vol. 82, No. 3, pp. 519 – 550.

Hall, M., and N. Tideman, 1967, "Measures of Concentration", *Journal of the American Statistical Association*, Vol. 62, pp. 162 – 168.

Hancock, J., P. Huber, and P. Koch, 2001, "Value Creation in the Insurance Industry", *Risk Management and Insurance Review*, Vol. 4, No. 2, pp. 1 – 9.

Hannah, L., and J. A. Kay, 1977, *Concentration in Modern Industry*, London: MacMillan Press.

Hannan, T. H, 1997, "Market Share Inequality, the Number of Competitors, and the HHI: An Examination of Bank Pricing", *Review of Industrial Organization*, Vol. 12, No. 1, pp. 23 – 35.

Hao, J. C., and L. Y. Chou, 2005, "The Estimation of Efficiency for Life Insurance Industry: The Case in Taiwan", *Journal of Asian Economics*, Vol. 16, No. 5, pp. 847 – 860.

Hao, J., W. C. Hunter, and W. K. Yang, 2001, "Deregulation and Efficiency: The Case of Private Korean Banks", *Journal of Economics and Business*, Vol. 53, No. 2 – 3, pp. 237 – 254.

Hardwick, P., 1997, "Measuring Cost Inefficiency in the UK Life Insurance Industry", *Applied Financial Economics*, Vol. 7, No. 1, pp. 37 – 44.

Harrington, S. E., and K. Epermanis, 2006, "Market Discipline in Property/Casualty Insurance: Evidence from Premium Growth Surrounding Changes in Financial Strength Ratings", *Journal of Money, Credit, and Banking*, Vol. 38, No. 6, pp. 1515 – 1544.

Harris, M., and A. Raviv, 1991, "The Theory of Capital Structure", *Journal of Finance*, Vol. 46, No. 1, pp. 297 – 355.

Hayden, E., D. Porath, and N. Westernhagen, 2007, "Does Diversification Improve the Performance of German Banks? Evidence from Individual Bank Loan Portfolios", *Journal of Financial Services Research*, Vol. 32, No. 3, pp. 123 – 140.

Haynes, M., and S. Thompson, 2008, "Price, Price Dispersion and Number of Sellers at a Low Entry Cost Shopbot", *International Journal of Industrial Organization*, Vol. 26, No. 2, pp. 459 – 472.

Heckman, J., 1981, "The Incidental Parameters Problem and the Problem of Initial Conditions in Estimating a Discrete Time-discrete Data Stochastic Process", in Manski, C., and D. McFadden (eds.), *Structural Analysis of Discrete Data with Econometric Applications*, Cambridge: MIT Press.

Heijdra, B. J., and J. O. Mierau, 2012, "The Individual Life-cycle, Annuity Market Imperfections and Economic Growth", *Journal of Economic Dynamics and Control*, Vol. 36, No. 6, pp. 876 – 890.

Hidayat, W. Y., M. Kakinaka, and H. Miyamoto, 2012, "Bank Risk and Non-interest Income Activities in the Indonesian Banking Industry", *Journal of Asian Economics*, Vol. 23, No. 4, pp. 335 – 343.

Hirao, Y., and T. Inoue, 2004, "On the Cost Structure of the Japanese Property-casualty Insurance Industry", *Journal of Risk and Insurance*, Vol. 71, No. 3, pp. 501 – 530.

Hoechle, D., M. Schmid, I. Walter, and D. Yermack, 2012, "How Much of the Diversification Discount can be Explained by Poor Corporate Governance?", *Journal of Financial Economics*, Vol. 103, No. 1, pp. 41 – 60.

Hoerger, T. J., F. A. Sloan, and M. Hassan, 1990, "Loss Volatility, Bankruptcy, and the Demand for Reinsurance", *Journal of Risk and Uncertainty*, Vol. 3, No. 3, pp. 221 – 245.

Hogan, S. D., 1991, "The Inefficiency of Arbitrage in an Equilibrium-search Model", *Review of Economic Studies*, Vol. 58, No. 4, pp. 755 – 775.

Hopkins, E., 2008, "Price Dispersion", in Durlauf, S., and L. Blume (eds.), *New Palgrave Dictionary of Economics* (2nd editon), New York: Palgrave MacMillan.

Horvath, J., 1970, "Suggestion for a Comprehensive Measure of Concentration", *Southern Economic Journal*, Vol. 36, No. 4, pp. 446 – 452.

Houston, J. F., C. Lin, P. Lin, and Y. Ma, 2010, "Creditor Rights, Information Sharing, and Bank Risk Taking", *Journal of Financial Economics*, Vol. 96, No. 3, pp. 485 – 512.

Hovakimian, A., T. Opler, and S. Titman, 2001, "The Debt-equity Choice", *Journal of Financial and Quantitative Analysis*, Vol. 36, No. 1, pp. 1 – 24.

Hoyt, R. E., and J. S. Trieschmann, 1991, "Risk /Return Relationships for Life-health, Property-liability, and Diversified Insurers", *Journal of Risk and Insurance*, Vol. 58, Vol. 2 pp. 322 – 330.

Hsiao, C., 1996, "Logit and Profit Models", in Matyas L., and P. Sevestre (eds.), *The Econometrics of Panel Data: Handbook of Theory and Applications* (2nd Edition), Dordrecht: Kluwer Academic Publishers.

Hsiao, C., H. S. Ching, and S. K. Wan, 2012, "A Panel Data Approach for Program Evaluation: Measuring the Benefits of Political and Economic Integration of Hong Kong with Mainland China", *Journal of Applied Econometrics*, Vol. 27, No. 5, pp. 705 – 740.

Huang, C., and J. Liu, 1994, "Estimation of a Non-neutral Stochastic Frontier Production Function", *Journal of Productivity Analysis*, Vol. 5, No. 2, pp. 171 – 180.

Huang, W., and J. C. Paradi, 2011, "Risk-adjusted Efficiency of the Insurance Industry: Evidence from China", *Service Industries Journal*, Vol. 31, No. 11, pp. 1871 – 1885.

Jahn, N., C. Memmel, and A. Pfingsten., 2016, "Banks' Concentration versus Diversification in the LoanPortfolio: New Evidence from Germany", *Schmalenbach Business Review*, Vol. 17, No. 1, pp. 25 – 48.

Jalilvand, A., and R. S. Harris, 1984, "Corporate Behavior in Adjusting to Capital Structure and Dividend Targets: An Econometric Study", *Journal of Finance*, Vol. 39, No. 1, pp. 127 – 145.

Jiang, F., Z. Jiang, J. Huang, K. A. Kim, and J. R. Nofsinger, 2017,

"Bank Competition and Leverage Adjustments", *Financial Management*, Vol. 46, No. 4, pp. 995 – 1022.

Jondrow, J., C. Lowell, I. Materov, and P. Schmidt, 1982, "On the Estimation of Technical Efficiency in the Stochastic Production Function Model", *Journal of Econometrics*, Vol. 19, No. 2 – 3, pp. 233 – 238.

Jovanovic, B., 1982, "Selection and the Evolution of Industry", *Econometrica*, Vol. 50, No. 3, pp. 649 – 670.

Kaparakis, E. I., S. M. Miller, and A. G. Noulas, 1994, "Short-run Cost Inefficiency of Commercial Banks: A Flexible Stochastic Frontier Approach", *Journal of Money Credit & Banking*, Vol. 26, No. 4, pp. 875 – 893.

Kasman, A., and E. Turgutlu, 2009, "Cost Efficiency and Scale Economies in the Turkish Insurance Industry", *Applied Economics*, Vol. 41, No. 24, pp. 3151 – 3159.

Kilpatrick, R. W., 1967, "The Choice among Alternative Measures of Industrial Concentration", *Review of Economics and Statistics*, Vol. 49, No. 2, pp. 258 – 260.

Klumpes, P. J., 2004, "Performance Benchmarking in Financial Services: Evidence from the UK Life Insurance Industry", *Journal of Business*, Vol. 77, No. 2, pp. 257 – 273.

Koopmans, T. C., 1951, "Analysis of Production as an Efficient Combination of Activities", in Koopmans, T. C. (ed.), *Activity Analysis of Production and Allocation* (Vol. Cowles Commission for Research in Economics), New York: Wiley.

Kopit, W. G., 2004, "Is There Evidence that Recent Consolidation in the Health Insurance Industry Has Adversely Affected Premiums?", *Health Affairs*, Vol. 23, No. 6, pp. 29 – 31.

Kumar, P., and S. M. Turnbull, 2008, "Optimal Patenting and Licensing of Financial Innovations", *Management Science*, Vol. 54, No. 12, pp. 2012 – 2023.

Kumbhakar, S. C., 1990, "Production Frontiers, Panel Data, and Time-varying Technical Inefficiency", *Journal of Econometrics*, Vol. 46, No. 1, pp. 201 – 211.

Kumbhakar, S. C., and C. A. K. Lovell, 2000, *Stochastic Frontier Analysis*, Cambridge, UK: Cambridge University Press, 2000.

Kwan, S. H., 2006, "The X-efficiency of Commercial Banks in Hong Kong", *Journal of Banking & Finance*, Vol. 30, No. 4, pp. 1127 – 1147.

Kwoka, J. E., 1981, "Does the Choice on Concentration Measure Really Matter?", *Journal of Industrial Economics*, Vol. 29, No. 4, pp. 445 – 453.

Kwoka, J. E., 1985, "Herfindahl Index in Theory and Practice", *Antitrust Bull*, Vol. 30, pp. 915 – 947.

Lach, S., and J-L. Moraga-Gonz'alez, 2012, "Heterogeneous Price Information and the Effect of Competition", *CEPR Discussion Papers*, No. 7319.

Lalonde, R. 1986, "Evaluating the Econometric Evaluations of Training Programs Using Experimental Data", *American Economic Review*, Vol. 76, No. 9, pp. 602 – 620.

Lamm, R. M., "Prices and Concentration in the Food Retailing Industry", *Journal of Industrial Economics*, Vol. 30, No. 1, pp, 67 – 78.

Lang, G., and P. Welzel, 1999, "Mergers among German Cooperative Banks: A Panel-based Stochastic Frontier Analysis", *Small Business Economics*, Vol. 13, No. 4, pp. 273 – 286.

Leary, M. T., and M. R. Roberts, 2005, "Do Firms Rebalance Their Capital Structures?", *Journal of Finance*, Vol. 60, No. 6, pp. 2575 – 2619.

Lee, Y. H., and P. A. Schmidt, 1993, "A Production Frontier Model with Flexible Temporal Variation in Technical Efficiency", in Fried, H. and K. Lovell (eds.), *The Measurement of Productive Efficiency: Techniques and Applications*, New York: Oxford University Press.

Lepetit, L., E. Nys, P. Rous, and A. Tarazi, 2008, "Bank Income Structure and Risk: An Empirical Analysis of European Banks", *Journal of Banking & Finance*, Vol. 32, No. 8, pp. 1452 – 1467.

Lerner, J., M. Sorensen, and P. Strömberg, 2011, "Private Equity and Long-run Investment: The Case of Innovation", *Journal of Finance*, Vol. 66, No. 2, pp. 445 – 477.

Lewis, M., 2008, "Price Dispersion and Competition with Differentiated Sellers", *Journal of Industrial Economics*, Vol. 56, No. 3, pp. 654 – 678.

Liebenberg, A. P., and D. W. Sommer, 2008, "Effects of Corporate Diversification: Evidence from the Property-liability Insurance Industry", *Journal of Risk and Insurance*, Vol. 75, No. 4, pp. 893 – 919.

Lieu, P. T., T. L. Yeh, and Y. H. Chiu, 2005, "Off-balance Sheet Activities and Cost Inefficiency in Taiwan's Banks", *Service Industries Journal*, Vol. 25, No. 7, pp. 925 – 944.

Lozano-Vivas, A., and F. Pasiouras, 2010, "The Impact of Non-traditional Activities on the Estimation of Bank Efficiency: International Evidence", *Journal of Banking & Finance*, Vol. 34, No. 7, pp. 1436 – 1449.

Lozano-Vivas, A., S. C. Kumbhakar, M. D. Fethi, and M. Shaban, 2011, "Consolidation in the European Banking Industry: How Effective Is It?", *Journal of Productivity Analysis*, Vol. 36, No. 3, pp. 247 – 261.

Lu, W., W. Wang, and Q. L. Kweh, 2014, "Intellectual Capital and Performance in the Chinese Life InsuranceIndustry", *Omega*, Vol. 42, No. 1, pp. 65 – 74.

Luong, L. H., F. Moshirian, and H. G. Nguyen, 2016, "How Do Foreign Institutional Investors Enhance Firm Innovation?", Social Science Research Network Working Paper, No. 2409909.

Lyandres, E., 2006, "Capital Structure and Interaction among Firms in Output Markets: Theory and Evidence", *Journal of Business*, Vol. 79, No. 5, pp. 2381 – 2422.

Martin, J. D., and A. Sayrak, 2003, "Corporate Diversification and Shareholder Value: A Survey of Recent Literature", *Journal of Corporate Finance*, Vol. 9, No. 1, pp. 37 – 57.

Marvel, H. P., 1976, "The Economics of Information and Retail Gasoline Price Behavior: An Empirical Analysis", *Journal of Political Economy*, Vol. 84, No. 5, pp. 1033 – 1060.

Mayers, D., and C. W. Smith Jr., 1988, "Ownership Structure across Lines of Property-casualty Insurance", *Journal of Law and Economics*, Vol. 31, No. 2, pp. 351 – 378.

Meador, J. W., H. E. Ryan Jr., and C. D. Schellhorn, 2000, "Product Focus versus Diversification: Estimates of X—Efficiency for the US Life Insurance Industry", in Harker, P. T. and S. A. Zenios (eds.), *Performance of Financial Institutions: Efficiency, Innovation, Regulation*, New York: Cambridge University Press.

Meeusen, W., and J. van den Broeck, 1977, "Efficiency Estimation form Cobb-Douglas Production Function with Composed Errors", *International Economic Review*, Vol. 18, No. 2, pp. 435 – 444.

Mercieca, S., K. Schaeck, and S. Wolfe, 2007, "Small European Banks: Benefits from Diversification?", *Journal of Banking & Finance*, Vol. 31, No. 7, pp. 1975 – 1998.

Merton, R. C., 1992, "Financial Innovation and Economic Performance", *Journal of Applied Corporate Finance*, Vol. 4, No. 4, pp. 12 – 22.

Meyers, G., 1989, "An Analysis of the Capital Structure of an Insurance Company", *Proceedings of the Casualty Actuarial Society*, Vol. 76, pp. 147 – 171.

Millo, G., and G. Carmeci, 2011, "Non-life Insurance Consumption in Italy: A Sub-regional Panel Data Analysis", *Journal of Geographical Systems*, Vol. 13, No. 3, pp. 273 – 298.

Morgan, D. P., 2002, "Rating Banks, Risk and Uncertainty in an Opaque

Industry", *American Economic Review*, Vol. 92, No. 4, pp. 874 – 888.

Myers, S. C., 2003, "Financing of Corporations", in Constantinides, G. M., H. Milton, and R. M. Stulz (eds.), *Handbook of the Economics of Finance*, Vol. 1, Part A Financial Markets and Asset Pricing Volume, pp. 215 – 253.

Papke, L. E., and J. M. Wooldridge, 1996, "Econometric Method for Fractional Response Variables with an Application to 401 (k) Plan Participation Rates", *Journal of Applied Econometrics*, Vol. 11, No. 6, pp. 619 – 632.

Pasiouras, F., S. Tanna, and C. Zopounidis, 2009, "The Impact of Banking Regulations on Banks' Cost and Profit Efficiency: Cross-country Evidence", *International Review of Financial Analysis*, Vol. 18, No. 5, pp. 294 – 302.

Pauly, M., V. A. L. Hillman, M. S. Kim, and D. R. Brown, 2002, "Competitive Behavior in the HMO Marketplace", *Health Affairs*, Vol. 21, No. 1, pp. 194 – 202.

Pecchenino, R. A., and P. S. Pollard, 1997, "The Effects of Annuities, Bequests, and Aging in an Overlapping Generations Model of Endogenous Growth", *Economic Journal*, Vol. 107, pp. 26 – 46.

Pérignon, C., and B. Vallée, 2017, "The Political Economy of Financial Innovation: Evidence from Local Governments", *Review of Financial Studies*, Vol. 30, No. 6, pp. 1903 – 1934.

Perloff, J. M., and S. C. Salop, 1985, "Equilibrium with Product Differentiation", *Review of Economic Studies*, Vol. 52, No. 1, pp. 107 – 120.

Pesaran, M. H., L. V. Smith, and R. P. Smith, 2007, "What If the UK or Sweden Had Joined the Euro in 1999? An Empirical Evaluation Using a Global VAR", *International Journal of Finance & Economics*, Vol. 12, No. 1, pp. 55 – 87.

Pilloff, S. J., and S. A. Rhoades, 2002, "Structure and Profitability in

Banking Markets", *Review of Industrial Organization*, Vol. 20, No. 1, pp. 81 – 98.

Pitt, M., and L. Lee, 1981, "The Measurement and Sources of Technical Inefficiency in the Indonesian Weaving Industry", *Journal of Development Economics*, Vol. 9, No. 1, pp. 43 – 64.

Pottier, S. W., and D. W. Sommer, 2006, "Opaqueness in the Insurance Industry: Why are Some Insurers Harder to Evaluate than Others?", *Risk Management and Insurance Review*, Vol. 9, No. 2, pp. 149 – 163.

Rai, A., 1996, "Cost Efficiency of International Insurance Firms", *Journal of Financial Services Research*, Vol. 10, No. 3, pp. 213 – 233.

Raju, J. S., V. Srinivasan, and R. Lal, 1990, "The Effects of Brand Loyalty on Competitive Price Promotional Strategies", *Management Science*, Vol. 36, No. 3, pp. 276 – 304.

Rhoades, S. A., 1995, "Market Share Inequality, the HHI, and Other Measures of the Firm-composition of a Market", *Review of Industrial Organization*, Vol. 10, No. 6, pp. 657 – 674.

Rossi, S. P., M. S. Schwaiger, and G. Winkler, 2009, "How Loan Portfolio Diversification Affects Risk, Efficiency and Capitalization: A Managerial Behavior Model for Austrian Banks", *Journal of Banking & Finance*, Vol. 33, No. 12, pp. 2218 – 2226.

Purcell, P., 2009, *Income of Americans Aged 65 and Older, 1968 to 2008*, Washington, DC: Congressional Research Service.

Rouse, C. E., 1998, "Private School Vouchers and Student Achievement: An Evaluation of the Milwaukee Parental Choice Program", *Quarterly Journal of Economics*, Vol. 113, No. 2, pp. 553 – 602.

Salop, S., and J. Stiglitz, 1977, "Bargains and Ripoffs: A Model of Monopolistically Competitive Price Dispersion", *Review of Economic Studies*, Vol. 44, No. 3, pp. 493 – 510.

Samaha, S. A., and W. A. Kamakura, 2008, "Assessing the Market Value of Real Estate Property with a Geographically Weighted Stochastic Frontier Model", *Real Estate Economics*, Vol. 36, No. 4, pp. 717 – 751.

Schmid, M. M., and I. Walter, 2009, "Do Financial Conglomerates Create or Destroy Economic Value?", *Journal of Financial Intermediation*, Vol. 18, No. 2, pp. 193 – 216.

Schmid, M. M., and I. Walter, 2012, "Geographic Diversification and Firm Value in the Financial Services Industry", *Journal of Empirical Finance*, Vol. 19, No. 1, pp. 109 – 122.

Schmidt, P., 1985, "Frontier Production Functions", *Econometric Reviews*, Vol. 4, No. 2, pp. 289 – 328.

Schmidt, P., and R. Sickles, 1984, "Production Frontiers and Panel Data", *Journal of Business Economics and Statistics*, Vol. 2, No. 4, pp. 367 – 374.

Schumpeter, J. A., 1950, *Capitalism, Socialism, and Democracy* (3rd edition), NY: Harper & Bros.

Schultz, T. W., 1961, "Investment in Human Capital", *American Economic Review*, Vol. 51, No. 1, pp. 1 – 17.

Scott, D. F. Jr., and J. D. Martin, 1975, "Industry Influence on Financial Structure", *Financial Management*, Vol. 4, No. 1, pp. 67 – 73.

Shiller, R., 2012, *Finance and the Good Society*, Princeton, NJ.: Princeton University Press.

Shiu, Y. M., 2011, "Reinsurance and Capital Structure: Evidence from the United Kingdom Non Life Insurance Industry", *Journal of Risk and Insurance*, Vol. 78, No. 2, pp. 475 – 494.

Sleuwaegen, L., and W. V. Dehandschutter, 1986, "The Critical Choice Between the Concentration Ratio and the H-index in Assessing Industry Performance", *Journal of Industrial Economics*, Vol. 35, No. 2, pp. 193 – 208.

Spellman, L. J., R. C. Witt, and W. F. Rentz, 1975, "Invest Income and

Non-life Insurance Pricing", *Journal of Risk and Insurance*, Vol. 42, No. 4, pp. 567 –577.

Stigler, G. J., 1961, "The Economics of Information", *Journal of Political Economy*, Vol. 69, No. 3, pp. 213 –225.

Stigler, G. J., 1964, "A Theory of Oligopoly", *Journal of Political Economy*, Vol. 72, No. 1, pp. 44 –61.

Stiroh, K. J., 2004, "Diversification in Banking: Is Noninterest Income the Answer?", *Journal of Money, Credit and Banking*, Vol. 36, No. 5, pp. 853 –882.

Stiroh, K. J., and A. Rumble, 2006, "The Dark Side of Diversification: The Case of US Financial Holding Companies", *Journal of Banking & Finance*, Vol. 30, No. 8, pp. 2131 –2161.

Sun, Q. X., 2003, "The Impact of WTO Accession on China's Insurance Industry", *Risk Management and Insurance Review*, Vol. 6, No. 1, pp. 27 –35.

Tabak, B. M., D. M. Fazio, and D. O. Cajueiro, 2011, "The Effects of Loan Portfolio Concentration on Brazilian Banks' Return and Risk", *Journal of Banking & Finance*, Vol. 35, No. 11, pp. 3065 –3076.

Tabak, B. M., D. M. Fazio, and D. O. Cajueiro, 2012, "The Relationship between Banking Market Competition and Risk-taking: Do Size and Capitalization Matter?", *Journal of Banking & Finance*, Vol. 36, No. 12, pp. 3366 –3381.

Tabak, B. M., D. O. Cajueiro, and D. M. Fazio, 2013, "Financial Fragility in a General Equilibrium Model: The Brazilian Case", *Annals of Finance*, Vol. 9, No. 3, pp. 519 –541.

Tabak, B. M., R. B. Miranda, and D. M. Fazio, 2012, "A Geographically Weighted Approach to Measuring Efficiency in Panel Data: The Case of US Saving Banks", *Journal of Banking & Finance*, Vol. 37, No. 10, pp. 3747 –3756.

Titman, S., and R. Wessels, 1998, "The Determinants of Capital Structure Choice", *Journal of Finance*, Vol. 43, No. 1, pp. 1 – 19.

Toivanen, O., 1997, "Economies of Scale and Scope in the Finnish Non-life Insurance Industry", *Journal of Banking & Finance*, Vol. 21, No. 6, pp. 759 – 779.

Winter, R. A., 1994, "The Dynamics of Competitive Insurance Markets", *Journal of Financial Intermediation*, Vol. 3, No. 4, pp. 379 – 415.

United Nations, 2012, *World Population Prospects: The 2012 Revision*, New York, USA.

Vennet, R. V., 1996, "The Effect of Mergers and Acquisitions on the Efficiency and Profitability of EC Credit Institutions", *Journal of Banking & Finance*, Vol. 20, No. 9, pp. 1531 – 1558.

Vennet, R. V., 2002, "Cost and Profit Efficiency of Financial Conglomerates and Universal Banks in Europe", *Journal of Money Credit & Banking*, Vol. 34, No. 1, pp. 254 – 282.

Walsh, P. P., and C. Whelan, 1999, "Modelling Price Dispersion as An Outcome of Competition in the Irish Grocery Market", *Journal of Industrial Economics*, Vol. 47, No. 3, pp. 325 – 343.

Wang, H., 2002, "Heteroscedasticity and Non-monotonic Efficiency Effects of a Stochastic Frontier Model", *Journal of Productivity Analysis*, Vol. 18, No. 3, pp. 241 – 253.

Wang, H., and C. Ho, 2010, "Estimating Fixed-effect Panel Stochastic Frontier Models by Model Transformation", *Journal of Econometrics*, Vol. 157, No. 2, pp. 286 – 296.

Wang, H., and P. Schmidt, 2002, "One-step and Two-step Estimation of the Effects of Exogenous Variables on Technical Efficiency Levels", *Journal of Productivity Analysis*, Vol. 18, No. 2, pp. 129 – 144.

Wang, J. F., X. H. Li, G. Christakos, et al., 2010, "Geographical Detectors-based Health Risk Assessment and Its Application in the Neural Tube

Defects Study of the Heshun Region, China", *International Journal of Geographical Information Science*, Vol. 24, No. 1, pp. 107 – 127.

Ward, D., 2002, "The Costs of Distribution in the UK Life Insurance Market", *Applied Economics*, Vol. 34, No. 15, pp. 1959 – 1968.

Weisburg, J., 1996, "Differential Teamwork Performance: The Impact of General and Specific Human Capital Levels", *International Journal of Manpower*, Vol. 17, No. 8, pp. 18 – 29.

Weiss, M. A., and B. P. Choi, 2008, "State Regulation and the Structure, Conduct, Efficiency and Performance of US Auto Insurers", *Journal of Banking & Finance*, Vol. 32, No. 1, pp. 134 – 156.

Yao, S. J., Z. W. Han, and G. F. Feng, 2007, "On Technical Efficiency of China's Insurance Industry after WTO Accession", *China Economic Review*, Vol. 18, No. 1, pp. 66 – 86.

Zanghieri, P., 2009, "Efficiency of European Insurance Companies: Do Local Factors Matter", Social Science Research Network Working Paper, No. 1354108.

Zingales, L., 2015, "Presidential Address: Does Finance Benefit Society?", *Journal of Finance*, Vol. 70, No. 4, pp. 1327 – 1363.